15 Programmers at Work

Program
Programming
Programmer

Programmers at Work:
Interviews With 19 Programmers Who Shaped the Computer Industry

by Susan M. Lammers

Copyright ⓒ 2006, 2022 by Susan M. Lammers

Korean translation copyright ⓒ 2025 Insight Press Co., Ltd.
This Korean edition was published by arrangement with Susan M. Lammers through Agency-One, Seoul.

이 책의 한국어판 저작권은 에이전시 원을 통해 저작권자와의 독점 계약으로 (주)도서출판인사이트에 있습니다. 저작권법에 의해 한국 내에서 보호를 받는 저작물이므로 무단전재와 무단복제를 금합니다.

오래된 인터뷰, 개발자의 미래를 긷다 1:
PC 시대의 영웅들

초판 1쇄 발행 2025년 9월 25일 **2쇄 발행** 2025년 10월 1일 **지은이** 수전 래머스 **옮긴이** 박재호 **펴낸이** 한기성 **펴낸곳** (주) 도서출판인사이트 **편집** 송우일 **영업마케팅** 김진불 **제작·관리** 이유현 **용지** 월드페이퍼 **인쇄·제본** 천광인쇄사 **후가공** 이레금박 **등록번호** 제2002-000049호 **등록일자** 2002년 2월 19일 **주소** 서울시 마포구 연남로5길 19-5 **전화** 02-322-5143 **팩스** 02-3143-5579 **이메일** insight@insightbook.co.kr **ISBN** 978-89-6626-490-2 책값은 뒤표지에 있습니다. 잘못 만들어진 책은 바꾸어 드립니다. 이 책의 정오표는 https://blog.insightbook.co.kr에서 확인하실 수 있습니다.

일러두기

- 단행본은 《 》로, 시·노래·영화 제목 등은 〈 〉로, 단행본 이외의 신문·잡지·논문집 등은 『 』로, 기사·논문 제목은 「」로 나타냈다.
- 모든 주는 옮긴이 주이다.

오래된 인터뷰, 개발자의 미래를 긷다

1
PC 시대의 영웅들

수전 래머스 지음 | 박재호 옮김

차례

추천의 글		vi
옮긴이의 글		ix
머리말		xi
들어가는 글		xiv

1장	마이크로소프트 오피스 소프트웨어 개발 리더 **찰스 시모니**	1
2장	GUI라는 새 장을 연 제록스 알토 개발자 **버틀러 램슨**	23
3장	어도비 창업자 **존 워녹**	43
4장	CP/M 개발자 **게리 킬돌**	65
5장	마이크로소프트 창업자 **빌 게이츠**	85
6장	정보 관리 소프트웨어 PFS 시리즈 개발자 **존 페이지**	113
7장	dBASE 개발자 **웨인 래틀리프**	135
8장	비지캘크 설계자 **댄 브리클린**	163
9장	비지캘크 개발자 **밥 프랭크스턴**	193
10장	로터스 1-2-3 개발자 **조너선 색스**	205

11장	로터스 심포니 개발자 **레이 오지**	221
12장	스프레드시트 T/Maker 개발자 **피터 로이즌**	241
13장	통합 오피스 프로그램 프레임워크(Framework) 개발자 **밥 카**	261
14장	실리콘 밸리의 반골 **제프 래스킨**	287
15장	최초의 매킨토시 운영 체제 개발자 **앤디 허츠펠드**	315
16장	고전 게임 팩 맨의 아버지 **이와타니 토루**	335
17장	디지털 창작자 **스콧 김**	347
18장	가상 현실 개척자 **제이린 리니어**	367
19장	디지털 오디오 소프트웨어 개발자 **마이클 홀리**	387

용어 정리	412
부록	422
미주	482

추천의 글

1990년대 초로 기억한다. 마이크로소프트웨어라는 월간지에 '전설적 프로그래머' 인터뷰 기사 연재가 실렸다. 나는 이 글을 읽으며 프로그래머의 꿈을 꿨고 지향점을 세울 수 있었다. 그런데 사실 이 연재는 1986년도에 수전 래머스라는 사람이 전설적 프로그래머 19명을 인터뷰한 《Programmers at Work》라는 책의 일부를 번역한 기사였다. 번역서(《천재 프로그래머 컴퓨터 소프트웨어의 창시자들》)도 나왔는데 인터뷰 대상자 중 몇 명을 빠뜨린 채 번역되었다. 누락되었다는 언급도 없이 말이다.

인공 지능 영역의 선구자 중 한 명인 피터 노빅이 2006년도에 이 책에 대한 서평을 아마존에 올린 적이 있다.(그런데 피터 노빅이 2009년에 또 다른 인터뷰집 《Coders at Work》에 인터뷰이로 등장하게 되었다는 점이 재미있다.)

> 이 책은 위대한 책이라고 말해야겠습니다. 그 범위에 있어서 거의 독보적입니다. 저는 이런 책이 더 많았으면 합니다. … 전문 프로그래머가 되기 위해 여전히 10년이 걸릴 겁니다만 이 책을 신경 써서 읽는다면 그 여정에 속도를 올리거나 최소한 여러분 주변의 프로그래머들을 더 잘 이해할 수 있게 될 거예요.

이번에 이 《Programmers at Work》가 제대로 완역되어 나오게 됐다. 오리지널 텍스트가 나오고 근 40년 만이다. 동시에 《Programmers at Work》의 계보를 잇는 《Coders at Work》(2009년 출간)라는 책도 함께 번역되어 나온다.

2006년에 인사이트 출판사에 이런 종류의 책이 한국에도 나왔으면 좋겠다고 메일을 드린 적이 있다. 감회가 남다르다. 한국 개발자들을 인터뷰한 책은 아니지만 그래도 완역되어 나온다는 게 기쁘다.

다 합쳐서 60년이 다 되어 가는 책 두 권이 오늘날 프로그래머들에게 도대체 어떤 의미일지에 대해 짧게 쓰고자 한다. 헌책방에서도 사지 않으려는 윈도 3.0 매뉴얼 정도로 느껴지기 쉬우니까.

게리 킬돌을 예로 들어 보자. 그는 CP/M과 PL/I을 만든 전설적 인물이다. 인터뷰에서 그는 문제 해결 능력의 중요성을 이야기한다. 자신이 학생들에게 가르치는 가장 중요한 두 가지가 문제 해결과 공부법이라고 한다. 그리고 문제 해결법을 가르칠 때 쓰는 연습 문제를 소개한다. 미분 방정식을 기호적으로 푸는 (수치 해석이 아니고) 프로그램을 작성해야 한다. 그런데 책은 다 내려놓아야 한다. 인터넷도 없었으니까 웹 검색도 불가. 프로그램은 다항식을 미분해 기호적 결과를 내야 한다. 이걸 10분간 하고 나서 이 문제를 해결하기 위해 무슨 도구(종이와 펜을 말하는 게 아니고 인지적 도구를 말한다)를 썼는지 묻는다. 이 과정에서 우리는 자신이 문제 해결에 쓰는 기법과 도구를 자각하게 된다. 이걸 우리가 의식적으로 더 수련하고 발전시켜야 한다는 이야기이다.

여기에서 우리는 대가의 사고방식을 엿볼 수 있다. 바로 이 사람이 무엇을 중시하는가 하는 것이다. 아마 게리 킬돌은 이런 방식을 통해 자신의 문제 해결 기법과 도구를 수련했을 것이다. 이게 오늘날 프로그래머들에게 여전히 유효한가? 그렇다고 생각한다.

주위를 둘러보면 휘황찬란한 도구들이 차고 넘치는 요즘, 어쩌면 당시보다 이게 더 중요할지도 모르겠다. 바이브 코딩을 하면서 생각을 깊이 하려고 하지 않게 되었다는 이야기가 심심치 않게 들리고, 인공 지능과 대형 언어 모델에 지나치게 의존하는 경우 학생들의 학습 능력이 오히려 위축된다는 최신 연구들(예: https://arxiv.org/abs/2506.08872)도 있지 않나. 그런 식으로 얼빠진 (mindless) 채 계속 작업하다가는 자신이 대형 언어 모델에 대체되는 지름길이 될 수도 있을 것이다.

이 책들을 읽다 보면 철 지난 기술에 대한 세세한 내용이 나온다. 독자들을 위해 한 가지 팁을 드리고 싶다. 우리가 지금 알아야 할 것은 어느 왕이 몇 년도에 태어났고, 전쟁이 몇 년도에 났느냐가 아니다. 그것이 어떤 역사적 의미가 있으며 당시의 문제의식은 뭐였고 어떤 선택을 했으며 후대의 평가는 무엇인지 이해하는 것이 역사 공부의 가치라고 할 수 있다. 마찬가지이다. 이 책에서도 기술 디테일을 꼭 좇을 필요는 없다. 그 대신 '번역'을 하며 읽기를 권하고 싶다. 이 이야기를 현재 나에게 어떤 의미로 번역할 수 있을지 자문하는 것이다. 그 기술적 문제를 해결하면서 당사자는 무슨 생각을 하고 어떤 의사 결정을 내린 걸까, 그 이면의 사고는 뭘까, 이런 생각을 하면서 능동적으로 이 책을 읽는다면 고리타분한 이야기가 팔딱팔딱 살아 숨 쉬는 이야기로 바뀔 것이다.

내가 한문 세대라는 점이 좋을 때가 있다. 박물관에서 조선왕조실록 원본을 보면서 옛 시절의 이야기가 살아 숨 쉬듯 나에게 다가오는 순간, 세종·영조의 얘기를 옆에서 듣는 황홀감은 내가 1990년대에 한 달에 인터뷰 하나씩 읽으면서 비지캘크 창시자, dBase 고안자, PFS 시리즈 창조자의 생각을 엿보며 느꼈던 감흥과 비슷하다. 여러분이 이 책을 읽으면서 그런 경험을 할 수 있기를 바란다.

김창준(애자일 컨설팅 대표)

옮긴이의 글

1980년대부터 1990년대에는 다양한 8비트·16비트 컴퓨터가 등장해 컴퓨터 업계는 그야말로 캄브리아기에 버금가는 호황을 맞이하고 있었다. 당시는 인터넷으로 정보를 손쉽게 얻을 수 있는 시기가 아니었고 다양한 컴퓨터 서적과 잡지가 시중에 나왔는데, 그중에서도 1983년 첫선을 보인 종합 컴퓨터 잡지인 『월간 마이크로소프트웨어』가 다양한 기술 동향 소개를 비롯해 좋은 연재 기사로 사람들 사이에 인기가 있었다. 저작권 개념이 명확하게 자리 잡기 전이라 이 잡지에 해외 책과 기사도 발췌되어 실렸는데, 해외 유명 프로그래머들과 인터뷰한 내용을 정리한 칼럼이 특히 마음에 들었다. 당시 주목을 받던 운영 체제, 데이터베이스, 스프레드시트의 핵심 부분을 만든 프로그래머들의 흥미로운 이야기에 시간 가는 줄 몰랐고 그때부터 프로그래밍 세계라는 별천지를 꿈꾸게 되었다.

시간이 흐르고 흘러 거의 30년이 지나 『월간 마이크로소프트웨어』에 실린 칼럼의 원서(《Programmers at Work: Interviews With 19 Programmers Who Shaped the Computer Industry》)를 번역할 기회가 생겨 감회가 새로웠다. 과연 어릴 때 느꼈던 영웅들의 이야기가 이제는 어떻게 느껴질까? 원서에는 있었지만 칼럼에는 빠진 사람들은 누구였을까? 과거에 경험과 지식 부족으로 놓친 부분은 무엇이었고, 컴퓨터와 소프트웨어 발전에 힘입어 요즘에 완전히 달라진 부분은 무엇이며, 아직까지도 유효한 부분은 무엇일까? 오만가지 감정이 교차하면서 번역을 시작했고, 이제 그 결과를 독자들과 함께 읽을 수 있게 되었다.

이 책의 가장 큰 미덕은 온갖 제약을 돌파하면서 우여곡절을 겪은 프로그래머들의 열정을 사실적으로 그리고 있다는 점이다. 요즘 생각하면 턱없이 부족한 하드웨어 성능(초창기 애플 II 모델은 램이 16KB였고 IIe 모델이 되어서야

64KB가 표준이 되었다), 사실상 플로피 디스크 드라이버용 장치 드라이버에 가까웠던 간단한 운영 체제라는 한계(참고로 한 시대를 호령했던 DOS는 Disk Operating System의 줄임말이다), 모든 저수준 코드부터 하나씩 쌓아 올려야 하는 어려움(오픈 소스라는 개념 자체가 없었다)을 이겨 내고 사용자들이 쓸 만한 제품을 만들어 우편으로 배포해야만 했다.(다시 한번 말하지만 당시는 요즘처럼 모든 것이 인터넷으로 연결된 세상이 아니었다.) 이런 상황에서도 코드의 미학과 예술성을 고민하고 초기 설계부터 신경을 쓰고 작지만 탄탄한 팀을 만들어 멋지게 협업하는 이야기를 듣고 있으면, 소프트웨어의 외형과 규모와 기능과 성능은 엄청난 변화가 있었지만, 이를 만드는 사람들의 열정과 노력은 예나 지금이나 다를 바 없다는 교훈을 얻는다.

- 자신의 작업에서 미적으로 만족스러운 요소를 찾으셨나요??
- 프로그래밍할 때 어떤 기분이 드시나요?
- 뛰어난 프로그래머를 구별하는 자질은 무엇인가요?
- 프로그램 개발은 고통스러운 과정인가요, 아니면 즐거운 과정인가요?

본문 인터뷰에 나오는 몇 가지 인상 깊었던 질문을 가져와 봤다. 지금도 가슴을 뛰게 만드는 이런 멋진 질문들에 대해 1980년대 강호를 주름잡던 최고의 프로그래머들은 과연 어떻게 대답했는지 살펴보면서 인공 지능이 프로그래머들을 대체할지도 모른다는 공포감이 짙은 그림자처럼 드리운 요즘 세상에서도 본질을 파고드는 여전히 유효한 대가들의 통찰을 확인하기 바란다.

2025년 9월
옮긴이 박재호

머리말

1986년 《Programmers at Work》를 발간하고 40여 년이 지났다. 첫 PC 혁명을 이끌어 나간 떠오르는 기술 선구자 19명과 심도 있는 대화를 나누는 이 책을 쓰기로 했을 때 소프트웨어는 이제 막 우리 세계를 잇기 시작하고 있었다. 프로그래머라는 직업은 불확실했지만 PC가 사무실과 가정에 보급됨에 따라 전면에 나타나고 있었다. 프로그래머들이 기술 지형을 바꾸는 창조적인 힘이 되었기 때문에 내 목적은 이 신비한 세계로 들어가는 창을 여는 것이었다. 그들과의 대담은 기술 자체만큼 드물고 귀중한 일이었다. 그들의 이야기가 드러낸 것은 예술가로서의 소프트웨어 개발자였다.

빌 게이츠는 인터뷰에서 "훌륭한 프로그래머와 이야기를 나눠 봤다면, 미술가가 자신의 붓에 대해 아는 만큼 프로그래머도 자신의 도구에 대해 알고 있다는 사실을 발견할 것입니다."라고 말했다. 빌 게이츠와 그의 동료들이 이 '붓'을 휘둘러 작가에게는 공책과 펜이 되고, 금융 종사자에게는 계산기와 장부가 되고, 사진작가와 디자이너에게는 그래픽 도구가 된 획기적인 소프트웨어를 만들어 냈음을 알 것이다. 대화 도중에는 탐구에 대한 낙관주의와 미지의 것에 직면했을 때의 겸손이 우러나왔다. 그들을 보면 모든 프로그램 뒤에는 인간의 마음, 바로 실수하기 쉽고 불안해하면서도 경이로움에 이끌리는 인간의 마음이 있다는 사실이 떠오른다.

신기술의 영향을 예측하기는 늘 어렵다. 1940년대에 IBM 회장 토머스 왓슨은 전 세계 시장에서 "컴퓨터 수요는 아마도 다섯 대"라고 추측한 것으로 유명하다. 그런데 1980년대 중반에 3800만 대가 넘는 PC가 팔렸다.

전국에서 큰 포부를 지닌 프로그래머들이 대학을 중퇴하고 차고, 신생 기업에서 코드를 작성했다. 이러한 초기 프로그래머들은 마침내 PC를 사거나 조립할 기회가 생기자 뛰어들어 기술을 갈고닦으며 자신의 아이디어를 컴퓨터라는 새로운 캔버스에 열정적으로 그려 냈다.

오늘날 우리는 또 다른 전환점에 서 있다. 인공 지능이 기술 지형을 어떻게 바꿀지 온갖 예측이 휘몰아치고 있다. 그 속도가 굉장해 온갖 가능성의 소용돌이에 휩쓸리기 쉽다. 그렇다면 질문은 '어떻게?'이다. 역사가 우리에게 무언가를 가르쳐 수는 것이 있다면 가장 오래 가는 교훈은 뉴스 머리기사를 보는 데서가 아니라 아직 존재하지 않았던 것을 과감히 상상한 선배들의 인내심 있는 창조적 궤적을 살펴보는 데서 나온다는 점이다.

첫 프로그래머들은 메모리가 64KB밖에 안 되는 PC에 기능을 집어넣어야 하는 등 만만치 않은 제약에 직면했지만 그들의 접근 방식과 해법은 오늘날에도 여전히 실제적인 교훈을 준다. 한 독자가 진공청소기용 마이크로컨트롤러 프로그래밍을 하다가 헌책방에서 이 책을 발견했다고 이메일을 보냈다. 그에게 이 책은 알고리즘과 통찰의 '보물 상자'였다.

이 대화를 다시 살펴보면 인간의 상상력이 여전히 기술 발전에서 핵심이라는 사실이 오늘날의 소프트웨어 개발자에게도 분명해질 것이다. 그리고 숙련된 엔지니어든 호기심 많은 학생이든 이 인터뷰들을 따라가다 보면 자신의 여정과 공명함을 알게 될 것이다.

과거 인공 지능의 주요 용도가 소프트웨어 코드 작성이 될 것이라고 예측한 사람은 거의 없었다. 그런데 이제는 프로그래머를 보조하고 프로그램을 생성하는 도구가 나오고 있다. 이를 위협이라 보는 사람도 있고 기회, 다시 말해 새로운 역할, 신선한 접근 방식, 분야를 가로지르는 새로운 창조적 협업을 위한 기회로 인식하는 사람도 있다. 이처럼 혼란한 순간에 가장 중요한 것은 예측이 아니라 적응성, 분별력이다. 밥 카는 인터뷰에서 이를 다음과 같이 상기시켰다. "예술적인 관점에서 보면 최고의 소프트웨어는 직관의 영역에서 나옵니다."

이 책에 담긴 목소리는 과거의 기록 이상이다. 끈기 있는 실천과 창조적인 영감으로 가득한 살아 있는 대화 모음이다. 이 책을 읽고 미래가 어떨지는 알아낼 수 없겠지만 자신의 손으로 미래를 어떻게 빚어낼지는 배울 수 있을 것이다. 그리고 기술 혁명의 한가운데서 동료 예술가로서 선배 개발자들로부터 위로와 공동체 의식을 얻을 수 있을 것이다.

이 책을 다시 찾은 독자들을 환영한다.

들어가는 글

유명한 프로그래머 인터뷰 시리즈를 써 보자는 아이디어는 마이크로소프트 프레스의 발행인인 민 S. 이(Min S. Yee)가 제안했다. 여러 책을 식접 십필하며 창삭 과정에서 겪은 분투와 성취에 익숙한 사람으로서, 민 이가 (원래 소프트웨어 회사이지만 또한 출판사도 운영 중인) 마이크로소프트에서 일하는 동안 작가의 작업과 프로그래머의 작업 사이의 유사점을 알아차렸다는 사실은 놀랍지 않다. 그는 마이크로소프트에서 프로그램 설계자와 이야기를 나누다가 프로그래밍에 예술, 기술, 과학 측면이 여러 가지로 미묘하게 함축되어 있음을 알게 됐다고 한다. 서점을 둘러보면 프로그래밍 입문서는 무수히 많지만 소프트웨어 설계자의 경험, 접근법, 철학을 개인적이면서 상세하게 드러내는 책은 부족하다. 따라서 마이크로소프트 프레스에서는 소프트웨어 이면에 숨겨진 인물들과 그 생각을 파고들기로 결정했다. 이렇게 하기 위한 최선의 방법은, 우리가 판단하건대, 전문가 개개인이 공개 인터뷰에서 자기 생각을 직접 말하게 하는 것이었다.

각 인터뷰의 목적은 소프트웨어 업계에서 매일 행해지는 개발에 대한 의견을 수집하거나 비밀 프로젝트에 대해 프로그래머에게 캐묻는 것은 아니었다. 그 대신 정신없이 급변하는 업계에서 세월이 흘러도 변치 않지만 때로는 간과되는 문제를 이야기하고자 했다. 우리는 매킨토시와 같은 운영 체제, 로터스 1-2-3와 같은 애플리케이션 프로그램, 팩 맨과 같은 컴퓨터 게임 개발에 들어가는 수수께끼와 마법을 드러내고 싶었다. 다음과 같은 여러 가지 질문을 던졌다. 아이디어는 어디서 비롯됐나요? 아이디어를 현실화하는 데 어떤 어려움이 있었나요? 주요 프로그램을 개발할 때 기분이 어떤가요? 프로그램은 예술인가요, 과학인가요, 기량(skill)인가요, 아니면 기예(craft)인가요? 그 소프트웨어를 다시 개발할 수 있겠나요?

인터뷰 진행자로서, 내 목표는 상대방을 지배하거나 속이거나 조종하는 것이 아니었다. 나는 내가 듣고 싶은 내용을 남이 말하게 유도하지 않았다. 내 목표는 최대한 전면에 나서지 않으면서 프로그래머에게 심사숙고할 자유를 제공하고, 프로그래머가 자신의 내면을 들여다보고 나서 자신만의 프로그래밍 방법에 대한 시각을 말로 표현하게 만드는 것이었다.

인터뷰 과정에서, 나중에 인터뷰를 읽고 비교하기 위한 판단의 틀을 제공하기 위해 모든 프로그래머에게 공통 질문을 했다. 우리는 프로그래밍에 접근하는 방식의 유사점과 차이점을 강조하는 데 도움이 될 만한 정해진 답이 없는 일반적인 질문을 만들려고 신경을 썼으며, 각 프로그래머의 개성과 남다른 관심사가 부각되게 만들었다. 그리고 실제로 의도대로 됐다. 게리 킬돌과 버틀러 램슨은 프로그램의 이론과 실제에 대해 사려 깊은 충고를 해 주었다. 댄 브리클린과 밥 카는 특정 프로그램 개발을 추적하는 데 집중했다. 반면에 밥 프랭크스턴과 제이린 리니어는 소프트웨어와 마이크로컴퓨터의 미래에 대해 예측했다. 이처럼 흥미로운 사실을 드러내는 다양한 이야기의 결과로 오늘날 프로그래머의 자세하고 다면적인 초상화를 그리기 시작할 수 있었다.

어떤 경우에는 인터뷰 대상자와 두세 차례 만나면서 여러 시간 동안 심사숙고하고 대화하고 토론하기도 했다. 하지만 인터뷰 마무리가 전체 과정의 끝은 아니었다. 녹음된 테이프에서 인터뷰를 녹취하고 편집하고 다듬었다. 그리고 나서 인터뷰 대상자에게 녹취 기록을 돌려주고 어떤 이야기를 했는지 읽을 수 있게 했다. 우리는 인터뷰 대상자들에게 인터뷰 내용을 고칠 기회를 주었으며, 그 결과 인터뷰 대상자들은 자신들이 말하고자 했던 바를 정확히 표현했다.

그 외에도 우리는 인터뷰 대상자 모두에게 작업 견본을 제공해 달라고 요청했다. 이렇게 수집한 코드 일부, 프로그램, 프로그램 설계 과정의 스케치나 낙서는 프로그래머들이 종이에 생각을 쏟아 낼 때 어떤 스타일인지 독자들이 이해할 수 있도록 도와준다. 우리는 다양한 자료를 전달받았다. 그중 몇몇은 역사적인 가치가 높다. 예를 들어 댄 브리클린은 초기 비지캘크의 설계 스케치를 제공했다. 앤디 허츠펠드가 보내 준 자료는 독보적인 가치를 지니는데, 그는 우리에게 30페이지가 넘는 매킨토시용 아이콘바운스(IconBounce)라는 완전한 프로그램을 보내 주었다. 이런 식으로 정리된 자료 덕분에 프로그래머들의 사고방식과 작품을 내밀하고 깊게 들여다볼 수 있었다.

세상에는 훌륭한 프로그래머가 매우 많다. 이 책에서 훌륭한 프로그래머를 모두 소개하지는 않는다. 이 책이 우리 시대의 걸출한 프로그래머와 함께 토론한 연속적인 시리즈의 첫 책인 이유가 바로 여기에 있다.

이처럼 변화무쌍한 업계에서 날마다 새로운 돌파구가 열리고, 획기적인 소프트웨어가 등장하고, 새로운 회사가 만들어진다. 업계의 주역들은 불과 하룻밤 사이에 흥망성쇠를 겪는다. 그런 세상에서 가장 뛰어난 프로그래머를 20명가량 찾아내려는 시도는 무모하기 짝이 없었다. 그렇게 하는 대신 우리는 주로 마이크로컴퓨터를 다루는 프로그래머에 초점을 맞춰 전문성과 경험의 단면을 보여주고자 했다. 비록 이 책에 포함된 몇몇 프로그래머는 미니컴퓨터와 메인 프레임 분야에서도 풍부한 경력을 쌓긴 했지만 말이다.

이 책 원서의 제목은 《Programmers at Work》로 다소 의문이 느껴질 수 있는데 '프로그래머'라는 단어에는 다양한 의미가 있기 때문이다. 소프트웨어 업계에서 '프로그래머'는 흔히 컴퓨터가 동작하게 만드는 소프트웨어를 작성하고 개발하는 사람을 칭하는 데 쓰인다. 소프트웨어 업계가 점점 정교하고 복잡해지면서 소프트웨어 설계자와 프로그래머 사이에 구분이 필요해졌다. 이 책의 목적에 따르면, 프로그래머라는 단어는 소프트웨어 개발자나 소프트웨어 설계자로 정의되며, 항상 그렇지는 않지만 대부분 실제 소스 코드를 작성하는 작업과 관련이 있다. 이 책에서 소개하는 몇몇 프로그래머(특히 버틀러 램슨, 이와타니 토루, 제프 래스킨)는 실제로 프로그램의 소스 코드를 작성하지 않았으며, 자신들을 프로그래머라기보다는 설계자라고 생각한다고 털어놓았다. 이 프로그래머들은 프로그램을 만들기 위한 아이디어를 떠올려 알고리즘을 개발하고 명세를 작성하고 기능을 설계했을지는 몰라도, 프로그램을 구성하는 여러 행의 코드를 작성하지는 않았을 것이다. 이처럼 개인들을 다재다능한 능력으로 분류하기란 늘 어렵다.

  이 책에서는 재능이 풍부한 프로그래머군에서 표본을 뽑으려 애썼다. 이 책에서 소개하는 몇몇 사람은 잡지 표지를 장식한 반면에, 몇몇 사람은 잘 알려져 있지 않다. 우리는 마이크로컴퓨터 혁명의 첫 테이프를 끊고 40대에 확실하게 자리 잡은 나이 든 프로그래머들부터, 우리가 오늘날 알고 있는 경계를 훨씬 벗어나 컴퓨터 혁명을 받아들이느라 열중하는 젊고 열정적이면서 덜 전통적인 사상가에 이르기까지 다양한 연령대와 넓은 경력 범위를 포함시켰다. 웨인 래틀리프와 찰스 시모니는 회사에서 일하고 조너선 색스와 피터 로이즌은 변함없이 독립적인 프로그래머로 활동하고 레이 오지, 게리 킬돌, 빌 게이츠는 열정적인 사업가로 활약하고 있다. 몇몇 사람은 활기가 넘쳤고 몇몇 사람은 환멸을 느꼈다. 몇몇 사람은 엄청난 성공을 거두었고 몇몇 사람은 그렇지 못했다. 하지만 이 책에서 주목하는 프로그래머들은 비범하며, 프로그래밍이라는 창의적인 과정과 컴퓨터 업계의 다양한 개성과 경험에 대해 아주 흥미로운 통찰을 제공한다.

  인터뷰의 의도는 현업 프로그래머들과 토론하는 것이었지만, 보너스로 주요 관계자가 전하는 소프트웨어 업계의 비공식적인 역사도 인터뷰에 포함됐다. 책에서 소개하는 몇몇 프로그래머는 원래 자신들이 만든 소프트웨어에 대한 공헌 이후 다른 제품과 전문 분야로 넘어가기는 했지만, 책의 순서는 대략 업계 역사 순서를 반영하고 있다.

  이 책은 찰스 시모니의 인터뷰로 시작한다. 시모니가 처음으로 컴퓨터와 친해진 계기는 그가 헝가리에서 러시아제 우랄 II 컴퓨터로 작업했던 1960년대로 거슬러 올라간다. 그런 다음 캘리포니아 대학교 버클리 캠퍼스에서 찰스 시모니를 가르친 교수이자 제록스 팔로 알토 연구소(이하 PARC) 시절 동료였던 버틀러 램슨으로 넘어간다. 램슨은 알토 개인용 컴퓨터 개발에 참여했으며, 마이크로컴퓨터 혁명을 촉진한 여러 핵심적인 발견에 관여했다. 또 다른 제록스 PARC 연구원이자 포스트스크립트 개발자인 존 워녹은 유타 대학교에서 서부로 넘어와 에반스와 서덜랜드의 지도하에 컴퓨터 그래픽스 분야의 전성기를 보냈다.

다음은 개인용 컴퓨터를 위한 첫 운영 체제인 CP/M을 개발한 게리 킬돌 차례이다. 이어서 빌 게이츠가 나오는데 그는 가장 널리 사용된 컴퓨터 언어 중 하나인 베이식을 구현하는 작업을 했다. PFS 시리즈 설계자인 존 페이지는 비즈니스 부문 개인용 컴퓨터에 입문한 사람들을 위한 맞춤형 프로그램 중 하나를 처음으로 만들었다. 웨인 래틀리프는 dBASE를 개발했으며, 이 프로그램은 마이크로컴퓨터 혁명의 아주 초창기부터 가장 복잡한 데이터베이스 프로그램 중 하나로 명성을 유지해 왔다. 그러고 나서 소프트웨어 업계의 동부 지역으로 넘어가 개인용 컴퓨터를 위한 첫 스프레드시트 프로그램 중 하나인 비지캘크를 만든 댄 브리클린과 밥 프랭크스턴을 만난다. 계속해서 로터스 1-2-3의 프로그래머인 조너선 색스 인터뷰가 이어지며, 그다음에는 레이 오지와 대화를 나눈다. 레이 오지는 로터스용 심포니를 개발하기 전에 데이터 제너럴에서는 조너선 색스의 직원으로, 소프트웨어 아츠에서는 댄 브리클린과 밥 프랭크스턴의 직원으로 일했다. 다음은 피터 로이즌으로, 비지캘크가 공개되고 6개월이 지나 등장한 또 다른 스프레드시트 프로그램인 T/Maker를 개발했다. 다음으로 심포니의 경쟁자인 프레임워크(Framework)를 개발한 밥 카의 차례이다. 이제 주의를 매킨토시로 돌려 원래 매킨토시 프로젝트를 담당했던 제프 래스킨, 맥 운영 체제 개발에 기여한 앤디 허츠펠드와 인터뷰를 진행한다.

이 책에서 주목하는 마지막 그룹에는 더욱 색다르고 실험적이고 예술적인 프로그래머가 포함된다. 우리는 경이로운 성공을 거둔 게임인 팩 맨의 디자이너 이와타니 토루를 일본 도쿄에서 만나 작업 이면의 철학에 대해 대화를 나눴다. 프로그래머이자 그래픽 디자이너 겸 음악가인 스콧 김과는 제4자(fourth-party) 소프트웨어와 급진적으로 새로운 사용자 인터페이스에 대한 아이디어를 토론했다. 역시 음악가이자 전직 게임 프로그래머인 제이린 리니어는 시각적인 프로그래밍 언어에 관여하고 있으며, 리니어는 이런 시각적인 프로그래밍 언어가 컴퓨터 경험에 새로운 차원을 더할 것이며 프로그래밍에 대변혁을 일으키리라 믿는다. 그리고 마지막으로 루카스필름의 마이클 홀리와 진행한 인터뷰로 끝을 맺는다. 24살인 홀리는 이 책에서 주목하는 가장 어린 프로그래머(그리고 음악가)이다. 홀리는 영화 필름의 오디오 요소를 편집하고 작곡하기 위해 사용될 새로운 컴퓨터인 사운드드로이드를 위한 소프트웨어 개발에 참여하고 있다.

우리는 이 책이 전문가로부터 소프트웨어 업계에서 성공하기 위한 비법을 배우고 싶은 현업 개발자뿐 아니라 열정적인 젊은 프로그래머를 위한 학습 도구로 쓰이기를 바란다. 하지만 교육적인 가치 말고도 이 책은 좋은 읽을거리를 제공한다. 이 책은 무대 뒤에서 어떤 일이 일어나고 있는지 궁금해하는 호기심 많은 사람들을 위해 획기적인 소프트웨어 제품 개발에 들어가는 무수한 아이디어, 방법론, 개성을 세부적으로 그리며 소프트웨어 업계 이야기를 재미있게 풀어낸다.

수전 래머스

Programmers at Work

1장

마이크로소프트 오피스 소프트웨어 개발 리더

찰스 시모니
Charles Simony

```
5200        22 7200 4    5240        16 5006 4        5220        16 5006 4    5260        16 5005 0
   1        00 0001 0       1        22 6570 4           1        02 0000 4       1        25 2267 0
   2        13 5214 0       2        22 5376 0           2        22 5332 0       2        22 5074 0
   3        22 5311 0       3        22 5306 0           3        11 0001 0       3        22 5015 4
   4        22 5171 4       4        02 7542 0           4        21 5415 4       4        22 5015 4
   5        22 5341 0       5        14 5515 0           5        25 2304 0       5        22 5134 4
   6        22 6631 4       6        21 5123 0           6        22 5074 0       6        02 5011 0
   7        11 0014 0       7        02 5121 0           7        22 7342 4       7        11 0001 0

5210        21 5345 4    5250        16 5012 0        5230        00 0002 0    5270        22 5157 4
   1        25 2302 0       1        22 5373 0           1        14 5514 0       1        22 5522 0
   2        22 5074 0       2        22 5171 4           2        21 5415 0       2        22 5435 4
   3        11 0002 0       3        00 0000 0           3        25 2300 0       3        22 6512 0
   4        21 5355 4       4        11 0016 0           4        22 5074 0       4        22 5435 4
   5        22 7000 4       5        21 5415 4           5        02 6077 0       5        22 5022 0
   6        56 0000 4       6        22 6570 4           6        16 5012 0       6        22 7342 4
   7        02 5002 4       7        22 5036 0           7        02 5002 4       7        00 0002 0
```

```
Oct  8 11:59 1985   exampleL Page 1

            vfli.dypAfter = 0;
            if (vfli.cpMac == caPara.cpLim)
                {
                int dyp = vpapFetch.cyaAfter / dyaPoint;
                vfli.dypLine += dyp;
                vfli.dypBase += dyp;
                vfli.cypAfter = dyp;
                }
/* First, need to scan thru grpchr, till we find a chr whose ich is >= ichMac
(this can happen because we add a chr and then decide to do the line break
before the character indexed by chr.ich) or until we reach &(**vhgrpchr)[vbchrMac]
*/
            for (pchr = pchrBeg = &(**vhgrpchr)[0],
                    (char *) pchrMac = (char *) pchr + vbchrMac;
                    pchr < pchrMac;
                    (char *) pchr += pchr->chrm)
                if (pchr->ich >= vfli.ichMac)
                    break;
/* Now, enter chrmEnd in grpchr. Note: no need to check for sufficient space*/
            vbchrMac = (char *) pchr - (char *) pchrBeg;
            pchr->chrm = chrmEnd;
            pchr->ich = vfli.ichMac;

            Scribble(5,' ');
            CkFli();
            return;
}
```

상단: 1965년에 러시아제 우랄 II 컴퓨터로 작성한 코드. 모든 변경 내용은 goto('22'로 시작하는 명령어)를 사용해 패치되어야 했다.

하단: 마이크로소프트 워드에서 가져온 '헝가리안' 코드. 예를 들어 vbchrMac이라는 이름은 변수가 전역(v), 마지막 구성 요소를 넘어서는 지점을 가리키는 현재 최댓값(Mac), chr 구조체의 그룹(b)을 가리키는 기반 포인터로 구성되어 있음을 보여 준다. 마이크로소프트 워드에 특화되긴 했지만 char라는 이름에는 문자 연속(CHAracter run)이라는 추가적인 의미도 포함되어 있다. 시모니의 '초기 헝가리안 스타일' 샘플은 부록(483쪽)을 참고하자.

찰스 시모니는 1948년 9월 10일 헝가리 부다페스트에서 태어났다. 고등학생 때 컴퓨터와 프로그래밍을 처음 접했는데, 당시 헝가리에 있던 몇 대 안 되는 컴퓨터 중 한 대를 다루던 엔지니어를 돕도록 그의 아버지가 기회를 마련했다.

1966년에는 고등학교 졸업과 동시에 첫 컴파일러를 완성했다. 컴파일러 작성 과정에서 얻은 경험을 토대로, 덴마크 코펜하겐의 A/S 라이네센트랄렌에 일자리를 얻을 수 있었다. 1968년에는 미국 캘리포니아 대학교 버클리 캠퍼스에서 공부하기 위해 덴마크를 떠나, 1972년 이학 학사 학위를 받았고, 1977년에 스탠퍼드 대학교에서 박사 학위를 받았다.

시모니는 캘리포니아 대학교 버클리 캠퍼스 컴퓨터 센터, 버클리 컴퓨터 코퍼레이션, 일리악(ILLIAC) 4 프로젝트, 제록스 PARC에서 일했으며 1981년부터 마이크로소프트에서 일하고 있다. 제록스에 있을 때에는 알토 개인용 컴퓨터에 사용할 브라보와 브라보 X 프로그램을 만들었다.[1] 마이크로소프트에서는 애플리케이션 소프트웨어 그룹을 조직해서 멀티플랜, 워드, 엑셀, 기타 인기 있는 여러 애플리케이션 제품을 만들었다.

찰스 시모니는 마이크로컴퓨터 세계의 거의 모든 곳에서 성취한 업적 면에서나, 동료들에게 미친 영향력 면에서나 큰 성공을 거두어 왔다. 겸손하지만 활발한 동료이자, 늘 웃을 준비가 되어 있으며, 컴퓨터와 관련이 있든 없든 어떤 주제에 대해서도 의견을 낼 수 있는 사람이다.

한 번은 점심 식사를 하면서, 다른 한 번은 사무실에서 시모니와 두 차례 만나는 동안, 마이크로소프트 엑셀의 특성에서부터 헬리콥터 조종, 현대 시(詩)의 양상에 이르기까지 다양한 주제로 대화했다. 그의 말투는 헝가리 억양이 뚜렷했는데 이 헝가리 스타일은 말할 때에나 프로그래밍할 때 시모니를 나타내는 대표적인 특징이 됐다. 해어진 청색 재킷과 셔츠와 청바지를 거의 매일 유니폼처럼 입고서 전형적인 1960년대 버클리 캠퍼스 학생의 용모를 유지했지만 그의 폭넓은 지식, 태도, 성취는 풍부한 지혜와 경험을 보여 주었다.

> 찰스 시모니는 2002년 마이크로소프트를 그만두고 인터내셔널 소프트웨어를 공동 창업했다. 이 회사에서 그는 마이크로소프트 리서치 시절 연구한 의도적 프로그래밍(intentional programming)에 기반을 둔 제품을 개발했다. 2017년 인터내셔널 소프트웨어는 마이크로소프트에 인수됐다. 2006년에는 소유즈 우주선을 타고 국제 우주 정거장에 방문하기도 했다.

진행자 첫 컴퓨터 프로그램을 헝가리에서 고등학교를 졸업하기 전에 완성했다고 들었는데 사실인가요?

시모니 그렇습니다. 그곳에서 첫 프로그램에 이어 전문적인 프로그램도 만들었습니다. 가장 먼저, 행과 열의 합이 모두 같은 값이 되는 마방진을 채우는 프로그램을 만들었습니다. 저는 고전적인 진공관 컴퓨터로 프로그래밍했습니다. 컴퓨터에 프로그램을 입력하기 위해 오후 내내 버튼을 누르면서 시간을 보냈습니다. 그날 저녁 늦게 두통에 시달리며 80×80 마방진 출력 결과를 담은 엄청나게 긴 종이 두루마리를 들고 집에 도착했습니다. 그때가 1964년이었습니다.

진행자 처음으로 작업한 컴퓨터는 무엇이었나요?

시모니 러시아에서 만든 우랄 II²라는 컴퓨터였습니다. 이 컴퓨터의 메모리는 불과 4K였고, 40비트 부동 소수점과 20비트 연산을 지원했습니다. 컴퓨터는 어셈블러 없이 팔진법 시스템으로만 프로그래밍할 수 있었습니다. 저는 팔진법으로 코드 수천 행을 작성했습니다.

우랄 II 컴퓨터는 콘솔을 통해서만 명령을 내릴 수 있었습니다. 정말 손으로 모든 작업을 해야 하는, 컴퓨터와 일대일로 마주하는 경험이었습니다. 컴퓨터 조작 기사가 카드 묶음을 실행하는 동안 결과를 기다리느라 우두커니 서 있을 필요가 없었습니다. 우랄 II는 프로그래머와 컴퓨터 사이에 아무도 없는, 개인용 컴퓨터와 똑같았기 때문입니다. 4K 메모리에, 속도가 느리다는 점은 1974년 등장했던 알테어와 무척 비슷했습니다. 1964년에 제가 우랄 II로 작업하며 느꼈던 흥분은 1974년에 빌 게이츠가 알테어로 작업하며 느꼈던 흥분과 다르지 않을 겁니다.

그렇지만 우랄 II는 몇 가지 측면에서 개인용 컴퓨터와 명백히 달랐습니다. 우랄 II는 엄청나게 큰 방만 한 크기였으며, 주로 콘솔 스위치를 이용했기에 입출력 방식이 믿기 힘들 만큼 원초적이었습니다. 콘솔은 구식 금전 등록기처럼 생겼습니다. 스위치가 세로로 여섯 줄 꽉 차 있었으며, 오른쪽에는 엔터 키가 있었습니다. 각 세로 줄마다 0부터 7까지 숫자가 인쇄된 키가 여덟 개 있었습니다. 그래서 2275를 입력하려면 2, 2, 7, 5에 해당하는 키를 눌러야 했습니다. 실수했을 땐 오른쪽 엔터 키를 누르기 전에 수정할 수 있었습니다. 이 모든 작업은 신이 났는데, 키를 누를 때마다 엄청난 소리가 났기 때문입니다. 스위치를 누를 때마다 찰칵찰칵 소리가 났습니다. 입력을 지우고 기본 상태로 돌아갈 때마다, 그러니까 이 모든 작업은 기계적으로 수행됐는데, 모든 키가 요란하게 '탁' 소리를 내며 동시에 풀렸습니다.

진행자 처음으로 만든 전문적인 프로그램은 무엇이었나요?

시모니 제가 처음으로 작성한 전문적인 프로그램은 매우 단순하고 포트란과 비슷한 고수준 언어를 위한 컴파일러였습니다. 정부 기관에 컴파일러를 획기적인 기술이라고 선전해 팔았는데 여태 한 푼도 쓰지 못했습니다. 개발 직후 헝가리를 떠났기 때문입니다.

그 무렵 저는 부다페스트 산업 박람회에서 덴마크 컴퓨터 업계 사람들을 만났습니다. 그들과 이야기를 나누며 새로운 컴퓨터에 대한 정보를 많이 얻었습니다. 그 이후에 열린 산업 박람회에는 제가 만든 자그마한 시연용 프로그램을 준비해 갔습니다. 컴퓨터가 긴 표식 중 어느 부분을 분석하고 있는지 어느 시점에서든 정확하게 피드백을 주는 프로그램이었습니다. 저는 덴마크 업계 사람 중 한 명에게 이 프로그램을 덴마크로 가지고 가서 책임자에게 보여 주라고 요청했습니다. 프로그램을 본 덴마크 회사 사람들이 마음에 들어 했던 게 틀림없습니다. 저에게 일자리를 주었거든요. 그렇게 해서 저는 헝가리를 벗어날 수 있었습니다.

저는 1년 반 동안 덴마크에서 프로그래밍 일을 했고, 캘리포니아 대학교 버클리 캠퍼스에 지원할 만큼 충분한 돈을 저축했습니다. 저는 대학교 내 컴퓨터 센터에서 프로그래머로 일했으며, 학비를 충당할 만큼 돈을 벌었습니다.

저는 버클리에 있는 동안 아주 멋진 스노볼 컴파일러를 작성했습니다. 컴퓨터 과학과 교수인 버틀러 램슨이 그 컴파일러를 무척 좋아해서, 수업 시간에 학생들에게 그 컴파일러를 사용하게 했습니다. 램슨과 여러 교수들이 버클리 컴퓨터 코퍼레이션을 창업하고 저에게 입사를 제의했습니다. 버클리 컴퓨터 코퍼레이션이 도산하자 핵심 그룹은 제록스 PARC로 흡수됐습니다.

진행자 자신의 프로그래밍 스타일에 영향을 준 사람은 누구인가요?

시모니 두 가지 영향을 받았는데요. 헝가리에서 만난 엔지니어 한 명과 덴마크에서 제가 작업했던 컴퓨터의 영향을 받았습니다. 헝가리에 있을 때 제 멘토는 우랄 II 컴퓨터로 작업했던 엔지니어였습니다. 저는 어른들의 길목을 막고 방해하는 아이처럼, 제가 있으면 안 되는 장소에 용케 머물도록 허락받는 대가로 공짜 서비스를 제공하는 열성적인 애호가였습니다. 컴퓨터실은 애들이 놀 곳은 아니었습니다. 아마 컴퓨터는 헝가리 전체에 다섯 대밖에 없었을 텐데, 컴퓨터 한 대 한 대는 엄청난 자산으로 여겨졌습니다.

진행자 그곳에 어떻게 발을 들여놓을 수 있었나요?

시모니 제 아버지는 전기 공학 교수였고 그 엔지니어는 제 아버지의 학생이었습니다. 제가 드나들 수 있게 한번 봐 달라고 아버지가 그 엔지니어에게 부탁하셨을 겁니다. 저는 그에게 도움이 되기 위해 노력했습니다. 처음에는 엔지니어에게 점심을 갖다 주었고, 그다음에는 탐침을 잡았고, 마침내는 야간 당직을 서겠다고 제안했습니다.

당시에는 항상 컴퓨터를 밤에 끄고 아침에 켰습니다. 진공관을 끄고 켤 때,

냉각과 가열이 반복되어 필라멘트가 끊어지기 쉽습니다. 컴퓨터에 진공관이 2000개 정도 장착되어 있었는데, 켤 때마다 매번 하나가 끊어졌습니다. 그러면 매일 아침 끊어진 진공관을 찾기 위해 한 시간을 낭비해야 했습니다. 제가 야간 당직을 서게 되자, 사람들은 컴퓨터를 켠 상태로 둘 수 있었고, 아까운 한 시간을 절약할 수 있었습니다. 그리고 저는 밤에 당직을 서는 동안 컴퓨터를 사용할 수 있었습니다.

게다가 저는 담당 엔지니어와 좋은 친구가 됐습니다. 담당 엔지니어는 수학 천재였습니다. 저에게 기호적인 문제와 수학적으로 생각하는 방법에 대한 초창기 요령을 많이 가르쳐 주었습니다.

덴마크에서 작업했던 컴퓨터 또한 저에게 믿기 힘들 정도로 큰 영향을 미쳤습니다. 그 당시, 그 컴퓨터는 기어 알골(Gier Algol)이라는, 아마도 세계 최고의 알골 컴파일러를 탑재하고 있었습니다. 저는 덴마크로 가기 전, 이 컴파일러의 전체 코드 목록을 확보해서 안팎으로 낱낱이 연구했습니다. 이 컴파일러는 모두 기계어로 작성됐기에, 기계어 프로그래밍과 컴파일 과정에서 드러나는 미적인 방법 두 가지 모두를 배울 수 있었습니다. 이 컴파일러는 페테르 나우르가 설계했습니다. BNF(Backus-Naur Form)라고 하는 배커스-나우르 표기법의 N이 바로 나우르에서 따온 것입니다. 저는 그 프로그램을 속속들이 알았으며, 지금도 그렇습니다.

예를 들어 제가 버클리에서 작성한 스노볼 컴파일러는 변주에 불과했습니다. 기어 알골 프로그램이 여전히 제 마음속에 있고, 오늘날 제 프로그래밍에 영향을 미쳤다고 생각합니다. 저는 항상 '만일 이 부분이 그 알골 컴파일러에 속해 있었다면 어떻게 처리됐을까?' 하고 스스로에게 묻습니다. 기어 알골 컴파일러는 정말 너무나도 똑똑한 프로그램입니다.

제가 확실히 기억하고 있는 개념 한 가지는 기어 알골 컴파일러에서 소스 코드를 뒤에서부터 탐색하는 방법입니다. 알고 보니 어떤 경우에는 뒤에서부터 탐색했을 때, 조금 전까지 복잡해 보였던 문제가 갑자기 아주 쉬워지더군요. 예를 들어 전방 참조를 해결하는 문제는 까다로울 수 있습니다. 하지만 뒤에서부터 탐색하면 후방 참조가 되므로 문제를 해결하기 쉬워집니다. 새로운 방식으로 프로그램을 살펴보기만 해도 이전에는 다소 풀기 어려웠던 문제가 풀기 쉬운 문제로 바뀌는 경험을 할 수 있습니다. 알골 컴파일러는 경이로운 비법으로 가득 차 있었습니다.

진행자 **어떻게 마이크로소프트에 합류하게 됐나요?**

시모니 제록스를 떠나기로 결정하고 나서 저는 이직을 알아보았습니다. 이더넷 공동 발명자이자 3Com 창립자로 유명하며 저보다 몇 해 앞서 제록스를 떠난 밥 멧캐프와 점심을 먹었습니다. 멧캐프는 제가 반드시 만나야 할 사람들의 명단을 만들어 주었습니다. 1번은 빌 게이츠였습니다. 2번이 누구인지 기억하지 못하는 이유는 2번까지 가지도 못했기 때문입니다.

진행자 **프로그래밍은 기술인가요, 아니면 기량인가요?**

시모니 프로그래밍이란 무엇일까요? 어떤 사람들은 과학이라고 부르고, 어떤 사람들은 예술이라고 부르고, 어떤 사람들은 기술 또는 숙련을 요하는 전문성이라고 부릅니다. 저는 프로그래밍이 세 가지 측면에 모두 해당한다고 생각합니다. 우리는 프로그래밍에 예술적인 측면이 많다고 주장하지만, 또한 과학적인 측면도 많다는 사실을 알고 있습니다.

아이들은 학교에서 수학을 배웁니다. 고등학교를 마칠 때쯤 아이들은 수학을 더하기와 곱하기라고 생각할 것입니다. 아니면 아마도 대수나 미적분이라고 생각할지도 모릅니다. 하지만 더하기 같은 단순한 연산조차도 계산 이면에 이론을 뒷받침하는 과학이 믿기 어려울 만큼 존재합니다.

또한 컴퓨터 프로그래밍 이면에도 이론을 뒷받침하는 엄청난 과학이 있습니다. 예를 들어 괴델의 정리를 위한 수학적인 증명은 매우 길고 복잡하지만, 컴퓨터 과학에서 나온 튜링의 정리 몇 가지를 활용하면, 증명은 금방 단순해집니다. 정보 이론과 컴퓨터 과학의 다른 이론들은 수학에 엄청난 영향을 미쳤고, 그 반대도 마찬가지입니다.

프로그래밍에서 과학도 중요하지만 동시에 숙련을 요하는 전문성도 중요합니다. 실제로 많은 사람에게 프로그래밍은 많은 정성을 들여 공구를 제작하는 것처럼 복잡한 기술입니다. 저는 사람들이 '과학, 예술, 기술'이라는 세 가지 분야에 각별히 신경을 쓰면 아주 흥미로운 결과를 얻을 수 있다고 생각합니다.

진행자 프로그래밍 중에서 어떤 부분을 예술로 보시나요? 사용자 인터페이스 설계인가요?

시모니 저는 사용자 인터페이스 설계뿐 아니라 프로그램 외관에도 확실히 미적인 측면이 존재한다고 생각합니다. 흉측한 화면을 보면 프로그래머의 예술적인 한계가 보입니다. 그렇지 않은데 컴퓨터 프로그래밍이 예술이라면 고에너지 물리학도 예술입니다.

진행자 미적인 측면이 단지 사용자가 프로그램을 인식하는 방식하고만 연관되어 있을까요, 아니면 다른 프로그래머가 프로그램을 살피며 어떻게 작성됐는지 파악할 때에도 유의미할까요?

시모니 아주 당연히 다른 프로그래머에게도 의미가 있습니다. 제 생각에 저는 코드 목록과 컴퓨터 자체의 미적인 측면에 늘 매료됐습니다.

예를 들어 러시아 컴퓨터는 공상 과학 영화 속 컴퓨터처럼 보였습니다. 정보의 비트 하나를 저장하는, 켰다 껐다 할 수 있는 장치인 플립플롭에는 구식 오렌지색 기체 방전식 전구가 장착되어 있었습니다. 유리문과 캐비닛 뒤에서 오렌지색 전구 수백 개가 깜빡였습니다. 컴퓨터가 온전한 생명체인 양 눈앞에서 고동치고 있었습니다.

덴마크 컴퓨터는 아름다운 가구를 보는 듯했습니다. 대략 골동품 옷장 정도의 크기였습니다. 컴퓨터 전면에는 티크 원목으로 만들어진 문이 세 개 있었습니다. 한 번은 미국 임원이 티크로 마감된 것을 보고 믿을 수 없다는 듯이 컴퓨터를 바라봤습니다. 심지어 덴마크의 현대적인 콘솔도 있었습니다. 컴퓨터 전체에서 매혹적인 티크 향을 풍겼습니다.

버클리 컴퓨터는 가로 6m, 높이 2m, 세로 60㎝로 상당히 컸습니다. 이 컴퓨터는 완전히 검은색으로 칠해진 콘크리트 구조물에 감춰져 있었습니다. 컴퓨터를 비추는 조명이 구조물 내에 위치한 방식이어서 영화 〈2001: 스페이스 오디세이〉에 나오는 모노리스와 비슷했습니다.

진행자 특정 프로그램을 볼 때, 코드 목록이나 알고리즘 구조를 미적으로 아름답거나 매력적이게 만드는 요소는 무엇이라고 생각하시나요?

시모니 저는 코드 목록이 집을 청소할 때 얻는 즐거움과 비슷한 뭔가를 준다고 생각합니다. 사람들은 집이 어수선한지, 쓰레기와 더러운 접시가 널려 있는지, 아니면 정말 깨끗한지 슬쩍 보기만 해도 알 수 있습니다. 물론 별 의미가 없을지도 모릅니다. 집은 깨끗해도 '죄악의 소굴'³일 가능성이 있습니다. 하지만 깨끗함은 중요한 첫인상이며, 프로그램에 대해 뭔가 말해 줍니다. 저는 멀리 떨어져서 봐도 어떤 프로그램이 나쁜지 확실히 구분할 수 있습니다. 프로그램이 좋은지는 단언할 수 없지만 3m 바깥에서 나쁘게 보인다면 그 프로그램이 주의 깊게 작성되지 않았다고 확신할 수 있습니다. 주의 깊게 작성되지 않았다면, 논리적인 관점에서 봐도 아름답지 않을 가능성이 높습니다.

하지만 프로그램이 좋아 보인다고 가정합시다. 그러면 더 깊이 파고듭니다. 프로그램의 구조를 이해하는 작업은 훨씬 어렵습니다. 프로그램의 구조를 아름답게 만드는 요인에 대해서는 사람마다 의견이 다릅니다. 아주 엄격한 수학적인 방식에서 사용되는 아주 단순한 구성 요소만으로 이뤄진 구조적 프로그래밍만이 아름답다고 생각하는 순수주의자가 있습니다. 프로그래머들이 구조라는 개념을 제대로 인지하지 못했던 1960년대 이전 상황에서는 이런 순수주의가 꽤나 합리적인 반응이었습니다.

하지만 제가 보기에, 이런 개념을 따르지 않더라도 결점을 상쇄할 만한 다른 주안점이 있다면 프로그램은 아름다울 수 있습니다. 고전 시와 현대 시를 비교하는 행위와 비슷합니다. 저는 고전 시가 훌륭하다고 생각하며, 사람들이 고전 시를 감상할 수 있다고 생각합니다. 하지만 사람들이 단지 고전 시만 감상하도록 스스로를 제한할 수는 없습니다. 물론 종이에 아무 단어나 갈겨쓰고 시라고 부르기만 하면 아름답다고 주장할 수 있다는 뜻은 아닙니다. 코드에 결점을 상쇄할 만큼 좋은 품질이 뒷받침된다면, 수학적인 관점에서 구조적이지 않아도 아름다울 수 있다고 생각합니다.

진행자 누군가 당신의 소스 코드를 읽고 "이 코드는 찰스 시모니가 작성했네요."라고 말하는 상황이 현실적으로 가능할까요?

시모니 물론이죠. 의심의 여지가 없습니다. 제가 코드를 직접 작성했는지 아닌지 구분하기는 상당히 어렵지만 한 가지는 확실합니다. 코드를 살펴보고 제 조직에서 작성됐는지 또는 제 영향력 아래에서 작성됐는지는 알 수 있습니다. 1972년 무렵부터 제가 작성한 모든 코드는 흔히 '헝가리안'이라고 부르는 특정 표기법에 맞춰 작성되어 왔기 때문입니다. 브라보, 마이크로소프트 워드, 멀티플랜, 기타 헝가리안 표기법으로 작성된 다양한 소프트웨어를 비롯해 제가 영향을 미친 코드는 전부 즉시 알아챌 수 있습니다.

진행자 '헝가리안' 표기법은 무엇을 의미하나요?

시모니 '헝가리안'이라고 부른 건 익살이었습니다. 사람들이 이해 안 되는 글을 봤을 때 "그리스어로 쓴 것 같아." 하고 농담처럼 말하지 않습니까? '헝가리안'은 그 표현을 비튼 것입니다. 그 작명 관례는 원래는 코드를 더 가독성 있게 만들려고 의도한 것이기 때문입니다. 다시 말해 프로그램이 가독성이 몹시 떨어지면 헝가리어로 쓰는 게 차라리 더 낫겠다는 우스갯소리입니다. '헝가리안' 표기법은 프로그램에서 모든 타입 이름을 제어하기 위한 관례 모음입니다.

프로그램을 분해해서 분쇄기에 넣고 조각을 정렬하면 프로그램의 대부분은 이름으로 되어 있음을 발견할 것입니다. 코드를 그냥 'apples+oranges'라고 작성했다면 이름 'apples'는 여섯 글자, 연산자 '+'는 한 글자, 이름 'oranges'는 일곱 글자이므로 총 열네 글자입니다. 단지 더하기 기호 글자 하나만 연산 수행과 관련이 있습니다. 따라서 저는 프로그래밍 과정에 영향을 미치거나 상황을 개선하려면, 가장 큰 덩어리부터 개선해야 한다는 게 논리적이라고 생각했고, 그 첫 번째가 바로 '이름'이었습니다. '헝가리안'은 명명된 타입의 특성으로부터 이름을 거의 자동으로 만들어 내는 방식입니다. 재단사라면 이름을 테일러(Taylor)로, 대장장이라면 이름을 스미스(Smyth)로 부르는 아이디어와 상당히 비슷합니다.

따라서 특정 멤버를 가진 구조체가 있다면, 임의의 이름을 붙여서 모든 사람이 이름과 타입 사이의 관계를 배우게 만드는 대신, 타입 자체를 이름으로 사용하는 것입니다. 이런 방법에는 장점이 많습니다. 먼저, 작명이 아주 쉽습니다. 타입을 생각해서 그대로 적으면 즉시 이름이 나옵니다. 다음으로, 이해하기 쉽습니다. 이름 자체에서 타입에 대한 힌트를 많이 읽어 낼 수 있기 때문입니다. 다만 이런 타입이 많아질수록 간결하게 기술하기 어려워집니다. 따라서 '헝가리안'은 좁은 공간에 타입을 인코딩하기 위한 몇 가지 축약된 표기법을 도입합니다. 당연히 이런 표기법은 특별한 지식이 없는 사람들에게는 완전히 뒤죽박죽된 글자처럼 보이기에 '헝가리안'이라는 농담이 나왔습니다.

몇몇 사람은 코드에서 개별 단어를 읽을 수 있는 경우 프로그램의 가독성이 높다고 생각합니다. 사실상 가독성은 그런 의미에서 중요하지 않습니다. 어느 누구도 코드 목록을 가져와 강단에서 큰소리로 프로그램을 읽지는 않습니다. 중요한 것은 이해력입니다. 단순히 단어를 읽고 발음할 수 있다는 사실은 쓸모가 없습니다. 사람들이 '헝가리안'으로 작성된 코드 목록을 볼 때, 발음하기 어렵다는 사실을 알고 가독성이 떨어진다고 생각할지도 모르겠습니다. 하지만 사실은 더 이해하기 쉽고 의사소통하기 쉽습니다. 이유는 이름과 타입 사이의 연관성 때문입니다. 헝가리안을 사용하는 사람들은 보통 제 조직을 떠난 뒤에도 계속해서 사용합니다. 애플 컴퓨터, 3Com, 기타 여러 회사의 몇몇 조직에서 헝가리안을 사용합니다.

진행자 **프로그램을 만드는 동안 거치는 프로세스에 대해 이야기를 해 보죠. 모든 프로그램에 적용 가능한 프로세스가 있나요?**

시모니 물론입니다. 프로그래밍에 한정해서 이야기하자면, 제가 스스로 무엇을 하고 싶어 하는지 이미 알고 있다고 가정해 보죠. 제가 무엇을 하고 싶은지 알지 못하더라도, 모든 문제 해결에 적용되는 공통적인 프로세스가 있을 것입니다. 무엇을 하려고 시도 중인가, 목표가 무엇인가 하는 것들이죠.

예를 들어 철자 교정기를 탑재한 메뉴 구동 방식의 빠른 텍스트 편집기를 만들고 싶다고 하죠. 프로그래밍을 시작하기에 앞서 최종 결과물이 어떤 모습이어야 하는지 알 필요가 있습니다. 때로는 저는 목표를 선택하면서 이미 활용 가능한 기술에 의존합니다. 브라보의 경우, 프로그램은 알고리즘에 따라 개발됐습니다. 버틀러 램슨이 흥미로운 몇 가지 알고리즘을 설명했는데, 우리는 이를 최대한 활용하기 위해 알고리즘을 중심으로 편집기를 작성하려 시도했습니다. 또한 J. 스트로더 무어, 그러니까 보이어-무어 문자열 탐색 알고리즘을 만든 무어가 문서 편집을 위한 매우 흥미로운 몇 가지 알고리즘을 고안했습니다. 우리는 무어의 편집 알고리즘, 램슨의 화면 갱신 알고리즘, 몇 가지 캐시를 포함하는 편집기를 만들기로 했습니다. 일단 목표를 제대로 파악하고 나면 실제 프로그래밍 작업을 시작합니다. 저는 주차(P)에서 운전(D)으로 기어를 바꾸고, 자리를 잡고, 문을 닫고서, "이제 저는 프로그래밍 작업을 할 겁니다."라고 말합니다.

진행자 기어를 넣고 실제 프로그래밍을 시작할 때, 가장 먼저 하는 작업은 무엇인가요?

시모니 프로그래밍의 첫 단계는 상상입니다. 어떤 일이 벌어질지 마음속에서 수정 구슬처럼 명확하게 만듭니다. 이런 초기 단계에서 저는 종이와 연필을 사용합니다. 종이에 끼적거릴 뿐 코드를 작성하지는 않습니다. 상자 몇 개와 화살표 몇 개를 그리지만 대부분 낙서 수준입니다. 실제 그림은 제 마음속에 존재하기 때문입니다. 저는 유지 보수할 코드의 구조, 코드로 구현하고 싶은 현실을 나타내는 구조를 상상하는 것을 좋아합니다.

저는 일단 구조를 아주 튼튼하게 잡고 마음속에서 명확하게 하고 나서야 코드를 작성합니다. 터미널 앞에 앉아서, 아, 과거였다면 종이를 들었겠죠, 프로그램을 작성합니다. 이런 작업은 상당히 쉽습니다. 저는 여러 변환 루틴을 작성할 뿐인데, 결과가 어떻게 되어야 하는지 이미 알고 있습니다. 대다수 코드는 저절로 작성되지만 제가 유지하는 자료 구조가 핵심입니다. 자료 구조를 최우선으로 고려해야 하며, 전체 프로세스를 거치는 동안에도 자료 구조에 유념해야 합니다.

진행자 자료 구조 수립이 가장 큰 단계인가요?

시모니 물론입니다. 자료 구조 수립이 가장 큰 단계입니다. 최상의 알고리즘에 대한 지식은 과학이고 구조의 상상은 예술입니다. 알고리즘의 세부 사항에 따라 구조체 위에서 변환 루틴을 구현하기 위해 효율적인 코드를 작성하는 일은 프로그래밍에서 숙련을 요하는 부분입니다. 기술적으로 이를 '구조에서 불변성 유지하기'라고 합니다. 불변성을 유지하는 코드 작성은 상대적으로 단순한 장인 정신의 발로이지만, 이 과정에서 많은 주의와 규율이 필요합니다.

진행자 프로그래밍에 권태를 느낀 적이 있나요?

시모니 있습니다.

진행자 프로그래밍 작업은 고통스러운 과정인가요, 아니면 유쾌한 과정인가요?

시모니 두 가지가 섞여 있습니다. 매분 매초 즐거운 척하는 건 바보 같다고 생각합니다. 운동선수가 "다치지 않으면 충분히 열심히 하지 않은 거야."라고 말하는 것과 비슷합니다. 20년이 지나고 나서 보니 1년이나 2년 정도 프로그래밍을 했을 때 느꼈던 참신한 기분은 거의 사라졌습니다. 그런 참신한 기분을 느낄 때도 가끔 있지만 예전만큼은 아닙니다. 어쩔 수 없죠.

진행자 정해진 일과가 있나요? 매일 프로그램을 하시나요, 아니면 잠시 동안 문제에서 벗어나 있다가 일주일 내내 작업을 하시나요?

시모니 매일 프로그래밍을 하지는 못합니다. 문제에서 손을 떼야 할 필요는 없는데, 그 이유는 사람들이 저를 방해하기 때문입니다. 밤에 프로그래밍하고 낮에 방해받는 게 제 일과입니다.

진행자 밤에는 사무실로 일하러 가시나요, 아니면 집에서 일하시나요?

시모니 저는 사무실에서 일합니다. 사무실 가까이에 살고 있어서 어렵지 않습니다. 단지 집에서 다른 방으로 이동하는 정도입니다. 저는 프로그래밍할 때 개인 작업실로 들어가지 않고 사무실로 갑니다. 사무실은 집에서 2분 거리에 있습니다.

진행자 부하 직원으로 있는 프로그래머를 어떻게 관리하시나요? 프로그래밍보다 관리 업무를 더 많이 한다고 느끼시나요?

시모니 둘 다 합니다. 지금은 프로그램을 좀 더 많이 하고 있습니다. 브라보 개발 시절에는 프로그래머들을 매우 사소한 부분까지 직접 관리했습니다. 한 번은 메타프로그램이라는 믿기 어려울 정도로 세부적인 작업 문서를 직접 작성한 적이 있습니다. 상당히 고수준 언어로 작성됐다는 점만 제외하고 메타프로그램은 여느 프로그램과 거의 비슷했습니다. 우리는 스탠퍼드에서 활기 넘치는 직원 두 명을 '피험자'로 고용했습니다. 두 직원은 제가 작성하기를 바란 바로 그 방식으로 프로그램을 작성했고, 우리는 두 가지를 만족할 수 있었습니다. 먼저, 상당한 고수준 언어로 작업하는 편이 저에게 더 쉬웠습니다. 본질적으로 사람들을 프로그래밍하는 작업이었으니까요. 다음으로, 제가 프로그램을 완료한 다음에 코드 목록을 주고서 "이 프로그램을 연구해 보세요."라고 말하는 경우보다 두 직원이 프로그램을 훨씬 제대로 배웠습니다. 이게 가능했던 이유는 두 사람이 프로그램을 직접 작성했기 때문입니다. 보세요, 모두가 자신이 프로그램을 작성했다고 주장할 수 있었습니다. 저도 프로그램을 작성했고, 두 직원도 프로그램을 작성했습니다. 정말 훌륭했습니다.

저는 몸소 시범을 보이거나 코드를 자주 검토하는 방식이 최선의 관리 방식이라고 생각합니다. 우리는 항상 코드 검토를 하려고 노력합니다.

진행자 프로그램 하나를 프로그래머 두 명 이상이 작업하면 더 빨리 개발할 수 있을까요?

시모니 반드시 그렇지는 않습니다. 프로그램 작성에 더 많은 사람이 투입될수록,

개인이 만드는 코드의 실제 분량은 줄어듭니다. 따라서 작성되는 전체 코드가 얼마 동안은 더 늘어나지만, 실제로는 줄어들지도 모릅니다. 두 명이면 단위 시간당 코드를 50% 더 만들 수 있을 겁니다.

그런데 프로그램에 투입되는 사람 숫자가 많아질수록 코드의 효율성도 감소합니다. 가장 효율적인 프로그램은 한 명이 작성한 프로그램입니다. 유일한 문제는 프로그램 작성에 시간이 오래 걸릴지도 모른다는 건데, 이를 받아들이기는 어렵습니다. 따라서 한 프로젝트에서 두 명 또는 세 명, 다섯 명 또는 열 명, 수백 명에 이르는 사람이 함께 작업하게 됩니다.

진행자 프로그램 작성에 걸리는 시간을 예측하실 수 있나요?

시모니 프로그램 작성에 걸리는 시간을 예측하기란 무척 어렵습니다. 왜 그렇게 어려운지 합리적으로 설명할 수 있습니다. 예측하기 위해 최선을 다할 필요가 없다는 의미는 아닙니다. 날씨 예측이 경제 부문을 비롯한 여러 부문에 편익을 제공하듯이 시간 예측이 유용한 이유도 있기 때문입니다.

정말 훌륭한 프로그램은 영원히 살아남을 겁니다. 적어도 하드웨어가 존재하는 동안에는 말입니다. 심지어 더 오래 살아남을지도 모릅니다. 물론 작성하는 데 엄청난 시간이 걸릴 것입니다. 확실히 브라보는 알토라는 하드웨어가 존재하는 동안에는 살아 있었습니다. 여름 동안 사람들은 팀을 이뤄 브라보를 개발했습니다. 여름이 끝나 갈 무렵, 프로그래머 중 한 명이 떠났고 나머지 사람은 남았습니다. 첫 번째 릴리스는 대략 3개월이 걸렸습니다. 5년이라는 기간 동안 대략 14번에 걸친 릴리스가 있었습니다.

이는 멀티플랜도 동일합니다. 멀티플랜이 마이크로소프트 엑셀 안에 살아 있다고[4] 생각하면, 멀티플랜의 역사는 계속해서 이어질 것입니다. 그리고 매킨토시에서 동작하는 마이크로소프트 엑셀은 매킨토시에서 마지막 프로그램으로 끝나지 않고 다른 프로그램으로도 바뀌지 않을 것입니다. 마이크로소프트 엑셀은 윈도에서 계속 이어질 것입니다.[5]

진행자 브라보 개발 당시 제록스 알토가 모든 사람이 사용하게 될 컴퓨터라고 생각하셨나요?

시모니 그렇게 생각했습니다. 순진했던 거죠. 그런데 알토의 후계자가 모든 사람이 사용할 수 있는 컴퓨터로 자리 잡고 있으니 어떻게 보면 제가 옳았습니다. 어떤 면에서는 매킨토시 컴퓨터와 윈도 컴퓨터가 알토의 후계자입니다. [시모니는 전화를 받느라 잠시 멈췄고 짧게 통화한 다음에 계속 대화를 이어 갔다.] 조금 전에 얘기한 여름 인턴 중 개발 팀에 남았던 톰 멀로이가 전화했습니다. 멀로이와는 1년 정도 이야기를 나누지 못했습니다. 그는 애플로 이직해 리사 컴퓨터용 편집기 프로그램을 작성했습니다.

진행자 프로그램을 작성하는 이유가 무엇인가요? 밥벌이, 전문 직업, 아니면 돈을 버는 수단으로 보시나요? 프로그래밍 실력을 타고났다고 생각하시나요?

시모니 프로그래밍은 말씀하신 모두에 해당한다고 생각합니다. 저는 젊었을 때 프로그램에 재능이 있었습니다. 심지어 프로그래밍을 모를 때조차도 저는 프로그래밍에 관해 상당히 많은 것을 알고 있었습니다. 복잡한 내용도 쉽게 기억할 수 있었습니다. 나이가 들면서 기억하기가 점점 더 힘들어집니다. 상상력은 점점 더 흐려지고 있습니다.

진행자 상상력이 점점 더 흐려지는 이유는 무엇인가요?

시모니 아마도 나이가 들면서 사고방식이 달라지기 때문일 것입니다. 요즘은 정말로 집중해야 하고, 스무 개나 서른 개 정도 되는 구성 요소로 뭔가를 명료하게 상상하려고 하면 머리가 아플 것 같습니다. 제가 젊었을 때에는 방이 스무 개 있고, 각 방마다 서로 다른 열 가지 물체가 들어 있는 성을 상상할 수 있었습니다. 그때는 아무 문제없었습니다. 하지만 지금은 더 이상 그런 식으로 상상할 수 없습니다. 이제는 주로 기존 경험으로부터 생각을 합니다. 그림 엽서 같은 선명함 대신 이제 막 뭉게뭉게 피어난 작은 구름이 뭉쳐 큰 구름이 되는 모습을 봅니다. 하지만 더 나은 프로그램을 작성합니다.

진행자 좋은 프로그래머가 되기 위해 따라야 하는 공식이 있나요?

시모니 없을 겁니다.

진행자 좋은 프로그래머가 되는 건 재능의 영역일까요, 아니면 교육의 영역일까요?

시모니 가능성 있는 사람을 좋은 프로그래머로 만드는 몇 가지 공식은 있습니다. 우리는 재능 있는 사람을 고용합니다. 저는 그들이 재능을 어떻게 얻었는지도 모르고, 신경도 쓰지 않습니다. 그러나 그런 사람들은 어쨌든 재능이 있습니다. 재능을 갖추고 있다면 그다음부터는 환경이 엄청난 영향을 미칠 수 있습니다.

프로그래머들은 출근 첫날에 책 몇 권을 받습니다. 그중 하나는 수학자인 조지 폴리아가 쓴 《어떻게 문제를 풀 것인가》입니다. [시모니는 책상 옆 책장에서 책을 꺼내 와서 어딘가로 페이지를 넘겼다.] 이 두 페이지가 중요합니다. 나머지는 단지 이 두 페이지를 장식하고 있을 뿐입니다. 이 책은 문제 해결을 위한 체크리스트와 같습니다. 이 책은 비행 전, 이륙, 착륙을 위한 체크리스트입니다. 비행 방법을 설명하는 대신, 이렇게 점검하지 않으면 심지어 비행 방법을 이미 알고 있더라도 추락할 수 있다는 사실을 알려 줍니다.

우리는 문제 해결을 위해 다음 네 단계를 따릅니다. 먼저, 문제를 이해합니다. 다음으로, 계획을 수립합니다. 그리고 나서 계획을 실행합니다. 마지막으로, 회고합니다. 우리는 이와 같은 책을 네 권 정도 프로그래머에게 선물합니다. 아마 입사 때보다 프로그래머들의 역량이 높아졌을 거라고 생각합니다.

진행자 미래에는 프로그래머가 어떤 역할을 할 것이라고 생각하시나요?

시모니 프로그래머가 물리학자처럼 자만심이 강해지겠냐는 질문이라면, 어쩌면 그럴지도 모르겠습니다. 어떤 과학 분야에서 일련의 대성공을 거두었을 때, 참여한 사람들은 "우리가 정말 똑똑하다는 건 이미 알고 있었습니다."라고 말하는 경향이 있는 것 같습니다. 그리고 나서 이 사람들은 다른 분야의 문제를 풀기를 원합니다.

1945년 이후의 물리학자들이 떠오릅니다. 그 물리학자들은 "우리가 정말로 해냈습니다! 이제 주변을 살펴봅시다."라고 말했습니다. 그런 다음 생물학과 인공두뇌학을 검토하고는 말했습니다. "두뇌를 연구하던 학자들은 아무것도 모릅니다. 심지어 기억이 저장되는 방식조차도 모릅니다. 그도 그럴 것이 그들은 멍청하기 때문입니다. 우리에게 기회를 주세요. 우리가 문제를 해결하겠습니다. 우리는 하이젠베르크 방정식이나 양자 역학이나 예전에 잘됐던 뭔가를 이용할 건데, 이를 두뇌 연구에 적용해 엄청나게 위대한 발견을 할 것입니다."

그렇게 해서 잘되기도 하고 그렇지 못하기도 합니다. 어떻게 될지는 아무도 모릅니다. 아마도 컴퓨터 과학도 단순히 도구를 제공하는 수준을 넘어서 DNA를 해독하는 데 도움이 될 것입니다. DNA 분해는 해커의 궁극적인 꿈일 수 있습니다.

진행자 미래에는 프로그램 작성 방식에 중대한 변화가 있을 것으로 예상하시나요?

시모니 컴퓨터가 지금보다는 훨씬 효율적으로 동작하겠지만 크게 달라지지는 않을 것이라 생각합니다. 6세대 또는 32세대 컴퓨터가 정말 확연히 다르거나 위대한 뭔가를 할지는 잘 모르겠습니다. 저는 환상적이고 새로운 혜택을 제공할 거라고 약속하는 새로운 방법론을 경계합니다. 저는 현재의 방법론이 지원하는 범위 내에서 놀랄 만한 개선 가능성을 볼 수 있습니다. 제가 현재의 방법론을 훨씬 신뢰하는 건 제가 보수적이라서가 아니라 현재의 방법론이 제공하는 장점 중 어느 하나도 잃지 않으리라는 점을 알기 때문입니다.

사람들이 환상적이고 새로운 혜택을 주장할 때, 저는 기존 혜택을 모두 잃게 될지도 모른다고 늘 걱정했습니다. 그러면 어느 쪽이 더 나은지 확인해야 하는 일종의 트레이드오프 상황에 처합니다. 저는 명백한 승리를 좋아합니다. 새로운 장점과 새로운 단점이 존재하는 새로운 게임을 시작하는 대신, 모든 장점을 유지하면서 단점을 제거하는 개선 작업에 승부를 걸 것입니다. 하지만 제가 틀릴 수도 있으니, 그럴 경우엔 제일 먼저 시류에 편승하겠습니다. 저는 상황이 좋은 쪽으로 급격히 바뀌리라 믿어 의심치 않지만 그렇게 되기까지 시간이 걸릴 겁니다.

진행자 그렇게 되기까지 시간이 걸리는 이유는 무엇일까요?

시모니 먼저 수많은 어리석은 생각이 도태되어야 하기 때문입니다. 발전에 시간이 걸리는 이유가 바로 여기 있습니다. 가장 먼저 새로운 아이디어가 진화해야 하고, 그런 다음 발전을 방해하는 나쁜 아이디어가 도태되어야 합니다. 항상 그래 왔습니다. 심지어 상대성 이론과 양자 역학에서도 좋은 아이디어가 구체화되어야 했습니다. 그런 다음 고전 물리학에 기득권이 있는 사람들이 자취를 감춰야 했습니다.

진행자 예를 들어 주실 수 있나요?

시모니 제가 천공 카드처럼 누구나 질색하는 뭔가를 언급한다면 별 도움이 되지 않겠네요. 그래서 많은 사람이 믿는 것에 대해 비평해야 할 것 같습니다. 저는 '단순함의 숭배', 단순함 그 자체가 바람직한 최종 목적이라는 주장이 상당히 의심스럽습니다. 여러 해 동안 단순함은 문제에 집중할 수 있게 하는 발견적인 방법이었고, 이를 통해 성과를 가장 빨리 얻을 수 있었습니다. 하지만 단순함은 그저 수단에 불과합니다. 저는 모든 기호적인 과학(수학, 물리학, 현대 분자 생물학)과 함께 컴퓨터 과학은 아주 복잡한 현상을 이해함으로써 개편될 것이라고 생각합니다. 수학에서는 아주 복잡하면서도 근본적인 대상을 발견하는 것이 가장 중요합니다. 이런 종류의 대상을 지칭하는 전통적인 이름은 '단순군'이며 역설적으로 '근본적인'이 '단순한'과 동일하다는 오랜 믿음을 반영합니다. 물론 아닐 수도 있겠지만 말입니다. 컴퓨터에서 단순함을 지겹도록 되풀이하면 우리는 실제 인공 지능, 사용자 인터페이스 언어 등이 있는 곳에 도달하지 못할 가능성이 높습니다.

진행자 프로그래밍을 하지 않을 때에는 무엇을 하시나요? 다른 관심사가 있나요?

시모니 제가 주저 없이 시간을 투자하는 흥미로운 관심사가 몇 가지 있습니다. 취미 삼아 고대 이집트 상형 문자에 손을 댄 적도 있습니다. 다른 언어를 배우고 여행하고 세상 구경을 하는 신나는 활동에 저는 주저하지 않고 시간을 쏟습니다.

저는 또한 개인 소유의 회전익 항공기(헬리콥터) 조종사 면허도 취득했습니다.

저는 프로그래밍이 최고로 중요하다고는 생각하지 않습니다. 하지만 사업적인 측면을 고려한다면 이야기가 완전히 달라집니다. 단지 프로그래밍을 하는 것 이상으로 일에 몰두하게 만드는 요인은 바로 사업입니다. 저는 업무를 하는 동안 제가 원하는 것보다 훨씬 더 많은 프로그래밍 작업을 수행합니다.

진행자 프로그래밍의 사업적인 부분에 시간을 투자하는 편이 더 좋다고 생각하시나요?

시모니 아니요, 사업이기 때문에 프로그래밍을 한다는 뜻입니다. 제가 프로그래밍을 사랑하기 때문이 아니라 사업을 사랑하기 때문입니다. 저는 코드를 한 행 작성할 때마다 "이야, 한 행 더 작성했으니 엄청나게 기쁘군요. 좀 더 행복해지려면 코드를 더 작성해야겠어요."라고 말하지 않습니다. 결코 그렇지 않습니다. 아마도 저는 그 행을 이미 열 번 넘게 작성했을 겁니다. 제 손가락이 아플 때까지 지겹게 타자만 하고 있으면 꽤 피곤합니다. 따라서 제가 열심히 타자를 할 때에는 사업의 일부이기 때문에 그렇게 할 뿐입니다. 저는 사업을 하고 싶습니다.

추상적 개념으로서 프로그래밍과 사업으로서 프로그래밍 사이의 핵심적인 차이점을 생각해 보자면 사업에는 확고한 목적이 있습니다. 그렇지 않으면 프로그래밍은 체스 경기처럼 단지 추상적인 활동에 불과합니다. 경기가 종료되면 말을 뒤섞습니다. 경기는 끝납니다. 프로그램을 완성하면, 몇몇 사람은 이를 사용하고, 저는 사람들이 프로그램을 즐기는 모습을 보며 즐거움을 얻습니다. 몇몇 사람은 심지어 프로그램에 돈을 지불하는데, 그중 일부는 제 주머니로 들어옵니다. 저는 그 돈을 이집트를 여행하거나 30분 동안 헬리콥터를 조종하는 데 씁니다. 그런데 헬리콥터 조종은 프로그래밍 프로젝트와 비슷하긴 합니다. 출발과 착륙은 장관이지만, 비행은 매우 지루하며, 모든 것은 언제라도 공중분해될 수 있어서입니다.

진행자 같은 세대의 다른 프로그래머들을 어떻게 보시나요?

시모니 저는 과거에 저에게 영향을 준 사람들을 매우 존경합니다. 그 은인들을 매우 존경합니다. 또한 지금 함께 일하는 사람들도 매우 존경합니다.

진행자 주요 프로그램을 개발한 다른 프로그래머와 알고 지내시나요? 다른 프로그래머들과 아이디어를 주고받기도 하시나요?

시모니 저는 경쟁을 높이 평가합니다. 저는 몇몇 박람회에서 소프트웨어 아츠의 창립자이자 비지캘크 개발자인 밥 프랭크스턴과 댄 브리클린과 모임을 즐겨 왔습니다. 한 번은 로터스 디벨롭먼트 창립자인 조너선 색스와도 만났습니다. 그러나 불행하게도 우리는 돌아다닐 일이 많지 않아서 이들 프로그래머 중 몇 명만 시애틀을 방문할 일이 생겼습니다. 플라이트 시뮬레이터를 작성하고 설계한 브루스 아트윅이 이따금 방문합니다. 그리고 애플 친구 중에는 빌 앳킨슨이 있습니다. 리사 프로그래머 중 한 명이었다가 나중에 애플 매킨토시 컴퓨터를 위한 맥페인트를 개발했는데요. 저는 빌 앳킨슨이 가장 훌륭하다고 생각합니다. 그리고 일렉트로닉 아츠에서 핀볼 컨스트럭션 세트를 프로그래밍한 빌 버지도 오죠. 이 친구들은 모두 훌륭합니다.

특별히 하는 이야기는 없습니다. 그저 좋은 분위기를 즐기고 서너 마디 주고받습니다. 참여하는 사람들은 다른 사람이 이야기를 꺼내자마자 무슨 말을 할지 바로 압니다. 따라서 말이 나오자마자 사람들은 상황을 이미 파악하고 있기에 무슨 말이 나오더라도 그리 놀라워하지 않습니다. 서로 눈빛만으로 대화가 통하는 상황에서 굳이 말을 꺼낼 필요가 있을까요? 이는 둘러앉은 사람들 사이에서 농담을 주고받는 이야기꾼들의 관습이고, 이야기꾼은 심지어 농담을 던질 필요조차 없습니다. 농담 번호만 말해도 모든 사람이 재미있어 합니다.

이 모든 친구들과 함께 일할 수 있으면 굉장한 작품이 만들어지겠지만 우리는 사업상 경쟁자들입니다. 저는 우리가 함께 하면 믿기 어려운 일을 할 수 있을 것이라고 생각합니다. 화성인들이 침략한다면 우리는 컴퓨터로 맨해튼 프로젝트를 진행해야만 할 것입니다. 우리는 모두 뉴멕시코로 보내질 것입니다. 누가 알겠습니까?

Programmers at Work

2장

GUI라는 새 장을 연 제록스 알토 개발자

버틀러 램슨

Butler Lampson

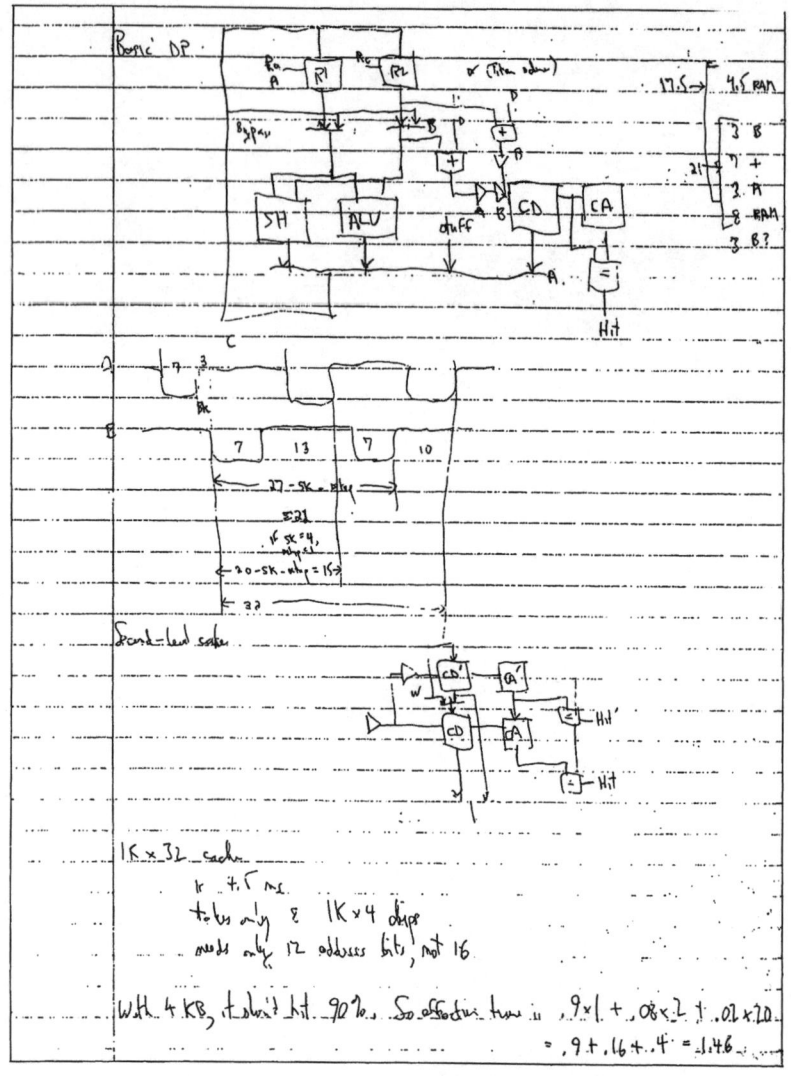

버틀러 램슨이 스케치한, 2단계 캐시가 장착된 빠른 CPU를 위한 설계. 이 CPU와 다른 프로그램을 위한 추가 명세는 부록(470~479쪽)을 보자.

현재 캘리포니아 팔로 알토에 위치한 DEC(Digital Equipment Corporation)의 시스템 연구소에서 선임 엔지니어로 일하는 버틀러 램슨은 캘리포니아 대학교 버클리 캠퍼스의 컴퓨터 과학과 부교수이자, 버클리 컴퓨터 코퍼레이션의 창립자이자, 제록스 PARC의 컴퓨터 과학 연구소 선임 연구원이었다.

컴퓨터 설계와 연구에 관한 여러 영역에서 이룬 업적 덕분에, 램슨은 해당 분야에서 가장 높이 평가되는 전문가 중 한 명으로 인정받고 있다. 램슨은 이더넷 로컬 네트워크나 알토와 도라도(dorado) 개인용 컴퓨터 같은 하드웨어, SDS 940과 알토 같은 운영 체제, 리스프나 메사 같은 프로그래밍 언어, 브라보 편집기나 스타 오피스 시스템 같은 애플리케이션 프로그램, 도버(Dover) 프린터와 그레이프바인(Grapevine) 같은 분산 시스템을 만들었다.

DEC의 팔로 알토 사무실에서 버틀러 램슨을 만났다. 램슨은 6주 주기로 일주일만 팔로 알토에서 근무하고 나머지 5주 동안은 필라델피아에서 일한다. 그는 스스로를 네트워크를 통해 대다수 작업을 수행하는 '원격-통근자(tele-commuter)'라고 부른다.

빠른 속도로 급격하게 성장하는 업계에 속한 다른 많은 사람과는 달리 버틀러 램슨은 사업가가 되는 일에는 그다지 흥미를 드러내지 않았다. 램슨의 관심사는 특이했다. 하드웨어가 됐든, 소프트웨어 애플리케이션이 됐든, 언어가 됐든, 네트워크가 됐든, 컴퓨터 시스템의 성공적인 설계에 관심이 있었다. 최근에는 소스 코드를 거의 작성하지 않지만 여전히 시스템 설계자이자, 비전을 제시하는 사람이자, 복잡한 시스템을 위한 기틀을 마련하는 전문가이다. 그리고 램슨은 의심할 여지없이 최고의 전문가 중 한 명이다.

DEC 이후에는 마이크로소프트 리서치에서 일하며 MIT 겸임 교수를 맡고 있다.

진행자 컴퓨터의 어떤 점에 끌리셨나요?

램슨 저는 컴퓨터가 세상에서 가장 대단한 장난감이라고 생각합니다. 멋진 것들을 고안하고 그것들을 실현할 수 있습니다.

진행자 하지만 다른 분야에서도 그렇게 할 수 있는데요.

램슨 다른 분야에서 상상을 실현하기는 훨씬 어렵습니다. 물리학자라면 자연이 제공하는 틀을 받아들여야만 합니다. 그러나 컴퓨터 과학에서는 원하는 무엇이든 발명할 수 있습니다. 발명한 것이 실체가 있다는 점을 제외하고는 수학과 비슷합니다.

진행자 수학과 물리학을 공부하셨죠?

램슨 저는 하버드에서 물리학을 공부했습니다. 공부가 끝나 갈 무렵 저는 PDP-1에서 방전 상자[1] 사진을 분석하길 원했던 물리학 교수를 위해 이런저런 프로그램을 많이 만들었습니다. 제가 물리학을 계속 공부하기 위해 버클리로 갔을 때, 아주 흥미로운 컴퓨터 연구 프로젝트가 진행 중이었는데, 비밀리에 추진되고 있었습니다. 저는 샌프란시스코에서 열린 컴퓨터 학회에 참석했다가 한 친구로부터 이 소식을 들었습니다. 그 친구가 저에게 먼저 그 프로젝트가 어떻게 되어가는지 물었습니다. 저는 그 프로젝트가 있는지 몰랐으니 들어 본 적이 없다고 대답했고, 그러자 그는 프로젝트에 접근할 수 있는 비밀의 문에 대해 알려 주었습니다.

진행자 그 문 뒤에는 무엇이 숨어 있었나요?

램슨 바로 첫 번째 상용 시분할 시스템인 SDS 940[2] 개발이었습니다.

진행자 그 프로젝트에 참여하셨나요?

램슨 아주 깊이요. 결국 물리학을 포기했는데 컴퓨터가 더욱 흥미로워 보였기 때문입니다. 그런 결정을 한 건 정말 다행이었습니다. 물리학 박사들에게 대재앙의 시기가 온 적이 있었는데 그 무렵이 제가 물리학 공부를 계속했을 경우 박사 학위를 받기로 예정된 시기였기 때문입니다.

진행자 그렇다면 비밀의 문을 통해 꼭꼭 숨겨진 컴퓨터 프로젝트로 들어갔고 물리학자에서 컴퓨터 과학자로 변신하셨네요? PDP-1에서 프로그래밍을 수행한 것 말고 더 일찍 컴퓨터를 접한 경험이 있나요?

램슨 있습니다. 저와 제 친구는 고등학생 때 IBM 650에서 해킹을 몇 번 했습니다. 첫 비즈니스 컴퓨터인 650은 수명이 거의 끝나 가고 있어서, 그 컴퓨터를 쓰려는 사람이 그렇게 많지 않았습니다.

진행자 광범위한 과학 분야를 공부해 오셨는데요. 물리학, 수학, 컴퓨터 과학 사이에 겹치는 부분이 보이시나요?

램슨 다른 훌륭한 학문과 마찬가지로 물리학과 수학에서 성공하려면 명확하게 생각하는 능력이 필요합니다. 컴퓨터 업계에서 성공한 많은 사람이 물리학과나 수학과 출신인 이유가 여기에 있습니다. 요즘 들어 사람들이 컴퓨터 과학에서 시작해서 계속 남아 있기 점점 어려워지고 있는데, 그 이유는 컴퓨터 과학이 아주 얕은 학문이기 때문입니다. 컴퓨터 과학은 지적인 역량을 충분히 연습하도록 강제하지 않습니다.

진행자 너무 초기 상태이고 성숙하지 않았기 때문에 이 분야가 얕다고 생각하시나요?

램슨 그게 가장 큰 이유입니다. 얕은 수준에서 벗어나고 있다는 몇 가지 증거가 보이긴 하지만 여전히 느리게 진행되고 있습니다.

진행자 컴퓨터 과학이 물리학이나 수학과 동급이라고 보시나요?

램슨 저는 컴퓨터 과학 학부 교육이 잘못됐으며 법으로 금지해야 한다고 생각하곤 했습니다. 최근에는 이런 입장이 합리적이지 않다는 사실을 깨달았습니다. 컴퓨터 과학에서 학사 학위는 전자 공학이나 경영학과 같이 꽤 괜찮은 전문 학위입니다. 하지만 대학원에서 공부할 생각이라면, 컴퓨터 과학을 선택하는 일은 중대한 실수라고 생각합니다.

진행자 왜 그렇죠?

램슨 배운 내용 대다수가 장기적인 의미를 갖지 않기 때문입니다. 생각하기 위한 새로운 방식을 배우지 못할 것입니다. 새로운 사고방식은 컴퓨터 과학 학부에서 배울 법한 컴파일러 작성법의 세부 사항 같은 것보다 의미가 훨씬 깊습니다. 저는 모든 컴퓨터 과학 대학원이 컴퓨터 과학 학사 학위를 받은 어느 누구도 학생으로 받지 않기로 한뜻으로 합의한다면, 세상이 훨씬 나아질 것으로 생각합니다. 컴퓨터 과학 분야에서 학사 학위를 받은 학생들은 대학원 수준의 컴퓨터 과학을 시작하기 전에 1년 정도 수학이나 역사와 같은 몇 가지 인정받을 만한 학문을 배워 학업을 보충하는 시기가 필요하다고 생각합니다. 하지만 그런 대학원은 아직 보지 못했습니다.

진행자 어떤 훈련 유형이나 사고 유형이 컴퓨터 분야에서 가장 높은 생산성을 이끌까요?

램슨 수학에서는 논리적인 추론을 배웁니다. 또한 추상적인 핵심을 다루는 방법과 함께 뭔가를 증명하는 것이 무엇을 의미하는지도 배웁니다. 물리학과 같은 실험 과학이나 인문학에서는 이런 추상적인 핵심을 적용해 실제 세상과 연결하는 방법을 배웁니다.

진행자 다수의 영향력 있는 프로그래머들처럼, 제록스 PARC 두뇌 집단에서 위대한 지성들에 둘러싸여 1970년대 초반을 보내셨습니다. 그때가 영감을 받은 시기였나요?

램슨 훌륭했습니다. 우리가 마치 세상을 정복하고 있다는 느낌이 들었습니다.

진행자 그 무렵 자신의 사고에 영향을 미친 동료가 있었나요?

램슨 우리 모두는 서로에게 영향을 미쳤습니다. 의견을 주고받는 일이 많았습니다. 그중에서도 밥 테일러[3]의 영향력이 아주 컸습니다. 밥 테일러의 영향력은 그가 연구소를 운영하는 방법과 컴퓨터가 어떤 면에서 중요한지에 대한 그의 일관된 견해에 결합되어 나타났습니다.

진행자 제록스에서는 컴퓨터 전문가로 두뇌 집단을 만들었는데도 아이디어 상당수를 구현해서 시장에 출시하는 데 실패했습니다. 이런 상황에 실망하셨나요? 다시 말해 세상이 이런 첨단 제품에 대한 준비가 안 됐다고 생각하셨나요?

램슨 사람들이 어떤 준비를 했는지 알기는 항상 어렵습니다. 우리가 바깥세상의 존재를 알았을까요? 그렇습니다. 우리는 바깥세상이 존재한다는 사실을 알고 있었습니다. 그러면 우리가 전체 상황을 완벽하게 이해했을까요? 아마도 그렇지 않았을 겁니다. 제록스 스타가 시장에서 실패했을 때 우리가 놀랐을까요? 특별히 그렇지는 않았습니다.

제록스 PARC의 사업 전반에 대한 제 나름의 관점을 정리해 보면, 우리는 영원히 지속될 것 같은 뭔가를 기대할 수는 없었습니다. 혁신은 적어도 15년 동안 지속됐고 그 정도면 꽤 괜찮았습니다.

PARC의 목적은 학습이었습니다. 직원들은 공부하라고 돈을 주는 회사에 빚을 졌다고 여겼기에, 타당한 범위 내에서 제록스에 유익한 뭔가를 해야 한다고 느꼈습니다. 그러나 제록스에서 이런 아이디어 개발은 중요하지 않았습니다. 제록스의 실패가 크게 놀랍지 않은 이유는 그들이 아무도 알지 못하는 새로운 사업을 시작하려 했기 때문입니다. 일이 잘못된 데는 여러 가지 경로가 있었습니다. 마케팅에서 뭔가 잘못됐습니다. 기술 직군 사람들은 역량이 출중했지만, 회사가 필요로 하는 마케팅 직군 사람들의 역량은 결코 개발 역량을 맞추지 못했습니다.

예를 들어 로버트 F. 스프롤4과 저는 프린터 표준인 인터프레스(Interpress)라는 프로젝트를 설계하는 데 많은 시간을 보냈습니다. 저는 여기에 엄청나게 많은 정열을 쏟았고, 정말로 제록스가 이 표준을 받아들여 모든 사람이 채택하게 하기를 바랐습니다. 그런데 제록스는 이 표준을 완전히 망쳐 버렸습니다. 그 결과, 인터프레스에 공을 들였던 몇몇 사람은 회사를 그만두고 어도비를 설립해 포스트스크립트라는 비슷한 제품을 개발했습니다. 물론 포스트스크립트는 이제 모든 사람이 채택하는 명백한 표준이 됐습니다. 이런 사건은 사람들을 짜증나게 만드는데 어쨌든 연구소의 핵심 제품은 아이디어입니다.

진행자 오늘날 아이디어에 전념하는 연구소가 있나요?

램슨 그 주제에 대한 저만의 편견이 있는데요. 최고의 연구 공간은 현재 제가 근무하는 DEC 그리고 벨 연구소입니다.

진행자 연구에는 현실적인 한계가 있다고 느끼지는 않으시나요?

램슨 저는 전문가 시스템이 잘될 것 같지 않습니다. 1970년대 초반, 우리가 당시 참여했던 프로젝트는 돌아가게 만들 수 있다는 게 분명했습니다. 적어도 우리가 참여했던 프로젝트에서는 잘되지 못할 근본적인 이유를 찾지 못했던 반면, 요즘 인공 지능 시스템이 돌아갈 가능성이 낮은 근본적인 이유는 많이 알고 있습니다. 몇몇 사람은 아주 작은 실험만 해 온 것처럼 보입니다. 그러면 아주 애매한 결과가 나오는데, 그 결과를 가지고 완전히 제정신이 아닌 방식으로 일반화를 한 것 같습니다.

진행자 사람들이 인공 지능이라는 아이디어에 왜 그렇게 매료된다고 생각하시나요?

램슨 글쎄요. 잘 모르겠습니다. 어느 정도는 컴퓨터에 대한 초보적인 잘못된 생각 때문입니다. 컴퓨터가 뭐든 할 수 있는 범용 엔진이라고 생각하는 거죠. 뭔가 불가능하다는 사실을 증명할 뚜렷한 방법이 없다면, 몇몇 사람은 반드시 가능하다고 가정합니다. 많은 사람이 복잡성의 결과가 무엇인지 이해하지 못하며, 이런 이해가 부족한 상황에서는 망하기 쉽습니다. 먼저 망한 사람들의 말을 믿으려 하지 않는다면, 시도해 보고 망하는 길 외에는 없습니다. 인공 지능에 들뜬 극소수의 사람들만 이런 길로 향합니다.

저는 이와 관련해 극단적인 사례를 봤습니다. 예를 들어 DARPA는 이 멋진 전문가 시스템과 인공 지능 기법에다 병렬 컴퓨팅까지 모두 동원해 로봇 탱크 같은 정말 환상적인 군사 장비를 만들어 내는 프로그램에 자금을 대고 있습니다. DARPA에서 10년짜리 계획서를 출간했는데 거기 접지(摺紙)로 들어 있는 개발 방향과 이정표를 보면 언제 돌파구가 마련되는지도 나와 있었습니다. 어느 누구도 계획을 수행하는 방법을 모르는데 완전히 말도 안 되는 소리입니다. 몇몇 문제는 다음 10년 내에 풀릴지도 모르지만 어찌 됐거나 일정이 있어야 합니다! 세상은 그런 식으로 돌아가지 않습니다. 문제에 대한 답을 모른다면, 프로젝트를 언제 마칠 것인지 일정을 잡을 수 없습니다.

진행자 복잡성을 경멸하시는 것 같아 보입니다. 시스템을 설계할 때 단순함을 추구하려 노력하시나요?

램슨 그렇습니다. 모든 것은 최대한 단순하게 만들어야 합니다. 하지만 그렇게 하기 위해서는 복잡성에 통달해야 합니다.

진행자 현실적인 관점에서 어떻게 그렇게 할 수 있나요?

램슨 복잡성을 통제하는 데는 몇 가지 기본적인 기법이 있습니다. 근본적으로 저는 분할해서 정복합니다. 사물을 분해해 각 조각이 무엇을 해야 하는지 합리적인 선에서 정확하게 기술하려 시도합니다. 이런 기법은 어떻게 진행해야 하는지에 대한 밑그림이 됩니다. 무슨 일이 일어나는지 이해하지 못하면 명세를 어떻게 작성해야 하는지도 이해할 수 없습니다. 그렇다면 두 가지 선택지가 있습니다. 자신이 잘 이해하고 있는 다른 문제로 돌아가거나 아니면 더 열심히 생각해야 합니다.

또한 시스템을 기술한 내용은 너무 크지 않아야 합니다. 큰 시스템을 작은 조각으로 분해하는 방식을 생각해야 할 수도 있습니다. 이는 수학에서 문제를 푸는 방식과 어느 정도 비슷합니다. 유용한 힌트 여러 개로 가득 찬 책을 집필할 수는 있지만, 하나로 딱 떨어지는 알고리즘을 제시할 수는 없습니다.

진행자 광범위한 컴퓨터 경험을 갖추신 걸로 알고 있습니다. 컴퓨터, 운영 체제, 애플리케이션을 개발해 오셨죠. 분야마다 각기 다른 지식을 요구하나요?

램슨 물론입니다. 애플리케이션을 개발하고 싶다면, 사용자 인터페이스에 대해 상당한 세심함이 필요합니다. 물론 이런 세심함은 하드웨어 개발에는 그렇게 중요하지 않겠지만 말입니다. 하드웨어를 설계할 때에는 대체로 작업하고 있는 특정 기술에 부과되는 임의의 제약 사항에 훨씬 더 신경 써야 합니다. 어느 누구도 정말 복잡한 하드웨어 시스템 제작 방법을 알지 못하므로, 하드웨어 설계는 훨씬 단순해지는 경향이 있습니다. 소프트웨어는 훨씬 복잡합니다.

진행자 여전히 프로그램을 만드시나요?

램슨 추상적인 의미에서만 그렇습니다. 저에게는 더 이상 실제 프로그램을 작성할 시간이 없습니다. 하지만 저는 네임 서버를 위한 25페이지짜리 고차원 프로그램을 작성하는 데 올해 상반기를 보냈습니다. 고차원 프로그램과 실제 프로그램 사이의 관계가 어떻게 되는지 대강 설명한다면 이렇습니다. 그 프로그램은 7000행짜리 모듈라-2 코드로 변환됐습니다. 그러니까 요령을 부린 거죠. 전담 업무로 프로그래밍을 하지 않은 지 6~7년 됐습니다. 그 전에는 상당히 많은 프로그램을 작성했습니다.

진행자 작성하셨던 프로그램 중에 특히 더 중요한 프로그램이 있나요?

램슨 저는 940 운영 체제의 상당히 큰 부분을 작성했고, 과학과 공학 계산 목적의 상호 대화식 언어를 위한 컴파일러도 두세 가지 작성했습니다. 스노볼 컴파일러도 작성했습니다. 그 외에도 피터 도이치[5]와 저는 C의 조상 격인 프로그래밍 언어[6]를 설계했고 이를 위한 컴파일러도 작성했습니다. 저는 설계 자동화 프로그램도 작성했고, 1970년대 초반 제록스에서는 또 다른 운영 체제도 작성했습니다.

진행자 10년 또는 15년 전보다 지금 프로그램을 개발하기가 더 쉬운가요?

램슨 프로그램 설계는 대체로 예전보다 더 어려워졌습니다. 목표 수준이 훨씬 높아졌기 때문입니다. 그러나 실제 프로그래밍은 과거에 비해 지금 훨씬 쉬워졌습니다. 컴퓨터에 메모리가 더 많이 장착되어 있어서 최대한 쥐어짤 필요가 없습니다. 작업을 완료하는 데 더 많이 집중하면 되고 제한된 자원에서 최대한 많은 것을 얻으려 걱정할 필요가 없습니다. 이는 큰 도움이 됩니다. 또한 프로그래머 도구가 훨씬 좋아졌습니다. 그런데 제가 코드를 더는 작성하지 않기 때문에 개발이 더 쉽게 느껴지는지도 모릅니다.

진행자 프로그램을 설계하고 개발할 때 어떤 과정을 거치시나요?

램슨 대부분 새로운 프로그램은 기존 프로그램의 개선, 확장, 일반화, 아니면 향상입니다. 완전히 새로운 뭔가를 만드는 경우는 정말 흔치 않습니다. 대개 저는 기존 프로그램이나 사용자 인터페이스에 모델로 이미 존재하는 뭔가에 대한 확장이나 개선 내역을 새로운 프로그램에 추가합니다. 예를 들어 브라보는 제가 품었던 두 가지 아이디어의 결과입니다. 하나는 컴퓨터 모델 내에서 편집되고 있는 텍스트를 표현하는 방법이었고, 다른 하나는 화면을 효과적으로 업데이트하는 방법이었습니다. 그런데 브라보를 이루는 기본 아이디어는 SRI(스탠퍼드 연구소)에서 더글러스 엥겔바트가 1960년대 후반에 만든 NLS라는 시스템에서 가져왔습니다. NLS는 마우스로 동작했고 구조화된 텍스트를 전체 화면에 출력했습니다. 이런 두 아이디어의 융합이 브라보 개발을 이끌었습니다.

옛날이었다면 저는 종이에 메모를 갈겨쓰고 해킹을 시작하거나, 누군가에게 시켜서 해킹하도록 만들었을 것입니다. 하지만 요즘에는 꽤 엄밀하지만 추상적인 언어로 아이디어의 핵심을 작성하려 노력합니다. 일반적으로 이 단계에서 많은 반복이 일어납니다.

예를 들어 저는 앤드류 버텔, 마이크 슈로더와 함께 네임 서버 프로젝트를 진행했습니다. 제록스에서 두 사람은 분산 네임 서버였던 그레이프바인이라는 시스템을 구축했습니다. 그레이프바인은 수천 개 정도의 이름을 다룰 수 있었는데, 한계에 가까워지면서 망가지기 시작했습니다. 그 프로젝트가 끝난 후, 우리는 네임 서버가 효율적으로 동작하는 방식에 대한 몇 가지 아이디어를 떠올렸습니다. 우리는 수십억 개의 이름을 다루기를 원했는데, 이렇게 하면 심각한 설계 문제가 드러납니다. 저는 기본적인 구성 요소는 지역적인 데이터베이스가 되어야 하며, 각 데이터베이스는 근본적으로 상당히 표준화된 트리 구조의 이름 체계를 구현해야 한다고 결정했습니다. 그리고 이 모든 데이터베이스는 느슨하게 결합될 것이었습니다.

연산이 정의됐고 프로그램은 세부 사항에 대한 지나친 고민 없이 상당히 고수준으로 작성됐습니다. 우리는 최종적으로 프로그램과 명세를 결합한 25~30페이지짜리 결과물을 만들었습니다. 이는 여름 인턴 학생에게 7000행짜리 프로토타입 구현을 완성하도록 하기 위한 세부 설계안 역할을 했습니다.

이게 바로 제가 흔히 밟는 과정입니다. 얼마나 오래 걸리는지는 문제가 얼마나 어려운지에 달려 있습니다. 때로는 몇 년 정도 걸리기도 합니다.

진행자 개발하신 언어들은 손이 많이 갔나요?

램슨 빨리 끝날 때도 있었습니다. 피터 도이치와 저는 대략 두 달 만에 프로그래밍 언어의 첫 버전을 만든 적이 있습니다. 반면에 로드 버스톨7과 함께 1년에 두세 번 만나며 진행 중인 커널 프로그래밍 언어8 프로젝트는 지금까지 5년 정도 진행되어 왔는데 여전히 구현체를 얻지 못했습니다. 우리는 생각을 계속해서 바꾸고 있습니다.

진행자 좋은 프로그램이나 시스템을 만드는 특별한 기법이 있다고 생각하시나요?

램슨 그렇습니다. 가장 중요한 목표는 시스템 자체의 주요 부분 사이 인터페이스는 물론이고 시스템과 시스템 외부와의 인터페이스를 최대한 정확하게 정의하는 것입니다. 여러 해 동안 제 설계 스타일에 일어난 가장 큰 변화는, 풀어야 할 문제와 인터페이스를 정확하게 정의하는 기법을 발견하는 데 점점 더 중점을 두고 있다는 점입니다. 이런 방식을 적용함으로써 프로그램이 정말 무엇을 해야 하는지 그리고 결정적인 부분이 어디인지 제대로 이해하는 과정에서 엄청난 성과를 거두었습니다. 또한 시스템이 합쳐지는 방식을 사람들이 이해하는 데도 도움이 됩니다.

프로그램 설계는 알고리즘 고안과 전혀 다릅니다. 알고리즘에서 핵심은 머릿속에 전체 계획을 수립하고 이를 성취하는 가장 좋은 방법을 결정할 때까지 모든 조각을 이리저리 뒤섞는 것입니다. 여기서 한 가지 요령은 머리로 완전히 이해할 수 있게 알고리즘을 충분히 제대로 정의하는 것입니다.

진행자 시스템이나 프로그램을 설계할 때, 그것들을 구현할 수 있다고 확신하게 하는 요소는 무엇인가요?

램슨 한 가지 가능성은 설계를 프로그래밍 수준으로 끌어내리는 것으로, 다음 두 가지 사항을 고려합니다. 먼저, 저는 작성 중인 프로그램의 기초 개발 요소에 대해 알고 있습니다. 이런 기초 개발 요소는 이미 여러 차례 구현됐으니, 프로그램이 동작할 것이라고 확신합니다. 다음으로, 저는 메모리 사용량을 두세 배 범위 내에서 예측할 수 있을 만큼 기초 개발 요소를 충분히 이해합니다. 이렇게 되면 저는 상식선에서 제 프로그램을 설계할 수 있습니다. 따라서 저는 기능 구현이 가능하다고 자신 있게 말할 수 있으며, 성능도 개략적으로 예측할 수 있습니다. 물론 그렇게 하다가 아주 중요한 사항을 간과할 수도 있지만 그런 상황은 피할 수 없습니다.

또 다른 가능성은 프로그램이 지녀야 하는 속성이 무엇인지 매우 주의 깊고 정형적으로 써 내려가면서 프로그램이 이런 속성을 포함한다고 스스로가 납득하는 것입니다. 사람들은 비정형적인 방식으로 이런 작업을 항상 수행하는데요. 좀 더 정형적으로 이런 작업을 한다면 더 많은 작업이 필요하지만, 뭔가 중요한 사항을 놓칠 가능성은 훨씬 줄어듭니다. 어느 지점에 이르면 정형적인 분석은 생산성이 떨어집니다. 그러나 정형적인 분석을 너무 적게 하면, 뭔가 중요한 사항을 놓칠 위험이 커집니다. 프로그램을 모두 작성할 때까지 놓친 부분을 찾지 못하면 엄청난 작업을 버려야 합니다.

물론 실제로 작업을 버리지는 않으며 사람들은 문제를 수습하려 시도합니다. 하지만 이런 시도는 매우 나쁜 결과를 초래합니다. 일단 문제를 풀지 못합니다.

단지 어떤 문제를 또 다른 문제로 바꿨을 뿐이며, 이는 정말 풀어야 하는 문제가 아닙니다. 그런 다음에 사람들은 다른 문제를 풀 때까지 프로그램을 수습합니다. 이런 접근 방법은 그다지 만족스럽지 않습니다.

사람들이 목표에 도달하려고 너무 많은 것을 요구한다는 생각이 들 때가 있습니다. 프로그래머들은 소프트웨어 시스템을 구축하는 과정에서 너무 열심히 노력했기 때문에 문제가 발생한다는 사실을 자주 놓치곤 합니다. 프로그래머들은 컴퓨터가 뭐든 할 수 있는 범용 엔진이라고 믿습니다. 한 명이든 다섯 명이든, 열 명이든 오십 명이든, 아니면 천 명이든 프로그래머가 속한 그룹은 컴퓨터에 뭐든 시킬 수 있다는 생각에 빠지기 매우 쉽습니다. 이런 생각은 명백히 옳지 않습니다.

진행자 **성공적인 프로그램을 작성하기 위해 프로그래머에게 필요한 자질은 무엇인가요?**

램슨 가장 중요한 자질은 개별 구성 요소를 단순한 방식으로 명세하여, 문제에 대한 해법을 관리 가능한 구조로 조직화하는 역량입니다. 성공한 프로그래머 중에는 그렇게 할 수는 있지만 이를 설명하지 못하는 사람들이 이따금 있습니다. 구조를 볼 수 없기 때문입니다. 몇몇 프로그래머가 다른 사람들보다 훌륭한 이유는 대다수 사람들에 비해 훨씬 많은 세부 사항을 다룰 수 있기 때문입니다. 그러나 그런 이유 때문에 프로그래머를 선발하면 약점이 드러납니다. 즉, 다른 어느 누구도 유지하기 힘든 프로그램을 만드는 결과를 초래합니다. 요즘에는 그런 현상이 잘 일어나지 않는 것 같은데, 그 이유는 이제 한 사람이나 그룹이 프로그램을 설계하고, 코드를 작성하는 사람은 따로 고용하는 방식이 유행이기 때문입니다.

진행자 **그런 접근 방식이 위험하다고 보시나요?**

램슨 그런 접근 방식에는 설계자가 언젠가는 현실감을 잃어버려 구현할 수 없는 설계를 만들어 낸다는 위험이 있습니다.

진행자 지금까지 구현할 수 없었던 프로그램을 설계하신 경험이 있나요?

램슨 아니요, 제 생각에는 없습니다. 제록스 PARC에서 1970년대 중반에 그와 가장 비슷한 경험을 했습니다. 저는 여러 사람과 함께 트랜잭션을 제공하는 파일 시스템을 설계했습니다. 트랜잭션은 저장된 데이터에 대한 여러 변경 사항을 원자적인 연산으로 만드는 기능이며, 모든 변경 사항이 적용되거나 어떤 변경 사항도 적용되지 않아야 합니다. 트랜잭션의 예는 어떤 은행 계좌에서 다른 은행 계좌로 돈을 이체하는 것입니다. 돈이 계좌에서 빠져나갔지만 다른 계좌로는 들어가지 않은 상태로 시스템을 남겨 두고 싶지는 않을 것입니다. 저는 그 시스템의 초기 설계 단계에서 많은 일을 했으며 그 시스템은 완성됐습니다. 그 시스템은 동작하긴 했지만 전반적으로는 그다지 만족스럽지 못한 것으로 판단됐습니다.

진행자 아름다운 프로그램은 어떤 프로그램인지 설명해 주실 수 있나요?

램슨 제가 그 질문에 대답할 수 있을지 모르겠습니다. 저는 아름다운 그림이 무엇인지, 아니면 아름다운 음악이 무엇인지 말할 수 없습니다. 어쩌면 프로그램이 뭔지 설명하는 게 더 쉽겠네요. 그 이유는 프로그램이 여러 가지 속성으로 구성되어 있기 때문입니다. 프로그램은 예술은 물론이고 공학적인 산물입니다.

아름다운 프로그램은 아름다운 정리(定理)와 같습니다. 이런 프로그램은 자신의 일을 우아하게 처리합니다. 이런 프로그램은 단순하고 명쾌한 구조를 유지합니다. 사람들은 "아, 그렇구나. 이제 동작 방식을 알겠네요."라고 말합니다.

진행자 프로그래밍을 그림, 작문, 작곡, 조소와 비교한다면 무엇에 가까울까요?

램슨 건축을 선택하는 편이 더 낫겠습니다. 공학적인 주요 고려 사항이 포함되니까요. 극소수의 프로그램만 순수 예술로 취급될 수 있습니다. 프로그램이 무언가 하기를 기대하는데, 여기서 예술은 프로그램에 기대하는 바 중 일부에 불과합니다. 하지만 제가 프로그래밍을 예술이라고 말하는 건, 수학을 예술이라고 말하는 것과 동일합니다. 사람들은 보통 수학을 예술로 분류하지 않지만요.

진행자 컴퓨터 과학은 어떤 의미에서 과학인가요?

램슨 가장 쉬운 답은 수학이 과학이라는 의미에서 컴퓨터 과학도 과학이라고 보는 것입니다. 컴퓨터 프로그램은 수학적인 객체로 볼 수 있습니다. 이런 객체를 이해하는 방법 중 하나는 증명할 수 있는 사항에 대해 추상적인 진술을 만들어 내는 것입니다. 객체를 이해하는 유일한 다른 방법은 시행착오를 거치는 것인데 그다지 잘 통하지 않습니다. 객체가 조금이라도 복잡해지면 오랜 시간 동안 이해하려고 노력해도 객체의 속성이 무엇인지 결코 찾을 수 없습니다.

진행자 시스템 설계와 개발 방식이 급격하게 변할 것으로 생각하시나요?

램슨 글쎄요. 어떨지 모르겠습니다. 정말로 설계를 더 좋게 만드는 요인은 더 높은 추상화 수준으로 작업할 수 있는 개발 환경입니다. 예를 들어 특정 문제를 풀 때 베이식 프로그램보다는 비지캘크 스프레드시트로 훨씬 쉽게 프로그래밍 할 수 있습니다.

반면에 우리의 목표는 끊임없이 높아지므로 더 나은 추상화 환경을 개발한다고 하더라도 프로그래밍이라는 과업이 더 쉬워지지는 않습니다. 이는 우리가 더 정교한 작업을 할 수 있음을 의미합니다. 우리가 더 많은 작업을 할 수 있는 이유는 우리가 사용하는 기초 개발 요소가 훨씬 강력하기 때문입니다.

진행자 마이크로컴퓨터와 개인용 컴퓨터가 다른 기술로 이행하는 단계의 일부라고 생각하시나요?

램슨 당연히 아닙니다! 저는 일반 청중을 대상으로 '컴퓨터 혁명은 아직 일어나지 않았습니다'라는 제목으로 강연합니다. 이 강연의 기본 주제는 세상에서 일어나는 주요 변화는 시간이 오래 걸린다는 것입니다. 산업 혁명을 봅시다. 산업 혁명은 시작된 지 최소 60년이 지난 후에야 사람들의 생활에 큰 영향을 미쳤습니다. 2차 산업 혁명 역시 마찬가지입니다. 전화와 전구는 1880년대에 발명됐지만 20세기에 접어들어서야 광범위하게 퍼졌습니다.

저는 컴퓨터 혁명 역시 마찬가지라고 생각합니다. 아이디어에서 완제품이 되기까지 6개월 정도 걸리기에 사람들은 변화가 훨씬 빨리 이루어지고 있다고 생각하기 쉬운데요. 말도 안 됩니다. 컴퓨팅은 이제 막 경제의 중요한 부분이 됐으며, 사람들의 삶에 영향을 미치기 시작했습니다. 기술 추세는 엄청난 속도로 확대될 테고, 이런 추세의 자연스러운 형태는 이른바 개인용 컴퓨터가 될 것입니다.

기반 기술의 추세를 살피면 어디로 향하는지 볼 수 있습니다. 실리콘, 회전식 자기 매체, 키보드, 디스플레이로 컴퓨터를 만듭니다. 작은 상자에 사람들이 원하는 기능을 점점 더 저렴하게 담아낼 수 있도록 다양한 구성 요소가 발전하고 있습니다. 무엇이 바뀔지 구체적인 징후는 보이지 않습니다. 큰 컴퓨터가 사라진다는 말이 아니라 개인용 컴퓨터를 향한 추세가 압도적이라는 말입니다.

진행자 5년에서 10년 이내에 컴퓨터 업계는 어떻게 될까요?

램슨 컴퓨터 업계는 적어도 향후 20년 동안 빠른 속도로 발전할 것입니다. 아직 충분히 저렴하지 않거나, 충분히 빠르지 않거나, 아니면 사람들이 단순히 문제를 충분히 제대로 이해하지 못해서 현재는 가능하지 않은 수많은 일을 궁극적으로는 컴퓨터가 수행하게 될 것입니다.

진행자 우리 사회에서 컴퓨터 과학 또는 컴퓨터 산업의 위상이 변화할 것이라고 생각하시나요? 컴퓨터 과학자들이 20세기 초 물리학자들처럼 우리 사회에 큰 변화를 가져올 돌파구를 만들 것으로 보시나요?

램슨 아니요, 20세기 초 물리학자의 지위와는 다를 것입니다. 대다수 사람들은 심지어 1945년까지 물리학자가 존재한다는 사실을 몰랐으며, 물리학자는 원자폭탄 때문에 대중에게 널리 알려지게 됐습니다. 저는 컴퓨터가 물리학과 비교하기에 충분히 극적이라고 생각하지 않습니다. 하지만 "컴퓨터 혁명은 아직 시작되지 않았습니다."라는 말은 20년 안에 컴퓨터가 모든 사람의 손끝에 놓일 것임을 의미합니다. 컴퓨터는 우리가 예측할 수 있는 방식과 예측할 수 없는 방식으로 널리 퍼질 것입니다. 마치 자동차가 엄청난 변화를 초래했듯이 세상이 돌아가는 방식에 엄청난 변화를 초래할 것입니다. 하지만 자동차가 사회를 바꾸는 데 오랜 시간이 걸렸듯이 컴퓨터가 세상을 바꾸는 데도 역시 오랜 시간이 걸릴 것입니다. 1920년대 자동차가 처음으로 선보였을 때 영향력을 예측하기란 정말 어려웠습니다. 몇 가지는 명백했지만 전부는 아니었습니다. 컴퓨터가 바꾸는 변화는 훨씬 심오할 테니 그 영향력을 예측하기가 더욱 어려울 것입니다.

진행자 20년 안에 모든 사람의 손끝에 컴퓨터가 놓이는 상황이 문제라고 보시나요?

램슨 저는 그런 상황이 특별히 잘못됐다고 보지 않습니다. 당연히 그렇게 될 것입니다. 컴퓨터는 도움을 주기 위해 존재하며 저는 컴퓨터가 긍정적인 방식으로 작업을 처리하기를 바랍니다.

최근에 흥미로운 기사를 하나 읽었는데요. 암호화 기법으로 개개인이 자신의 개인 정보가 전파되는 방식을 더 잘 통제하는 방법을 설명하는 내용이었습니다. 기술적인 쟁점뿐 아니라 많은 정치적인 쟁점이 관련되어 있기에 이런 일들이 실현될 것이라 예상하기란 늘 어렵지만, 이 기사는 컴퓨터 기술이 개인에게 자신의 삶에 더 많은 통제권을 부여하는 방법을 흥미롭게 보여 줍니다. 심지어 은행 같은 대규모 조직이 직접적이고 피하기 어려운 방식으로 우리 삶에 개입하는 상황에서조차, 우리는 여전히 컴퓨터를 현명하게 사용하여 개인이 더 많은 통제권을 가질 방법을 찾을 수 있습니다. 10년 전에는 어느 누구도 컴퓨터가 우리에게 개인적인 통제권을 부여할 줄은 상상하지 못했습니다. 사실 모든 사람들은 정반대 일이 일어날 것이라고 생각했습니다.

진행자 오늘날 존재하는 개인용 컴퓨터의 어떤 점이 문제라고 생각하시나요?

램슨 현재 개인용 컴퓨터는 아주 싸구려 수준입니다. 그렇지만 저는 이를 문제라고 생각하지 않습니다. 개인용 컴퓨터는 새로운 물건이고 사람들이 개인용 컴퓨터에 대해 배우면서 개인용 컴퓨터는 급격하게 개선되고 있습니다. 앨런 케이가 맥에 대해 훌륭한 비평을 남겼습니다. 맥은 비평할 만큼 충분히 좋은 첫 컴퓨터라고 말입니다. 차세대 컴퓨터나 프로그램을 만드는 사람들이 더 나은 컴퓨터나 프로그램을 만들기 위해 현재 컴퓨터나 프로그램에 어떤 문제가 있는지 생각해야 합니다.

제가 컴퓨터 문해력이라는 아이디어를 끔찍하다고 생각하는 이유가 바로 여기에 있습니다. 저에게 컴퓨터 문해력은 최신 베이식과 워드 프로세싱 프로그램 사용법을 배우는 것을 의미합니다. 이런 사용 능력은 현실과 무관합니다. 많은 직무에서 이제 베이식 프로그래밍을 요구한다는 사실은 명확하지만, 베이식이 21세기 정보 처리 사회에서 기능하기 위한 필수 능력이 될 것이라는 생각은 완전히 엉터리입니다. 아마도 21세기에 베이식 따위는 없어질지도 모릅니다.

진행자 그렇다면 우리는 미래를 어떻게 대비해야 할까요?

램슨 컴퓨터 문해력 따위는 집어치웁시다. 컴퓨터 문해력은 전혀 말도 안 됩니다. 수학을 공부하세요. 생각하는 방법을 배우세요. 읽고 쓰세요. 이런 역량은 가치가 훨씬 오래 지속됩니다. 정리를 증명하는 방법을 배우세요. 이런 역량이 다른 분야로 전이될 수 있다는 사실을 다룬 많은 증거가 몇 세기에 걸쳐 축적되어 왔습니다. 그저 베이식 프로그래밍만 배우는 것은 말도 안 됩니다.

진행자 컴퓨터 업계가 베이식 프로그래머로 뒤덮이고 있나요?

램슨 아니요, 그리고 저는 베이식 프로그래밍이 특별히 해롭다고 생각하지는 않습니다. 자녀들이 베이식 프로그래밍을 배우지 않으면 미래가 없다고 사람들이 매우 걱정하는 상황이 문제입니다. 걱정할 이유가 없습니다.

진행자 하지만 어떤 기술이 필요할지는 아무도 확실히 모릅니다.

램슨 음, 일리 있는 말이지만 우리는 컴퓨터 과학이 발전하는 방향에 대해 어느 정도 알고 있습니다. 연구실에서 만든 시스템을 살펴보고 감을 잡을 수 있습니다. 1975년에 제록스를 방문했다면 최고 사양의 개인용 컴퓨터가 1985년에 어떻게 발전할지 매우 잘 알 수 있었을 것입니다.

진행자 모든 사람이 자신의 프로그램을 작성하게 될 날이 올 것이라고 생각하시나요?

램슨 프로그래밍에는 여러 종류가 있습니다. 스몰토크가 만들어졌을 때 앨런 케이의 비전 중 하나가 어린이들이 스몰토크로 흥미로운 프로그램을 작성할 수 있게 되는 것이었다고 합니다. 하지만 그렇게 되지는 않았습니다. 케이는 스몰토크가 어린이들에게 레고 부품을 잔뜩 제공하는 것과 비슷하다고 말했습니다. 물론 어린이들이 레고 부품으로 특정 구조물을 만들 수는 있지만, 아키텍처를 고안할 수 있게 되는 경우는 손에 꼽을 정도로 드뭅니다.

프로그래밍이 단지 컴퓨터 명령어를 입력하는 것을 의미한다면, 저는 모든 사람이 어느 정도는 할 수 있으리라고 생각합니다. 대나수 사업가는 스프레드시트를 다룰 줄 아는데, 어떤 의미에서는 스프레드시트 역시 프로그래밍입니다. 아마 더 많은 예를 보게 될 것입니다. 창의적인 프로그래밍은 별개의 문제입니다.

진행자 프로그래머로서 자신의 일이 인생의 전부를 차지했다고 여기시나요?

램슨 인생 초기에는 그런 단계를 밟았지만 더 이상은 아닙니다. 그렇게 하기에는 너무 늦었습니다.

Programmers at Work

3장

어도비 창업자

존 워녹

John Warnock

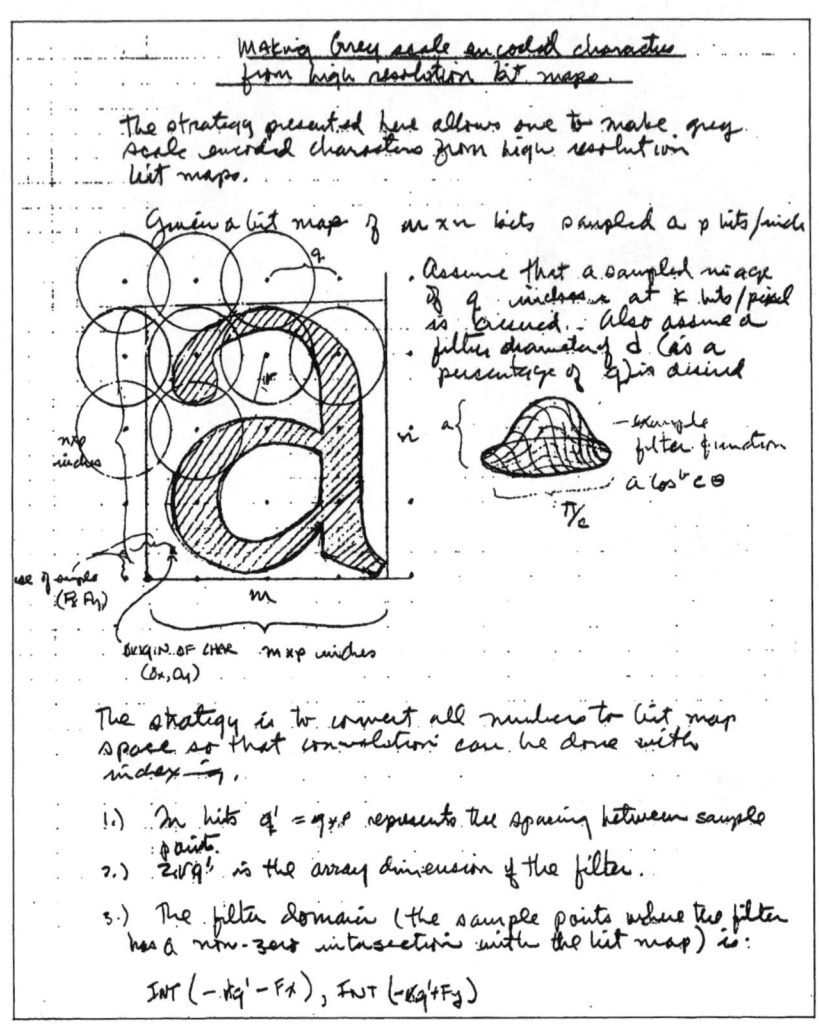

고해상도 비트맵에서 회색조 글자를 만드는 방법을 보여 주는 공책 기록

1940년에 유타에서 태어나 성장한 존 워녹은 유타 대학교에서 교육을 받았고 거기서 수학 학사와 석사, 컴퓨터 과학 박사 학위를 받았다. 워녹이 컴퓨터 과학으로 전공을 바꾼 건 데이브 에반스가 유타 대학교에 상호 대화식 디자인과 컴퓨터 그래픽스를 연구하는 저명한 연구 개발 그룹을 설립했을 때였다. 공부를 마치고 워녹은 브리티시컬럼비아주 밴쿠버에서 짧은 기간 동안 사업가로 일해 보려고 했다가 캐나다 컴퓨터 과학 연구소에 합류해 토론토에서 일했다. 워싱턴 D.C.로 옮긴 후 워녹은 고더드 우주 비행 센터(Goddard Space Flight Center)에서 일자리를 얻었다.

1972년에 워녹은 캘리포니아로 이주해 데이브 에반스, 이반 서덜랜드와 함께 일리악 4 프로젝트, 미국 항공 우주국 우주 왕복선 시뮬레이터, 비행기 시뮬레이터를 개발했다. 1978년에는 제록스 PARC로 옮겼고 그곳 컴퓨터 과학 연구실에서 4년 동안 일했다. 제록스 PARC에서 일하는 동안, 워녹은 컴퓨터 회색조 화면의 인쇄 품질을 개선하는 작업을 수행했다.

1982년, 존 워녹과 찰스 M. 게슈키는 출력 장치에 의존하지 않고 독립적으로 텍스트와 그래픽을 통합 처리하는 소프트웨어를 개발하기 위해 어도비를 설립했다. 두 사람의 노력은 어도비의 첫 제품인 포스트스크립트(PostScript)라는 결실을 맺었다.

어도비는 엠바커데로에서 떨어진 팔로 알토에 위치해 있는데 이 지역에는 첨단 기술 회사가 산재해 있다. 회사 건물로 들어서면 어도비를 나타내는 표지판을 그냥 지나칠 수 없다. 이 표지판은 제법 크고 황금처럼 빛나 워녹의 회사가 최근 경험한 성공의 징표처럼 보인다. 다른 많은 사람처럼 워녹은 제록스 PARC로부터 아이디어를 끄집어내어 실세계로 옮겨 왔다. 이런 아이디어는 포스트스크립트라는 언어와 어도비라는 회사로 모습을 바꾸었다.

존 워녹은 풍성한 수염에 헝클어진 갈색 머리를 가진 교수 같은 외모였다. 그는 꾸밈없고 여유로운 태도를 보였으며 트위드 재킷, 깃이 트인 흰 셔츠, 울 바지를 입고 있었다. 그의 전망 좋은 고급 사무실은 절제되어 있으면서도 현대적인 모양새가 인상 깊었다. 워녹의 회사가 큰 성공을 거두었기에 내 방문이 평상시 다른 사람들의 방문과 다를 바 없다는 느낌이 들었다. 우리는 꽉 막힌 도로에 대해 불평을 나눴다. 요즘 그의 프로그래밍 작업은 포스트스크립트로 하는 단조로운 작업이 전부이지만, 워녹은 여전히 우리 시대의 경탄할 만한 프로그래머 중 한 명으로 남아 있다.

> 이후 존 워녹은 어도비 일러스트레이터, PDF 등의 개발을 이끌었다. 2001년 어도비 시스템즈 CEO에서 물러나 2017년까지 이사회 의장을 맡았다. 2023년 췌장암으로 사망했다.

진행자 **1960년대 중반 재학 시절 유타 대학교 컴퓨터 센터의 분위기는 어땠나요?**

워녹 상당히 흥미로웠습니다. 버클리에 있던 데이브 에반스가 상호 대화식 디자인과 컴퓨터 그래픽스 개발을 위해 1년 동안 500만 달러라는 엄청난 ARPA[1] 연구 개발 보조금을 받았기 때문입니다. 에반스는 이반 서덜랜드, 토머스 스톡험과 여러 훌륭한 교수들이 자신과 함께 작업하도록 끌어들일 수 있었습니다.

컴퓨터 과학과는 하룻밤 사이에 평범한 곳에서 정말 정말 멋진 곳으로 변했습니다. 그 무렵에 저도 수학에서 컴퓨터 과학으로 전공을 바꿨습니다.

수학과 시절 저는 전반적인 대학교 업무를 맡은 서비스 센터인 컴퓨터 센터에서 몇 가지 일을 했는데 학생 등록 시스템을 만들고 있었습니다. 센터에서 일하던 어느 날, 데이브 에반스의 학생 한 명이 오더니 말을 걸었습니다. "저기, 제가 숨은 표면 문제(hidden-surface problem)를 풀어 보려고 하는데, 이 문제에 대한 힌트를 얻을 수 있을까요?" 저는 "아, 그 문제는 이런 식으로 조직화할 필요가 있어 보입니다."라고 대답했고, 그 문제에 큰 흥미를 느끼게 되어 제 머릿속에 담고 있던 해법을 코드로 구현했습니다. 제 해법은 알고리즘 복잡도를 획기적으로 줄였습니다. 갑자기 컴퓨터 과학과에 강하게 끌렸고, 저는 즉시 그 그룹의 일원이 됐습니다. 숨은 표면 문제에 대한 제 작업과 제가 찾아낸 코딩 해법에 대해 전국을 돌면서 강연했습니다.

1963년에 스케치패드(Sketchpad)2를 만들었던 서덜랜드는 유타에서 이 새로운 그룹에 상승효과를 불러일으키고 참신한 아이디어를 공급했습니다. 이렇게 다재다능한 그룹에서 매우 짧은 시간 동안 엄청난 작업을 진행했습니다. 나중에 루카스필름의 책임자가 된 에드윈 캐트멀, 놀라운 목성 접근 비행 다큐멘터리를 만든 짐 블린은 모두 유타 대학교 졸업생입니다. 졸업 후 제록스 PARC에서 일했고 지금은 CAD 링크에서 일하는 마틴 뉴웰 역시 마찬가지로 유타 대학교 졸업생입니다. 앨런 케이, 케이의 멘토인 밥 바튼 그리고 PARC에서 엄청난 연구 작업을 수행했던 패트릭 보들레르 역시 유타 대학교를 나왔습니다. 밥 테일러는 유타에 잠시 동안 머물렀고, 헨리 푸치시 역시 마찬가지입니다. 이런 사람들 대다수가 데이브 에반스의 학생들이었습니다. 돌이켜 보면 유타 대학교의 이 작은 그룹이 수행한 작업 덕분에, 오늘날 많은 텔레비전 광고와 루카스필름의 ILM(Industrial Light & Magic)과 디지털 프로덕션이 제작한 영화에서 컴퓨터 그래픽을 사용할 수 있게 됐다는 사실을 깨닫게 되면 사람들이 깜짝 놀랄지도 모르겠습니다.

진행자 데이브 에반스의 여러 학생이 시스템 설계자가 됐습니다. 좋은 시스템 설계자가 되기 위한 조건은 무엇이라고 생각하시나요?

워녹 정말 재능이 있는 설계자는 극소수입니다. 사람들은 이런저런 특정 작업에 능숙합니다. 하지만 시스템 설계자는 이 옵션 목록과 저 옵션 목록을 가져와 결합함으로써 정말로 딱 맞아떨어지게끔 균형을 맞춥니다. 많은 사람이 먼저 알고리즘을 설계한 다음에 이런 알고리즘을 중심으로 시스템을 설계합니다.

좋은 시스템 설계는 훨씬 더 공학적인 활동입니다. 다양한 시스템 구성 요소 사이에서 절충점과 균형을 잡아야 합니다. 저는 시스템 설계의 가장 어려운 부분은 다양한 시스템 구성 요소 사이에서 절충점과 균형을 잡는 방법을 아는 것이라고 생각합니다.

진행자 포스트스크립트 언어를 위한 독창적인 아이디어는 언제 떠올랐나요?

워녹 포스트스크립트는 에반스 앤드 서덜랜드(Evans & Sutherland)[3]에서 일하던 시기에 해양 대학교에서 쓸 항구 시뮬레이터를 만들며 시작됐습니다. 우리는 뉴욕 항구의 디지털 모델을 구축해야 했습니다. 뉴욕 항구에는 1500개의 빌딩, 석유 저장소 집합 지역, 다리, 부표 등이 있어 모든 풍경을 구축해 내야 했죠. 시뮬레이터는 선교(船橋)에서 바라보는 항구의 전경을 투사해야 했습니다. 우리는 사람들이 원하는 방식대로 시뮬레이터가 동작하게끔, 엄청나게 큰 삼차원 데이터베이스와 실시간 소프트웨어를 만들 필요가 있었습니다.

이 거대한 사업을 완료하는 데 1년이라는 시간이 걸렸습니다. 모두 삼차원으로 총천연색 모델이었습니다. 시뮬레이터가 데이터베이스를 직접 사용하는 형태로 설계하는 게 가장 멍청한 짓이라고 결론을 내렸습니다. 다시 말해, 이런 설계는 데이터베이스와 시뮬레이터가 너무 강하게 결합하는 방식입니다. 우리는 텍스트 파일을 생성하고 나서 텍스트 파일을 (우리가 결정을 내릴 때마다) 시뮬레이터가 필요로 하는 형태로 컴파일하는 컴파일러를 작성하기로 결정했습니다. 우리는 시뮬레이터가 어떤 모습이어야 할지 여전히 모르고 있었습니다.

그렇게 해서 거대한 데이터베이스를 텍스트 형태로 구축하기 시작했습니다. 데이터베이스를 디지털화하고 거대한 삼차원 모델을 구축하는 과정에서 텍스트 파일에 정적인 데이터 구조를 가져가는 방식보다는 언어 형태의 구조를 가져가는 방식이 훨씬 합리적이라는 사실이 너무나도 명백해졌습니다. 이런 언어는 아주 단순하고, 쉽게 파싱할 수 있으며, 확장 가능한 형태여야 했습니다. 결국 삼차원 그래픽 데이터베이스를 위한 언어를 개발하면서 포스트스크립트의 기본적인 아이디어가 탄생했습니다.

진행자 에반스 앤드 서덜랜드에서 일한 이후에 제록스 PARC에 가서 어떤 경험을 하셨나요?

워녹 PARC 시절은 매우 흥미로웠습니다. 저는 1978년에 그곳에 들어가 대략 4년 동안 일했습니다. PARC 내부에는 여러 분파가 있었습니다. 하나는 전에는 BCPL을 작업했던 메사 그룹이었습니다. 메사 그룹은 전통적인 언어를 사용했습니다. 그리고 리스프를 사용했던 인공 지능 그룹이 있었습니다.

저는 테일러의 연구실에서 일했는데 그곳은 컴퓨터 과학 연구실이었습니다. 제가 리스프 스타일의 언어를 선호하는 이유는 리스프가 좀 더 상호 대화식이고 인터프리터였기 때문입니다. 저는 인터프리터 형태의 환경을 좋아합니다. 하지만 그 그룹에 들어가서 리스프를 사용하는 것은 정치적인 자살 행위가 될 가능성이 높았는데, 그 이유는 제 작업이 그냥 무시될 것이었기 때문입니다.

마틴 뉴웰과 저는 앞서 언급한 삼차원 그래픽 데이터베이스와 관련된 E&S 디자인 시스템(Evans & Sutherland Design System)을 메사로 재구현하기로 결정했습니다. 우리는 이 시스템을 JaM이라고 불렀습니다. 재구현하는 데 3개월이 걸렸습니다. JaM은 모든 유형의 새로운 아이디어를 시도하기 위해 실험적인 작업대로 사용할 수 있는 인터프리터 언어가 됐습니다.

몇 년 후 이미징 과학 연구실이 컴퓨터 과학 연구실에서 독립했을 무렵에 JaM이 주요 개발 도구로 사용됐습니다. 우리는 화면과 프린터를 구동하기 위해 모든 그래픽 프로시저를 가로채기 시작했습니다. 그러고 나서 그와 같은 기본적인 언어 구조가 발전해 제록스의 프린팅 프로토콜인 인터프레스가 됐습니다. 이와 동일한 언어 구조가 세 번째로 구현된 것이 바로 포스트스크립트입니다. 근본적으로 세 언어는 모두 동일합니다. 포스트스크립트는 이런 과정에서 아이디어를 증명하고 재구현해 온 언어로, 실제로는 10년에서 11년 됐다고 볼 수 있습니다.

진행자 프린팅을 위한 언어 구조 형태로 포스트스크립트를 만들게 된 계기는 무엇인가요?

워녹 음, 가장 먼저, 프린팅을 위한 언어는 구문이 직관적이어야 합니다. 포스트스크립트가 포스와 비슷한 이유는 구문을 파싱하기 매우 단순하기 때문입니다. 이는 제가 다른 프로세서와 통신하고 싶을 때, 직렬로 연결된 상태에서 데이터를 보내기만 하면, 받는 쪽 프로세서가 직관적인 방식으로 데이터를 소비할 수 있음을 의미합니다.

구문이 단순하면 컴퓨터 프로그램이 새로운 프로그램을 더 쉽게 생성할 수 있다는 또 다른 멋진 장점이 있습니다. 직관적이고 쉬운 구문 덕분에 이러한 언어 구조 형태가 프린팅 프로토콜을 위한 자연스러운 후보로 떠올랐습니다. 프린팅 프로토콜이 절차적인 기반을 따르고, 정적 데이터 구조가 아닌 프로그래밍 언어가 되기를 원한다면 말이죠.

PARC에서 로버트 F. 스프롤과 윌리엄 뉴먼은 정적 데이터 구조로 구성된 프레스 포맷이라는 형식을 개발했습니다. 그러나 이런 형식이 프린팅을 다루기에 가장 유연한 방법은 아니라는 사실을 깨달았습니다. 기능을 하나 추가하려면 그 형식에 더 많은 기능을 넣어 사실상 시스템을 재구축해야 했습니다.

우리는 프린팅 프로토콜의 확장 가능성이 정말로 중요하다고 느꼈습니다. 그렇게 되면 더 많은 기능을 넣고자 할 때, 처음부터 설계하지 않고도 언어 자체 시스템을 이용해 기능을 구축할 수 있습니다. 미래에 필요한 기능이 무엇인지 예측할 수는 없으니까요.

그래서 인터프레스가 프린팅 프로토콜의 좋은 후보였습니다. 게슈키와 저는 제록스가 인터프레스를 상용화하도록 2년에 걸쳐 노력했지만, 최종 고객을 대상으로 출시하는 과정에서 제록스가 인터프레스를 망칠 게 분명해졌습니다. 제록스 사람들은 몇 가지 기능을 추가하고 다른 기능을 제거했는데 그렇게 하면서 구현이 어려워지는 것은 물론이고 유지 보수나 제품 교육도 어려워졌습니다. 우리가 단독으로 일할 수 있다면 훨씬 단순하고 합리적인 방식으로 제품을 만들 수 있을 것 같았습니다.

본질적으로 우리는 독창적이고 깔끔하게 설계했고, 이를 실용적인 언어로 만들기 위해 여러 가지 방식으로 확장했습니다. 그러고 나서야 프린팅으로 넘어갔습니다. 우리가 프린팅을 선택한 이유는 모든 컴퓨터 회사에서 그 당시 프린터 제품 시장을 겨냥하고 있었으며, 레이저 프린터를 동작시키기 위해 연구 개발에 많은 돈을 쏟아붓고 있었기 때문입니다. 그러나 그런 컴퓨터 회사들은 큰 성공을 거두지 못하고 있었습니다. 대다수 제품이 변경하기 쉽지 않았습니다.

우리는 포스트스크립트를 컴퓨터 회사에 효과적으로 광고할 수 있다고 생각했습니다. 포스트스크립트의 장치 독립적인 특성 때문입니다. 포스트스크립트는 특정 컴퓨터에 대한 의존성을 없앴기에, 컴퓨터 회사에서는 소프트웨어를 변경할 필요 없이 새로운 기술을 유연하게 적용할 수 있었습니다. 우리는 이런 특징이 좋은 가치로 인식되어 제품 판매도 쉬울 것이라고 믿었는데 실제로 그렇게 됐습니다. 화면 관련 사업에서는 다른 모든 회사의 패키지와 경쟁해야 하고 운영 체제도 고려해야 하는 반면에, 포스트스크립트는 별 번거로움 없이 멋지고 깨끗하고 개별적인 형태의 사업으로 만들 수 있었습니다.

진행자 **포스트스크립트 언어는 계속해서 어느 방향으로 발전하고 있나요?**

워녹 음, 프린팅 애플리케이션과 관련해서는 발전 속도가 굼벵이처럼 느려지기 시작했습니다. 이제 화면 세상으로 들어가서 워크스테이션4에도 프린터가 갖추고 있는 모델을 제공하는 것이 타당하다고 생각합니다. 여기서 우리가 포스트스크립트를 크게 개조해야 하는 이유는 화면의 요구 사항이 프린터와 다르기 때문입니다. 화면 요구 사항에 따르면 특정 유형의 가비지 컬렉션 연산을 수행하기 위해 초고속으로 동작해야 하는데, 메모리 관리 작업은 프린터 쪽에서는 필수 구성 요소가 아닙니다. 우리는 코드를 작성하고 있는데 이런 요구 사항을 충족하는 방향으로 나아가고 있습니다.

진행자 **여전히 코드를 작성하시나요?**

워녹 물론입니다. 거의 매일 작성합니다. 코드 작성은 엄청나게 지적인 가치가 있는 일이고 즐겁습니다.

진행자 **지금은 어떤 코드를 작성하시고 있나요?**

워녹 대부분 포스트스크립트 코드이고 지난번보다 훨씬 정교한 페이지를 만들거나 몇 가지 작은 유틸리티 함수를 만들고 있습니다. 중요한 시스템 코드를 만들지는 않습니다.

저는 설계 측면이나 그런 비슷한 부분에 많이 관여하는 편이고 일반적인 철학이나 방향성, 작업 방식 등에 신경 쓰지만 실제로 앉아서 구체적인 작업을 하지는 않습니다. 회사에는 저보다 훨씬 뛰어난 사람이 많습니다. 제 두뇌로 일하는 대신 그 사람들의 두뇌를 활용하는 편이 훨씬 더 바람직합니다.

진행자 10년이나 20년 전보다 지금이 좋은 코드를 작성하기 더 쉬운가요?

워녹 개발 도구와 프로그래밍 환경이 더 나아졌습니다. 언어의 표현력이 더 강해졌고요. 요즘 컴퓨터는 10년 전이나 20년 전보다 훨씬 강력해졌습니다. 그러나 사용 가능한 선택지가 훨씬 더 많아졌다는 건 실수할 여지도 늘어났음을 의미합니다.

진행자 하지만 그동안 쌓아 온 모든 경험 덕분에 좋은 코드를 작성하는 일이 훨씬 쉬워지지 않았나요?

워녹 예, 그렇습니다. 젊었을 때 체력을 나이가 들어 경험으로 바꿔 버린 셈입니다. 나이가 들수록 크게 잘못된 단계를 밟지는 않지만, 과거처럼 벌떡 일어나서 열심히 달릴 체력은 부족합니다.

진행자 오늘날 코드 작성 방법이 달라졌나요? 자신만의 색다른 방법이 있나요? 모든 것을 미리 계획하는 편인가요?

워녹 저는 뭔가를 시작하기 전에 생각을 많이 하고, 일단 뭔가를 시작하고 나면 결과물을 버리는 것을 두려워하지 않습니다. 프로그래머에게는 코드 조각을 책의 나쁜 장처럼 여기고 뒤도 안 돌아보고 폐기할 수 있는 용기가 매우 중요합니다. 결코 한 가지 생각에 마음을 너무 빼앗기면 안 되며, 필요할 때 버리지 못하고 끈질기게 물고 늘어져서는 안 됩니다. 이게 바로 프로그래머가 갖춰야 할 자세입니다.

또한 결코 다른 사람이 모르는 뭔가를 자신이 알고 있다고 가정하지 마세요. 더 나은 알고리즘을 재빠르게 생각해 내거나 몇몇 작업을 수행하는 더 쉬운 방법을 잘 찾아내는 똑똑한 프로그래머들은 우리 주변에 늘 있을 것입니다. 자신만의 방식을 고집하는 NIH(Not-Invented-Here) 증후군[5]에 사로잡히지 않고 이러한 사실을 일찍 깨닫고 빨리 받아들여 적극 활용하는 자세가 개발 업계의 비결 중 하나입니다.

진행자 무엇이 좋은 프로그램을 만들까요?

워녹 좋은 프로그램을 점검해 보면 고른 성능을 보입니다. 이는 코드에 병목이 없다는 뜻입니다. 균형이 프로그램을 좋게 만듭니다. 특별한 요령이 있지는 않습니다.

1963년부터 개발업에 몸담았으니 현재 20년 넘게 프로그램을 만들어 오고 있습니다. 경험이 많아지면 여러 해에 걸쳐 수백 가지 알고리즘을 체득하게 됩니다. 그동안 배워 왔던 요령을 기억합니다. 버그에 부딪혔던 막다른 골목을 기억합니다. 잘못했거나 잘했던 세부 사항을 기억합니다. 주어진 과제를 수행한다는 것은, 말하자면 좋은 메뉴를 만들기 위해 뷔페에서 음식을 고르고 선별하는 문제와 비슷합니다. 맛있는 음식을 여기서 조금, 저기서 조금 가져와서 하나로 합치면 개밥과 같은 맛이 날지도 모르겠습니다. 아주 섬세하고 복잡한 방식으로 음식을 하나로 합칠 수 있어야 좋은 요리사가 됩니다. 프로그램 조각들도 같은 방식으로 하나로 합칠 수 있어야 훌륭한 컴퓨터 프로그래머가 될 수 있습니다.

진행자 평범한 프로그래머와 좋은 프로그래머를 어떻게 구분하시나요?

워녹 어려운 문제입니다. 일반적으로 면접 과정을 거치더라도 좋은 프로그래머와 나쁜 프로그래머를 구분하지 못합니다. 이는 작가를 고용하는 상황과 비슷합니다. 면접만으로는 누군가 글을 얼마나 잘 쓰는지 구분할 수 없습니다. 하지만 어떤 사람이 쓴 소설이 많은 상을 받았다면, 그 사람이 재능이 있는지 훨씬 잘 이해할 수 있습니다. 따라서 우리는 소문을 듣고 대다수 직원을 고용합니다. 오랜 기간 동안 사업을 해 오다 보면 많은 사람을 알게 됩니다. 업계에 퍼진 사람들의 평판을 가지고 원하는 사람을 거의 정확하게 찾아낼 수 있습니다.

진행자 구인 과정에서 특별히 정해진 규칙은 없나요?

워녹 저는 그런 규칙을 생각해 내지 못했습니다. 사람마다 지닌 개성이 다르고 컴퓨터 사업에 필요한 재능의 범위는 정말 어마어마하게 넓습니다. 사람마다 잘하는 프로그래밍 종류도 서로 다르고요. 이는 코미디 장르의 소설을 쓰는 것과 진지한 드라마 장르의 소설을 쓰는 것만큼 차이가 납니다.

진행자 언제 컴퓨터와 프로그래밍에 관심을 갖게 됐나요?

워녹 저는 대학교 교수가 되어 수학을 가르치려고 계획했습니다. 대학원 학업이 끝나 갈 무렵인 1963년에 저는 여름 인턴 자리를 찾고 있었는데요. 너무 늦게 알아본 탓에 제가 찾을 수 있었던 일자리는 파이어스톤에서 타이어 재생 작업을 하는 곳뿐이었습니다. 작업장은 덥고 더럽고 엄청나게 시끄러웠습니다. 딱 3주가 지나고 나서 '나는 수학 석사 학위가 있어. 여기서 이러고 있을 필요는 없어.' 하는 생각이 들었습니다.

저는 지역 IBM 사무실에 가서 취업 원서를 냈습니다. IBM의 모든 입사 시험을 치렀고, 여태껏 들어 본 금액보다 훨씬 큰 금액을 제안받았습니다. IBM은 저를 시애틀과 로스앤젤레스로 보내 시스템 엔지니어가 되기 위한 훈련을 받도록 했습니다. 그런 다음 솔트 레이크 지역에서 가장 큰 두 고객을 붙여 주었습니다.

얼마 후 저는 IBM을 떠나 유타 대학교로 돌아가서 수학 박사 학위를 따기로 결정했습니다. 그런 다음에 결혼을 했고 자립하기 위한 진짜 직업이 필요해서 유타 대학교 컴퓨터 센터에서 일했습니다. 이게 바로 저를 컴퓨터 과학 분야로 이끈 계기가 됐습니다.

진행자 만약 교육을 다시 받아야 한다면 수학과 컴퓨터 과학 중 무엇에 집중하실 건가요?

워녹 아, 저는 항상 수학을 사랑해 왔습니다. 문제 해결은 늘 즐거웠습니다. 저에게 있어 인생의 은총은 컴퓨터를 젊었을 때 접하지 않았다는 것입니다.

진행자 컴퓨터를 더 일찍 배워도 도움이 되지 않는 이유는 무엇일까요?

워녹 저는 대학을 졸업하고 석사 과정을 밟은 덕분에, 훌륭하고 탄탄한 교양 교육을 받을 수 있었습니다. 저는 수학, 영어, 기초 과학 분야에서 기초를 아주 튼튼하게 쌓는 것이 정말로 중요하다고 믿습니다. 그런 다음 대학원생이 되면 컴퓨터에 대해 가능한 한 많이 배우는 것이 좋습니다.

정말 성공하기를 원한다면 사회의 나머지 부분에 먼저 익숙해진 다음에 컴퓨터를 배우기 시작하는 것이 문제에 접근하는 훨씬 합리적인 대응 방법입니다. 제가 컴퓨터를 좋아하는 이유는 수학에서는 종이에 적어야만 하는 생각을 실현할 수 있게 해 주기 때문입니다. 컴퓨터를 사용하면 가시적인 결과도 얻을 수 있습니다. 게다가 프로그램을 디버그하고 실제 동작하게 만드는 작업은 환상적입니다. 마지막으로, 컴퓨터에 매개 변수 집합을 제공하고 컴퓨터가 올바른 대답을 보여 주게 만들 수 있습니다.

컴퓨터는 아주 재미있는 데다 등산처럼 만족스럽기까지 합니다. 인생에서 다양한 활동을 하는 것과 비슷합니다. 성공했을 때 그리고 결국 제대로 동작하게 만들었을 때, 기분이 좋아지고 흥분을 느끼게 됩니다.

진행자 PARC에서 일할 때 지금 하고 있는 사업을 시작하리라고 예상하신 적이 있었나요?

워녹 아니요, 사업에 관심은 있었습니다. 처음 사업에 관해 생각했을 때 우리는 세상 사람들이 무엇을 사용할지에 대해 생각했고, 서비스업으로 방향을 잡아야 한다고 결론을 내렸습니다. 우리는 개인용 컴퓨터에서 전화를 걸어 인쇄할 수 있는 전자 프린터를 만들 수 있었습니다. H&Q(Hambrecht and Quist) 벤처 캐피털을 방문했는데, 담당자들이 서비스업은 좋지 않다고 말했습니다. 서비스업은 벤처 캐피털에서 언급하기를 꺼리는 분야인데요. 서비스업은 재정적인 관점에서 매우 전문적이며, 돈을 벌 수 있는 유일한 방법은 서비스를 프랜차이즈화하는 것입니다. 프랜차이즈에 재능이 없다면 정말로 어려운 일인데 우리는 재능이 없었습니다.

우리는 더 전통적인 사업 계획이 필요하다고 판단했습니다. 우리는 (인쇄를 위한) 문서 준비 시스템이 딸려 오는 워크스테이션을 생산해서 여기에 레이저 프린터와 식자기를 엮어 문서 시스템을 판매하려는 계획을 세웠습니다. 경쟁사 목록을 나열해 보면 뷰테크, 인터리프, XY비전, 텍셋 등이 있었습니다. 그들은 모두 동일한 사업 계획에 따라 움직였습니다.

3개월 정도 작업한 다음 몇몇 주요 컴퓨터 회사와 이야기를 나누고 나서, 우리는 이런 사업 계획이 순진했다는 결론을 내렸습니다. 이런 사업을 진행하려면 마케팅 유통 채널과 간단한 제조 설비를 갖춰야 했습니다. 근본적으로 우리는 전체 사업을 구축해야 했던 것입니다. 그리고 확실히 우리는 이런 사업 분야에 대해 두드러지는 전문성을 갖추지 못했습니다.

우리는 컴퓨터 회사가 요구하는 특수한 소프트웨어를 구축하는 데 전문성이 있었습니다. 그래서 사업 계획을 전환해 소프트웨어 OEM(주문자 상표 부착 생산) 공급자가 됐습니다. 우리는 제조, 마케팅, 유통을 갖출 필요가 없었습니다. 그리고 우리는 일반적인 컴퓨터 커뮤니티에 서비스를 제공했습니다. 이는 매우 훌륭한 사업으로 판명이 났습니다.

진행자 미래에도 컴퓨터가 오늘날과 근본적으로 동일하리라고 생각하시나요, 아니면 급진적인 변화가 있으리라고 생각하시나요?

워녹 지난 4~5년 동안 일어난 변화의 수준을 고려해 볼 때, 예측이 매우 어렵다고 생각합니다. 최근 기술적인 성장이 눈부셨습니다. 예를 들어 5년 전에는 64K 칩이 전부였다면, 요즘은 메가비트 칩, 시디롬에 대해 이야기하고 있습니다. 성장이 둔화될 것 같은 어떤 증거도 보이지 않습니다. 오늘날 어느 누구도 다음에 어떤 혁신이 있을지 말할 수 없습니다. 정보화 시대는 단지 거대한 피드백 루프일 뿐이며, 손에 쥔 새로운 도구는 모두 더 나은 다른 도구를 제작하는 과정에 도움을 줍니다. 따라서 아마도 훨씬 폭발적으로 성장이 일어날 것 같습니다.

진행자 미래에는 컴퓨터가 사회에서 어떤 역할을 맡게 될 것이라고 생각하시나요?

워녹 컴퓨터 문해력이 필수불가결해질 것입니다. 사람들은 매일 컴퓨터를 다루지만 이를 깨닫지 못합니다. 사람들이 기계를 더 효과적으로 다룰 수 있도록 사용자 인터페이스에도 상응하는 개선이 있어야 할 것입니다. 문해력과 사용자 인터페이스는 서로 관련이 있습니다. 오늘날 사회는 전적으로 기술에 의존하고 있으며, 이런 상황이 바뀔 이유는 없다고 생각합니다.

진행자 출판 산업에서는 어떤 일이 일어나고 있나요?

워녹 출판 산업은 제가 예상했던 것보다 훨씬 빠르게 기술 혁신을 받아들이고 있습니다. 저는 출판 산업이 전자 출판 기법을 활용하는 방식으로 천천히 진화할 것이고, 완전히 성숙되기까지 여러 해 걸릴 것이라고 예상했습니다. 하지만 믿기 힘든 속도로 빠르게 변화하고 있습니다.

건실한 출판사는 신기술을 즉시 받아들이고 있습니다. 나이트-리더 미디어는 레이저 프린터와 매킨토시 컴퓨터를 다수 보유하고 있습니다. 개닛 신문사는 레이저 프린터를 여러 대 구매했습니다. 허스트 신문사도 레이저 프린터를 구매했고, 최근에는 AP(Associated Press)에서 통신망을 거쳐 포스트스크립트 프로그램을 전송한다는 이야기도 들었습니다. 이런 소식이 정말 기쁜 이유는 레이저 프린터가 불과 몇 달 전에 출시됐기 때문입니다. 저는 이 같은 기술 수용이 몇 달이 아니라 몇 년 이상 걸릴 줄 알았습니다.

지금 많은 사업체에서는 전통적인 식자기 대신 매킨토시 컴퓨터와 레이저라이터 프린터를 이용해 독자적인 소식지를 만들고 있습니다. 사람들은 새로운 기술의 장점을 실시간으로 목격하고 있습니다. 사무 용품 시장, 전통적인 워드 프로세싱 시장은 더 나은 품질을 위해 레이저 프린터로 상당히 빠르게 움직일 것입니다.

진행자 레이저 프린터에서 나온 출력물의 품질이 식자기에 필적하는 데까지 얼마나 걸릴 것으로 생각하시나요?

워녹 시간이 조금 걸릴 것입니다. 토너 입자의 특정한 물리적 속성이나 기타 문제 때문에 초고해상도를 달성하기 어렵습니다. 식자기는 본질적으로 (폰트의)

가장자리를 아주 깔끔하게 처리하는 정밀한 장비이므로 이런 기술을 대체하기란 매우 어렵습니다.

건식 인쇄(Xerography)[6]는 처리해야 하는 최소 토너 입자 크기 문제가 있습니다. 건식 인쇄는 작은 전하의 점으로 동작하므로, 토너를 흡착할 수 있는 전하 단위가 얼마나 작은지가 관건입니다. 현재 품질은 좋아 보이긴 하지만, 확대경으로 식자기와 건식 인쇄 페이지를 비교하면, 건식 인쇄가 아직 비교 대상이 아님을 알 수 있습니다. 아마도 몇몇 열전사 기술과 잉크젯 기술이 건식 인쇄보다 먼저 성공할 것입니다.

식자기는 점점 더 저렴해지고 건식 인쇄 품질은 점점 더 나아질 것입니다. 건식 인쇄는 또한 더 저렴해질 것입니다. 몇 년 후에는 레이저 프린터 가격이 2000달러 범위에서 판매될 것으로 봅니다. 고정폭 폰트를 사용하는 타이프라이터는 고품질 활자체로 대체될 것으로 생각합니다. 적어도 그게 제가 바라는 바입니다.

진행자 이 업계에서 성공한 비결은 무엇인가요?

워녹 각자가 지닌 기술이 잘 어우러지는 유능한 사람들과 함께해야 합니다. 그게 바로 성공의 비결입니다.

진행자 프로그래밍에 대한 자신만의 접근 방식이 있나요?

워녹 프로그래밍 접근 방식에 정해진 집합이 있는지는 잘 모르겠습니다. 여러 기술을 초기에 결합하지 말고, 필요한 시점보다 더 일찍 결정을 내리지 마세요. 생각하는 것보다 더 일반적인 순서를 따라야 합니다. 장기전을 치를 필요가 있기 때문입니다. 매우 빠르게 뭔가를 작동하게 만든 다음 버릴 수도 있어야 합니다.

큰 실험보다는 작은 실험에서 배워야 합니다. 중간에 아무런 결과물도 내지 못하는 2년짜리 개발은 시작하지 마세요. 두 달마다 뭔가 나오게 만들면 평가하고 재편성하고 재시작할 수 있습니다.

프로그래머들은 자주 시작부터 접근 방법을 과하게 설정합니다. 첫날부터 핵심 아이디어로 시작해서 코딩을 시작할지도 모릅니다. 그러면 모든 것이 여러 다른 요소에 대한 의존성에서 비롯되기 시작하는 동심원 접근 방법을 썼다는 사실을 발견하게 됩니다. 하지만 전체 과정을 상당히 느슨하고 자유롭게 유지하고 막바지에 더 빠르게 움직인다면, 장기적으로 훨씬 좋은 제품을 만들 수 있습니다.

진행자 하드웨어가 아닌 소프트웨어 분야에서 일하시는 이유가 무엇이라고 생각하시나요?

워녹 아마도 제 안에 수학자가 살고 있기 때문인 듯합니다. 저는 추상화를 선호합니다. 사물의 조합보다는 아이디어 그리고 아이디어의 조합을 다루는 것을 좋아합니다. 저는 결코 기계에 밝지 않습니다.

진행자 소프트웨어 개발의 어떤 점이 그렇게 마음에 드시나요?

워녹 소프트웨어 개발은 항상 도전적입니다. 저는 소프트웨어 작성을 저술 작업, 보통의 글쓰기처럼 생각합니다. 다른 사람들의 생각을 이끌어 낼 수 있는 새롭고 흥미로운 방식으로 아이디어와 개념을 결합하려고 합니다. 소프트웨어 사업은 출판 사업과 비슷합니다. 사람들은 자신의 재화인 아이디어를 돈과 교환하고 있습니다. 저는 개발 역량이 어느 정도 있고 작업 과정에서 몇 가지 새로운 아이디어를 성공적으로 고안한 경험이 있기 때문에 소프트웨어 개발을 좋아합니다. 소프트웨어 개발은 정말 짜릿합니다.

진행자 소프트웨어 부문에서 새롭게 고안하신 아이디어는 무엇이 있나요?

워녹 가장 확실한 사례는 유타에서 제가 작업했던 독창적인 은선 제거 알고리즘입니다. 그 당시 상당히 독창적이어서 많은 프로그램이 제가 만든 알고리즘 위에 구축됐습니다. 저는 어려워 보이는 뭔가를 풀어서 쉬워 보이게 만들 때 정말 흥분됩니다. 이게 바로 이반 서덜랜드가 크게 유명해진 이유였습니다. 서덜랜드는 어떤 문제든 해부해 뜯어내서 쉬워 보이게 만들 수 있었습니다. 서덜랜드는 이런 유형의 작업에 매우 능숙했습니다.

저는 또한 제가 만든 물건을 다른 사람들이 사용하는 것을 좋아합니다. 제가 제록스에서 매우 좌절한 이유는 시장에 훌륭한 제품이 출시되는 것을 보고만 있어야 했기 때문입니다. 저도 똑같이 할 수 있는데 말입니다. 이제 잡지를 들고 대충 넘기면서 레이저라이터 사진이나 광고를 발견하면 무척 신이 납니다. 제 노력의 결실을 다른 사람들이 사용하는 모습을 보면 저는 정말 흐뭇합니다. 이게 바로 궁극적인 만족감입니다.

진행자 정해진 업무 루틴이 있나요? 대부분 사무실에서 일하시나요, 아니면 집에서 일하시나요?

워녹 주로 집에서 일하지만 사무실에서도 일하고 출장도 잦습니다. 저는 고객을 만나 이야기를 나누며 콘퍼런스에서도 발표합니다. 지금 제 업무는 약간의 내근과 많은 외근이 조합된 형태입니다.

진행자 독자적인 사업체를 소유하면서 인생이 크게 바뀌었나요?

워녹 그렇습니다. 첫 1년 반 동안 저는 모든 것이 제대로 동작하게 만들기 위해 거의 전적으로 개발에 몰두했습니다. 이제 프로젝트는 마케팅, 홍보, 고객 지원 단계로 넘어갔습니다. 제 일상의 대부분은 사람들을 만나고, 기업들과 거래하고, 조직 내 중역들과 이야기하고, 계약을 체결하는 것입니다. 하지만 이 모든 작업이 즐겁습니다. 올해는 지난해와 조금 다르고, 지난해는 지지난해와 조금 다릅니다. 이게 바로 인생입니다.

진행자 포스트스크립트 개발 기간 동안에 얼마나 많은 사람이 매달렸나요?

워녹 포스트스크립트 개발에 투입된 연인원은 20명 정도였습니다. 모든 폰트를 고려하면 이는 상당히 큰 코드 기반이었습니다. 애플 레이저라이터에서 우리는 512킬로바이트짜리 롬을 구웠는데, 어느 부분도 잘못되면 안 됐습니다. 소프트웨어는 하드웨어에 단단히 박혀서 모든 기계와 함께 배포됐습니다. 저는 포스트스크립트가 지금껏 롬에 탑재된 코드 중에서도 규모가 상당히 큰 편이라고 생각합니다. 테스트가 완료될 때까지 상당히 불안한 시기를 보냈습니다.

진행자 포스트스크립트 개발 과정에서 직면한 가장 큰 문제는 무엇이었나요?

워녹 대다수 프로젝트에서는 마지막 2%가 전체 시간의 50%를 차지합니다. 코드를 하나로 완전히 묶는 작업은 오래 걸립니다. 그러고 나면 모든 통신 프로토콜로 기능을 수행하고, 모든 인터럽트가 정상인지 보고, 망가지지는 않는지 확인해야 합니다.

진행자 일반적으로 어떤 언어를 좋아하시나요?

워녹 여기 사람들은 경력이 충분해서 특정 언어를 다른 언어보다 콕 집어 선호하지는 않습니다. 우리는 가장 합리적인 환경과 컴파일러 집합이 있다면 뭐든 사용하며, 이게 바로 우리의 고려 사항입니다. 컴퓨터 언어는 컴퓨터 언어일 뿐입니다. 언어 대여섯 개 정도를 배우고 나면 다른 언어 대여섯 가지를 배우기는 아주 어렵지 않습니다.

진행자 오늘날 설계자들이 사용하는 언어가 그렇게 많지 않은 이유가 무엇이라고 생각하시나요?

워녹 다양한 언어를 써야 한다는 동기가 없을 것입니다. 메사(Mesa)처럼 특정 설계 방식을 택하는 사람들이 있습니다. 그런데 프로그래머 30~40명이 함께 거대한 시스템을 작성하는 문제로 인해 그 언어는 그 과정에 맞도록 설계됐습니다. 좋은 소프트웨어가 그런 식으로 작성된다고 믿는다면, 핵심은 바로 설계할 언어가 될 것입니다. 하지만 좋은 소프트웨어는 2~4명 정도로 구성된 팀이 매우 높고 응집된 수준으로 상호 작용하며 작성해야 한다고 저는 믿습니다. 코드의 가장 중요한 부분은 이런 작은 팀의 노력에서 비롯됩니다. 저라면 20명을 투입하기가 불가능한 시스템을 만들려고 할 것입니다.

진행자 아이디어가 너무 많고 다양하기 때문인가요, 아니면 설계에 접근하는 방법이 너무 많아서인가요?

워녹 너무 많은 스타일과 인터페이스가 있습니다. '개발자가 작성한 어떤 프로그램이든 개발자가 일하는 조직을 반영한다.'7라는 이야기를 들은 적이 있습니다. PARC에 있을 때 컴퓨터 과학 연구실은 밥 테일러를 필두로 하는 믿기 어려울 만큼 수평적인 구조였습니다. 하지만 이 다양한 그룹에서도 공통적인 도구가 필요했던 이유는 거대한 프로그래밍 시스템을 설계하는 개발자가 대략 30명이었기 때문입니다. 따라서 메사와 그 프로그래밍 환경은 PARC가 동작하는 방식을 모델로 삼았습니다.

어도비는 대여섯 명 정도가 근무하는 아주 작은 회사에서 시작했습니다. 코드는 대여섯 명이 작성했고, 소프트웨어 구조가 이런 조직도를 반영합니다. 특정 부문은 개인 X에게, 다른 부분은 개인 Y에게 속해 있으며, 각자의 개성과 인터페이스를 가집니다. 반면에 IBM은 대규모 조직이며 회사 개별 부서의 특성을 반영하는 자체 피드백과 다양한 전략으로 인해 코드가 대단히 난해합니다. 뭔가를 단순하게 유지하려면 개발 조직도 단순해야만 한다는 게 상당히 표준적인 규칙이라 말씀드릴 수 있습니다.

진행자 작은 회사가 큰 회사로 성장할 때 어떤 일이 일어나나요?

워녹 비결은 HP의 접근 방법에서 배우는 것입니다. 즉, 큰 회사를 20개의 작은 회사로 유지하십시오. 회사를 쪼개서 결코 큰 조직이 되게 내버려 두지 마십시오. 단 아무도 관심을 보이지 않는 규모가 되면 안 됩니다. 업무적인 관계에서 사람 수를 적게 유지하고 프로젝트 중심으로 한정적으로 초점을 맞추면 사람들은 최선을 다해 일할 수 있습니다. 그게 제 목표입니다.

진행자 컴퓨터가 등장하기 이전에 수학자들은 무엇을 했나요?

워녹 엄청나게 많은 계산입니다! 실제로 10년 전보다 수학이 발전했는지는 정말로 잘 모르겠습니다. 아마도 엄청나게 많은 수학자가 다른 분야로 빠져나갔을 것입니다. 컴퓨터에서 이론적인 측면에서 최고의 성과를 낸 몇몇 초기 이론은 1950년대에 정립됐습니다. 최고의 계산 수리학은 컴퓨터가 등장하기도 전에 정립됐습니다. 수학자들은 컴퓨터로 무엇을 할 수 있고 무엇을 할 수 없는지에 대해 많은 기초 작업을 진행했습니다. 저는 요즘에 정립된 좋은 계산 이론이 있는지 모르겠습니다. 있을지도 모르지만 앞서 일어났던 거대하고 중요한 돌파구만큼은 아니라고 추측합니다.

진행자 컴퓨터 과학을 과학으로 보시나요?

워녹 아니요, 그렇게 보지 않습니다. 좀 더 공학 쪽이고 매우 훌륭하고 성과도 좋습니다. 저에게 과학은 가설을 세우고 실험을 수행해서 세상의 모델을 만드는 것입니다. 컴퓨터는 그런 활동과 아무런 상관이 없습니다. 컴퓨터 과학은 세상의 모델에 대한 자기 실현적인 예언입니다. 컴퓨터 과학은 위대한 정보 도구로서 정보를 조작하고 통제하기 위한 사회의 위대한 가공품입니다. 하지만 저는 진짜 컴퓨터 과학이 무엇을 배우려 시도하는지 모르겠습니다.

Programmers at Work

4장

CP/M 개발자

게리 킬돌

Gary Kildall

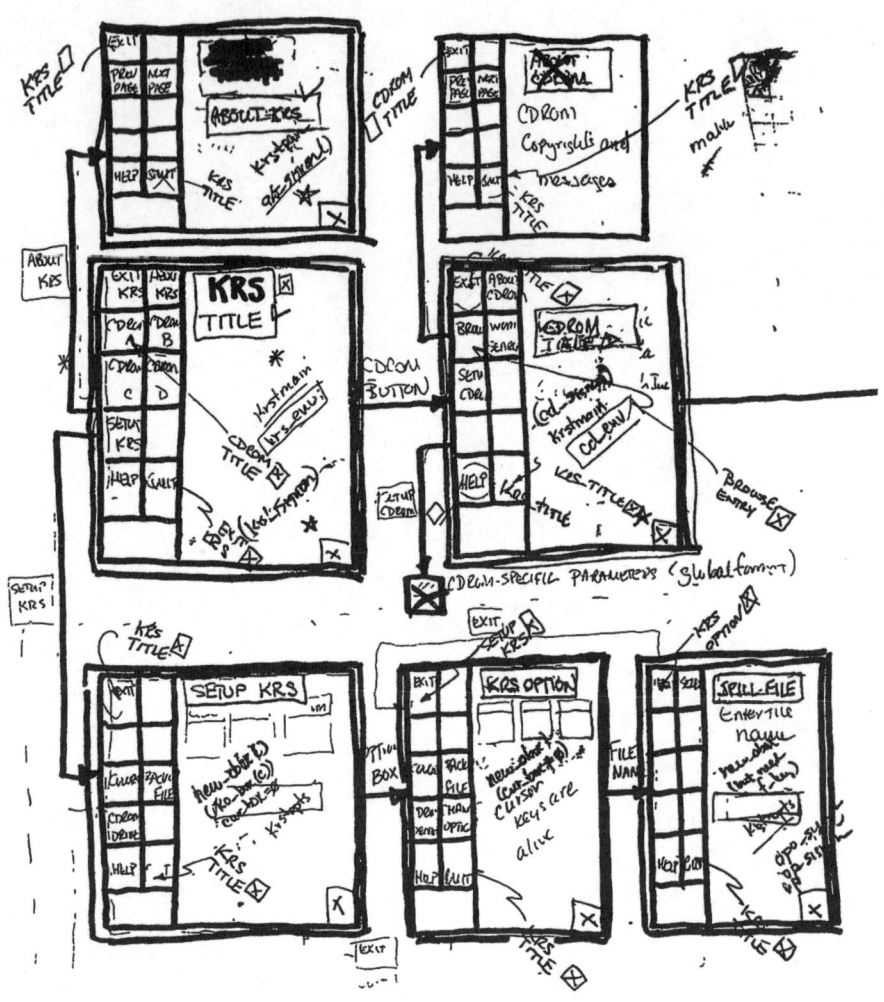

게리 킬돌은 날리지 리트리벌 시스템(Knowledge Retrieval System)을 개발하는 동안 메뉴 트리 설계를 그림으로 보여 주기 위해 이 스케치를 그렸다. 스케치에 나온 메뉴의 세부 사항은 부록(466~467쪽)을 참고하자.

디지털 리서치 창립자이자 이사회 의장인 게리 A. 킬돌은 1972~1973년 내내 마이크로컴퓨터를 위한 첫 운영 체제를 개발했다. 킬돌은 이 운영 체제를 CP/M 운영 체제라고 불렀고, 킬돌이 세운 회사의 첫 제품이 됐다. 그 외에도 킬돌은 IBM PC용 DR 로고 프로그래밍 언어를 설계했고, 마이크로컴퓨터를 위한 첫 번째 고수준 언어 중 하나인 PL/M을 개발했다.

시애틀 토박이인 킬돌은 1942년 5월 19일에 태어났다. 킬돌은 1972년에 워싱턴 대학교에서 컴퓨터 과학 박사 학위를 받았다. 그러고 나서 해군에 입대해 캘리포니아 몬터레이에 위치한 해군 대학원에서 컴퓨터 과학을 가르쳤고, 제대 후에도 그곳에서 계속 가르쳤다.

1984년에 킬돌은 액티벤처(이후에 날리지셋으로 이름을 변경했다)라는 새로운 회사를 설립해서 광학 디스크 출판의 잠재력을 탐색했다. 1985년에 액티벤처는 시디롬 형태로 그롤리어 백과사전(Grolier's Encyclopedia)을 출간한다고 발표했다. 킬돌은 날리지셋 회장 직위와 함께 디지털 리서치 이사회 의장 직위도 유지하고 있다.

월요일 아침에 우리는 캘리포니아 해안선을 따라 1번 고속 도로를 지나 디지털 리서치에 도착했다. 회사 경관은 그 지역에서 돋보이는 장관을 이루고 있었으며, 해안선에는 컴퓨터 관련 회사보다 더 많은 리조트가 산재해 있었다. 게리 킬돌이 설립한 디지털 리서치와 날리지셋은 이 지역의 몇 안 되는 첨단 회사였다. 나는 이토록 환상적인 아름다움이 문 바로 바깥에 존재한다는 사실을 알면서도 소스 코드를 작성하기 위해 조명을 어둑하게 밝힌 특유의 우중충한 사무실에 틀어박혀 있는 사람들이 누구인지 궁금하지 않을 수 없었다. 하지만 게리 킬돌은 자신의 작업에 전념하다가 여가 시간 동안 주변을 감상하는 게 어렵지 않은 모양이었다. 킬돌은 열심히 일한 만큼 열심히 노는 것을 좋아한다. 킬돌의 '장난감'은 신형 람보르기니 쿤타시, 피츠 곡예비행 복엽기, 롤스로이스를 망라한다.

킬돌은 정오 무렵에 회의실로 우리를 만나러 왔다. 킬돌은 빨간 머리에 키가 컸고 턱수염은 말쑥하게 다듬었으며 빳빳한 카우보이 스타일의 청바지에 흰색 카우보이 버튼 셔츠를 입고 부츠를 신고 있었다. 막 타호(Tahoe)에서 주말을 보내고 온 킬돌은 그곳에서 과식했다고 털어놓으면서 다이어트 펩시를 주문했고 우리는 샌드위치를 주문했다. 콜라를 마시면서 킬돌은 속을 잘 드러내지 않고 계산적인 태도로 프로그래밍에 대해 매우 열정적이면서 진지하게 이야기했다. 사실 우리는 인터뷰를 하기 위해 그를 최신 시디롬 백과사전 프로젝트를 위한 소스 코드 작성 업무에서 떼어 놓아야 했다. 킬돌이 날리지셋을 시작한 한 가지 이유는 첫 회사 디지털 리서치가 엄청나게 커지면서 생긴 경영 요구로부터 벗어나 프로그램의 핵심으로 돌아갈 수 있었기 때문이었다. 킬돌은 컴퓨터가 수행하는 코드를 작성하는 과정에서 자신이 거친 꼼꼼하고 창의적인 과정을 설명하기 위해 자주 뒤돌아서 화이트보드에 다이어그램을 그리고, 중요한 핵심 사안을 설명했나.

> 게리 킬돌은 디지털 리서치와 날리지셋 외에도 프로메테우스 라이트 앤드 사운드라는 회사를 설립해 통신 시스템을 개발했고, PBS의 방송 프로그램인 〈Computer Chronicles〉의 진행을 맡기도 했다. 1991년에는 디지털 리서치를 노벨에 매각하면서 사실상 업계에서 은퇴했다. 1994년 7월 8일 술집에서 입은 머리 부상으로 인해 사흘 후 사망했다.

진행자 해군 대학원에서 컴퓨터 과학을 가르치셨습니다. 만일 그 시절로 되돌아가서 다시 가르친다면 다르게 가르치실 건가요?

킬돌 아마도 다르지 않을 겁니다. 제가 가르칠 때와 현시점의 프로그램 작성 방법이 크게 달라지지는 않았기 때문입니다. 제가 가장 즐기는 자료 구조 과목을 가르칠 것입니다. 자료 구조는 프로그래밍의 기본, 즉 문제를 단순화하는 목표로 거슬러 올라갑니다. 프로그래밍 과정의 일부는 일반적인 문제 해결입니다. 컴퓨터 프로그램을 설계하거나 빌딩을 건설하는 등의 복잡한 문제를 어떻게 풀까요? 너무 어려워서 풀기 어렵다고 생각하는 지점에서 시작한 다음에 더 작은 조각으로 분해합니다. 이게 바로 제가 가르치려고 시도하는 내용입니다.

진행자 문제 해결 원칙을 가르치기는 어렵습니다. 여기에 대해서는 어떻게 생각하시나요?

킬돌 자료 구조 과목 첫날 저는 "우리는 작은 테스트를 할 예정입니다. 책을 바닥에 놓고서 종이를 꺼내세요. 저는 여러분이 기호적으로 미분 방정식을 푸는 프로그램을 작성하기를 원합니다. 주어진 다항식에서 프로그램은 다항식을 미분해서 숫자가 아닌 기호를 만들어 내야 합니다."라고 말합니다. 그러면 학생들이 쓰고 생각하고 머리를 긁기 시작합니다. 이런 과정을 10분 진행하고 나서 모든 사람에게 멈추라고 말합니다. 저는 학생들에게 문제를 풀기 위해 어떤 방식으로 접근했는지 생각해 보라고 요청합니다. 어떤 도구를 사용하고 있었는지, 프로그램 작성을 시작했는지, 수학에 대해 생각하고 있었는지, 작은 예제를 작성하기 시작했는지 하는 것들이요. 한 학기 내내 우리는 문제를 풀기 위한 기법과 도구를 다룹니다. 그리고 나서 기말 고사에 저는 학생들에게 바로 첫날 내준 문제와 동일한 문제를 출제합니다.

진행자 당신의 과목을 이수했을 때 학생들이 배운 가장 중요한 원칙은 무엇일까요?

킬돌 저는 학생들이 가장 중요하게 배워야 할 두 가지 사항인 문제 해결 방법과 학습 방법을 가르칩니다. 학습 방법을 알면 시험을 통과하기 위해 신경을 쓰게 되고, 학교에서 살아남기 위한 여러 기술을 익힐 수 있습니다. 그리고 문제 해결 방법을 배우면 평생 동안 문제를 잘 풀 수 있습니다.

진행자 자신만의 독특한 프로그래밍 작성 스타일의 특징은 무엇인가요?

킬돌 저에게 맞는 매우 확실한 절차를 따르는데, 물론 이런 절차가 아마 다른 사람에게는 맞지 않을지도 모르겠습니다. 저는 자료 구조를 그리는 작업부터 시작해서, 자료 구조를 생각하면서 많은 시간을 보냅니다. 또한 코드 작성에 앞서 프로그램이 어떤 절차를 거칠지에 대해 생각합니다.

프로그램은 기계 장치와 같습니다. 코드 한 조각이 다른 조각과 맞물려 동작하는 방식은 기어 하나가 다른 기어와 맞물리는 방식과 매우 비슷합니다. 코드 구축은 변속기 제작과 다소 비슷합니다. 몇 년 전에 제가 작성한 PL/M 컴파일러가 좋은 사례입니다. 사람들은 마이크로컴퓨터에서 컴파일러를 작성하는 작업이 불가능하다고 말했지만, 몇 년 동안 작업한 결과 제 작품은 최고로 최적화된 컴파일러 중 하나로 여겨졌습니다.

일단 자료 구조를 개발하고 나면, 저는 개선하고 모니터링할 목적으로 작은 코드를 작성하기 시작합니다. 진행 과정에서 코드를 점검하면 내가 만든 변경 내역이 국소적으로만 영향을 미치는지 확인할 수 있으며, 문제가 있다면 즉시 발견할 수 있습니다. 이와 같은 반복적인 개선의 전체 과정은 (적어도 저에게는) 빠른 속도를 요구하므로, 빠르게 편집하고 수행하고 디버깅하는 주기를 반복하는 방식이 매우 중요합니다. 이런 개발 방식이 메인 프레임이나 천공 카드 배치 시스템에 효과가 없는 이유는 작은 변경을 가한 다음에 바로 확인할 수 없기 때문입니다.

진행자 인터프리터 환경에서 작업하는 편을 선호하시나요?

킬돌 아니요, 저는 현존하는 인터프리터를 별로 좋아하지 않습니다. C와 같은 컴파일러 언어에 대응하는 인터프리터 시스템이 있으면 좋겠습니다. 대다수 시스템 프로그램은 성능 지향적이거나 시간 종속적이기 때문에 이런 방식이 얼마나 제대로 동작할지는 여전히 의문입니다. PL/M을 개발할 때 사용했던 아주 효율적인 인터프리터와 비슷한 환경이나 어쩌면 C 언어를 지원하는 인터프리터 환경이 갖춰진다면 인터프리터도 충분히 사용할 가치가 있을지도 모르겠습니다.

진행자 프로그래밍에 관심을 가지게 된 계기는 무엇인가요?

킬돌 저는 원래 고등학교 수학 선생님이 될 계획을 세우고, 워싱턴 대학교에서 수학 과목을 듣기 시작했습니다. 그런데 어느 날 제 친구 한 명이 포트란 구문 카드를 가져와 저에게 보여 주면서 이거 정말 끝내주는 물건이라고 말했습니다. 저는 호기심이 생겨 컴퓨터에 빠져들게 됐습니다. 그렇게 저는 어셈블리 프로그래밍 과목을 듣고 이어서 포트란 과목을 들었고 여기 꽂혔습니다. 제가 모형, 자동차, 그 밖에 비슷한 걸 만들기를 좋아하는 것과 같은 이유로 프로그래밍을 좋아한다는 사실을 알게 됐습니다. 저는 프로그램을 구성하는 작업이 만들기와 비슷한 경험임을 알았습니다.

진행자 처음으로 작성한 프로그램을 기억하시나요?

킬돌 기억합니다. 하루 중 두 시각과 달력의 두 날짜 사이의 초를 계산하는 프로그램이었는데요. 그 프로그램은 여전히 남아 있습니다. 옷장에서 찾아낸 낡은 옷가지와 마찬가지로 제 책상을 정리할 때마다 그 프로그램을 발견합니다.

진행자 처음으로 작성한 전문적인 프로그램은 무엇이었나요?

킬돌 제 아버지가 운영하신 항해 학교에서 제 첫 프로그램을 작성했습니다. 당시 아버지와 저는 시애틀에 있는 지역 출판사 한 곳에 보낼 조석표(潮汐表)를 수작업으로 준비하곤 했습니다. 저는 조석을 계산하는 포트란 프로그램을 작성했습니다. 처음으로 500달러 정도 돈을 벌게 해 준 프로그램이었습니다.

진행자 그러면 어떻게 CP/M 운영 체제 개발 작업을 시작하시게 됐나요?

킬돌 이 운영 체제는 사실상 아주 큰 프로젝트의 극히 일부에 불과했습니다. 저는 스탠퍼드의 빌 매키먼이 작성한 메인 프레임 컴퓨터용 언어인 XPL로 작업하고 있었습니다. 저는 XPL과 비슷한 PL/M이라는 언어를 개발했는데 마이크로컴퓨터용 프로그래밍 언어였습니다. 저는 PL/M을 8080 마이크로프로세서에 이식해서 동작하게 만들려고 시도했고, 디스크 드라이브와 통신하는 인터페이스를 작성해야 했습니다. 다행스럽게도 CP/M이라는 이 운영 체제는 쓸모가 있었습니다.

진행자 그렇다면 CP/M을 개발하면서 큰 성공을 거두리라 생각하지 못하셨나요?

킬돌 네, CP/M이 대박이 날 줄은 몰랐지만 플로피 디스크가 대박을 낼 상품이라는 사실은 아주 잘 알고 있었습니다. 저는 1년 반 동안 종이 천공 테이프로 작업하고 있었습니다. 플로피 디스크는 500달러였는데, 복잡한 펀치와 함께 따라오는 종이 천공 테이프 리더기는 2000달러가 넘었습니다. 두 장비의 가격만 비교해 보아도 플로피 디스크가 상업적인 성공을 거둘 것임을 알 수 있었습니다.

진행자 몇몇 프로그래머는 엄청나게 심각한 문제에 봉착했을 때 코드를 버리고 새로 시작합니다. 이런 경험이 있으신가요?

킬돌 없습니다. 제 문제는 결코 다시 시작할 만큼 심각하지 않기 때문입니다. 저는 올바른 자료 구조를 확보했다고 생각하지 않으면 결코 코딩에 들어가지 않습니다. 코드를 허물어 버려야 하는 상황이 온다면 대개 적용한 알고리즘 때문이 아니라 기반 자료 구조가 좋지 않기 때문입니다.

진행자 코드를 작성할 때 주석을 사용하시나요?

킬돌 드물게 사용하고 프로시저 시작 부분을 제외하고는 자료 구조에만 주석을 답니다. 제가 코드 자체에 주석을 달지 않는 이유는 적절하게 작성된 코드는 자체적으로 문서화가 높은 수준으로 이루어진다고 생각하기 때문입니다. 일단 알고리즘을 터득하고 나면, 컴퓨터에서 코드를 직접 작성하기 시작합니다. 저는 심지어 컴퓨터에 입력하기 앞서 종이에다 코드를 쓰지도 않는데, 이런 작업은 불필요해 보일 뿐이기 때문입니다. 실제 코딩 과정은 늘 약간 두렵기도 한데 제가 올바른 코드를 작성하고 있는지, 다음에 무엇을 작성해야 할지 모르기 때문입니다. 코드가 그냥 머릿속에서 나오는 것 같아서요. 저는 이따금 코드가 딱 들어맞지는 않는다는 사실을 깨닫지만, 또한 코드가 다른 뭔가와 연관이 있을 것이라는 사실도 직관적으로 깨닫습니다. 심지어 제가 코드를 작성하는 시점에는 정확한 동작 방식을 모를지라도 코드는 리팩터링을 거쳐 올바르게 만들어질 것입니다.

어느 순간에 모든 것이 한꺼번에 이뤄진다는 사실이 마법과도 같습니다. 이는 논리적인 불 표현식이 줄어들고 줄어들어서 결국 최종 결과를 얻게 되는 상황과도 비슷합니다. 코드가 합쳐지는 지점에 이를 때, 저는 프로그램이 동작할 것임을 확신하고, 제가 할 수 있는 최선의 방식으로 수행했다는 사실을 의심치 않습니다. 저는 이 과정을 완벽하게 이해하지는 못하지만 심지어 자료 구조와 알고리즘에 상당히 큰 변화를 가할 때조차도 이런 작업 흐름이 저에게는 확실히 효과가 있는 듯이 보입니다.

진행자 코드 작성은 항상 미지의 난해한 과정인가요?

킬돌 아니요, 마감 일정을 맞추기 위한 압박이 없는 상태라면 코드를 작성할 때 매우 편안함을 느낍니다. 가끔 비행기를 오래 타야 하는 일정이 잡혔을 때, 저는 작은 휴대용 컴퓨터[1]를 가져가서 재미로 코드를 만듭니다. 사실 마감 일정이 있을 때조차도 터미널 앞에 앉아서 코드가 흘러가게 두는 게 즐겁습니다. 이상하게 들릴지는 모르겠지만 코드는 제 머리에서 흘러나올 뿐이고 저는 코드에 대해 생각할 필요가 없습니다.

진행자 마음속에 그린 방식과 똑같이 동작하는 코드를 만들지 못했던 적도 있나요?

킬돌 누군가 제 코드를 들여다보고 "우리가 코드를 훨씬 잘 만들었겠는데요."라고 말하는 경우는 아주 드물지만, 뭔가 잘 안 맞을 때도 있습니다. DR 로고 인터프리터에 있는 편집기가 좋은 사례입니다. 제가 걱정했던 몇몇 코드가 있었습니다. 잘 동작하지만 올바르게 리팩터링되지 않았고 정상은 아니었습니다. 코드를 살펴보던 엔지니어들은 해당 부분에 관심을 기울였지만, 일단 제품을 출시해야 했기에 변경할 시간이 없었습니다. 그런 일이 절대 일어나지 않기를 바라지만 가끔 일어나므로 되돌아가서 수정하면 자신의 스타일에 대해 뭔가를 배울 기회가 생기기 마련입니다.

진행자 프로그래밍이 피아노 연습과 마찬가지로 연습이 가능한 행위라고 생각하시나요?

킬돌 글쎄요, 어떤 의미에서는 가능합니다. 시모어 패퍼트[2]는 기어와 다른 기계 부품을 이리저리 만지작거리는 방법을 통해 아이들이 창의성을 배운다고 생각했습니다. 이런 놀이로 배우고 익힌 기술은 다른 분야에까지 영향을 미칩니다. 패퍼트의 말은 확실히 제 어린 시절의 경험을 떠올리게 합니다. 제 아버지는 훌륭한 장인이었습니다. 저는 한 시간 동안 아버지 곁에 머물며 지켜본 다음 바깥으로 나가서 망치와 못을 들고 아버지를 흉내 내려고 했습니다.

프로그램의 토대가 되는 자료 구조는 아이들이 갖고 놀던 물건들과 마찬가지로 본질적으로 기계적인 특성이 있습니다. 따라서 그런 의미에서 저는 프로그래밍을 연습합니다. 큰 차이점이 한 가지 있는데, 나무나 철로 뭔가를 만드는 작업은 장시간 노동이 필요합니다. 올바르게 하지 못했다면 되돌아가서 다시 만들어야 합니다. 반면 프로그램은 즉각적으로 변경할 수 있습니다.

진행자 그 외에 프로그래머로서 자신만의 기술을 어떻게 구축할 수 있을까요?

킬돌 다른 사람의 작업을 연구해 볼 필요가 있습니다. 다른 사람들이 문제 해결에 사용하는 접근 방식과 도구는 자신의 작업을 바라보는 새로운 시각을 제공합니다. 본격적으로 프로그램을 작성하기에 앞서 몇 가지 절차만 배우면 됩니다. 예를 들어 컴파일러를 만들 때 가장 먼저 작성해야 하는 부분은 앞으로 많이 사용할 작은 도구인 스캐너(어휘 분석기)입니다. 일단 이런 도구들을 배우고 나면 부품을 조립하는 게 문제가 됩니다. 여기저기서 부품을 잽싸게 가져와 모두 이어 붙입니다. 다른 사람이 작성한 프로그램을 살피다 보면 일관성 있는 코드를 구성하기 위한 새로운 아이디어를 얻습니다. 이게 바로 선생으로서 제가 선택했던 깨끗한 알고리즘을 학생들에게 보여 주는 데 많은 시간을 들인 이유입니다.

진행자 앞서 다른 사람을 가르치는 방법에 대해 이야기했습니다. 자신의 프로그래밍 스타일에 영향을 미친 사람이나 사물이 있나요?

킬돌 저는 아주 실용적인 사람입니다. 저는 빠르고 작은 프로그램을 만들고, 깨끗하고 간결한 알고리즘을 사용하는 것을 좋아합니다. 저는 초기 버로스 5500 컴퓨터에서 이런 스타일을 배웠습니다. 버로스는 당시 최첨단 컴퓨터로 블록 구조를 택한 언어인 알골을 기반으로 개발됐습니다. 알골 컴파일러는 아마도 그 시절에 등장한 가장 멋진 코드였을 겁니다. 저는 컴파일러를 고치고 변경하는 데 여러 시간을 보냈습니다. 알골 컴파일러를 매우 자세히 작업한 경험은 프로그래밍에 대해 생각하는 방식에 영향을 미쳤고, 제 프로그래밍 스타일에도 심오한 영향을 미쳤습니다. 다행히 알골 철학이 파스칼이나 C와 같은 인기 있는 언어 설계의 기초가 됐고 그 스타일이 저에게 잘 맞았습니다.

진행자 프로그래머들이 미친 듯한 일과를 소화한다는 이야기를 듣습니다. 정해진 일상이 있나요?

킬돌 프로그램을 개발하는 동안에는 제 리듬이 바뀝니다. 어느 순간 코드가 폭발적으로 쏟아져 나와서 변수명, 변수 간 관계, 포인터의 시작과 끝, 디스크 접근 등 모든 정보를 머릿속에 한꺼번에 담아야 합니다. 저는 이 모든 걸 계속 바꿔 나가기 때문에 종이에 단순히 기록해 둘 수 없고 머릿속에 기억해야 합니다. 모든 것을 다 기록하려면 코딩보다 글을 쓰는 과정에 더 많은 시간을 소비하게 되므로 프로젝트를 적정한 시간 내에 결코 완료하지 못할 것입니다.

자료 구조가 매우 새로울 때 이를 머릿속에 조직화한 채로 유지하려면 엄청난 집중력이 필요합니다. 따라서 이 시점에 이르면 저는 보통 오전 3시에 시작해서 거의 오후 6시까지 일합니다. 그러고 나서 저녁을 먹고, 일찍 잠자리에 들고, 다시 아침에 상당히 일찍 일어나고, 작업이 정리될 때까지 계속 노력합니다.

작업이 정리되어 리듬이 더 여유로워지면, 저는 다음 단계를 위한 해법을 찾아냅니다. 여러 단계로 구성된 문제를 풀려고 시도할 때 한 번에 한 단계씩 A단계, B단계, C단계 순서로 처리합니다. B단계보다 먼저 C단계를 시도해 보았으나, 저는 B단계가 완료되기 전까지는 C단계 작업을 진행할 수 없었습니다.

소강 상태가 지속되는 동안 짧은 휴가를 가는 이유는 저에게는 인생을 즐기는 것도 중요하기 때문입니다. 바깥으로 나가서 마음 내키는 목적지로 가기 위해 비행기를 조종하는 시간을 갖습니다. 이런 활동은 일에도 도움이 됩니다. 항상 신선한 몇 가지 아이디어를 가지고 돌아오기 때문입니다.

진행자 비행기 조종이 프로그래밍에 다른 영향을 미쳤나요?

킬돌 저는 분명히 비행보다 프로그래밍 계획을 잘하기를 바랍니다. 저는 몇몇 프로그래머가 비행기를 조종한다는 소문을 들었습니다. 찰스 시모니는 헬리콥터를 조종한다고 알고 있고, 프레드 기븐스와 번 레이번도 항공기 조종에 관심이 아주 많습니다.

프로그래머가 항공기 조종을 좋아하는 이유는 프로그래밍과 꼭 마찬가지로 기계적인 과정이기 때문입니다. 또한 컴퓨터를 좋아하는 사람들은 각종 도구를 좋아하는데 비행기는 도구로 가득 차 있습니다. 갖고 놀고 싶었던 다이얼, 휠, 손잡이 등을 갖추고 있습니다. 조금 위험한 놀이가 될 수 있는데 그 이유는 비디오 게임이 아니라 현실이기 때문입니다. 컴퓨디는 아주 추상적이지만, 비행기는 상당히 구체적입니다.

진행자 프로그래밍에 권태를 느끼신 적이 있나요?

킬돌 저는 제 작업이 따분하다고 생각하지 않습니다. 제가 질문을 제대로 이해한 거라면 말입니다. 저는 휴가를 가서도 업무로 복귀하는 것을 고대합니다. 코드가 너무 복잡해지고 커져서 터져 나갈 때가 유일하게 돌아오고 싶지 않은 때입니다. 이런 상황이 힘들어지는 이유는 코드를 다시 하나로 모아야 한다는 압력 하에 작업을 해야 하기 때문입니다. 코드가 갈기갈기 찢어지고 나면 완전히 분해된 자동차와 같습니다. 모든 부품을 차고에 늘어놓은 채 망가진 부분을 교체해야 합니다. 그렇지 않으면 자동차는 결코 달리지 못할 것입니다. 코드를 기준선으로 되돌리기 전까지는 즐겁지 않습니다.

진행자 자신의 작업에서 미적으로 만족스러운 요소를 찾으셨나요??

킬돌 네, 그렇고 말고요. 프로그램은 깨끗하고, 산뜻하고, 멋지게 구조화되어 있고, 일관성이 있을 때 아름답습니다. 프로그램이 모나리자와 비교가 되진 않겠지만, 프로그램에는 꽤 멋진 단순함과 우아함이 깃들어 있습니다. 다양한 프로그램을 스타일에 따라 구분하는 일은 흥미로우며, 예술 비평가가 레오나르도 다 빈치의 모나리자와 반 고흐의 그림 사이의 차이점을 찾는 것과 무척 비슷합니다. 제가 리스프 프로그래밍 언어를 상당히 좋아하는 이유는 매우 만족스럽기 때문입니다. M 표현식이라고 하는 리스프의 간결한 형태가 있습니다. M 표현식을 사용해 알고리즘을 작성할 때면 너무나도 아름다워서 액자에 넣어 벽에 걸어 놓고 싶다고 느낄 정도입니다.

박사 학위 논문을 쓰던 시절 난해한 전역 흐름 분석 문제를 풀려고 시도했던 적이 있습니다. 해법이 있어야 한다는 사실은 알았지만 성공하지는 못했습니다. 결국 깔끔한 수학적인 모델을 찾았고, 리스프를 사용해 알고리즘을 코드로 만들었습니다. 두 시간 만에 프로그램을 작성했는데 아름다웠습니다. 프로그램은 제가 원하는 바를 정확히 수행했습니다. 그 시점에서 프로그램이 성공했다는 직접적인 증거는 없었지만, 제가 리스프로 돌리는 모든 예제가 기대했던 방식대로 동작했습니다. 저는 같은 프로그램을 컴파일러 실행용 시스템 언어인 XPL로도 작성했습니다. 나중에 제가 프로그램이 올바르다는 증명을 했을 때, 저는 상대적으로 흉한 XPL 프로그램에서 개발된 개념이 아니라 아름다운 리스프 프로그램에서 개발된 개념에 기반했음을 알게 됐습니다.

진행자 **프로그래밍을 예술로 보시나요, 과학으로 보시나요?**

킬돌 프로그래밍은 확실히 예술적인 성격이 어느 정도 있습니다. 그러나 많은 프로그래밍은 발명이며 공학입니다. 프로그래머는 자신이 만들고자 하는 수납장을 머릿속으로 그림을 그려 구상하는 목수와 비슷합니다. 목수는 아이디어를 물리적인 형태로 표현하기 위해 설계나 조립과 씨름해야만 합니다. 이는 프로그래밍에서 제가 하는 작업과 상당히 비슷합니다.

프로그래밍은 또한 많지는 않더라도 과학적인 성격도 있습니다. 실험적인 과학은 가설을 세우고, 검증을 시도하고, 결과를 비교하는 것을 의미하며 이런 의미에서 프로그래밍도 과학이 됩니다. 검색 시스템의 작동 방식에 대한 개념을 알고 있을지라도, 기계적인 동작 방식과 몇 가지 통계를 보기 위해 충분한 데이터로 돌려 보기 전까지는 과학이 아닙니다.

하지만 제가 컴파일러, 운영 체제, 검색 시스템 같은 시스템 소프트웨어라는 프로그래밍의 특별한 영역에 몸담고 있다는 사실을 기억해 주세요. 예를 들어

그래픽에 특화된 프로그래머라면 완전히 다른 관점으로 프로그래밍 세상을 바라볼지도 모릅니다. 그래픽 프로그래머는 예를 들어 광원이 물체에 미치는 영향에 대해 이야기하는 물리적인 세상을 훨씬 많이 다루므로 작업 과정에서 수학과 과학이 훨씬 많이 개입할지도 모릅니다. 아시다시피 저는 또한 프로그래밍이 많은 사람을 위한 상당히 종교적인 체험이라고 생각합니다.

진행자 프로그래밍이 많은 사람을 위한 종교적인 체험이라고 말씀하셨는데 어떤 의미인가요?

킬돌 글쎄요, 동일 언어를 사용하는 프로그래머 그룹을 대상으로 프로그래밍에 대해 이야기를 나눠 본다면, 그 그룹 성원들이 언어 전도사처럼 느껴질 것입니다. 그 그룹 성원들은 긴밀한 공동체를 형성하고, 특정 믿음을 고수하고, 프로그래밍에서 특정 규칙을 따릅니다. 마치 성서를 위한 프로그래밍 언어로 복음을 전하는 교회와 같습니다.

포스(Forth)가 아주 좋은 사례입니다. 포스는 아마도 많은 사람에게 종교적인 체험에 가까웠을 프로그래밍 언어입니다. 포스가 처음 나왔을 때 포스 신봉자들은 어떤 알고리즘도 10배 더 빠르게 수행할 수 있다고 주장했습니다. 이는 전형적인 주장입니다. 신봉자들과 논쟁을 벌인다면 벽에 대고 말하는 자신을 발견하게 되며 결국에는 그들의 교회에 들어가지 못하게 거부당하고 말 것입니다. 지금 저는 포스 언어 사용자들을 경멸할 생각은 없습니다. 포스 커뮤니티는 매우 협력적인 그룹이며 포스는 아주 효율적인 언어이지만, 그들은 이성에 기초를 두고 토론하지 않습니다. 그 사람들은 믿음에 기초를 둡니다. 이렇게 말하면 저는 아마도 포스에 관한 편지를 수천 통 받을 것이며, 종교적인 체험을 한 사람들이 저를 궁지로 몰고 갈 것입니다. 하지만 저는 특정 종교에 얽매이고 싶지 않습니다. 솔직히 저도 리스프의 경이로움에 대해 온종일 설교할 수 있습니다.

진행자 미래에는 컴퓨터가 어떤 역할을 수행할 것이라고 생각하시나요?

킬돌 기본적으로 우리의 기술은 기계적인 처리 과정을 단순화하는 경향이 있습니다. 그게 바로 컴퓨터가 그토록 성공할 수 있었던 이유이기도 합니다. 우리는 톱니, 바퀴, 릴레이로 컴퓨터를 동작하게 만들었고 진공관에 이어서 반도체를 사용해 동작하게 만들었습니다. 예를 들어 자동차를 생각해 보죠. 1984년식 쉐보레 콜벳과 같이 자동차의 점점 더 많은 처리 과정이 반도체나 이와 비슷한 기술로 개편되는 중입니다. 반도체가 속도계 케이블과 회전 속도계의 자리를 대체하면, 자동차를 양산하기 쉬워지니 점점 덜 비싸고 더 안정적인 제품으로 바뀌게 됩니다. 컴퓨터 시스템도 지금 동일한 변화를 겪고 있습니다. 예를 들어 하드 디스크 드라이브는 기계 장치입니다. 기계 장치라는 특성 때문에 우리는 궁극적으로 하드 디스크 드라이브가 없어질 운명이라는 사실을 압니다. 어떻게 없어질지는 모르지만 우리가 그걸 주요 목표로 삼아야 한다는 사실은 압니다.

자동차의 차륜용 베어링과 같은 몇몇 부품과 처리 과정은 반도체로 만들기가 상당히 어렵기 때문에 계속해서 기계적으로 기능할 것입니다. 하지만 우리가 일상생활에서 접하는 많은 물건이 기계적인 방식에서 전자적인 방식으로 이행할 것입니다. 인쇄 업계가 대표적인 사례입니다. 지금 시디롬을 비롯한 광학식 저장 장치가 점점 더 주목받고 있습니다. 인쇄기를 작동시키고, 손으로 조판하고, 카메라를 설정하는 등 기계적인 작업에서 벗어나는 데 컴퓨터가 도움이 됩니다. 반도체가 기계적인 처리 과정을 장악할 것입니다. 그러나 컴퓨터는 거기서 멈추지 않을 것입니다. 지금 당장은 컴퓨터가 인쇄 공정을 제어하지만 실제 정보 출력을 제어하지는 못합니다.

개인용 컴퓨터 업계가 부진한 이유 중 하나이기도 한데, 지금 당장 직면한 아주 큰 병목은 스프레드시트와 워드 프로세서를 넘어서서 컴퓨터로 무엇을 할 수 있을지 생각해 내기 어렵다는 점입니다. 우리는 다음 단계가 무엇인지 모릅니다. 우리는 무엇을 해야 할지 모르는 상태입니다.

제가 프로그래밍이 이성이 아니라 믿음에 의존한다고 했던 이야기로 되돌아가 보죠. 궁극적인 문제는 우리가 대형 컴퓨터를 가지고 그 기반 아키텍처, 언어, 개념을 마이크로컴퓨터 개발에 적용했다는 것입니다. 우리가 컴퓨터를 제어 장치로 사용하는 방향으로 나감에 따라, 프로세서들 사이의 통신이 프로세서가 수행하는 과정보다 더 중요해지리라는 사실을 발견할 텐데요. 그리고 나면 우리는 코드 작성 방식을 바꿀 수밖에 없을 것입니다. 이는 매우 느린 진화 과정이 되겠죠.

진행자 그렇다면 미래는 우리가 과거의 사고 패턴에서 스스로를 해방시키는 능력에 크게 의존할까요?

킬돌 초창기 마이크로프로세서 시절, 마이크로프로세서는 우선 임베디드 프로세서로 사용되어 다른 프로세서와 통신하면서 기계적인 과정에서 전자적인 과정으로 바뀌는 전환 설자를 소율해야 한다는 생각이 강하게 들었습니다. 그게 컴퓨터 산업이 향하는 방향이라고 느꼈습니다. 저는 마이크로프로세서가 임의의 논리 회로를 대체할 물건이라고 봤고, 엔지니어들이 이 작은 기계의 주요 사용자가 되리라고 생각했습니다. 실제로 로렌스 리버모어 연구소에 있는 누군가가 저에게 마이크로컴퓨터용 베이식을 개발하면 어떠냐고 제안했습니다. 아마 1974년으로 기억합니다. 저는 그 사람에게 제가 지금껏 들었던 가장 어리석은 아이디어라고 말했습니다. 마이크로프로세서가 창고 제어 시스템, 음극선 튜브 화면, 워드 프로세서와 같은 도구에 투입되던 시절에 마이크로프로세서를 위한 베이식을 누가 원했겠습니까? 하지만 제 생각이 틀렸습니다. 제 지도 학생 중 한 명인 고든 유뱅크는 폴 앨런, 빌 게이츠와 마찬가지로 C 베이식[3]을 아주 잘 다뤘습니다.

컴퓨터 발전을 촉진하고 싶다면 어떻게든 마이크로컴퓨터에 대한 기존 사고방식에서 벗어나야 합니다. 가정에서 사람들은 또 다른 컴퓨터 시스템을 사고 싶어 하지 않습니다. 사람들은 컴퓨터를 구매하고는 실제로 크게 쓸모가 없다는 걸 알았습니다. 사람들은 다시 호구가 되고 싶지는 않을 것입니다. 바로 컴퓨터 사용자의 5%가 아닌 95%에 대해 이야기하는 것입니다. 매년 텔레비전 수상기가 1600만 대 팔립니다. 그렇다면 임베디드 마이크로프로세서가 장착된 간단한 장치를 1600만 대 팔지 못할 이유는 없습니다.

진행자 조금 전에 시디롬이 인쇄 업계에 잠재적으로 미치는 영향을 언급하셨습니다. 시디롬이 컴퓨터 혁명에서 다른 역할을 맡게 될까요?

킬돌 광학 저장 장치는 확실히 컴퓨터 업계를 새로운 방향으로 이끌 것입니다. 플로피 디스크에서 돌아가는 프로그램을 작업하는 일은 큰 컴퓨터에서 작은 컴퓨터를 만드는 것에 불과했습니다. 그리고 우리는 아직 그때보다 훨씬 멀리 나가지 못했습니다.

광학 저장 장치는 완전히 다릅니다. 우리는 연산 방식이 아니라 사람들의 손에 정보를 쥐어 주는 방식에 대해 이야기하고 있습니다. 요즘 사람들이 개인용 컴퓨터를 사는 주된 이유는 누군가 사람들에게 개인용 컴퓨터를 사야 한다고 말했기 때문입니다. 하지만 광학 저장 장치가 있다면 사람들은 정보를 얻기 위해 컴퓨터를 구매할 것입니다. 컴퓨터는 인쇄 분야보다 훨씬 강력한 경쟁력을 발휘할 것입니다.

진행자 그렇다면 정보가 전자 백과사전 형태를 취하게 될까요? 시디롬에 뭔가 넣듯이요. 정보 검색 시스템과 개선 사항에 대한 설계를 어떻게 구상하고 계시나요?

킬돌 저는 초기 제품을 위한 개념을 잡고, 제가 무엇을 하고 싶은지 전반적인 아이디어를 모으고, 핵심부터 코딩을 시작해서 흘러가는 방향대로 확장되도록 둡니다. 기본 데이터 구조에 제한을 두지 않는 이상 기능은 추가될 수 있습니다. 우리는 시디롬 검색 시스템으로 멋지게 이어지는 날리지 디스크(Knowledge Disc)라는 비디오디스크를 개발했습니다. 모든 텍스트는 픽셀 수준에서 비트맵 폰트로 그려집니다. 픽셀로 작업할 때 얻을 수 있는 훌륭한 부수 효과는 사진이 전체적으로 매우 깨끗하고 멋지게 표현되는 것입니다. 따라서 우리는 시디롬에 이미 존재하는 텍스트에 이미지를 추가하기 위해 처음으로 되돌아가서 뭔가를 완전히 재설계할 필요가 없었습니다.

나중에 기능을 추가하지 못하도록 방해하는 설계는 문제가 있습니다. 프로그램을 다시 작성해야 한다면, 여기서 낭비한 시간 때문에 경쟁 우위를 잃게 됩니다. 훌륭한 설계자와 단지 코드를 만들어 내는 사람 간 차이는 프로그램이 유연한지를 보고 알 수 있습니다.

지금 당장은 가능한 한 많은 사람을 앞지를 수 있도록 전력으로 질주해서 한 건 터트리는 수밖에 없습니다. 우리는 1986년 상반기에 제품이 준비되기를 바라고 있습니다. 경제적인 관점에서 서둘러 이 기술을 사용하는 것 말고는 선택의 여지가 없습니다. 이 제품은 최고입니다. 우리는 다른 사람들에게 이 제품에 대한 라이선스를 제공할 것입니다.

진행자 지식 시스템이 말씀하신 가정용 시장의 일부가 될 것으로 보시나요?

잡스 그렇습니다. 대부분의 사람은 일하러 집에 가지 않습니다. 세금 양식 작성이나 소소한 재택 업무와 같이 일과 관련이 있는 몇 가지 작업은 집에서 하기도 합니다. 그러나 대다수는 쉬려고 집에 갑니다. 저는 게임과 오락이 가치 있다고 생각합니다. 우리는 집에서 사람들을 즐겁게 만들 방법을 찾아내기 위해 엄청나게 고민하고 있습니다. 텔레비전은 지금 잘나가고 있습니다. 인기 있는 멜로드라마인 〈다이너스티〉와 경쟁하기는 너무나도 어렵습니다.

한 가지 가능한 컴퓨터 애플리케이션은 아이들의 학습을 돕는 것입니다. 14살짜리 제 딸이 어려운 과목을 몇 가지 듣고 있는데 학습에 도움이 필요합니다. 이와 같은 컴퓨터 애플리케이션은 저에게 직접적인 이익을 제공합니다. 제 아이의 성적이 올라가므로 미래에 도움이 됩니다. 교육은 분명히 중요한 개발 영역입니다.

또 다른 분야는 의료 정보와 같이 선택된 주제에 대한 일반적인 정보를 제공하는 것입니다. 사람들은 여러 가지 이유로 병원에 갑니다. 그중 몇몇 경우는 심리적인 문제 때문입니다. 가끔은 의료 정보만 얻기를 바랄 때도 있습니다. 의사를 만나러 가려면 비용이 많이 드니, 의학 데이터에 접근하는 더 저렴한 방법이 있다면 사람들은 이를 활용할 것입니다. 또 다른 예를 들어 보겠습니다. 자동차를 사려고 할 때 로스앤젤레스, 샌프란시스코, 산호세에 가서 가장 좋은 가격에 사고 싶다고 해 보죠. 하지만 자동차 판매원에 대한 정보를 수집하기가 거의 불가능합니다. 그런 식으로 판매가 일어나길 원치 않는 사람들이 정보를 차단하고 있기 때문입니다. 제가 이런 정보를 얻고 싶은 이유는 엄청난 시간은 물론 수천 달러를 절약할 수 있기 때문입니다. 따라서 저는 이런 정보를 얻기 위해 합리적인 금액을 지불할 것입니다.

우리는 구매한 사람들에게 확실한 경제적인 이익을 제공할 애플리케이션을 개발하고 싶습니다. 그게 바로 우리가 첫 시디롬 애플리케이션으로 백과사전을 시도하는 이유입니다. 사람들은 백과사전 한 질이 일반적으로 대략 1000달러라고 인식하고 있습니다. 전자 백과사전이 인쇄된 백과사전과 비슷한 가격 범위 안에 들어온다면, 백과사전을 담은 컴퓨터 구매를 합리적이라 생각할 수 있습니다.

진행자 앞서 언급한 제품은 얼마나 사용자 친화적일까요?

킬돌 글쎄요, 저는 사용자 친화성이 핵심이 아니라고 생각합니다. 궁극적으로 프로그래밍이 뭔가 가치를 달성하려면, 아마도 상대적으로 복잡해질 것이기 때문입니다.

몇몇 사람은 입력이 자연어로 가능하다면 더 사용자 친화적이 될 것이라고 예상합니다. 그러나 아마도 입력 수단 중에서도 자연어가 최악인 이유는 상당히 모호해질 수 있기 때문입니다. 컴퓨터에서 정보를 검색하는 과정은 상당히 많은 시간을 소모하므로 전문가로부터 정보를 직접 얻는 편이 시간 활용 면에서 더 나을 것입니다.

전문가 시스템은 사용자 친화성 측면에서 최종 형태가 될 것입니다. 그러나 전문가가 컴퓨터 안에 들어가려면 아직 한참 멀었습니다. 비록 경이롭지만 그런 제품은 믿을 수 없을 만큼 복잡합니다. 완벽해야만 하고요. 언젠가는 우리는 완벽한 프로그램을 보게 될 것입니다. 저는 그렇게 될 날이 얼마나 남았는지 모르고, 그 과정에서 해결해야 하는 많은 문제들이 우리를 기다리고 있지만, 그게 바로 재미있는 부분입니다.

Programmers at Work

5장

마이크로소프트 창업자

빌 게이츠
Bill Gates

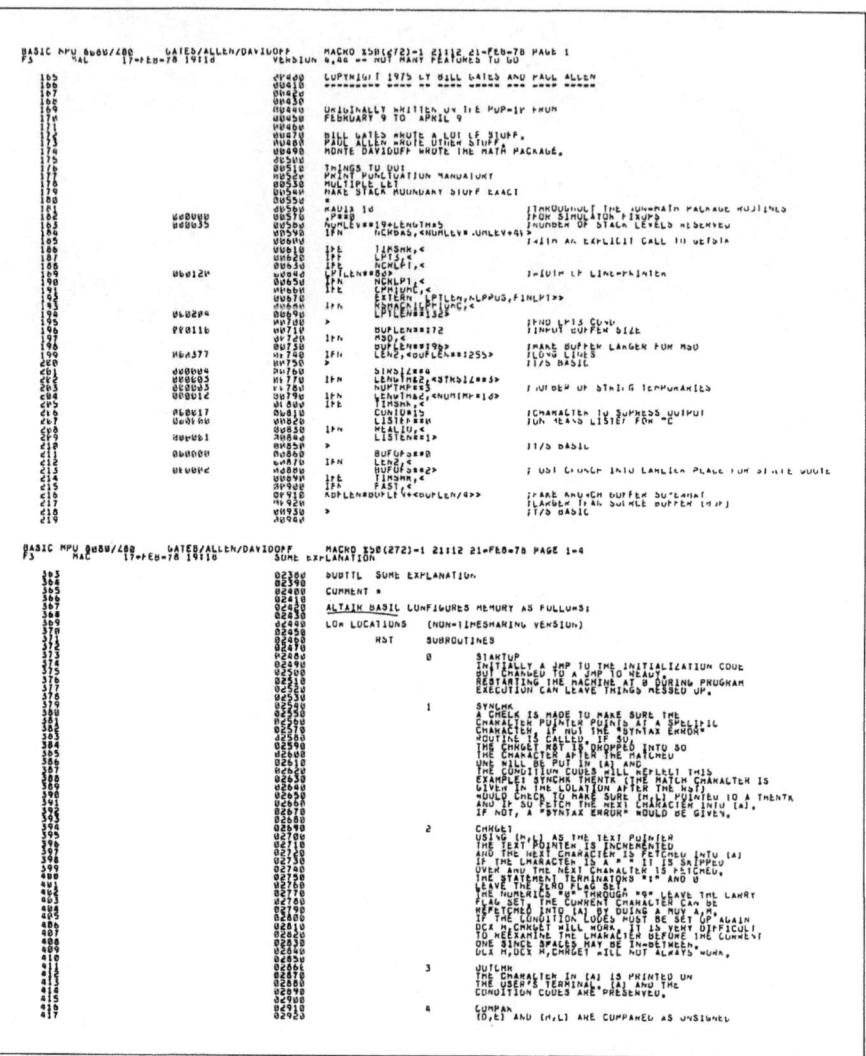

마이크로컴퓨터용으로 작성된 첫 고수준 언어인 베이식 8080을 구현한 소스 코드 목록에서 내용을 발췌했다. 172~174행에는 참여한 사람의 이름이 언급되어 있고, 367행에는 MITS 알테어 컴퓨터를 언급해 놓았다. 이 프로그램과 다른 알테어 프로그램에 대한 추가 발췌 내용은 부록(444~452쪽)을 살펴보자.

마이크로소프트 CEO인 빌 게이츠는 개인용 컴퓨터와 사무 자동화 업계의 주역으로 여겨진다. 게이츠는 유년기부터 컴퓨터 소프트웨어 부문에서 경력을 쌓기 시작했다. 게이츠와 마이크로소프트 공동 설립자인 폴 앨런은 워싱턴 시애틀에서 고등학교에 다니는 동안 프로그래밍 컨설턴트로 일했다. 1974년에 하버드 대학교 학부생이던 게이츠는 앨런과 함께 첫 상용 마이크로컴퓨터인 MITS 알테어용 베이식 프로그래밍 언어를 개발했다. 이 프로젝트를 성공리에 마무리한 다음, 두 사람은 마이크로소프트를 설립해 떠오르는 마이크로컴퓨터 시장을 겨냥한 소프트웨어를 개발하고 마케팅하기 시작했다.

마이크로소프트는 언어, 운영 체제, 애플리케이션 소프트웨어 부문에서 소프트웨어 업계 표준을 정립해 왔다. 게이츠는 그러한 회사에 필요한 새로운 제품 아이디어와 기술에 대한 비전을 제공해 왔다. 또한 그는 마이크로소프트가 판매하는 소프트웨어를 검토하고 개선하는 데 시간을 쏟으면서 새로운 제품을 개발하는 기술 그룹에 대해 실무 지침을 제공한다.

게이츠는 워싱턴주 시애틀 토박이이며 이 책을 집필하는 현재 시애틀에 거주하고 있다. 게이츠는 1955년생이다.

> 알려진 대로 이후 수많은 성공작을 이끌어 내며 PC 시대에 지대한 영향을 미쳤다. 2020년 마이크로소프트의 모든 직책에서 물러난 후 교육·자선 사업에 주력하고 있다. 3부작으로 기획된 자서전 중 1부 《소스 코드: 더 비기닝》이 2025년 출간됐다.

진행자 마이크로소프트 CEO로서 확실히 많은 책임을 맡고 있으시죠. 여전히 프로그램을 만드시나요?

게이츠 아니요, 저는 더 이상 프로그램을 만들지 않습니다. 여전히 알고리즘과 기본적인 접근 방법을 설계하는 과정에서 도움을 주고 이따금 코드를 살펴보긴 하지만, IBM PC 베이식과 TRS-80 모델 100 작업 이후로, 실제로 프로그램을 만들 기회는 없었습니다.

진행자 프로그램 개발에 관해 마이크로소프트에서 어떤 역할을 맡고 계시나요?

게이츠 저는 두 가지 중요한 일을 합니다. 하나는 기능을 선택해 프로그램에 집어넣는 것입니다. 그러기 위해서는 무엇이 하기 쉽고 무엇이 하기 어려운지 합리적으로 이해하고 있어야 합니다. 추구하고 있는 제품군 선략의 유형과 하드웨어에서 일어나고 있는 현상도 이해해야 하고요.

저는 또한 새로운 기능을 구현하기 위한 최선의 방식을 고안해서, 제품이 작고 빠르게 동작하게 만듭니다. 예를 들어 화면이 바뀔 때마다 공식을 자동으로 재계산하는 프로그램을 만들기 위해 엑셀에서 사용했던 기능을 설계하고 구현하는 방법에 대한 제안 문서를 작성했습니다.

회사를 설립하고 첫 4년 동안은 제가 실제로 작성하고 설계하지 않은 마이크로소프트 프로그램이 단 하나도 없었습니다. 베이식, 포트란, 베이식 6800, 베이식 6502를 비롯해 모든 초기 제품 중에서 제가 살펴보지 않고 나간 코드는 한 줄도 없습니다. 하지만 이제 프로그래머가 대략 160명까지 늘어나서, 저는 주로 제품과 알고리즘 검토만 합니다.

진행자 프로그래밍에서 자신의 가장 위대한 업적은 무엇이라고 생각하시나요?

게이츠 뭐니 뭐니 해도 인텔 8080용 베이식이라고 말하고 싶습니다. 그 이유는 이 프로그램이 미친 영향, 적절한 등장 시점 그리고 어떻게든 작게 유지한 크기 때문이라고 봅니다. 8080용 베이식은 마이크로소프트를 시작하기로 결정했을 때 작성한 최초의 프로그램입니다.

우리 셋은 최초의 프로그램을 달달 외웠습니다.[1] 앨버커키에서 어느 여름날 8080용 베이식을 완전히 재작성할 기회를 얻었고, 저는 몇 바이트를 아껴 메모리를 바짝 줄여 쓸 수 있다고 생각했습니다. 우리는 매우 주의 깊게 프로그램을 조율했고, 결국 4K 베이식 인터프리터를 만들었습니다.

프로그램을 이토록 잘 알고 있다면 아무도 해당 코드를 보고 "더 좋은 방법이 있습니다."라고 말하지 못하리라는 느낌이 들 것입니다. 이런 느낌은 정말로 좋으며 그 프로그램이 많은 컴퓨터에서 사용됐다는 사실이 프로그램 작성에 활기를 불러일으킵니다.

저는 모델 100용 소프트웨어도 만족스러웠는데, 특히 아주 유용한 작은 편집기를 쥐어짜 낸 방식이 마음에 들었습니다. 일본계 프로그래머인 제이 스즈키와 작업해서 소프트웨어를 통합했는데요. 우리는 매우 제한된 시간 안에 프로젝트를 끝내야 했습니다. 소프트웨어를 작성해서 롬에 구울 때 조금이라도 실수하면 안 되는 상황이었습니다.

진행자 컴퓨터 프로그래밍에서 가장 어려운 부분은 무엇이라고 생각하시나요?

게이츠 가장 어려운 부분은 어떤 알고리즘을 사용할지 결정하고, 가능한 범위까지 최대한 단순하게 만드는 작업입니다. 가장 단순한 형태로 알고리즘을 정리하는 작업은 어렵습니다. 프로그램이 어떻게 작동할지 머릿속에서 시뮬레이션해야 하며, 프로그램의 다양한 부분이 어떻게 함께 동작하게 할지 완전히 파악해야 합니다. 가장 훌륭한 소프트웨어는 한 개인이 프로그램의 작동 방식을 정확히 이해하고 있는 소프트웨어입니다. 이를 위해서는 프로그램을 정말 사랑해야 하고, 믿을 수 없을 정도로 프로그램을 단순하게 유지하는 데 집중할 필요가 있습니다.

진행자 컴퓨터 성능이 좋아지고 메모리 용량이 늘어나면 프로그래밍은 더 복잡해질까요, 아니면 더 엉성해질까요? 이런 변화가 사람들이 프로그램을 작성하는 방식에 어떤 영향을 미칠까요?

게이츠 우리는 더 이상 모든 프로그램이 아주 솜씨 있게 잘 만들어진 시절에 살고 있지 않습니다. 그러나 정상에 오른 프로그램의 핵심을 보면 자신들이 무엇을 하는지 제대로 파악했던 몇몇 사람이 주요 내부 코드를 완성했다는 사실을 발견할 것입니다.

지금은 코드를 쥐어짜서 4K 메모리 영역에 밀어 넣는 기교는 그다지 중요하지 않습니다. 사람들이 어셈블리 언어 대신에 C를 사용해도 되는 여러 사례를 목격하고 있습니다. 불행히도 많은 프로그램은 규모가 너무 커서 일개인이 정말로 모든 구성 조각을 세세히 알지 못하므로, 자신에게 공유된 코드는 생각처럼 많지 않습니다. 또한 처음으로 되돌아가서 실제로 뭔가를 다시 작성할 기회가 그다지 많지 않은데, 같은 프로그램에 새로운 기능을 계속해서 추가하기 때문입니다.

초기에 개발 작업을 수행한 프로그래머들이 기초를 튼튼히 하지 않은 채로 떠나 버리고는 향후 개발에 참여하지 않을 때 최악의 프로그램이 탄생합니다. 복잡한 프로그램을 개발하다 보면 제가 '실험적인 프로그래밍'이라고 부르는 지점에 이르게 됩니다. 프로그래머들은 이런 프로그램에 대해 거의 이해하지 못합니다. 예를 들어 변경 내역이 수행 속도에 어떤 영향을 미칠지 가늠할 수 없습니다. 프로그래머들이 이미 존재하는 코드를 사용할 수도 있겠지만 뭔가를 바꿀 경우 어떤 의존성이 깨질지 이해하지 못할지도 모릅니다. 따라서 프로그래머들은 새로운 코드를 추가하고 돌려 본 다음에 "아, 그렇군요. 이런 식으로는 동작하지 않는군요."라고 말합니다. 이게 바로 프로그램을 대하는 아주 아주 비효율적인 방식이지만 많은 프로젝트가 딱 이렇게 끝납니다.

진행자 프로그래머가 160명이 넘는 마이크로소프트와 같은 회사에서 프로그램을 성공적으로 개발할 수 있는 환경은 어떻게 조성하시나요?

게이츠 대개 네 명 또는 다섯 명으로 구성된 작은 프로젝트 팀을 유지하는데 구성원 중 한 명은 프로그램을 제대로 소화할 수 있는 검증된 능력을 갖춘 사람이어야 합니다. 그리고 팀을 이끄는 사람이 뭔가 불확실한 상황에 부딪히면, 경험이 더 풍부한 프로그래머와 이에 대해 논의할 수 있어야 합니다.

마이크로소프트 전략의 일부는 프로그래머가 코딩 단계에 들어가기 앞서 모든 사항을 생각할 수 있게 만드는 것입니다. 설계 문서를 작성하는 것이 매우 중요한데, 알고리즘으로 표현된 문제를 볼 때 상당한 수준까지 단순화가 가능해지기 때문입니다. 이렇게 알고리즘으로 표현된 문제는 중첩되는 부분이 무엇인지 확인할 수 있는 가장 단순한 형태가 됩니다.

또 다른 중요한 구성 요소는 코드 검토입니다. 코드를 검토하는 동시에 선임 프로그래머들이 뭔가 더 좋은 방법으로 문제를 해결할 힌트를 제공할 수 있는지 확인하게 합니다. 그리고 아주 매끄럽게 진행된 유사 프로젝트를 검토할 필요가 있습니다. 프로그래머들은 다른 사람들이 예전에 비슷한 프로젝트를 어떻게 수행했는지 살펴볼 수 있는데, 이렇게 검토해야 하는 이유는 자신의 프로그램을 개선하는 방법에 대해 다른 프로젝트에서 아이디어를 얻을 수 있기 때문입니다.

진행자 프로그램을 위한 아이디어는 어디서 얻으시나요?

게이츠 글쎄요, 사내에 공식적인 절차는 없는데 정말 그렇습니다. 마이크로소프트에서는 일반적으로 밤이나 주말에 브레인스토밍 세션을 개최하곤 합니다. 일례로 세상에서 가장 훌륭한 워드 프로세서를 만들고 싶다는 등 사람마다 아이디어가 있습니다. 그리고 우리는 기술 출판 부서에서 하고 싶어 하는 모든 작업을 허용하려고 합니다. 우리는 마주 앉아서 이야기할 것입니다. 음, 어떻게 정말 빠르게 만들 수 있을까요? 워드 프로세서에 그리기 기능을 넣을 수 있을까요? 아니면 프로그램 속도를 떨어뜨리지 않고도 글자 간격 조정이 가능할까요? 이런 다양한 문제가 논의될 테고 몇 가지 산뜻한 아이디어가 떠오를 것입니다.

진행자 기본적으로 아이디어 도출은 단체 활동인가요?

게이츠 프로그램이 어떤 일을 하게 될지 결정하는 과정에서는 상당히 큰 그룹이 안을 냅니다. 그리고 나서 여과 과정이 있습니다. 궁극적으로는 어떤 아이디어가 타당한지 제가 결정하고, 저는 해당 제품을 성공시키는 과정에 개인적으로 참여할 챔피언[2]이 있는지 확인합니다. 우리가 극소수의 제품만 진행하기로 결정하는 이유는, 제품을 내놓고 세계적인 표준을 수립하기 위해서는 믿을 수 없을 만큼 엄청난 자원을 쏟아부어야 하기 때문입니다.

진행자 개성이 강한 개발자들은 상당히 독립적인 성향이 강해서 혼자서 작업하기를 원하기 때문에, 대규모 소프트웨어 회사에서 훌륭한 소프트웨어를 만들어 낼 인재를 모으기 어렵다는 이야기가 돌고 있습니다. 마이크로소프트에서는 훌륭한 사람들을 어떻게 끌어들여서 유지하나요?

게이츠 훌륭한 프로그래머들은 소프트웨어 제품 개발 과정에서 매우 중요합니다. 하지만 우리는 누군가가 훌륭하다고 해서 그의 코드에 대해 언급하지 못하게 하거나, 다른 사람과 의사소통하지 않게 두거나, 다른 모든 사람에게 그의 신념을 강요하도록 두는 프리마돈나식 접근 방식은 믿지 않습니다.

우리는 진심으로 상대방을 존중하는 사람들을 원합니다. 대다수 훌륭한 프로그래머는 다른 훌륭한 프로그래머들과 함께 있기를 좋아한다고 저는 생각합니다. 프로그래머들이 놀라운 알고리즘을 생각해 낼 때, 아주 영리하게 이런 알고리즘을 만들어 냈음을 제대로 알아보는 동료와 함께 일하는 환경을 좋아합니다. 이와 같은 뭔가를 만들어 내고 머릿속에 해당 모델을 그릴 때 프로그래머들은 외로움을 느끼기 때문입니다. 과정이 복잡해질 것이라고 생각했는데 이를 더 단순하게 만드는 방법을 찾았다면 기분이 정말 좋아집니다. 하지만 다른 사람들로부터 피드백을 받고 싶은 마음은 여전합니다. 일단 훌륭한 사람 몇 명만 확보하면 다른 사람들은 저절로 따라옵니다.

프로그래머의 관리자는 항상 더 나은 프로그래머였다는 오래된 규칙이 있었으며, 프로그래머가 프로그램 개발을 모르는 누군가를 위해 일하는, 이른바 '기술 역전'이라 부르는 상황은 존재하지 않았습니다. 우리는 이런 철학을 지금도 따릅니다. 어느 단계에서는 사업 관리자가 존재하지만, 비프로그래머가 프로그래밍 프로젝트를 실제로 관리하게 내버려두지는 않습니다.

진행자 훌륭한 프로그램을 만들기 위한 특별한 규칙이 있다고 생각하시나요?

게이츠 어떤 사람들은 그냥 뛰어들어 코딩을 시작하고 어떤 사람들은 컴퓨터 앞에 앉기 전에 모든 것을 생각하는데, 저는 처음부터 컴퓨터 앞에 앉아 코드를 만드는 프로그래머들은 컴퓨터를 메모장으로 사용하고 있을 뿐이라고 생각합니다. 프로그래머의 머릿속에서 일어나고 있는 일이 가장 중요합니다.

우리에게는 엄청나게 똑똑한 사람이 있어야만 합니다. 훌륭한 프로그래머는 운전하거나 식사하거나 늘 프로그램에 대해 생각합니다. 이런 방법은 엄청난 정신적 에너지를 필요로 합니다.

진행자 **자신의 프로그래밍 스타일에 대해 설명해 주세요.**

게이츠 저는 컴퓨터 앞에 앉아 코드 일부를 작성하기에 앞서, 설계 단계에서 전체 프로그램을 숙고하는 편입니다. 일단 코드를 작성하고 나면 처음으로 돌아가서 한 번에 전체를 다시 작성해 보기를 좋아합니다.

프로그램 작성에서 가장 중요한 부분은 자료 구조 설계입니다. 다음으로 중요한 부분은 다양한 코드 조각을 분해하는 작업입니다. 정말로 프로그램 내부를 파악해서 생각을 코드로 바꿔야만 공통 하위 루틴이 어떻게 되어야 할지 예리하게 인지할 수 있습니다.

제가 작성한 정말 훌륭한 프로그램들은 모두 시작하기에 앞서 숙고할 시간을 매우 많이 가졌습니다. 저는 고등학교 때 미니컴퓨터용 베이식 인터프리터를 작성했습니다. 이 프로그램을 만들면서 엄청나게 많은 실수를 저질렀고, 그 후 몇몇 다른 베이식 인터프리터를 살펴보게 됐습니다. 그래서 1975년에 마이크로소프트 베이식을 작성하러 컴퓨터 앞에 앉았을 무렵에는, 제가 인터프리터 프로그램을 작성할 수 있는지 없는지가 중요한 게 아니라 4K에 밀어 넣고서도 엄청나게 빠르게 만들 수 있는지가 훨씬 중요했습니다. 저는 '이렇게 하면 충분히 빠를까? 누군가 등장해서 더 빠르게 만들 수 있을까?' 하는 생각에 계속해서 신경이 곤두서 있었습니다.

TRW에서 만났던 존 노턴이라는 사람의 이미지가 제 머릿속에 남아 있습니다.[3] 노턴은 제가 잘하지 못할 때 모습을 드러냈습니다. 제가 대충하거나 게으름을 피울 때, 저는 항상 노턴이 다가와서 저에게 "이봐, 이런 작업에는 더 좋은 방법이 있어."라고 말하는 광경을 상상합니다. 사소한 비효율성이 프로그램에 끼어들 여지가 있을 경우에 정말 기분 좋게 프로그램을 완성하고 싶다면, 비효율성이 끼어들 틈을 주지 말자는 생각을 고수해야 합니다. 프로젝트를 함께 수행하는 다른 누군가가 있을 경우 때로는 상당히 고통스러운 이유가 여기에 있습니다. 다른 프로그래머들은 결코 당신이 원하는 방식대로 정확하게 코드를 만들지 않습니다. 베이식을 개발하고 있었는데 처음으로 되돌아가서 극적인 개선은 하지 못하고 다른 사람들이 작성한 부분을 다시 만들곤 했던 상황을 기억합니다. 제가 끼어들어 그런 식으로 작업을 하면 사람들은 귀찮게 느끼겠지만, 가끔은 그렇게 해야만 한다고 느끼는 경우도 있습니다.

진행자 그룹으로 작업할 때 늘 설계를 이끄셨나요?

게이츠 예, 제가 직접 개입한 모든 프로그램의 설계를 이끌어 왔습니다. 최초 베이식을 작업할 때 저는 설계를 종이에 휘갈겨 썼습니다. 공동 개발자인 폴 앨런은 구현된 모든 개발 도구를 설계했습니다.

컴퓨터 앞에 앉아 뭔가 코드로 구현하기 앞서, 대다수 명령어는 제 머릿속에서 이미 동작하고 있습니다. 모든 것이 완벽하게 짜여 있지는 않고, 저 스스로 구현 내용을 변경할 것이라는 사실을 알고 있지만, 모든 훌륭한 아이디어는 실제 프로그램을 작성하기 앞서 떠오릅니다. 그리고 프로그램에 어떤 버그가 있을 때 제 기분이 상당히 안 좋아지는 이유는, 그런 버그가 머릿속 시뮬레이션이 완벽하지 않음을 말해 주기 때문입니다. 그리고 일단 머릿속 시뮬레이션이 완벽하지 않으면, 프로그램에 버그가 수천 개 있을지도 모릅니다. 저는 다른 사람들이 생각 없이 프로그램을 만드는 모습을 보면 정말 질색합니다.

지금까지 가장 재미있었던 프로그래밍 경험 중 하나로 베이식 프로그램 작성을 손에 꼽습니다. 저는 8080 베이식을 마무리한 다음, 모토로라 6809 CPU 버전으로 베이식을 이식하기 위해 마크 체임벌린과 함께 대략 2주 동안 작업을 진행했습니다. 초반에는 6809 명령어 집합을 읽었고, 예제 프로그램을 서너 개 정도 작성했습니다. 그리고 저는 다른 사람들이 명령어 집합을 사용하는 방법을 관찰하기 위해 몇 가지 다른 프로그램을 살펴봤습니다. 제가 이해한 문제를 가져다가 새로운 명령어 집합에 대응해 보고 얼마나 탄탄히 코드로 표현할 수 있는지 확인하는 작업은 엄청나게 즐거웠습니다.

오늘날 만들어지는 프로그램은 정말 뚱뚱합니다. 향상된 기능이 프로그램 속도를 점차 늦추는 이유는 사람들이 특별한 점검 루틴을 끼워 넣기 때문입니다. 몇 가지 기능을 추가하고 싶으면, 사람들은 점검 루틴이 컴퓨터를 느리게 만들지도 모른다는 생각을 하지 못한 채로 이를 고수합니다. 속도 저하를 방지하기 위해서는 프로그램을 안팎으로 잘 아는 프로그래머가 있어야만 합니다. 베이식의 경우, 저와 다른 초기 개발자들이 손을 뗀 후 혁신적인 작업을 진행하지 않은 상태로 대략 3년이 흘렀습니다. 베이식에 대해 완전히 자기 것처럼 느끼며 전체적으로 이해하고 "맞습니다. 여기 하위 루틴을 넣고 행 번호를 제거하는 작업은 쉽습니다."라고 말할 수 있는 사람을 구한 지는 이제 막 1년 반밖에 안 됐습니다. 우리는 이렇게 제대로 개발하려는 목표를 항상 갖고 있지만 막무가내로 가져다 붙이는 대신 코드 한가운데를 파헤쳐 보거나 구문 분석기를 조사해 보는 방법을 아는 사람을 구할 때까지는 프로그램을 손보기가 불편합니다.

과거에 비해 프로그램을 어느 정도 뚱뚱하게 만드는 방식을 허용하는 것도 사실입니다. 하지만 속도 측면에서 최대한 빠르게 동작하도록 만들지 못하는 것은 게으름일 뿐입니다. 사용자는 심지어 명시적으로 말하지 않더라도 정말 정말 빠른 프로그램에 주목하기 때문입니다. 대다수 성공적인 프로그램을 보면 수행 속도가 정말 환상적입니다.

진행자 속도와 기능 사이에서 어떻게 절충하시나요?

게이츠 때때로 기능 추가라는 목적과 정말 빠른 수행이라는 목적이 상충하지만, 엄청난 기능을 넣으면서 여전히 프로그램을 빠르게 만드는 방법이 있습니다. 기본적으로는 프로그램에서 공통 사항이 무엇인지 결정하고 제대로 실행되고 있는지, 모든 특수 사항 점검으로 인해 느려지지는 않는지 확인하려고 합니다. 상호 대화식 메인 루프에서 모든 유형을 낱낱이 점검한다면, 다른 사람이 만든 프로그램보다 느려질 것입니다.

진행자 세계 최고의 워드 프로세서를 만들 수 있는 아이디어가 떠오를 때면 무엇을 하시나요? 어

떻게 워드 프로세서를 설계하시나요? 현존하는 다른 워드 프로세서를 모두 살펴보시나요?

게이츠 예, 기능적으로 현존하는 다른 모든 워드 프로세서를 살펴보고 "화면에서 행간 조정이 가능한가? 또는 인쇄된 페이지가 어떻게 보일지 정확히 보여 주나? 얼마나 빠른가?" 하고 묻습니다. 일반적으로 최고 사양 제품 개발 과정에서 아주 비싼 하드웨어를 가져다가 온갖 방법을 시도해 문제를 푸는 사람들이 있습니다. 우리는 그렇게 할 수 없는데, 우리가 사용하는 컴퓨터는 처리 속도가 유한해서입니다. 더 강력한 컴퓨터에서 더 많은 일을 할 수 있지만 우리는 수백만 대가 보급된 일반적인 컴퓨터에서 합리적으로 일을 수행하려 시도할 뿐입니다.

제품 내부에서는 놀랄 만큼 다양한 기교를 부릴 수 있습니다. "어떻게 하면 다른 제품보다 알고리즘을 더 좋게 만들 수 있을까?"라는 질문에 답하려 노력하는 동시에 기능 목록을 만들어 냅니다. 어떤 면에서 기능이란 게 그다지 가치가 없을 수도 있는데 기능이 더 많아질수록 설명서도 더 두꺼워지기 때문입니다. 그리고 기능은 사람들이 그걸 사용할 짬을 낼 경우에만 유익하지만, 속도가 빠르면 페이지를 더 빨리 인쇄하고, 결과를 화면에 더 빨리 보여 주고, 계산을 더 빨리 수행할 수 있어서 엄청난 가치를 제공합니다. 사용자에게 몇 가지 단순한 명령을 제공해서, 이런 명령만으로 사용자가 원하는 바를 달성하기에 충분하도록 프로그램을 만든다면, 결과가 훨씬 좋습니다. 아주 훌륭한 프로그램의 한 가지 특징은 심지어 내부적으로도 단순함이라는 철학을 따른다는 점입니다. 복잡한 작업을 수행해야 할 경우 그런 프로그램들은 처음부터 복잡한 연산으로 작업하는 대신 내부에서 단순한 연산으로 코드를 호출합니다.

진행자 최종 사용자는 얼마나 중요한가요? 데이터베이스 관리자가 데이터베이스나 스프레드시트에서 정말로 원하거나 요구하는 바가 무엇인지 어떻게 아시나요?

게이츠 음, 일부 프로그래머는 최종 사용자가 정확히 무얼 원하는지에 대한 감이 없어 보이지만 세계 정상급 실력을 자랑합니다. 하지만 특히 애플리케이션 그룹에서 시장에 대한 지식은 중요하므로, 우리는 고객에게 코드를 보여 주거나 다른 명세나 그런 유형의 특징을 살피는 전담 정규 직원을 둡니다. 마이크로소프트가 처음 설립됐을 때 우리에게는 시스템 프로그래머밖에 없었습니다. 우리는 프로그래머가 원하는 게 뭔지 알고 있었는데, 우리 역시 프로그래머였기 때문입니다. 그래서 우리가 베이식을 개발한 것이죠.

진행자 베이식의 가장 혁신적인 측면은 무엇이었나요?

게이츠 베이식은 사람들이 컴퓨터의 진정한 성능을 파악할 수 있도록 이끈 수단입니다. 우리는 컴퓨터 상태를 읽고 쓸 수 있는 PEEK와 POKE를 추가했습니다. 또한 TRON과 TROFF라는 추적 루틴을 추가했습니다. 심지어 사람들이 고수준 언어에 머물지라도, 사람들이 컴퓨터에 추가하길 원할 것 같은 말도 안 되게 자잘한 기능을 모두 제공했습니다. 그래서 사람들은 일단 베이식으로 공부하고 나면 베이식 없이도 메모리 사용 방식을 이해할 수 있습니다. 우리는 사람들이 컴퓨터를 통제한다고 느끼도록 만들었습니다.

    베이식을 4K에 밀어 넣기 위해 우리는 문자열이나 다른 타입 없이 유일하게 단정도 32비트 부동 소수점만 제공하는 인터프리터라는 설계 방식을 사용했습니다. 이와 같은 설계 방식은 아주 훌륭한 선택이었습니다. 저는 기존에는 이런 식으로 동작하는 인터프리터를 전혀 본 적이 없습니다. 이렇게 구현하는 방식은 다소 위험했지만 저는 이 설계 방식에 대해 굉장히 확신했습니다. 제 머릿속에서 코드를 돌려 보았는데 예감이 좋았습니다.

진행자 베이식을 작성하면서 정말로 성공하리라는 생각이 드셨나요?

게이츠 전혀요. 폴 앨런이 저에게 알테어 기사가 실린 잡지를 들고 왔을 때 우리는 '이런, 서두르는 편이 좋겠군. 이런 컴퓨터가 인기를 끌 걸 잘 알잖아.'라고 생각했습니다. 그때는 제가 학업을 막 중단하고 24시간 내내 일하던 시점이었습니다. 초기 프로그램은 대략 3주 반 정도 걸려서 작성했습니다. 결국 제가 정말로 마음에 드는 방식으로 완벽하게 다듬기까지 대략 8주 정도 걸렸습니다. 그러고 나서 저는 나중에 코드를 다시 작성했습니다.

어떤 훌륭한 프로그래머도 여기 앉아서 "저는 엄청난 돈을 벌 겁니다." 또는 "저는 10만 개 넘게 판매할 겁니다."라고 말하지 않습니다. 그런 생각은 프로그램에 아무런 길잡이를 제공하지 않기 때문입니다. 훌륭한 프로그래머는 다음과 같이 생각합니다. 전체 하위 루틴을 다시 작성해서 세 명이 아니라 네 명이 이 루틴을 호출할 수 있어야 할까? 이 프로그램을 10% 더 빨라지도록 만들어야 할까? 여기서 정말로 공통 사례가 무엇인지 생각해서 점검 방식을 알아내야만 할까? 훌륭한 프로그래머라면 모든 루틴이 각각 서로 의존하게 만들어 작은 실수 정도로는 거의 해를 입지 않게 할 수 있습니다. 이처럼 수준 높은 판단력을 발휘해서 기꺼이 코드를 변경해야 하는 이유가 바로 여기에 있습니다.

진행자 두 명 이상이 프로그램을 개발할 때, 다양한 구성 요소가 적절히 함께 동작할 수 있도록 보장하는 방법은 무엇인가요?

게이츠 음, 무엇보다 모든 프로그래밍 팀이 서로 존중하는 사람들로 구성되어야 하는 이유는 작업이 정말 밀접하게 돌아가기 때문입니다. 다시 말해 함께 같은 연극을 하는 상황과 비슷합니다. 따라서 많은 판단력과 창의력이 프로그래밍 프로젝트에 투입됩니다. 팀이 아닌 단독 작업을 좋아하는 훌륭한 프로그래머도 있기는 합니다. 하지만 저는 다른 사람들과 함께 작업하고 다른 사람들을 가르치는 방법을 배우는 과정에서 위대함이 싹튼다고 생각합니다. 저는 팀의 다른 누군가가 훌륭한 프로그래머가 되어 가는 모습을 보면 큰 만족감을 얻습니다. 프로그램을 직접 작성하면서 얻는 만족감에 이르지는 못하지만 그래도 정말로 긍정적인 일입니다. 다른 누군가를 훌륭한 프로그래머로 만들기 위해 같이 앉아서 한참 동안 이야기하면서 제가 만든 코드를 보여 줍니다. 팀 프로젝트에서는 특정 코드를 모든 사람의 코드로 만듭니다.

진행자 말씀하신 형태의 프로세스가 마이크로소프트 내부에서 서서히 나타났나요, 아니면 계획적인 수행의 결과로 만들어졌나요?

게이츠 폴과 제가 회사를 시작하기 전에 진짜 재앙으로 끝난 몇몇 대규모 소프트웨어 프로젝트에 참여한 적이 있습니다. 사람들을 계속해서 투입하기는 했지만 어느 누구도 프로젝트를 안정화하는 방법을 제대로 알지 못했습니다. 우리는 이보다 훨씬 잘할 것이라고 스스로 다짐했습니다. 따라서 그룹을 조직화하기 위해 많은 시간을 보내자는 아이디어는 우리에게 늘 매우 중요했습니다.

최고의 아이디어는 명백합니다. 즉, 그룹을 작게 유지하고 그룹에 속한 모든 사람이 엄청나게 똑똑한 사람임을 보증하고 개발자들에게 훌륭한 도구를 제공하고 공통 용어를 사용해 모든 사람이 아주 효율적으로 의사소통할 수 있게 만드는 겁니다. 그리고 작은 그룹 바깥에는 문제에 대해 조언을 줄 수 있는 경험이 풍부한 선임 개발자를 두어야 합니다. 우리가 직면하는 어려움은 놀라울 정도로 다른 사람들이 기존에 경험한 것과 유형이 비슷합니다. 설계 검토 과정에서 저는 제가 지금까지 만들어 온 프로그램에 기반해 조언을 하는 상황을 정말로 즐기고 있습니다.

진행자 사람들이 프로그래밍하는 방식이나 컴퓨터가 동작하는 방식에 급진적인 변화가 생길 것이라고 생각하시나요?

게이츠 소프트웨어 도구는 훨씬 좋아지고 있습니다. 궁극적으로 컴퓨터가 효율을 발휘할 부분에 대한 명세와 설명만을 받은 다음, 프로그래머가 지금 하고 있는 많은 작업을 대신 수행할 수 있는 고수준 컴파일러가 등장하는 상황도 예상 가능합니다.

사람들은 C 컴파일러와 같은 컴파일러가 사람만큼 코드를 작성할 수 없다는 사실로부터 여전히 많은 위안을 얻고 있습니다. 그러나 우리는 다음 3년 또는 4년에 걸쳐 이런 복잡한 과정도 상당 수준 기계화할 것입니다. 사람들은 여전히 알고리즘을 설계할 것이지만 구현의 상당수는 컴퓨터가 진행할 수 있습니다. 저는 향후 5년 이내에 인간 프로그래머처럼 제대로 프로그램을 만들 역량을 갖춘 도구가 등장할 것이라고 생각합니다.

진행자 앞서 수학을 언급하셨습니다. 컴퓨터 과학과 수학은 어떤 관계인가요?

게이츠 수학은 실제로 컴퓨터 과학에 영향을 미칩니다. 대다수 훌륭한 프로그래머들이 수학적인 배경을 가지고 있는 이유는 수학이 정리를 증명하기 위한 이론이나 형식을 학습하는 데 도움이 되며 엄격하지 않은 명제가 아닌 명확한 명제만 만들기 때문입니다. 수학에서는 완벽한 정의를 밝히며, 일상적이지 않는 방식으로 정리들을 결합해야만 합니다. 문제를 더 짧은 시간 내에 풀 수 있음을 증명할 때도 자주 있습니다. 수학은 프로그래밍과 직접 관련이 있는데 제가 유독 그렇게 느끼는 이유는 세상을 바라보는 제 관점이 수학에 기반하기 때문입니다. 저는 컴퓨터 과학과 수학 사이에 아주 자연스러운 관계가 존재한다고 생각합니다.

진행자 컴퓨터 과학은 진짜 과학인가요?

게이츠 그렇게 될 겁니다. 생각해 보세요. 컴퓨터 과학은 정말 새로운 분야입니다. 과거에는 사람들이 요즘 프로그래머에게는 직업의 일부로 여겨지는 일을 수행했다는 이유만으로 박사 학위를 받곤 했습니다. 컴퓨터 과학은 아주 빠르게 발전하고 있는데 수학과 다른 점은, 수학에서는 이론을 발전시켜 온 천재들이 300년 동안 존재해 왔다면 컴퓨터 과학에서는 이 분야에 뛰어들기로 결정한 사람들이 20년 남짓 맥을 잇고 있을 뿐이라는 점을 들 수 있습니다. 정말로 우수한 사람이 많이 참여하면서 컴퓨터 과학 발전에 점차 기여하고 있으며, 프로그래밍은 현재 훨씬 더 주류 활동이 됐습니다. 요즘 들어 점점 더 어린 나이에 컴퓨터에 노출되고 있다는 사실은 컴퓨터 분야에서 사람들이 사고하는 방식을 바꾸는 데도 도움을 줄 것입니다. 많은 훌륭한 프로그래머는 사물에 대한 사고방식이 아마도 훨씬 유연했을 10대 무렵에 프로그래밍을 시작했습니다.

과거에는 뛰어난 프로그래머가 되는 것만으로는 충분하다고 보지 않았으며, 사람들을 관리하거나 다른 일을 수행해야 한다고 여겼습니다. 다행히도 상황은 변화하고 있습니다. 이제 사람들은 컴퓨터 과학 분야에 계속 몸담을 가치가 있으며, 다른 사람에게 가르칠 가치도 있다고 인식합니다.

진행자 여러 해 동안 경험이 축적되면 필연적으로 프로그래밍이 더 쉬워질까요?

게이츠 아니요, 저는 첫 3년이나 4년이 지나면 좋은 프로그래머인지 아닌지 꽤 구체적으로 밝혀진다고 생각합니다. 몇 년 후에는 대규모 프로젝트와 인력 관리 작업에 대해 더 많이 알지도 모르지만, 3~4년 정도 지난 시점에는 그 사람이 어떤 사람이 될지 명확해집니다. 몇 년 동안 그냥 평범하게 지내다가 어느 순간 눈앞의 모든 코드를 최적화하게 되는 사람은 마이크로소프트에 존재하지 않습니다. 저는 어떤 프로그래머든 그가 작성한 프로그램에 대해 이야기를 나누면, 그가 정말로 좋은 프로그래머인지 바로 알아챌 수 있습니다. 그가 정말로 훌륭한 프로그래머라면 자기가 만든 걸 전부 이야기할 수 있습니다.

이는 체스를 두는 사람과도 비슷합니다. 체스에 푹 빠진 사람이 체스 게임의 모든 움직임을 쉽게 기억할 수 있는 이유는 게임에 몰두하기 때문입니다. 체스 선수나 프로그래머들이 이렇게 복기하는 것을 보면 아주 기이한 쇼를 보는 듯합니다. 하지만 이런 복기는 완전히 자연스럽습니다. 저는 지금 당장이라도 칠판 앞에 가서 10년 전에 작성한 마이크로소프트 베이식을 구성하는 거대한 코드 조각을 적어 낼 수 있습니다.

진행자 프로그래밍할 때 어떤 기분이 드시나요?

게이츠 뭔가를 컴파일해서 프로그램이 올바른 결과를 계산하기 시작할 때 저는 정말로 만족감을 느낍니다. 진심입니다. 모든 위대한 작업은 감정을 불러일으키기 마련이고, 프로그래밍도 예외는 아닙니다. 바로 코딩을 시작하고 싶은 유혹이 있지만 단지 결과를 얻으려고 루틴을 짠 다음, 작성해야 할 어려운 부분이 많이 남아 있다는 사실을 깨닫는 것만큼 끔찍한 상황은 없습니다. 이런 상황에 부딪히면 앞서 완료했던 작업 내용을 변경해야 하기 때문입니다. 저는 코딩을 하고 동작하는 모습을 보는 즐거움을 만끽하기에 앞서, 참고 기다리면서 실제로 기반을 차근차근 구축해 나가는 과정을 좋아합니다.

진행자 젊은 프로그래머들의 프로그래밍 방식과 나이 든 프로그래머들의 프로그래밍 방식에는 어띈 차이점이 눈에 보이시나요?

게이츠 막 시작한 프로그래머들은 코드를 쥐어짜야 했던 적이 전혀 없었습니다. 그들은 자원이 즉시 사용 가능하다고 생각하므로 자원이 유한하다는 제대로 된 지식을 갖춘 높은 수준에 도달하기가 다소 어렵습니다. 10년 전에는 모든 프로그래머가 자원 제약에 직면해 보았기에, 나이 든 프로그래머들은 자원 부족에 관해 항상 생각합니다.

　프로그래밍은 엄청난 에너지가 필요하므로 대다수 프로그래머는 상당히 젊습니다. 그리고 이런 상황이 문제가 되는 이유는 프로그래밍이 상낭한 수련을 요구하기 때문입니다. 자신이 젊다면 목표는 안정적이지 못하고 이런저런 일에 정신이 팔릴지도 모릅니다. 그렇지만 젊은 프로그래머는 하나를 물고 늘어져야만 하며 그렇게 해야 발전할 것입니다. 저는 1975년과 1980년 사이에 프로그래머로서 비약적으로 성장했다고 생각합니다. 1975년에 저는 "이봐, 두고봐. 나는 뭐든 할 수 있어."라고 말했을 것입니다. 정말로 제가 뭐든 할 수 있다고 생각한 이유는 저는 엄청나게 많은 코드를 읽어 왔고, 제가 아주 빠르게 읽을 수 없는 코드를 결코 찾지 못했기 때문입니다. 저는 프로그래머에게 30페이지짜리 코드 목록을 건네주고서 얼마나 빨리 코드를 읽고 이해하는지 보는 게 프로그래밍 능력을 가장 잘 테스트할 수 있는 방법 중 한 가지라고 생각합니다.

진행자 그게 재능이라고 생각하시나요?

게이츠 틀림없이 그건 재능입니다. 순수한 지능 지수와 같습니다. 코드에 집중해 지금까지 작성한 프로그램을 떠올려서 연관 지을 필요가 있습니다. 많은 사람이 "이 코드를 읽으려면 며칠 걸립니다."라고 말할 것입니다. 정말 훌륭한 프로그래머는 "집에 가지고 가겠습니다. 오늘 밤 한 시간 정도 투자해 전체 코드를 살펴볼 것입니다."라고 말할 것입니다. 여기서 양쪽 능력의 차이는 엄청납니다.

진행자 컴퓨터 과학을 배우는 것이 프로그래머가 될 준비를 하는 가장 좋은 방법인가요?

게이츠 아니요. 프로그래머를 준비하는 가장 좋은 방법은 프로그램을 만들고 다른 사람이 작성한 훌륭한 프로그램을 학습하는 것입니다. 제 경우에는 컴퓨터 과학 센터의 쓰레기통을 뒤져서 운영 체제 코드 목록을 찾아냈습니다.

다른 사람의 코드를 기꺼이 읽고 자신의 코드를 작성하고 다른 사람에게 코드 검토를 요청해야 합니다. 세계 정상급 사람들이 당신이 무엇을 잘못하고 있는지 말해 주는, 믿기 어려운 피드백 고리에 놓이길 원해야 합니다. 유별난 지적이 피드백을 받는 데 방해가 되기도 합니다. 몇몇 세계 정상급 사람들은 당신이 프로그램에 주석을 어떻게 다는지 등 순전히 특이한 몇 가지 세부 사항만 계속해서 되풀이할 것입니다. 이 모든 사소한 내용을 잘라 내야만 하는 이유는, 어떤 면에서 대가들은 자신의 이미지에 맞춰 프로그래머를 양성하고 자신들이 하는 방식과 동일하게 독단적인 규칙을 따르게 하려고 하기 때문입니다. 이런 유형의 피드백은 순수한 품질 문제와는 관련 없을지도 모릅니다.

훌륭한 프로그래머와 이야기를 나눠 봤다면, 미술가가 자신의 붓에 대해 아는 만큼 프로그래머도 자신의 도구에 대해 알고 있다는 사실을 발견할 것입니다. 훌륭한 프로그래머들이 개발해 온 방식에 어떤 공통점이 있는지, 즉 그들이 피드백을 어떻게 받는지, 무엇이 엉성하고 무엇이 엉성하지 않은지에 대한 세련된 규율을 어떻게 개발했는지 등을 지켜보는 것은 흥미롭습니다. 이런 프로그래머들에게 코드의 특정 부분을 살펴보게 만들면, 매우 전형적인 반응을 보일 것입니다.

진행자 **코드를 작성하는 방식에 특별히 영향을 미친 사람이 있나요?**

게이츠 PDP 운영 체제를 작성한 모든 사람이 저에게 영향을 미쳤습니다. 특히 TRW의 존 노턴은 사람들의 코드에 대한 메모를 작성했는데, 이런 습관은 전에는 결코 본 적이 없었습니다. 저도 다른 사람의 코드를 직접 보면서 메모하려는 노력을 시작했습니다.

폴 앨런과 제 아이디어가 뒤섞여 있는 이유는 우리가 상당히 많은 프로그래밍을 함께 해냈기 때문입니다. 코드를 디버깅하거나 어떤 절충 사항에 대해 확신이 없을 때 얼른 말을 걸 수 있는 누군가가 있으면 좋습니다. 어떤 의미에서는 잠깐 휴식을 취하는 방법이기도 한데, 누군가와 협력해서 토론함으로써 주제를 전환하지 않고도 긴장을 완화할 수 있습니다. 창의적인 작업을 수행하는 과정에서 부담감은 조금 줄이면서 집중력은 계속 유지하면 좋습니다. 앨런과 저는 효율적인 방식으로 함께 작업하는 방법을 익혔습니다. 이보다 더 좋은 협력 관계는 찾지 못할 것입니다. 앨런은 저에게 엄청난 영향을 미쳤습니다. 그리고 나서 마이크로소프트 시기 이후로는 찰스 시모니를 비롯한 몇몇 사람이 역시 저에게 영향을 미쳤습니다.

진행자 어떤 소프트웨어가 앞으로 나타나리라고 생각하시나요? 또 다른 좋은 워드 프로세서나 스프레드시트가 만들어지고 있을까요, 아니면 우리가 꿈도 꾸지 못한 영역으로 컴퓨터가 뻗어 나갈까요?

게이츠 우리는 컴퓨터라는 측면에서 더 많은 생각을 하는 스펙트럼에서 사용자 측면을 중요하게 생각하는 스펙트럼으로 막 이동하고 있습니다. 저는 '더 부드러운 소프트웨어(softer software)'라는 용어를 고안했습니다. 이 용어는 시간이 흐르면서 사용자의 필요와 관심사에 스스로를 맞춰 가는 프로그램을 일컫습니다. 훨씬 훌륭한 워드 프로세서와 스프레드시트가 등장할 것이며, 우리는 네트워크와 그래픽 그리고 새로운 아키텍처를 사용할 것입니다. 그리고 백과사전까지 저장할 수 있는 시디 형태의 대용량 저장 장치가 등장할 것입니다.

정말로 달라지는 것은 규칙 기반 프로그래밍입니다. 이렇게 말하는 이유는 규칙 기반 프로그램은 현재 나온 프로그램이 동작하는 방식과 다르기 때문입니다. 단순히 프로그램을 작성해서 '이런 일이 벌어지면 이렇게 하고, 저런 일이 벌어지면 저렇게 하자.'와 같이 지시하는 대신에 규칙을 작성하고 나서 작은 추론 엔진이 사실과 규칙 집합을 살펴보는 것입니다. 그런 다음 이 추론 엔진은 새로운 사실을 유도해서 상황에 맞춰 적절히 행동합니다. 예를 들어 프로그램에 중력에 대한 규칙이 들어 있고 뭔가 테이블에 떨어진다면, 프로그램은 떨어지는 물체가 유리잔인 경우에 깨진다는 사실을 압니다. 따라서 프로그램은 일반적인 프로그래밍과 비교해 상당히 독특한 방식으로 결과를 생성합니다.

이게 바로 이른바 전문가 시스템이 구성되는 기법입니다. 규칙 기반 프로그래밍은 단순히 프로그램에서 명시적으로 배치된 로직이 아니라, 증명 기계를 통해 정리가 유도되는 아이디어를 따릅니다. 아마도 이런 기법은 4년 또는 5년 정도는 큰 영향력을 발휘하지는 못할 것입니다. 명성을 얻고 싶은 젊은 프로그래머는 이런 새로운 프로그래밍 유형에 초점을 맞추기 위해 영리하게 움직일지도 모르겠습니다.

진행자 **전통적인 프로그래밍에 비해 규칙 기반 프로그래밍이 이질적인 정보를 훨씬 효과적으로 다룰까요?**

게이츠 글쎄요, 설명하기 다소 어려운 주제입니다. 교량을 건설하는 방법을 계산해 내는 프로그램이 있다고 가정합시다. 이 프로그램은 응력과 굽힘, 금속의 특성에 대한 모든 것을 알고 있습니다. 공학, 소재, 관련 내용에 대한 기타 지식이 해당 프로그램에 내장됩니다. "플라스틱 소재의 교량을 건설하고 싶습니다."라고 프로그램에 말한다면, "화성에 교량을 건설하고 싶습니다."라고 말하는 것만큼이나 엄청난 변경입니다.

극단적인 규칙 기반 프로그래밍에서 금속이 버틸 수 있는 응력 범위나 중력이 동작하는 방식을 담고 있는 모든 물리 법칙은 규칙으로서 명시적으로 진술될 것입니다. 그리고 이런 규칙을 점검하고 규칙을 통해 작업하는 식으로 모든 추론이 이뤄집니다. 오늘날 우리는 충분히 좋은 규칙 증명 엔진을 보유하고 있지 않으며, 이런 식으로 작업을 시도하기란 믿기 어려울 만큼 비효율적입니다. 그러나 이런 방식은 진전을 보이고 있으며, 프로그래밍을 바꿀지도 모르는 후보로서 모습을 드러내기 시작했습니다. 그 밖에 컴퓨터 수백 대를 동시에 병렬로 한꺼번에 돌리는 또 다른 아이디어도 있습니다. 실제로 병렬 컴퓨팅 기술은 이런 규칙 기반 프로그램을 효율적으로 돌리는 과정에 도움을 줄 수 있습니다. 이런 유형의 구조적 변화는 사람들이 프로그래밍하는 방식이나 프로그래밍에 대해 생각하는 방식에 영향을 미칠 수 있습니다.

프로그래머들에게 가장 무시무시한 공포는 컴파일러가 너무나도 좋아지거나 컴퓨터가 너무나도 빨라져서 프로그래머들이 더는 중요하지 않게 되는 상황입니다. 저는 뭔가 특화된 기술을 선택할 때마다 해당 기술의 중요성이 시간이 지남에 따라 줄어들 수도 있다는 두려움을 항상 느껴 오곤 했습니다.

진행자 마이크로소프트는 광범위한 분야를 다루는 회사이며, 전반적인 업계는 빠르게 변화하고 있습니다. 어떻게 이 모든 변화를 따라잡을 수 있나요?

게이츠 글쎄요, 저는 모든 변화를 따라잡지는 않습니다. 저는 IBM, 애플, DEC, 일본에 있는 최고의 인재들과 작업하고 있습니다. 저는 무슨 일이 일어날지 알아야만 하지만, 추측하는 데 많은 시간을 낭비할 수 없습니다. 마이크로소프트 직원들과 함께 비행기를 타고 어디론가 날아갈 때, 우리는 무슨 일이 일어나고 있는지에 대해 이야기합니다. 그리고 마이크로소프트의 이메일 시스템은 우리가 변화를 따라잡는 데 도움을 주는 효과적인 수단입니다.

변화를 따라잡는 한 가지 방법은 개인용 컴퓨터를 사용하고 매뉴얼을 제대로 읽고 상위 10대 소프트웨어 제품을 사용해 보는 것입니다. 이런 제품들은 익숙해지기 어려울 만큼 자주 바뀌지 않습니다. 정말로 개인용 컴퓨터를 혹평하고 싶다면 모든 제품을 사용해 보고 각각에 대해 뭔가를 알아내고 이런 패키지보다 더 나은 물건을 어떻게 만들 수 있을지 생각해야 할 것입니다.

어떤 의미에서 개인용 컴퓨터는 더 단순하게 변해 왔습니다. 이제 PC와 맥이라는 두 가지 아키텍처만 남았습니다. 그리운 옛 시절로 돌아가 보면, 전혀 호환되지 않던 30~40가지 다양한 컴퓨터가 있었고, 사람들이 만지작거리던 언어도 매우 많았습니다. 우리는 수백만 명에 이르는 사람들을 끌어들여 왔기에, 컴퓨터를 동종의 아키텍처로 표준화해 무슨 일이 일어나는지 사람들이 감을 잡을 수 있게 만들어야 했습니다. 업계에서 일어난 많은 일은 사실 최첨단 기술을 발전시키지는 않았습니다. 제가 네트워크나 그래픽에 집중하고 싶은 이유는 이 분야에서 하려는 일이 최첨단 기술과 관련 있기 때문입니다. 어떤 소매 체인이 도산했는지, 이 친구가 저 친구에게 뇌물을 주었는지, 아니면 이 회사가 이 친구에게 충분한 주식을 주었는지 등에 집중해 봐야 뭘 어쩌겠어요? 마이크로소프트에서 정말로 똑똑한 사람들은 자신만의 분야에 집중합니다. 이렇게 똑똑한 사람들은 자신들이 중요하다고 생각하는 내용과 실제로 세상에 영향력을 발휘할 프로젝션을 저에게 가져옵니다.

진행자 10년 후 마이크로소프트의 전망은 어떤가요?

게이츠 제 목표는 매우 단순합니다. 우리는 모든 가정의 모든 책상에 컴퓨터를 보급하기 위한 소프트웨어를 만들 것입니다. 그 일에 10년이 걸릴지는 저도 잘 모르겠는데, 정확한 시간대를 추측하는 것은 제 전문 분야가 아니어서요. 마이크로소프트는 또한 확실히 개인용 컴퓨터가 괜찮은 컴퓨터 제품이 되도록 돕고, 시스템 소프트웨어를 구축하고, 그러고 나서 사람들이 사용할 많은 중요한 애플리케이션을 만드는 데 기여하기를 원합니다.

그런데 점점 더 많은 컴퓨터가 보급되더라도 현재 우리 개발 그룹의 규모를 늘리지 않아도 된다고 생각하는 이유는 대량으로 판매되는 프로그램을 만들 것이기 때문입니다. 우리는 엄청난 소프트웨어 매출을 올리고 있지만, 회사가 오늘날에 비해 부쩍 커지지 않도록 유지할 수 있습니다. 즉, 이는 우리가 모두 서로 알고, 서로 이야기하고, 도구를 공유하고, 높은 품질 수준을 유지할 수 있음을 의미합니다.

마이크로소프트에서 우리가 집중하고 있는 새로운 분야 중 하나는 시디 애플리케이션입니다. 시디롬은 개인용 컴퓨터를 가정으로 보급하기 위해 사용할 기술입니다.

진행자 다른 기술들은 계속 실패해 왔는데 가정에서 시디롬이 성공하리라 생각하는 이유는 무엇인가요?

게이츠 오늘날 컴퓨터를 사고 나서 교육 프로그램을 수강한다면, 그 과정이 그다지 교육적이지 않음을 알게 될 것입니다. 응답, 다양성, 프로그램이 실생활을 시뮬레이션하는 방식은 딱히 더 드릴 말씀이 없습니다. 시디라는 대용량 저장소와 함께라면 우리는 직접 관련을 맺을 수 있고, 충분한 정보와 다양한 응답이 있으며, 참여하고 있다고 느끼는 상황을 만들 수 있으므로 정말 극적일 것입니다.

교육 분야는 경쟁이 치열합니다. 교육용 소프트웨어 부문에서 우리는 신문, 책, 텔레비전과 경쟁하고 있습니다. 우리가 오늘 출시한 소프트웨어 프로그램은 그 자체만으로 경쟁력이 없습니다. 아이가 바보가 되는 상황을 피하려고 노력하는 중이 아니라면 컴퓨터를 구매할 이유가 없습니다. 컴퓨터는 컴퓨터 비전문가를 사로잡지 않으니까요.

진행자 새로운 시디롬 애플리케이션이 텔레비전과 경쟁할 것으로 생각하시나요?

게이츠 텔레비전은 수동적인 오락거리입니다. 우리는 사람들이 상호 작용하고, 다양한 경로를 선택하고, 사람들이 정말로 무엇을 배웠는지 기계로부터 피드백 받기를 원할 것이라는 데 판돈을 걸고 있습니다. 시디롬 애플리케이션에서는 사람들이 흥미를 느낄 만한 구체적인 무언가를 찾아볼 수 있습니다. 단지 텔레비전을 켜서 뭔가를 보는 것과 시디롬을 구분하는 것은 장치의 상호 대화적인 특징입니다.

진행자 기존 애플리케이션 설계에 적용했던 여러 원칙을 시디롬 소프트웨어 제품에도 동일하게 적용할 것인가요?

게이츠 시디롬은 완전히 다릅니다. 우리는 시디롬으로 미국 지도를 살펴보고 어딘가를 가리킨 다음에 클릭하고 확대해 "이 근처에 어떤 호텔이 있나요?"라고 질문하기를 기대합니다. 그러면 프로그램이 사용자에게 답을 말해 줄 것입니다. 백과사전을 뒤지다가 베토벤 교향곡 중 하나를 가리키면 컴퓨터는 해당 곡을 연주할 것입니다. 이는 새로운 인터페이스이며 워드 프로세서나 스프레드시트 같은 생산성 도구와는 완전히 다릅니다. 시디롬 프로그램은 완전히 다른 문제를 해결할 것입니다. 새로운 매체와 마찬가지로 시디롬은 엄청난 경쟁력이 있을 것입니다. 다른 누군가보다 더 나은 시디롬 애플리케이션을 제작하려면 프로그래밍 기술을 어떻게 사용해야 할까요? 이런 애플리케이션 제작은 매우 심오한 사고를 요구합니다. 이는 우리가 이미 경험해 본 프로그램을 위한 또 다른 시장이 아닙니다. 이는 우리의 지능으로 새롭고 적절한 뭔가를 제작할 수 있기를 기대하는 시장입니다.

진행자 그렇다면 이런 기술은 신문 한 묶음을 가져와 시디롬에 집어넣고 검색 프로그램을 작성하는 정도로 단순하지 않다는 말인가요?

게이츠 글쎄요, 그렇게 하는 사람도 있겠지만 그 정도로는 재미가 없기 때문에 우리는 그렇게 하지 않을 겁니다. 우리는 시디롬 플레이어가 모든 자동차와 모든 집에 존재하게 될 것이라고 진심으로 믿습니다. 그리고 어떤 국가의 새로운 지역으로 이동할 때, 그곳에서 작은 디스크를 집어넣고 돌리면 이동 경로를 보여 주고 관심 지역 정보를 알려 줄 것입니다.

스포츠 분야에서는 어떨까요? 스포츠 디스크를 넣으면 선수들의 기록과 사진을 얻을 수 있을 것입니다. 예전 경기 결과도 살펴볼 수도 있고 경기 규칙을 찾을 수도 있을 것입니다. 디스크마다 알고 싶은 분야를 가르쳐 줄 교재도 들어 있습니다. 디스크마다 '야구에 대해 잘 안다고 생각하시나요? 그렇다면 이 선수가 누구이며 어떤 기록을 세웠나요?'와 같은 퀴즈가 들어 있습니다.

디스크마다 상호 대화식 게임이 들어 있을 텐데, 스포츠 디스크라면 이런 게임이 너무나도 직관적입니다. 음악 디스크에서 게임은 '선율 듣고 맞추기'가 될 것이며, 악보를 살펴보거나 작곡한 사람을 찾아보거나 악기가 어떻게 다르게 소리를 내는지 들을 수 있습니다. 앉아서 작은 악보를 직접 입력할 수도 있습니다. 조종사라면 아마도 공항과 비행기 사진 등에 관심이 있을지도 모르겠습니다. 우리는 소비자를 위해 디스크에 해당 내용을 담을 것입니다.

진행자 이런 시디롬 애플리케이션이 서점에서 판매될까요?

게이츠 궁극적으로는 그렇습니다. 마중물을 붓는 동안 어떤 채널을 겨냥할지 결정하려고 노력하고 있습니다. 구체적으로 말하면, 특별히 컴퓨터 소매 상점에서 시디롬 애플리케이션을 팔아야 하는 이유가 있을까요? 개인적으로 그런 역할이 있다고 생각하지는 않지만 미래 일은 예측하기 어렵습니다.

몇몇 시디 애플리케이션은 공상처럼 들립니다. 하지만 얼마나 자주 새로운 매체가 발명될까요? 거의 찾아보기 어렵습니다. 비디오테이프는 새로운 매체가 아니며, 단지 텔레비전 방송을 나중에 보는 형태이므로 방송과 큰 차이가 없습니다. 상호 대화식 비디오디스크는 새로운 매체가 될 기회가 있었지만, 바라는 결과를 얻지 못했습니다. 충분한 콘텐츠와 저가형 재생기를 갖추지 못했고 편의성도 떨어져서 결국 문화에 융합되지 못했습니다. 시디는 상호 대화식 비디오의 상위 집합이지만 우리가 좀 더 제대로 만들어야 할 것입니다.

시디가 일으킬 변화는 굉장할 겁니다. 저는 부품 카탈로그가 다시는 인쇄물로 출간되지 않을 것으로 봅니다. 단순히 페이지를 넘기는 대신 목적에 따라 정보를 찾아서 조작하고 다른 방식으로 살펴보기를 원한다면, 이런 전자 양식이 대다수 다른 양식에 비해 훨씬 우수합니다. 가장 힘든 경쟁자는 명백하게 책입니다. 우리가 출판 시장을 파고들지는 않겠지만, 시디는 카탈로그와 특정 유형의 참고 자료를 대체할 것입니다.

진행자 텔레비전에서 비롯된 문화처럼 시디로부터도 어떤 문화가 발달할 것이라고 생각하시나요?

게이츠 저는 문화가 무엇인지는 잘 모르지만, 시디는 텔레비전보다 상호 대화 성격이 훨씬 강합니다. 시디는 오늘날 개인용 컴퓨터와 같이 프로그래밍에만 국한되지 않습니다. 하지만 시디는 텔레비전과 똑같이 중독성이 있어서 푹 빠지는 속성이 있습니다. 사람들은 여기에 푹 빠져서 퀴즈 문제를 받게 되며, "저는 도전 퀴즈 왕이에요. 한 번 해 보겠습니다."라고 말하게 될 것입니다. 퀴즈를 풀면서 여러 사람이 참여해 다른 사람이 대답할 질문을 선택하게 만들 수도 있습니다. 아이가 개인용 컴퓨터에 빠지는 게 텔레비전 시청보다는 훨씬 좋다고 제가 생각하는 이유는 적어도 아이가 스스로 결정을 내리고 있기 때문입니다. 저는 텔레비전을 혐오하진 않지만, 텔레비전이 지성을 그렇게 단련시켜 준다고 생각하지는 않습니다. 공교롭게도 저에게는 텔레비전이 없습니다.

진행자 다른 표준이 등장한다면 시디롬 개발이 심각한 타격을 입을 것으로 생각하시나요?

게이츠 마이크로소프트보다 수백 배 큰 회사들과 합심하여 이 분야의 표준을 수립하기 위한 대규모로 정치적인 움직임에 뛰어들었습니다.[4] 호환되지 않는 표준이 두 개, 심지어 세 개까지 등장할 가능성이 있습니다. 그리고 이런 표준에 맞춰 소프트웨어를 만드는 비용을 고려하면, 불행한 상황이 벌어질 것입니다. 따라서 이것이 바로 우리가 초점을 맞추고 집중할 대상입니다. 우리의 표준이 진짜 표준이 확실히 되도록 노력하는 중입니다. 이런 작업은 어려우며 도전적일 것입니다. 우리는 아주 아주 빠르게 움직여서 모든 활동이 하나의 표준을 중심으로 움직이게 만들어야 하며 적절한 기준이 되도록 만들어야 합니다.

반도체 산업이 없었다면 이런 뷰어 개발은 불가능했을 것입니다. 믿기 어려운 만큼 저렴한 메모리, 고성능 프로세서, 비디오 칩, 오디오 칩이 컴퓨터를 멀티미디어가 가능한 물건으로 만들었습니다. 반도체 산업은 기적을 만들고 있습니다. 다양한 목적에 필요한 모든 부품을 대량 구매할 수 있게 된 지 불과 2년밖에 되지 않았습니다. 그 덕분에 부품 가격이 매력적인 수준으로 낮아졌습니다.

진행자 시디롬이 전문가 시스템과 통합되고 있다고 보시나요?

게이츠 아니요, 둘은 서로 의존하지 않습니다. 궁극적으로는 상당히 큰 데이터베이스를 넣을 수 있으니 시디에 전문가 시스템을 위한 데이터를 담아 배포할지도 모르겠습니다. 그러나 어느 쪽도 다른 쪽을 요구하지 않습니다. 둘 다 저마다의 문제에 직면해 있습니다.

세상에서 가장 뛰어난 시디를 만드는 데 필요한 기술을 결합하는 일이 상당히 까다로운 이유는 시디가 비디오이자 오디오이자 프로그래밍이자 상호 대화식 소프트웨어이기 때문입니다. 여느 새로운 매체를 만드는 것과 마찬가지로 어렵습니다. 사람들이 처음 텔레비전에 출연했을 때, 사람들은 라디오에 나온 사람보다 훨씬 뛰어나다고 느꼈지만, 사람들은 단지 그냥 서 있을 뿐이었습니다. 오늘날 텔레비전에서 볼 수 있는 화려한 컬러 공작새[5], 모든 액션, 삼차원 배경, 특수 효과를 발명하기까지는 꽤 오랜 시간이 걸렸습니다. 텔레비전처럼 시디도 매체에 대한 경험이 쌓여 갈수록 점점 더 좋아질 것입니다. 저는 지금 여기 앉아서 앞으로 우리가 이러이러한 실수는 저지르지 않겠다고 말할 수 있습니다. 다만 5년 뒤에 여기 앉아서는 그간 저지른 실수에는 어떤 것들이 있었는지 말하고 있겠죠. 우리가 창의적이기는 하지만 아직 시디라는 매체를 올바른 방향으로 최대한 활용할 수는 없을 것입니다.

진행자 혹시 직접 프로그래밍하던 시절로 돌아갈 수 있다면 돌아가시겠어요?

게이츠 오, 물론이죠. 그러면 모든 것을 통제할 수 있습니다. 타협 따위는 없습니다. 코드와 저는 물아일체가 됩니다. 이기적이긴 하지만 순수 수학을 하면서 얻는 경험과 비슷하며 정말 동작하는 뭔가를 만드는 과정에서 피드백을 받습니다. 저는 작성 중인 프로그램에만 초점을 맞출 수 있는 동료들이 때로는 부럽습니다.

Programmers at Work

6장

정보 관리 소프트웨어 PFS 시리즈 개발자

존 페이지

John Page

1944년 9월 21일 영국 런던에서 태어난 존 페이지는 10대 시절부터 컴퓨터를 다루기 시작했고 20년 넘는 전문직 경력 내내 컴퓨터 분야에서 계속 일해 왔다.

1970년 페이지는 HP에 입사해 런던, 제네바, 유럽의 다른 지역에서 4년 동안 기술 지원을 맡았다. 1974년 그는 HP 본사가 있는 캘리포니아 쿠퍼티노로 옮겨서 HP 3000 컴퓨터에 관한 전 세계 기술 지원 부문을 관리했다. 그 후 페이지는 소프트웨이 연구 개발 부문으로 옮겼으며, 여기서 IMAGE 데이터베이스 관리 시스템을 개발했다. HP에서 일하면서 페이지는 스탠퍼드 대학교에서 인공 지능을, 대학원에서는 컴퓨터 과학을 공부했다.

페이지는 1980년에 HP를 그만두고 프레드 기번스, 자넬 베드키와 함께 팀을 이뤄 소프트웨어 퍼블리싱 코퍼레이션(Software Publishing Corporation, 이하 SPC)을 시작했다. 차고에서 작업하면서 페이지는 SPC의 첫 제품을 개발했는데 이는 나중에 PFS:FILE이 된다. PFS 시리즈에는 이제 정보 관리의 모든 측면을 다루는 여섯 가지가 넘는 프로그램이 들어 있다. 존 페이지는 SPC의 기업 연구 개발 부사장이다.

존 페이지는 상냥한 눈빛에 따뜻한 미소를 띄고 있었고 몸매가 날씬하고 소년처럼 보였으며 영국식 말투를 섞어 사용했다. 그는 칼라 단추를 푼 파란색 셔츠에 회색 바지를 입었다. 페이지는 삼나무 들보를 올린 편안한 캘리포니아 스타일의 SPC 사무실을 지나 비어 있는 큰 회의실로 나를 안내했다. 회의실에서 페이지는 프로그래밍과 소프트웨어 사업 경영에 대한 자신의 접근 방식에 대해 편안하게 돌아보며 이야기하기 시작했다.

페이지에게 이 책에 수록하기 위해 소스 코드 예제를 공유해 달라고 요청했는데, 페이지는 "말도 안 되는 생각"이고 "아키텍트는 자신들이 건축했던 교회와 박물관 사례를 공개하지, 청사진 일부를 공개하지는 않을 것"이라며 거절했다. 페이지는 코드 예제가 독자들에게 상대적으로 의미가 적을 것이라고 생각했다. 그 대신 페이지는 컴퓨터 세상에 자신이 기여한 업적과 공헌 목록을 알려 주겠다고 제안했다. 이는 프로그래밍에 대한 그의 접근 방법을 잘 드러내는 발언이었다. 페이지는 소프트웨어를 개발할 때 일반 사용자를 가장 최우선으로 고려한다. 이는 목적지에 도달하기 위한 수단이 아니라 페이지의 마음을 사로

잡고 동기를 부여하는 궁극적인 목적이다.

> 존 페이지는 2011년 학생들의 수학 공부를 돕는 *mathopenref.com*을 열었다.

진행자 PFS: FILE 프로그램과 PFS 소프트웨어 시리즈를 개발하게 만든 원동력은 무엇인가요?

페이지 HP 3000을 만드는 캘리포니아 소재 HP 공장으로 전근 가서 저는 소프트웨어 개발에 깊이 관여했습니다. 거기서 저는 HP 3000에서 동작하는 데이터베이스 관리 시스템인 IMAGE를 개발하기 시작했습니다. IMAGE는 메인 프레임과 미니컴퓨터에 가장 널리 설치된 데이터베이스 관리 시스템입니다.

HP에서 오랜 기간 데이터베이스 관리 시스템을 다루다가, 저는 불현듯 시스템이 최종 사용자보다 프로그래머에게 더 맞춰져 있음을 깨닫곤 놀랐습니다. 기업에서는 사용자를 위한 제품이 아니라 개발 도구를 더 원했기 때문에 그 시점에서는 괜찮았습니다. 그러나 개인용 컴퓨터 개발 과정을 목격하면서 저는 일반인을 위한 데이터베이스 관리 시스템 개발이 실현 가능하다고 봤습니다. 그리고 나서는 일반인을 위한 데이터베이스 프로젝트에 대해 생각해 보기 시작했습니다.

HP는 그 당시 개인용 컴퓨터는 물론이고 소프트웨어에는 더욱 관심이 없었습니다. 저는 자넬 베드키와 프레드 기번스를 만났습니다. 두 사람과는 나중에 SPC를 함께 시작하게 됩니다. 우리는 프로젝트에 대해 논의했고 소프트웨어 배급사를 찾기로 결정했습니다. 그런데 배급사를 찾을 수 없었습니다. 하지만 일단 소프트웨어 사업이 호황을 누리고 있다는 상황을 인식했고, 우리는 회사를 설립할 기회가 있음을 알았기에 SPC를 창립했습니다. 우리는 예상할 수 있는 매출 성장과 시장 진입 정도를 보여 주는 사업 계획서를 작성했습니다. 일단 회사 설립을 추진하기로 최종 결정을 내리자, 약 1년 동안 제 머릿속에 들어 있던 소프트웨어 아이디어인 PFS 시리즈를 개발하기 위한 추진력이 생겼습니다.

진행자 그 당시 PFS를 시장에 출시된 다른 프로그램과 어떻게 다르게 만들고 싶으셨나요?

페이지 빠진 퍼즐 조각이라고 생각한 프로그램은 전화나 자동차처럼 일반인들이 사용 가능한 애플리케이션이었습니다. 제 목표는 가전제품처럼 쉽게 배울 수 있는 프로그램을 설계하는 것이었습니다. 이런 목표는 흥미로운 설계 절충안이었는데, 성능이나 기능을 최대로 끌어올리기보다 사용자의 이해도를 최대한으로 높이길 추구해야 한다는 뜻이었습니다. 이런 애플리케이션은 겉보기에는 단순해 보이는 전화 시스템과 비슷합니다. 다이얼을 돌리고 전화벨이 울리면 말합니다. 이게 전부입니다. 별거 아닌 것 같죠, 그렇죠? 하지만 이렇게 만들기 위해 이면에서는 상당히 복잡한 기술을 통제해야만 합니다. PFS는 겉보기에는 단순하지만, 복잡한 기술로 이루어진 전화 시스템 같은 방식으로 설계됐습니다.

　PFS를 설계하면서 저는 색다른 소프트웨어 설계 원칙을 내세웠습니다. 복잡한 프로그램이 직관적인 프로그램보다 작성하기 훨씬 쉽습니다. 예상과는 정반대로요. 복잡한 프로그램을 작성하기 쉬운 이유는 복잡도를 사용자에게 전가할 수 있기 때문입니다. 즉, 사용자가 모든 어려운 결정을 내리도록 강제합니다. 예를 들어 사용자가 파일에 얼마나 많은 블록이 있는지 알고 싶어 한다고 가정해 보죠. 사용자가 직접 찾을 수 있게 소프트웨어를 설정합니다. 사용자가 이 정보로 무엇을 하는지는 신만 압니다. 하지만 아주 단순한 프로그램인 경우, 설계자는 답을 스스로 생각해 내야 합니다. 프로그래머를 위해 아주 복잡한 소프트웨어를 주로 개발하는 방식에서 보통 사람을 위해 프로그램을 설계하는 방식으로 바꾸는 경험은 흥미진진했습니다.

진행자 PFS를 파스칼로 작성했던 이유는 무엇인가요?

페이지 이제 비지캘크가 사라진 상황에서[1] PFS 프로그램이 시장에서 가장 장수한 프로그램이라는 점을 염두에 두어야 합니다. 5년 전 당시만 해도 C는 없었기 때문에 베이식, 어셈블러, 파스칼 중에서 하나를 선택해야 했습니다. 베이식은 바로 탈락했습니다. 그리고 저는 전체 애플리케이션을 어셈블러로 작성하고 싶지 않았는데 너무 오래 걸리기 때문입니다. 따라서 강력한 고수준 언어가 필요했고 파스칼이 유일한 선택지였습니다. 또한 IBM PC 발명 전 일이어서 시장에서 고려할 만한 유일한 컴퓨터는 애플 II였으며, 파스칼은 애플 II에서 제 요구 사항을 충족했던 유일한 프로그램 언어였다는 사실도 감안해야 합니다.

프로그램의 새 버전을 개발하면서 C로 전환 중인데, C가 파스칼보다 더 나은 개발 언어이기 때문입니다. 하지만 파스칼도 나쁘지 않았으며 컴퓨터광들의 생각만큼 형편없지도 않았습니다. 파스칼 말고 C를 사용했을 때 5%에서 10% 정도만 생산성을 더 높일 수 있다고 생각합니다.

진행자 **PFS 개발이 엄청나게 어렵다고 말씀하셨죠. 설계와 구현에 어느 정도 걸렸나요?**

페이지 FILE과 Report 설계와 구현에 대략 18개월 정도 걸렸습니다. 마지막에는 도움을 받긴 했지만 주로 저 혼자 작업했습니다.

진행자 **프로그램을 개발할 때 무엇이 가장 큰 문제였나요?**

페이지 당시로 돌아가 보면 가장 큰 문제는 전체 소프트웨어를 메모리가 48K인 애플에 억지로 집어넣고 합리적인 속도로 돌아가게 만드는 것이었습니다. 파스칼은 인터프리터 방식으로 동작하므로 성능에 아쉬운 점이 많았습니다. 프로그래밍을 마치고 보니 엄청 느리게 동작해서 성능 병목이 일어나는 부분을 전부 격리해 해당 부분을 어셈블리 언어로 다시 작성했습니다. 이렇게 해서 문제를 해결했고 프로그램을 목표 성능에 이르게 만들었지만, 디버깅 도구 없이 어셈블러로 뭔가를 다시 작성하는 작업은 그 자체만으로도 끔찍한 경험이었습니다.

다른 문제는 전략적인 비즈니스와 관련이 있었습니다. PFS를 출시할 시점에 48K 애플 II는 아주 고급 사양이었습니다. 당시 32K가 일반적인 상황에서 48K는 실제로 고급 제품군에 속했습니다. 64K 애플도 있었지만 추가 16K 보드 가격이 550달러였습니다.[2] 그 당시 컴퓨터가 정말 개인적인 용도였다는 사실을 기억해야 합니다. 사람들은 자비로 컴퓨터를 샀는데 500달러에서 600달러에 이르는 메모리 보드는 큰 비용이었습니다. 우리는 결정을 내려야만 했습니다.

프로그램이 32K에서 동작하게 만들 방법은 없었습니다. 48K 애플 II에도 맞지 않아 FILE과 Report를 한 프로그램으로 만들지 않고 두 개의 프로그램으로 나눈 거였거든요. 시간이 많이 지나지는 않았지만 하드웨어가 발전했음에도 프로그램은 여전히 두 개로 나뉘어 있습니다. 실행하려면 48K 컴퓨터가 필요한데도 성공할 수 있었을까요? 더 많은 메모리를 필요로 하는 건 시장 크기를 줄일 것이므로 위험했습니다. 저는 며칠 동안 밤샘 작업을 하면서 이런 상황에서 빠져나갈 방법을 고민했습니다.

진행자 당시 다른 데이터베이스 프로그램도 출시되고 있었나요?

페이지 그 당시 우리는 스톤웨이브 DB 마스터가 우리와 경쟁할 것으로 여기고 크게 걱정했습니다. 하지만 우리는 DB 마스터를 사람들이 사용하기에 너무 복잡한 고급 제품으로 인식하게 만들어 시장을 분할하는 방법으로 문제를 회피했습니다. 여러 해 동안 어떻게 우리의 운이 달라졌는지 보면 재미있습니다.

진행자 PFS가 오늘날과 같은 큰 성공을 거둘 것이라고 예상하셨나요?

페이지 잘 몰랐습니다. 저는 인생에서 목표를 세우고 일단 달성하고 나면 결코 뒤돌아보거나 얼마나 어려웠는지, 여전히 해 볼 만한 가치가 있는지, 앞으로도 성공할지 생각하지 않습니다. 저는 제 과업을 달성하기 위해 그냥 앞만 보고 전진할 뿐입니다. FILE에 대해서도 그렇게 했습니다. 판매가 시작되고 저는 충격을 받았습니다. 저는 '세상에, 효과가 있었군. 저것 좀 봐.' 하고 생각했습니다.

진행자 여전히 프로그래밍을 하시나요?

페이지 프로그래밍은 여전히 즐겁지만 제가 원하는 만큼 하지는 않습니다. 회사의 사기를 높이려면 프로젝트나 프로그래밍에 너무 깊이 개입할 수 없습니다. 규모가 큰 회사에서는 직원들이 스스로 무능하거나 불필요하다고 느끼지 않을 정도로만 업무를 파악하는 리더를 바랍니다. 회사 직원들은 자신이 하는 일에 주인의식을 느끼고 구현하는 아이디어가 자기 것이라고 느낄 수 있어야 하며, 그렇지 않을 경우 동기 부여가 안 됩니다.

제가 마이크로소프트의 상황이 어떤지 자주 궁금해하는 이유는 회사의 수뇌부 중 어떤 사람이 기술적으로 뛰어나며 유명하기 때문입니다. 저는 그 사람이 회사 소프트웨어 개발자의 사기에 부정적인 영향을 주는지 궁금합니다. 또한 그 누군가가 회사의 성장 잠재력을 제한하도록 통제력을 유지하는지도 궁금합니다. 궁극적으로 창립자가 뭐든 다할 수 없는 규모까지 회사가 커질 때, 다른 사람들이 소유권을 넘겨받아 창립자가 했던 방식으로 이끌 준비가 되어 있어야만 합니다. SPC에서는 향후 더 큰 성장을 위한 무대를 꾸미기 위해 세상의 이목에서 벗어나려고 시도하는 중입니다.

진행자 컴퓨터 프로그래머에서 큰 회사의 경영자로 전환하는 과정이 어렵진 않으셨나요?

페이지 전환이 상당히 점진적이었던 이유는 제가 거의 20년 동안 사람들을 관리해 왔기 때문입니다. 사실 가장 어려운 부분은 관리자에서 프로그래머로 돌아가는 것이었습니다. 회사를 시작하기 전에 저는 HP에서 많은 사람을 책임지는 일에 익숙해졌습니다. 프로그래머로 돌아왔을 때 저는 제 자신에게 전적으로 의존할 수밖에 없었습니다. 움츠러들었죠. 제가 여전히 프로그램을 작성할 수 있을지 의심이 들어서 조금 두려웠습니다. 하지만 자전거 타기와 비슷해서 프로그래밍은 결코 잊어버리지 않으며, 일단 페달을 밟기만 하면 자전거가 나아가듯이 잘됩니다.

진행자 이제는 직접 프로그래밍을 하지 않는데 어떻게 좋은 프로그래머를 고용하시나요?

페이지 회사에서는 기초적인 도구를 넘어 무엇을 만들어야 할지 이해하고, 활용할 기술의 내용과 방법을 이해하는 진짜 아키텍트를 원합니다. 예를 들어 메모리 용량이 엄청나게 커질 것임을 아는 똑똑한 엔지니어는 설계 관점에서 이런 현상이 의미하는 바를 물어볼 것입니다. 부족하다는 생각 때문에 했던 가정은 무엇이었을까요? 어떻게 하면 낡은 아이디어에 도전해서 이를 없앨 수 있을까요? 어떻게 하면 사물을 바라보는 색다른 방식을 반영해 기존과 다른 설계를 할 수 있을까요? 회사에는 이런 질문에 대답하는 사람들이 있어야만 합니다.

회사에는 또한 위대한 아키텍처를 위한 코드 덩어리를 작성할 만큼 개발 기술이 뛰어난 사람도 필요합니다. 해야만 하는 일은 잘 명세되어 있어야 하고 컴퓨터 과학 학사 학위를 받아 막 졸업한 누구에게라도 명세를 전달할 수 있어야 합니다. 이런 사람들은 아마도 제대로 일할 것입니다. 그렇다면 문제는 이런 두 유형의 사람 사이에서 올바르게 균형을 잡는 방법입니다.

진행자 프로그램을 직접 작성하는 것과 팀으로 작성하는 것에는 어떤 차이가 있을까요?

페이지 제품 개발에 네 명이나 다섯 명이 필요하다면, 혼자 작성하는 경우와 다르게 시작합니다. 저는 확실히 더도 덜도 아닌 한 명이 설계와 고수준 구조를 맡아야 한다고 굳게 믿습니다. 설계는 한 명의 마음에서 싹이 틀 때 일관성과 우아함을 얻습니다. 모든 사람을 만족시키려 하거나 설계를 위원회에 위임하려고 시도한다면 길을 잃기 쉽습니다. 이는 정말 치명적입니다.

그래서 저는 정의 단계에서는 소규모로 팀을 운영하고, 필요하다면 설계를 구현하기 위해 팀을 확장합니다. 프로그램 설계를 구현하는 데 필요한 팀이 커질수록 관리 가능한 조각으로 구조를 분해하고 인터페이스를 정의하기 시작해야 합니다. 프로그램이 너무 커서 두세 명 이상이 개발해야만 하는 경우를 제외하고는 모든 단계를 문서화하는 구조화된 프로그램 보고서를 많이 작성할 필요는 없습니다.

우주 왕복선 제어 프로그램을 설계하는 경우처럼 어떤 프로그램은 수백 명의 프로그래머가 필요하기도 합니다. 그런 경우에는 구조를 분해해 모두 잘 동작하도록 만드는 규율을 갖춰야만 합니다. 작은 프로그램의 구조를 과도하게 잡거나 큰 프로그램의 구조를 엉성하게 잡을 수도 있으므로, 문제의 크기에 따라 대응하는 기법을 맞춰야만 합니다.

진행자 설계에 관여하지 않은 프로그래머들은요? 그런 프로그래머들을 어떻게 프로젝트에서 일하게 만드시나요?

페이지 설계에 관여하지 못한 프로그래머들은 실망할지도 모릅니다. 그러나 그런 프로그래머들에게 처음부터 프로젝트 작업 조건으로서 설계에 불참하는 것을 받아들여야 한다고 말해야 합니다. 다행히도 수준 높고 훌륭한 설계자의 도제가 되고 싶어 하는 신참 프로그래머를 만날지도 모릅니다. 훌륭한 설계자의 도제로서 일하게 되면 신참 프로그래머들은 업계에 들어와 스스로 뭔가를 설계하려는 목표를 이루는 데 필요한 경로를 밟을 수 있게 됩니다.

진행자 프로그램을 개발하는 팀은 어떻게 관리하시나요?

페이지 팀이 회사에서 프로젝트를 처음 배정받으면, 팀원들은 SPC 방식으로 일을 수행하기 위해 배워야 할 내용이 많습니다. 우리는 문제를 바라볼 때 우리 제품을 다른 제품과 차별화하는 방식이 무엇일지 생각합니다. 저는 프로그래머들에게 시작부터 이런 원칙을 가르칩니다. 설계 방법을 이야기하는 대신, 제가 설계에 이용한 과정을 가르치려 노력합니다. 즉, 프로그래머들을 교육하려고 노력합니다. 저는 프로그래머들에게 영원히 유용하게 쓸 수 있는 기술을 전수하려고 합니다. 가끔 프로그래머들이 제가 좋아하지 않는 뭔가를 제안할 수도 있고, 반대로 어떤 때에는 프로그래머들이 제가 처리하는 방식을 좋아하지 않을 수도 있습니다. 우리는 팀이 만든 첫 프로그램에 실수가 있음을 발견합니다. 하지만 우리가 의도적으로 고생을 자처하는 이유는 미래의 성장 단계를 책임질 사람들을 회사에 두고 싶기 때문입니다. 그렇게 되면 회사가 쇠퇴하지 않겠죠. 팀 관리는 일사천리로 진행되고 있습니다. 우리는 회사에서 세 번째 제품을 만드는 팀을 확보했고 이 팀은 아주아주 잘하고 있습니다. 제 기대보다 훨씬 잘합니다. 저는 다른 프로그래머들에게서 뭔가를 배우는 제 자신을 발견하고, 그로부터 짜릿한 흥분을 맛봅니다.

진행자 SPC가 문제에 대해 생각하는 방식에 특별한 점이 있나요? 프로그래머가 반드시 따라야 하는 특정 기법이나 규칙이 있나요?

페이지 고객을 알고, 컴퓨터를 알고, 고객과 컴퓨터를 위한 최상의 제품을 설계하는 것 이외에 다른 기본 원칙은 없습니다.

고객과 고객이 원하는 바를 이해해야만 합니다. 그래야 고객을 위한 올바른 제품을 설계할 수 있습니다. PFS:FILE처럼 아주 단순하게 보이는 프로그램부터 컴파일러와 같이 극도로 복잡해 보이는 프로그램까지 범위는 다양합니다. 먼저, 일반적인 사용자를 위해 설계하고 프로그래머나 엔지니어를 위해 다른 것을 설계합니다. 저는 더 복잡한 프로그램만 개발하고 싶어 하는 소프트웨어 엔지니어들을 용납하지 않습니다. 첫째로, 저는 이런 태도가 미숙하다고 생각합니다. 훌륭한 아키텍트는 작은 발코니를 설계할 때도 박물관을 설계할 때처럼 즐거워합니다. 각자 저마다의 도전이 있는 법입니다. 둘째로, 저는 진짜 도전은 외부적으로는 단순하지만 내부적으로는 복잡한 소프트웨어를 설계하는 것이라고 생각합니다. 이런 도전을 원치 않는 사람들을 보면 신기합니다. 저에게 이런 도전은 매우 흥미롭기 때문입니다.

진행자 컴퓨터 분야에서 여러 해 동안 일하시면서 컴퓨터가 시간이 지남에 따라 어떻게 변해 왔는지에 대해 생각하셨겠군요.

페이지 컴퓨터가 틀에 박힌 이유는 꽤 오랫동안 아무런 새로운 일도 일어나지 않았기 때문입니다. 시장은 우리를 지나치게 복잡한 시스템으로 끌어들였으며 대부분 IBM 탓입니다. 설치되고 있는 '새로운' 기능은 전부 미니컴퓨터와 메인 프레임에서 비롯된 것입니다. IBM PC는 세대가 거듭될수록 점점 더 복잡해지고 직전 세대보다 사용하기가 더 힘들어집니다. PC는 빠르게 미니컴퓨터로 회귀하고 있고, IBM은 심지어 PC를 메인 프레임으로 되돌리는 데 성공을 거둘지도 모르겠습니다. 예전으로 회귀해서 복잡도가 되살아났고 우아함은 사라지고 있습니다. 심지어 불쌍한 옛날 매킨토시도 정보 관리 시스템 관리자가 좋아하는 기능을 모두 탑재하지 못한다며 뭇매를 맞고 있습니다. 매킨토시 설계자들 또한 이 모든 복잡성을 맥에 집어넣어야 한다는 압박을 받을 것입니다. 이런 일이 조만간 일어날 것 같아서 슬픕니다.

결과만 보면 개인용 컴퓨터는 메인 프레임을 사용했던 대기업 사람들 사이에서 점점 더 인기를 얻는 중입니다. 이런 사람들은 개인용 컴퓨터를 포용하기 시작했지만, 여전히 개인용 컴퓨터를 미니컴퓨터인 양 취급하려 듭니다. 개인용 컴퓨터는 미니컴퓨터가 아닙니다. 개인용 컴퓨터는 거대한 개인용 계산기이며 우리는 이 점을 잊고 있습니다.

진행자 복잡성이 커지는 이런 추세가 계속될 것이라고 생각하시나요?

페이지 그렇지 않기를 바랍니다. 개인용 컴퓨터가 두 가지 방향으로 발전할 것이라는 느낌이 있습니다. 개인용 데스크톱 업무 컴퓨터가 나올 텐데 메인 프레임에서 볼 수 있는 도구들을 똑같이 사용하게 될 것 같습니다. 이를테면 코볼과 그 끔찍한 도구들 말이죠. 경영 정보 시스템 관리자들은 20년 전에 했던 방식 그대로 여전히 코볼로 프로그래밍하고 있습니다. 이런 관리자들에게 완전히 혁신적인 도구를 제공하려고 시도하면, "아닙니다. 단순하게 삽시다. 저는 제 오랜 친구 코볼 언어를 쓰고 싶습니다." 같은 말을 들을 뿐입니다.

저는 또한 업계가 원래 애플 컴퓨터처럼 일반 사람들이 사용할 수 있는 제대로 된 개인용 컴퓨터를 만드는 쪽으로 돌아갈 것이라고 낙관합니다. 가격은 더 저렴해지고, 성능은 더 강력해지고, 사용하기는 더 쉬워질 것입니다. 우리는 지금 탈선한 상태입니다. 진정한 개인용 컴퓨터 개발은 전체 업계에 생명을 불어넣을 것입니다.

진행자 변화하는 고객과 보조를 맞추기 위해 프로그램을 어떻게 개발하고 있나요?

페이지 변화하는 시장에 맞춰 제품을 조정하기 위해 두 가지 방향을 택할 수 있습니다. 한 가지 성장 방향은 컴퓨터와 기술이 주도합니다. 심지어 처음 시작했을 때와는 다른 새로운 컴퓨터 응용 분야를 발견하게 됩니다. 처음 제품을 만들기 시작할 당시 고려한 요구 사항과 전혀 다른 요구 사항이 생겨납니다. 예를 들어 사업 분야가 사진 식자로 다각화되면, 개인용 컴퓨터가 사진 식자에 아주 유용한 도구임을 갑자기 발견하게 됩니다. 이는 처음에 개발해 왔던 소프트웨어와 완전히 다른 소프트웨어를 요구할 것이며, 판매하려면 기능을 엄청나게 확장해야만 합니다.

다른 성장 방향은 고객 경험에서 일어난 변화가 주도합니다. 고객들이 컴퓨터로 자신들을 위해 할 수 있는 일을 점점 더 제대로 파악해 감에 따라, 고객 수요는 늘어나지만 복잡성에 대한 요구는 커지지 않습니다. 고객들은 새로운 프로그램이 더 많은 일을 하되 단순하게 남기를 바랍니다. 따라서 우리는 이런 요구를 충족하는 것을 도전 목표로 삼아야 하는데, 우리가 선택한 성장 방향이기 때문입니다. 저는 또한 기술 수준을 높이기 위해 고객 요구를 만족시켜야 한다고 생각합니다. 예를 들어 복잡성을 높이지 않고서 프로그램 기능을 확장하는 것입니다. 우리에게 지적인 노력을 요구하겠지만 진정한 발전을 이루게 될 것입니다. 불행히도 업계는 복잡성에 열중하고 있으며 몇 가지 왜곡된 이유 때문에 복잡성을 보여 주고 싶어 합니다.

진행자 그렇다면 전체 업계가 시장 주도가 아닌 기술 주도로 움직인다고 생각하시나요?

페이지 정확합니다. 업계는 거의 보여 주기 식 기술을 원합니다. 이는 마치 값비싼 스테레오 장비와 다소 비슷한데, 비쌀수록 표시등과 조절 손잡이가 더 많습니다. 그런 장비의 실제 사용자는 그걸 산 사람의 아내일 텐데, 그런 사용자와 이야기를 나눠 봐야 소용없습니다. 이런 장비는 배우자를 완전히 혼란스럽게 만든다는 사실만 알게 될 것입니다. 누군가 실제로 무엇을 만졌는지 확인하기 위해 조절 장치에서 지문을 채취하면, 90가지 조절 장치 중에서 지금껏 세 가지만 사용됐다는 사실을 발견하리라고 장담합니다. 어느 누구도 나머지 조절 장치가 무엇을 하는지 모르고 어느 누구도 조절 장치를 건드리지 않는 이유는 스테레오 장비는 복잡한 조절 장치 없이도 동작하기 때문입니다.

사람들은 프로그램에 대해서도 같은 식으로 행동합니다. 사람들이 형편없이 설계된 거대한 워드 프로세싱 프로그램을 사는 이유는 편지나 보고서를 쓰기 위해서입니다. 그런데 그런 프로그램은 지금까지 아무도 건드려 보지 않았거나 원하지 않는 기능으로 가득 차 있습니다. 해법은 기술을 맹목적으로 추구하는 데서 벗어나는 것입니다. 불행히도 SPC는 의도적으로 사용자에게 기술을 밝히고 있지 않아서 탄탄한 기술을 반영하지 않는 회사로 취급될 때가 자주 있습니다. 엄청나게 열심히 일해서 복잡성을 감추었는데 프로그램이 복잡해 보이지 않는다는 이유로 사업에서 한 방 맞는 것 역시 괴롭습니다.

진행자 어떻게 복잡성을 감출 수 있었나요?

페이지 예를 하나 들겠습니다. PFS 리포트에서 멋지고 차분한 보고서를 만들고자 한다면, 보고서에 들어가기 원하는 네 가지 항목, 예를 들어 사명, 주소, 매출액, 판매원 이름만 지정하면 됩니다. 프로그램은 데이터베이스를 탐색해서 가장 큰 행의 너비를 계산합니다. 그런 다음에 여백에 대한 열 사이 공간의 너비 비율을 눈대중으로 계산하는 루틴을 적용합니다. 프로그램에서 이렇게 어림짐작으로 계산하는 루틴은 복잡한 악마입니다. 이 루틴은 각각에 대해 '보기 좋은' 비율을 보여 줄 때까지 다양한 조합을 시도하고 순위를 매기고 선택합니다. 이런 과정은 양쪽 가장자리 여백이 동일하면서 너무 좁지도 않고, 열이 많이 떨어지지 않게 구성해서 보고서가 미학적으로 균형이 잡힌 듯이 보이게 만듭니다.

프로그램은 수직 표 방식을 사용해 보고서가 페이지에서 수직으로 중앙에 위치하게 보장합니다. 비율은 멋지게 보이려는 목표와 데이터를 딱 맞추려는 목표 사이에서 균형을 이룹니다. 페이지에 올바로 보일 때까지 다양한 레이아웃을 돌면서 데이터를 야금야금 움직여 보려고 시도합니다. 이런 보고서는 99%의 시간 동안 아주 훌륭해 보이고, 심지어 남은 1%의 시간 동안에도 충분히 유용해 보입니다. 최종적으로 대다수 사람이 레이아웃을 생각할 필요 없이 단지 항목만 명시하는 방법으로 멋져 보이는 보고서를 얻을 수 있다는 결론이 나옵니다.

덜 정교한 보고서 작성기는 사용자에게 각 열의 너비와 열이 놓일 위치를 명시하게 요구합니다. 이런 보고서 작성기는 사용자에게 이름 열의 너비에 대해 생각하도록 강요합니다. 사용자는 엄청난 추측을 해야 할지도 모릅니다. 예를 들어 이름이 25자보다 길지 사용자는 짐작할 수 없습니다. 아니나 다를까, 이름 하나가 잘려 나갑니다. 사용자는 열 위치를 정하기 위해 엄청난 에너지를 소비하지만, 결과가 끔찍한 이유는 출력 결과가 한쪽으로 치우칠 것이라는 사실을 사전에 제대로 떠올리지 못하기 때문입니다.

그러나 여기서 정말 흥미진진한 이야기가 펼쳐집니다. 사용하기 훨씬 어려운 프로그램이 난국을 타개해서 판매에 유리한 지점을 만들어 냅니다. 복잡한 시스템을 만드는 회사는 사용상의 어려움을 기능이라는 말로 포장합니다. 즉, 복잡한 시스템의 사용자는 정확히 열의 위치를 명시할 수 있는 반면에, PFS는 사용자가 아니라 프로그램이 원하는 위치에 배치한다는 주장입니다. 핵심은 훨씬 복잡한 프로그램을 사용하는 거의 대다수의 사람은 단순히 올바르게 보이게 만들기 위해 보고서를 다섯 번이나 바꾼다는 사실입니다. 아니면 흉해 보이는 보고서를 참고 견뎌야 합니다. 이게 생산적인지 저는 의문입니다. 설계 문제는 통제 대 생산성이라는 문제가 됐습니다. 높은 생산성이나 많은 통제 중 하나만 선택할 수 있습니다. 프로그래머와 사용자는 이 두 가지 상충하는 것 중에서 하나를 항상 선택해야만 합니다.

진행자 사용하기 쉬운 프로그램을 개발하기 위해서는 훨씬 많은 시간이 걸린다는 듯이 들립니다. 어떻게 그렇게 할 여유가 있나요?

페이지 우리는 쉬운 프로그램이 사용자에게 이롭기 때문에 개발합니다. 이런 개발 방식은 우리를 경쟁사와 차별화합니다. 우리는 자동 변속기가 달린 프로그램을 만드는데, 수동 변속기가 달린 프로그램을 설계하는 경우보다 훨씬 어렵습니다. 하지만 이게 우리 고객이 원하는 바입니다. 우리는 프로그램을 200만 개 넘게 판매해 왔습니다. 쉬운 프로그램은 우리에게도 이익이 되기 때문에 추가로 투자하는 게 옳다고 생각합니다.

진행자 어떻게 계속해서 새로운 프로그램 아이디어를 생각해 내시나요?

페이지 가끔 아이디어를 직접 생각하긴 하지만 진짜 대답은 고객과 소통하면서 나옵니다. 저는 가공되지 않은 원시 데이터를 원하고 직접 해석하고 싶습니다. 따라서 주기적으로 하루 중 조용한 시간에 고객 등록 카드를 살펴서 무작위로 고객에게 전화를 겁니다. 저는 고객에게 우리 제품 구매 이유와 사용 목적을 물어봅니다. 사람들은 개별적으로 연락을 받아서 깜짝 놀라지만, 대개는 자신이 제품으로 어떤 일을 하는지 많은 이야기를 해 줍니다.

우리는 경쟁사를 주의 깊게 지켜보지만 업계 전문가들의 집단적 사고에 현혹되지 않습니다. 우리는 동종 업계 사람이 참석하지 않는 콘퍼런스나 모임에 갑니다. 엄격하게 컴퓨터 산업을 중심으로 돌아가는 콘퍼런스가 아니라 컴퓨터가 논의 대상이 되는 콘퍼런스를 좋아합니다. 투자 콘퍼런스에는 일반적으로 반도체 업계, 하드웨어, 소프트웨어, 유통 업계와 같이 다양한 분야의 사람들이 참석합니다. 우리는 대리점 선정 프로그램을 통해 대리점에 방문하려고 시도합니다. 모든 사람의 관점이 모여 업계의 모자이크를 형성합니다.

운도 한몫을 합니다. SPC라는 이름에는 오해의 소지가 상당한데, 그 이유는 우리가 실제로 소프트웨어를 배급하지는 않기 때문입니다. 그러나 프로그램을 마케팅하고 싶은 거의 모든 사람이 우리에게 소프트웨어를 보내옵니다. 따라서 우리는 전국에서 도착하는 수백 가지 새로운 아이디어를 볼 수 있습니다.

가장 큰 아이디어의 원천은 회사 내부에 있습니다. 우리는 우리 제품을 직접 사용합니다. 직원들에게 우리 제품을 최대한 많이 사용하도록 독려하는 이유는 성공과 실패에 대한 피드백을 원하기 때문입니다. 우리 프로그램을 사용하는 직원 200명으로부터 많은 아이디어를 얻습니다. 그리고 당연히 연구실 사람들도 자신의 아이디어를 제시합니다.

진행자 **다른 프로그래머들과 많이 교류하시나요?**

페이지 우리가 소프트웨어 업계 사람들과 시간을 보내려 하는 이유는 훌륭한 아이디어를 제시하는 사람들이 있기 때문입니다. 하지만 놀랍게도 아주 많이 교류하지는 않습니다. 업계에 아주 똑똑한 사람이 몇 명 있습니다. 하지만 대다수 프로그래머는 이상하게도 기술은 알지만 기술로 무엇을 해야 할지는 이해하지 못할 때가 많습니다. 프로그래머들은 모임에 참석해 이른 새벽까지 이런저런 기술 목록에 대해 논의하곤 합니다. 저에게는 완전히 따분한 시간이었습니다. 저는 '그래, 훌륭해. 흥미롭지만 인생의 의미는 아니야.'라고 생각하곤 합니다.

저처럼 문제를 푸는 데 관심 있는 사람들을 만나러 갈 만한 장소는 많지 않습니다. 저는 개발자이지만 결코 아키텍트는 아닌 사람들과 회의를 이어 가는 것이 답답하다고 느껴졌습니다. 저는 컴퓨터 이외에 항공, 빌딩 건축, 공학 등 다른 분야의 설계자들과 만날 방법이 있었으면 좋겠습니다. 구체적인 사항은 잘 모르지만 다른 분야의 설계자들로부터 많은 유사점을 끌어올 수 있을 것 같습니다. 어느 날 그런 모임을 함께하면 재미있을 것 같습니다.

진행자 컴퓨터가 미래에 어떤 역할을 맡을 것이라고 생각하시나요?

페이지 컴퓨터는 항상 모든 분야에서 절대적으로 중심 역할을 맡을 것입니다. 정보는 우주의 기본 구조입니다. 사물에 대한 정보는 사물 그 자체와 거의 동등한 가치를 가지며, 컴퓨터는 이런 정보를 처리합니다. 저는 『Business Week』에서 정보 권력에 대해 다룬 아주 흥미로운 기사를 읽었습니다. 사람들은 좋은 정보 확보가 얼마나 중요한지 인식하기 시작했습니다. 수십억 달러를 투자한 어떤 투자자가 솔직히 자신의 투자 자체보다 자신이 알고 있는 투자 정보가 실물 화폐로 환산하면 가치가 훨씬 높다고 믿는다는 이야기를 했습니다.

이렇게 생각해 보죠. 정보는 금처럼 가치가 있는 자원이나 원자재임을 의미합니다. 정보를 사용하고 처리하고 보호하는 과정에서 얼마나 신중해야 하는지 생각해 보세요. 이게 바로 컴퓨터가 아주 잘하는 분야입니다. 컴퓨터가 사회의 모든 분야로 퍼지리라는 예측은 반드시 실현될 것입니다.

진행자 구체적으로 컴퓨터가 어떤 분야에서 발전하게 될까요?

페이지 아직 무르익는 중이지만 향후 10년에서 15년 사이에 개발 분야에서 두각을 드러낼 중요한 영역이 두 가지 있습니다. 첫째로, 개인용 컴퓨터가 정상 궤도로 들어서서 책만 한 크기에 300달러 정도 가격의 정말 개인적인 제품이 될 것입니다. 이는 2년 내에 일어날 것입니다.

둘째로, 통신입니다. 지금 당장은 정보가 돌아다니는 방식이 조잡합니다. 느리고 번거롭고 비싸죠. 더 좋은 방식이 고개를 내밀기 시작하는 이유는 경쟁과 새로운 기술 덕분입니다. AT&T 해체[3]는 이런 관점에서 흥미롭습니다.

진행자 개인용 컴퓨터가 통신에 어떤 영향을 미칠까요?

페이지 통신은 더 빨라지고 저렴해질 것입니다. 정보는 필요할 때 획득할 수 있는 경우에만 유용한데, 지금 당장은 그렇게 할 수 없습니다. 저는 사람들이 정보가 얼마나 부족한지 인식하고 있다고 생각하지 않습니다. 일단 정보 획득에 관해 더 큰 가능성이 있음을 알고 나면, 완벽한 정보 없이 여태껏 살아왔음을 믿기 어려울 것입니다.

정보에 대한 접근은 우리 삶에 중대한 변화를 일으킬 것입니다. 예를 들어 디지털 음성으로 통신이 가능해질 것입니다. 얼마 전 당신이 저에게 전화했을 때 처음으로 남긴 메시지를 기억하시나요? 컴퓨터인 자동 응답기가 응대했습니다. 당신의 목소리는 디지털화되어 전체 건물 통화를 처리하는 컴퓨터에 장착된 디스크에 저장됐습니다. 저는 당신의 메시지를 다른 사람에게 전달할 수 있고, 집에서 그 메시지를 변경해서 전달할 수도 있습니다. 버튼식 전화기를 사용해 시스템으로 전화를 걸 수 있습니다. 컴퓨터가 없다면 이런 일은 불가능합니다. 조만간 대략 300달러에 판매되는 가정용 버전이 나올 것이고, 실제로 자동 응답기끼리 서로 대화가 가능할 것입니다. 정말 소름 돋는 이야기입니다.

진행자 미래에 우리는 어떤 정보에 접근할 것이라고 생각하시나요?

페이지 무엇이 가능한지 예를 하나 들겠습니다. 휴가 기간에 유럽의 어떤 장소에 가고 싶다고 합시다. 고급 브랜드 생수, 왕복 연습을 할 수 있는 좁고 긴 수영장이 있는 바닷가의 멋진 호텔 그리고 근처에서 행글라이딩을 원합니다. 도대체 이런 서비스들을 어떻게 찾아낼까요? 여행 책자에서 바닷가에 위치한 좋은 호텔을 찾을지도 모르지만, 여행 책자에는 아마도 행글라이딩이나 좁고 긴 수영장과 같이 자신이 가장 관심 있는 서비스에 대해서는 나와 있지 않을 겁니다. 사진을 보지 않는 한, 휴가 지역을 결정할 근거가 되는 정보가 사실상 없습니다. 따라서 결국 같은 휴양지에 매년 가게 되는 이유는 더 좋은 새로운 장소를 찾을 수 없기 때문입니다. 우리 삶의 거의 모든 측면에서 우리가 가지지 못한 엄청난 정보와 사례가 있습니다.

진행자 이런 정보 자원 중 일부는 오늘날에도 존재하나요?

페이지 그렇습니다. 예를 들어 저는 비행기 조종사입니다. 제 비행 능력이 20~30% 향상된 이유는 기상 서비스에 접속해서 컴퓨터로 브리핑을 받을 수 있기 때문입니다. 기상 정보를 얻는 다른 방법은 효과가 훨씬 떨어집니다. 기상 서비스에 전화하면 30분 정도 수화기를 들고 있어야 할지도 모릅니다. 연결되더라도 날씨 정보를 정확하게 듣지 못하거나 종이에 기록하다 실수할지도 모릅니다.

요청 사항을 컴퓨터에 입력하기만 하면 빠르고 정확하게 결과가 나옵니다. 그리고 흥미로운 건 항공관제사보다 제가 얻는 정보가 더 많다는 사실입니다. 사실 제가 사용하는 방식이 더 좋은 이유는, 저는 콜로라도 볼더에 있는 미 국립 기상국으로 직접 연결하는 반면, 항공관제사들은 연방 정부가 업데이트할 여력이 없는 낡은 시스템을 통해 기상 정보를 얻기 때문입니다. 저는 비행 계획을 잡을 때에는 여전히 전화를 이용하지만, 곧 바뀌어서 비행 계획도 온라인으로 예약할 수 있게 될 것입니다.

진행자 왜 그렇게 많은 프로그래머가 기분 전환을 위해 비행기 조종을 한다고 생각하시나요?

페이지 한 가지 이유는 꽤 성공한 프로그래머에게는 비행을 할 만한 재정적인 여유가 있기 때문입니다. 다음으로는 비행이 복잡성을 조작하는 행위이므로 엔지니어에게 훈련이 될 수 있어서입니다. 엔지니어들은 이런 일을 좋아합니다. 또한 프로그래머들은 복잡성을 길들이기를 좋아하는데, 비행은 매우 복잡해서 완전히 익히는 일도 그들의 흥미를 자극합니다. 마지막으로, 비행은 프로그래밍과 같습니다. 훌륭한 조종사가 승객에게 흠잡을 데 없어서 오히려 따분한 비행을 선사한다면, 훌륭한 프로그래머는 고객에게 흠잡을 데 없어서 오히려 따분한 컴퓨터 경험을 선사합니다.

진행자 다른 관심사나 취미가 있나요?

페이지 집을 한 채 짓고 있으며, 기타를 연주하고, 수영 자체가 아니라 운동 목적으로 수영을 즐깁니다.

진행자 별로 일 중독자 같지는 않군요.

페이지 그렇습니다. 제가 일 중독자가 되는 유일한 시간은 상당히 구체적인 작업을 하고 있거나 앞서 언급했듯이 그냥 앞만 보고 전진할 때뿐입니다. 저는 한동안 그렇게 하지 못했습니다. 리더라는 역할을 할 때 저는 장시간 일할 수 없음을 알게 됐습니다. 리더십은 일과 중에 이루어지는 대인 관계 활동입니다. 또한 믿을 수 없을 만큼 진이 빠지는 활동입니다. 아무것도 주지 않으면서 저에게서 많은 것을 가져갑니다. 다만 주변 사람의 성장이나 회사에서 나오는 프로젝트, 전반적인 회사의 성공이라는 결과물을 간접적으로 확인할 수 있습니다. 그걸 지켜보는 게 즐겁기도 하지만 프로그래밍처럼 직접적인 성취의 기쁨은 없습니다. 그 결과 저는 제가 하고 싶은 일에 너무 오랫동안 머물러 있을 수 없음을 알게 됐습니다. 저는 균형을 잃지 않고 미치지 않도록 저를 위한 시간을 찾아야만 합니다.

진행자 앞만 보고 전진하는 프로그래머로서 균형을 잃을 가능성은 없나요?

페이지 프로그래머들은 모든 집안사람에게 다음과 같이 말해야만 합니다. "저기, 제가 6개월에서 9개월 정도 없는 사람 같을 겁니다. 물리적으로는 여기 있지만, 여기 없는 상태이기도 합니다. 저는 이 일을 할 것이고 정신이 딴 데 가 있을 것입니다. 이런 제 상황을 이해해 주시고 너그럽게 봐주시기를 바랍니다. 이 일을 완전히 끝마쳤을 때 보답하겠다고 약속할게요." 사랑하는 사람이 있다면 이런 약속을 지키는 것이 중요합니다. 너무 열심히 일하면 결혼 생활이나 다른 관계가 파탄에 이를 수 있습니다.

어떤 사람들은 프로젝트를 마치고 높은 평가를 받고 나서, 곧바로 다른 프로젝트로 뛰어듭니다. 그렇게 하면 말 그대로 탈진할 것입니다. 매번 새로운 프로젝트로 직행할 때마다 더 나쁜 결과를 얻죠.

또한 복잡한 프로그램을 열심히 개발하는 동안에는 운동을 하는 것이 중요합니다. 운동 부족은 대부분의 프로그래머에게 영향을 줍니다. 총명함을 잃게 됩니다. 또한 신체적으로 허약해져 두세 번 연이은 프로그래밍 프로젝트 후에는 환멸감이 몰려옵니다. 거울을 보면서 "맙소사. 내 모습 좀 봐. 내가 왜 이런 일을 했지?"라고 말하게 됩니다.

진행자 프로그래머들이 그렇게 강박 관념에 사로잡히는 이유는 무엇인가요?

페이지 프로그래머들은 작업 중인 전체 시스템의 상태를 머릿속에 유지하려고 끊임없이 시도합니다. 머릿속에서 이미지를 잃어버리면 해당 상태로 되돌아가는 데 오랜 시간이 걸립니다. 이는 마음속에서 비행기 아홉 대를 운영하면서 모두 정확히 어디로 가는지 알고 있는 항공관제사가 되는 상황과 비슷합니다. 교대 근무 시간이 언제 끝나는지 질문해서 산만하게 만들면 추적 중인 비행기들을 놓칩니다. 바로 머릿속에 들어 있는 모델 말입니다. 프로그래밍에서 크고 복잡한 모델은 일단 최고조에 이르면 아주 효과적입니다. 하지만 여기서 벗어나면 다시 되돌아가기까지 꽤 오랫동안 노력해야 합니다.

진행자 프로그래밍을 할 때 정해진 일과가 있나요?

페이지 저는 개인적으로 아침에 작업 효율이 가장 높습니다. 조용할 때 일찍 일어나서 프로그래밍하기를 즐깁니다. 실제로 저는 집중력이 필요한 작업은 무엇이든 아침에 진행하려고 시도합니다. 저는 되도록이면 제 정신 활동 능력이 필요한 만큼 나오지 않는 오후에 회의 일정을 잡으려고 합니다. 밤에는 말은 잘할 수 있지만 너무 피곤해서 창의적인 문제 풀이를 하지는 못합니다. 저녁 6시 이후부터 그다음 날 아침까지는 프로그래밍을 잘 못합니다.

진행자 프로그래밍할 때 어떤 과정을 거치시나요?

페이지 앉아서 제가 프로그램으로 무엇을 하기를 원하는지 생각합니다. 그런 다음에 머릿속으로 구성 요소를 배치합니다. 저는 먼저 문제가 있다고 생각하는 요소를 자세히 들여다보면서 이해하려는 경향이 있습니다. '이건 어려워 보이고 저것도 어려워 보이는군. 이건 그냥 일반 파일이고 저건 오래된 해시 테이블이군.' 하는 식으로요. 일단 어려운 부분부터 분리해서 다루고 나면, 다시 말해 몇 가지 가설을 증명하기 위한 목적으로 간단한 프로그램을 작성하는 과정을 끝내고 나면, 전체 프로그램에 대해 어느 정도 자신감이 생깁니다. 식은 죽 먹기인 조각도 있고 아주 어려운 조각도 있지만, 저는 이런 조각들을 어떻게 다뤄야 할지 알고 있습니다. 그러면 구현에 앞서 프로그램의 구조를 잡기 시작할 수 있습니다.

저는 제가 하고 싶은 일을 달성할 수 있다고 믿어야 합니다. 그렇지 않으면 정신이 산만해질 수 있습니다. 최종 목표에 도달하는 데 너무 겁을 먹은 나머지, 프로그램의 몇몇 조각만 확대해서 바로 작성하기 시작하는 몇몇 미성숙한 프로그래머를 목격해 왔습니다. 이런 프로그래머들은 상대적으로 중요하지 않은 위치로부터 프로그램에 접근해 들어갑니다.

일단 구조를 스케치하고 나면 차례대로 개별 조각을 대상으로 작업하기 시작해서 개별 조각 사이의 인터페이스를 정의합니다. 저는 뭔가를 설계하고는 있지만 핵심 구성 요소가 만들어질지 아닐지 알 수 없는 모호한 상황을 좋아하지 않습니다. 이런 상황에 처하면 불안해지고 프로젝트를 힘차게 추진하기 위한 자신감이 떨어집니다.

진행자 어떤 부분이 동작하지 않으면 전체를 뒤집어엎고 새로 시작하시나요?

페이지 저는 열심히 작업하는 도중에 어느 누구도 저보다 먼저 해당 조각을 만들지 않았던 이유를 이해하기 시작할 때 신이 납니다. 그 문제를 풀 수 있다면 저는 모든 사람이 불가능하다고 생각한 것을 해낼 수 있게 됩니다. 아드레날린이 분비되고 심장 박동이 빨라집니다. 그저 너무 좋을 뿐입니다. 끈질기게 물고 늘어지고 중간에 그만두지 않죠. 운전할 때에나 수영할 때에나 샤워할 때에도 문제에 대해 생각합니다. 풀릴 때까지 그 문제를 지지고 볶아서 아마 어느 누구도 생각하지 못한 몇 가지 기법을 사용해 푸는 방법을 찾아낼 것입니다. 물론 궁극적으로 문제가 완전히 다루기 힘든 것으로 판명이 나면 아마 포기하겠죠. 하지만 때로는 충분히 오랫동안 열심히 생각한다면 문제를 해결할 방법을 찾을 수도 있습니다. 우아한 해결책이 아니거나 컴퓨터 과학의 모든 규칙을 준수하지 않을지도 모르지만 효과가 있는지 알아볼 것입니다.

    제가 컴퓨터 과학이 진정한 과학이 아니라고 늘 말해 온 이유는 물리적 우주에 대해 실제로 아무것도 발견하지 못하고 있기 때문입니다. 그러나 이는 절반만 진실입니다. 때로는 문제에 대한 해결책이 원래 그곳에 존재해 왔고 제가 들춰낸 것처럼 딱 맞아떨어집니다. 저는 해결책을 조사해서 완벽하다는 사실을 알게 됩니다. 이런 경험은 정말 놀랍습니다.

    PFS:FILE 설계를 예로 들어 보죠. 완전히 다른 네댓 가지 설계안을 고안했던 걸로 기억합니다. 몇 가지는 관계형 접근 방식이었고 몇 가지는 자연어 접근 방식이었습니다. 저는 제가 찾고 있던 기준을 스스로에게 상기시켰습니다. 보고서 작성기, 워드 프로세서, 그래픽 프로그램이라는 프로그램 제품군으로 확장 가능한 프로그램을 설계하기 위한 방법을 찾고 있었습니다. 이 모든 프로그램은 제품군 간에 유사성이 매우 강해야 했고, 동작하는 방식의 차이 때문에 당황하는 일이 없어야 했습니다. 동시에 프로그램은 기능적으로 완벽해야 했습니다. 원하는 작업을 모두 할 수 있어야 하고 게다가 단순하고 쉬워야 했습니다. 저는 아이디어를 종합해 설계를 완성하기 위해 다양한 접근 방식을 시도했습니다. 몇몇 접근 방식은 어떤 부문에서는 상당히 잘 동작했지만, 다른 부문에서는 그렇지 못했습니다. 각 설계가 정도에 따라 충족하는 기준이 서로 달랐습니다. 그러자 갑자기, 우연히 모든 목표를 충족하는 해법을 발견한 것 같았습니다.

    때로는 아주 훌륭한 프로그램을 만들고 나면, 마치 제가 이 프로그램을 (처음으로) 발견한 것 같은 느낌이 듭니다. 저는 작업을 완료하고 프로그램을 살펴보면서, 바로 이렇게 만들어야 했다고 생각합니다. 마치 저에게 통제력이 없었고 해법이 우연히 다가온 것처럼 느껴집니다. 그 방법 말고는 다른 방법은 없었습니다. 이런 느낌은 제가 뭔가를 발견했다는 징표입니다. 그렇습니다. 발견이 좋은 방법이지만 아주 자주 일어나지는 않습니다.

Programmers at Work

7장

dBASE 개발자

웨인 래틀리프

C. Wayne Ratliff

```
PAGE 1   TRIMMERS.C  10/23/85  9:9
/*================================================================*/
/*
    strdcpy - copy string until a specified character is found (or entire
        string is copied)

    returns a pointer to 'chr' in from string (or terminator)
*/
char    *strdcpy(from, to, chr)
char    *from;
char    *to;
char    chr;
{
    char   c;

    while (c = *to = *from) {
        if (c == chr) {
            *to = '\0';
            return (from);
        }
        to++;
        from++;
    }
    return (from);
}
/*================================================================*/
/*
    strtrim - trim off blank characters (and CR, LF) from right side of line
*/
strtrim(line)
char *line;
{
    int    i;
    char   *p;

    i = strlen(line);
    p = line + i - 1;               /* RHE of line */
    while (i--) {
        if (*p == ' ' || *p == '\t' || *p == '\n' || *p == '\r')
            *p = '\0';
        else
            break;
        p--;
    }
    return;
}
```

C로 작성한 래틀리프의 하위 루틴 두 가지이며, dBASE III에서 사용한 것과 동일한 프로그래밍 스타일을 보여 준다.

1969년에서 1982년까지 웨인 래틀리프는 마틴 마리에타 코퍼레이션(Martin Marietta Corporation)의 엔지니어링과 관리 진행 부서에서 일했다. 래틀리프는 1976년 바이킹 우주선이 화성에 착륙했을 때 미국 항공 우주국 바이킹 운항 팀의 일원이었으며, 바이킹 착륙선 지원 소프트웨어를 위한 데이터 관리 시스템인 MFILE을 작성했다.

   1978년 래틀리프는 벌컨 프로그램을 작성하기 시작했고, 1979년에서 1980년 사이에 직접 마케팅에 나섰다. 그러다 1980년 말에 애시턴-테이트(Ashton-Tate)와 마케팅 협약을 맺고 벌컨 제품의 이름을 dBASE II로 바꿨다. 1983년에 애시턴-테이트는 래틀리프로부터 dBASE II의 기술과 저작권을 구매했고, 래틀리프는 애시턴-테이트에 신기술 부사장으로 합류했다. 래틀리프는 dBASE III 설계자이자 수석 프로그래머인 동시에 프로젝트 관리자였다.

   래틀리프는 1946년 오하이오 트렌턴에서 태어났으며, 오하이오와 독일의 여러 도시와 마을에서 자랐다. 래틀리프는 현재 로스앤젤레스에 거주한다.

   나는 dBASE를 만든 래틀리프와 이야기를 나누기 위해 글렌데일에 소재한 애시턴-테이트 연구 센터를 방문했다. 래틀리프는 나를 그의 큰 사무실로 맞아들였고, 우리는 둥근 테이블에 앉아 래틀리프의 업적과 프로그래밍 통찰에 대해 한참 동안 이야기했다. 래틀리프는 독립적이고 편안한 태도를 풍기는 키가 큰 서부 사람이었다. 컴퓨터 업계에서 15년 이상 일했음에도, 래틀리프는 아직도 생생한 열정이 넘친다. 실제 소스 코드 작성에 싫증이 난 많은 프로그래머와 달리, 래틀리프는 프로그램 개발의 모든 단계를 여전히 즐기고 있다.

> 이 책을 번역하는 현재 은퇴했고 보트 항해와 수학 공부를 하며 은퇴 후 삶을 지내는 것으로 알려져 있다.

7장 웨인 래틀리프

진행자 어떤 계기로 프로그래머가 됐나요?

래틀리프 대학생 때 2인승 후방 엔진 방식 자동차를 설계하고 있었습니다. 1960년대에는 자동차가 크고 빨랐습니다. 제가 CDC 6400 컴퓨터를 사용해 자동차 설계를 시작했던 이유는, 단순히 얼마나 큰 엔진을 설계에 맞춰 넣을지 고민하는 대신 진짜 공학적인 관점에서 자동차 설계에 몰두하고 싶었기 때문입니다. 저는 서스펜션을 설계하고 무게 중심을 계산하는 등 여러 작업에 도움이 될 몇 가지 작은 프로그램을 작성했습니다. 얼마 지나지 않아서 작성할 다른 프로그램을 찾기 시작했는데요. 자동차 제작의 즐거움보다 프로그래밍의 즐거움이 더 컸기 때문입니다.

진행자 그래서 자동차 설계에서 프로그래밍으로 눈을 돌리게 됐나요?

래틀리프 컴퓨터를 접하고 저는 자동차 설계로부터 멀어지게 됐습니다. 학위를 마치기 전에 저는 덴버에 있는 마틴 마리에타에 일자리를 구했습니다. 저는 컴퓨터였습니다. 제 직책도 컴퓨터였습니다. 다른 사람들은 컴퓨터를 프로그래밍했지만, 저는 컴퓨터 그 자체가 됐습니다.

진행자 조금 자세하게 설명해 주시면 좋겠습니다.

래틀리프 음, 항공 공학 초창기로 돌아가 보죠. 예를 들어 사람들이 풀어야 할 미분 방정식이 있을 때, 먼로 계산기를 든 한 무리의 사람들이 방정식을 나눠서 계산했습니다. 한 사람이 더하기 그룹을 계산하고, 계산 결과가 담긴 종이를 다음 사람에게 넘겨 곱셈을 계산하는 방식으로 진행됐습니다. 이를 사람 컴퓨터라고 불렀습니다. 그 당시 컴퓨터는 공학 관련 작업을 수행할 때를 제외하고는 관리 보조원에 가까웠습니다. 제가 프로그래밍을 할 수 있어서 회사에서 저를 컴퓨터로 써먹었습니다. 그러던 중 저는 1969년 베트남 전쟁이 한창일 때 징집됐습니다.

진행자 베트남에 가셨나요?

래틀리프 아니요, 마틴 마리에타에서 일한 결과로 저는 미군 민간 획득 기술 프로그램에 따라 복무했고 프로그래밍을 수행했습니다. 2년 동안 LOGEX라는 물류 보급을 시뮬레이션하는 전쟁 게임을 코볼로 프로그래밍하는 작업을 진행했습니다. 대다수 작업은 장비와 보급품 주문과 관련 있었습니다. 대통령 승인이 필요한 핵무기와 같은 특이한 군대 정책을 다루는 것을 제외하고는 엄청나게 큰 회사의 창고를 관리하는 것과 비슷했습니다.

진행자 어떤 경험으로 벌컨 프로그램을 시작하게 했습니까?

래틀리프 제대 후 마틴 마리에타 직원 겸 제트 추진 연구소(Jet Propulsion Laboratory) 외주 계약직으로 일했습니다. 저는 바이킹 프로젝트에 참여했는데 바이킹 착륙선을 위한 데이터 관리 프로그램인 MFILE을 작성했습니다. 그때가 1976년이었는데, 그 무렵 저는 자연어로 설계하고 실험하는 것에 관심을 갖기 시작해서 IMSAI 8080 8비트 컴퓨터 키트를 사서 조립했습니다. 조립에 1년이 걸렸는데 대부분의 시간은 부품을 기다리며 보냈습니다. 저는 2200군데가 넘는 접합부를 납땜해야 했습니다. 물론 비슷한 가격에 조립된 제품을 구매할 수 있었다면 그렇게 했을 것입니다.

일단 조립을 마치자 제 손에 있는 건 컴퓨터뿐이었습니다. 1K 메모리를 제외하고 아무것도 들어 있지 않았습니다. 키보드 같은 장비를 더 구매해야 했습니다. 키트를 구매하느라 이미 1000달러를 썼고, 키보드를 구매하느라 159달러를 추가로 썼습니다. 결국 저는 대략 6000달러를 쓰게 됐습니다. 요즘 6000달러면 하드 디스크가 달려 있어서 사용하기만 하면 되는 IBM PC AT 컴퓨터를 구매할 수 있습니다.

진행자 자연어를 다룬 경험이 dBASE의 기초가 됐나요?

래틀리프 묘하게도 dBASE는 미식축구 경기에서 시작됐습니다. 저는 어느 팀이 몇 점 차이로 이길지 예상하는 미식축구 도박을 했습니다. 저는 미식축구에 대해 그렇게 많이 알지 못했습니다. 저는 경기에는 관심이 없었고 오로지 이기려는 동기만 있었습니다. 저는 수학적인 과정에 충실하면 이길 수 있으리라 생각했습니다.

그렇게 하려면 모든 통계를 살펴봐야 했습니다. 매주 월요일 조간 신문에서 최소 두 페이지를 할애해 주말 경기에 관한 모든 통계 자료를 발표했습니다. 시즌에 돌입하고 대략 4~5주가 지나자 방 전체가 신문으로 완전히 도배가 됐습니다! 이 신문 저 신문 뒤적이며 승자를 어떻게 골라야 할지 애를 쓰고 있었는데, 너무 끔찍한 작업이라 컴퓨터 없이 처리하기 힘들다고 판단했습니다. 뭐 어쩌다 보니 일주일도 안 되어 저는 미식축구에 대해 완전히 잊어버렸습니다. 저는 세상이 자연어 데이터베이스 관리자를 요구한다고 생각했습니다. 분명 컴퓨터가 해법이었고, 그게 바로 제가 IMSAI 8080을 구매한 이유였습니다.

저는 나가서 자연어와 인공 지능 관련 책을 잔뜩 샀습니다. 계속해서 한 곳에서 다른 곳으로 관심이 옮겨 갔고 많은 실험을 수행했습니다. 자연어 측면에서 연구한 만큼 데이터베이스를 연구하지는 않았습니다.

저는 자연어를 작업하기 위한 토대로 데이터베이스 관리자를 사용하기로 결심했습니다. 자연어 자체만 있어 봐야 '그게 어떻다는 건데?' 수준밖에 되지 않습니다. 자연어가 작동하려면 뭔가 다른 것이 필요합니다. 저는 바이킹 프로젝트에서 작성한 데이터 관리 프로그램을 떠올렸고, 8비트 컴퓨터인 IMSAI용으로 똑같은 걸 만들려고 시도했습니다. 그러다 우연히 JPLDIS(JPL Display and Information System)라는 프로그램의 설명을 읽게 됐습니다. 이해하기 쉬웠으며 아주 단순하고 깔끔했습니다. 저는 보자마자 JPLDIS를 마이크로컴퓨터에서 구현하기 쉽겠다고 생각했습니다.

사실 JPLDIS는 현시점에서 몇몇 시분할 시스템에서 동작하는 리트리브(Retrieve)라는 IBM 제품의 복제품이거나 아류작이라고 봅니다. 그렇게 리트리브에서 JPLDIS로 그리고 다시 벌컨이라고 부르는 제 프로그램으로 조금씩 발전했습니다. 저는 데이터베이스 부분에 대해 먼저 신경 쓰고 그다음으로 자연어 처리 접근 부분에 신경 쓸 예정이었지만, 자연어 부분은 미뤄 두었으며 아직도 개발하지 못하고 있습니다.

진행자 dBASE 프로그램의 초기 버전 또는 벌컨의 형태는 어땠나요?

래틀리프 저는 JPLDIS의 개념을 가져다 명세를 줄이고 벌컨을 작성했습니다. JPLDIS는 200개 필드를 처리하지만 저는 16개면 충분하다고 생각했습니다. 마침내 벌컨이 동작하게 만들었고, 시작한 지 1년 조금 더 지나서 벌컨으로 제 세금을 계산했습니다. 그래서 저는 벌컨이 상업적으로 잠재력을 가졌다고 생각했고, 벌컨을 다듬어서 판매 가능한 상태에 이르도록 개선하기 시작했습니다. 1979년 10월 판매를 시작해서 『Byte』 잡지[1]에 첫 벌컨 광고를 실었고, 그 후 4개월에서 5개월 동안 4분의 1페이지 광고를 집행했습니다. 당시 감당할 수 없을 만큼 많은 반응을 이끌었습니다.

진행자 그렇다면 반응은 출시 즉시 긍정적이었다는 말씀이군요. 그 당시 경쟁 제품은 무엇이었나요?

래틀리프 FMS 80 그리고 나중에는 콘도르와 실렉터였습니다. 벌컨을 만들기 위해 코드를 작성한 1년 9개월 동안 제 플로피 디스크 드라이브가 두 번 고장 났습니다. 수리해서 다시 가동하는 데 3개월씩 걸리는 바람에 6개월을 날렸습니다. 저는 지금도 만일 벌컨이 6개월만 더 일찍 나왔으면 아마 제일 처음 나온 제품이 되었을 것으로 생각합니다.

진행자 갑자기 시장을 관통하는 제품을 내신 겁니다. 갑작스러운 성공에 놀라진 않으셨나요?

래틀리프 당시 저는 과도한 스트레스에 시달렸습니다. 모든 일을 직접 했습니다. 주문이 들어오면 주문을 입력하고 송장을 작성하고 프로그램을 포장하고 디스크의 새 복사본을 만들었습니다. 정말 웬만한 일은 다 했습니다. 직접 광고를 냈고 계속해서 프로그램을 만들었습니다. 직장에서 집으로 돌아오면 자정까지 다시 일했고 기진맥진해서 잠들었다가 그다음 날 일어나는 과정을 반복했습니다. 벌컨이 제대로 성공하려면 제가 더욱 열심히 노력해야 하는 시점이었는데요. 몇 달 동안 저는 정말 기력이 다했습니다.

1980년 여름, 저는 벌컨 광고를 중단하고 아무런 일도 하지 않기로 결정했습니다. 벌컨을 이미 구매한 사람들은 계속해서 지원할 것이지만, 신규 구매자를 새로 찾으려 적극적으로 돌아다니지는 않을 계획이었습니다.

진행자 왜 더 큰 회사에 팔거나 직원을 고용하지 않으셨나요?

래틀리프 그럴 생각을 하지 못했습니다. 그 당시에는 큰 회사도 없었습니다. 제가 알기론 모든 사람이 정말 작은 팀을 꾸렸습니다. 워싱턴 대학교 교수와 그 배우자가 마케팅 인수를 고려하고 있었는데, 조지 테이트와 할 라시리에게 전화가 왔습니다. 그들은 방문해서 벌컨 시연을 봤습니다. 시연 과정에서는 항상 뭔가 문제가 발생하지만, 그럼에도 두 사람은 시연을 잘 이해했고 핵심을 알고 있었습니다. 저는 그 모습에 깊이 감명을 받았습니다. 대다수 사람들은 시연을 볼 때 처음 뭔가가 잘못되면 바로 관심이 식습니다. 테이트와 라시리는 이미 디스카운트 소프트웨어(Discount Software)라는 사업을 운영하고 있었습니다. 디스카운트 소프트웨어에는 직원이 한 명 있었는데, 두 사람은 마치 한 무리의 직원이 있는 듯이 말했지만, 정말 직원이 한 명밖에 없었습니다. 또한 그들은 10~20km 정도밖에 떨어지지 않은 곳에 살고 있었습니다. 그들을 선택하는 건 저에게 어쩌면 매우 당연한 일 같았습니다. 두 사람은 독점적인 마케팅 권한을 요구했고 저는 승낙했습니다. 우리는 2~3년 동안 계약을 이어 갔습니다.

진행자 벌컨 프로그램을 작성했을 때 벌컨이 그만큼 성공을 거둘 것이라고 예상하셨나요?

래틀리프 저는 다양한 단계를 거쳤습니다. 직접 마케팅을 해 보기 전까지 저는 『Byte』 독자 중 10%만 벌컨을 구매한다면, 제가 직장을 그만두고 은퇴할 수 있을 것이라는 착각을 했습니다. 이런 생각은 오래가지 못했습니다. 첫 번째 주문이 쇄도하지 않자 저는 기대치를 조정했습니다. 심지어 애시턴-테이트와 계약을 맺고 나서, 저는 그 거래로 총 10만 달러를 받을 수 있길 기대한다고 일기장에 적었습니다. 전체 금액 말입니다. 저는 그 수치가 당시 제 포부가 얼마나 보수적으로 바뀌었는지 보여 주는 지표라고 생각합니다.

진행자 벌컨에서 dBASE로 바꾸어 간 과정을 이야기해 보죠. 벌컨에서 현재 제품으로 바뀌면서 발전된 부분은 무엇인가요?

래틀리프 사용자 인터페이스에 발전이 있었고 성능 면에서도 몇 가지 개선이 있었지만, 가장 큰 변화는 텔레타이프 중심에서 전화면 지향으로 옮겨 간 것입니다. 저는 데이터스타(DataStar)를 보고 나서, 모든 사람이 이차원 화면을 원한다는 사실을 깨달았습니다.

제가 추가한 새로운 명령어는 대부분 사용자 인터페이스와 관련 있는데요. 프로그램에 필요한 모든 발전 사항을 채워 넣지는 못했다고 생각합니다. 제가 이해하기로 오늘날 dBASE는 그다지 사용자 친화적이지 않은 프로그램이라고 인식되고 있는 것 같습니다. 돌이켜 생각해 보니, 만일 다른 사람들의 충고가 아니라 제 마음을 따라갔더라면, dBASE가 오늘날 훨씬 더 완벽에 가까워졌을 것 같습니다.

진행자 하지만 dBASE는 아주 성공적이고 높은 평가를 받는 제품입니다. 혹시 완벽주의자인가요?

래틀리프 저는 더 크게 만들라, 더 빠르게 만들라, 더 작게 만들라, 16비트로 가라, 다중 사용자용으로 만들라, 프랑스어·영어·네덜란드어·독일어 등 다양한 언어를 지원하라 등 여러 조언을 들었습니다. 중구난방이었지만 저는 이 모든 조언을 조금씩 충족시키려 했습니다. 결국 그게 바로 제 실수였다고 생각합니다.

제 본래 의도는 프로그램을 더 강력하고 더 사용자 친화적으로 만드는 것이었습니다. 이런 의도를 계속 따라갔다면 프로그램이 오늘날 훨씬 좋아졌겠지만, 저는 그렇게 해서 성공할 수 있을지 확신이 없었습니다. 아마도 제가 받았던 조언이 옳았을지도 모르겠습니다. 여러 가지 면에서 저로서는 프로그램으로 총매출을 끌어올리는 데 성공적인 방안을 고안해 내기 어려웠습니다.

진행자 dBASE가 성공한 이유가 무엇이라고 생각하시나요?

래틀리프 엄청난 행운이 따랐다고 생각합니다. 그렇지만 dBASE는 또한 적절한 시기에 적절한 장소에 등장한 적절한 프로그램이었습니다. 운이 전부가 아니라

dBASE 설계 철학도 성공에 기여했습니다. dBASE가 언어이자 데이터베이스 관리자라는 사실이 엄청나게 중요한 요인이었던 것입니다.

dBASE가 사람들의 상상력을 사로잡은 이유는 매우 개방적이기 때문입니다. 저는 평생 도구 제작자로서 프로그래밍을 해 왔습니다. 다른 프로그래머들과 저를 비교하면, 불과 10년 전에도 다른 프로그래머들은 특정 요구 사항을 해결하려는 프로그램을 만들려고 노력했지만, 저는 범용적인 프로그램으로 일반화하려고 노력했습니다. 제 프로그램은 다른 프로그램보다 자주 배포되지 못했지만 생명력이 더 길었습니다. 다른 프로그램들은 일단 구체적인 필요성이 사라지고 나면 수명이 다했고, 요구 사항이 변경될 때마다 매번 재작성되어야 했습니다. 저는 언제나 문제 하나가 아닌 전체 문제군을 해결할 수 있는 방식으로 프로그램을 작성했습니다.

dBASE는 베이식, C, 포트란, 코볼과 같은 프로그램과 달리 엄청나게 귀찮은 작업들을 미리 처리해 두었습니다. 사용자가 아니라 dBASE가 데이터를 조작하므로 사용자는 파일을 열고 읽고 닫고 공간 할당을 관리하는 데 시간을 보내는 대신 다른 일에 집중할 수 있습니다.

진행자 그렇다면 완전히 초기에 dBASE를 설계할 때부터 사용자를 염두에 두고 있었나요?

래틀리프 네, 물론입니다. 사람들은 저에게 "이런 방식으로 해야 하나요, 아니면 저런 방식으로 해야 하나요?" 같은 질문을 던지곤 했습니다. 저는 되짚어 보며 '사용자가 원하는 바가 무엇일까? 이 기능을 어떻게 사용할까? 사용자에게 어떤 이득이 있을까?'를 직관적으로 생각했습니다. 많은 프로그래머는 어떤 기능을 어떻게 프로그래밍할 수 있을지만 고민합니다. 그들은 제품을 어떻게 판매하고 마케팅할지 미리 고려하지 않습니다. 아주 훌륭한 프로그래머들이지만 실제 시장을 생각하지는 않습니다.

진행자 그런 점에서 프로그래머들에게 기술 중심에서 벗어나 사용자와 시장을 더 많이 고려해야 한다고 조언하실 건가요?

래틀리프 그렇습니다. 해커라는 말이 좋은 뜻으로 들리시나요, 아니면 나쁜 뜻으로 들리시나요? 좋은 뜻으로 들린다면 프로그래머들은 해커라고 할 수 있습니다. 좋은 사람들이지만 사용자를 생각하기보다는 자신의 일만 생각하는데 여기서 조금 더 나아가야만 합니다. 이게 바로 dBASE가 출발했던 방식입니다. 저는 제가 dBASE를 어떻게 사용하고 싶은지 생각하고 있었습니다.

진행자 업계에 들어오신 이후 업계 전반에 걸쳐 커다란 변화가 일어나고 있습니다. 자신의 프로그래밍 기법이 시간에 따라 어떻게 바뀌었다고 생각하시나요?

래틀리프 프로그래밍 기법의 변화는 제가 배운 데서 비롯된 것이 아니라 컴퓨터 자체의 변화에서 비롯됐습니다. 제가 컴퓨터로 작업을 처음 시작했을 때에는 항상 프로그램을 천공 카드에 기입해서 배치로 돌렸습니다. 저는 카드 묶음을 컴퓨터 조작원에게 가져가서 그에게 부탁해 제 작업을 제출하고 자리로 돌아와서는 제 작업이 실행되어 결과가 출력됐는지 30분마다 창문 너머로 확인했습니다. 보통 저는 전체 프로그램을 종이에 작성해서 여기저기 지우고 편집한 다음에 카드 묶음을 펀칭하도록 키펀치 조작원에게 제출했습니다. 이는 한 번에 제대로 만드는 빅뱅 방식이었습니다. 전체 프로그램을 작성한 다음에 종이에 예쁘게 옮겨 놓는 방법입니다. 컴퓨터에서 프로그램을 실행하면 바로 동작하게 됩니다. 점진적인 개선은 없었습니다.

오늘날에는 CRT 화면을 보며 프로그램을 직접 입력할 수 있습니다. 개인용 컴퓨터를 사용해서 거의 즉시 결과를 얻을 수 있지만, 큰 컴퓨터처럼 강력하지는 않으므로 컴파일과 실행에 오랜 시간이 걸립니다. 그래서 저는 한 번에 몇 행만 작성해서 실행해 보고 작동하게 만든 후, 이어서 몇 행을 더 작성하는 편입니다. 저는 실제로 중요한 변경을 가할 때에는 한꺼번에 모든 내용을 다 수정하는 대신, 여러 차례 반복하면서 꼭 필요한 부분만 구현하는 최소 수정 원칙을 지키려고 노력합니다. 예전에 빅뱅 방식을 따랐다면 이제 프로그래밍은 조금씩 진화하는 형태를 따릅니다.

진행자 일반적으로 최종 제품이 초기 계획과 많이 달라지는 편인가요?

래틀리프 어떤 점에서는 그렇습니다. 저는 프로그램 개발 중에 항상 아이디어와 제안을 받습니다. 제가 프로젝트를 기획하면 초기에 계획했던 내용에 여러 가지 추가적인 아이디어를 합친 상태로 진행됩니다. 아니면 작업을 시작할 때 저는 개선의 기회를 살핍니다. 저는 어떤 형태로든 개선의 기회를 항상 엿봅니다.

진행자 오늘날에도 여전히 프로그래밍을 하시나요?

래틀리프 제가 원하는 만큼은 하시 못합니다. 사업에 너무 깊이 관여하고 있습니다.

진행자 그렇군요. 성공적인 프로그램을 작성한 많은 프로그래머가 원래 궤도에서 이탈해 경영으로 옮기는 것 같더라고요.

래틀리프 물론 저에게도 그런 상황이 많이 벌어지긴 했지만 저는 경영에 대한 관여를 조금씩 줄이기 시작했고 심지어 아예 관여하지 않게 될 것입니다. 이렇게 되기를 바라는 이유는 관리 업무에 시간을 엄청나게 빼앗기기 때문입니다. 사무실에서는 프로그래밍을 거의 할 수 없습니다. 그 대신 사람들과 전화로 대화하거나 대면으로 회의합니다. 저는 사실상 모든 프로그래밍을 집에서 합니다.

진행자 가정 생활, 사업 그리고 밤늦게 이루어지는 고강도 프로그래밍 사이의 균형을 어떻게 맞추시나요?

래틀리프 저는 보통 아내 캐럴린이 허락할 때 프로그래밍을 합니다. 결혼 전, 정확히 말하면 이혼하고 나서 재혼하기 전 기간에 저는 자정까지 일했습니다. 밤에 일하는 것을 좋아하는 이유는 방해물이 없기 때문입니다. 전화도 울리지 않고 우편배달부나 정원사도 오지 않습니다. 밤은 조용하기 때문에 집중하기 좋은 시간입니다.

진행자 목적 달성에 생산적이라고 생각하는 특별한 작업 방식이 있나요?

래틀리프 저는 혼자 또는 매우 작은 그룹으로 일합니다. 일단 그룹이 여섯 명을 넘어서면 완전히 통제 불능입니다. 명사 인명록에 올랐고 특허를 여럿 보유하고 있고 컴퓨터 업계에서 연배가 있는 테드 글래서는 언젠가 자신이 관리할 수 있는 가장 큰 팀은 폭스바겐을 타고 가서 피자를 먹을 수 있는 규모라고 사람들에게 말했습니다. 나중에 그는 일반적인 미국 자동차 크기라고 표현을 바꿨습니다. 저는 글래서의 의견에 전적으로 동의합니다.

여러 프로젝트를 진행해야 하는 경우, 저는 일반적으로 다른 모든 프로젝트를 배제하고 한 가지만 합니다. 전환해야 할 때에는 다른 프로젝트로 100% 전환합니다. 저는 뭔가를 접어 두어야 하면 옆에 밀어 두고 몇 달 동안 손대지 않다가 다시 시작합니다. 이게 제가 여러 일을 처리하는 유일한 방식입니다. 일단 프로젝트를 시작하고 나면 저는 제대로 마무리하고 싶어 합니다. 최종적이고 완전한 상태로 끝내지 못할 수도 있지만, 최소한 받아들일 수준의 상태에 이르게 만듭니다. 제가 한쪽으로 일을 접어 두는 경우는 합당한 이유가 있어야만 합니다. 죄책감 같은 더 큰 이유 말입니다. 죄책감은 주효합니다. 제가 남과 한 약속을 어기고 있다고 느낀다면, 제가 정말 좋아하는 일이더라도 접어 둘 것입니다.

저는 뭔가 계획을 수립하기 좋아하는 프로그래머이지만 모든 일을 세세하게 계획하지는 않습니다. 목표가 무엇인지에 대한 생각은 있지만 저에게는 목표에 접근하기 위해 다음 단계를 찾는 일이 정말 중요합니다. 한 걸음 더 나아갈 수 있는 최소한의 일을 하려고 노력합니다. 목표 내에서, 단계 내에서, 저는 최소 부분 집합을 취합니다. 저는 작업할 때 가장 어려운 부분이나 가장 쉬운 부분을 먼저 하지 않습니다. 작업 순서는 수학적으로 정의되지 않습니다. 작업 순서는 감정적이며 직관적으로 정의됩니다.

진행자 그렇다면 스스로를 꼼꼼하지 않다고 생각하시나요?

래틀리프 아니요, 저는 세부 사항을 챙기지만 그걸 해야 하기 때문에 하는 것이지, 꼼꼼하게 챙기는 것을 좋아하진 않습니다. 그러니까 나노초 단위로 다듬어서 시간을 줄이는 일은 제가 느끼기에 전혀 중요하지 않습니다. 지금 만들고 있는 프로그램이 목표 속도의 절반으로 동작한다면, 1년 뒤 새로 나올 컴퓨터에서는 정상 속도로 동작할 겁니다.

진행자 프로그래밍이 자신을 만족시키는 이유는 무엇인가요?

래틀리프 음, 제가 직접 만든 스포츠카가 만족스러운 프로젝트였던 이유는 제가 뭔가 만들어 현실화할 수 있었기 때문입니다. 이 프로젝트에서 최악의 문제는 존재하지 않은 부품이 필요했을 때 발생했습니다. 컴퓨터로 작업한다면 한밤중에 무언가 필요할 때 그게 무엇이든 만들어 낼 수 있습니다. 이때 일어날 수 있는 최악의 상황이라고 해 봐야 만드는 데 시간이 오래 걸린다는 것뿐입니다.

물론 제가 프로그래밍을 좋아하는 이유는 그뿐만이 아닙니다. 저는 첨단 기술을 좋아하고 직접 작업해서 화면에 나타내는 것을 좋아합니다. 프로그램을 제대로 작성한다면 상당히 우아하며, 아름다움이 노래처럼 울려 퍼지며, 멋지게 만들어집니다. 저는 잘 만들어진 자동차, 잘 만들어진 교량, 잘 만들어진 건물과 마찬가지로 공학적인 관점에서 프로그래밍을 즐깁니다. 우수한 공학 작품은 모든 것이 균형 잡히고 잘 조율된 듯이 보입니다.

진행자 균형과 우아함에 대한 느낌을 조금 더 자세히 이야기해 주세요.

래틀리프 균형은 여러 형태를 취합니다. 코드는 명확하고 간결해야만 합니다. 모든 모듈은 한 문장으로 설명할 수 있어야 하며, 함수는 가능하면 알파벳순으로 정리되어야 합니다. 들여쓰기를 시각적으로 볼 때 어느 지점에서도 페이지 가장자리를 넘어서면 안 됩니다. 커다란 'if' 하나와 작은 'else' 하나로 구성되어서는 안 됩니다. 모든 것은 어디서나 균형이 잡혀야 합니다. 여기서 핵심은 균형입니다.

진행자 코드를 작성할 때 처음부터 균형이 잡혀 나오나요, 아니면 많은 변경이 필요한가요?

래틀리프 저는 자주 변경합니다. 저는 코드 작성을 소조 제작에 비유하는 것을 좋아합니다. 소조에서는 진흙 덩어리로 시작해서 문지르고, 더 많은 진흙을 덧붙이고, 다시 문지릅니다. 그리고 때때로 다리가 이상해 보이면 떼어 내고 새로 붙입니다. 다양한 상호 작용이 있습니다.

이상적인 모듈 길이는 한 페이지 정도가 적당합니다. 한 페이지를 넘어서면 다음과 같은 사안을 판단해야 합니다. 지금 여기서 어떤 작업을 하고 있는지, 얼마나 많은 요소가 분리 가능한지, 그 요소들을 독립된 모듈로 분해해야 하는지 등을 말입니다. 우아함과 균형은 프로그램 계층 구조에서 특정 수준에 있는 모든 모듈이 비중, 크기, 담당 작업, 기능이 동일해야 한다는 의미입니다.

진행자 **균형은 프로그램에 어떤 도움을 주나요?**

래틀리프 프로그램 유지 보수가 가능해집니다. 제대로 균형을 잡으면 마치 어떤 물리학 기본 원리를 발견해 이를 구현한 느낌이 듭니다. 확실히 균형을 잃으면 뭔가 잘못됐다는 생각이 듭니다. 아마도 균형을 잃어버리게 만드는 몇 가지 내재적인 결함이 존재할 것입니다. 일반적으로 어떤 모듈이 너무 크면 뭔가 잘못됐다는 생각이 들고, 지금 제가 무엇을 하고 있는지 생각해 본 다음, 프로그래밍 구성 요소를 환경에 맞추거나 재조정합니다.

진행자 **특별히 자신의 프로그래밍 스타일에 영향을 준 사람이 있나요?**

래틀리프 저는 글렌포드 J. 마이어스가 집필한 《Software Reliability》라는 책에 깊이 감명받았습니다. 다른 책들 또한 단편적이지만 저에게 영향을 미쳤습니다. 알파벳순으로 사물을 나열하는 기법은 프로그래밍 스타일 책에서 배웠습니다. 이렇게 하면 일이 단순해지며 프로그램은 보기 좋아지고 한층 우아해집니다. 절대적인 단순함인데 왜 스스로 이런 기법을 발견하지 못했는지 모르겠습니다.

마틴 마리에타에서 근무할 때 상사였던 필 카니도 저에게 영향을 주었습니다. 그 당시 저는 포트란 프로그램을 작성하곤 했는데, 새로운 문장 번호가 필요할 때마다 다음 번호를 이어서 골랐습니다. 이런 번호가 프로그램이 진행되는 순서라고 생각하지 않았기에 마음대로 번호를 선택했습니다. 제가 이렇게 하는 모습을 지켜보던 카니는 짜증을 내면서 "순서대로 번호를 매기는데 100에서 시작해서 매번 10씩 증가하게 만들어요."라고 말했습니다. 저는 그게 타당하다고 생각했습니다. 작은 조언이지만 정말로 도움이 됐습니다.

진행자 프로그래밍에 싫증이 난 적도 있나요?

래틀리프 동일 작업을 반복해서 수행하고 있을 때 지루함을 느낍니다. 제트 추진 연구소에서 동일한 반복문을 계속해서 작성하다가 이런 느낌이 어렴풋하게 들었던 것 같습니다. 작성할 때마다 모든 것이 조금씩 달라지긴 했지만, 반복문은 기본적으로 동일했습니다. 그러던 어느 날 《Structured Programming》 책을 대충 훑어보다가 우연히 구조적 프로그래밍 설계를 위한 흐름도를 발견하고는 이게 바로 제가 원하던 내용이라고 생각했습니다. 실제로 그랬습니다.

진행자 프로그램에 주석을 많이 다시나요?

래틀리프 사실 그렇지 않습니다. 저는 주석을 많이 달지 않는다고 회사에서 비판을 받아 왔습니다. 주석에는 두 가지 유형이 있다고 생각합니다. 하나는 명백한 사실을 설명하는 주석인데 쓸모없는 주석보다 더 나쁩니다. 다른 하나는 정말로 얽히고설킨 코드를 설명하는 주석입니다. 음, 저는 꼬인 코드를 피하려 항상 노력해 왔습니다. 심지어 다섯 줄이 더 추가될지라도 정말로 튼튼하고 깔끔하고 깨끗한 코드를 프로그래밍하기 위해 노력했습니다. 저는 주석이 더 많이 필요할수록 더 안 좋은 프로그램이고, 프로그램에 무언가 문제가 있다는 데 동의합니다. 좋은 프로그램에는 주석이 많을 필요가 없습니다. 프로그램이 스스로를 설명해야 합니다.

   모듈은 상대적으로 작아야 합니다. 모듈이 코드 한 페이지를 넘어가기 시작하면 뭔가 잘못된 것입니다. 각 모듈에는 상단에 한 문장으로 모듈이 하는 일을 설명하는 한 줄짜리 주석만 들어가면 됩니다. 한 문장으로 설명하지 못해도 뭔가 잘못된 것입니다.

진행자 뛰어난 프로그래머를 구별하는 자질은 무엇인가요?

래틀리프 프로그래밍은 스펙트럼이 넓습니다. 한쪽 끝에는 사용자를 위해 100% 시간을 할애하는 프로그래머가 있고, 다른 쪽 끝에는 수학적인 문제만 해결할 뿐 사용자는 거의 신경 쓰지 않는 프로그래머가 있습니다. 흥미롭게도 게임 개발자들이 가장 사용자 친화적입니다. 사용자 인터페이스를 개발하는 프로그래머들에게는 아마도 게임 수학이 눈엣가시인 반면, 더 나은 제곱근 알고리즘을 작성하고자 하는 다른 쪽 프로그래머에게는 인터페이스 요소가 화면 상단에 위치해야 할지 아니면 하단에 위치해야 할지 결정하는 작업이 성가신 작업입니다. 저는 3/4(또는 75%) 정도 게임 개발자, 사용자 인터페이스 작성자 성향에 속합니다.

스펙트럼 내에서 비교할 수는 없지만 동일 스펙트럼 내에서 위아래로는 비교할 수 있습니다. 미국의 공상 과학 소설 작가 시어도어 스터전은 모든 것의 90%가 쓰레기라고 말했습니다. 아주 잘못된 말은 아닙니다. 조금 비관적일지도 모르겠습니다. 아마도 60, 70, 80% 정도면 적당할 것 같습니다. 특정할 수 있는 집단이라면 어떤 집단이든 3%의 사람들이 전체 작업의 10%를 수행하며, 50%의 사람들은 작업의 30%만 수행한다는 아주 확실한 증거가 있습니다. 미식축구 쿼터백, 프로그래머, 신문 기자, 모두에게 해당됩니다. 50%에 속하는 사람들과 비교해 대략 여섯 배 더 많은 작업을 수행하는 3%의 사람들이 항상 있습니다.[2] 따라서 좋은 프로그래머와 나쁜 프로그래머가 있는 것입니다. 어떤 분야든 좋은 직원과 나쁜 직원이 있는 것처럼 말입니다.

진행자 프로그램 개발은 고통스러운 과정인가요, 아니면 즐거운 과정인가요?

래틀리프 고통과 즐거움 둘 다 조금씩 있습니다. 프로그래밍은 군대와 다소 비슷합니다. 군대에 있을 때 저는 군대를 정말 싫어했습니다. 매 순간이 두려웠고 제대할 날만 고대했습니다. 그러나 막 제대하고 나니까 그런 경험을 했다는 사실이 멋지게 느껴졌습니다. 프로그래밍을 하고 있을 때에는 작은 문제들을 이해하는 과정을 즐기고, 프로그래밍을 완료했을 때에는 값진 경험을 했다는 데

뿌듯하지만, 여전히 시간당 더 많은 결과를 내고 싶습니다. 따라서 약간의 고통도 늘 있습니다.

프로그래밍에서 제가 가장 좋아하는 순간은 무언가 거의 완성했을 때입니다. 처음으로 시도할 때 크게 실패하고 백 번 시도할 때까지 계속 실패하고 나서야 꽤 괜찮은 결과가 나옵니다. 이 순간에 최고의 경험치를 얻는 이유는 제가 무언가 해냈다는 사실을 깨닫기 때문입니다. 이제 남은 버그를 제거하기 위해 약간 더 힘든 작업만 진행하면 됩니다.

진행자 프로그래머의 작업에는 개성이 있어서 당신의 코드를 보고 누군가 "웨인 래틀리프의 코드네."라고 말할 수 있을까요?

래틀리프 아마도 그럴 겁니다. 슈퍼캘크를 작성했고 dBASE 초기 단계의 소스 코드를 사용했던 게리 밸러슨은 몇 가지 스타일 특징을 가지고 누가 어떤 코드를 작성했는지 구분할 수 있다고 주장했습니다. 블록을 끝내는 방식 등 제가 코드를 작성하는 몇 가지 스타일이 여기 다른 사람들과 상충한다는 사실을 알고 있습니다. 그리고 저는 제 방식이 단연 최고라고 확신합니다.

예를 들어 저는 처음으로 C 코드를 봤을 때, 코드 목록에서 너무 왼쪽에 붙어 있는 중괄호({})를 싫어했습니다. 이런 방식은 헷갈립니다. 하지만 들여쓰기한 코드와 동일 수준에 이런 중괄호를 배치하는 기법을 언급한 디지털 리서치 내부 문서를 우연히 발견했습니다. 그러니까 이런 기법은 작은 변화이지만 큰 차이를 일으키는 또 다른 예입니다. 그리고 저는 모두에게 이렇게 하는 기법이 올바르다고 확신시키기 위해 노력해 왔습니다. 심지어 C 포매팅 프로그램 하나를 수정해서 중괄호 배치를 자동으로 수행하게 만들기도 했습니다. 제가 다른 사람의 코드를 가져와서 이 포매팅 프로그램을 돌리면 제 방식대로 들여쓰기가 맞춰지죠.

진행자 인공 지능 분야를 연구해 본 적이 있나요?

래틀리프 저는 이 사업을 시작할 무렵에 인공 지능에 정말 깊이 관여했습니다. 몇 년 전에 제가 인공 지능으로 전향한 이유는 인공 지능이 미래라고 생각했기 때문입니다. 하지만 지금은 인공 지능으로부터 멀어졌습니다.

인공 지능이 미래인 것은 맞지만 당장 일어나지는 않습니다. 무엇보다 자연어라는 문제가 있습니다. 만일 자연어 시스템이 있다면 당신은 그것을 사서 집으로 가져온 다음 컴퓨터에 넣을 것입니다. 그리고 나서 당신이 사용하는 특정 단어가 의미하는 바가 무엇인지 시스템을 가르치기 위해 한 주 아니면 몇 달간의 과정을 거쳐야만 합니다. 단어가 같아도 문맥이 다르면 의미도 달라집니다. 심지어 '이익(profit)'과 같은 간단해 보이는 단어의 경우에도 의미가 다양할 수 있습니다. '이익'이라는 단어는 자신이 속한 비즈니스나 읽는 책 등에 따라 아주 명시적으로 정의될 필요가 있습니다. 따라서 컴퓨터를 학습시키는 데 필요한 이런 긴 과정은 인공 지능을 죽일 것입니다. 적어도 턴키 제품에 한해서는요.

하지만 다른 한편으로 아주 흥미로운 분야가 전문가 시스템입니다. 제 예측에 따르면 다음 2년이나 3년 내에 전문가 시스템은 인공 지능과 더 이상 관련이 없어질 것입니다. 인공 지능의 역사는 이런 식으로 흘러왔습니다. 뭔가 사람들에게 잘 알려지기 시작하면 원래 개념에서 분리됩니다. 패턴 인식은 인공 지능으로 간주됐지만 이제는 독립된 분야입니다. 전문가 시스템 역시 당면한 운명 앞에 위치해 있습니다. 저는 전문가 시스템이 분야별 애플리케이션과 비슷하게 우리 업계에서 아주 중요한 위치를 차지할 것이라고 생각합니다.

진행자 우리가 프로그램이라고 부르는 개념과 그걸 다루는 방식에 막대한 변화가 있을 것이라고 생각하시나요? 새로 등장할 언어가 너무나도 단순하고 사용자 친화적이어서 모든 사람이 프로그래밍을 할 수 있게 될까요?

래틀리프 약간의 진화가 있을 것입니다. 일부 난해한 기능은 천천히 사라질 것입니다. dBASE 같은 언어에도 정말 고약한 기능이 존재하지만 시간이 지나면서 점진적인 진화 과정을 거치면 그런 기능들은 사라질 것입니다. 그리고 우리는 성공을 늘 기원하며 스프레드시트가 처음으로 등장했을 때처럼 뭔가 돌파구가 생기기를 바랄 수 있습니다. 저는 훌륭한 기술이 미래에 다시 한번 등장하기를 바라지만 전혀 예측할 수 없습니다.

저는 파서를 만들어 주는 yacc라는 유닉스 프로그램에 푹 빠졌습니다. 컴퓨터 과학 분야에서 널리 보급된 배커스-나우르 형식으로 언어 명세를 만들어 yacc에 제공하면, yacc는 명세에 맞춰 언어를 파싱할 수 있는 C 모듈을 빠르게 만들어 냅니다. 저는 고수준 프로그램을 위해 이런 작업을 할 수 있으면 좋겠습니다. 이상적으로는 명세처럼 프로그램을 작성하고 컴파일하면 프로그램이 완성될 것입니다. 아마도 한 달 안에 dBASE와 같은 규모의 소프트웨어를 작성할 수 있을지도 모릅니다.

진행자 프로그래밍에서 은퇴하는 것을 생각해 본 적이 있나요?

래틀리프 아니요, 저는 앞으로 몇 년 동안 변함없이 프로그래밍을 하리라 기대합니다. 제 배우자는 모든 컴퓨터를 없애 버리고 말을 기르면서 여가를 보내는 꿈을 꾸곤 하지만, 저는 "잠시만요. 그건 내가 원하는 게 아니에요."라고 말합니다. 저는 스트레스를 없애고는 싶지만 프로그래밍까지 없애고 싶지는 않습니다.

진행자 dBASE처럼 강도 높은 프로젝트가 완료될 때 맥이 빠지는 느낌을 받으시나요?

래틀리프 바로 그럴 때 새로운 프로젝트를 몇 가지 생각해야 합니다. 프로그램으로 무엇을 할 수 있는지 아이디어를 생각해 낼 수 있으니, 초기 시점에는 프로그램도 상당히 재미있습니다. 아이디어는 매우 빠르게 성장합니다. 일단 시동이 걸리고 나면 여기에 다른 기능을 계속해서 붙여 나갑니다. 이런 행복감이 사라지고 코딩을 시작해야 할 때면 힘들어집니다.

저는 소프트웨어 업계에 있는 모든 사람이 설계자라고 생각하곤 했습니다. 조지 테이트의 집에 가서 피자에 맥주를 마시곤 했는데 테이트, 라시리와 맥주 파티를 하기 전 30분 정도 미팅을 여러 차례 했습니다. 대략 30분 만에 저는 1년 치 일을 계획할 수 있었습니다. 모든 사람은 설계 작업을 하고 싶어 합니다. 구현, 1년 동안 할 일, 나머지 모든 일은 다른 누군가에게 맡기고요.

진행자 하지만 남에게 작업을 전혀 맡기지 않으시죠. 프로그램을 설계하면서 작성까지 하시고요.

래틀리프 그렇습니다. 하지만 상당수 설계는 진행 중인 과정이지, 번개처럼 떠오른 통찰은 아니며 설계가 끝나자마자 구현이 바로 이어집니다. 소프트웨어를 만드는 최선의 방법을 찾는 것이 회사가 고심하는 문제 중 하나입니다.

어떤 이유에서든 간에 회사는 개인이나 적어도 소수의 개인들을 신뢰할 수 있다고 생각하지 않습니다. 현재 프로세스를 보면 마케팅 부서에서 프로그램이 어떤 기능을 수행할지 기획하고 나서 자신들이 생각하는 바를 개발 부서에 전달합니다. 그러면 개발 부서는 여러 달을 투입해서 자신들이 전해 들었다고 생각하는 내용을 세부 명세로 작성합니다. 그런 다음에 사내 관계자들은 이렇게 만들어진 세부 명세를 검토하고 정확히 프로그램이 해야 할 일을 협의합니다. 그제서야 힘든 작업이 끝납니다. 그때부터는 코딩만 하면 됩니다.

이런 전반적인 과정은 교량을 건설하는 일에는 적합한데, 교량이 어떤 기능을 해야 하는지 정확히 알 수 있기 때문입니다. 교량은 강의 한쪽 끝에서 반대쪽 끝으로 건너도록 하는 기능을 수행하며, 실어 나를 수 있는 정확한 하중은 물론 다른 모든 세부 사항을 미리 명세할 수 있습니다. 사실 교량에 대해서는 모든 사항을 종이 한 장에 명세할 수 있다고 짐작합니다. 저는 컴퓨터 프로그램 역시 이런 식으로 명세가 가능해야 한다고 생각합니다. 바로 종이 한 장에 말입니다.

현재 업무 프로세스가 잘 동작하지 않는다거나 아주 고통스러워서 가치가 없다는 이야기가 회사 내에서 많이 들립니다. 아이디어가 있는 누군가를 찾아 자금을 슬쩍 지원해 주고는 오랫동안 방해받지 않고 개발할 수 있게 하고 작업을 완료한 후 프로그램을 다른 사람들이 사용해 보고 개선 의견을 제시하도록 하는 편이 더 좋습니다.

또한 실제 사용자의 요구를 해결하는지 확인하려면 사용자 관점에서 프로그램을 테스트해야 합니다. 여기가 바로 회사가 길을 잃고 헤매는 지점입니다. 회사는 사용자들을 무시하고 있습니다. 회사는 마케팅에 휘말려 왔고 그들이 정말로 싸우고 있는 상대는 다른 회사의 마케팅 팀입니다. 모든 광고는 마케팅 팀에서 만들지, 자신이 원하는 기능을 요구하는 사용자가 만드는 것이 아닙니다. 다른 회사의 마케팅 팀에 대항해서 기술을 겨루려고 노력하느라 모두 제품 사양만 놓고 싸우게 됩니다. 저는 이런 마케팅 방식이 잘못됐다고 생각합니다. 고객들이 광고에서 멋진 내용을 볼지도 모르지만 그래서 뭐 어떻다는 것인가요? 물론 지나고 나서 보니 첫 번째 광고는 제가 생각하기에 엄청나게 훌륭했지만 dBASE 판매 신장은 광고 덕분이 아닙니다.

진행자 첫 번째 광고 캠페인은 무엇이었나요?

래틀리프 할 파울룩이 만든 첫 번째 광고[3]는 dBASE와 배수 펌프를 비교하는 내용이었습니다. 당시에는 일종의 선동적인 광고였습니다.

진행자 이유가 무엇이었나요?

래틀리프 광고 첫 줄이 '우리 모두는 배수 펌프가 엉망진창임을 압니다.'라고 시작합니다. 어떤 배수 펌프 제조 회사에서 조지 테이트에게 편지를 써서, 자신들은 배수 펌프를 경멸적인 의미로 사용하는 광고가 마음에 들지 않는다고 말했습니다. 조지 테이트가 "알겠습니다. 광고 하단에 '어떤 배수 펌프는 엉망진창이 아닙니다.'라는 작은 주석을 추가하겠습니다."라고 말했습니다. 어떤 까닭인지 이 회사 사람들은 수정된 광고도 좋아하지 않았습니다.

진행자 꽤 멋진 광고였네요. 그 당시에는 사업 분위기가 그렇게 경직되어 있지 않았던 것 같습니다. 예전이 그립나요?

래틀리프 예, 그렇습니다. 사실 저는 지금 회사와 잘 지내고 있지 못합니다. 우리 사이에는 많은 문제가 있습니다. 저는 기업가이며 그렇기 때문에 무에서 시작해서 뭔가를 만드는 것을 좋아합니다. 어떤 사람들은 작은 뭔가를 가져와 성장 단계를 거치도록 해서 크게 확장하는 방식을 좋아하고, 어떤 사람들은 큰 뭔가를 가져와서 더 큰 규모로 키워 내어 성숙 단계에 이르게 만드는 방식을 좋아합니다. 사업에는 세 단계가 있습니다. 저는 서로 인접한 두 단계(즉, 1단계와 2단계, 2단계와 3단계)가 양립할 수 있다고 생각하지만 현재 저는 한 단계를 건너뛰어 1단계를 3단계와 양립하게 만들려고 시도하는 것 같습니다. 이런 시도는 상당한 마찰을 일으킵니다.

진행자 좋은 분석입니다. 산업계에서도 이런 현상이 벌어지고 있는 듯합니다. 큰 규모에 도달하는 과정에서 회사들이 급속히 성장하고 있으며, 이제 사람들은 문제에 직면해야 하지만 그저 좌절하고 있을 뿐입니다.

래틀리프 하지만 소프트웨어는 변하지 않았습니다. 변한 것은 바로 회사입니다. 회사들의 태도가 나쁘다는 증거가 있습니다. 회사를 운영하려면 확실히 사업가가 필요하지만, 요즘 업계에 들어오는 사람들은 소프트웨어의 본질에 대해 그다지 진지하게 생각하지 않습니다. 이들은 사업을 위한 사업을 하지, 소프트웨어를 위한 사업을 하지 않습니다.

진행자 앞서 말씀하신 맥락에서 소프트웨어란 무엇인가요?

래틀리프 이상적으로 소프트웨어란 결국 컴퓨터가 사람을 돕는 유익한 일을 하는 수단입니다. 하지만 저는 그렇게 이타적이지 않으며 이게 목표는 아닙니다. 제 목표는 훌륭한 소프트웨어, 도전적인 프로그램을 작성하는 것입니다. 사회적 요구를 해결하는 게 제 임무는 아니지만, 이는 소프트웨어의 또 다른 멋진 결과물이 될 수 있습니다.

진행자 컴퓨터 프로그래밍을 예술, 과학, 기량, 숙련으로 생각하시나요?

래틀리프 어떤 면에서는 과학이고 어떤 면에서는 예술입니다. 더 인간적일수록 예술에 더 가깝습니다. 게임 개발자는 대부분 화면에서 예술 형태로 작업하는데, 첨단 기술을 활용해 예술을 구체화해 사용자에게 전달합니다. 조형사가 되기 위해 실제로 점토의 화학적인 성분을 이해해야 한다면, 게임 개발자도 그와 거의 같은 처지에 있는 셈입니다. 점토 조각은 몇 분 안에 충분히 배울 수 있을지도 모르지만, 컴퓨터에 익숙해지려면 시간이 걸리며 시간보다 컴퓨터에 대한 열의가 더 필요할지도 모릅니다.

진행자 dBASE 다음 단계는 무엇인가요?

래틀리프 기회의 영역은 바뀌고 있습니다. 데이터베이스, 워드 프로세서, 스프레드시트라는 고전적인 세 가지 생산성 도구를 생각하면 신규 진입자를 위한 여지가 많지 않은데 도전자가 늘 있습니다. 볼랜드 패러독스(Paradox)를 보십시오. 선도 데이터베이스가 되거나 적어도 시장 점유율을 높이기 위해 노력하고 있습니다. 로터스 1-2-3를 무너뜨리기 위해 만들어졌다는 재블린(Javelin)도 있습니다. 지금 당장 누가 망하게 될지는 확실하지 않습니다. 어떤 워드 프로세서도 시장을 지배하지는 않지만, 몇몇 제품은 시장 점유율이 높습니다. 마이크로소프트 워드, 멀티메이트, 워드스타, 워드퍼펙트, 삼나 그리고 500개나 되는 제품들 사이에서 새로운 워드 프로세서가 성공할 기회는 많지 않습니다.

앞서 소개한 고전적인 영역을 제외하면 기회는 많습니다. 질문과 대답을 주고받을 셸 형태의 인터페이스뿐 아니라 상당히 다양한 종류의 문제를 다루는 지식 기반까지 포함해서 생각하면, 저는 성공적인 마케팅 전문가 시스템 분야에 기회가 많다고 생각합니다. 이런 유형의 전문가 시스템으로 수십 가지 업종별 수직 시장에 접근할 수 있습니다.

진행자 수십 가지 업종별 수직 시장을 수용할 수 있는 시스템 설계가 가능하다고 생각하시나요?

래틀리프 아마도 가능할 것입니다. 완벽하지는 않더라도 한 번에 하나씩 공략할 수 있습니다. 심지어 업종별 수직 시장이 천 개가 있더라도, 각각 수천 명의 잠재적인 고객이 있습니다. 그리고 이론상 한 번에 한 개의 시장만 다룰 수 있더라도, 작은 수직 시장을 대상으로 좋은 제품을 개발한다면 거의 포화 상태까지 시장을 장악할 수 있습니다. 그 이유는 업종별로 배타적인 특성이 있기 때문입니다.

진행자 IBM이 시장 지배력을 계속해서 강화할 것이라고 생각하시나요?

래틀리프 그럴 것 같습니다. 애플은 전반적으로 시장 지배력을 잃은 듯합니다. 애플은 정말로 기업 부문에서 지배력을 잃었고, 그로 인해 가정 부문에서도 타격을 받았다고 생각합니다. 저는 매킨토시의 잠재력에 대해 다소 환멸감이 퍼져 있다고 생각합니다. AT&T는 꼼짝도 하지 않으려는 것 같고, 어느 회사도 적극적인 모습을 보이지 않습니다. 제 생각으로는 IBM이 업계 정상을 유지하는 원동력은 IBM PC의 복제품입니다.

사실 저는 현재 시장이 움직이는 방식을 좋아합니다. 경쟁은 IBM에 발전을 강요하고 경쟁자들은 IBM에 발전이 없을 경우 자신들도 피해를 입을 것이라는 사실을 압니다. 발전이 영원히 이루어지면 좋겠습니다. 다른 회사들은 IBM과 호환성을 유지하면서 여러 가지 면에서 더 뛰어난 제품을 확보하기 위해 IBM과 보조를 맞춥니다. 다른 회사들이 모두 행복하게 공존하는 모습을 보고 싶습니다. 메인 프레임 사업에서 IBM이 훨씬 강했을 때로 돌아가 보면, 저는 정말 IBM 컴퓨터를 싫어했습니다. 360, 370, 3030x, 4340 메인 프레임 시리즈를 전혀 좋아하지 않았습니다. 마이크로소프트와 IBM 사이의 계약서 서명을 보면서 정말로 기뻤습니다. 제가 두려워했던 건 IBM이 독자적인 운영 체제를 개발하는 것이었는데, 예전부터 IBM이 개발한 운영 체제를 접해 왔기 때문입니다.

진행자 과거를 회상하고는 일어났던 일에 대해 놀란 적이 있나요?

래틀리프 예, 그런 적이 있습니다. 지금과 다르게 전개될 수 있었던 많은 일이 있었습니다. 매번 새로운 제품이 등장할 때마다 느꼈던 공포와 불안감을 아주 구체적으로 기억합니다. 벌컨 시절을 회상하자면 제가 어느 날 밤늦게 일하고 있는데 누군가 전화해서 "데이터스타에 대해 들어 보셨어요?"라고 물었던 일이 있습니다. 저는 들어 본 적이 없다고 말했습니다. 상대방은 "마이크로프로(MicroPro) 제품인데 전면 광고로 나왔습니다."라고 했습니다. 그 무렵 저는 벌컨을 30~40개 정도 팔았습니다. 계속해서 팔리면 문제가 없지만 이제 끝이라고 생각했습니다. 마이크로프로의 자원에 대적할 수 없었기 때문입니다. 저는 정말 낙담했지만 잠시 지나자 괜찮아졌습니다. 인포스타가 다음 차례였습니다.

마이크로프로는 데이터스타의 문제점을 수정해서 이것저것 대규모 광고 캠페인을 펼쳤고 저는 체념했습니다. 날리지 맨도 그랬습니다. 날리지 맨이 나왔을 때 저는 스스로 설정했던 몇 가지 목표를 거의 달성해 가는 상황이었습니다. 60~70% 정도 달성하고 나서 저는 뭔가 새로운 제품이 등장해 저를 망하게 할 것이라고 생각했습니다.

시간이 지나면서 걱정이 점점 줄어들기 시작했습니다. 저는 R:base에 대해서는 별로 신경 쓰지 않았습니다. 그리고 ANZA에 대해서는 더욱 신경 쓰지 않게 됐습니다. 걱정해 봐야 소용없습니다. 일어날 일은 일어나기 마련입니다.

진행자 패러독스를 살펴보셨나요?

래틀리프 아니요, 저는 경쟁사 제품은 살펴보지 않습니다. 지난주 파티에서 마케팅 분야에 있는 에릭 김, 데이브 헐과 이야기를 나눴는데 두 사람이 저에게 패러독스에 대해 어떻게 생각하는지 질문했고 저는 아직 본 적이 없다고 말했습니다. 두 사람은 "아니, 아직 보지 못했다고요?"라고 물었습니다. 저는 "경쟁 제품을 결코 보지 않습니다. 저는 심지어 R:base 4000조차 보지 않았습니다."라고 대답했습니다. 두 사람은 "R:base 4000을 본 적이 없다고요?" 하며 놀랐습니다. 우리는 역사를 거슬러 올라가면서 제가 보지 못했던 다른 경쟁 제품에 대해 이야기를 나눴습니다. 두 사람은 제가 이 모든 제품을 살펴보지 않았고 그것들이 실제 작동하는 모습에서 아이디어를 얻지 않았다는 사실을 믿기 어려워했습니다.

진행자 현재 어떤 작업을 하고 계시나요?

래틀리프 최근에 저는 파스칼에서 C로 변환하는 과정을 밟으면서 공개 프로그램을 만들고 있습니다. 이 프로그램은 설계와 문서화를 위한 언어로, 캘리포니아주 패서디나에 본사를 둔 케인 파버 앤드 고든(Caine Farber & Gordon Inc)에서 제안한 PDL(Program Design Language)의 일종의 복제품 또는 상위 버전입니다. PDL이 깔끔한 이유는 프로그램 작성과 비슷하게 느껴지기 때문입니다. 하지만 PDL은 실제 컴퓨터에서 실행되지 않습니다. PDL은 명세와 설계를 위한 수단입니다.

진행자 젊은 프로그래머들에게 어떤 조언을 해 주고 싶으신가요?

래틀리프 누군가가 프로그래밍을 하고 싶어 한다면 쉽게 할 수 있을 것입니다. 하기 싫어한다면 아무리 열심히 노력해도 쉽지 않을 텐데요. 아마도 환멸을 느낄 겁니다. 그래서 제 조언은, 하고 싶은 일을 하라는 것입니다. 원래 프로그래밍이나 컴퓨터 관련 분야에 종사하지 않았던 사람들을 알고 있는데, 그들은 이 분야에 들어와서야 프로그래밍을 좋아하게 됐습니다. 그 사람들은 컴퓨터에 푹 빠졌으며 프로그래밍과 컴퓨터의 핵심에 번개처럼 빠르게 도달했습니다. 저는 프로그래밍이나 컴퓨터에 종사하려고 노력했지만 원하는 바를 달성하지 못한 사람들도 알고 있습니다.

진행자 비결이 무엇일까요? 무엇이 사람들을 프로그램의 핵심으로 이끈다고 생각하시나요?

래틀리프 글쎄요. 복합적인 이유가 있습니다. 저는 사고 실험을 하면서 만일 100년 전에 태어났다면 무엇이 됐을지 자문하곤 합니다. 잘은 모르겠지만 탐정이 됐을지도 모르겠습니다. 그 이유는 프로그래밍에는 특히 디버깅과 같이 탐정처럼 수행해야 하는 일이 많기 때문입니다. 디버깅은 단서와 실마리를 사용해 작업합니다. 프로그래밍에서 한 가지 좋은 점은, 탐정 일은 답을 얻을 수 없는 문제를 다룰 일이 많은 반면, 프로그래밍은 지극히 현실적인 문제를 다룬다는 것입니다. 프로그래밍은 단지 열심히만 하면 됩니다. 충분히 열심히 작업하면 항상 답을 얻을 수 있습니다. 저는 스스로를 다방면에 박식한 사람으로 생각하고, 제가 수행했던 작업에 대해 생각합니다. 그게 중요합니다. 저보다 더 훌륭한 프로그래머, 더 훌륭한 디버거와 설계자 등이 많습니다. 훈련 담당 교관이 저에게 했던 저속한 말을 점잖은 사람들 사이에서 그대로 반복할 수는 없는데 이렇게 말할 수 있겠네요. "많은 걸 잘하지만 특별히 잘하는 게 없다."고요.

Programmers at Work

8장

비지캘크 설계자

댄 브리클린
Dan Bricklin

```
                REFERENCE CARD    3 January 1979

  ← →        - Moves the cursor.
  space      - Changes the direction indicator.
  >          - Absolute move. Requests coordinates of where you want to move;
               you end coordinates with ↵.
  !          - Recalculates all values (to force an extra recalculation).
  label      - Start with a letter (A-Z), or ", and end with ↵, →, or ↓.
  entry        Use ESC to erase last thing typed.
  value      - Start with a number (0-9), +, or -; end with ↵ or, if appropriate,
  entry        ← or →.  Entry references may be used wherever numbers are allowed;
               type coordinates or point with cursor. Evaluation is left to
               right with no precedence. ESC erases last thing typed.
  /N         - Sets entry to N/A/ value.
  /B         - Blanks out entry; erases what was there.
  /OO        - Sets order of recalculation to C (down columns) or R (across rows).
  /OR          - Sets order of recalculation to be auto (A) to manual (M).
  /OC        - Sets size of columns on the screen (must be >0). End with ↵.
                 If screen is split, only affects part of screen with cursor.
  /R         - Replicates entry. Needs range (such as A2-D2) specifying where
               to place copies (followed by ↵). If replicating an expression,
               it will ask for each entry reference whether it should not be
               modified (N), or should always refer to entry in same relative
               position (R).
  /S         - Screen control, sets split screen (H for horizontal, or V for
               vertical) at cursor position, undoes split and makes it one
               screen (1), sets label areas at cursor position (L), or undoes
               label areas and returns screen to normal (N).  prompts for Horizontal (H)
  ;          - If screen is split, moves cursor from one half to another.      or Vertical (V)
                                                                                or normal (N)

                    ©1978, 1986 Daniel S. Bricklin
```

비지캘크 초기 버전(그 당시에는 캘큘레저 또는 CL로 불렸던)의 명령어 설명을 위한 브리클린의 참조 카드이며, 브리클린이 애플에서 시연하려 할 때 참고하려고 IBM 셀렉트릭 전동 타자기를 빌려 타자했다. 부록(426~427쪽)에서 비지캘크 초기 메모를 추가로 확인할 수 있다.

필라델피아 토박이인 댄 브리클린은 1951년 7월 16일에 태어났다. 그는 1973년 전기 공학과 컴퓨터 과학 학사 학위를 받고 MIT를 졸업한 뒤, DEC에서 프로그래머로 일했고, 하버드 대학교 경영 대학원에 입학하기 전에 파스 팩스에서 근무했다. 하버드에서 브리클린은 급우들과 교수들의 전문 지식과 조언을 활용해 전자 스프레드시트 프로그램을 설계했다.

1978년 하버드 재학 중에 그는 MIT 시절 동급생이었던 밥 프랭크스턴과 팀을 이뤄 스프레드시트 프로그램의 동작하는 버전을 개발했는데 이것이 훗날 비지캘크가 됐다. 두 사람은 소프트웨어 아츠(Software Arts)라는 회사를 설립해 1979년 1월 법인화했고, 같은 해 4월 비지캘크 프로그램을 판매할 회사로 퍼스널 소프트웨어와 계약을 맺었다.(퍼스널 소프트웨어는 나중에 비지코프가 된다.) 비지캘크 출시 소식은 빠르게 퍼졌다. 1981년 5월에는 무려 10만 개 넘게 팔렸다. 1983년에는 누적 판매량이 총 50만 개를 돌파하는 실적을 올렸다. 소프트웨어 아츠는 1984년까지 계속해서 성공을 이어 갔으나 이후 비지캘크의 권리를 놓고 비지코프와 장기간에 걸친 법적 다툼을 시작하게 됐다.

1985년 5월, 댄 브리클린은 소프트웨어 아츠를 떠나 잠깐 동안 로터스에서 컨설턴트로 일했다. 이후 새로운 벤처 회사인 소프트웨어 가든(Software Garden)을 설립했고, 1985년 11월에 공식적으로 법인 등록을 마쳤다. 첫 제품 이름은 '댄 브리클린의 데모 프로그램'이다.

나는 보스턴 교외에 있는 댄 브리클린의 집에서 그와 만났다. 그는 손님방을 새로운 1인 회사인 소프트웨어 가든 사무실로 사용했다. 소프트웨어 아츠의 흥망성쇠를 거치며 얻은 경험에서 비롯된 새로운 철학을 기반으로 댄 브리클린은 다시 시작하고 있었다. 이번에는 순수하고 매서운 열정이나 첫 벤처 회사에서 보인 엄청난 활력 대신 어느 정도의 조심성, 통찰력, 통제력을 갖고 회사를 시작했다. 브리클린의 말처럼 그의 의도는 거대한 목장이나 농장을 경영하는 것이 아니라 뒷마당에 있는 정원 같은 소프트웨어 정원을 가꾸는 것이었다. 그저 그의 필요를 충족하고 즐거움과 만족감을 주면 충분했다.

비지캘크에 관한 과거 경험이 브리클린을 무겁게 짓눌렀음이 분명하다. 그는 말씨가 부드럽고 느긋하며 지적인 사람이다. 신중하고 사색적인 태도로 브리클린은 비지캘크 스프레드시트 프로그램을 개발하고 소프트웨어 아츠를 운영한 경험을 이야기했고, 새로운 회사에서 새로운 프로그램으로 달성하고자 하는 것이 무엇인지 자신의 생각을 공유했다.

1990년 슬레이트 코퍼레이션을 공동 창업하고 펜 기반 스프레드시트인 앳 핸드(At Hand)를 개발했다. 1994년 슬레이트가 문을 닫은 후 1995년 트렐릭스를 창업해 트렐릭스 사이트 빌더를 개발했다. 트렐릭스가 2003년 인터랜드에 매각되고 나서 2004년까지 CTO로 일했다. 이후 본업인 소프트웨어 가든으로 돌아와 웹 기반 스프레드시트인 위키캘크와 아이패드용 노트 테이커 HD를 개발했다.

진행자 MIT에서 공부하는 동안 컴퓨터와 어떻게 인연을 맺게 됐나요?

브리클린 1970년 초 MIT에 들어가서 컴퓨터 관련 일을 했습니다. 지금은 컴퓨터 과학 연구소로 알려진 프로젝트 MAC에서 일자리를 구했습니다. 그곳에서 밥 프랭크스턴과 데이비드 리드 그리고 많은 멋진 프로그램을 만든 여러 프로그래머를 만났습니다.

저는 그곳에서 학부 시절 내내 오랫동안 프로그래밍을 했습니다. 첫 프로젝트는 계산기였습니다. MIT의 시분할 시스템인 멀틱스에 명령행 계산기가 없다는 사실에 매우 놀랐습니다. '2 더하기 2를 계산하면?'이라는 질문에 '4'라고 답하거나, X의 사인(sine)이 무엇인지 답할 수 있게 하는 명령행 계산기 구현에 착수했습니다. 당시 위층에 있는 인공 지능 그룹은 리스프 개발에 공을 들이고 있었습니다. MIT에는 유명한 해커인 리처드 스톨먼 같은 다양한 사람이 많았습니다. 또한 MIT는 다양한 분야에서 현장 경험이 풍부한 전문가들을 만날 수 있었던 곳이었습니다.

진행자 MIT에서 작업했던 다른 프로젝트는 무엇이 있나요?

브리클린 저는 매우 다양한 프로젝트를 진행했습니다. APL을 구현하던 팀의 일원으로, 1973년까지는 APL을 구현하는 프로젝트를 운영했습니다. 또한 리스프 프로젝트에도 참여했습니다.

1973년 가을, DEC의 컴퓨터 사식 조판 시스템 부서인 타입세트-10(Typeset-10)에서 일자리를 얻었습니다. 저는 원래 같은 회사 언어 그룹에서 일자리를 제안받았습니다. 그런데 면접 도중, MIT에서 함께 일했던 마이클 스피어라는 사람과 우연히 만났고, 그가 저에게 조판 시스템 부서를 고려해 보라고 조언했습니다. 인쇄업자였던 할아버지의 대를 이어 인쇄업을 했던 아버지의 영향으로, 조판 시스템 부서가 언어 부서보다 더 흥미로웠습니다. 조판 시스템은 훨씬 더 실세계 애플리케이션 성격이 짙었습니다. 비디오 화면과 컴퓨터화된 조판 시스템이 있었습니다.

진행자 타입세트-10 그룹에서 어떤 일을 하셨나요?

브리클린 제가 첫 번째로 맡은 일은 통신사에서 보내는 뉴스 데이터를 변환하는 프로그램이었습니다. 유선으로 들어오는 데이터를 컴퓨터가 이해할 수 있는 언어로 변환하여 조판할 수 있도록 하는 프로그램이었습니다. 저는 이 일을 하면서 실세계 시스템에 대해 많이 배웠습니다. 프로그램에 버그가 있어 인쇄가 늦어지면, 신문 발행이 늦어져 많은 비용이 발생할 것이고, 그 소식이 다시 제 귀에 들어올 것입니다. 우리는 중압감에 시달리며 마감에 맞춰 일했습니다.

신문사에서 일하는 사람들은 단순히 자신의 업무에만 신경을 썼습니다. 이 사람들은 기술에 관심이 없었습니다. 기술이 동작하기만 한다면 만족했으며, 기반 기술에 관심을 갖지 않았습니다. 저는 비기술 직군 사람들이 기술을 어떻게 인식하고 있는지 알게 됐습니다.

한 신문사가 워터게이트 테이프 녹취록을 입수할 것이라고 라디오로 광고했던 때를 기억합니다. 워터게이트 테이프는 프로그램이 처리할 수 없는 특정 형식으로 유선을 통해 들어오고 있었습니다. 일을 제때 마무리하기 위해 우리는 프로그램을 즉시 수정해야만 했습니다. 동시에 우리는 최초로 유선을 끊고 테이프에서 데이터를 읽고 있었습니다. 테이프에서 읽는 기능도 상당히 잘 동작했다고 기억합니다. 저는 사건이 벌어졌을 때 실제로 다른 신문사로 가는 비행기에 타려고 하는 중이었는데, 문제가 발생해서 다시 호출당했습니다. 정말로 짜릿했습니다. 제가 돌아왔을 때 주머니에 남은 물건이라고는 칫솔뿐이었는데, 나머지 짐은 모두 캐나다로 가 버렸기 때문이었습니다.

신문사는 그야말로 실세계 시스템이었는데, 엄청난 압박감이 있었습니다. 그에 비해 컴파일러 개발 그룹이나 과거 MIT 시절 사람들은 문제에 대해 느긋해서 "다음 달에는 고칠 겁니다."라고 말하곤 했습니다.

또 하나 인상 깊었던 점은 실제 사용자들이 프로그래머와는 다르게 작업한다는 점이었습니다. 뭔가 느려질 때마다 신문사 사람들은 임의로 특정 작업에 더 높은 우선순위를 부여해 컴퓨터에서 동작하는 전체 스케줄링 알고리즘을 망가뜨렸습니다. 그리고 자기들이 망가뜨리고는 동작이 왜 '비정상적인지' 이유에 대해 의아해했습니다.

예를 들어 신문사 사람들은 시스템 콘솔에 모델 33 텔레타이프를 사용했는데, 한 번은 타자된 복사본을 읽는 광학 문자 인식기에 작은 종잇조각이 걸린 적이 있었습니다. 이 작은 종잇조각 때문에 조판 프로그램이 페이지당 몇 개의 오류를 더 감지했고, 프로그램은 이를 '잘못된 형식'이라고 알렸습니다. 이 모든 메시지가 운영자 콘솔에 표시는 되었는데, 운영자 콘솔이 저렴하고 느린 33 텔레타이프여서 출력이 뒤처졌습니다. 전체 시스템은 느린 텔레타이프가 따라잡기를 기다리고 있었습니다.

100만 달러짜리 컴퓨터 시스템을 갖추고도 아주 작은 종잇조각과 느려 터진 33 텔레타이프 때문에 전체 신문 발행이 늦어졌습니다. 그러자 사람들이 견디지 못하고 폭발했고 하루인가 이틀인가 지나서 나서 초당 30자를 출력하는 터미널을 사서 모든 문제가 풀렸습니다.

진행자 **타입세트-10 프로젝트의 후속 프로젝트는 무엇이었나요?**

브리클린 저는 이어서 DEC의 첫 번째 워드 프로세싱 프로젝트에 투입됐습니다. 저는 당시 DEC에서 조판 시스템 터미널 프로그램을 마무리했는데요. 조판 시스템 터미널에서 몇 가지 소프트웨어 작업을 마친 후 워드 프로세서 개발을 시작했습니다. 아주 저수준에서 마이크로코드를 만들었는데, 실제로 512바이트 메모리를 탑재한 컴퓨터용으로 첫 마이크로코드를 작성했습니다. 이 프로그램은 롬에 구워질 예정이었습니다. 그러고 나서 PDP-8에서 동작하는 워드 프로세서 개발을 시작했습니다.

진행자 그 워드 프로세서는 어떤 기능을 탑재하고 있었나요?

브리클린 우리가 사용할 수 있는 하드웨어는 상당히 제한적이었습니다. 기본적으로 우리는 표준 DEC 하드웨어를 사용해야만 했습니다. DEC 터미널 중 하나를 살짝 수정해서 스크롤 업/다운이 가능하게 만들었지만 그게 전부였습니다. 대다수 다른 회사들과는 달리 워드 프로세싱을 위한 특수한 하드웨어는 전혀 사용할 수 없었습니다. 저는 워드 프로세싱 시스템을 설계하는 그룹의 프로젝트 리더였습니다. 컴퓨터는 16K 메모리를 탑재하고 12비트 워드를 지원하는 PDP-8이었습니다. 우리 제품은 기능 측면에서 오늘날 워드스타와 경쟁하는 수준이었습니다.

리스트 처리, 백그라운드 인쇄 기능과 함께 메일 병합(mailmerge)[1] 기능도 있었습니다. 플로피에 들어갈 만큼 큰 문서[2]도 편집할 수 있었던 이유는 인메모리 편집기[3]가 아니었기 때문입니다. 우리 모두가 이 제품을 설계했는데 저는 파일 시스템, 명령 시스템, 배경 작업으로 가능한 인쇄 기능을 위한 코드뿐 아니라 워드 프로세서를 위한 실제 명세도 작성했습니다.

이때 경험을 통해 시장에 제품을 출시하는 데 도움이 되는 내용을 많이 배웠습니다. 당시 많은 사진 식자기는 키보드 입력 시마다 과금이 돼서, 컴퓨터화된 사진 식자기 설계는 화면 효율성과 키보드 입력 최소화의 중요성을 일깨워 주었습니다. 사진 식자기에 대한 지식은 추후 워드 프로세서를 설계하는 과정에서 많은 도움이 됐으며, 비지캘크를 만들 때에도 아주 귀중한 교훈이 됐습니다.

진행자 DEC 사무실도 타입세트-10 사무실만큼 스트레스가 많은 곳이었나요?

브리클린 DEC에서 저는 보통 아침 11시에서 밤 1시까지 일했습니다. 청바지가 너덜너덜해질 때까지 입었고, [손가락으로 가리키며] 턱수염이 여기까지 자랐고, 머리카락도 등뒤로 내려왔습니다.

DEC가 뉴 햄프셔로 옮겼는데 저는 함께 이사하고 싶지 않아서 주변 헤드헌터들과 이야기하기 시작했습니다. 그들과 대화 끝에 제가 MBA를 취득하는 게 경쟁력을 더 높이는 방법임이 분명해졌습니다. 또한 프로그래머로서 막다른 골목에 몰린 사람들을 의식했습니다. 그 사람들은 저처럼 잘 훈련받았지만 월급도 적고 오랜 시간 일하는 애송이들과 경쟁을 벌이고 있었습니다. 정상에 서는 일이 매우 힘들 것이라는 사실을 알 수 있었습니다. 직업을 얻는 데 문제가 생긴 50대 프로그래머도 더러 목격했습니다. 게다가 저는 사업을 직접 하고 싶다는 마음이 항상 있어서 경영 대학원이 적절한 훈련을 제공할 것이라고 생각했습니다.

저는 하버드와 MIT 경영 대학원에 지원했고 두 곳 모두 합격했습니다. 처음에 MIT에 가기를 원했던 건 과정이 더 짧았고, 빠르게 들어갔다 나와야 한다고 생각했기 때문입니다. 그러나 결국 하버드를 선택한 이유는 배울 게 많아서 2년 정도 투자하는 편이 더 좋다고 느꼈기 때문입니다. 경영 대학원 입학을 기다리는 동안 저는 꽤나 흥미롭다고 알려진 다른 직업을 구했습니다.

이번에는 마이크로컴퓨터를 기반으로 전자 금전 등록기를 만드는 아주 작은 회사에서 프로그래밍 책임자로 일했습니다. 여기서는 모토로라 6800을 사용했습니다. 기술자들은 보드 중 하나에 64K 메모리를 탑재할 수 있었습니다. 이 컴퓨터는 동축 케이블을 사용해 연결된 금전 등록기를 제어했습니다. 그리고 포스의 변형 버전을 사용해 프로그래밍됐습니다. 저는 기존 시스템을 기반으로 한 작업을 많이 했는데 유지 보수하고 몇 가지 새로운 기능을 추가하고 새로운 하드웨어에 맞춰 업그레이드했습니다.

사용자 층에는 패스트푸드점에서 일하는 10대도 있었습니다. 뭔가 망가지면 서비스 기술자가 출장을 나가기까지 하루가 걸리는데, 그들은 패스트푸드점 영업을 중단하기를 원하지 않았습니다. 전자 금전 등록기는 정말 복잡한 시스템이었습니다. 본사는 모든 가맹점 데이터를 매일 밤 컴퓨터로 가져와서 전자적으로 정보를 덤프했습니다. 본사에서는 선반에 남은 피클 조각이 몇 개인지까지 알 수 있었습니다. 손님이 빅 맥을 주문한다고 하면 서버 컴퓨터가 그 조리법을 알고 있었습니다.

저는 아주 작은 회사도 NCR과 같은 대기업에 대항해 제품을 판매할 수 있다는 사실을 목격했습니다. 이는 막 10억 달러 매출을 달성하고 포춘 500대 회사에 들어간 DEC 이후 생긴 큰 변화였습니다. 저는 경영 대학원에 입학할 준비가 되어 있었습니다.

진행자 경영 대학원에서 비지캘크에 대한 아이디어를 떠올리셨나요? 구체적으로 어떤 계기가 있었나요?

브리클린 경영 대학원에서 저는 숙제를 돕는 작은 베이식 프로그램을 작성해야 할 때 DEC 시스템을 사용했습니다. 하지만 이 시스템은 그다지 빠르지 않았습니다. 그룹 프로젝트에서 원하는 분석을 하기 위한 작은 프로그램을 준비하는 데 15~20분 정도 걸렸는데도 별로 빠르지 않았으며 프로그램에는 버그도 있었습니다. 그때 워드 프로세싱의 속도와 화면의 유동성을 결합한 비지캘크 아이디어가 떠올랐습니다.

진행자 처음에 비지캘크 설계를 어떻게 구상하셨나요?

브리클린 원래 설계는 미래지향적이었습니다. 계산기에 손을 얹으면 계산기 아래쪽에 마우스 같은 볼이 있고 그걸 움직여 화면에서 커서 위치를 지정하려고 했습니다. 오른쪽에는 숫자 키패드가 있어서 계산을 수행하기 위해 손을 뗄 필요가 없게 하려고 했고요. 저는 눈앞에서 숫자를 보기 위해 전투기에 장착된 것처럼 전방 시현 장치를 구현하고 싶었습니다. 1978년 봄, 베이식으로 비지캘크 프로토타입을 만들었습니다.

진행자 비지캘크 아이디어가 떠올랐을 때 성공을 예견하셨나요?

브리클린 비지캘크가 되기까지 초기 프로그램은 많은 진화를 거쳤습니다. 저는 하버드에서 만난 친구 존 리스에게 아이디어를 설명했고 그는 저를 무척 격려해 주었습니다. 제가 생각해 낸 다음 아이디어는 Z80 기반 또는 그와 비슷한 컴퓨터를 사용하고, 텔레비전 화면을 이용하는 것이었습니다. 그때에도 마우스가 있으면 좋겠다고 생각했습니다. 하지만 마우스가 없었던 하버드 컴퓨터에서 프로토타입을 만들기 시작하면서, 이에 어떻게 대처해야 할지 고민해야 했습니다. '어떻게 이걸 가지고 저렇게 할 것인가, 아니면 어떻게 이걸 가져가서 저기에 붙일 것인가' 같은 문제에 직면했던 이유는 하버드 컴퓨터에 마우스가 없었기 때문이었습니다. 그래서 저는 행과 열로 처리하는 방법을 고안해 냈습니다.

그리고 나서 이 방법을 생산 관리 과목 담당 교수에게 말했습니다. 그분은 저를 매우 격려하면서 다음과 같이 말했습니다. "있잖아, 자네가 이야기하는 소프트웨어는 지금 사람들이 생산 계획을 수립할 때 칠판에 쓰는 형태야. 때로는 사람들은 방 두 칸 너비를 차지하는 칠판을 준비하지. 그리고 사람들은 여기서 판매, 생산, 재고를 주 단위로 계획해. 자네 프로그램은 굉장해 보이는군." 저는 회계 교수인 짐 캐시와 이야기를 나눴고, 다음과 같은 격려의 이야기를 들었습니다. "좋은 사용자 인터페이스는 상용 제품에 정말로 필요하지. 많은 시스템 설계에서 매우 큰 문제거든." 이 교수님은 자신이 무엇에 대해 이야기하고 있는지 제대로 안다고 생각했습니다.

그리고 나서 재무 교수를 찾아갔는데 힘 빠지는 이야기를 들었습니다. 그분은 인쇄물을 보다가 고개를 들고 이렇게 말했습니다. "글쎄, 시중에 재정 예측 시스템이 이미 나와 있는데 사람들이 부동산 예측 같은 데 쓰려고 마이크로컴퓨터를 사지는 않을 걸세. 필스트라라는 친구에게 가서 물어보게. 내 학생 중 한 명인데, 사람들이 왜 마이크로컴퓨터를 사지 않는지 이유를 알아보기 위해 설문 조사를 막 진행했어." 이 말을 듣고 저는 결과를 확인하기 위해 필스트라에게 전화했고 다음과 같은 대답을 들었습니다. "예, 제 약혼자와 저는 소프트웨어를 만들어 제 아파트에서 판매하는 중입니다. 우리는 체스 프로그램을 판매하려 합니다. 흥미로운 제품이 있다면 저에게 보여 주세요." 저는 가을이 될 때까지 필스트라에게 다시 연락하지 않았습니다.4

그해 여름에 마서스비니어드섬에서 자전거를 타면서, 졸업할 때 제 사업을 시작해 이 제품을 동작하게 만들기로 결정을 내렸습니다. 만일 그렇게 된다면 저는 집집마다 방문해서 제품을 팔아야 했습니다. 결국 가을에 저는 필스트라가 어떤 컴퓨터를 보유하고 있는지 살펴보러 갔습니다. 필스트라는 애플 II와 라디오 섁(Radio Shack)을 보유하고 있었습니다. 필스트라는 제가 뭔가를 개발하고 싶다면, 애플 II를 사용하라고 제안했습니다.

그래서 저는 주말 동안 한 화면짜리 스프레드시트를 쓸 수 있는 베이식 프로그램을 작성했고 A-B-C, 1-2-3으로 행-열을 조합할 방법을 생각해 냈습니다. 저는 여전히 마우스 사용을 원했지만, 그 대신 게임 패들로 커서를 움직이도록 만들었습니다. 하지만 게임 패들에 달려 있는 휠은 수직 또는 수평 중 한 방향만 지원했습니다. 그래서 발사 버튼을 누르면 수직과 수평 전환이 되도록 만들었습니다. 만들고 보니 패들이 베이식에서 너무 느리게 반응해서 저는 키보드의 화살표 키에 의지했습니다. 그리고 애플 II에는 방향키가 두 개만 있어서, 수평/수직 전환에 발사 버튼 대신 스페이스 바를 사용했습니다. 저는 시프트 키를 싫어합니다. 시프트 키 사용을 최소로 줄이고 싶습니다. 제가 명령어 시작에 슬래시를 사용한 이유는 시프트를 누를 필요가 없고 본체 키보드에 붙어 있어 키 입력을 최소화하기 때문입니다.

그래서 저는 화면에서 커서를 움직이는 시연을 준비했습니다. 거기에 숫자와 공식을 입력할 수 있었고요. 심지어 공식에 참조를 포함할 수도 있었습니다. 예를 들어 '1 더하기 7 그리고 1 더하기 A1'처럼 오늘날 스프레드시트와 비슷하게 A1을 참조하게 만들 수 있습니다. 스크롤은 불가능하고 한 화면 내에서만 이동이 가능했습니다. 재계산에 대략 20초 걸렸으며 계산하는 소리를 들을 수 있게 셀마다 음향 효과를 내게 만들었습니다. 소요 시간의 절반이 소리 재생에 사용됐음이 밝혀졌습니다. 하지만 시연을 보고 나면 무엇을 할 수 있는지 어느 정도 감을 잡을 수 있었습니다.

저는 몇몇 동급생에게 시연을 했는데 존 리스가 다른 셀을 참조하려고 할 때 해당 셀을 사용한다고 알려 줄 필요가 없다고 지적했습니다. 저는 셀을 파싱하는 방법에 대해 생각하고 있었습니다. 예를 들어 '1 더하기'라고 하고 화살표 키를 누르면 해당 셀에 1을 더한다는 지시를 의미해야만 합니다. 그래서 저는 모든 것을 처리하기 위해 최소의 키 입력만 요구하도록 파싱 방식을 재검토했습니다. 이는 오늘날 표준적이고 단순한 스프레드시트인 비지캘크 스타일의 인터페이스로 알려지게 됐습니다.

저는 또 나른 교수인 바바라 잭슨에게 시연을 했습니다. 잭슨은 "있잖아, 뭔가를 하기 위해 회사의 이사회 의장을 만나기를 원한다면 정말로 단순해야 해. 시연은 목표에 거의 근접했지만 아직 목적지까지는 못 갔네."라고 지적해 주었습니다. 이 지적 덕분에 시연을 훨씬 단순하게 만들 수 있었습니다.

1~2년 후에 제품이 시장에 출시됐을 때 저는 제품을 잭슨 교수에게 가져가서 보여 주고는 "하버드 경영 대학원에서 계산기 위원회에 계시니, 이 프로그램이 중요하다는 사실을 아셔야 합니다. 이 프로그램을 사용하고 있는 학생들이 있기 때문입니다. 비지캘크 도입을 준비하는 편이 좋겠습니다."라고 말했습니다. 그리고 실제로 그해 경영학 교수들이 시험에서 올바른 시트를 작성하기 위해 비지캘크를 사용했고, 작업 시간을 엄청나게 단축해서 다른 모든 교수를 놀라게 했습니다. 당연히 이제 하버드는 경영 대학원에 들어오기 전에 PC를 구매하도록 요구합니다.

일단 사용자 인터페이스를 완료하고 나니 실제 프로그램을 만들 때가 됐습니다. 작은 컴퓨터에서 프로그램을 돌리길 원했기 때문에 자료 구조를 생각하고 최대한 작고 간결하게 만드는 방법에 대해 많은 연구를 했습니다. 그 당시 대부분의 애플 II 메모리는 16K였고, 플로피 디스크는 대중화되지 않았습니다.

진행자 그때가 바로 프랭크스턴, 당신, 필스트라가 파트너가 되기로 결정이 난 시점인가요?
브리클린 예, 그런 셈입니다. 우리는 비지캘크를 두고 악수를 나눴습니다. 프랭크스턴과 저는 프로그램을 만들고, 필스트라와 그의 회사 퍼스널 소프트웨어

(Personal Software)는 프로그램을 판매할 예정이었습니다. 우리가 애플에서 먼저 작업을 진행한 이유는 필스트라가 개발용으로 애플을 무료로 받게 됐고, 시작하기에 가장 좋은 컴퓨터라고 느꼈기 때문입니다. 우리는 또한 애플에서 작업할 도구도 확보했습니다.

진행자 실제로 어떻게 비지캘크를 설계하게 됐나요?

브리클린 저는 내부와 자료 구조 그리고 화면 배치 상당 부분을 설계했습니다. 저에게 있어 프로그램의 가장 중요한 부분은 자료 구조를 설계해서 구성하는 것입니다. 또한 사용자 인터페이스가 어떻게 보여야 할지도 알고 있어야만 합니다. 따라서 저는 가벼우면서 많은 데이터를 담을 수 있고 접근이 상당히 빠른 자료 구조를 고안했습니다.

우리는 또한 어디서 개발할지도 결정해야만 했습니다. 저는 여전히 경영 대학원에 다니고 있었고, 밥 프랭크스턴은 인터랙티브 데이터 코퍼레이션(Interactive Data Corporation)에서 컨설팅을 하고 있었습니다. 우리는 결국 대규모 시분할 시스템의 컴퓨팅 자원을 시간제로 빌려 쓰기로 결정했습니다. 다행히도 비용이 한 번에 몇 달치씩 청구되지 않았으므로 우리는 그때그때 벌어서 지불할 수 있었습니다.

프랭크스턴은 시분할 사용 요금이 저렴한 밤에 코드를 작성했습니다. 프랭크스턴은 제가 학교에서 돌아오는 오후 3시 무렵에 일어났습니다. 우리는 프랭크스턴이 프로그래밍한 내용을 살펴봤고, 저는 테스트를 진행하면서 새로운 기능의 사용법을 이해하고, 회계사와 인터뷰하고 다른 창업 절차를 밟아 나갔습니다. 저는 가끔 밤 11시까지 그곳에 남아 있었습니다. 시분할 가격은 오후 6시에 내려가서 오후 11시에 다시 올라갔고 오전 1시나 2시 무렵에는 컴퓨터가 빠르게 동작했습니다. 프랭크스턴은 아침까지 작업했고 자러 갔습니다. 우리는 이렇게 제품을 만들었습니다.

진행자 다른 회사가 비슷한 아이디어를 제시할까 봐 두려웠나요? 그렇게 열심히 일한 동기는 무엇이었나요?

브리클린 일단 아주 분명한 생각이 떠오르면 완성하고 싶어집니다. 우리는 텍사스 인스트루먼트가 이런 아이디어를 알게 되어 자사 컴퓨터에 넣을까 봐 정말 걱정했습니다. 애플과 아타리에는 기밀 유지 협약을 맺고 제품을 보여 주었습니다. 아타리는 제품을 받고서 아주 흥분했지만 컴퓨터가 아직 없었습니다. 우리는 크로멤코(Cromemco) 컴퓨터와 비슷하지만 크로멤코 보드를 들어내고 그 자리에 아타리 보드를 넣은 초기 시제품을 받았습니다. 정말로 시제품이었습니다.

애플은 제품에 대해 그다지 고무적이지 않았습니다. 회의 때 저는 그 자리에 없었는데 우리 제품을 배급하는 필스트라가 나중에 비지캘크가 될 프로그램의 사본을 제공했습니다. 프로그래머 관점에서 우리는 4주 정도면 완료할 것이라고 생각했습니다. 대략 2~3주 후에 프랭크스턴이 충분히 작업을 마쳐서 화면 스크롤과 함께 덧셈, 뺄셈, 재계산이 가능해졌습니다. 그래서 필스트라는 애플이 검토하게끔 이 버전을 제공했습니다. 저는 제 베이식 프로토타입을 개선하고 새로운 시도를 계속 진행했습니다. 많은 아이디어를 버려야 했던 이유는 메모리가 16K밖에 없었기 때문이었습니다.

우리는 서부 지역에서 긍정적인 반응을 얻었습니다. 저는 몇몇 다른 교수를 끌어들였습니다. 또 다른 생산 관리 과목 교수는 매우 고무적이어서 "와, 그 모든 계산을 순식간에 해치우는 기능이 정말 멋지네. 수작업으로 계산했다면 몇 시간이 걸렸을 거야. 내 책 예제를 업데이트해야겠군." 하고 말했습니다.

그래서 저는 초기 매뉴얼을 작성했고 프랭크스턴은 제가 작성한 내용에 맞춰 구현하려 노력했습니다. 우리가 좋은 팀이었던 이유는 프랭크스턴이 게으름을 피울 때마다 제가 "밥, 이 기능이 좀 더 빨라져야 해요. 좋지 않아 보이네요."라거나 "이 기능을 넣어야 합니다."라고 말했기 때문입니다. 제가 "음, 이 기능은 제외해야 한다고 생각해요."라고 말할 때마다 프랭크스턴은 "아니, 아니, 아니, 아니, 넣어요."라고 말했습니다.

프랭크스턴은 결국 셀 저장소를 위한 제 설계안을 변경했습니다. 제가 설계 작업은 많이 했지만, 내부 프로그램 구조는 모두 프랭크스턴의 작품입니다. 그리고 이렇게 해서 결국 비지캘크 프로그램이 완성됐습니다.

진행자 완성된 프로젝트에 대한 초기 반응은 어땠나요?

브리클린 몇몇 사람에게 좋은 평가를 받았습니다. 그러나 대다수 잡지사에서 비지캘크를 무시했고, 몇몇 잡지에는 1년 가까이 제품 소개조차 실리지 않았습니다. 『Byte』에서 편집자 추천 소프트웨어 기사로 비지캘크를 간략히 소개했는데 그뿐이었습니다. 사설을 작성한 사람은 필스트라의 결혼식에서 들러리를 선 칼 헬머였는데, 그는 비지캘크에 대해 이미 알고 있었습니다. 그 사설은 심지어 공학도를 위해 작성된 것이어서, 제품에 아직 구현되지 않은 사인과 코사인 이야기도 언급되는 바람에, 삼각 함수 기능도 구현해야만 했습니다. 사인과 코사인을 비롯해 다른 기능을 구현하느라 여름을 보냈습니다.

 우리는 빌린 돈으로 전용 시분할 시스템을 구매했습니다. 저는 집을 팔았고 그 돈을 계약금으로 사용했습니다. 프랭크스턴은 저금을 깨고 가족에게도 빚을 졌습니다. 우리는 미니컴퓨터 계약금을 지불했고 상업 지구로 이사했습니다.

진행자 비지캘크를 어떻게 마케팅하기로 결정하셨나요?

브리클린 우리는 비지캘크가 얼마나 잘 팔릴지 전혀 몰랐습니다. 우리는 비지캘크가 매우 좋고 모든 사람이 사야 한다는 사실을 알았지만, 모든 사람이 전자 스프레드시트라는 유행에 편승하게 되는 시점은 명확하지 않았습니다. 수상쩍은 컴퓨터를 사야만 했고 워드 프로세서들은 인기를 얻는 데 실패하고 있었기 때문입니다.

진행자 일단 사업을 시작한 후엔 무엇을 해야 하셨나요? 전국을 돌아다니며 시연하셨나요?

브리클린 배급사인 퍼스널 소프트웨어가 이런 일을 많이 했습니다. 우리는 국립 컴퓨터 콘퍼런스에서 비지캘크를 공개적으로 발표하면서 시연했습니다. 또한 서부 지역 컴퓨터 박람회5를 비롯한 각종 행사에서 비지캘크를 시연했습니다.

그러고 나서 우리는 비지캘크를 점점 더 많은 컴퓨터에 이식하기 위해 더 많은 작업을 하기 시작했습니다. 우리는 아주 중요한 컴퓨터인 TRS-80에 비지캘크를 이식했습니다. 우리 관점에서는 TRS-80이 두 번째로 중요한 컴퓨터였습니다. 이 작업을 수행한 프로그래머는 소프트웨어 아츠에 합류한 세스 스타인버그였습니다. 그리고 스티브 로렌스라는 첫 직원을 채용했는데, 그는 비지캘크를 완성하기 위해 숫자 영역과 기타 몇 가지 함수를 만드는 프로그래밍 작업을 수행했습니다. 그런 다음 로렌스는 아타리와 코모도어 PET 버전을 위한 작업에 착수했습니다.

Z80 버전을 위해 스타인버그는 6502 코드를 Z80 코드로 1:1 행 단위 변환 작업을 하기로 결정했습니다. 그리고 우리에게는 멋진 시분할 시스템이 있어서 스타인버그는 자신이 원하는 모든 도구를 발명할 수 있었습니다. 그래서 스타인버그는 6502 코드와 Z80 코드를 나란히 보여 주는 인쇄 프로그램을 작성했습니다. 우리는 1년 후에 6502 코드에 있는 버그가 Z80 코드에도 있었고 반대도 마찬가지였다는 사실을 발견했습니다. 괜찮은 변환이었습니다. 이렇게 변환된 코드는 꽤 오랫동안 유지됐습니다. 기반 코드는 몇몇 기계적인 변환과 수작업 변환을 거쳐 IBM 버전이 됐습니다.

우리는 IBM PC를 빠르게 입수할 수 있었습니다. IBM이 PC를 발표하면서 비지캘크도 함께 발표했습니다. 그런데 비지캘크가 출시해도 될 만한 품질을 제공할 때까지 IBM은 비지캘크를 발표하지 않으려고 했습니다. IBM은 매우 까다로웠습니다. 서둘러 작업하기 위해 표준 변환 프로그램을 사용할 수 없었던 이유는 우리가 독자적인 어셈블러를 사용했기 때문입니다. 우리 프로그래머 중 한 명인 데이비드 레빈이 우리 어셈블러를 변경해 Z80 코드를 8086 코드 또는 8088 코드로 변환해서 문제를 회피했습니다. 변환 과정은 상당히 복잡했는데, 당시 대다수 다른 변환기보다 훨씬 똑똑했습니다. 그 덕분에 우리는 IBM PC 개발 일정에 맞춰 빠르게 따라잡을 수 있었고, PC를 발표한 지 몇 주 후에 출시할 수 있어서 신제품을 깜짝 놀랄 만큼 많이 팔았습니다.

진행자 IBM과 어떻게 계약을 체결하셨나요?

브리클린 IBM이 우리에게 먼저 연락한 이유는 저작권이 우리에게 있었기 때문입니다. 퍼스널 소프트웨어와의 계약에 따라 IBM이 퍼스널 소프트웨어와 거래해야 했으므로 우리는 IBM을 퍼스널 소프트웨어로 보냈습니다. 실제로는 IBM과 삼자 계약을 맺었습니다. IBM이 우리에게 연락하고 나서 그다음 날 만났습니다. 우리는 계약에 대해 IBM에 이야기했고, 보여 줄 수 있는 일부 계약 조항을 보여 주었고, IBM이 우리와 어떻게 계약해야 하는지 충분히 설명했습니다. 계약에 대해 우리는 매우 솔직했습니다.

기억해야 할 점은 우리는 엄청나게 다양한 제조사와 거래를 해 왔는데, 성공한 제조사와 성공하지 못한 제조사 중 누굴 상대로 하든 정말 열심히 노력했다는 사실입니다. 무엇이 성공할지는 결코 알 수 없으니까요.

진행자 그 시점에서 IBM이 만들려는 제품이 무엇인지 감지하셨나요?

브리클린 어떤 컴퓨터인지 알기까지 시간이 꽤 걸렸습니다. IBM 컴퓨터가 훌륭하게 설계됐다는 사실은 분명했습니다. 하지만 그 당시 8088을 사용하고 완전한 키보드를 장착하고 80×25 화면 등을 조합한다는 일반적인 아이디어는 주변의 가장 뛰어난 하드웨어 설계자들을 포함해 많은 사람이 진행하고 있던 내용이었습니다. 좋은 설계였다는 사실은 명백했으며, 그게 바로 우리가 해낼 것이라고 느낀 이유입니다.

우리는 퍼스널 소프트웨어와 풀어야 할 계약 문제가 많았습니다. 예를 들어 우리는 퍼스널 소프트웨어가 원했던 어떤 컴퓨터에든 비지캘크를 탑재해야만 했습니다. 퍼스널 소프트웨어는 우리의 계약에서 최대한 뽑아내기를 원했지만, 그에 맞는 충분한 대가를 지급하려 하지 않았습니다. 그래서 우리는 제품을 최대한 많은 컴퓨터에 탑재해야 했습니다.

진행자 소프트웨어 아츠의 흥망성쇠에 대해 질문하고 싶습니다. 이렇게까지 망가질 수 있다고 생각하셨나요?[6]

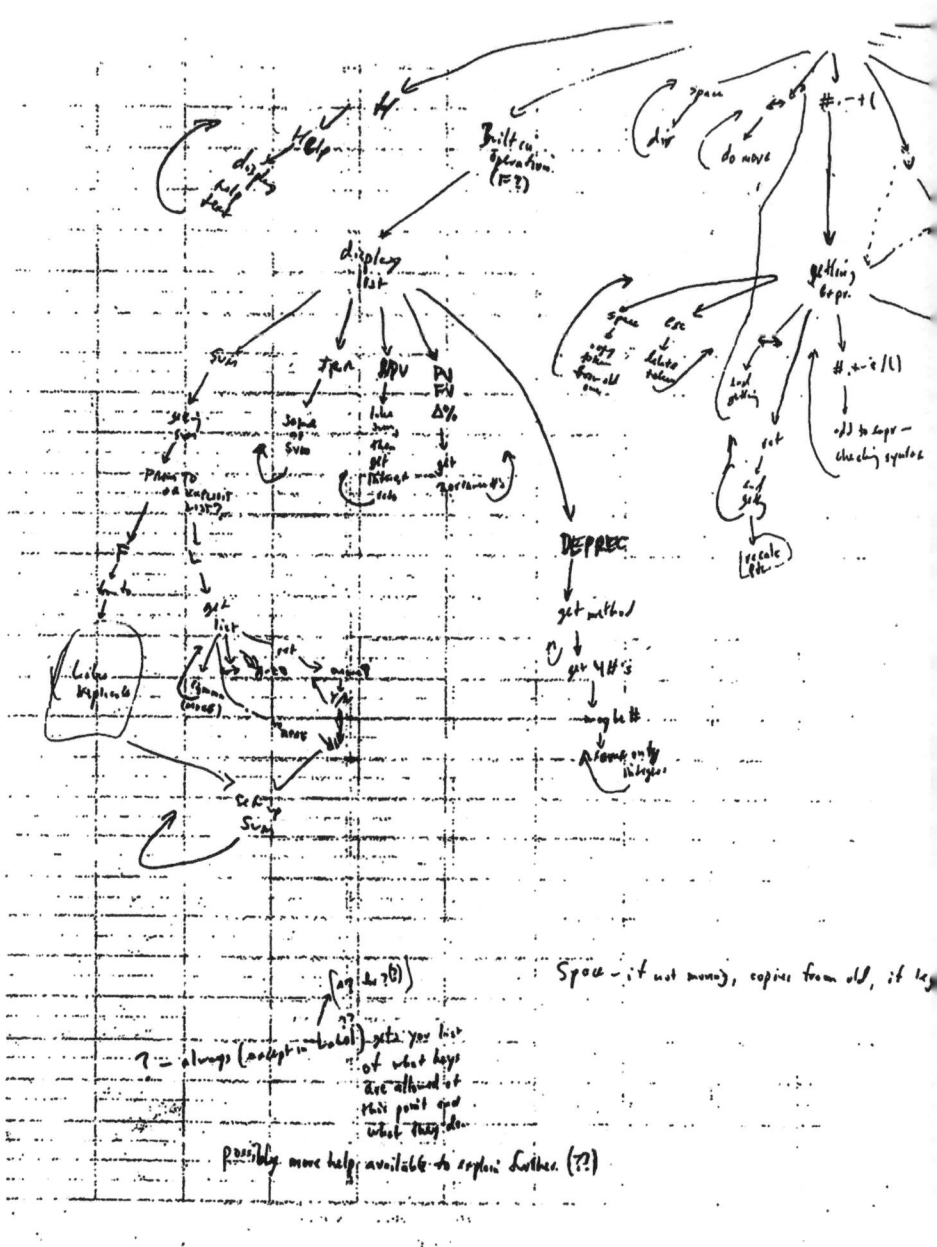

1978년 11월, 브리클린이 비지캘크에 쓰려고 작성한 원본 명령 다이어그램. 이 다이어그램은 브리클린이 경영 대학원에서 사용했던 스프레드시트 종이(그래서 프로그램에도 격자판이 있다.)에 작성됐다.

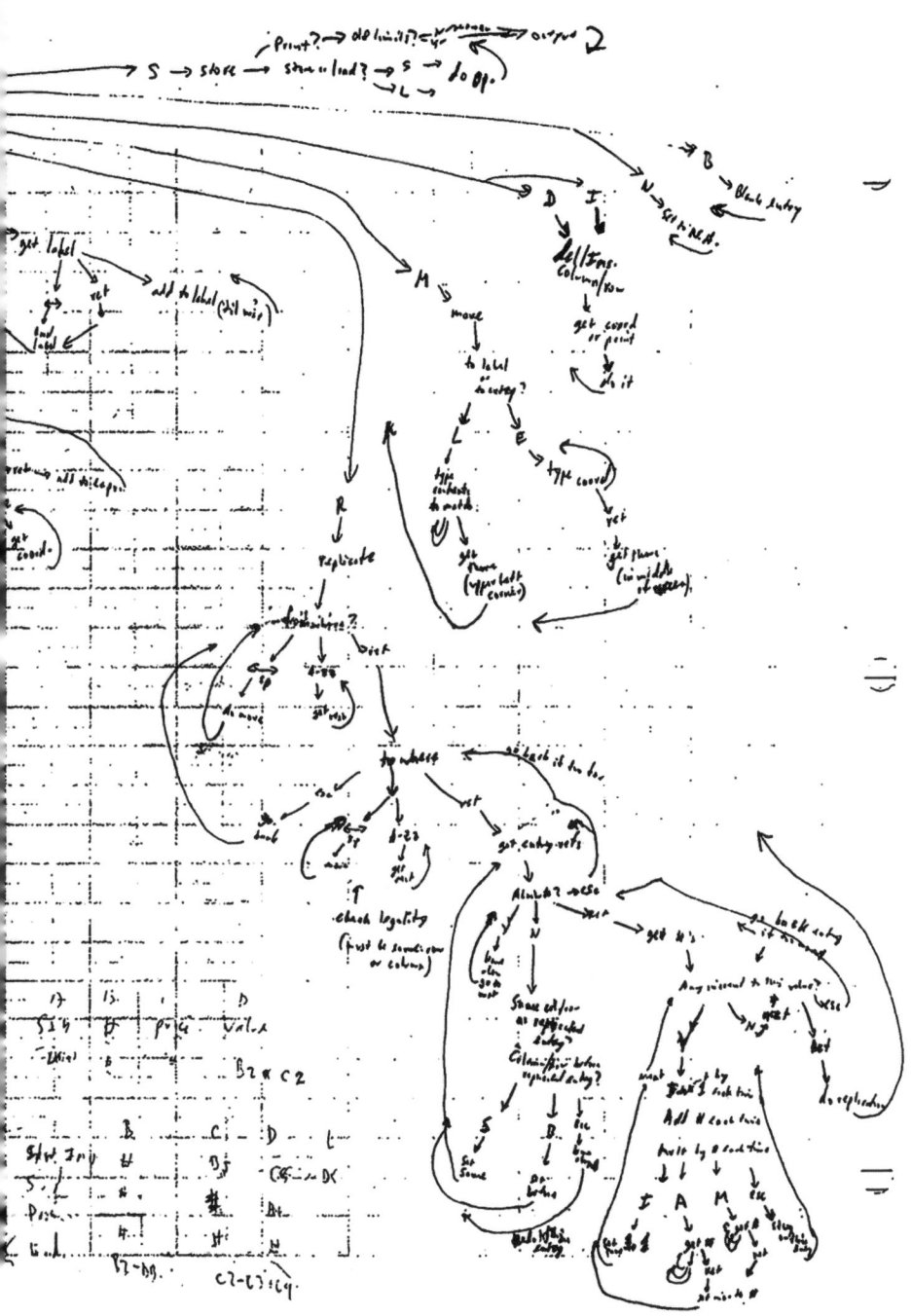

브리클린 심지어 저는 잘나갈 때에도 DEC 등에서 일할 때와 같은 수준의 집에서 살았습니다. 저는 소비에 항상 자제력을 발휘해 왔기에 지금 하는 일을 진행할 여유가 있었습니다. 결코 회사에 의존하고 싶지 않았습니다.

그게 바로 정점에서 회사를 매각하려 시도했던 이유이지만, 그 시점에서 소송이 벌어졌고, 소송이 벌어진 회사는 제대로 매각할 수 없습니다. 우리는 매우 높이 평가되던 회사를 소유하고 있었습니다. 서류상으로 밥 프랭크스턴과 저는 아주 부자였는데 여러 가지 방법을 시도해 봤지만 아무것도 할 수 없었습니다. 우리 업계에서 쌓은 지명도를 활용해서 제가 처분할 수 있는 약간의 주식을 확보했습니다. 그렇게 해서 다시 사업가가 될 수 있었습니다.

회사 경험은 가치가 있었습니다. 작년에 다양한 회사가 제시한 상당히 좋은 제안 몇 가지를 거절했습니다. 저는 제가 원한다면 다른 곳에서 일할 수 있다는 사실을 알고 있지만 저는 사업가입니다.

뒤돌아보면 매우 행복합니다. 정점에 머물면서 아주 부자가 됐다면 정말 좋았겠지만 그렇지 못했습니다. DEC에 안주했을 경우보다는 훨씬 나았죠. 그냥 그 정도로만 이야기하겠습니다.

저는 소프트웨어 아츠에서 일하는 것을 좋아했습니다. 사업적인 문제가 있었던 시기를 제외하고는 그곳에서 정말 행복했습니다. 하지만 문제가 있었던 시기에도 경험을 얻었습니다. 그때 사업의 수명 주기에 대해 많은 것을 배웠습니다. 모든 과정을 거치고 나니 사업을 다시 시작할 자신도 좀 더 생겼습니다. 의자, 터미널, 벽에 붙은 우리 사진, 제 책상, 바로 제 등 뒤에 있는 티셔츠까지 사실상 경매에 붙이는 상황까지 가면서 저는 이제 회사가 얼마나 올라가고 얼마나 내려갈 수 있는지 알게 됐습니다. 그래도 살아남았죠.

진행자 **소프트웨어 아츠를 되돌아보면 오늘 뭐가 다르게 할 수 있는 일이 있을까요?**

브리클린 글쎄요. 저는 고소당하지 않았으면 좋겠습니다. 그랬더라면 상황이 달라졌을 겁니다.

진행자 어떻게 고소를 당하셨나요?

브리클린 우편으로 '당신은 고소당했습니다.'라는 안내문을 받았습니다. 여러 해 동안 배급사인 비지코프(퍼스널 소프트웨어)와 의견 충돌이 있었지만, 그 시점에서 1년 또는 2년 동안 합의를 위한 협상을 진행하고 있었습니다. 무슨 이유 때문이었는지 비지코프는 문제를 소송으로 끌고 가기를 원한다고 결정했습니다. 아마도 자신들에게 충분히 강력한 논거가 있고, 그들의 제품인 비전캘크(VisionCalc)로 돈을 번다고 생각했을지도 모릅니다. 하지만 비지코프는 먼저 비지온(VisiOn)이 잘 팔릴지 알아보지 않았습니다. 다리를 건너기도 전에 불살라 버렸습니다. 우리는 비지코프가 실제로 우리를 고소하리라 예상하지 않았습니다.

만일 제가 지금 알고 있는 내용을 그때에도 알았더라면 제가 완전히 다르게 할 수 있었던 일이 있습니다. 시장이 달랐더라면 일이 조금 다르게 진행됐을 수도 있습니다. 맥그로-힐(McGraw-Hill)과 같은 더 큰 배급사가 스프레드시트 사업에 기꺼이 뛰어들었을까요? 애플을 설득해서 제대로 판매할 수 있었을까요? 누가 알겠습니까? 하지만 결과가 그리 나쁘지 않았으니 굳이 다른 선택을 했을 이유는 없었을 것입니다. 당시에 그렇게 하지 않았으면 지금 알고 있는 모든 교훈을 경험하지 못했겠죠. 저는 여전히 건강하고, 가난하지 않으며, 동료들의 존경을 받고 있습니다. 부유해지는 일이나 회사가 흠잡을 데 없는 역사를 갖도록 하는 일 외에는 저는 거의 모든 방면에서 성공을 거두어 왔습니다. 그리고 대다수 사람에게는 흥망성쇠가 있습니다. 애플에 생긴 일을 보세요.

진행자 만약 기회가 왔다면 계속해서 동일하게 밀고 나갔을 것인가요?

브리클린 그 방식이 맞다고 제가 생각했을 경우에만 그렇게 했을 것입니다. 저는 지금 하는 일을 좋아합니다. 저는 큰 소프트웨어 사업을 관리해 왔습니다. 따라서 큰 소프트웨어 사업이 무엇인지 알고 있습니다. 현시점에서 저는 작은 사업 역시 큰 사업과 마찬가지로 제가 하고 싶은 대로 할 수 있습니다. 어느 시점에는 매우 번거로워지겠지만 사업은 도전입니다. 항상 다양한 도전이 있어 왔고 그중 하나가 큰 회사를 만드는 것이었다면, 지금 하고 있는 도전은 아주 작은 회사에서 성공하는 것입니다.

진행자 소프트웨어 가든이 소프트웨어 아츠에서 얻은 경험을 바탕으로 성장할 것이라고 보시나요?

브리클린 그렇기도 하고 아니기도 합니다. 소프트웨어 아츠에서 우리는 큰 회사, 훌륭한 환경, 연구 개발 조직과 같이 여러 가지 아이디어를 시도했습니다. 저는 제품에서 엄청난 돈을 벌어늘일 필요가 있을시, 아니면 간집미를 아주 낮게 유지할지 결정했습니다. 그리고 제가 하고 싶은 일은 다른 유형의 제품을 시도하는 것입니다. 그동안 다양한 제품을 만들어 왔고, 다양한 분야에서 더 많은 일을 할 생각입니다. 한 제품이 특별히 수익성이 좋다고 판명이 나지 않는 이상, 저는 전문 분야를 강조하는 농장이 아니라 여기서 작은 정원을 가꿀 생각입니다.

저는 우편과 유통업자를 통해 제품을 판매하고 있습니다. 한 유통업자와 계약을 이미 맺었고, 더 많은 유통업자와 이야기하고 있습니다. 제품은 74달러 95센트라는 저렴한 가격으로 판매하고 있으며 홍보를 시작하려고 합니다.

진행자 새로운 제품의 이름은 무엇인가요?

브리클린 댄 브리클린의 데모 프로그램입니다. 정말 단순한 이름입니다. 그렇지 않나요? 제가 댄 브리클린 시리즈로 이름을 붙이기로 결정한 이유는 이렇게 하면 판매에 도움이 된다는 사실을 알고 있기 때문입니다. 충분히 많은 사람이 저에게 말해 주었습니다. 제가 붙인 이름은 제품이 무엇을 하는지 설명합니다. 바로 데모를 만들어 주는 제품입니다.

제품 포장은 정말로 단순합니다. 이 타이벡7 봉투를 보세요. 문서는 타이프라이터로 만들 것이지만 멋집니다. 저는 집에서 사업을 운영하기로 결정했고, 지금으로서는 보이는 그대로입니다. 디스크는 판지 상자에 쌓여 있으며 이 봉투에도 들어 있습니다. 이게 전부입니다.

저는 정말 멋진 포장 방법을 알고 있지만, 사용자로서 생각해 보면 멋진 포장이 필요할까요? 포장지는 선반에서 공간을 차지할 뿐입니다. 프로그램은 컴퓨터 안에서 동작합니다. 따라서 저는 단순하게 하기로 결정했습니다. 왜 제가 아닌 다른 사람처럼 행동하려고 노력하겠습니까?

진행자 누가 이 프로그램을 구매한다고 보시나요?

브리클린 프로그램 설계에 관여하는 모든 사람 또는 개발 과정에 관여하는 모든 사람입니다. 문서 작성자는 이 프로그램을 사용해 데모와 튜토리얼을 작성합니다. 이 프로그램을 몇 번 시도해 보면 시간 절약이라는 측면에서 본전을 뽑을 것입니다.

저는 또한 오늘날 다양한 사업의 성공 가능성을 살펴보려고 노력 중입니다. 간접비를 최대한 낮추고 좋은 제품에 좋은 인지도에 낮은 가격을 유지한다면 얼마나 많이 판매할 수 있을까요? 몇몇 사람은 그 분야에서 큰 성과를 거두어 왔습니다. 그 분야가 어떤지 알고 싶은데, 그 이유는 소프트웨어 가든에서 나오는 제품들은 다르게 만들어질 것이기 때문입니다.

진행자 항상 소프트웨어를 프로그래밍할 것이라고 생각하시나요?

브리클린 그럴 거라고 생각합니다. 저는 프로그래밍에 소질이 있는 듯합니다. 기술이 바뀔 때 어떤 일이 일어날지는 모릅니다. 아마도 제 기술은 제가 아직 많이 경험해 보지 않은 그래픽스보다는 주로 경험해 왔던 문자 기반 화면에 더 적합하겠죠. 제가 기술을 놓칠 수도 있고, 그렇지 않을 수도 있습니다.

진행자 이런 작은 유형의 소프트웨어 개발과 운영이 계속될 것이라고 생각하시나요, 아니면 소프트웨어 업계를 몇 개의 대기업이 지배하게 될까요?

브리클린 소프트웨어 시장은 대기업이 지배하지 못할 겁니다. 사람들은 자신의 프로그램을 작성하고 있습니다. 스프레드시트를 사용하는 모든 사람은 자신의 프로그램을 작성하고 있습니다. 지금은 언어가 달라졌을 뿐입니다.

밥 프랭크스턴은 전화 회사에 대한 일화를 이야기하는 것을 좋아합니다. 1920년대로 돌아가 보면, 사람들은 전화가 엄청나게 빨리 성장해 1950년에 이르면 국내 모든 사람이 교환원이 되어야 할 것이라 말했습니다. 1950년이 되자 사람들은 "하하, 틀렸네요."라고 말했습니다. 음, 사실 1920년대 사람들 말이 옳았는데요. 이유는 모든 사람이 전화기 다이얼을 직접 돌리는 교환원이 됐기 때문입니다. 기술은 모든 사람이 교환원이 되기에 충분할 만큼 작업을 쉽게 만들어 왔습니다.

프로그래밍에서도 동일한 일이 벌어지고 있습니다. 우리는 믹 사용자가 프로그래밍을 점점 더 많이 하도록 만들고 있는데 사용자는 이를 알지 못합니다. 마이크로소프트 워드에서 다양한 스타일 시트를 사용하는 것도 프로그래밍입니다. 스프레드시트 사용도 마찬가지입니다.

프로그래밍에는 가내 공업 특성이 내재되어 있습니다. 우리는 사용 가능한 도구, 운영 체제, 환경, 언어 등을 지속적으로 개선합니다. 따라서 사람들은 항상 과거에 비해 더 많은 일을 할 수 있습니다.

프로그래밍은 책을 쓰는 것과 비슷합니다. 백과사전은 많은 인원을 요구하며, 한 개인이 모든 것을 할 수는 없습니다. 요즘 나오는 몇몇 운영 체제는 백과사전입니다. 하지만 단편 소설, 장편 소설, 시도 언제나 있습니다. 만들기에 단순하고 하찮게 보일지는 몰라도 나름대로 유용합니다.

그리고 대기업은 더 나은 제품을 만들기 위한 몇 가지 아이디어를 바탕으로 작업하는 100만 명의 프로그래머를 보유할 수 있지만, 프로그래밍이 그런 식으로 동작하지 않기 때문에 그렇게 하지는 않습니다. 규모의 경제가 여기서는 존재하지 않습니다. 프로그램 이면에 숨은 아이디어는 작은 창조적인 노력에서 비롯됩니다. 단편 소설과 마찬가지로 줄거리에서 작은 사건 전환이 줄거리 이면의 전체 아이디어를 흔들 수도 있습니다. 프로그램 역시 이와 마찬가지입니다.

마케팅 측면에서는 거대한 마케팅 조직이 필요합니다. 하지만 책과 마찬가지로 마케팅 방법은 다양합니다. 독립 출판을 하거나 출판사에 맡길 수도 있습니다. 영화라면 챙겨 줄 배급사가 있습니다.

   소프트웨어 업계에서 가장 많이 팔리는 제품을 찾는다면, 대체로 극소수 사람이 작성한 제품입니다. 로터스 1-2-3는 사실상 두 사람이 설계하고 작성했는데, 상근 프로그래머 한 명과 비상근 프로그래머 한 명이 진행했습니다. 비지캘크도 마찬가지 방식으로 만들어졌습니다. 제가 생각하기에는 dBASE도 원래 한 사람이 거의 다 작성했었습니다. 패러독스도 두 사람이 작성했었습니다. 개발은 이런 식으로 진행됩니다.

진행자 소프트웨어가 완전히 새로운 영역으로 나아가리라고 생각하시나요, 아니면 스프레드시트나 워드 프로세서처럼 동일 영역에 남아 있을 것이라고 생각하시나요?

브리클린 모든 유형의 제품이 현재 개발 중입니다. 사람들은 "네트워크는 어떤가요? 제품을 서로 연결할 순 없을까요?"라고 말하고 있습니다. 맥에서 사용 가능한 저렴한 출판 시스템은 어떻습니까? 그리고 아폴로나 썬 워크스테이션처럼 더 큰 컴퓨터에서 사용 가능한 정말로 훌륭한 출판 시스템도 있습니다. 몇 년 전만 하더라도 어느 누구도 사내 출판이 컴퓨터의 주요 활용처가 될 것이라고 생각하지 못했습니다.

   사람들은 모든 것이 빨리 움직이기를 원합니다. 마우스가 상용화되는 데 얼마나 오래 걸렸나요? 15년, 아니면 조금 더 걸렸나요? 엥겔바트가 1960년대 또는 1970년대 초에 마우스를 고안했습니다. 포트란 컴파일러는 1950년대에 개발됐습니다. 지금은 이 모든 기술을 당연하게 여기지만, 실은 5년이나 10년이라는 기간에 걸쳐 상용화됐습니다. 소프트웨어는 5년 또는 10년마다 한 번씩 중요한 발전이 일어납니다. 그렇다면 왜 그렇게 자주 변경되어야 하는 걸까요?

   특정 하드웨어가 있으면 전에 없던 특정 기능을 이용할 수 있게 됩니다. 그리고 흔히 특정 하드웨어 없이도 뭔가를 할 수 있음이 밝혀집니다. 예를 들어 애플 매킨토시에서 어떤 기능을 제공했는데, 사람들이 원하면 IBM PC에도 동일한 기능이 등장하게 됩니다. 맥과 같은 새로운 하드웨어는 그 시스템이 유용하다는 사실을 입증하는 과정에 도움이 됩니다. 결과적으로 예전 하드웨어에서 처리하는 방법을 이해하는 것은 노력할 만한 가치가 있습니다.

애플 II는 이를 입증하는 또 다른 훌륭한 사례입니다. 애플 II가 나왔을 때 사람들은 애플의 가능성을 최대한 밀어붙였다고 생각했습니다. 하지만 사람들은 애플 II가 할 수 있는 더 많은 일을 끊임없이 찾아내고 있습니다. 새로운 비행기를 예상 성능을 넘어서 극한으로 몰아붙이는 테스트 조종사와 같습니다. 많은 사람이 새로운 시도를 하는 과정에서 컴퓨터를 극한으로 밀어붙여 망가뜨렸으며, 매킨토시 역시 이런 과정을 거치고 있습니다.

진행자 매킨토시의 실패 이유는 무엇이라고 보시나요?

브리클린 매킨토시에는 배를 바위에 부딪히게 해서 난파시키는 그리스 신화 속 세이렌 같은 게 있습니다. 이를테면 폰트 사용이요. 매킨토시에서 다양한 폰트를 넣으면 워드 프로세서가 상당히 느려집니다. 결국 느려 터진 워드 프로세서라는 결론을 내리는데, 이건 사용자가 원하는 바가 아닙니다. 사람들은 뭔가 빠른 것을 좋아합니다. 일단 다양한 폰트 크기를 지정하면 최종 결과물은 멋지겠지만 컴퓨터는 점점 더 느려지게 될 것입니다. 그러나 좋지 않은 제품을 만들어 내고 마는 이유는 매킨토시가 세이렌의 유혹에 빠졌기 때문입니다. 궁극적으로 이런 함정에 빠지지 않는 법을 배워야 합니다.

진행자 속도, 사용자 편의성 또는 다른 비슷한 고려 사항들이 얼마나 중요한가요?

브리클린 몇몇 제품에서는 전부 해당합니다. 이런 속도, 사용자 편의성, 다른 고려 사항이 소프트웨어 제품 그 자체를 정의합니다.

허큘리스 카드에서 동작하는 마이크로소프트 워드가 있다고 가정합시다. 어떤 작업은 정말로 느린데 마이크로소프트에서 여기에 많은 개선을 하지 않았다면 원래 성능과 비교해 훨씬 느려졌을 것입니다. 그렇게 되면 몇몇 사람에게 워드는 사용 불가능해질 것입니다. 심지어 기능이 동일할지라도 이 제품을 원하는 많은 사람이 사용을 포기할 것입니다.

저는 제품의 느낌이 매우 중요하다고 생각합니다. 로터스가 이런 사실을 보여 주었습니다. 기능이 다양하고 풍부한 콘텍스트 MBA(Context MBA)라는 제품이 있었지만, 너무 느려서 많은 사람이 사용할 생각조차 하지 않았기에 전혀 유행하지 않았습니다. 로터스가 추구한 목표는 속도였는데도 말이죠.

비지캘크는 애플 II 첫 모델에서도 동일한 속도를 냈습니다. 저는 "밥, 그다지 빠르지 않아요. 더 빠르게 만들고 싶어요. 컴퓨터에서 자동 반복을 위한 REPT(Repeat) 키9를 누른 듯이 빠르게 스크롤할 수 있어야 해요."라고 말했습니다. 저는 컴퓨터마다 다른 속도로 자동 반복된다는 사실을 몰랐습니다. 우리가 보유한 컴퓨터는 대략 중간 정도 속도였습니다. 우리는 IBM에서 동일한 느낌이 나게 시도했고, 척척 달라붙는 멋진 느낌이 든다고 알려졌습니다.

진행자 프로그래밍은 기량인가요, 아니면 과학인가요?

브리클린 음, 과학이라고 할 수도 있고 기량이라고 할 수 있습니다. 전원 설계 등과 같이 유용한 부문은 과학으로 설명할 수 있습니다. 도제 교육으로 배워야 하는 정교한 구성 요소도 있습니다. 기량은 도제 교육으로 학습합니다. 그리고 어떤 경우에는 연습이 완벽을 만듭니다. 따라서 프로그래밍은 예술과 기예에 훨씬 가깝습니다. 프로그래머가 되는 데는 보험 계리사가 되기 위한 절차가 필요 없으며 일반적으로 기예에 훨씬 가깝습니다.

개발자가 만든 특정 프로그램에서 그런 느낌이 들 수 있는데, 코드를 보면 잘 드러납니다. 공식적인 훈련을 받은 사람들이 그렇지 않은 사람들에 비해 유리할 때가 있습니다. 사람들이 학업에서 어떤 성과를 거두었는지 아는 것이 매우 도움이 되기도 합니다. 알다시피 솜씨가 뛰어난 사람도 있고 아닌 사람도 있지만, 앞서 해당 분야를 조금 배웠다면 이런 솜씨는 많은 도움을 줍니다.

진행자 프로그래밍할 때 기본적으로 매번 동일한 방법이나 접근 방식을 사용하시나요?

브리클린 아니요, 제가 작업하는 내용이 무엇인지에 따라 달라집니다. 말하자면 저는 전문가가 되려고 노력하지만 모든 사람이 꼭 그럴 필요는 없습니다. 하지만 상용 목적으로 제품을 만들고 있고 존재를 드러내고 싶다면, "저는 고수준 언어로만 프로그래밍을 합니다."나 "진짜 프로그래머는 어셈블러만 사용합니다."와 같이 자신이 하는 작업에 대해 신앙심이 두터우면 안 됩니다. 특정 상황에서 적절하다고 생각하는 방식을 그냥 수행하기만 하면 됩니다.

진행자 소프트웨어나 컴퓨터가 지금으로부터 5년이나 10년 후에 어떤 역할을 수행할까요?

브리클린 저는 지금과는 달리 두 가지 다른 유형의 컴퓨터를 보게 될 것으로 생각합니다. 하나는 오늘날 개인용 컴퓨터처럼 책상에 놓인 상자 형태입니다.

저는 미래의 개인용 컴퓨터는 현재의 데스크톱 컴퓨터와는 달리 지금 책상에 놓인 전화기처럼 변화할 것으로 생각합니다. 데스크톱 컴퓨터가 가정에서 유행하지 못한 이유는, 아시다시피 가정에서의 PC가 기업에서의 메인 프레임과 비슷하기 때문인데요. 다시 말해 별도의 공간에 놓인 컴퓨터에 접속해야 하기 때문입니다. 하지만 일반 대중은 메인 프레임에 연결해서 카드 등을 넣는 작업을 원하지 않습니다. 메인 프레임만큼 번거롭지는 않겠지만 이와 비슷하게 사람들은 서재에 있는 컴퓨터 방으로 가서 사용법이 적힌 파일을 점검하고 싶어 하지는 않을 것입니다. 말도 안 됩니다.

미래의 개인용 컴퓨터는 공책과 같아야 합니다. 저는 공책을 들고 다니는데, 컴퓨터라고 그렇게 하지 못할 이유가 무엇인가요? 그러니까 이런 새로운 형태의 제품은 우리가 알고 있는 PC와는 다를 겁니다. 컴퓨터 기술은 그처럼 모든 새로운 분야를 위해 사용될 것입니다.

지금으로부터 몇 년이 지나 음성 인식이 상당히 잘 동작한다고 가정합시다. 명령어를 이해하는 작은 테이프 녹음기가 있다면 재생 버튼을 누를 필요가 있을까요? "테이프의 마지막 5분을 재생해 줘."라고 말만 하면 됩니다. 이렇게 하려고 책상에 있는 PC에 녹음기를 연결할 필요가 없습니다. 녹음기에 컴퓨터가 내장될 것입니다.

책상에 놓인 컴퓨터는 끊임없이 향상될 것입니다. 가격이 큰 요인입니다. 복사기를 예로 들어 보죠. 옛날 복사기에 지불한 가격과 거의 동일한 가격에 새로운 복사기를 구매할 수 있지만 기능은 더 많아졌습니다. 저는 상당히 다른 구현 방식으로 만들어진 개인용 컴퓨터가 등장할 것으로 생각합니다.

포시아 아이작슨은 로봇이 중요해지는 이유가 컴퓨터가 사람을 따라다녀야만 하기 때문이라고 생각했다고 말하곤 했습니다. 컴퓨터가 사람을 따라다니게 만드는 한 가지 방법은 소형화입니다. 우리가 들고 다닐 수 있는 범위까지 컴퓨터를 소형화할 수 있다면 로봇처럼 다리를 달기 위해 고생할 이유가 있을까요? 우리는 아주 작은 공간에서 강력한 컴퓨터 능력을 발휘할 수 있는 시점에 조만간 도달할 것입니다.

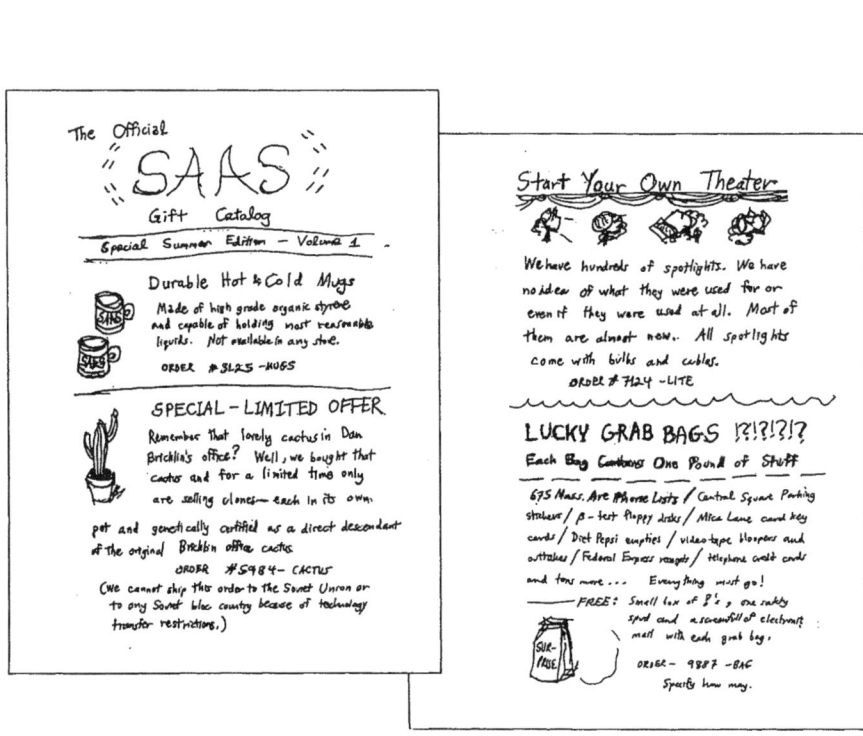

회사가 문을 닫을 때 회사가 연 경매를 위해 소프트웨어 아츠 직원이 만든 '선물 카탈로그'에서 가져온 페이지

Programmers at Work

9장

비지캘크 개발자

밥 프랭크스턴
Bob Frankston

36세인 밥 프랭크스턴은 20년 넘게 프로그래밍을 해 왔다. 프랭크스턴은 뉴욕 브루클린에서 성장했다. 10대 초반부터 프랭크스턴은 전자 공학과 컴퓨터에 깊은 관심을 갖게 됐다. 프랭크스턴은 MIT에서 두 분야에 집중했고, 1970년에 전자 공학 및 컴퓨터 과학(EECS, Electrical Engineering and Computer Science) 그리고 수학 전공으로 학사 학위를 각각 받았다. 1974년에 프랭크스턴은 MIT에서 고급 석사 학위[1]와 EECS 석사 학위를 추가로 받았다. MIT 재학 시절, 프랭크스턴은 댄 브리클린을 만나 친구가 됐다.

하버드 경영 대학원에 다니면서 전자 스프레드시트라는 아이디어를 떠올린 브리클린은 동작 가능한 프로그램을 만들기 위해 프랭크스턴에게 의지했다. 프랭크스턴은 밤낮으로 자신의 다락방에서 작업해서 브리클린의 프로토타입 설계에 따라 프로그램을 개발했다. 두 사람은 소프트웨어 아츠를 설립했고, 1979년에 비지캘크 제품을 완성할 때까지 함께 일했다. 1985년 봄, 소프트웨어 아츠가 비지코프(구 퍼스널 소프트웨어, 이후 팰러딘)와 장기간의 법정 투쟁 끝에 문을 닫자, 프랭크스턴은 로터스 디벨롭먼트의 정보 서비스 부문 수석 과학자로 합류했다.

새로운 로터스 사무실은 보스턴에서 찰스강을 건너자마자 케임브리지가에 위치했다. 그를 만나러 간 날 비가 억수같이 퍼부었는데 최근 설치된 3층 유리 지붕에서 비가 새서 오픈 로비 여러 곳에서 빗물이 떨어지고 있었다.

긴 갈색 머리에 키가 작고 검은 테 안경에 우산을 쥔 남자가 로비 문으로 들어왔다. 바로 프랭크스턴이었다. 숨이 차고 흠뻑 젖은 상태로 프랭크스턴은 내게 다가와 악수를 했다. 우리는 이사가 아직 덜 끝난 프랭크스턴의 새 사무실로 엘리베이터를 타고 올라갔다. 칸막이로 나뉜 넓게 개방된 방을 가로질러 걸어가면서 나는 빈 사무실이 많은 것을 보고서는 사람보다 사무실이 많아서 그런지, 아니면 대다수 사람이 아직 이사를 오지 않아서 그런지 궁금해졌다.

프랭크스턴의 큰 사무실은 벽을 따라 건물 한구석에 위치해 있었고 강을 바라보고 있었다. 사무실에는 큰 나무 책상 두 개와 원형 테이블 하나가 갖춰져 있었지만 의자가 없어서 그가 근처 회의실에서 의자 두 개를 집어 왔다. 그러고 나서 다시 뛰어나가서 뜨거운 커피 두 잔을 들고 왔다. 프랭크스턴은 앉은 다음에 주머니에서 구겨진 흰 종이 가방을 꺼냈다. 여기서 신선한 옥수수 머핀이 나왔고 이야기를 시작하면서 내게 나눠 주었다.

프랭크스턴이 말하고 움직이는 방식을 보면서, 나는 그가 끊임없이 바쁜 상태에 놓인 사람임을 알게 됐다. 급하고 날카로운 말솜씨로, 프랭크스턴은 이리저리 요동치는 생각을 빠르게 말했다. 뭔가를 말하지 않으려고도 했고 두뇌 회전이 빨라 보였고 생기발랄했는데 그에게는 진지한 의도가 있었다. 밥 프랭크스턴은 스스로를 공학적인 의미에서 창조자로 생각하지만, 나는 그가 또한 항상 청자 입장에서 사물을 설명하려고 노력하는 교사 같다는 느낌도 들었다. 대화 도중에 프랭크스턴은 내가 그에게 던진 질문만큼 많은 질문을 내게 하는 것 같았다.

> 로터스 이후 1990년대에는 마이크로소프트에서 일했다. 현재는 컴퓨팅 기술의 민주화와 연결성에 깊은 관심을 가지고 여러 글을 발표하고 있다. 그의 웹사이트(*https://www.frankston.com/*)에서 지금까지 쓴 글을 볼 수 있다.

진행자 **어떻게 컴퓨터 소프트웨어 사업에 뛰어들게 됐나요?**

프랭크스턴 1963년에 저는 중학생이었는데 과학용 컴퓨터인 IBM 1620 사용법을 배우기 위해 뉴욕에 있는 대학 과목을 들었습니다. 그때 경험이 제 안의 창의성을 일깨웠습니다. 저는 제가 변화를 일으킬 수 있음을 느꼈고 프로그래밍의 유연성도 마음에 들었습니다.

진행자 **프로그래밍은 예술인가요, 과학인가요, 도구인가요, 아니면 숙련을 요하는 전문성인가요?**

프랭크스턴 그 모두에 해당합니다. 우리는 비지캘크를 개발하기 위해 회사를 설립하면서 소프트웨어 아츠라고 이름을 붙였습니다. '예술과 공학은 어떻게 다른가?'가 더 나은 질문입니다.

진행자 차이점을 설명하신다면요?

프랭크스턴 각각은 크게 다르지 않습니다. 공학에서 뭔가 잘못했을 때 쉽게 알 수 있는 이유는 뭔가 무너져 내리기 때문입니다. 하지만 훌륭한 공학은 훌륭한 예술과 다르지 않습니다. 얼마나 잘 이해할 수 있을까요? 얼마나 제대로 유지 보수할 수 있을까요? 간단한가요, 아니면 불필요하게 복잡한가요? 그것을 어떻게 파악하죠? 이런 면에서 예술과 공학은 비슷합니다. 순수 예술에서는 운영을 위한 테스트가 적기 때문에 슬쩍 묻고 넘어가기가 쉽습니다. 반면 공학은 더 현실적이며 뭔가 '해야'만 하는 일이 있습니다. 한 번만 동작한 다음에 다 허물어질까요? 버그를 수정하면 더 많은 버그를 만들어 낼까요? 더 좋은 공학도일수록 더욱 심미적인 경향이 있으며, 컴퓨터가 예술과 비슷할수록 잘 동작할 가능성도 높아집니다.

진행자 컴퓨터 프로그램에서 미학적으로 가장 만족스러운 부분은 무엇인가요?

프랭크스턴 기준이 하나만 존재하지는 않으며 여러 구성 요소를 종합적으로 고려합니다. 프로그램이 이해하기 쉬운가, 우아한가, 단순히 분리된 조각이 쌓인 게 아니라 기본적인 이해와 이상적인 정교함을 보여 주는가, 쉽게 수정하고 개발하고 변경할 수 있는가 등을 봅니다.

진행자 비지캘크와 소프트웨어 아츠는 당신의 첫 번째 성공작이었습니다. 프로그램과 회사는 어떻게 만들어졌나요?

프랭크스턴 댄 브리클린과 저는 비지캘크를 작성하고 있었는데, 동업자 관계로 일하는 것보다 회사를 만들어 등록 상표를 보호하는 편이 더 바람직하다고 느꼈습니다. 소프트웨어 아츠라는 이름을 생각해 낸 건, 제가 농담처럼 '켄터키 프라이드 피시'라고 부르던 식당에서였을 겁니다. 소프트웨어 아츠 사무실은 제 아파트 다락방이었습니다. 브리클린이 학교에 다녀서 저는 프로그래밍을 했고 브리클린은 설계와 평가를 맡았습니다.

진행자 당신과 댄 브리클린이 비지캘크에 미래를 걸기로 결심했던 이유는 무엇인가요? 어느 누구도 예전에 이와 같은 프로그램을 만들지 않았습니다.

프랭크스턴 음, 우리는 필요한 배경지식이 충분히 있었습니다. 브리클린은 DEC에서 일했고 DecMate II라는 이름으로 여전히 팔리는 DEC 워드 프로세서를 만들어서 화면 인터페이스에 익숙했습니다. 원래 아이디어는 텔레비전 화면과 휴대용 계산기를 합쳐서 화면상의 사물을 원격으로 가리키는 것이었습니다.

진행자 텔레비전 아이디어에서 최종 제품으로 발전하기까지 과정이 얼마나 오래 걸렸나요?

프랭크스턴 여러 달이 걸렸습니다. 프로그래밍을 시작해 처음으로 시연하기까지 대략 4주가 걸렸고, 제품을 출시하기까지는 10개월이 더 걸렸습니다. 그러나 이 모든 시간을 프로그래밍에 투입하지는 않았습니다. 우리는 동시에 회사도 설립하고 있었습니다.

진행자 비지캘크 프로그램이 언론에 소개된 후에 나온 반응에 놀라셨나요?

프랭크스턴 글쎄요, 성공은 그렇게 빨리 오지 않았고 2년 정도 걸렸습니다. 우리는 사람들이 비지캘크가 무엇인지 이해하는 데 실망스러울 정도로 오래 걸렸다고 생각합니다. 많은 사람이 여전히 이해하지 못합니다. 예를 들어 사람들은 비지캘크를 프로그래밍 언어로 보지 않으며 그런 관점으로 이해하지도 않습니다.

진행자 비지캘크를 개발하고 있을 때 큰 성공을 거둘 것이라는 사실을 깨달았으셨나요?

프랭크스턴 아니요, 우리는 비지캘크가 유용하게 쓰일 멋진 프로그램이며, 회사원이 되는 것보다 이 일이 더 낫다고 생각했습니다. 새로운 기계를 만드는 것과 같이, 사람들이 사용할 뭔가를 만들어 내는 작업이 특히 재미있었습니다. 일단 사람들이 제품을 사용하게 되면, 프로그래밍뿐 아니라 미적 감각과 사용성에도 관심이 생기게 됩니다. 컴퓨터가 유용하다는 가정을 기반으로 하는 일종의 전향 활동이었으므로 우리는 사람들이 컴퓨터를 활용하게끔 노력했습니다.

진행자 스프레드시트, 워드 프로세서, 기타 다른 프로그램에서 변형 제품이 늘 나올 것이라고 생각하시나요?

프랭크스턴 물론입니다. 영원히 변형 제품이 나올 것입니다. 사람들은 상형 문자를 여전히 사용합니다. 아이디어는 사라지지 않습니다. 아이디어는 형태를 바꾸고 다른 아이디어와 합쳐집니다.

진행자 댄 브리클린을 여전히 만나시나요?

프랭크스턴 예, 저랑 그렇게 멀리 떨어져 살지 않습니다. 저는 많은 오랜 지인들을 여전히 만납니다. 브리클린은 방에 혼자 앉아서 간접비가 아주 적게 드는 프로그래밍을 더 즐기겠다고 결심했습니다. 저는 더 많은 자원이 필요한 뭔가를 만들고 싶습니다.

진행자 미래 컴퓨터는 오늘날과 같은 방식으로 계속 사용될 것이라고 생각하시나요?

프랭크스턴 아니요, 기본적으로 저는 컴퓨터가 사라질 것이라고 생각합니다. 컴퓨터는 지능형 에이전트나 장비가 될 것입니다. 개인용 컴퓨터는 관심을 잃고 사라질 것입니다. 점진적인 변화가 있을 것입니다. 잠시 동안은 PC라는 형태로 개인에게 맞춰진 컴퓨터 사용 환경이 유행하겠지만, 결코 궁극적인 발전이라 볼 수 없습니다. 사람들은 물리적으로 계산이 어느 부분에서 수행되는지 모르는데, 누가 이렇게 큰 상자를 책상 가운데 놓기를 원하겠습니까?2

진행자 그렇다면 이런 변화의 결과로 컴퓨터가 점점 더 사용하기 쉬워지면 소프트웨어에 어떤 변화가 생길 거라고 예상하시나요?

프랭크스턴 점점 더 많은 소프트웨어가 항상 필요하게 될 것이고, 우리가 할 일은 프로그램을 더 쉽게 작성할 수 있게 만드는 것입니다. 그러면 대다수 프로그래머가 쓸모없어질 것입니다. 좋은 예로 비프로그래머들은 이미 비지캘크를 프로그래밍 언어로 사용해 프로그래밍하고 있습니다. 전화기 사용법을 완벽히 익힐 수 있는 사람이라면 누구나 확실히 프로그램을 만들 수 있습니다.

진행자 하지만 그렇더라도 오늘날 대다수 프로그래밍은 상대적으로 작은 그룹에서 수행합니다. 여느 사용자들과 달리 훌륭한 프로그래머가 되기 위해서는 무엇이 필요할까요?

프랭크스턴 뭔가 좋아지려면 무엇이 필요할까요? 좋은 프로그래머가 되기 위해서는 무엇이 필요할까요? 두 가지 요소가 조화를 이뤄야 하는데 규율이라는 요구에 정신적으로 대응할 수 있어야 하며, 그에 더해 어리석은 행동을 하지 않을 능력이 있어야 합니다. 보기 드문 조합이지만 전혀 신비롭지 않습니다.

좋은 프로그래밍 역량은 가르칠 수 있습니다. 좋은 프로그래머는 프로그래밍을 즐기고 관심을 가져야 하고, 그래야 더 많은 내용을 배우려고 노력할 것입니다. 또한 좋은 프로그래머는 미적 감각을 지녀야 하며 그에 더해 뭔가 잘못했음을 인지하는 책임감과 언제 이런 미적 감각을 어겨야 할지에 대한 예리한 인식이 필요합니다. 죄책감은 개발자가 프로그램을 개선하고 미적 감각에 더 부합하게 만들기 위해 더욱 열심히 일하는 데 도움이 됩니다.

진행자 프로그래밍을 예술과 비교한다면 집필, 조각, 회화, 작곡 중 어떤 유형과 비교할 수 있을까요?

프랭크스턴 음악 그리고 다양한 형태의 예술을 할 때 우리는 규칙 내에서 작업하려고 노력하면서도 몇몇 측면에서는 규칙을 뛰어넘기도 합니다. 음악에는 많은 규칙이 있는데 프로그래밍과 마찬가지로 언제 규칙을 깨고, 언제 규칙을 따라야 할지 알아야 할 필요가 있습니다.

작가들에게는 글을 쓸 때 개요부터 작업하도록 가르칠 수 있겠습니다. 그게 작품의 체계를 잡는 데 도움이 된다면요. 프로그래밍 분야에는 가르칠 수 있는 조직적인 기법이 많습니다. 조각가라면 무게 중심에 대해 잘 알아야 하며, 최소한 직관적인 감각이라도 가져야 합니다. 그렇지 않으면 작품이 넘어지면서 누군가를 죽일지도 모릅니다.

예술 세계에서는 사람들이 자신의 작품을 어떻게 해석할지 스스로에게 묻기도 합니다. 예술가들은 특정한 지각적인 인상을 심으려 노력합니다. 많은 예술가가 작품의 주제를 서로 다르게 본다고 생각합니다. 프로그래머들도 마찬가지죠. 글쓰기가 됐든 프로그래밍이 됐든, 의사소통할 때 자신이 말한 내용을 다른 사람이 이해해야만 합니다. 스스로에게 프로그램을 설명할 수 없다면, 컴퓨터에서 프로그램이 올바로 동작할 가능성도 매우 희박합니다.

진행자 컴퓨터 과학은 어느 정도로 과학인가요?

프랭크스턴 컴퓨터 과학이라는 용어는 과도하게 사용되고 있습니다. 저는 오히려 소프트웨어 공학, 계산 공학, 정보 공학이라고 지칭하고 싶습니다. 제가 공학적으로 바라보는 경향이 있는 이유는 단순히 공학이 덜 순수하기 때문입니다. 하지만 프로그래밍에는 분명히 과학적인 측면이 있습니다. 저는 컴퓨팅을 더 좁은 용어로 봅니다. 많은 과학은 상호 작용의 복잡성을 이해하는 것입니다. 그러나 프로그래밍 자체를 바라본다면, 프로그래밍은 공학적인 규율에 더 가까운 경향이 있습니다.

진행자 프로그래밍할 때 어떤 작업 전략을 사용하시나요?

프랭크스턴 프로젝트에서 어디로 향할지 개략적인 감을 얻는 것이 중요합니다. 저는 이렇게 감으로 시작해서 여러 아이디어에 대해 잠시 숙고하고, 진행하기 위한 프레임워크를 개발하는 경향이 있습니다. 그러고 나서 동작하는 뼈대를 만듭니다. 이런 방식은 즉각적인 만족감을 주며, 동시에 접근 방식을 시험하거나 필요하면 재작업할 수 있는 수단이 됩니다. 프로그램은 유기적이라고 말할 수 있는데 저는 프로그램을 성장시켜 갑니다. 마지막으로, 프로젝트가 모든 원칙이 정립된 단계로 진입하면, 그다음에 모든 세부 사항이 출시 가능한 상태로 다듬어졌는지 확인해야 합니다.

진행자 20년 전에 시작했을 때보다 지금 프로그래밍이 더 쉬워졌나요?

프랭크스턴 저는 더 쉬워졌다고 생각하지만, 또한 더 복잡한 프로젝트를 해결하려고 노력하고 있습니다. 현대적인 컴퓨터를 사용하면 과거에 감당하기 어려웠던 일을 할 수 있는 기회가 더 많이 생깁니다. 학교 학생으로 따지면 저는 스스로를 B학점 학생이라고 봅니다. 과목은 중요하지 않습니다. 흥미 있는 과목이라면 저는 A를 받겠지만, 그렇지 않다면 B를 받습니다. 이건 제 기준이고 과목의 난이도는 아닙니다. 같은 의미로 프로그래밍에서 저는 제가 가진 도구로 최대한 많은 일을 하려고 노력할 것입니다.

진행자 프로그래밍을 할 때 특정 단계에서 머릿속에 전체 프로그램을 넣고 다니시나요?

프랭크스턴 보통 느낌만 머릿속에 넣고 다닙니다. 어떤 경우에는 더 많은 맥락을 담기도 하고, 어떤 경우에는 더 적은 맥락을 담기도 합니다. 작은 사안을 여기저기 추가하면서 맥락을 상세히 다듬는 기간이 더 깁니다.

진행자 프로그램에 주석을 많이 다시나요?

프랭크스턴 코드가 얼마나 분명한지에 달려 있습니다. 언어 수준이 높아질수록 작성하는 주석도 적어집니다. 저는 가독성 높은 코드를 만들고 작성하려 노력합니다. 말이 되는 관용구만 사용하며, 뭐가 됐든 제가 하는 작업이 명백하지 않다고 생각하면 주석을 추가합니다.

　다른 사람들에게서 제 코드를 개선하기 쉽다는 이야기를 들었는데, 저는 실제로 남들이 개선하기 쉽게 프로그램을 작성합니다. 또한 부작용을 너무 많이 걱정할 필요가 없도록 코드를 개선하며, 지역적인 변경을 가할 수 있게 코드를 작성합니다. 주석은 주로 갑작스러운 상황에 대한 경고 목적으로 작성합니다.

진행자 프로그램에 대한 아이디어는 어디서 얻으시나요?

프랭크스턴 제가 하고 싶은 프로젝트로부터 얻습니다. 프로그램은 다른 사람이 유용하다고 생각하는 것과 관련이 있어서, 다른 사람들과 이야기를 나눠야만 합니다. 저는 진공 상태에서 작업하지 않습니다. 유용한 도구를 만들기 위해 사람들과 함께 일하는 편입니다. 작업이 어떻게 이루어지면 좋을지 컴퓨터를 이용해 아이디어를 전달합니다.

진행자 현재 진행 중인 프로젝트는 무엇인가요?

프랭크스턴 음, 도구와 제품을 결합한 프로젝트입니다. 저는 새로운 방향에서 작업하고 있습니다. 단순한 프로그래밍을 넘어 오래된 문제 영역에서 제품을 만들려고 노력하는 중입니다.

진행자 프로그래밍에서 가장 어려운 부분은 무엇인가요?

프랭크스턴 가장 어려운 부분은 다양한 기준으로 판단할 수 있습니다. 일반적으로 저는 올바른 관점 또는 방향 감각을 찾으려 노력하지만, 이는 프로그래밍에만 해당하지는 않습니다. 글쓰기와도 비슷한데 설명을 어느 정도로 해야 올바른 수준일지, 잘못된 부분은 없는지, 지나치게 정교하게 만들었는지 하는 것들입니다. 프로그래밍에서 가장 어려운 부분은 제품의 출시 준비, 제품의 정상 동작, 제약 조건 충족입니다.

진행자 많은 프로그래머를 동원해 프로젝트를 시작하는 건 어떻게 다른가요? 역학 관계는 어떤가요?

프랭크스턴 작가 10명과 함께 기사 하나를 작성하려 시도해 보신 적이 있나요? 이는 모든 프로젝트의 일반적인 역학 관계와 다르지 않습니다. 문제는 더 큰 프로젝트를 수행할수록 다른 많은 사람들과 함께 작업할 수 있어야 하며, 설계와 문제 해결에 대해 임시변통으로 접근할 수 없게 된다는 점입니다. 최종 결과를 늘 염두에 두고 사람들에게 목표와 규칙을 제시하지만, "이는 나쁜 아이디어입니다. 그 대신 이런 식으로 진행합시다."라고 개입해서 말하지 말아야 합니다. 너무 많이 개입하면 대다수 사람은 제대로 반응을 보이지 않는다는 사실을 발견하게 될 겁니다.

진행자 젊은 프로그래머들에게 어떤 조언을 해 주고 싶으신가요?

프랭크스턴 기본적으로 뭔가 많이 안다고 가정하지 말고, 늘 배우고, 가정에 대해 의문을 품기 바랍니다. 자신감은 유지하지만 겸허하게 뭔가 잘못하고 있다고 가정하기 바랍니다. 잘못했구나 느끼는 정도면 됩니다. 지나치면 아무것도 할 수 없으니까요. 미적 감각을 기를 수 있을 정도여야 합니다. 조금 더 깊이 이해하려고 노력하십시오. 한번 해 보고 무언가를 얻었다고 해서 더는 이해해야 할 것이 없다고 가정하지 마십시오.

현재 컴퓨터 부문에서 직면한 문제 중 하나가 베이식으로 작업해서 결과를 얻는 바람에 실제로는 막 시작했을 뿐인데 컴퓨터를 이해한다고 여기는 착각이 만연해 있는 것이라고 생각합니다. 사람들이 세상을 다루는 방법이나 심리학에서 배운 내용이 프로그래밍에 많이 반영되어 있음을 발견하곤 합니다. 궁극적으로 컴퓨터로 작업하는 건 일의 과정이 전반적으로 어떻게 진행되는지 이해하려고 노력하는 것입니다. 프로그램은 하나의 작은 조각에 불과합니다. 하지만 호기심이 약간 필요합니다. 호기심이 적은 상태로도 프로그래밍은 가능하지만, 호기심을 가지고 새로운 이해 방법을 배우려고 노력하는 것이 이상적입니다.

진행자 인공 지능에 대해 어떻게 생각하시나요?

프랭크스턴 문제는 요즘 들어 '인공 지능'이라는 표현이 과장되고 있는 상황입니다. 상황을 좀 더 잘 이해한다면 '지능'이라는 용어 사용이 꺼려질 것입니다. 많은 상용 전문가 시스템은 너무 커서 쉽게 해결하지 못하는 의사 결정 테이블에 불과합니다. 여기에는 신비로운 내용이 하나도 없습니다. 저는 인지 과정을 이해하고 일반적인 시스템에 따라 사고할 수 있다는 측면에서 인공 지능을 더욱 흥미롭게 보는 편입니다.

저는 인공 지능이 복잡한 문제를 해소하는 방법을 이해하려고 시도하는 과정에 적용된다는 점에서 인공 지능에 열광합니다. 우리는 인간 지능으로부터 많은 것을 배울 수 있는데 썩 좋지 않은 컴퓨팅 엔진일지도 모르는 두뇌로 인상적인 결과를 어떻게든 보여 주기 때문입니다. 이런 지능을 이해하는 과정에서 우리는 복잡성을 다루기 위한 원칙을 개발하고 있습니다. 컴퓨팅 분야에서 오늘날 달성한 업적 상당수는 인공 지능에 관한 탐구에서 비롯됐다고 해야 타당할 것 같습니다.

진행자 IBM PC에 대해 어떻게 생각하시나요?

프랭크스턴 근사합니다. 비슷한 제품들이 치열한 경쟁을 벌이고 있습니다. 나이가 들더라도 저는 많이 보급되고 제가 지렛대로 삼을 수 있는 환경에서 프로그래밍을 하고 싶습니다. 현재 IBM PC는 엄격한 제약 사항이 많습니다. 질문은 바로 '우리가 얼마나 영리하게 이런 제약 사항을 회피하고 넘어설 것인가?'입니다. 저는 더 큰 영역에서 목표를 달성하기 위해 스스로를 밀어붙이는 과정에서 흥분을 느낀다고 생각합니다. 프로그래밍 자체는 목표가 아닙니다.

Programmers at Work

10장

로터스 1-2-3 개발자

조너선 색스
Jonathan Sachs

```
/*
Cubic spline fitting - Ellis-McLain Method
Jonathan Sachs
22-Oct-85

This method generates a single-valued function from an ordered set of x,y data.
It produces the best results when used on smooth functions since it reduces
discontinuities in the second derivative.

The findgrad procedure is called first to determine slopes at each data
point.  This step may be omitted if slopes are already given for each data
point.  Next the coeff procedure is called for each interval to generate the
coefficients of the cubic polynomial that fits the data in that interval.

Reference:

Ellis, T.M.R. and McLain, D.H. (1977) "Algorithm 514 - A new method of cubic
curve fitting using local data".  ACM Transactions on Mathematical Software,
Volume 3, pages 175-178.
*/

/*      find gradient at each data point

        findgrad(x,y,grad,n)

        x       n-vector of x coordinates of data points
                values must be in increasing order with no two equal

        y       n-vector of y coordinates of data points

        grad    returned n-vector

        n       number of data points (must be at least 4)
*/
findgrad(x,y,grad,n)
double x[];
double y[];
double grad[];
int n;
{
    int i,iless2,iless1,iplus1,iplus2;
    double x0,x1,x2,x3,x4,y2;
    double prod1,prod2,num,denom,g;
    double coeff2,xdiff,xprod,weight;
```

색스는 x, y 데이터의 순서 있는 집합에서 일가 함수를 생성하는 짧은 프로그램을 작성했다. 전체 프로그래밍 목록은 부록을 참고하자.

1947년에 태어난 조너선 색스는 뉴잉글랜드 동부 해안 지역에서 성장했다. 색스는 MIT에서 수학 학사 학위를 취득했다. 색스는 MIT에서 총 14년 동안 배우고 일했다. MIT에 다니는 동안 프로그래머로서 색스의 경험은 광범위했다. 색스는 우주 연구 센터, 인지 정보 처리 그룹, 의공학 센터에서 일했다. 색스는 의공학 센터에서 일하는 동안 STOIC 프로그래밍 언어를 개발했다.

1970년대 중반 색스는 데이터 제너럴에서 일하기 위해 MIT를 떠났고, 데이터 제너럴에서는 운영 체제 개발을 주도했다. 그다음에는 데이터베이스 제품으로 알려진 회사인 컨센트릭 데이터 시스템스(Concentric Data Systems)를 공동 창업했다. 조너선 색스는 경이적인 성공을 거둔 로터스 1-2-3 스프레드시트 프로그램을 제작해 명성을 얻었다. 1981년에는 미치 케이포와 팀을 이뤄 스프레드시트 프로그램을 홍보했고, 1982년 4월에 직원 여덟 명으로 로터스 디벨롭먼트를 설립했다. 1983년 1월 26일에 로터스는 IBM PC용 1-2-3를 출시했다. 같은 해 4월 26일, 1-2-3는 소프트셀(Softsel) 베스트셀러 목록에서 처음으로 1위에 올랐고, 그 이후에도 줄곧 상위권에 머물고 있다. 1-2-3는 비지캘크를 대체하는 첫 프로그램이었다. 1984년에 색스는 로터스를 떠나 자신의 회사를 설립했다.

쏟아지는 가을비를 뚫고 나는 조너선 색스가 알려 준 약속 장소인 케임브리지 서쪽 지역으로 향했다. 전달받은 사무실 단지를 찾아다닌 끝에, 조너선 색스 앤드 어소시에이츠(Jonathan Sachs and Associates)라는 평범한 명판이 있는 문 앞에 도착했다. 나는 더 웅장한 건물을 기대했었다.

문을 두드리고 큰 방 하나로 구성된 사무실로 들어갔다. 배경 음악으로 재즈가 연주되고 있었다. 깔끔한 흰색 벽에는 미국 사진작가 앤설 애덤스의 작품이 걸려 있었다. 울 스웨터와 코르덴 바지를 입은 키가 크고 희끗희끗한 수염의 신사가 컴퓨터 터미널 앞에서 일어나 부드러운 목소리로 나를 반겼다. 로터스 1-2-3를 개발한 색스였다. 나는 가죽으로 된 라운지 의자에 앉았고, 색스는 IBM AT 전원을 내리고 이야기를 나누기 위해 의자를 빙글 돌렸다.

> 1993년 디지털 라이트 앤드 컬러(Digital Light & Color)를 창업해 픽처 윈도와 DoF라는 제품을 개발하고 있다.

진행자 대학교에 다닐 때 프로그래밍을 시작하셨나요?

색스 예, 저는 1964년 MIT 신입생일 때 프로그래밍 입문 과정을 수강했습니다. 그 후 프로그램을 작성하는 여름 인턴 프로그램에 몇 차례 참여했습니다. 한 해에는 우즈 홀(Woods Hole)에서, 또 한 해에는 제트 추진 연구소에서 일했습니다. 그리고 저는 돈을 벌기 위해 4학년 중간에 학업을 중단하고 프로그래머로도 일했습니다. 프로그래밍은 제 상품성을 높이는 기술이었지만, 처음부터 프로그램에 미쳐 있지는 않았습니다.

진행자 어떤 이유 때문이었나요?

색스 우선 한 가지 이유를 들자면, 저는 원래 포트란으로 배치 프로그램을 만들고 있었는데요. 포트란에 나쁜 감정은 없지만 프로그램을 하루에 단 몇 차례만 돌릴 수 있다는 사실이 상당히 답답했습니다. 4학년 과정을 중단했을 당시, 저는 MIT 우주 연구 센터에서 위성 데이터를 분석했습니다. 이후 샌프란시스코에 갔는데 3개월 동안 직업을 구하지 못해서 학위를 받기 위해 돌아왔습니다. 돌아온 첫날 MIT에서 흥미로운 시간제 일자리를 구했는데, 인지 정보 처리 그룹에서 일하는 것이었습니다. 이 그룹에서는 시각 장애인을 위해 문서를 읽어 주는 기계를 개발하고 있었습니다. 저는 PDP-9 미니컴퓨터로 작업했고 스캐너로 페이지를 읽는 문자 판독 부분 개발을 도왔습니다.

그때 저는 정말로 프로그래밍에 관심을 가지게 됐습니다. 앉아서 차근차근 컴퓨터와 직접 대화를 나눌 수 있는 첫 번째 직업이었습니다. 기대하는 바에 따라 즉시 반응하는 컴퓨터 앞에 앉으면 정말 신바람이 납니다. 그 경험은 전기가 오르듯이 짜릿했습니다. 지금도 저는 이 짜릿한 느낌을 생생하게 기억합니다.

진행자 MIT로 돌아와서 학위를 받기로 결정한 이유는 무엇인가요?

색스 막 시작하는 사람이 학위 없이 직장을 구하기는 매우 어려웠습니다. 그리고 MIT는 예전부터 친숙하고 안전한 공간이었습니다.

학위를 받고 나서 저는 우주 연구 센터로 돌아왔습니다. 거기서는 엑스레이 위성을 쏘아 올릴 계획을 하고 있었고, 전화선을 거쳐 들어오는 데이터의 일부를 분석하기 위해 누군가 미니컴퓨터를 다뤄 주기를 원했습니다. 저는 컴퓨터를 담당했고 모든 시스템 프로그래밍 작업을 수행했습니다. 대학원생들이 몇 가지 분석 프로그램을 작성했고, 저도 다른 분석 프로그램을 작성했습니다.

위성이 성공적으로 발사되고 난 후, 저는 컴퓨터 사용 시간을 더 이상 확보하지 못해서 그곳을 떠나 MIT 의공학 센터에서 일했습니다. 이 센터에서는 8080 칩으로 만든 의료 장비를 개발하고 있었습니다. 사람들은 이 장비를 위한 프로그래밍 언어를 누군가 개발하기를 원했습니다. 그래서 저는 포스를 변형한 STOIC이라는 언어를 작성했습니다.

진행자 STOIC이라고 부른 이유는 무엇인가요?

색스 STOIC은 스택 기반 상호 대화식 컴파일러(stack-oriented interactive compiler)라는 뜻입니다. 저는 가장 좋은 두문자 조합을 찾기 위해, 가능한 모든 첫 글자로 칠판을 가득 채운 끝에 STOIC을 생각해 냈습니다. STOIC은 아직도 현장에서 쓰입니다. STOIC은 퍼블릭 도메인으로 풀렸고 가끔 언급됩니다. 실제로 엡손이 소프트웨어 개발에 STOIC을 사용했을 겁니다.

어쨌든 MIT에서 총 14년 동안 지낸 후 저는 떠날 때가 왔다고 결정했습니다. 저는 관리 업무를 배우고 싶어서 데이터 제너럴에서 운영 체제 개발을 관리하는 일자리를 구했습니다. 그곳에서 2년 반 정도 머물렀습니다. 여기서 제가 관리 업무를 별로 좋아하지 않는다는 사실과 결코 절대로 다시는 운영 체제를 개발하고 싶지 않다는 사실을 깨달았습니다. 지금은 불평을 늘어놓았던 사람들에게 미안한 감정을 느낍니다.

진행자 직접 운영 체제를 개발하셨나요, 아니면 프로그래머 팀을 관리하셨나요?

색스 한때 여덟 명이 팀에 있었습니다. 제가 데이터 제너럴을 떠나고 얼마 후에 제 상사인 존 헨더슨 역시 데이터 제너럴을 떠났고, 나중에 우리 두 사람은 컨센트릭 데이터 시스템스라는 작은 컨설팅 회사를 차렸습니다. 우리는 몇 가지 프로그래밍을 하청받아 진행했고, 데이터 제너럴 하드웨어에서 동작하는 스프레드시트도 작성했습니다. 하지만 우리가 스프레드시트로 돈을 벌지 못할 것이라는 사실은 금세 명백해졌습니다. 물론 우리가 스프레드시트를 작성할 당시에는 좋은 아이디어처럼 보였지만 말입니다.

이와 같은 회사 내부 상황 때문에 초기에 헨더슨과 맺은 관계가 불안정해졌습니다. 헨더슨은 돈이 되는 하청 작업을 수행하고 있었고, 저는 돈이 되지 않는 제품을 개발하고 있었습니다. 기술자 두 명이 한 회사를 운영하려고 시도하는 바람에 문제가 불거졌습니다. 우리는 마케팅을 해야 할 때 기술 쟁점을 두고 논쟁을 벌였습니다. 그래서 우리는 갈라섰고 저는 예전 제품에 기반해 또 다른 스프레드시트를 개발할 권리를 얻었습니다.

저는 마케팅 분야에서 성공을 거둔 미치 케이포에게 이 스프레드시트를 가져갔습니다. 케이포는 비지플롯과 비지트렌드라는 개인용 소프트웨어를 판매하며 로열티를 받고 있었습니다. 케이포는 무엇이 필요한지 알고 있었고 저는 그것을 어떻게 해야 하는지 알고 있었습니다. 우리의 사업 관계는 꽤 잘 풀렸습니다.

진행자 그 시점에는 단지 아이디어만 있었나요, 아니면 프로그램을 이미 완료했나요?

색스 스프레드시트는 이미 완료되어 있었고 한 달 만에 C로 변환했습니다. 그 후 제품은 한 번에 조금씩 진화하기 시작했습니다. 실제로 초기 아이디어는 1-2-3 최종 버전으로 마무리된 제품과 비교하면 큰 차이가 있었습니다.

진행자 스프레드시트의 초기 아이디어는 무엇이었나요?

색스 프로그래밍 언어를 스프레드시트에 넣고 싶었습니다. 하지만 그런 제품만으로 순수 스프레드시트에 근접하는 큰 시장을 개척하기 어렵다는 현실을 금방 깨달았습니다. 나중에 우리는 매크로 언어를 덧붙여서 프로그래밍 언어라는 아이디어의 일부를 되살렸습니다.

로터스 1-2-3는 원래 스프레드시트, 그래픽, 워드 프로세서를 포함할 예정이었습니다. 그 과정에서 우리는 콘텍스트 MBA 프로그램의 시제품을 봤습니다. 그 프로그램의 워드 프로세서 부문이 늦어지면서 전체 프로그램 개발도 난관에 부딪혔습니다. 그래서 저는 워드 프로세서를 만드느라 힘을 빼느니 스프레드시트에 데이터베이스 기능을 추가하는 편이 훨씬 좋을지도 모른다는 생각이 들었습니다. 게다가 그 방식이 훨씬 쉬웠습니다.

마치 주의 깊은 시장 조사를 거쳐 의사 결정을 한 것처럼 보이지만 실제로는 그렇지 않았습니다. 우리가 1-2-3를 개발하는 데 사용했던 방법론은 제품의 성공과 관련이 깊었습니다. 예를 들어 1-2-3는 처음부터 동작하는 프로그램으로 시작했고, 개발 전반에 걸쳐 계속해서 동작하는 프로그램으로 남아 있었습니다. 저는 그 무렵 거의 혼자 일하고 있었습니다. 당시 제가 살았던 홉킨턴에 사무실이 있었고, 한 주에 한 번 사무실에 새로운 버전을 들고 갔습니다. 버그가 있으면 다음 버전에서 즉시 수정했습니다. 또한 로터스에 있던 사람들은 계속해서 이 프로그램을 사용하고 있었습니다.

큰 프로그램을 개발하기 위한 표준적인 방법론과 정확히 반대로 진행했습니다. 표준적인 방법론에 따르면 엄청난 시간을 소비해서 기능 명세를 작업하고 모듈을 분해하고 각 모듈을 여러 사람에게 나눠서 개발하게 만들고 이 모든 작업이 완료되면 전체 모듈을 통합합니다. 이런 방법론을 사용할 경우에는 거의 마지막이 될 때까지 동작하는 프로그램을 얻지 못한다는 문제가 있습니다. 무엇을 원하는지 정확히 안다면 표준 방법론도 좋습니다. 하지만 뭔가 새로운 작업을 할 때에는 예상치 못한 온갖 문제가 튀어나옵니다. 어쨌든 제가 택한 방법론은 개발 과정에서 특정 지점에 도달한 이후라면 원할 때 언제든지 제품을 출시할 수 있는 방식이었습니다. 프로그램에 모든 기능이 탑재되지 않았더라도, 우리는 그때까지 만든 버전이 제대로 동작할 것이라는 사실을 알고 있었습니다.

진행자 그런 유형의 개발의 단점은 무엇인가요?

색스 프로그래밍에 대한 점진적인 접근 방식은 프로그램 개발 인원이 두 사람 또는 최대 세 사람을 넘어서는 경우에 제대로 동작하지 않습니다. 하지만 프로그래머가 세 사람만으로 충분한 경우는 없습니다. 프로젝트가 점점 커짐에 따라 재즈를 연주하는 음악가들처럼 팀 접근 방식으로 가야만 합니다. 팀 접근 방식에 반대할 생각은 없지만 이런 방식이 제 주특기는 아닙니다.

진행자 프로그램을 만들 때 증증이 쌓아 가면서 시스템을 구축하는 방식을 여전히 사용하시나요?

색스 그렇습니다. 저는 혼자 일할 때 항상 그런 식으로 작업을 수행합니다. 일단 프로그램을 동작하게 만들고 나서야 기능을 추가하기 시작합니다.

진행자 1-2-3가 오늘날과 같은 큰 성공을 거둘 것이라고 예상하셨나요?

색스 케이포는 1-2-3의 성공을 굳게 믿고 있었습니다. 제 입장은 성공해도 좋고, 성공하지 않아도 좋다였습니다. 저는 여전히 봉급을 받고 있었고, 큰 위험을 감수한다고 느끼지 않았습니다. 케이포가 투자를 받으려고 했을 때 사람들에게 이 제품이 컴퓨터 업계의 판도를 뒤바꿀 것이라고 말했던 사실을 기억합니다. 솔직히 저는 케이포가 그렇게 믿었다고 생각하지는 않았습니다. 그의 말은 일종의 과대광고였습니다. 하지만 그 예언은 현실이 되었습니다.

진행자 1-2-3가 정말로 성공하기 시작했을 때 충격을 받으셨나요, 아니면 바로 다른 일을 시작하셨나요?

색스 솔직히 말해서 1-2-3의 성공은 저에게 그다지 큰 영향을 미치지 않았습니다. 1983년 2월 버전 1 출시 직후 저는 버전 1A 작업을 시작했고, 이 버전은 다른 컴퓨터에 이식 가능하도록 드라이버 형태를 갖췄습니다. 우리는 더 많은 프로그래머를 고용해 이식 작업을 돕게 했고, 몇몇 새로운 관리자는 일상적인 운영 업무를 넘겨받았습니다. 우리 중 몇몇은 리틀턴에 사무실을 얻어 심포니 개발을 시작했습니다.

진행자 로터스 사무실에서 벌어지는 온갖 혼란스러운 상황에서 벗어나고 싶어서였나요?

색스 그렇습니다. 상당한 집중력이 필요하기 때문에 어느 정도 침묵이 없이는 심포니가 요구하는 프로그래밍 강도를 맞출 수 없었습니다. 전화벨 소리와 사람들 발자국 소리로부터 벗어나야 했습니다. 그런데 심포니를 절반 정도 개발하고 나자 모든 것에 진절머리가 났습니다. 스프레드시트는 기존 로터스 1-2-3만으로 충분한 데다, 심포니의 진행 방식이 행복하지 않았습니다. 심포니가 너무 크고 복잡해지는 것 같았습니다. 저는 작고 간단한 것을 좋아합니다. 그래서 저는 케임브리지에 있는 로터스 사무실로 돌아가서 몇 가지 다른 프로젝트를 진행했습니다. 그리고 나서 1984년 말에 로터스를 떠나 제 회사를 시작했습니다.

진행자 지금은 어떤 일을 하고 계시나요?

색스 제가 관여한 작업 중 유일하게 상업적 가치가 있는 제품은 워드 프로세서입니다. 대략 한 달 정도 작업해서 시제품 상태까지 발전시켰습니다. 저는 로터스가 특별히 워드 프로세서에 관심을 보인다고는 생각하지 않았습니다만, 분명히 그들도 관심을 가지게 될 겁니다. 이 제품은 처음에는 아주 작은 범위에서 시작했지만 진행되면서 점점 더 커졌습니다. 이제 저는 거의 모든 개발을 다른 사람들에게 하청을 주고 프로젝트를 위한 아키텍트로만 활동합니다. 또한 저는 환경 관련 일을 수행하는 민간 재단을 설립해 여기 뉴잉글랜드에서 환경 운동에 참여하고 있습니다. 이런 활동이 제 시간의 상당한 부분을 차지합니다. 저는 여가를 즐기듯이 컴퓨터 작업을 합니다. 심지어 지금은 휴가도 갑니다.

진행자 지쳐 떨어져서인가요, 아니면 단지 휴식이 필요했을 뿐인가요?

색스 1-2-3를 개발하는 10개월 동안은 먹고 자고 일만 했습니다. 제가 다른 모든 작업을 미뤄 두어야 했던 이유는 시간이 없었기 때문이었습니다. 저는 아직도 완전히 벗어나지 못했습니다. 대기업에서 요직을 맡으면 압박도 상당합니다. 한순간도 긴장을 풀 수 없습니다. MIT에 있었을 당시 한 번에 한두 달 정도 집중적으로 열심히 일하곤 했지만, 10개월 연속으로 집중한 적은 없었습니다. 여러 달 동안 이 정도 압박을 받고 작업을 하면 많은 면에서 스스로를 망가뜨리게 됩니다.

진행자 프로그래밍은 좁은 범위에 높은 집중력을 요하는데, 많은 사람에게 적합한 일은 아닌 것 같습니다.

색스 그렇죠. 기질적으로 프로그래밍에 적합하지 않은 사람도 많습니다. 그런 사람들은 안절부절못하거나 긴장합니다.

진행자 프로그래밍을 좋아하시나요, 아니면 설계자나 아키텍트가 되는 편을 선호하시나요? 매일 앉아서 코드를 작성하시나요?

색스 저는 전체 프로젝트, 설계, 구현을 좋아합니다. 모든 구성 요소에 통제권을 확보하고 싶습니다. 협업은 잘하지 못하는 편입니다.

진행자 로터스 1-2-3를 작성할 때 프로그래밍에서 가장 큰 문제 또는 가장 어려운 부분은 무엇이었나요?

색스 진실을 말하자면 기술적인 관점에서 1-2-3는 복잡한 프로그램이 아닙니다. 저는 어떤 것도 새로 고안할 필요가 없었습니다. 과거에 사용했던 코드와 아이디어를 재사용했습니다. 기술적으로 유일하게 흥미로운 부분은 재계산과 알고리즘의 자연스러운 순서입니다. 이를 고안한 사람은 제가 아닙니다. 어느 여름에 우리는 릭 로스를 고용했는데 재계산 문제가 로스가 박사 학위를 받으면서 수행했던 주제와 비슷하다는 사실을 알게 됐습니다. 즉, 리스프에서 가비지 컬렉션을 실행하는 작업과 관련이 있었습니다. 로스는 자신의 기존 연구를 사용해 1-2-3 프로그램이 재계산하는 방식을 수정했습니다.

진행자 대학교에서 수학 교수를 하지 않은 이유는 무엇인가요?

색스 수학은 너무 어렵습니다. 저는 문제의 시각화가 가능한 지점까지만 수학을 활용할 수 있습니다. 문제가 추상적으로 변하면 더는 작업하지 못합니다. 하지만 제 머릿속에 상을 만들 수 있는 문제라면 뭐든 할 수 있습니다.

진행자 컴퓨터 프로그램을 작성할 때도 동일한 과정을 거치시나요?

색스 아마도 그럴 겁니다. 뭔가 15년 동안 수행하고 나면 과정에 대해서는 의식하지 못하게 됩니다.

진행자 15년 전보다 지금 프로그램을 작성하기가 더 쉬워졌나요?

색스 프로그래밍이 지난 15년 동안 그다지 많이 변하지는 않은 듯합니다. 일단 어느 정도 경험을 쌓고 나면, 심지어 모든 중간 단계를 생각하지 않고도 아이디어에서 바로 프로그램으로 옮겨 갈 수 있으며, 이런 과정은 자동으로 수행됩니다.

진행자 무엇이 훌륭한 프로그래머를 만든다고 생각하시나요? 핵심은 재능인가요, 아니면 훈련인가요?

색스 재능, 기질, 동기, 노력으로 이뤄진다고 봅니다. 상당히 많은 사람이 짧은 시간 내에 성과를 거두기를 기대하지만, 그렇게 성공한 사람을 그다지 많이 보지는 못했습니다. 성공은 같은 일을 계속 반복하는 데서 옵니다. 매번 조금씩 배우고 다음번에 조금 더 잘하게 되는 법입니다. 저는 경력 초기부터 광범위한 분야에 걸쳐 흥미로운 여러 직업을 경험할 수 있어서 엄청나게 운이 좋았습니다. 오늘날에는 시작부터 광범위한 경험을 얻기가 점점 더 어려워지고 있습니다. 그 이유는 직업이 이미 세분화됐기 때문입니다. 사람들은 상당히 일찍부터 전공을 정해 버리는 경향이 있습니다.

진행자 예를 들어 과학 연구 프로젝트를 위한 프로그램 작성과 스프레드시트 프로그램 작성 사이에 큰 차이점이 있나요?

색스 저는 거의 모든 프로그램이 놀라울 정도로 비슷하다는 사실을 발견했습니다. 몇 가지 기초 알고리즘, 반복문, 조건문이 있지만 궁극적으로는 모든 것이 같은 과정으로 귀결됩니다.

진행자 일반적으로 프로그램에 주석을 많이 다시나요?

색스 여러 해 동안 저는 주석을 다는 스타일을 한 가지로 정했습니다. 대부분의 프로그램을 상당히 작은 모듈로 분해하고, 모듈의 설명과 입출력에 대해 자세히 주석을 남깁니다. 이게 제가 다는 주석의 전부입니다. 일단 모듈 크기를 상당히 작게 줄이면, 각 모듈의 모든 내부 동작을 문서화하기 위해 노력할 필요가 없어집니다. 다른 프로그래머가 이렇게 구성된 코드를 보기만 해도 무엇인지 알 수 있어야 합니다. 제가 오래전에 작성한 코드를 지금도 다시 읽을 수 있는 이유는 이런 방식으로 주석이 달려 있기 때문입니다.

진행자 정해진 일상이 있나요?

색스 저는 한 번에 몰아서 일하지 않고 매일 조금씩 일합니다. 1-2-3를 개발할 때에는 매일 열심히 일했습니다. 프로그래머에게 꼬리표처럼 따라다니는 전형적인 이미지와는 달리 저는 이른 아침에 많은 작업을 합니다.

진행자 사무실에서 일하시나요, 아니면 집에서 일하시나요?

색스 짧은 기간 동안 집에서 일한 적도 있지만 거의 어느 곳에서도 일할 수 있습니다. 저는 어느 정도까지는 소음이 있든 없든 상관없이 일할 수 있습니다. 저는 사람의 목소리가 믿을 수 없을 만큼 주의 집중을 방해한다는 사실을 깨달았는데, 그것만 아니면 어렵지 않게 일할 수 있습니다.

진행자 프로그램에서 코드를 볼 때 미적으로 보기 좋거나 아름답다고 생각하는 핵심은 무엇인가요?

색스 C로 프로그램을 만든다면 적절한 들여쓰기가 중요하고, 기억하기 좋게 변수 이름을 붙여 나중에 무엇인지 이해할 수 있도록 해야 한다고 생각합니다. 올바른 프로그램이라면 단순함과 대칭성을 가지고 있습니다.

진행자 누군가 당신이 만든 프로그램을 보고 당신이 작성했다는 것을 알 수 있을까요?

색스 몇몇 사람은 알 수 있습니다. 누군가의 스타일을 알아차릴 수 있다는 것은, 프로그램 작성자가 누구인지 알려 주는 지표를 읽을 수 있다는 뜻이라고 생각합니다.

진행자 프로그래밍에 대한 자신의 접근 방식을 설명해 주세요.

색스 먼저 저는 기본적인 프로그램 틀에서 시작해서 여기에 내용을 더해 나갑니다. 또한 저는 언어의 복잡한 기능을 사용하지 않으려 노력합니다. 예를 들어 제가 사용하는 텍스트 편집기는 15년 전에 MIT에서 작성했던 프로그램으로부터 파생된 버전입니다. 아주 단순한 명령어만 지원하지만 제가 필요로 하는 모든 것을 갖추고 있습니다. 최근에 C로 재작성되어서 제가 사용하는 모든 새 컴퓨터에 텍스트 편집기를 이식해서 갖고 갈 수 있습니다. 저는 제가 직접 작성하지 않았거나 저에게 통제력이 없는 도구와 프로그램을 사용하는 것을 좋아하지 않습니다. 마음에 들지 않는 부분이 있으면 변경할 수 있어야 하기 때문입니다. 저는 대체로 프로그램을 단순하게 유지하려 노력합니다.

 몇몇 사람은 모든 명령어를 최적화하는 데 능숙합니다. 이런 사람들은 코드의 작은 조각 하나도 극도로 줄일 수 있습니다. 반대편 끝에 있는 몇몇 사람은 알고리즘과 실제 구현에 대해서만 생각합니다. 저는 중간 어딘가에 위치하고 있습니다. 저는 코드를 극도로 줄이는 작업에 능숙하지 않습니다. 그런 식으로 작성하면 변경할 때마다 전체 프로그램을 풀어내고 다시 작성해야 한다는 사실을 여러 해에 걸쳐 깨닫게 됐습니다. 하지만 조금만 물러서서 중요한 지점 몇 군데만 코드를 아주 엄격하게 유지한다면, 프로그램 작성 후 유지 보수가 훨씬 쉬워집니다.

진행자 프로그램을 만드는 방식에 특히 영향을 준 사람이 있나요?

색스 많은 사람이 영향을 주었습니다. 저에게 처음으로 영향을 미친 사람은 에릭 젠슨입니다. 젠슨은 PDP-1으로 작업했습니다. 젠슨은 저보다 나이가 너덧

살 많았으며 그의 경력은 컴퓨터가 대학교 캠퍼스에 처음으로 등장했을 무렵으로 거슬러 올라갑니다. 젠슨은 매우 흥미로운 인물입니다. 그는 한 가지 분야에 너무 뛰어나서 무서울 정도였는데, 제 주변에는 그런 사람이 몇 명 되지 않습니다.

예를 들어 젠슨은 지금까지 제가 본 사람 중에서 특정 코드 조각을 아주 작게 만드는 데 가장 뛰어났습니다. 초창기 컴퓨터에는 전등과 스위치가 많이 달린 콘솔이 있었습니다. 젠슨은 스위치로 프로그램을 입력할 수 있었습니다. 콘솔에 앉아 한 손으로 버튼을 조작해 메모리의 다음 위치에 내용을 집어넣었습니다. 그는 모든 스위치를 한 손으로 젖힌 다음에 마치 몇 초마다 피아노로 화음을 연주하듯이 조화롭게 여러 스위치를 눌렀습니다. 이런 광경은 매우 인상적이었습니다. 저는 젠슨 덕분에 미학의 가치를 배웠고 일을 수행하는 데 옳고 그른 방식에 대한 감각을 익힐 수 있었습니다.

저는 또한 다른 사람의 프로그램을 살피면서 많이 배웠습니다. 예를 들어 포트란 코드로 구성된 거대한 패키지인 IBM 과학 하위 루틴 패키지(Scientific Subroutine Package)를 읽다가 여러 가지 요령을 배웠습니다. 저는 책을 많이 읽었고 다른 사람의 아이디어를 보고 흡수했습니다. 저는 특별히 창의적인 사람은 아닙니다. 제 진짜 기술은 아이디어를 가져와 통합해서 멋진 패키지를 만드는 것입니다. 제가 새로운 기술을 발명할 수 없다는 이야기가 아니라 저는 이런 작업에 이례적일 정도로 우수하지는 않다는 이야기입니다.

진행자 컴퓨터가 앞으로도 오늘날 하는 일을 동일하게 수행할 것이라고 생각하시나요?

색스 혁신의 속도는 다소 느립니다. 정말 새로운 아이디어는 10년에 몇 개 정도 나올 뿐입니다. 사람들이 종이테이프 같은 옛날 기술에 대해 불평하지만 사실 몇몇 기술은 정말 뛰어납니다. 시간이 지나도 많은 진보가 일어날지는 잘 모르겠습니다.

진행자 왜 그렇게 생각하시나요?

색스 글쎄요. 실제 사례를 하나 살펴보겠습니다. 예로 PDP-9을 들어 보죠. PDP-9은 속도가 PC와 거의 비슷하지만, 아주 빠른 고정 헤드 디스크를 장착하고 있었습니다. PDP-9의 운영 체제는 매우 단순했습니다. PDP-9은 현재 운영 체제에 있는 몇 가지 기능이 빠져 있지만 엄청나게 빨랐습니다. PDP-9은 상당히 큰 프로그램을 몇 초 만에 어셈블할 수 있었습니다. 심지어 IBM PC AT에서도 어셈블하려면 몇 분 기다려야 합니다. 기술이 발전함에 따라 점차 늘어나는 시스템의 보편성과 비효율성이 기술 발전에서 얻은 이익의 대부분을 상쇄해 버리고 있습니다. 여전히 어셈블러로 프로그램을 작성하고 컴퓨터를 통제하면 아주 좋은 성능을 얻을 수 있습니다. 이게 바로 기본적으로 1-2-3가 동작하는 방식입니다.

예를 들어 만일 1-2-3가 운영 체제에서 지원하는 기능만 사용하도록 작성됐다면 상당히 느려졌을 것입니다. 그러니까 요컨대 컴퓨터가 정말로 발전하고 있다고 보기는 어렵습니다. 사실상 1-2-3 이후에 PC 또는 AT보다 더 나은 프로그래밍 개발 환경이 나올 것으로 예상했습니다. 그래서 우리는 썬 워크스테이션을 몇 대 구매했습니다. 저는 썬 워크스테이션이 엄청나게 퇴보했다는 사실을 발견했습니다. 썬 워크스테이션은 컴파일 속도가 AT보다 전혀 빠르지 않았습니다. 다양한 신형 프로세서가 등장하고 있지만 사용자들이 모든 기능을 원한 결과로 모든 것이 느려지는 바람에 CPU 성능 개선 효과를 상당 부분 상쇄해 버렸습니다.

진행자 언젠가 거의 모든 사람이 가정에 컴퓨터를 한 대씩 들여놓을 것이라고 생각하시나요?

색스 아마 그럴 겁니다. 컴퓨터가 점점 작아지고 접근성도 높아지고 있습니다. 많은 하드웨어 회사에서 큰 칩 하나로 모든 칩을 대체할 수 있게끔 IBM PC의 위력을 갖춘 단일 칩을 개발하고 있다는 소문이 들려옵니다. 따라서 저는 당연히 모든 가정에서 컴퓨터를 볼 수 있을 것으로 생각합니다.

진행자 인공 지능에 대해 어떻게 생각하시나요?

색스 저는 인공 지능이라는 용어가 많이 오용되어 왔다고 생각합니다. 지능이 있는 프로그램을 작성하려 시도할 때에는 필연적으로 벽에 부딪힙니다. 초기 단계에서는 많은 프로그램을 쉽게 개발할 수 있지만, 곧 양상이 갑자기 믿기 어려울 정도로 어려워지는 지경에 이릅니다.

예를 들어 MIT는 모스 코드를 인식하는 컴퓨터를 만들고 싶었습니다. 자, 모스 코드는 선과 점으로 구성되지만 사람이 보낼 때에는 점이 조금 길 때도 있고 선이 조금 짧을 때도 있습니다. 사람은 100% 정확도로 모스 코드를 인식하는데, 점과 선을 해석하는 방식은 읽기와 비슷합니다. 사람들은 텍스트를 읽을 때 개별 글자를 보지 않죠. 각 글자가 오류가 있거나 잘못 적혀 있을 수 있는데도요. 그렇게 하지 않고 단어와 문장을 보고 전체적으로 파악합니다. 여기가 바로 엄청나게 많은 정보가 제공되는 지점입니다. 모스 코드에서는 무엇이 점이고 무엇이 선인지 이해하는 것뿐 아니라 문장이 무엇을 말하고 메시지가 무엇을 의미하는지 이해하는 것이 중요합니다. 여태껏 진전이 없는 분야입니다. 음성 인식이 됐든, 컴퓨터가 도와주는 언어 번역이 됐든, 문자 인식이 됐든 의미를 이해하는 것은 지능이 있는 프로그램을 개발하는 과정에서 항상 큰 걸림돌이었습니다. 어떻게 보면 어느 누구도 경험을 얻고 뭔가를 배우는 프로그램을 작성하는 방법을 알지 못합니다.

진행자 컴퓨터를 뭐라고 여기시나요? 기계인가요, 아니면 단순히 큰 계산기인가요?

색스 확실히 컴퓨터는 도구입니다. 객관적으로는요. 하지만 컴퓨터는 또한 장난감이며 재미있습니다. 사람들은 컴퓨터와 상호 작용할 수 있습니다. 그리고 올바르게 사용한다면 환상적인 일이 일어날 것입니다.

Programmers at Work

11장

로터스 심포니 개발자

레이 오지
Ray Ozzie

레이 오지는 1955년 11월 20일에 태어나 시카고 근방 파크 리지에서 성장했다. 그는 어배너에 소재한 일리노이 대학교에서 컴퓨터 과학을 공부했다. 대학 시절 전 세계에 걸쳐 거의 1000대의 단말이 연결된 컴퓨터 기반 교육 시스템인 PLATO[1]를 개발했다.

오지는 1978년에 대학교를 졸업한 후, 보스턴 근처에 위치한 데이터 제너럴에서 조너선 색스의 부하 직원으로 일했고 그곳에서 소형 비즈니스 시스템을 개발했다. 그 후 데이터 제너럴을 나와 비지캘크를 만든 소프트웨어 아츠로 이직해, 마이크로컴퓨터와 소프트웨어 세계에 발을 디뎠다. 1년 반 넘게 소프트웨어 아츠에서 일한 그는 조너선 색스, 미치 케이포와 함께 일하기 위해 로터스로 옮겼다. 로터스에서는 심포니를 개발했고 나중에 심포니 팀의 프로젝트 리더가 됐다. 심포니 프로젝트를 완료한 다음에는 자신의 회사인 아이리스 어소시에이츠(Iris Associates)를 설립했고 로터스와 계약을 맺어 소프트웨어를 만들었다.

이 책을 집필하는 현재 레이 오지는 아내 다우나 부스케, 아들 네일과 함께 보스턴 교외의 시골에서 살고 있다.

레이 오지는 젊고 밝고 열정적인 사람이다. 우리는 로터스 신사옥에서 만나기는 했는데 오지는 자신의 회사인 아이리스 어소시에이츠를 설립해 로터스에서 맡긴 하청 개발을 하고 있었다. 독자적인 사업을 하는 게 그의 전체 경력에서 중요한 목표였다. 오지는 길고 힘든 시간을 견디며 인내심과 이해심을 발휘해 준 아내 다우나 부스케에게 진심으로 공을 돌리며 감사해한다. 오지의 움푹 들어간 눈동자와 이마가 보이게 뒤로 넘겨 빗은 갈색 곱슬머리, 잘 다듬은 수염은 마치 유럽 사람 같았다. 친절하고 솔직한 태도로, 오지는 대학에서 PLATO 시스템을 만든 것부터 로터스에서 심포니를 만든 일, 자신의 회사를 시작한 일까지 자신이 쌓아 온 프로그래밍 경력에 대해 몇 시간 동안 이야기했다. 오지는 컴퓨터 소프트웨어의 미래가 어떤 방향으로 흘러갈지에 대한 통찰은 물론이고 초보 프로그래머를 위한 조언을 풀어놓았다.

> 이후 아이리스는 1994년 로터스에, 로터스는 1995년 IBM에 인수된다. 레이 오지는 IBM에서 몇 년간 근무하다 퇴사 후 그루브 네트워크를 창업한다. 2005년 마이크로소프트가 그루브 네트워크를 인수하면서 레이 오지는 CTO에 임명되고 애저 서비스가 탄생하는 데 큰 역할을 한다. 2010년 마이크로소프트에서 맡았던 모든 직책에서 물러난 이후 2012년 톡코를 창업했다가 마이크로소프트에 매각하고 2020년 블루스 네트워크를 창업한다.

진행자 좋은 프로그램을 만드는 기술이 있나요?

오지 저는 엄격한 구조, 다시 말해 매우 일관성이 있고 깨끗한 구조가 좋다고 생각합니다. 또한 고도로 모듈화되고 계층화된 소프트웨어가 좋다고 생각하며, 많은 파일과 디렉터리를 아낌없이 사용하는 것이 좋다고 봅니다. 구성 요소를 따로 분리해서 만들어야 한다면, 인터페이스가 훨씬 두드러지므로 정형화해야 할 필요가 있습니다.

많은 인원이 프로그램을 개발하는 경우 프로젝트 초기 단계부터 전역 오류 처리, 인수 전달, (모든 사람이 동의하지는 않겠지만) 하위 루틴 작명 관례를 수립하는 것이 매우 중요합니다. 하지만 코드에 주석을 다는 법, 중괄호를 사용하는 법, 코드를 들여쓰기 하는 법을 결코 다른 사람에게 강요해서는 안 된다고 생각합니다. 다만 누군가 다른 사람의 모듈로 작업할 때에는 그 사람의 관례를 사용하는 편이 좋습니다. 다른 사람과 함께 일하는 방법을 배울 수 있기 때문입니다.

아이디어를 교환하는 환경은 열려 있어야 합니다. 설계 회의는 매우 열띠고 진지한 토론의 장이 되어야 합니다. 저는 많은 훌륭한 설계자들이 매우 고집 있고 자신이 옳다고 생각하는 바를 옹호하는 경향이 있지만, 또한 언제 어떻게 물러설지도 알고 있음을 깨달았습니다. 훌륭한 설계자들은 'NIH(Not Invented Here)' 증후군에 빠지지 않습니다.

진행자 현재 작업 중인 프로젝트에 대한 아이디어를 어떻게 생각해 내셨나요?

오지 현재 진행 중인 프로젝트를 공개적으로는 언급할 수 없지만, 대다수 제품은 연이어 모방하고 개량하는 식으로 설계되며, 한 사람의 '아이디어'만으로 만들어지지는 않습니다. 이번 프로젝트는 사람들이 일하는 과정에서 컴퓨터를 더 효율적이고 즐겁게 사용하게끔 돕는 제품을 만들고 싶은 바람에서 시작했습니다.

사람들은 문제 해결이 아니라 단지 돈을 벌기 위해 프로그램을 작성하려는 성향이 있습니다. 이런 사람들은 혁신을 추구하는 대신 이미 존재하는 뭔가를 살펴보고는, "에이, 내가 이 제품보다 훨씬 잘 만들 수 있어."라며 모방하려 노력합니다. 더 나은 스프레드시트를 개발하는 과정에서 많은 노력과 돈이 낭비되고 있지만, 세상은 57종에 이르는 스프레드시트를 요구하지 않습니다. 저는 이 업계에서 정말 큰 성공을 거둘 마지막 기회는 이미 지나갔다고 생각합니다. 백만장자의 꿈이 사라지고 나면 사람들은 수직 시장을 훨씬 진지하게 받아들이고 아무도 원하지 않는 제품으로 큰돈을 벌려고 노력하는 대신 특정 응용 분야를 위한 소프트웨어를 개발할 것입니다.

우리는 모방 제품을 만들지 않습니다. 저는 수많은 사람에게 우리 제품이 정말로 유용할 것이라 믿습니다. 하지만 많고 적고를 떠나서 사람들이 행복해지고 생산성이 높아진다면, 우리는 우리 일을 제대로 한 것입니다.

진행자 소프트웨어 제품에 대한 아이디어가 떠오를 때, 원활하게 개발해 적시에 배포할 수 있을 것이라는 확신이 드시나요?

오지 예, 저는 제가 할 수 있다고 확신합니다. 저는 제 역량을 알 수 있을 만큼 경험을 충분히 쌓아 왔습니다. 프로그래밍과 무관한 관리자가 운영하는 복잡한 프로젝트는 엎어질 때가 있습니다. 그 이유는 관리자가 프로젝트 구성 요소의 복잡성이나 프로그래머의 개성을 이해하지 못하기 때문입니다. 소프트웨어 프로젝트 관리자들은 자신을 위해 일하는 사람들을 이해해야 합니다. 저는 저와 함께 일하는 사람들의 가족 관계나 생활 방식, 일하는 습관을 최대한 파악하고 있습니다. 저는 정시에 출퇴근하면서 프로젝트를 완료할 수 없다는 사실을 압니다. 또한 전체 프로젝트 기간 동안 하루 24시간 내내 일하도록 사람들을 압박할 수 없다는 사실도 압니다. 하지만 마감이 촉박할 때 사람들이 24시간 내내 일하기를 기대할 수 있다는 것을 알고 있습니다. 또 언제 긴장을 풀어 주어야 할지도 알고 있어야 합니다.

저는 또한 경험이 풍부하고 전에 비슷한 과정을 겪어 본 사람들과 일하는 편을 선호합니다. 프로그래머에게 특정 과업을 완료하는 데 필요한 시간을 예측해 달라고 요청하고, 그 대답을 기준으로 예측한 다음, 그와 일했던 경험을 바탕으로 재조정합니다. 많은 초급 프로그래머들은 저에게 턱없이 빗나간 추정치를 줍니다. 그리고 나서 경험이 점점 쌓임에 따라 안정적인 근무 습관과 현재 동기 수준에 기반해 자신만의 일정 오차 범위를 학습하게 됩니다.

진행자 우수한 인력 관리 기법이 마감 일정을 맞추고 고품질 제품을 만드는 핵심으로 보입니다. 어떻게 그렇게 관리할 수 있나요?

오지 많은 관리자들은 프로그래머들과 일하기 어렵다고 생각합니다. 하지만 저는 그런 문제를 거의 겪지 않았습니다. 문제는 대부분 관리자가 명령을 내리거나 과도한 통제를 가할 때 일어나는 듯합니다. 프로그래머들은 상당히 창의적이고 스스로 결정하고 스스로 동기 부여하는 사람들입니다. 이런 특성을 사전에 이해하고 중요한 명분이 있을 때에만 프로그래머들의 작업에 개입해야 합니다. 팀의 일상을 편하게 하기 위해 특별히 애를 쓴다면, 프로그래머들은 중요한 시점에 그런 노력을 기억할 것입니다.

환경은 프로그래밍에 도움이 되어야만 합니다. 사람마다 선호하는 작업 환경이 다릅니다. 우리에게는 우리가 감당할 수 있는 최고의 장비를 갖춘 멋진 사무실이 적합한데, 방마다 스테레오 시스템과 항상 가득 차 있는 냉장고가 있으면 됩니다. 아이리스에서는 몇몇 팀원이 집에서 일하기를 좋아해서 일터와 동일한 장비를 집에도 똑같이 설치해 놓았습니다.

프로그래머들은 자신이 동료들(또는 관련된 관리자)만큼 일하는지 걱정할 필요가 없어야 합니다. 불안감이 동기에 부정적인 영향을 미칠 수 있기 때문입니다. 프로그래머들은 자신이 팀의 일원이라고 느껴야 합니다. 따라서 팀을 정말 작게 유지해야 하고 더불어 가능하다면 계층 구조를 피하는 것이 중요합니다.

진행자 조금 전에 경험이 풍부한 사람을 선호한다고 언급하셨습니다. 정확하게 무슨 의미인가요?

오지 경험을 풍부하게 쌓으려면 다양한 과업을 진행해 봐야 합니다. 대학교를 졸업하고 할 수 있는 최선의 방법은 1년 정도 뭔가 집중적으로 해 본 다음에, 컴퓨터 과학 내에서 완전히 다른 영역으로 옮기는 것입니다. 예를 들어 운영 체제로 시작한 다음에 네트워크, 그래픽, 컴파일러, 데이터베이스 분야로 옮겨서 여러 방면으로 익숙해지면 됩니다. 다방면에 능통한 프로그래머는 장기적으로 시장성과 유용성이 훨씬 높아집니다.

학교를 갓 졸업한 많은 사람의 경우 상당히 높은 수준의 제품 설계와 개발을 독립적으로 하는 데 필요한 지식과 경험의 폭이 좁습니다. 경험이 풍부한 프로그래머는 박학다식하며, 자신의 능력과 생활 방식을 잘 이해하고 있고, 추상적인 사고 역량을 갖추고 있으며, 다른 사람과 함께 작업할 수 있고, 스스로 동기 부여가 되어 있고, 의욕이 충만합니다.

진행자 어떻게 프로그래밍을 시작하게 됐나요?

오지 1969년, 고등학교 신입생일 때 프로그램을 시작했습니다. 수학 선생님 중 한 분이 우리에게 보여 주기 위해 교실에 프로그래밍 가능한 계산기를 들고 오셨는데요. 올리베티-언더우드 프로그래마 101^{2}이었습니다. 우리가 그 멋지고 작은 장난감을 보고 흥미로워하리라고 생각하셨나 봅니다. 선생님은 계산기를 사용하고 싶으면 찾아와도 된다고 말씀했습니다. 우리 중 몇 명이 그렇게 했고 그 계산기의 능력을 탐구하는 데 많은 시간을 보냈습니다.

우리는 또한 선생님들이 각자 작은 장난감을 가지고 있다는 사실을 알았습니다. 수학과 사무실에는 학군 내에 배치되어 있던 제너럴 일렉트릭 모델 400이라는 시분할 시스템과 연결된 텔레타이프가 있었습니다. 수학 선생님 여럿이 동작 방식을 배우려고 시도하면서 텔레타이프를 활용했습니다. 당연히 우리도 이런 활동에 참여하고 싶어서 암호를 얻는 방법을 찾아 베이식과 포트란으로 몇 가지 프로그래밍을 즐겼습니다. 좋은 시간을 보내긴 했지만 결국에는 다른 활동들에 시간을 빼앗기는 바람에 컴퓨터에 대한 흥미를 잃어버렸습니다.

진행자 **다른 활동들은 무엇이었나요?**

오지 저는 고등학교 때 무대 기술과 전자 공학(electronics)에 관심이 있었습니다. 개설된 모든 전자 공학 과목을 들었고 전자 기술자로 여름 동안 일했습니다. 어배너에 소재한 일리노이 대학교에 다닐 때에는 전기 공학(electrical engineering)을 공부해야겠다고 생각했습니다. 1학년과 2학년은 전기 공학을 공부하면서 보냈습니다.

전기 공학 과목을 더 많이 듣기 시작하면서, 전기 공학이 제가 생각했던 것과 완전히 다르다는 사실을 깨닫게 됐습니다. 저는 전자 제품을 땜질하기를 즐겼지만, 수학적인 이론은 전혀 내키지 않았습니다. 컴퓨터 과학과에 있던 친구 하나가 저에게 프로그래밍 과목을 들어 보라고 설득했을 때, 마침 저는 새로운 전공을 찾고 있던 중이었습니다. 저는 프로그래밍 과목을 사랑했습니다. 우리에게 주어진 컴퓨터 문제는 재미있고 쉬웠습니다. 심지어 저는 모든 개념을 이해하지 못했음에도 전자 공학을 좋아했을 때와 같은 이유로 프로그래밍도 좋아했습니다. 저는 컴퓨터로 뭔가 작은 것을 만들 수 있었습니다. 이번에는 작은 전자 장치가 아니라 프로그램이었습니다. 정말 좋았습니다.

진행자 **그래서 컴퓨터 프로그래밍에 푹 빠지셨나요?**

오지 프로그래밍 과목도 좋았지만 정말로 제가 푹 빠진 것은 캠퍼스에 있던 PLATO라는 컴퓨터 시스템이었습니다. 이 시스템을 발견하자마자 사용하고 싶어 안달이 났습니다. 저는 접근 권한을 얻는 방법 중 하나가 그 시스템을 사용하는 과목을 듣는 것이라는 사실을 알게 됐습니다. 그래서 해당 과목을 신청하고 PLATO를 사용하기 시작했습니다.

제 진정한 프로그래밍 경력은 PLATO에서 시작됐습니다. 시스템 프로그래머로서 PLATO에 접근하면서 프로그래밍 습관이 길러졌습니다. 매일 밤 10시부터 PLATO를 사용할 수 있었는데 저와 같은 소수의 사람들은 컴퓨터 사용 시간이 끝나는 오전 6시까지 밤새워 일했습니다. 우리는 이런 작업을 몇 년 동안 수행했습니다. 정말로 즐거웠습니다.

컴퓨터에 자유롭게 접근하게 된 순간부터 학교 공부에는 관심을 기울일 수 없었습니다. 사실 제가 학교를 중요하게 여긴 유일한 이유는 컴퓨터를 사용하는 습관을 유지하려면 수강 신청을 해야 했기 때문입니다. 만일 학교에서 쫓겨나면 저는 더 이상 컴퓨터를 사용할 수 없게 될 것이었습니다. 저는 모범생은 아니었지만 가까스로 버텼습니다. 대학교를 졸업하는 데 5년 반이 걸렸습니다.

진행자 졸업 후에 학생에서 시스템 프로그래머로 어떻게 도약하게 됐나요?

오지 PLATO를 사용하면서 처음으로 정치가 중요하다는 교훈을 얻었습니다. 학생으로서 PLATO에 접근하기 위해 9달 동안 싸운 뒤, 저는 프로그램에 능숙하거나 프로그램을 즐기는 것만으로는 충분하지 않다는 사실을 자각하기 시작했습니다. 뜻을 이루려면 정치에 능해야 합니다. PLATO 시스템 사용과 관련해 매우 엄격한 특권 계층이 있었던 이유는 모두가 PLATO에 접근하고 싶어 했기 때문입니다.

진행자 그런 상황이 벌어진 게 너무 많은 사람이 PLATO를 사용하고 싶어 해서였다고 생각하시나요, 아니면 PLATO가 일종의 신비한 물건이어서 대학 당국에서 사람들이 만지기를 바라지 않아서였다고 생각하시나요?

오지 아마도 둘 다 조금씩 관련이 있지 않았을까 싶습니다. 일리노이 대학교 PLATO는 전 세계에 걸쳐 거의 1000대의 단말이 연결된 거대한 컨트롤 데이터(Control Data) 메인 프레임에서 동작하는 컴퓨터 기반 교육 시스템입니다. PLATO 시스템은 아주 작고 긴밀하게 조직된 사람들로 이루어진 그룹에서 설계하고 구현했습니다. 이 그룹에서 발명품을 소유했고 특히 남들에게 시스템 프로그래밍을 허락하는 경우에는 더욱 심하게 통제했습니다.

초기에 시스템 프로그래밍을 허락받은 유일한 사람들은 PLATO를 설계했던 대학교 구성원과 여러 해 동안 핵심 그룹과 함께 일하며 친구가 된 몇몇 고등학생과 대학생이었습니다. 이 그룹에 속하지 않은 사람이라면 누구나 중간 수준의 인터프리터 언어인 '튜터'로 프로그램을 만들어야 했습니다. 저는 시스템 프로그래밍 세계로 들어가기로 결심했기에, 핵심 그룹으로 들어가기 위해 어떻게든 정치적으로 움직여야 했습니다.

진행자 시스템 프로그래머로서 PLATO에서 수행한 작업은 무엇인가요?

오지 수강 과목과 관련해 PLATO 시스템을 사용하는 동안, 저는 PLATO 하드웨어 그룹이 프로그래밍 가능한 Z80 기반 단말을 개발하기 시작했다는 소식을 들었습니다. PLATO 직원은 저를 고용해 프로그래밍 가능한 단말에 탑재할 펌웨어 개발을 시켰습니다.

저는 그 당시 원자력 공학부를 위한 전자 기술자로 일하고 있었고, 거기서 대학원생들을 위한 자그마한 전용 장비를 만들었습니다.

이후 4학년 때, 저는 부동산 관리 회사를 위한 소프트웨어를 개발하는 어배너 소프트웨어 엔터프라이즈라는 작은 회사를 차린 삼총사의 일원이 되었습니다. PLATO 사람들은 자신의 독자적인 애플리케이션에 사용할 마이크로컴퓨터 시스템을 구축하고 싶어서 Z80 기반 단말을 개발하기 위해 하드웨어 그룹에 하청을 주었고, 우리에게는 언어 컴파일러와 인터프리터, 운영 체제를 맡겼습니다.

진행자 대학을 졸업하는 데 5년이 넘게 걸린 이유는 무엇인가요?

오지 저는 학기마다 일정한 수의 과목을 신청했다가 두세 개 정도 수강을 취소했습니다. 저는 잠시 동안 휴학도 했습니다. 제가 끝까지 버틴 이유는 졸업하지 못하면 직업을 결코 얻지 못할 것이라는 걱정이 들었기 때문이었습니다. 저는 상당히 불안했고 전반적인 구직 과정에 확신이 없었습니다. 다행스럽게도 제가 면접을 보던 1977년에는 대기업들이 채용에 적극적이어서 구직하기 상당히 좋은 시기였습니다. 저는 열두 군데 면접을 봤는데, 대개 실무 경험으로 인해 좋은 평가를 받았습니다.

진행자 어디에 입사할지 어떻게 결정했나요?

오지 제 친구들 대부분은 서부 해안 지역이나 매사추세츠주 메이나드에 소재한 DEC로 갔습니다. 저는 DEC 면접에서 떨어졌는데 친구들과 함께 일하고 싶었기 때문에 크게 낙담했습니다. DEC가 가장 좋은 곳이라고 생각했던 이유는 VAX 소프트웨어를 개발할 수 있다는 가능성 때문이었습니다.(VAX가 빌표되기 전 이야기입니다.)

저는 데이터 제너럴에 취직했습니다. 데이터 제너럴 입사 제의를 수락한 후, DEC에서 저와 다시 이야기를 나누고 싶다는 내용이 담긴 편지를 받았습니다. 하지만 저는 데이터 제너럴에서 일하기로 조너선 색스와 이미 약속을 했습니다. 우리는 처음부터 작은 업무용 시스템을 위한 새로운 운영 체제와 아키텍처를 설계했습니다. 핵심 그룹은 세 명뿐이었습니다.

진행자 그 무렵 설계하신 시스템에 대해 조금 더 말씀해 주세요.

오지 우리는 저가의 소형 업무용 시스템을 개발했습니다. 이 시스템은 기존 제품 라인을 대체할 의도로 만들어졌으며, 왕(Wang) 워드 프로세서와 경쟁할 수 있는 화면 I/O 성능을 보유해야 했습니다.

우리는 마이크로 노바 기반 워크스테이션과 이클립스 파일 서버를 바탕으로 소형 시스템을 고안했습니다. 각 워크스테이션마다 독자적인 프로세서와 64K 메모리에, 대용량 기억 장치는 없었고, 키보드와 모니터가 장착되어 있었습니다. 이 워크스테이션은 우리가 개발한 랜을 통해 다른 워크스테이션, 파일 서버, 프린터 서버와 연결되어 있었습니다. 저는 워크스테이션용 펌웨어와 운영 체제를 개발했고, 조너선 색스와 스콧 노린은 파일 서버를 개발했습니다. 시스템이 제대로 동작하기까지 대략 2년이 걸렸고, 그 시점에서 조너선 색스는 존 핸더슨과 컨센트릭 데이터 시스템스를 설립하기 위해 떠났습니다. 노린과 저는 한 해 더 머물면서 시스템을 최종적으로 마무리했습니다. 개발 부서는 서둘렀고 제품은 거의 마무리됐습니다.

진행자 그래서 그 후 어떤 일을 하셨나요?

오지 저는 데이터 제너럴에서 좌절하기 시작했습니다. 대기업에서 뭔가를 성취하는 과정은 고통을 수반합니다.

그래서 존 핸더슨이 떠난 시점에 저는 헤드 헌터와 이야기를 시작했습니다. 저는 헤드 헌터에게 마이크로컴퓨터와 관련된 작은 회사에 가기를 원한다고 말했습니다. 저는 관련 잡지를 읽어 왔고 CP/M도 사용해 봤기에 마이크로컴퓨터로 작업하는 일이 흥미로워 보였습니다. 하지만 어떤 면접도 잘되지 못했습니다. 대부분의 회사는 마이크로컴퓨터가 아니라 더 큰 컴퓨터로 작업하고 있었습니다. 약 1년 후에 헤드 헌터로부터 전화를 한 통 받았는데, 제가 흥미를 보일 만한 작은 회사를 찾았다는 소식이었습니다. 알고 보니 소프트웨어 아츠였습니다. 저는 면접을 봤고 바로 이 회사를 좋아하게 됐습니다. 저는 직원 번호 29번으로 입사했습니다.

나중에 알고 보니 제가 데이터 제너럴을 그만둔 것은 잘한 일이었습니다. 한 달 정도 지나서 제가 진행했던 프로젝트는 정치적인 이유로 인해 취소됐습니다. 데이터 제너럴은 전체 회사를 운영 체제 하나로 통합하려고 시도했으며, 우리 프로젝트에 사용된 운영 체제는 호환성이 떨어졌습니다. 제가 진행했던 프로젝트는 완료됐고 거의 출시 직전이었습니다. 저는 그런 일이 일어나리라고는 상상조차 하지 못했습니다.

진행자 소프트웨어 아츠에서는 어떤 일을 하셨나요?

오지 저는 라디오 섁 TRS-80 모델 3에서 TK!Solver 구현을 위한 기반 언어 인터프리터 개발 작업을 시작했습니다. 제가 그곳에서 일을 시작한 지 3주 정도 됐을 때 비지캘크 개발을 위한 새로운 컴퓨터인 IBM PC가 도착했습니다. 믿기 어려울 만큼 보안이 철저했습니다. 방은 잠겨 있었고 매뉴얼을 방 밖으로 가져갈 수도 없었습니다. 제공받은 IBM PC는 확실히 시제품이었습니다. 며칠 동안 IBM PC를 사용하다 보니 저도 하나 갖고 싶어졌습니다.

진행자 결국 모든 사람이 IBM PC를 원할 것이라고 생각하셨나요?

오지 그렇고 말고요. 음, 저는 최소한 프로그래머라면 IBM PC를 원할 것이라고 생각했는데요. 그 시점에는 시장을 꿰뚫어 보지 못했습니다. 여전히 저는 골수 해커였습니다. IBM이 마이크로 컴퓨터를 출시한다면 가격이 떨어지고 컴퓨터가 더 저렴해질 것임을 의미했습니다. 이는 저 같은 프로그래머들이 메인 프레임에 더는 의존하지 않아도 된다는 사실을 의미했습니다.

제가 IBM PC의 등장에 상당히 흥분한 이유는 제가 작업하던 프로그램을 컴파일하기에 충분한 성능을 제공하는 첫 마이크로컴퓨터라고 느꼈기 때문입니다. 즉, 컴퓨터 한 대에서 프로그램을 컴파일하고 링크하고 테스트를 돌릴 수 있었습니다. 처음에 하드디스크를 얻었을 때 꿈만 같았습니다. 저는 사무실에 앉아서 마음껏 일할 수 있었습니다. 문서화는 엉망진창이었고 기술적인 정보를 알아내는 것은 거의 불가능했지만, 너무 기뻐서 IBM PC를 애지중지했습니다. 조금 느리긴 했지만 마이크로컴퓨터에서 작업하는 편이 훨씬 나았습니다.

제가 개인용 컴퓨터에 열광하는 이유는 프로그래밍에 타고난 젊은 친구들이 더 이상 과거의 저처럼 컴퓨터에 대한 접근 허가를 받기 위해 싸우고 정치를 할 필요가 없기 때문입니다. 저는 PC가 얼마나 환상적인 자원인지 학교와 학부모가 깨닫기를 바랍니다. 컴퓨터를 갖고 놀고 싶지만 구매할 여유가 없는 어린이들을 위한 컴퓨터 센터가 생겼으면 좋겠습니다.

진행자 소프트웨어 아츠에서 꽤 행복했던 것처럼 들립니다. 어쩌다 소프트웨어 아츠를 떠나야겠다고 생각하시게 됐나요?

오지 소프트웨어 아츠에서 일한 지 몇 달 지나서 조너선 색스와 함께 점심을 먹게 됐습니다. 색스는 막 컨센트릭 데이터 시스템스를 그만두었고 얼마 전에 만난 미치 케이포라는 아주 똑똑한 사람에 대해 이야기해 주고 싶어 했습니다. 당시 케이포는 마이크로 파이낸스 시스템스라는 작은 회사를 막 시작했습니다. 색스는 케이포와 함께 일할 예정이었습니다. 제가 두 사람이 무엇을 하는지 물어보니 색스는 제대로 말해 주지는 않았지만 비지캘크 복제품이라는 힌트를 넌지시 주었습니다. 색스는 제가 함께 일하는 데 관심이 있는지 알고 싶어 했습니다.

저는 어떻게 대답해야 할지 몰랐습니다. 저는 막 소프트웨어 아츠에서 일하기 시작했고, 진짜 비지캘크를 만드는 것이 행복했습니다. 소프트웨어 아츠에서는 라디오 섁 버전을 막 공개하려던 참이었습니다. 저에게 이는 큰 발걸음이었고, 비지캘크가 모든 곳에 존재할 것임을 의미했습니다. 진짜 제품을 만들 수 있는데 모조품을 만들 이유가 있나요? 저는 소프트웨어 아츠에 남기로 결정했습니다. 이럭저럭하는 사이 색스와 케이포는 자신들의 일을 진행했고, 로터스 1-2-3를 만들었습니다.

진행자 그 후 색스를 언제 다시 만나셨나요?

오지 그다음에 색스를 만난 건 1-2-3가 공개된 컴덱스에서였고 그때 케이포를 처음 만났습니다. 제가 소프트웨어 아츠에서 일한 지 1년 반쯤 됐을 때였고 TK!Solver가 완성되어 이미 출시됐습니다.

저는 비행기에서 내리고 나서 케이포와 (이제 로터스에 있는) 색스가 제대로 된 일을 하고 있다는 사실을 알게 됐습니다. 물론 그 무렵 1-2-3가 비지캘크를 능가할지에 대해 여전히 확신은 없었지만, 1-2-3는 컴덱스에서 주목받는 제품이었습니다.

저는 오랫동안 색스와 이야기했고 색스가 함께 일하자고 다시 한번 제안했습니다. 1-2-3가 출시되기는 했지만 색스와 케이포가 1-2-3 버전 2에 추가하고 싶은 기능 목록은 여전히 길었습니다. 저는 진지하게 생각해 보겠다고 말했습니다.

진행자 소프트웨어 아츠를 떠날 준비가 되었던 건가요?

오지 소프트웨어 아츠를 떠난 것은 머리보다 마음이 먼저였습니다. 컴덱스 행사 6개월 전에 디지털에서 나온 세 사람이 회사를 차리려고 했고 거기에 저도 참여했습니다. 내셔널 세미컨덕터의 대리인이 셋 중 한 명에게 접근했습니다. 세 사람은 곧 입수 가능해질 16032 CPU를 기반으로 저가형 로우엔드 VAX 호환 시스템을 구축하는 프로젝트에 자금을 끌어오려고 하는 것 같았습니다. 우리는 그 컴퓨터를 위해 VAX/VMS를 흉내 내는 운영 체제를 개발할 계획이었습니다.

내셔널은 결단을 내리지 못했고 개발비로 필요한 몇백만 달러를 내놓을 수 없었기에 결국 실패하고 말았습니다. 그래도 우리는 좌절하지 않았습니다. 우리는 몇몇 벤처 투자사를 찾아갔습니다. 벤처 투자사와 진행한 협상은 정신이 번쩍 드는 경험이었습니다. 벤처 투자사 사람들은 특히 마케팅과 관련해 우리가 충분히 대비하지 못한 상당히 까다로운 질문을 퍼부었습니다. 그래서 우리는 회사를 접었습니다.

진행자 그러고 나서 색스의 제안을 심각하게 고려하셨나요?

오지 그 무렵 제 아내 다우나가 임신했습니다. 아들 네일이 태어난 다음 우리는 제안을 재검토했습니다. 새로운 회사를 시작하고 싶은 충동이 여전히 들어서, 저는 새로운 소프트웨어 제품에 대한 사전 기능 명세 작업을 하고 있었습니다. 로터스에서 케이포와 상황을 논의한 후, 우리는 제가 로터스에서 심포니가 될 프로젝트를 진행한다는 내용에 합의했습니다. 프로젝트가 완료된 다음 우리는 제가 만든 기능 명세와 신사업을 재검토할 예정이었습니다.

진행자 로터스에서 일하는 것은 어땠나요?

오지 로터스에 입사하자마자 저는 집에서 케임브리지까지 한 시간 정도 걸려 통근하는 게 일하는 시간을 뺏는다고 느꼈습니다. 케이포, 색스와 이야기한 다음 저는 프로젝트에 참여한 세 사람(색스, 배리 스펜서, 저) 집의 중간 위치인 리틀턴에 작은 사무실을 얻었습니다.

진행자 그래서 심포니를 개발하게 됐군요. 참여하셨을 때 심포니를 개발할 아이디어는 모두 준비된 상태였나요?

오지 준비된 아이디어는 대여섯 쪽짜리 고수준 개요 형태였고, 제품에 있으면 좋겠다는 끝없는 기능 목록뿐이었습니다.

저는 핵심 기능인 워드 프로세서 작업을 시작했습니다. 프로젝트를 막 시작한 배리 스펜서는 또 다른 큰 기능인 통신 작업을 맡았습니다. 몇 달이 지나고 색스가 프로젝트 작업에 지친 듯이 보였습니다. 색스의 마음은 딴 곳에 가 있었는데 아마도 너무 오랫동안 같은 코드를 너무 열심히 만들어 왔기 때문이 아니었나 싶습니다. 색스가 물러나고 제가 프로젝트 리더가 됐습니다. 우리는 팀을 세 명으로 채우기 위해 아주 훌륭한 프로그래머인 맷 스턴을 참여시켰습니다. 스턴은 초기에 데이터베이스 구성 요소를 작업했습니다. 9개월 정도 우리 세 명은 미친 듯이 일했습니다. 저는 격주로 로터스에 가서 케이포를 만나 프로젝트 최신 상황을 전했습니다. 케이포는 우리 작업 상황을 살펴보고 평가했으며, 우리는 일정을 다시 조정한 다음에 돌아가서 2주 동안 작업을 진행했습니다.

진행자 이런 방식이 작업 과정에 효과가 있었나요?

오지 물론입니다. 로터스가 제가 여태껏 일했던 회사를 통틀어 최고인 이유 중 하나는 케이포 덕분입니다. 케이포는 권한을 위임하는 데 거리낌이 없었습니다. 케이포는 기능 세부 사항, 사용자 인터페이스, 우리가 기능을 구현하는 순서에 매우 흥미를 보였습니다. 하지만 우리가 프로그래밍을 통제하에 둘 수 있었던 이유는 케이포가 알고리즘에 그다지 큰 관심을 보이지 않았기 때문입니다. 케이포는 5분마다 끼어들어서 이렇다 할 이유 없이 설계를 변경하지는 않습니다.

진행자 심포니 같은 복잡한 프로그램을 그렇게 쉽게 합칠 수 있다고 생각한 이유는 무엇인가요?

오지 한 가지 이유는 회사의 많은 부서가 심포니에 노력을 집중했기 때문입니다. 모두 심포니를 자랑스러워했고 제시간에 정확히 끝내려고 각오를 다졌습니다.

우리 중 많은 사람이, 인정하든 그렇지 않든, 잠재적인 경쟁 상대인 오베이션과 프레임워크도 걱정하고 있었습니다.

우리가 마감일을 지킨 또 다른 이유는 의사소통이 훌륭했기 때문입니다. 격리된 환경에서 작은 개발 팀이 아주 효율적으로 의사소통했습니다. 로터스 본사와의 의사소통이 병목 현상을 일으키기 시작했을 때 우리는 부서 사무실을 폐쇄하고 본사로 되돌아가는 방식으로 대응했습니다.

마지막으로 개발 팀 규모가 작았습니다. 저는 제품 설계와 구현은 가능한 한 다섯 명 이하의 사람들이 수행해야 한다고 생각합니다. 그렇지만 미국 국세청 세금 감사 시스템과 같이 대규모 시스템을 구현한다면, 이런 작은 개발 그룹을 유지하는 것은 명백히 비현실적입니다. 그래도 일반적으로 작은 팀에는 여러 가지 장점이 있습니다.

진행자 어떻게 작은 팀이 큰 팀보다 더 효과적일 수 있나요?

오지 일단 팀이 다섯 명을 넘어가면, 개인 간 의사소통이 실패하기 시작하고, 그러고 나면 제품 일관성에도 문제가 생길 수 있습니다.

버그는 하위 시스템 간 인터페이스가 좋지 않을 때 드러나는 전형적인 현상인데, 하위 시스템을 설계할 때 사람들 사이에 의사소통이 부족해서 나타나는 경우가 많습니다. 버그를 찾았을 때 하위 시스템 내에서 처리할 뿐 프로그램 전반을 살펴보지 않는 경향이 있습니다. 각 하위 시스템이 어떻게 동작하고 전체에 어떻게 맞아떨어지는지 이해하는 핵심적인 두어 사람이 없다면, 아마도 결국에는 버그투성이 제품이 나올 것입니다.

진행자 견고한 프로그램을 만드는 다른 중요한 기준이 있나요?

오지 현재 작업 중인 제품은 아주 깔끔하고 일관성 있는 아키텍처 모델이 중요합니다. 진행 과정에서 아키텍처를 변경할 수 있지만, 버그 수정과 함께 막바지에 형편없는 아키텍처를 수정하는 것은 좋지 않습니다. 몇 가지 사소한 버그라면 문제가 없겠지만, 그렇지 않으면 아주 깊은 틈을 메워야 할지도 모릅니다.

1-2-3는 제대로 설계됐고 일관성이 있는 프로그램입니다. 심포니는 이런 깔끔한 제품 상단에 놓인 큰 층으로, 다양한 구성 요소 사이에서 많은 상호 작용이 존재하는 초대규모 프로그램입니다. 심포니에 심각한 버그가 한 번도 없었던 이유는 참여한 모든 사람이 하위 시스템 사이의 상호 작용과 기본적인 1-2-3의 구조를 이해하고 있었기 때문입니다.

진행자 **심포니를 완성하고 나서 어떤 일을 하셨나요?**

오지 케이포는 약속을 지켰습니다. 저는 로터스에서 작업을 시작하기에 앞서 작성했던 명세를 다시 꺼냈고 우리는 이에 관해 논의했습니다. 케이포는 저에게 제품이 어떻게 동작하는지, 무엇에 좋은지, 사람들이 어떻게 사용하는지, 어떻게 마케팅할지 등을 기술할 수 있는 정도까지 몇 달에 걸쳐 명세 작업을 진행하자고 제안했습니다. 배리 스펜서가 심포니 개발을 인계받아서 저는 모든 열정을 새로운 제품에 쏟아부을 수 있게 됐습니다.

설계 명세를 마친 다음에 부사장이 비공식적으로 이를 검토했습니다. 저는 사람들이 관심을 보일 것이라는 어떤 보장도 없이 원점에서 다시 설계 작업을 진행해야 했습니다. 제품은 세밀한 조사하에 자체적인 자격 요건을 달성해야 했습니다.

마침내 로터스는 제 프로젝트를 위한 독립적인 회사(아이리스 어소시에이츠)에 자금을 대는 데 동의했습니다. 디지털 출신인 팀 핼버슨과 렌 케이웰이 즉시 아이리스에 합류했습니다. 그러고 나서 우리는 두 사람을 더 고용했습니다.

진행자 **5~10년 사이에 어떤 유형의 프로그램이 시장에 등장할 것이라고 생각하시나요?**

오지 새롭게 등장할 프로그램이 무엇인지 얼른 보고 싶습니다. 저는 새로운 제품이 결국 어떤 식으로 등장할지 알 수 있다고 생각하곤 했지만 지금은 전혀 모르겠습니다. 다른 많은 사람처럼 저는 가정용 컴퓨터 시장과 비슷한 것이 있으리라고 잘못 믿었습니다.

저는 개인 시간 관리 프로그램이 엄청나게 편리할 것이라고 생각하곤 했습니다. 서류 가방에 넣고 다니면서 일정을 확인하기 위해 부팅해야 하는 컴퓨터가 주머니에 쏙 들어가는 수첩보다 덜 편리하다는 건 이제 알게 됐습니다. 하지만 제 비서와 제가 동시에 기록할 수 있는 수첩이 있으면 아주 유용한데, 두 사람이 제 시간을 편하게 관리할 수 있기 때문입니다. 누군가 아주 똑똑한 사람이 이런 수첩을 발명하기를 기대합니다.

진행자 소프트웨어를 개발하고 싶은 사람들에게 특별한 조언을 해 주시겠어요?

오지 수직 시장 사용자를 이해하는 사람에는 좋은 기회가 있을 겁니다. 1-2-3와 같은 일반 대중을 대상으로 하는 수평 애플리케이션은 몇 가지만 존재할 수 있습니다. 아마도 워드 프로세서, 스프레드시트, 데이터베이스 관리 시스템 같은 수평 애플리케이션 중에서는 성공 제품을 한 손으로 꼽을 수 있을 것입니다. 개인용 컴퓨터가 장기간에 걸쳐 성공한다면, 프로그램이 특정 사용자의 요구에 딱 맞춰 세심하게 만들어질 것이기 때문입니다.

부모님의 사업을 이어받은 컴퓨터 과학 전공자들에게는 수직 패키지를 작성할 좋은 기회가 있습니다. 이런 전공자들은 컴퓨터와 컴퓨터가 특정 사업에 미치는 영향력을 이해합니다. 저는 소수의 사람만 대단히 높은 목표에 집중해야 하며, 더 많은 사람은 틈새 시장을 찾아야 한다고 생각합니다.

진행자 제품을 개발할 때 최종 사용자의 요구를 고려하는 것이 얼마나 중요한가요?

오지 저는 컴퓨터를 사용하는 게 즐거워서 출근하는데, 제품을 설계할 때에도 즐기듯이 하는 이유는 고객에게 유용한 뭔가를 제공할 수 있다고 느끼기 때문입니다. 제품 개발 주기를 통틀어 이게 바로 최종 목표라는 사실을 기억하는 게 매우 중요합니다.

진행자 최종 사용자가 원하는 것을 어떻게 제공하시나요?

오지 먼저 제품을 사용할 것이라고 생각하는 사람들의 프로필을 만들려고 노력합니다. 그런 다음 각 기능을 사용할 사용자들의 전체 사용자 대비 비율을 추정해서, 어떤 속성이 가장 많이 사용될지 경험을 동원해 추측합니다. 결국 가장 많은 사용자가 이용할 기능을 개선하는 과정에 가장 많은 시간을 투자하려고 노력합니다. 단지 적은 사용자만 사용할 만한 모호한 기능을 설계하는 데는 많은 노력을 기울이지 않습니다. 하지만 제품이 출시되고 나서야 이렇게 공들여 만든 사용자 프로필이 정확했는지 제대로 알 수 있습니다.

진행자 사용자로부터 연락을 받아 본 적이 있나요?

오지 당연히 있습니다. 여러 가지 일화가 있습니다. 우리 제품을 오랜 기간 매일 사용해 온 사용자로부터 일부 모호한 기능에 버그가 있다는 제보를 받는 일은 재미있습니다. 다른 나라에서 완전히 다른 생활 방식으로 살고 있는 누군가가 우리 소프트웨어를 사용하고 있다는 상상만 해도 멋지며, 시간을 들여 편지를 써서 불평할 정도로 쓸 만한 제품으로 여긴다고 생각하면 만족스럽습니다.

하지만 가장 흥미로웠던 경험은 아이리스를 막 시작했을 때 어떤 외과 전문의가 건 전화였는데요. 그는 심장 절개 수술 중에 실시간 데이터 분석을 위해 심포니를 사용하고 있었습니다. 수술대에 환자가 누워 있는데 제 프로그램의 정상적인 동작에 의존할지도 모른다는 생각을 하면 정신이 번쩍 듭니다. 이런 경험은 최종 사용자에 대한 진정한 책임감을 일깨웁니다.

진행자 프로그래밍을 놀이라고 보시나요? 프로그램을 작성하실 때 고통스러운가요, 아니면 즐거운가요?

오지 즐겁지 않으면 프로그래밍을 하지 않았을 것입니다. 가장 고통스러운 상황은 집중적인 개발 주기 동안 부스케와 네일을 보지 못하는 것입니다. 하루가 서너 시간 더 길었으면 정말 좋겠습니다. 저는 부스케의 전적인 지원 없이는 결코 프로그래밍을 할 수 없었을 것이고, 이런 헌신적인 노력의 중요성은 결코 과소평가할 수 없습니다.

진행자 프로그래밍의 매력은 무엇인가요? 제가 볼 땐 상당수의 프로그래머가 타고난 전기 공학도

나 기계 공학도라서 무언가 만드는 일을 먼저 한 다음, 나중에 프로그래밍에 입문하는 것 같습니다. 왜 그럴까요?

오지 프로그래밍은 만지작거리기를 좋아하는 사람을 위한 궁극적인 분야입니다. 만지작거리기 위해선 도구가 필요합니다. 전기 공학도는 뭔가를 만들기 위해 하나로 합칠 수 있는 다양한 부품이 필요합니다. 하지만 전기 공학도는 물리적인 장비를 확보해야 한다는 제약이 있습니다. 컴퓨터로는 뭔가에 대해 생각만 할 수 있다면 만들어 낼 수 있습니다. 독자적인 도구를 설계하거나 진행 과정에서 부품을 만들 수도 있습니다. 뭔가 마음에 들지 않으면 변경하거나 다시 만들 수 있습니다. 프로그래밍은 컴퓨터라는 자원이 주어진 활짝 열린 공구 상자와도 같습니다. 유일한 제약 사항은 컴퓨터가 작업을 처리하는 데 걸리는 총시간이며, 프로그램을 작성하는 데 소비되는 총시간입니다. 프로그래밍은 믿기 어려울 만큼 유연함을 제공합니다.

진행자 소진을 어떻게 경계하시나요?

오지 과도하게 일정을 잡지 않고 해킹하면서 적절하게 휴식을 취하는 방식으로 소진을 막습니다. 일정 기간 동안 집중적으로 코딩을 한다면, 저는 중대한 코딩 모드로 다시 들어가기 전에 고차원 설계 같은 작업을 최소한 6개월 정도 수행하도록 일정을 조정할 것입니다. 저는 스스로에게 휴식을 제공합니다. 집중적인 프로그래밍으로 돌아올 무렵에는 정말로 프로그래밍을 다시 하고 싶은 욕구가 생깁니다.

진행자 오늘날 젊은 프로그래머들에게 해 주고 싶은 조언이 있나요?

오지 자신이 프로그램으로부터 눈을 뗄 수 없어서 프로그래밍에 끌리는 유형이라면, 저는 최대한 다양한 프로젝트를 경험하고 낙관적으로 생각하라는 충고를 드리겠습니다. 컴퓨터에서 최대한 많은 시간을 보내되 스스로가 소진 단계에 접어들지 않았는지 정확하게 판단하는 방법을 배우고 사람들이 이상하게 생각하더라도 걱정하지 마세요.

Programmers at Work

12장

스프레드시트 T/Maker 개발자

피터 로이즌
Peter Roizen

```
This is the main loop for the edit command in our newest version  of T/Maker
which also supports Japanese and Chinese (thus the reference to "kanji").

I would say this code is pretty typical in terms of how it looks.

edit ()

{ inedit = 1;
  oops[0] = NUL;
  tcsd2 = tcs/2;
  move (tl),tc1,1);
  pmenu (400);
  if (noimage)  gdraw  (0,1,1,1,tl)1,tl2);
  else          gdraw  (0,1,0,0,tl)2-3,tl2);
  error = maccol = maccnt = noprint = mmode = 0;
  inmac = chchin = rinfo = 0;
  chr = 390;
  for (;;) {
        if (rlines) {
            if (ccol   = tc1) ruleone (ccol,0,0);
            else                  ruleone (ccol,1,0);
            pblip();
        }
        if (chr == 384) break;
        if (chr < 32 || chr == 127)    ederror(65); else
        if (chr  = 527 && chr  = 529) macro (); else echar ();
        if (theline[ccol]   SPACE && ccol)
            if (callutl(kanji3,0,theline,&theline[ccol-1]))
                if (ccol   tc2) fs(0); else bs();
        if (rlines) {
            if (ccol   = tc1) ruleone (ccol,0,1);
            else                  ruleone (ccol,1,1);
            pblip();
        }
        if (rinfo++  = 50) { rinfo = 0; dinfo (1); }
        else            if (lastinfo != cline) dinfo(0);
        if (error) break;
        pblip();
        chr = gfunc ();
  }
  inedit = 0;
  clrbl();
  mmode = 0;
  dinfo (1);
}
```

C 언어로 작성된 예제 코드로 피터 로이즌의 코드 작성 스타일을 보여 준다.

캘리포니아 토박이인 피터 로이즌은 팔로 알토에서 성장했다. 그는 캘리포니아 대학교 버클리 캠퍼스에 다녔고, 1967년 수학 학사 학위를 취득했다. 졸업 후 선택한 첫 직업은 프로그래머였는데, 그 전까지는 프로그래밍을 거의 접하지 않았다. 로이즌은 버클리를 떠나 몬트리올과 토론토에서 2년 정도 지낸 다음, 유럽으로 넘어가 세계보건기구에서 7년 동안 프로그래머로 일했다. 이후 미국으로 돌아와서는 워싱턴 D.C.에 있는 세계은행에서 일했다. 1980년 로이즌은 자신의 회사를 차려서 세계은행에 근무할 때 여가 시간 동안 만든 스프레드시트 프로그램인 T/Maker를 마케팅하고 판매하기 시작했다. 1985년에 로이즌은 자신의 작은 회사를 워싱턴 D.C.에서 샌프란시스코 베이 지역으로 옮겼다. 로이즌은 39살에 결혼했고 다섯 살 된 아들이 있다. 그는 캘리포니아 로스 가토스에 거주한다.

나는 로이즌의 회사 사무실에서 그와 만나기로 약속을 잡았다. 그 무렵 로이즌은 출근 날짜를 최소로 줄여서 일주일에 하루 정도만 사무실에 나오고 있었다. 정말로 그는 여느 사무실에서 찾아볼 수 있는 전형적 분위기에 적응하지 못했는지 전화벨이 울리고 한 번에 여러 사람이 이야기하고 소프트웨어 판매를 위해 사람들이 오가는 모습에 불편함을 느끼는 듯이 보였다. 나를 만나기 위해 마치 겨울잠에서 깨어난 듯이 보였다. 그는 자기 집 작업실에서 느끼는 고독함을 훨씬 선호했는데, 그곳에서 대부분의 시간을 소프트웨어를 개발하며 보냈다.

30대 후반의 로이즌은 편안하고 조용한 사람으로 헝클어진 짙은 갈색의 곱슬머리에, 마른 얼굴에는 이따금 미소를 머금었다. 그는 월급을 받는 회사 생활에 의존하지 않는 독립성과 자유, 자신이 좋아하는 일인 프로그래밍을 하며 돈을 버는 능력을 가치 있게 여긴다. 로이즌은 프로그래머가 된다는 것이 지니는 의미에 대해 잘난 체하지 않는다. 자신의 직업을 높이 평가하려 하지 않았고, 세상을 바꿀 소프트웨어를 개발해 부자가 되려는 원대한 계획을 품고 있지도 않았다. 그 대신 세상에서 빈틈을 발견해 정착할 수 있었던 자신을 행운아라고 생각한다.

> T/Maker 시리즈 이외에도 보드 기반 낱말 게임 와일드워드 등 다양한 제품을 개발했다.
> 그의 홈페이지(http://www.roizen.com/peter/)에서 근황을 볼 수 있다.

진행자 프로그래밍의 어떤 점을 좋아하시나요?

로이즌 음, 제가 체스와 주사위 놀이 같은 게임을 항상 즐겨 온 이유는 승리하기 위해 전략이 필요하고, 게임이 끝났을 때 제가 이겼는지 졌는지 항상 알 수 있기 때문입니다. 프로그래밍은 게임과 상당히 비슷합니다. 결정해야 할 사안이 많지 않아 큰 언쟁 없이 문제를 해결할 프로그램을 작성하길 원한다면, 저는 꽤나 간단한 방법으로 문제를 해결하는 편입니다. 하지만 문제 풀이 방향은 여러 가지가 있습니다. 프로그래밍이 즐거운 이유는 최고의 설계 결정을 내리는 과정이 도전적이기 때문입니다. 프로그래밍에서 특히 깔끔한 한 가지 특징은 프로그래밍에 성공했을 때를 매우 명확하게 알 수 있다는 것입니다. 벽지를 바를 때 집중해서 하면 괜찮게 마무리할 수 있지만, 그렇지 않으면 귀퉁이가 떠서 엉망이 됩니다. 제가 프로그래밍을 제대로 한다면 프로그램은 1초 안에 실행되어 작업을 완수합니다. 제가 프로그램을 제대로 하지 않는다면 10초 동안 동작하고 스무 번 중 한 번은 전체 프로그램이 뻗어 버립니다. 저는 제가 프로그래밍에 성공했을 때를 알 수 있다는 사실을 좋아합니다.

진행자 그렇다면 할 수 있는 한 최선을 다하는 것이 프로그래밍할 때 만족감의 근원인가요?

로이즌 과장해서 말하지는 않겠지만 당연합니다. 프로그래밍 세상 바깥에는 큰 우주가 있습니다. 지금으로부터 수백 년 후에는 이 프로그램이 무엇이었는지 사람들은 알지도 못할 것입니다. 제가 세상의 흐름에 영향을 미칠 것이라고 기대하지 않습니다. 단지 매일 가치 있는 뭔가를 하려고 노력하며, 프로그래밍을 마쳤을 때 제 시간을 멋지게 썼다고 생각합니다.

진행자 하는 수 없이 프로그램을 만들어야 한다고 느끼시나요?

로이즌 설마 그렇겠습니까? 언제든지 프로그래밍을 내려놓을 수 있습니다. 저는 주변에 컴퓨터가 항상 있어야 한다거나 키보드를 주기적으로 눌러야만 한다고 느끼지는 않습니다. 프로그래밍이 잘 안 될 때에는 다른 일을 합니다. 예전에는 만화를 그렸습니다. 그림에 능숙하지 않아서 원하는 그 이미지를 바로 얻기가 어렵지만, 어찌 됐든 그림을 그리면서 재미를 느낍니다. 저는 전문가 수준은 아니지만 스키도 좋아합니다. 그리고 지금은 다섯 살짜리 아들을 보며 집안일을 하는 데 시간을 많이 들입니다. 하지만 저는 프로그래밍에서 만족감을 얻습니다. 물론 프로그래밍이 다른 분야보다 특별히 더 나은 것은 없으며, 우연히 저를 행복하게 만든 길을 따라왔을 뿐입니다. 그래서 저는 프로그래밍을 계속하고 있습니다.

진행자 프로그래밍에 대한 자신의 접근 방식을 설명해 주세요.

로이즌 저는 '상향식' 프로그래머입니다. 전체적인 전략을 크게 걱정하지 않는 편입니다. 모든 세부 사항을 완료하기 전에는 전체 그림을 보지 못하기 때문입니다. '하향식' 프로그래밍은 여러 사람에게 작업을 위임해야 할 때 좋습니다. 그렇게 하려면 확실히 모든 조각을 하나로 합치는 방법에 관한 개념을 갖추고 있어야 합니다. 저에게 프로그래밍은 매우 반복적인 과정입니다. 저는 프로그래밍할 때 항상 한 번에 조금씩만 만듭니다. 제가 한 곳에서 코드를 만지면 아마도 다른 곳에서 코드를 변경해야 될 수도 있을 것입니다. 저는 그저 방향을 이리저리 바꿔 보면서 딱 맞는 해결책을 찾아 나갈 따름입니다.

저는 또한 아주 실용적입니다. 저는 매우 똑똑하지만 실용적이지 않은 사람들을 많이 봐 왔습니다. 그런 사람들은 전혀 쓸모가 없는 몇 가지 학술적인 목표를 좇느라 길을 잃어버립니다. 실용주의는 훌륭한 프로그래밍을 하는 데 매우 중요합니다. 프로젝트를 완료하기 위해 시간이 얼마나 오래 걸릴지 정확하게 추정하고, 그 시간에 할 수 있는 일과 할 수 없는 일을 계산하는 능력을 갖추어야 합니다. 그러고 나서 다른 일을 하고 싶은 유혹에 휩싸이지 않고 실행에

옮길 수 있어야 합니다. 작업의 모든 측면을 최고로 만들려고 시도하고 싶은 마음이 들 때 실용주의를 기준으로 삼는 것이 중요합니다. 작업 시간은 언제나 한정되어 있기 때문입니다. 프로젝트를 최고로 우아하게 만드느라 시간을 소비하면 마무리하는 데 시간이 세 배 이상 걸리기 십상입니다. 하지만 프로젝트를 끝내지 못하고 구현 작업에만 여전히 몰두하고 있다면 팔 수도 없습니다. 제품이 없다면 돈을 벌기도 어렵습니다.

진행자 18년 넘게 프로그래밍을 해 오셨는데요. 서음에 어떻게 프로그래밍에 뛰어드셨나요?

로이즌 1967년에 수학 학위를 받고 버클리를 졸업한 후 저는 직장을 찾아 나섰고 회사에서 처음 제시한 프로그래머라는 직무를 받아들였습니다. 물론 제 프로그래밍 경험은 아주 미미했었습니다. 심지어 그 당시에는 컴퓨터 과학 학부도 없었습니다. 학교에서 포트란으로 수업을 하나 들었고, 프로그래밍 과목에서 채점 조수를 했습니다. 학생들을 도와서 논문을 수정해야 했기에 한 발짝 앞서 있어야 했습니다. 그게 컴퓨터 분야에서 제가 경험한 전부였습니다.

진행자 심지어 프로그래밍 경험도 없이 프로그래밍하는 직업을 구했다는 의미인가요?

로이즌 프로그래밍 분야는 그 당시 새로웠고 고용주들은 프로그래밍 경험이 없어도 긍정적인 태도를 보이는 사람이라면 고용했습니다. 많은 사람이 첫 번째 직장을 선택할 때처럼 그게 무엇이었는지는 저에게 크게 중요하지 않았습니다. 포트란과 코볼을 사용했고 프로그램을 작성하면서 매뉴얼을 읽었습니다.

진행자 그리고 계속해서 프로그램을 만드셨나요?

로이즌 첫 번째 직장을 그만두고, 저는 세계보건기구 유럽 사무실에서 7년 동안 일한 다음, 워싱턴 D.C.에 있는 세계은행에서 7년 동안 일했습니다. 둘 다 큰 조직이었습니다. 그리고 나서 1980년에 제 회사를 설립했습니다.

진행자 프로그램을 개발할 때 특정 원칙을 따르시나요?

로이즌 저는 제가 작성한 코드를 신뢰합니다. 직접 만든 프로그램의 가장 뛰어난 사용자는 아니지만, 제가 만든 프로그램을 계속 사용하고 있으므로 단점을 잘 인식하고 있으며, 뭔가 이상한 내용을 발견하면 바꿀 수 있습니다. 세계은행에서 일하던 시절 어떤 프로그램을 누군가에게 시연하려 했던 상황을 기억합니다. 그 프로그램은 다른 사람이 만들었고, 저는 한 번도 사용해 보지 않았습니다. 화면에 첫 행이 뜨면서 도움말을 보려면 HELP라고 입력하라고 제안하는 걸 보고, 저는 첫 단계부터 일이 잘 풀린다고 생각했습니다. 그래서 HELP라고 입력했는데 "치명적인 오류 - 컴퓨터 기능 프로그래밍 부서에 연락하세요."라는 메시지가 나왔습니다. 자신이 화면에 출력한 첫 명령어조차도 따라 해 보지 않은 설계자의 사례입니다. 자신이 만든 프로그램을 결코 사용해 보지 않은 것이었습니다. 이는 프로그래밍에서 아주 위험한 방식입니다.

진행자 어떻게 프로그래머가 자신의 프로그램을 결코 시도해 보지 않는 상황이 발생하나요?

로이즌 옛날에는 많은 회사에서 분석가와 프로그래머를 구분해 왔습니다. 분석가가 흐름도를 사용해 전반적인 계획을 수립하고, 프로그래머가 세부 사항을 채웠습니다. 어떤 사람들은 단지 상자만 그리고 어떤 사람들은 상자의 내용을 명세하는 방식으로 문제 해법에 접근하면, 문제를 해결하지 못하는 쓰레기만 만들어지는 상황이 필연적으로 일어납니다. 제가 프로그래머였을 때 분석가로부터 받은 계획의 절반은 완전히 실행 불가능했습니다. 분석가들에게는 큰 그림이 있었지만 자신들의 작업을 제대로 해낼 만큼 세부적인 정보를 충분히 확보하지 못했습니다. 어느 누구도 전체 그림을 볼 만큼 충분히 똑똑하지 않았고, 또한 프로그램이 동작하는 데 필요한 세부 사항을 알지 못했습니다. 따라서 저는 한 사람이 처음부터 끝까지 전체 프로그램을 작성하는 방식에 찬성합니다.

진행자 회사에서 일하는 프로그래머는 타협을 해야만 한다고 생각하시나요?

로이즌 꼭 그렇지만은 않습니다. 누군가에게 봉급을 받으면 어느 정도까지는 원하는 일을 해 주어야 합니다. 솔직히 말해 돈으로 영향력을 사는 것입니다. 게임의 규칙이 그렇습니다. 하지만 저는 이것을 타협이라고 부르지 않겠습니다. 사실 일부 회사에서는 이런 규칙을 성숙함과 적극적인 조정이라고 부릅니다. 그런 큰 조직에서 일했을 때 즐거웠던 과제도 몇 개 있었고 결과물에도 만족했습니다. 이는 타협하고는 거리가 멉니다.

진행자 프로그램 작성에 어떤 식으로 접근하시나요?

로이즌 저는 대개 모든 내용을 직접 프로그래밍하기 때문에 아주 복잡한 기능을 구현할 시간이 없습니다. 합리적인 길이로 프로그램을 개발해야 하며, 또한 정해진 시간 범위 내에서 끝낼 수 있어야 합니다. 명세서만 작성하는 사람들은 시간에 대해 많이 생각하지 않습니다. 우리가 하고 싶은 일과 오늘 오후에 완료할 수 있는 일 사이에는 정말로 큰 간극이 있습니다. 어떤 면에서 이는 우리가 하고 싶은 일을 정확히 수행하는 데 필요한 시간이나 자금이라는 자원을 우리 회사가 확보하지 못한 악조건입니다. 하지만 다른 면에서 이는 이득이 됩니다. 절대적으로 쓸모없는 수많은 기능을 추가하지 못하므로 프로그램을 상대적으로 깔끔하고 유용하게 유지할 수 있기 때문입니다.

진행자 코드에 주석을 많이 다시나요?

로이즌 거의 달지 않습니다. 누군가 어떤 프로그램의 소스 코드 일부를 요청할 경우에는 재빨리 검토하면서 주석을 답니다. 제가 만든 코드가 무엇을 하는지 저는 바로 알 수 있습니다. 이름과 루틴은 모두 기능을 기술하는 약어로 되어 있으므로 주석은 불필요하며 저에게는 프로그램을 어지럽히는 요인일 뿐입니다. 대여섯 곳에서 사용하게 되어 있는 구조체가 있다면, 저는 각 구성 요소가 무엇인지 주석을 달아 놓을 것입니다. 그 이외에는 결코 주석으로 프로그램에 부하를 주지 않습니다.

제가 전반적으로 기억력이 특별히 좋다고는 생각하지 않지만, 코드를 읽을 때 세부 사항을 기억하는 능력은 중요합니다. 저는 사람들의 생일을 기억할 수 없습니다. 저는 제가 어디선가 고등학교를 다녔다는 사실을 알지만 학창 시절에 대해서는 기억나는 게 아무것도 없습니다. 이 모든 부분에 대한 제 기억력은 형편없습니다. 하지만 저에게 이렇게 하거나 저렇게 하면 어떤 일이 발생하는지 같은 문제를 제시하면, 저는 아마도 코드의 일부를 기억해 프로그램에서 어떤 일이 일어나는지 제대로 추측할 수 있습니다. 기억은 상당히 선택적이어야 합니다. 제 기억력 때문에 때때로 놀라기도 합니다. 긍정적인 면에서나, 부정적인 면에서나요.

진행자 스스로 작성하는 소스 코드에 특별한 스타일이 있나요?

로이즌 저는 사람마다 독자적인 스타일이 있다고 추측합니다. 제 코드는 공백 문자를 많이 써서 드문드문하게 보입니다. 저는 코드의 경제성을 높이고 속도를 개선하기 위해 여러 루틴에 사용해야 하는 함수를 격리하려고 노력합니다.

진행자 프로그램을 만드는 올바른 한 가지 방법이 존재한다고 생각하시나요?

로이즌 절대로 그렇게 생각하지 않습니다. 사람들은 자신만의 작업 스타일과 습관을 따라야 합니다. 저는 평소에 책상 위에 발을 올려놓고 터미널에서 떨어져 앉아서, 마치 이젤에 그림을 그리듯 키보드에 손을 뻗습니다. 이런 습관은 제가 택한 방식이며 다른 사람들은 타자하는 동안 키보드를 쳐다보며 앉아 있으면 안 된다는 의미가 아닙니다. 좋은 프로그램을 만드는 데 필요한 유일한 요구 사항은 관심입니다. 분명히 뭔가를 잘 하려면 해당 분야에 진지하게 관심을 가질 필요가 있습니다. 관심이 없다면 세상의 어떤 재능 있는 사람도 형편없는 결과를 만들고 말 것입니다. 관심이 있다면 뭔가 괜찮은 제품을 만들기 위해 3분의 1 정도의 재능만 있으면 됩니다.

진행자 세계은행을 떠나서 독립하게 된 계기는 무엇인가요?

로이즌 제 철학은 어떤 상황에서도 최선을 다하는 것입니다. 제가 좌절감을 느낀 이유는 결코 훌륭한 아이디어를 추구할 수 없었고 나쁜 아이디어를 발전시키느라 좋은 시절이 낭비되는 것처럼 보였기 때문입니다. 세계보건기구와 세계은행

양쪽 모두에 해당되는 이야기입니다.

진행자 왜 좋은 아이디어를 추구하지 못했다고 생각하시나요?

로이즌 큰 조직은 사람들이 창의적으로 생각하도록 격려하는 환경을 조성하지 않습니다. 큰 조직은 더도 말고 덜도 말고 정확하게 요청받은 일만 잘하는 직원에게 보상을 줍니다. 동기가 없으므로 프로그래머에게 작업을 요청하는 사람들은 흥미로운 프로젝트를 내놓지 않으며, 프로그래머는 문제를 풀기 위해 흥미로운 방식을 고안하는 데 시간을 보내지도 않습니다. 제가 일했던 조직에서 여러 차례 문제를 풀지조차 못한 경우가 있었는데, 그 이유는 실제 작업에 투입되는 시간보다 훨씬 오래 걸릴 때가 많은 타당성 조사를 먼저 수행했기 때문입니다.

제 아버지는 항상 "네 일은 직속 상사의 일과 다를 바 없다."라고 말씀하셨습니다. 정말 그렇습니다. 좋은 직속 상사를 만났을 때에는 그가 저에게 충분한 자유를 주었기에 저는 직장에서도 행복하고 밤에 집에 가서도 행복했습니다. 프로젝트에 관심이 없거나 공통적인 관심사를 공유하지 않는 형편없는 관리자 아래에서는 일도 형편없었습니다.

제가 그만둔 주된 이유는 매일 밤 집에 가면서 아무것도 한 게 없다고 느꼈기 때문입니다. 저는 집에 가져갈 돈을 벌고 있는 기분을 느끼고 싶었습니다. 그런 느낌 대신에 저는 매일 밤 집에 가면서 '아, 오늘 충분히 고통을 받았으니 그 돈으로 보상받을 자격이 있어.'라는 생각이 들었습니다. 이는 삶을 살아가는 데 건강한 방식은 아니었습니다.

진행자 자신의 삶을 더 건강하게 만들기 위해 무엇을 하셨나요?

로이즌 음, 저는 컴퓨터를 구매해서 밤에 몇 가지 아이디어를 구현하는 작업을 시작했습니다. 저와 아내가 새 차나 프로그래밍 가능한 계산기를 사는 데 쓸 수 있게 은행 계좌에 6000달러를 넣어 두었는데요. 그 무렵 개인용 컴퓨터가 막 시장에 나왔습니다. 무엇을 구매할지 고민할수록 컴퓨터가 눈에 밟혔습니다. 그래서 저는 터미널이 달린 48K CP/M 컴퓨터를 구매했습니다. 저는 일과 중에는 회사 일을 하고 밤과 주말에는 집에서 일했습니다. 수익을 얻기 위해서라기보다는 정말 동작하는지 보고 싶어서 아이디어를 계발했습니다. 그중 몇 가지 아이디어가 가치 있다는 생각이 들었습니다.

진행자 그게 바로 T/Maker의 시작이었나요? 무엇이 아이디어에 영감을 주었나요?

로이즌 그 당시 저는 예산 편성 부서에서 쓸 프로그램을 만들었습니다. 그 부서의 주된 업무는 열과 행의 전체 합을 구하는 것이었는데요. 그들이 풀어야 할 문제를 가져다주면 그 사람들이 절대 이해할 수 없는 포커스(Focus) 같은 큰 데이터베이스를 쓰면 된다고 알려 주고는 돌려보냈습니다. 장기간에 걸쳐 사람들은 원하는 보고서를 전혀 받지 못했고, 그 대신 엄청난 시분할 요금 청구서를 받았습니다. 모기를 잡으려다 초가삼간을 다 태우는 듯한 엄청난 자원 낭비였습니다.

  따라서 저는 배우기 쉽고 사용자에게 자신이 원하는 결과를 주는 단순한 스프레드시트를 만들기로 결심했습니다. 저는 이 스프레드시트를 이용해 총계와 소계를 쉽게 계산해서 화면에서 원하는 위치에 텍스트를 출력할 수 있기를 원했습니다. 처음에 저는 세계은행에서 작업을 시작하면서 사람들이 무거운 메인프레임 없이 스프레드시트를 사용할 수 있도록 유닉스에서 구현되도록 설계했습니다. 저는 프로그램을 다듬고 싶었으나 세계은행의 어느 누구도 관심이 없었습니다. 그래서 저는 여러 회사를 찾아가 회사의 시분할 시스템에서 스프레드시트가 동작하게 만들어 준다고 이야기했습니다. 어느 누구도 조금의 관심도 보이지 않았습니다. 모든 사람이 제가 어리석은 아이디어를 품은 바보라고 생각했습니다.

진행자 하지만 포기하지 않았군요?

로이즌 저는 아이디어를 발전시키는 유일한 방법은 독자적으로 컴퓨터를 사용하는 것이라고 결론을 내렸습니다. 이런 식으로 개발하는 게 제겐 다소 리스크가 있었습니다. 그 이유는 그 무렵 스프레드시트와 같은 큰 프로젝트는 자원이 풍부한 대기업에서 사람들을 조직해야만 시작할 수 있다는 인상을 받았기 때문이었습니다. 저는 작은 회사가 정말로 성공할 수 있다고 생각하지 않았습니다. 제품의 첫 버전이 동작하게 만들기까지 거의 1년이 걸렸습니다.

진행자 개발하는 도중에 앞서 나갈지도 모르는 경쟁자에 대해 걱정하기도 하셨나요?

로이즌 T/Maker를 완성하기 대략 6개월 전에 비지캘크가 나왔습니다. 저는 비지캘크라는 이름을 듣고 정말로 겁을 먹었는데, T/Maker와 거의 동일한 제품처럼 들렸기 때문입니다. 심지어 저는 비지캘크를 살펴보고 싶어 하지도 않았는데, 똑같을 것이라는 확신이 들었기 때문이었습니다. T/Maker 개발을 마칠 때까지 비지캘크를 확인하지 않은 것 같습니다. 이후 저는 비지캘크가 완전히 다른 제품임을 알게 됐습니다. 물론 비지캘크는 수백만 개가 팔렸고 T/Maker는 그렇지 못했지만 저는 판매량이 제품 품질에 특별한 의미를 부여한다고 생각하지는 않습니다.

진행자 T/Maker 스프레드시트가 비지캘크와 다른 점이 무엇인지 설명해 주실 수 있나요?

로이즌 T/Maker는 비지캘크와 상당히 다른 접근 방법을 사용했습니다. T/Maker는 빈 화면을 사용하는 반면, 비지캘크는 숫자와 수식을 입력하는 셀을 만드는 방식으로 사용자가 보는 화면을 구성합니다. T/Maker의 접근 방법이 훨씬 유연합니다. 프로그램의 계산 부분은 배경에서 동작합니다. T/Maker를 사용하면 프로그램을 다루는 느낌이 아니라 칠판에 쓰는 느낌이 듭니다.

T/Maker의 흥미로운 특징은 화면에서 수평이 아니라 수직으로 논리적인 사고에 따라 정보의 조각을 작성할 수 있다는 점입니다. 저는 이게 혁명적인 개념이라고 말하지는 않지만, 이런 방식을 이용하는 다른 프로그램을 한 번도 본 적이 없습니다.

진행자 T/Maker의 설계 기준은 무엇이었나요?

로이즌 먼저, 간단한 문제에 대한 해결책을 단순하게 만드는 것을 강조했습니니다. 세 행의 총합을 원한다면 숫자를 입력할 때 화면 왼쪽에 더하기 기호 세 개를 추가한 다음 그 아래에 등호 기호를 넣어 합계를 나타냅니다. 이보다 더 쉬울 수는 없습니다. 저는 일반적인 학문적 해결책을 제시하려 하지 않았습니다. 그런 해결책은 사용자를 혼란스럽게 할 정도로 너무 많은 가능성을 제공하거든요. 저는 숫자 열을 추가하는 작업을 주로 하는 사람들을 위한 해법을 선택했습니다. T/Maker를 사용하면 사용자는 자신들의 문서 사양을 충족하는 산뜻한 보고서를 정의할 수 있습니다. 그런 다음 화면에 보이는 그대로 보고서를 출력할 수 있습니다. T/Maker 구문을 통해 화면 어느 곳에나 텍스트를 넣을 수 있기 때문입니다. 대다수의 다른 시스템과 크게 다른 점입니다.

  T/Maker의 또 다른 중요한 기능은 제 설계 스타일과 관련이 있습니다. 특별히 유용한 함수와 일반적인 기능 중 하나를 선택해야 한다면, 단순한 사용 사례를 해치지 않는 범위에서 일반적인 기능을 넣는 편입니다. 다른 스프레드시트 패키지들은 융통성이 부족합니다. 이런 패키지들은 사용자가 상단에 표제어를 두 줄 쓰고 하단에 쪽 번호를 매기기를 원할 것이라고 가정합니다. T/Maker를 사용하면 표제어는 여러 행으로 유연하게 구성할 수 있으며, 쪽 번호도 페이지 어디에나 위치할 수 있습니다. 이는 표제어 두 줄만 원하는 사람이 사용하기에는 더 어렵지만, 오랜 기간 동안 사용할 사람에게 훨씬 튼튼한 프로그램을 지원합니다. T/Maker 같은 패키지 개발은 믿을 수 없을 정도로 수많은 판단에 따른 결정이 필요합니다. 저는 T/Maker에서의 의사 결정이 대부분 잘 이뤄졌다고 믿고 싶습니다.

진행자 T/Maker를 작업한 소감은 어떤가요?

로이즌 즐거운 작업이었습니다. 코드를 컴파일해서 새로운 기능이 동작할 때마다 신이 났습니다. 누군가 제품을 보고 판매해도 될 정도로 충분히 그럴싸하다고 했을 때 짜릿함을 느꼈습니다. 물론 더욱 짜릿한 순간은 수표가 들어오기 시작해 실제로 뭔가를 하면서 생계를 유지할 수 있게 됐을 때였습니다. 너무나도 만족스러운 순간이었습니다.

진행자 프로그램을 작성하면서 맞닥뜨린 가장 큰 문제는 무엇이었나요?

로이즌 컴퓨터가 한 대만 있어서 어려웠습니다. 제품의 특정 측면을 시연하려면 개발을 중단해야 해서 시연이 있을 때마다 늘 하루를 망치고 말았습니다. 또한 T/Maker는 시각적인 유형의 구문을 사용하므로 화면 편집기를 작성해야 했습니다. 저는 그런 작업을 한 번도 해 본 적이 없었는데 구현 과정이 상당히 복잡했습니다.

진행자 이 프로그램을 작성하는 데 어떤 프로그래밍 언어를 사용하셨나요?

로이즌 그 당시 다른 선택지가 없어서 첫 버전은 CBASIC으로 작성했습니다. 돌이켜 생각해 보면 어느 정도 만족스러웠습니다. 프로그램이 동작했을 뿐 아니라 상대적으로 빠르기도 했습니다. 마침내 C(BDS C: CP/M용 C 컴파일러)를 사용할 수 있게 되자 모든 기능이 10배 더 빠르게 돌아갔습니다. CBASIC으로 동작하는 화면 편집기를 적당히 빠르게 만든 일은 지금까지도 제가 가장 자랑스럽게 생각하는 업적입니다.

진행자 스프레드시트 프로그램을 작성하는 도중 예상치 못한 상황이 발생하기도 했나요?

로이즌 사용자와의 만남은 엄청나게 즐거웠습니다. 팬들이 가끔 우리에게 편지를 보내는데, 몇몇 편지 내용은 매우 감동적입니다. 한 번은 T/Maker의 무료 버전을 교도소에 보낸 적이 있습니다. 어떤 사람이 편지로 그들이 T/Maker를 얼마나 즐겨 사용했고, 누군가 수감자들을 챙겨 준다는 사실에 얼마나 고마워했는지 말해 주었습니다. 남부 캘리포니아에 사는 어떤 사람은 자신의 목장 운영에 T/Maker를 사용하고 있다면서 우리에게 아보카도 한 상자를 보냈습니다. 대가족을 얻은 느낌이었습니다. 심지어 한 번도 만난 적이 없어도 전화로 이야기하고 편지를 한두 통 쓰다 보면 사용자를 가족으로 만들기에 충분합니다. 이런 사업을 하는 아주 긍정적인 부수 효과라고 볼 수 있습니다.

진행자 T/Maker를 만든 이후 인생이 많이 바뀌었나요?

로이즌 제 인생은 상당히 많이 바뀌었고 특히 직업과 봉급에 대한 관점이 변했습니다. 제가 다른 누군가에게 고용되어 일했을 때, 저는 적어도 직전 직장보다 5% 더 많은 봉급을 받고 위험하지 않은 회사로 가야 한다고 항상 생각했습니다. 저는 봉급과 다음 봉급날을 늘 생각하고 있었습니다. 새 텔레비전이나 스테레오 전축을 사고 싶게 될 수도 있었기 때문입니다. 신입이었을 때 저는 왜 아무 일도 하지 않고 세상의 유익에 공헌하지도 않는 저에게 봉급을 주는지 자주 궁금했습니다. 저는 빈둥거리면서 다른 사람들과 커피를 마시고 결코 구현되지 않을 타당성 조사를 하면서 누구도 사용하지 않을 프로그램을 작성하고 있었을 뿐이었습니다. 제 직업은 정말 저 이외에 다른 어느 누구에게도 이익을 주지 않았고 유일한 이익은 제 봉급뿐이었습니다. 얼마 후 저는 스스로를 무가치하다고 느끼기 시작했는데, 유용한 일을 전혀 하지 않고 있었기 때문입니다.

이제 저는 유용한 몇 가지 합리적인 기술을 갖췄다고 느낍니다. 저는 제 작업에서 만족을 얻고 봉급에 크게 신경 쓰지 않습니다. 돈을 절반만 벌지만 원하는 바를 할 수 있는 것과 돈을 두 배로 더 벌지만 누군가 지시한 일을 해야 하는 것 중에 선택해야 한다면 저는 낮은 봉급과 자유를 선택할 것입니다. 제가 기본적으로 직장에서 즐겁게 지낸다면, 포르쉐를 몰고 다닐 필요가 없습니다. 고급 자동차는 제 인생에서 가장 중요한 부분이 아니기 때문입니다. 제가 좋아하는 일을 하는 것이 제 인생에서 가장 중요한 목표가 됐습니다.

진행자 현재 어떤 일을 하고 계시나요?

로이즌 저는 T/Maker 개정판을 준비하고 있습니다. 5년 동안 프로그램을 만지작거리면서, 저는 T/Maker에서 개선할 수 있는 부분을 많이 발견했습니다. 프로그램을 작성할 때 볼 수 없었던 문제를 찾았습니다. 실제 뭔가를 시도하고 일정 기간 동안 많이 사용해 봐야 프로그램에 숨어 있는 구멍을 볼 수 있습니다. T/Maker에는 지금보다 훨씬 멋진 숲을 이루기 위해 서로 그룹으로 묶을 수 있는 나무가 많습니다.

예전 제품들은 매뉴얼을 읽지 않거나 컴퓨터 용어에 익숙하지 않은 사람들을 충분히 배려하지 않았습니다. 저는 그런 부분에 신경을 쓰지 못했는데, 그 이유는 제가 날마다 종일 컴퓨터를 사용하기 때문입니다. 배워야 하는 키 조작 방법이 있으면 배웁니다. 하지만 저는 주말에만 가끔 프로그램을 사용하는 사람들도 사용하기 쉽게 만들 수 있습니다. 지난주 일요일에 알게 된 프로그램 동작 방식을 다음 주 일요일에 기억하기란 쉽지 않습니다.

진행자 T/Maker와 완전히 다른 뭔가를 만들려고 고려한 적이 있으신가요?

로이즌 다른 것을 시도해도 상관은 없었을 것입니다. 하지만 아주 많은 시간과 코드와 노력을 투자했거든요. 그만두고 새로운 아이디어를 시도하기 어렵습니다. 새로운 프로젝트를 시작하려면 시간이 많이 걸립니다. 그리고 T/Maker는 새로운 모듈을 추가할 수 있게 항상 열려 있습니다. 또한 몇 가지 새로운 가능성을 열기 위해 저보다 컴퓨터를 훨씬 잘 이해하는 프로그래머의 도움을 받을 수도 있습니다.

진행자 프로그래밍을 예술, 과학, 숙련을 요하는 전문성, 기량 중에서 무엇이라고 생각하시나요?

로이즌 저는 확실히 프로그래밍은 예술이라고 생각합니다. 제대로 수행한 작업이라면 어떤 것이든 예술이 될 수 있다고 믿습니다. 그 이유는 모든 일은 어느 정도의 취향이나 예술적인 재능으로 수행할 수 있기 때문입니다. 저는 작업하면서 코드에 담긴 내용뿐 아니라 보이는 외형에도 신경을 씁니다. 저는 코드를 돌아보면서 단지 더 나아 보이게 할 목적으로 코드를 조정하기도 합니다.

진행자 프로그래밍을 다른 예술인 작곡, 회화, 집필과 비교해 주실 수 있을까요?

로이즌 제가 아는 게 하나뿐이어서 비교하기가 어려운데요. 저는 작곡하는 과정에서 작곡자가 무엇을 추구하는지 모릅니다. 예술은 무엇을 하든 흥미가 있어야 하며 더 나은 작품을 만들려고 노력하는 과정에서 빛을 발합니다. 저는 프로그램을 만들 때 특별한 프로그래밍용 복장을 입지 않으며, 집에서 도배를 할 때 또 다른 특별한 옷을 입지도 않습니다.

진행자 컴퓨터 과학이 진짜 과학이라고 생각하시나요?

로이즌 저는 컴퓨터 과학을 공부한다고 해서 좋은 프로그래머가 된다고 전적으로 믿지는 않습니다. 분명히 해시 테이블이나 몇 가지 알고리즘을 개발하는 방법을 배워야 합니다. 하지만 아마도 저처럼 스스로 그런 정보를 학습하는 편이 더 나을지도 모르겠습니다. 음, 제가 독학해야 했던 이유는 그 당시 어떤 참고서나 강의도 없었기 때문입니다. 실제로 발생하는 문제 대부분이 책이나 강의에서 배우는 범주에 맞아떨어지지 않기 때문에 이렇게 말할 수 있습니다. 책의 5페이지에서 문제의 일부를 푸는 해법을 찾고, 6페이지로 넘겨서 다음 문제의 일부를 살펴본 후, 둘을 합치는 방식으로 전체 문제를 해결할 수 없습니다. 이런 유형의 해법은 결코 효과가 없습니다. 어떤 문제든 가장 중요하고 어려운 부분은 어느 방향으로 나아갈지 결정하는 것입니다. 뭔가를 고치려고 만지작거릴 때 계획이 세워져 있다면 실제 프로그래밍은 어렵지 않습니다. 컴퓨터 과학에서 정렬 알고리즘을 열 가지 배워도 해법을 설계하는 방법을 생각하는 데 그렇게 큰 도움이 되지는 않습니다.

진행자 이번 인터뷰가 새로운 프로그래머 세대에게 많은 조언이 될 것 같습니다. 자신에게 특히 영향을 끼친 사람이 있나요?

로이즌 특별한 사람은 없습니다. 저는 《선과 모터사이클 관리술》을 즐겨 읽었습니다. 비록 이 책의 3/4은 이해하지 못했겠지만, 제가 이해한 몇 줄이 저에게 큰 영향을 미쳤습니다. 저는 이 책을 읽고 나서 심지어 아무도 신경 쓰지 않을 것 같을 때조차도 품질과 제대로 된 작업에 대해 조금 더 깊이 생각하기 시작했습니다. 그 책의 저자는 오토바이를 수리하기 위해 정비소를 찾은 운전자 이야기를 합니다. 정비사는 아무 생각 없이 잘못된 도구를 집어 들고 즉시 너트를 풀었습니다. 일을 아무 생각 없이 해도 된다고 생각하는 사람들을 알고 있을 겁니다. 저자가 어떤 일을 제대로 하는 즐거움을 기술한 내용이 저에게 큰 영향을 끼쳤습니다.

진행자 다른 프로그래머들과 교류가 잦은 편인가요?

로이즌 많지 않습니다. 저는 제 생각을 좇는 일을 선호합니다. 저는 다른 프로그래머들이 어떻게 일하는지 모르며, 다른 프로그래머들이 제 아이디어에 별로 관심이 없다고 생각합니다. 사람들에게 T/Maker의 아이디어를 팔려고 시도했던 경험에서 이를 확인할 수 있었습니다.

프로그래밍의 좋은 점 한 가지는 자신의 장비를 가지고 혼자 직접 작업할 수 있다는 점입니다. 뭔가 하기 위해 다른 사람의 협력을 필요로 하지 않습니다. 상당히 독립적으로 활동할 수 있습니다. 회사에서 저는 이제 사무실 출근을 일주일에 한 번 정도로 줄였습니다. 저는 마케팅 전략 기획이나 회의 진행과 같이 사무실에서 완료해야 하는 작업을 좋아하지 않습니다. 이런 사무실 작업은 저에게 아무런 만족감도 주지 못합니다. 저는 집에서 혼자 일하는 것을 선호합니다.

진행자 무엇이 훌륭한 프로그래머를 만든다고 생각하시나요?

로이즌 훌륭한 프로그래머는 자신이 하고 있는 일에 어느 정도 관심이 있어야 합니다. 프로그래머의 목표는 미국 육군 광고[1]에서 말하듯 할 수 있는 한 최선의 제품을 만들어 내는 것입니다. 이런 목표를 달성하려면 아무리 어려운 상황에 직면해도 최선을 다해야 합니다. 프로그래머는 또한 세부 사항을 상당히 잘 기억해야 합니다. 몇 년 전에 작성했던 코드 일부를 가져와도 제가 무엇을 하고 있었는지 대개는 빠르게 파악할 수 있습니다.

진행자 프로그래머가 훌륭한 프로그램을 작성한다면 확실히 성공할까요?

로이즌 저는 그렇게 생각하곤 했습니다. 하지만 지금은 잘 모르겠습니다. 성공을 어떻게 정의하느냐에 따라 달라집니다. 저는 성공을 낮에는 원하는 일을 하고 한 달의 마지막 날에 청구서에 나온 대금을 지불하는 것으로 정의합니다. 이런 유형의 성공은 달성하기가 아주 어렵지는 않습니다. 사실상 어떤 일을 하더라도 이 정도 목표는 달성할 수 있습니다. 하지만 저는 또한 심지어 10배 더 뛰어난 패키지를 작성한다고 하더라도 로터스와 같이 아주 성공적인 제품을 대체할 수 없다는 사실도 알고 있습니다. 그뿐 아니라 좋은 아이디어는 찾기도 어렵습니다. 앉아서 "이야, 오늘 좋은 생각이 떠오를 거야."라고 말하는 것과는 다릅니다. 또한 10명이 그럴싸한 아이디어 50가지를 내도록 할 수도 없습니다. 제 평생 동안 유용한 프로젝트로 발전하기에 충분히 괜찮은 아이디어를 서너 개밖에 내지 못했습니다. 그중 하나가 T/Maker인데 다른 아이디어는 계속 발전시키지 않아서 원래 아이디어가 무엇인지도 기억나지 않습니다.

진행자 향후 몇 년 동안 컴퓨터 업계에서 어떤 일이 벌어질 것이라고 생각하시나요?

로이즌 잘 모르겠습니다. 이런 질문이 곤란한 이유는 제가 유행을 따르지 않기 때문입니다. 개인용 컴퓨터 잡지의 페이지를 넘길 때마다 기분이 울적해집니다. 겉만 번드르르한 제품이 너무나도 많습니다. 화려한 화면으로 빛나는 사진을 보고, 필연적으로 우리 제품이 열등하다는 느낌을 받습니다. 이런 우울함을 막으려면 이런 잡지를 그냥 피하면 됩니다. 결과적으로 저는 다른 사람이 하는 일을 따라가지 못합니다. 하지만 우리에게 고객이 있는 한 걱정하지 않습니다. 우리는 T/Maker를 꾸준해 개선해 왔고 고객들은 업데이트된 제품을 꾸준히 구매합니다. 몇몇 OEM 고객은 단골이며, 더 개선된 제품을 가끔씩 제공하면, 우리의 고객으로 계속해서 남을 것이라고 생각합니다.

진행자 컴퓨터가 과연 똑똑한 기계가 될 것이라고 생각하시나요?

로이즌 컴퓨터는 아주 복잡하면서 아주 빠른데 보통은 아주 멍청한 기계입니다. 컴퓨터는 또한 많은 시간이 걸리고 수행 과정이 아주 따분한 모든 작업을 수행하는 데 믿기 어려울 만큼 편리합니다. 싫증을 느끼지 않으니 이런 따분한 일을 할 수 있습니다. 컴퓨터는 아침에 일어나서 "덧셈에 지쳤습니다. 이런 일에 지쳤습니다." 같은 말을 하지 않습니다. 컴퓨터는 그냥 일을 할 뿐입니다. 컴퓨터는 드라이버와 같은 도구에 불과합니다. 컴퓨터를 적절히 사용하면 수많은 따분한 작업에서 해방될 수 있습니다.

많은 작업에서 직관적으로 개발하는 경우와 비교해 훨씬 뛰어난 결과를 얻을 수 있게 알고리즘을 개발할 수 있습니다. 예를 들어 컴퓨터는 편도선염이나 골절의 종류와 같은 간단한 질환의 경우에 의사보다 훨씬 빠르게 진단할 수 있을지도 모릅니다. 속도를 요구하는 애플리케이션에서는 매우 인상적일 것입니다. 의료 진단 분야에서 컴퓨터를 판단 능력이 있는 기계로 만들 수 있을 것 같은데, 아주 빠르기도 하고 논리적인 실수를 저지르지 않기 때문입니다. 하지만 해당 주제가 더 많은 사고를 요구하면, 예를 들어 특정 암이나 바이러스 감염처럼 훨씬 복잡하거나 드문 질병을 진단해야 한다면, 우리는 해결책을 찾아내기 위한 단서를 전부 알지 못하는 상황이므로 컴퓨터가 이런 문제를 푸는 데 적합한 작업을 수행하기 힘들 것입니다.

진행자 사회에서 컴퓨터의 역할에 대해 신경 쓰시나요?

로이즌 그다지 신경 쓰지 않습니다. 저는 업계나 세상에 대해 관심이 없습니다. 저는 세상이 평화로워졌으면 좋겠다는 정도로만 세상에 관심을 가지며, 세상을 평화롭게 만들기 위해 제가 할 수 있는 일을 하려고 합니다. 그런데 제 작업에 관해서는, 제 프로그램을 위한 좋은 마케팅 전략이 있는지, 컴퓨터 업계가 침체기에 빠지려고 하는지, 특정 프로젝트를 수행하기에 좋은 시기인지 등에는 관심이 없습니다. 저는 그런 일에 신경 쓰지 않습니다. 무엇을 해야 할지 생각해 내느라 시간을 다 써 버릴 수도 있겠지만 그랬다면 일할 시간이 없을 겁니다. 컴퓨터는 어쩌면 세금과도 같습니다. 제가 세금 납부를 좋아하는 이유는 사회에 공헌하는 일이기 때문이며 사회가 없으면 저는 돈을 벌지 못할 것입니다. 저는 세금 낼 돈을 어떻게 벌지 걱정하다 (컴퓨터로) 상당히 많은 돈을 번 사람들을 알고 있습니다.

Programmers at Work

13장

통합 오피스 프로그램 프레임워크(Framework) 개발자

밥 카
Bob Carr

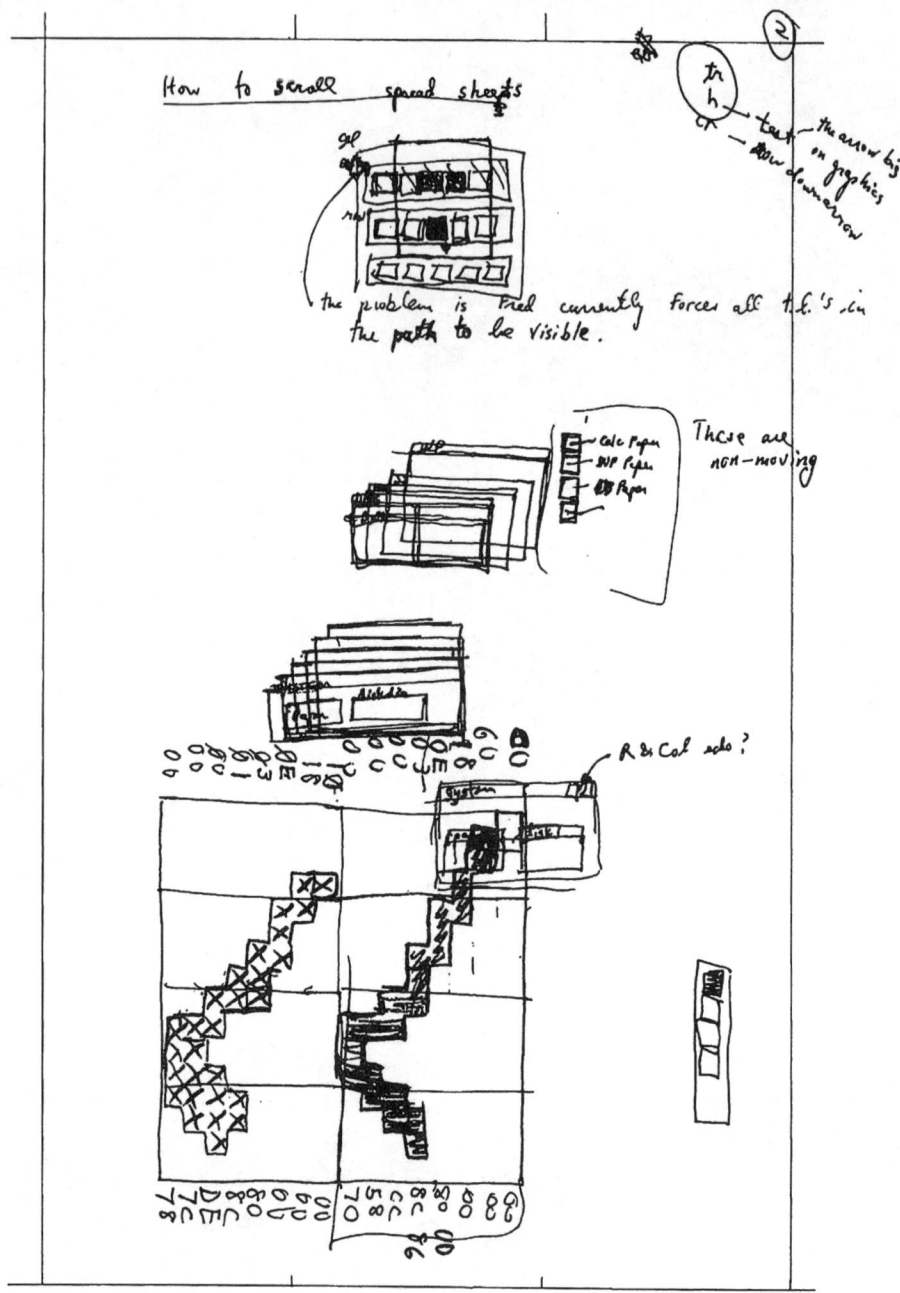

밥 카는 프레임워크 설계를 용이하게 하고자 이와 같이 '스프레드시트를 여기저기 생각나는 대로 배치한' 다이어그램을 사용했다. 더 많은 스케치와 노트는 부록(428~441쪽)에서 찾아볼 수 있다.

애시턴-테이트의 수석 과학자인 밥 카(Bob Carr)는 29세로 신제품과 신기술 연구를 이끄는 책임을 맡고 있다. 통합 소프트웨어 부문의 선구자 중 한 명인 카는 프레임워크와 그 후속작인 프레임워크 II의 설계자이자 핵심 개발자이다.

애시턴-테이트에서 일하기 전에 카는 1982년 4월부터 시작한 프레임워크 개발을 마치기 위해 1983년 7월 포어프런트를 공동 창업하고 회장을 맡았다. 애시턴-테이트는 프레임워크에 대한 마케팅 권리를 확보하기 위해 포어프런트에 재정적인 지원을 하기로 합의했다. 1985년 7월 애시턴-테이트는 포어프런트를 인수했다.

프레임워크를 개발하고 포어프런트를 공동으로 창업하기 전에 카는 처음으로 등장한 통합 소프트웨어 패키지인 콘텍스트 MBA 개발 과정에 프로그래밍 컨설턴트로 참여했다. 콘텍스트 MBA 컨설팅 전에는 제록스 PARC에서 제록스 스타의 전신인 제록스 알토와 스몰토크 제품을 개발했다. 카는 스탠퍼드 대학교에서 컴퓨터 과학 학사와 석사 학위를 취득했다.

포어프런트는 협력적인 방식으로 일하는 프로그래머로 구성된 핵심 그룹이 있는 작은 조직이었다. 카는 젊고 활기 넘치고 수수하고 통찰력이 예리했다. 또한 헌신적인 조직의 기술 리더이다.

카는 거북딱지로 만든 동그란 안경을 쓰고 코르덴 바지에 옥스퍼드 셔츠를 입고 있었다. 이야기하는 동안 그는 손짓을 하면서 화이트보드에 다이어그램을 그렸다. 카는 매우 집중해서 적절한 표현으로 신중하게 이야기했다. 가장 야심 찬 프로젝트인 프레임워크를 예로 들면서 자신의 과거와 프로그램 설계에 대한 접근 방법을 되돌아보았다.

> 이후 오토데스크 등 여러 회사에서 임원급으로 일했고 2006년 *KeepandShare.com*을 창업해 CEO를 맡고 있다.

진행자 프로그래머가 되고 싶다는 생각을 늘 하셨나요?

카 스탠퍼드에서 저는 첫사랑인 인문학과 더 실용적인 공학 분야 사이에서 갈팡질팡했습니다. 저는 수업 시간을 둘로 나눠서 두 가지 선택지를 모두 열어 둔 상태로 양다리를 걸쳤습니다.

저는 글쓰기를 좋아하고 문학에 소질이 있다고 생각합니다. 여전히 소설가가 되고 싶습니다. 작문과 소프트웨어 개발은 종이 위에 또는 코드로 아이디어를 포착하는 행위를 넘어섭니다. 작문과 소프트웨어 개발은 사고방식을 발전시키는 데 도움이 되는 과정입니다. 뭔가를 적어야 할 때 아이디어를 두세 단계 더 발전시켜 생각하게 됩니다.

3학년 중반 무렵에 저는 엄청난 타협을 했습니다. '좋아! 나는 글쓰기를 좋아하니까 생계를 위해 글을 쓰되 실용적으로 접근해서 기술 작가가 되는 거야. 그러면 밥벌이도 할 수 있고, 창의적이고 창조적인 글쓰기도 마찬가지로 할 수 있어.' 하는 생각이 들었습니다. 언론학 교수 몇 분과 이야기를 나누고 나서 좋은 기술 작가라는 직업을 얻으려면 기술 학위를 얻는 것이 최상이라는 결론을 내렸고 기술 학위를 따기로 결정했습니다. 하지만 그 무렵 저는 공학을 좋아하지 않는다는 사실을 알게 됐습니다. 기계 공학? 아니야, 전자 공학? 흥미는 있지만 잘 해낼 수는 없어, 화학 공학? 어느 것도 선택지가 아니었습니다.

저는 고민하며 같은 학기에 프로그래밍 입문 과목을 들었습니다. 알골 W로 프로그래밍하기 위해 커다란 메인 프레임 컴퓨터에서 천공 카드를 뚫어야 했습니다. 저는 이런 작업이 좋았습니다. 또한 같은 학기에 스탠퍼드에 도입된 신형 시분할 시스템인 LOTS를 지키는 야간 일자리도 구했습니다. 터미널 30개가 달린 DEC 20이 있었고, 전산실은 밤새도록 개방되어 있었습니다. 저는 안내 데스크에 앉아서 장비를 훔쳐 가는 사람이 없는지 감시했습니다.

컴퓨터는 건드릴 수 없었는데 랄프 고린이 저를 불쌍히 여겨 경비원 책상에 터미널을 놓아 준 덕분에 워드 프로세싱을 배웠고 자그마한 프로그램을 작성하기 시작했습니다. 저는 그전까지 컴퓨터를 한 번도 만져본 적이 없었지만, 컴퓨터 과학 분야의 학위를 따기로 결정을 내렸습니다. 하지만 한 가지 장애물이 있었습니다. 그 무렵 스탠퍼드는 컴퓨터 과학 분야에서 학사 학위를 제공하지 않았습니다. 하지만 관료주의가 저를 막을 순 없었습니다. 저는 자기만의 전문 분야 혹은 '심도 있는 분야'를 설계할 수 있는 일반 공학이라는 공학 학위 과정을 밟았습니다. 저는 컴퓨터 과학에서 심도 있는 분야를 설계한 다음 이를 컴퓨터 공학이라고 불렀습니다. 다음 네 학기에 걸쳐 학사 학위를 땄고 매우 기뻤습니다. 그때부터 저는 컴퓨터에 대한 글을 쓰기보다는 차라리 프로그래밍을 하는 편이 좋겠다는 생각이 들었습니다.

진행자 그래서 1978년에 학사 학위로 무장하고서 전문적인 컴퓨터 업계로 뛰어드셨나요?

카 맞습니다. 엄청난 행운이 따라서 제록스 PARC에 들어갔습니다. 그 무렵 주 연구 센터로부터 ASD(Advanced Systems Department)라는 부서가 분리됐습니다. ASD는 스탠퍼드 바로 옆에 사무실을 차렸습니다. 그 당시 제록스는 많은 분야에서 세계를 선도하고 있었고, ASD는 가장 위대한 사람들 중 일부가 참여하는 연구의 온실이었습니다. 찰스 시모니, 컨버전트 테크놀로지스 설립에 도움을 준 하버드 교수인 벤 웨그브리트와 제이 스피첸, 현재 어도비의 핵심 프로그래머 중 한 명인 더그 브로츠, GRiD 시스템스를 설립한 존 엘런비 같은 인물이 대표적입니다.

진행자 제록스 내에서 ASD는 어떤 역할을 맡으셨나요?

카 제록스 PARC는 엄청난 기술 개발 결과를 제품 개발 단계로 이전하는 과정에서 문제를 겪고 있었습니다. ASD 조직의 목표는 이런 기술을 가져다 시장에 출시할 최종 제품으로는 발전시키지는 않되, 실세계에 적용 가능한 시스템이 되게 하는 것이었습니다. ASD는 선도 개발 부문과 로스앤젤레스에 소재한 최종 제품 부문 사이에서 중간자 역할을 맡았습니다. 제록스 스타를 예로 들 수 있겠습니다. ASD는 시장을 살피기 위해 시제품을 개발했습니다.

저는 단순 작업을 하는 프로그래머였습니다. 워드 프로세싱, 데이터베이스, 일정표 중심의 작업을 망라하는 통합된 사무 환경을 개발했던 그룹과 함께 일했습니다. 이 모든 기능은 단일 데이터베이스 위에 기반을 두고 있었습니다.

진행자 관리나 창의적인 업무 환경과 관련해 제록스와 ASD에서의 경험을 통해 배운 것이 있나요?

카 예, 그 이후, 특히 여기 포어프런트에서 저는 저보다 뛰어난 사람들에 둘러싸여 일할 수 있는 환경을 만들기 위해 노력해 왔습니다. 제가 포어프런트에서 고용했던 많은 사람은 저보다 더 뛰어난 프로그래머들이었고 저는 이들로부터 많이 배웠습니다. ASD는 또한 훌륭한 소프트웨어 개발은 대부분 훌륭한 초기 설계와 후반부의 아주 튼튼한 공학으로 구성되어 있다는 사실을 저에게 보여 주었습니다.

진행자 ASD는 결국 어떻게 됐나요?

카 제록스는 경영진 교체를 겪었고 ASD의 문을 닫고서 그룹을 제록스 나머지 부서로 되돌렸습니다. 많은 사람이 그 무렵 제록스를 떠났습니다. 저는 학교로 돌아가서 석사 학위를 마쳤습니다. 컴퓨터 과학에 환멸을 느꼈고 아주 불행했습니다. 프로그래밍은 전혀 제 창의력을 분출하는 통로가 되지 못했습니다. 저는 아주 큰 물고기로 가득 찬 연못에서 헤엄치는 아주 작은 물고기처럼 느껴졌습니다. 한편으로는 배울 수 있는 엄청난 기회였지만, 다른 한편으로 저는 제 스스로 뭔가를 창조하거나 설계하지 못했습니다. 견습생으로 일을 해야만 하는데 저는 그런 식으로 세상을 바라볼 만큼 충분히 헌신적이지 못했습니다.

석사 학위를 마치는 것은 도망치기 쉬운 방법이었습니다. 그다음에 무엇을 할지 결정했는데 그동안의 인생과 완전히 결별하고 머물 곳을 찾기 시작했습니다. 저는 차를 팔아 번 2000달러를 쥐고 라틴 아메리카로 떠났습니다. 저는 다른 나라에 살면서 다른 언어를 배우는 게 굉장한 일이라고 늘 느껴 왔습니다. 따라서 여행을 가서 외국에 정착해 일자리를 찾아야겠다고 생각했습니다. 아마도 프로그래머였겠죠.

남미까지 갈 계획을 세웠지만 멕시코를 떠나지 못했습니다. 멕시코를 너무나도 좋아했기 때문입니다. 저는 멕시코시티에 있는 유스호스텔에서 6개월 동안 자원봉사자로 일했고, 호스텔을 운영하는 사람들과 함께 지냈습니다. 이 기간이 끝나 갈 무렵 저는 다시 일할 준비가 됐음을 느끼고 로스앤젤레스로 돌아와서 일자리를 찾았습니다.

저는 프로그래밍 가능한 계산기인 HP 41C로 프로그래밍하는 단기 일자리를 구했습니다. 제가 작성한 소프트웨어는 제 고객인 어떤 석유 거물이 특정 정유소 건설이 이익이 되는지 분석하기 위한 목적으로 만들어졌습니다. 이런 작업을 하면서 저는 근처 신생 회사에서 프로그래머가 필요하다는 소문을 듣게 됐습니다. 그 회사가 바로 콘텍스트 매니지먼트 시스템이었고 콘텍스트 MBA를 개발하고 있었습니다.

진행자 콘텍스트 MBA 프로그램은 비지캘크와 로터스 1-2-3의 경쟁자가 아니었나요?

카 콘텍스트 MBA는 더 매력적인 신제품을 위한 아이디어였습니다. 콘텍스트 MBA는 크고 강력한 스프레드시트가 되기 위한 단일 프로그램으로, 당시 베스트셀러였던 비지캘크보다 훨씬 강력했습니다. 스프레드시트, 그래픽 애플리케이션, 워드 프로세서 내에서 데이터베이스와 데이터 관리 기능을 수행할 목적이었습니다. 콘텍스트 MBA는 로터스 1-2-3와 상당히 비슷했습니다.

1년 정도 작업해서 프로그램을 완료했습니다. 콘텍스트 MBA는 로터스 1-2-3가 출시되기 6개월 전인 1982년 7월에 출시됐습니다. 회사는 로터스 1-2-3에 필적하리라는 희망을 품고 크게 기대했습니다. 다시 말해 기존에 찾아보기 힘든 수준의 엄청난 성공을 기대했습니다. 하지만 콘텍스트 MBA는 성공을 경험하지 못했습니다. 로터스 1-2-3가 출시되어 관심을 독차지했는데 충분히 그럴 만했습니다. 로터스는 마케팅 능력이 뛰어났고 로터스 제품은 콘텍스트만큼 기능이 풍부하지 않았지만 속도가 훨씬 빨랐습니다. 콘텍스트는 호환되지 않는 PC 하드웨어가 다수 존재할 것이므로 이식성이 핵심적인 경쟁 우위라고 확신했습니다. 그래서 콘텍스트는 UCSD 운영 체제를 채택했는데 이 운영 체제는 이식성이 아주 높은 환경을 제공하지만 괴로울 정도로 느렸습니다. 경쟁에서 진 이유는 IBM PC가 표준을 확립했기 때문이었습니다. 어셈블리 언어로 작성하고 특별히 IBM PC에 맞춰 개발한 전략은 로터스의 승리를 위한 발판이었습니다. 로터스 1-2-3는 승승장구했고 콘텍스트는 망하고 말았습니다.

진행자 콘텍스트에서 수행했던 작업이 프로그래밍에 대한 관심을 다시 불러일으켰다고 생각하시나요?

카 컴퓨터로 작업한 경험은 다시 한번 열의를 불러일으켰습니다. 콘텍스트 부사장은 믿을 수 없을 만큼 훌륭했으며, 저는 당면한 문제와 밀접한 분야에서 수많은 소프트웨어 훈련을 받았습니다. 저는 갑자기 연못에서 중간 크기 이상 되는 물고기로 변했습니다. 저는 차이를 만들어 낼 수 있었습니다. 이 경험은 저에게 엄청난 만족감을 선사했으며 제가 정말로 컴퓨터 프로그래밍을 즐길 수 있음을 알게 해 주었습니다.

동시에 저는 이 회사가 1년 동안 4명에서 시작해 25명까지 늘어나는 모습을 지켜봤습니다. 스타트업 회사가 커 가는 과정을 지켜봤습니다. 많고 많은 결정과 과업과 작은 작업들이 시간에 맞춰 하나씩 완료되면서 한 번에 한 단계씩 전진하고 있었습니다.

진행자 초창기 자신의 프로그래밍 스타일에 영향을 끼친 사람이 있었나요?

카 저에게 영향을 준 프로그래머는 서너 명 정도 됩니다. 가장 먼저 클라크 윌콕스를 손에 꼽습니다. 윌콕스는 제가 스탠퍼드에 있을 때 메인세일이라는 언어를 개발하고 있었습니다. 그는 믿을 수 없을 만큼 생산성이 높은 프로그래머입니다. 클라크는 프로그램 편집 과정에서 항상 매우 조심스러웠습니다. begin 문을 추가하면 곧바로 몇 줄 아래로 내려가 end 문을 추가했습니다. 그 당시 제 생각으로는 매우 고통스러운 방식이었습니다. 지금 돌이켜보면 이런 습관이 제가 기술을 연마하는 과정에서 아주 중요한 부분이었다고 생각합니다. 저는 아주 꼼꼼하게 이런 방식으로 작업합니다.

그다음으로 제록스에서는 제이 스피젠, 콘텍스트에서는 짐 피터슨을 꼽습니다. 두 사람으로부터 소프트웨어 설계에 대해 많은 것을 배웠습니다. 두 사람은 아키텍처와 설계 작업을 진행했고, 저는 실제 구현을 도왔기에 두 사람의 의사 결정 과정을 보면서 많이 배웠습니다.

진행자 **프레임워크의 아이디어는 언제 탄생했나요?**

카 콘텍스트와 계약이 거의 끝나 갈 무렵, 저는 사용자를 위해 다양한 기능을 제공하면 어떨까 하는 생각이 들기 시작했습니다. 또한 이 모든 기능을 거대한 단일 스프레드시트를 기반으로 하는 방식이 잘못됐음을 깨닫기 시작했습니다.

하루는 스프레드시트 셀을 열어서 그 안에서 또 다른 스프레드시트를 찾을 수 있고, 그렇게 찾은 것 안에서 또 다른 스프레드시트를 찾을 수 있다면, 어떤 일이 벌어질까 생각해 보았습니다. 저는 사각형 안에 사각형이, 다시 그 사각형 안에 다른 사각형이 들어 있는 단순한 그림을 그려 정보 내부에 정보가 들어 있는 개념을 표현했습니다. 그러던 어느 날 저는 친구에게, 콘텍스트 MBA가 흥미진진한 제품이었지만 그보다 훨씬 좋은 방법이 있다고 생각한다며 아이디어를 언급했습니다. 그러자 친구가 "그러면 어떻게 만들 건데?"라며 아주 단순한 질문으로 저를 흥분시켰고 이는 프레임워크의 촉매제가 됐습니다.

저는 스스로를 시험할 필요가 있었습니다. 인생에서 완료하지 못한 몇 가지 프로젝트가 있다는 점이 마음에 걸렸습니다. 그때부터 문제를 해결하는 더 나은 방법을 찾으려는 막연한 느낌이었던 것이 쏟아지는 아이디어로 바뀌었고 사각형 안에 중첩된 사각형, 창 안에 중첩된 창이라는 단일한 개념으로 이어졌습니다.

저는 아침저녁으로 메모를 끄적거리면서 프레임워크를 구상했습니다. 일과 시간에는 여전히 프로그래밍을 했습니다. 종이에 브레인스토밍을 한 지 4달이 지난 후 추구해야 할 방향을 정했습니다. 저는 콘텍스트 경영진에게 그것에 대해 이야기했습니다. 경영진은 흥분했지만 회사와 제품 라인 발전에 관한 계획이 이미 있었습니다. 거기서는 제 비전이 실현될 가능성이 희박해서 저는 콘텍스트와의 인연을 정리하고 샌프란시스코로 이사했습니다. 샌프란시스코로 옮기면 제가 콘텍스트를 위해 다시 일하고 싶은 유혹에서 벗어날 것이었습니다.

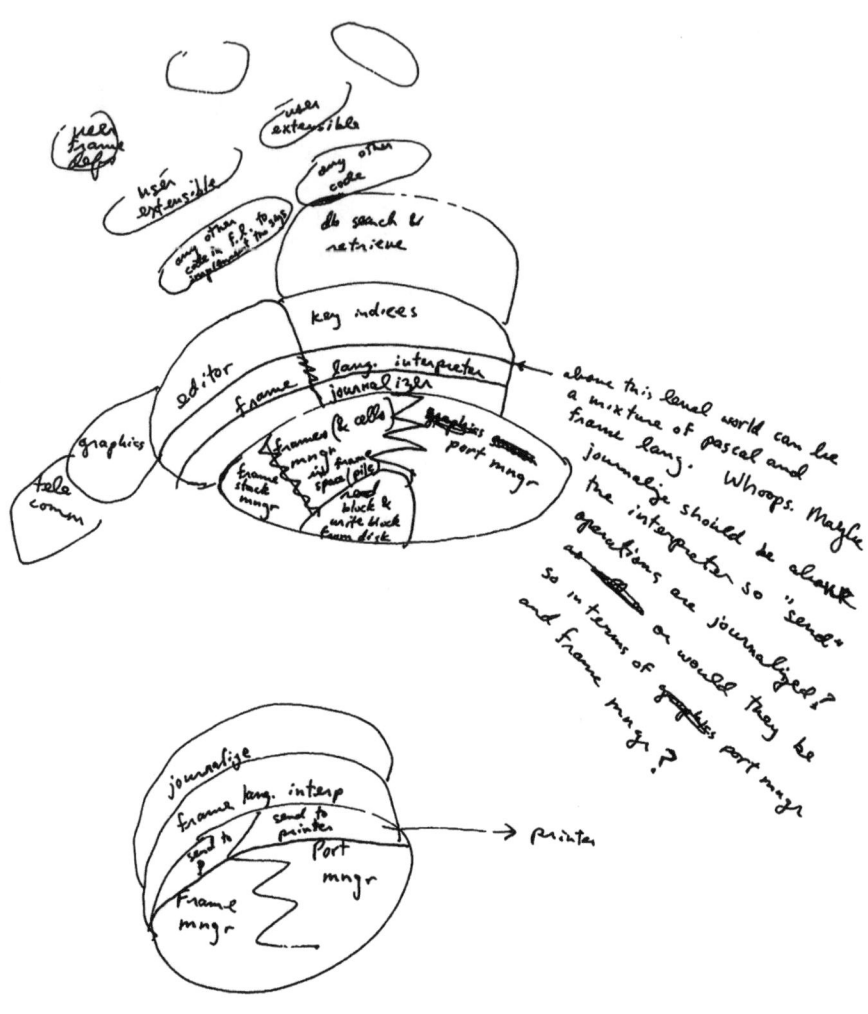

이 계층화된 원은 프레임워크 개발 과정에서 '아주 초기에 구조를 모색'하기 위한 카의 노력을 보여 준다.

콘텍스트 사람들은 훌륭했습니다. 저는 저축한 돈으로 생활하면서 설계 작업을 진행했습니다. 그러다가 성공 가능한 프로그램으로 판명이 나면 사업 기회로 전환할 수 있겠다고 생각했습니다. 계속해서 저는 프레임워크 아이디어에 사로잡혔습니다. 제 감정은 아이디어의 진전에 따라 변했고 저는 그때까지 해 왔던 그 어떤 일보다 더 열심히 작업했습니다.

진행자 프레임워크를 작업할 때 어떤 목표와 작업 규칙을 정하셨나요?

카 제가 얻었던 교훈 중 하나는 프로그래밍 작업을 최대한 미루는 것이었습니다. 일단 코드 뭉치를 쌓고 나면 방향을 바꾸기가 어렵습니다. 콘크리트처럼 굳어 버립니다. 따라서 저는 가능한 한 오래 작업을 미뤘지만, 머릿속에서 설계를 영원히 유지할 수는 없었습니다.

원래 저는 워드 프로세싱, 스프레드시트, 그래픽, 데이터베이스를 포함하는 다중 기능을 제공하게끔 프레임워크를 기획했습니다. 더 나아가서 저는 부트스트래핑을 구현하기 위한 야심만만한 계획을 품고 있었습니다. 부트스트래핑이란 다시 말하면 나머지 시스템을 구축하는 데 쓸 시스템이나 언어를 저수준에서 구현하는 것입니다. 저는 프레임워크의 언어와 시스템이 될 수 있는 이런 마법과도 같은 최첨단 기계를 내놓고 싶었습니다. 제가 조금 우울했던 이유는 이런 야수를 쉽게 다룰 수 없었기 때문입니다. 그래서 저는 계획을 축소했습니다.

제 다른 목표 중 하나는 단일 범용 데이터 객체를 구현하는 식으로 핵심 설계와 아키텍처를 최대한 단순하게 만드는 것이었습니다. 이렇게 생각한 이유는 메모리를 잡아먹는 세부 기능을 겹겹이 구현할 때, 내부에서 정말 단순한 구조를 요구하기 때문입니다. 그렇지 않으면 크고 복잡한 프로그램을 만들어 낼 수밖에 없습니다.

저는 결국 저수준 언어 구현이라는 목표를 포기했고 C로 코드를 작성하기로 결정했습니다. 불행히도 제가 사용했던 컴파일러에 버그가 많아서 저는 곧 이 컴파일러로는 아무것도 하지 못하게 되리라는 사실을 깨달았습니다. 그래서 어셈블리 언어로 작성하기로 결정했는데, 그렇게 하면 8086 아키텍처에서 메모리를 관리할 때 몇 가지 뛰어난 장점이 있기 때문입니다.

1983년 1월에 저는 그 아이디어를 바탕으로 프로그래밍을 시작했습니다. 제가 프레임이라고 부른 단일 데이터 객체에 기반했는데 이 객체 위에서 전체 시스템이 구현됐습니다. 이런 방식은 도박과도 같았습니다. 성공하면 짧은 시간 내에 시스템을 동작하게 만들 수 있었고, 실패하면 저는 아무 성과도 거두지 못하게 될 것이었습니다.

결과는 엄청난 성공으로 판명이 났습니다. 두세 달 만에 저는 여러 사용자 인터페이스를 동작하게 만들었고, 6개월 만에 아주 효율적으로 동작하는 시제품까지 만들었습니다. 이건 제가 그동안 바라던 시스템이었는데 20% 정도만 완성된 상황이었습니다. 시제품은 데스크톱, 각 프레임 내부에 포함된 프레임, 워드 프로세싱, 파일링, 프린팅, 풀다운 메뉴를 제공했습니다. FRED라는 내장된 프로그래밍 언어가 아직 완성되지 않았는데도 스프레드시트를 생성하고 데이터베이스를 만들고 레코드를 정렬할 수 있었습니다. 6개월 동안 이 모든 기능을 직접 만들었습니다.

진행자 단일 데이터 객체 또는 직접 정의하신 용어인 '프레임'이라는 개념을 자세히 설명해 주세요.

카 속성이 다른 다양한 프레임이 있습니다. 속성 한 가지는 열(row) 방향 프레임입니다. 또 다른 속성 한 가지는 행(column) 방향 프레임입니다. 따라서 행 방향 프레임의 내부에 각각 열 방향 프레임을 넣을 경우 스프레드시트가 만들어집니다. 이 스프레드시트는 데이터베이스처럼 시스템 내 여느 구성 요소와 동일한 구성 요소로부터 구현됩니다. 그렇게 해서 동일 코드를 계속해서 재사용하는 식으로 프로그램에서 많은 기능을 제공했습니다.

예를 들어 프레임워크 워드 프로세싱의 모든 기능은 스프레드시트에서도 완벽하게 사용 가능합니다. 윈도 스타일의 환경에서 이런 기능을 달성하려면 200K짜리 스프레드시트 모듈을 구축하고 또 다른 윈도에 또 다른 워드 프로세싱 모듈을 구축해야 합니다. 스프레드시트에 워드 프로세싱 기능을 넣기를 원한다면 볼드체, 이탤릭체, 자동 개행, 검색과 치환 등 기능을 수행하는 또 다른 50K 모듈을 추가해야 합니다.

진행자 프레임워크가 최종 제품에 가까워지면서 새로운 기능이 등장했나요?

카 새로운 기능들을 추가했고 제품을 더 견고하게 만들었습니다. 우리와 애시턴-테이트가 추가하기로 결정한 기능들은 완전히 새로운 기능이었습니다. 아마도 가장 큰 두 가지 변경 사항은 스프레드시트가 초기에 완전한 스프레드시트로 의도되지 않았음에도, 이제는 확실히 완전한 스프레드시트가 됐다는 점과 심포니와 겨루기 위한 통신 기능을 추가했다는 점입니다.

가장 좋은 설계 작업은 우아하고 훌륭한 설계에서 시작해 동작하게 만든 다음, 실제로 그것을 사용할 때 알게 되는 다른 아이디어에 반응할 때 가능합니다. 이런 접근 방법은 비용이 많이 듭니다. 때로는 코드가 완전히 재작성되거나 코드 전체 영역이 거의 폐기되어야 합니다. 이렇게 하려면 프로그래머로서 용감한 결단을 내려야 합니다. 예를 들어 프레임워크에는 다른 프로그래머가 아직 합류하기 전에 만든 동작하는 워드 프로세서가 있었습니다. 그 후 댄 알트먼이 합류했고 다음 해 동안 사실상 워드 프로세서를 세 번이나 재작성했습니다. 그리고 프레임워크 II에 들어와서 알트먼은 메모리 효율을 더 높이기 위해 대폭적인 재구현 작업을 수행했습니다. 물론 알트먼은 보상을 받았지만 이미 최고의 노력을 다한 뒤에 되돌아가서 뭔가를 다시 구현하기 위해서는 그저 맡은 일을 하는 정도로는 어림도 없습니다. 그런 이유 때문에 제가 재구현을 용감한 결단이라고 부르는 것입니다.

진행자 회사를 설립하는 동시에 제품을 만드는 것은 어떤가요?

카 둘 다 하기는 어렵습니다. 우리 회사가 다른 회사들보다 잘했던 이유는 단순히 소프트웨어 개발이라는 한 가지 경로에만 초점을 맞춰 왔기 때문입니다. 우리는 프로그래머에게 이상적인 환경을 만들겠다고 선언했습니다. 우리 회사는 완벽하지 않지만 저를 포함해 여기 근무하는 모든 사람이 지금껏 다녔던 최고의 직장이라고 단언했습니다.

이런 상황은 또한 두렵기도 합니다. 저는 이런 이상적인 환경을 잃어버릴까 항상 걱정합니다. 회사가 잘될수록 어느 순간 끝날지도 모른다는 걱정이 그만큼 더 늘어납니다. 우리의 경우에는 애시턴-테이트와 합병했고 몇 가지 변화가 생겼습니다. 제 동업자와 저는 급여, 건강 보험, 사무 공간, 임대 계약 기간 등을 걱정해야 했습니다. 또한 애시턴-테이트와 맺은 계약에 대해서도 걱정해야 했었습니다. 충분한 돈을 받을 수 있을까? 애시턴-테이트가 우리를 고소하지는 않을까? 우리가 애시턴-테이트를 고소할 일은 없을까? 성공할 수 있을까? 만일 프레임워크가 실패하면 어떻게 할까? 이 모든 질문이 회사 운영에서 핵심적인 사안입니다. 이 모든 근심 걱정이 과거의 일이 된 것을 매우 다행으로 여기고 있고, 이제는 제가 걱정해야 할 모든 사안은 소프트웨어 개발로 국한됩니다.

진행자 그렇다면 애시턴-테이트와 합병하기로 결정한 건 프로그래밍으로 돌아가기 위해서였나요?

카 프로그래밍 시간 확보가 합병 이유 중 하나였습니다. 저는 독립적인 회사를 유지하면서 모든 경영상의 걱정을 떠안느라 프로그래밍으로부터 멀어졌습니다. 초기 프레임워크 제품을 개발하면서 저는 폭풍의 중심에 서 있었습니다. 프로그래밍하는 데 1년, 설계하는 데는 그보다 오랜 기간이 걸렸습니다. 그러고 나서 프로그래머 다섯 명과 문서 작성자 한 명이 프로젝트에 합류했고 10개월 동안 밤낮으로 일했습니다. 하지만 프레임워크 II 제품을 개발하는 동안 저는 프로그래밍이라는 최전선의 참호에 있지 않았습니다. 저는 우리 회사인 포어프런트가 나아갈 방향에 관심이 더 많았었습니다.

진행자 프로그래머를 위한 '이상적인 환경'을 설명해 주세요. 그리고 포어프런트에서 그런 환경을 조성하기 위해 하신 일은 무엇이었나요?

카 우리 작업에서 가장 중요한 부분은 상호 작용을 통해 합의 지향적 설계 방식으로 함께 일하는 것입니다. 이는 다시 말해 팀의 규모가 일곱 명이나 여덟 명 이하로 작아야 함을 의미합니다. 우리는 설계를 발전시키기 위해 화이트보드

앞에서 작업할 때 서로 매우 긴밀하게 일하며, 어떤 개인도 실제로 독재적인 역할을 맡지 않습니다. 자주 일어나지는 않지만 교착 상태에 빠질 경우를 대비해 중재자도 있습니다.

제 역할은 퍼실리테이터인데 설계 아이디어를 끌어내어 그룹이 결론을 내리도록 돕습니다. 제가 결론을 내리는 것이 아니라 그룹이 결론으로 발전시킵니다. 우리는 구현하고 그 결과에 대응하는 식으로 아이디어를 시도해 본 다음, 거기서 새롭고 더 좋은 아이디어를 얻습니다. 팀 역학 관점에서는 아이디어를 잘 끌어내며 모든 사람을 격려하는 데 능숙한 사람이 필요합니다. 합의에 이를 수 없는 상황도 가끔 있는데 그럴 경우에는 한 걸음 물러나서 생각하고 시간 제약, 비용 제약, 공간 제약을 검토한 다음에 이를 토대로 의사 결정을 합니다. 초기 프레임워크 작업 과정은 상당히 반복적이면서 점진적이었습니다.

진행자 사업 목표보다는 프로그래밍 과정에 더 많은 애착을 느끼는 것처럼 들립니다.

카 그렇습니다. 저는 프로그래밍을 좋아하지만 더 중요한 점은 일에 집중할 수 있는 상황을 좋아한다는 것입니다. 저는 네 가지 다양한 프로젝트 사이에서 시간을 쪼개 각 프로젝트에 전력을 다할 수 없습니다. 저는 제 시간을 프로젝트 하나에 온전히 투입할 때 생산성이 높습니다. 주도적인 기술 역할을 맡는 일과 회사 운영을 돕는 일에는 각각 50 대 50으로 제 시간을 나눠 쓰려고 합니다.

진행자 그런 기술은 어디서 배우셨나요?

카 경험과 자기 성찰에서 배웠습니다. 일반적인 프레임워크라는 용어를 잠시 빌려 설명하자면 저는 사물을 아주 간단한 프레임워크로 줄인 다음 실세계에 적용하기 위해 다시 확장하는 경향이 있습니다. 제가 적용하려는 분야에 프레임워크가 완벽하게 들어맞으리라고 기대하지는 않지만, 제가 적용하려는 주제와 상관없이 통찰과 지침을 제공할 것이라고 기대합니다.

저는 수학이 끔찍하게 느껴지지만 물리학자로서는 행복하게 지냈을지도 모르겠습니다. 저는 물리학이 예나 지금이나 같은 일을 한다고 믿기 때문입니다.

사람들은 모든 물리적인 현실을 상대적으로 작은 정리나 규칙으로 축소해서 예측하고 해석합니다. 저도 소프트웨어로 동일한 작업을 수행하고 있습니다. 몇 가지 정리를 찾아내 보려고요.

진행자 그런 기법을 고수하는 것이 훌륭한 프로그래머나 프로그램을 만든다고 생각하시나요?

카 예, 저는 이게 바로 컴퓨터 과학이라는 기예의 핵심이라고 생각합니다. 그리고 이를 기예라고 부르는 이유는 아직 과학이 아니라 규칙을 찾는 활동이기 때문입니다. 컴퓨터 과학의 고전적인 지식 분야는 주변에서 찾아볼 수 있는 몇 가지 주요 규칙을 포함하고 있으며, 최고의 프로그래머들은 일반적으로 그런 보편적인 규칙들을 인식하고 있습니다.

진행자 프로그래밍을 기예라고 하셨는데요. 예술이나 과학이 아니라 기예라고 생각하시는 이유는 무엇인가요?

카 프로그래밍은 양쪽을 조합한 형태입니다. 저는 거리낌 없이 이렇게 단언할 수 있습니다. 확실히 소프트웨어 개발에 매우 중요한 과학적이고 근거가 명확한 몇 가지 원칙이 존재하지만, 훌륭한 소프트웨어는 결국 그 이상이라고 봅니다. 예를 들어 프레임워크 설계를 이끈 의사 결정 트리의 스케치를 살펴보면, 제가 생각하고 노트에 잠재의식의 활동을 끄적거리는 데(인터뷰 처음에 나온 스케치 참고) 엄청나게 많은 시간을 사용했음을 알게 될 것입니다. 여기가 바로 예술이 존재하는 영역입니다. 예술에서는 최종 결과가 어떻게 달성됐는지 설명할 수 없습니다. 예술적인 관점에서 보면 최고의 소프트웨어는 직관의 영역에서 나옵니다.

진행자 직관은 잠시 접어 두고 프로그램 설계에서 구체적인 규칙을 직접 개발하기도 하셨나요?

카 먼저 자신이 하고 있는 일이 얼마나 세밀한지가 아주 중요하고, 세밀함을 유연하게 조정할 수 있어야 합니다. 이런 규칙은 세상에서 반복적으로 발견될 수 있습니다. 투자에서는 다양화의 규칙으로 표현됩니다. 한 바구니에 모든 달걀을 담는 상황도, 반대로 3000가지 영역에 투자를 분산하는 바람에 현명하게 관리할 수 없게 되는 상황도 원하지 않을 겁니다. 소프트웨어에서는 사용자는 작업을 분해할 수 있어야 하며, 거대한 모놀리스를 다루는 것보다는 프로그램을 분리된 형태로 다룰 수 있어야 합니다.

다음으로, 세밀함의 수준은 제가 개발한 또 다른 규칙인 균일성과 연관을 맺습니다. 아키텍처는 균일해야 하며 많은 예외나 특별한 경우를 허용해서는 안 됩니다. 바이트 크기의 메모리 객체는 물론이고 메가바이트 크기의 메모리 객체까지 효율적으로 다루기 위한 시스템을 설계한다면 엄청난 복잡함에 직면하게 될 것입니다. 둘 중 하나만 다루는 편이 바람직하며 저는 이를 균일성이라고 부릅니다.

또 다른 전반적인 규칙은 상위 3등 안에 드는 개념인 재귀와 관련이 있는데, 컴퓨터 과학이 소프트웨어에 가져온 너무나도 훌륭하고 강력한 수단입니다. 가장 강력한 소프트웨어는 흔히 내부적으로 재귀를 적용하며, 사용자에게 재귀 기능을 제공하기도 합니다.

메모리 관리는 프로그램 내부 구조에서 가장 중요한 측면입니다. 이 분야에서 한 가지 규칙은 같은 데이터를 결코 두 번 복사하지 않는 것입니다. 콘텍스트 MBA와 같은 몇몇 프로그램에서는 동일한 데이터가 두 번 반복해서 나타나는데, 코드의 다른 모듈이 작업할 수 있는 버퍼에 데이터를 복사해서 관리한다면, 데이터는 결국 메모리 전체에 흩어져 버리게 됩니다. 이런 상황은 여러모로 유해합니다. 이렇게 되면 메모리 요구 사항이 늘어나게 되는데 중복된 모든 데이터를 저장하기 위한 임시 버퍼가 필요하기 때문입니다. 하지만 이런 문제는 일부일 뿐입니다. 개발 시간과 비용도 늘어나게 되는데 개발과 디버깅에 훨씬 많은 시간이 필요하기 때문입니다. 이런 상황에서 우리에게 가장 크게 해를 끼치는 문제는 한 버퍼에서 다른 버퍼로 데이터를 밀어 넣을 때 결국 유연성과 기능성을 잃게 되는 것입니다. 워드 프로세싱 모듈이 소유한 버퍼에 대해서만 워드 프로세싱이 가능하듯이, 데이터가 특정 버퍼 내에 있을 때 해당 데이터에 대해 한 가지 일만 할 수 있기 때문입니다. 반대로 데이터에 대한 한 가지 표현 방식과 한 가지 버퍼만 유지할 때 훨씬 큰 유연성을 얻습니다.

진행자 사용자 인터페이스 디자인에서 따르시는 어떤 규칙이나 지침이 있나요?

카 달성하려는 가장 중요한 특성 중 하나는 제가 투명성이라고 부르는 것입니다. 사용자는 자신과 정보 사이에 프로그램이 있다는 사실을 잊어버릴 수 있어야 합니다. 실제로 사용자가 소프트웨어에 익숙해지면 사용자의 관심은 오로지 당면한 작업으로만 채워져야 합니다. 멈춰 서서 필요한 명령이 무엇인지 고민할 필요가 없어야 합니다. 명령 또는 동작의 일관성과 예측 가능성은 투명성을 만들어 내는 데 가장 중요한 두 가지 요인입니다.

진행자 어떻게 단순함과 명료함을 프레임워크의 사용자 인터페이스로 구체화하면서도 풍부한 기능과 성능을 유지할 수 있었나요?

카 우리는 제약과 규율을 동원해 메뉴 체계를 개발했습니다. 우리 모두는 과도한 감각적인 즐거움이 축복이라기보다는 저주라는 사실을 알고 있습니다. 메뉴의 경우도 마찬가지입니다. 메뉴 설계는 엄청난 규율을 요구합니다.

메뉴는 사용자에게 명령 선택권을 제공하는 최선의 방식입니다. 하지만 가지치기를 너무 많이 해서 괴물이 된 메뉴 시스템도 있습니다. 가지치기는 적게 했지만 너무 광범위한 메뉴 체계 때문에 아주 복잡하고 엄청나게 배우기 어렵다는 악명을 얻은 다소 덜 괴물 같은 시스템도 있습니다.

프레임워크에서 우리는 메뉴에 규율을 적용해서 결국 9개 메뉴와 4개 하위 메뉴로 마무리했습니다. 풀다운 메뉴 기술을 사용했기에 현재 어디에 위치하는지 항상 명확하게 알 수 있습니다. 저는 로터스 1-2-3 스타일을 대신해 풀다운 메뉴를 사용하기로 결정했는데, 1-2-3에서는 새로운 메뉴가 기존 메뉴가 있었던 행을 덮어써 버려서 메뉴가 어디서 비롯됐는지 구분할 수 없기 때문입니다. 풀다운 메뉴는 화면 공간을 독차지하지만 사용자는 현재 어디에 위치하는지 늘 알 수 있습니다. 프레임워크에는 모든 메뉴를 통틀어 명령어가 100개밖에 없었습니다. 워드스타는 130개가 넘었고, 1-2-3는 300개, 심포니는 600개였습니다.

진행자 그와 같은 단순함을 얻기 위해 기능을 희생하셨나요?

카 건축부터 가구에 이르기까지 모든 분야에서 디자인은 미니멀리즘을 진정한 이익과 미덕으로 바라보는 몇 가지 원칙을 수립해 왔습니다. 몇 가지 특정 사례에서 우리는 기능을 희생했습니다. 하지만 전반적인 기능 관점에서는 그렇지 않습니다. 프레임워크는 단일 명령으로 여러 기능을 대체하고 합친 형태의 집합을 가지고 있습니다. 저는 열 개 정도의 작업을 생각해 냈는데 이 작업들은 복사, 이동, 삭제, 생성, 검색과 같이 모든 애플리케이션의 기본을 이룹니다. 예를 들어 저는 워드 프로세서와 스프레드시트에 대해 동일한 복사 명령을 사용해야 한다고 결정했습니다.

다양한 영역에서 일관성 있는 기능을 제공하기 위해 저는 제록스에서 비롯된 멋진 설계 개념을 훔쳐야만 했습니다. 즉, 모든 명령은 사용자가 미리 선택했거나 강조한 데이터에 대해 작동해야 합니다. 이런 방식을 동사-객체(verb-object) 설계의 반대 개념인 객체-동사(object-verb) 설계라고 부릅니다.

동사-객체 설계에서는 복사 명령을 누르면 소프트웨어가 "무엇을 복사하기를 원하시나요?"라고 물어봅니다. 몇몇 텍스트를 지정하고 나면 이번에는 "어디로 복사하기를 원하시나요?"라고 소프트웨어가 물어봅니다. 대답하면 원하는 곳으로 복사됩니다. 이런 설계는 아주 즉각적인 동작을 보장하며 사용자를 반응 모드로 전환하므로 특히 초보 사용자를 안내하는 과정에서 어느 정도 성공적이었습니다.

반면에 객체-동사 명령은 애플리케이션에서 명령어 열 개와 동등한 효과를 발휘할 때가 많습니다. 워드 프로세서는 전통적으로 단어 복사, 문장 복사, 글자 복사를 위한 명령어가 분리되어 있을 가능성이 높습니다. 하지만 우리가 복사 명령 하나만 유지한 이유는 프레임워크가 아주 효율적인 커서 명령을 사용해 강력한 선택 기능을 제공하기 때문입니다.

진행자 심리학이나 그래픽 디자인 등 소프트웨어 디자인에 도움이 된다고 생각하는 다른 분야가 있나요?

카 그중 한 분야가 언어학이라고 생각합니다. 언어학이 소프트웨어 디자인에 무엇을 제공하는지 확인하려면 조금 더 살펴볼 필요가 있습니다. 현재 나와 있는 제품들은 명령 메뉴에서 암호 같은 표현, 아이콘, 단어를 사용해 개념, 정보, 이정표를 사용자에게 제시합니다. 따라서 뭐가 됐든 우리는 이정표가 될 만한 과학을 연구해야 합니다. 우리는 포어프런트에서 이 분야를 다루려고 노력해 왔습니다. 심리와 교육 분야에서 훈련받은 비프로그래머들을 고용했고, 이들이 우리의 디자인에 크나큰 풍부함을 제공했습니다.

진행자 프로그램을 재작성하고 개선하고 바꾸는 작업을 지속적으로 할 수 있었나요?

카 프로그램에서 끝없는 변형이 가능했지만 우리는 그렇게 하지 않았습니다. 어느 지점에 이르면 이 모든 변화를 거치면서 원래 구조나 내부 아키텍처가 완결되어 비잔틴 양식과 같은 복잡한 모습을 드러냅니다. 이를 넘어서면 프로그램을 재작업하기에는 너무 복잡하고 비효율적인 상황이 벌어집니다.

솔직히 말해 프레임워크 II는 엄청나게 큰 프로그램이어서 우리는 기존 코드 본체를 건드리지 않고 새로운 구현으로 옮겨 가기 위해 정말 똑똑하게 움직여야 했습니다. 2년 동안 수많은 반복을 거쳤습니다. 다음 버전에서는 처음부터 다시 시작해서 배운 내용을 토대로 새로운 아키텍처를 고안하는 편이 훨씬 효율적일 것 같습니다.

진행자 인터뷰 중에 거듭해서 내부와 외부 아키텍처를 언급하셨는데요. 자세히 설명해 주세요.

카 어떤 제품이든 외부 사용자 인터페이스에는 아키텍처나 구조가 있습니다. 여기에는 그것만의 작은 경로와 샛길 같은 것이 있습니다. 프로그램의 내부 구조 또한 아키텍처로 서술할 수 있습니다. 이 두 아키텍처는 프로그램에서 가장 중요한 핵심 사안입니다. 둘 사이의 연관 관계가 어떤지, 서로 얼마나 반영할 수 있는지 살펴보면 프로그램이 궁극적으로 성공할지 여부를 어느 정도 예측할 수 있습니다.

최고의 프로그램들은 내부 아키텍처를 반영하는 외부 아키텍처가 있습니다.

가장 좋은 사례는 스프레드시트입니다. 일반적으로 스프레드시트는 메모리에 자리 잡은 셀의 격자판으로 구현됩니다. 사용자 또한 셀의 격자를 다루므로 두 아키텍처는 완벽하게 서로를 반영합니다. 둘은 '형태가 동일'합니다. 스프레드시트는 또한 이런 미덕 때문에 아주 효율적이고 빠르고 유동적일 수 있는데, 그 결과 시장에서 큰 성공을 거두었습니다.

하지만 스프레드시트 위에 워드 프로세서를 구현하려 시도할 때 무슨 일이 벌어질까요? 내부적으로는 아키텍처가 셀의 격자판을 따르지만 외부적으로는 아주 다른 구조, 다시 말해 두루마리처럼 길게 스크롤되는 텍스트를 제공해야 한다면 어떻게 될까요? 부피가 큰 인터페이스 때문에 성능이 상대적으로 떨어지고 말 것입니다. 실제로 스프레드시트 위에 워드 프로세서를 구현한 성공 사례는 없었습니다.

따라서 프레임워크에서 제 기본 규칙 중 하나는 외부를 정확하게 반영하는 내부 구조를 찾아내는 것이었습니다. 프레임 내 프레임이라는 개념은 프로그래머라면 트리를 위한 계층 구조라고 쉽게 인식할 것입니다. 프레임워크는 단순히 트리 형태의 자료 구조를 따르며, 각 프레임은 자식 프레임들을 차례로 가리킵니다. 매우 단순하고 직관적인 아키텍처입니다.

진행자 **통합 소프트웨어 프로그램이 뭐라고 이해하시나요?**

카 아주 좋은 대화 주제입니다. 통합 소프트웨어에 대해서는 다양한 수준에서 이야기할 수 있습니다. 대부분의 사람이 생각하는 통합의 한 가지 측면은 다기능 소프트웨어입니다. 소프트웨어 하나가 스프레드시트, 그래픽, 워드 프로세싱과 같은 여러 단독형 패키지와 동등한 기능을 수행합니다. 통합 패키지에서 한 번에 여러 기능을 제공하는 방식과 마이크로소프트 윈도와 같이 통합된 환경을 제공하는 방식을 비교해 보죠. 윈도는 단순히 동시에 여러 기능을 제공하는 것 외에는 다른 능력이 없습니다. 사용자는 더 많은 기능을 요구합니다. 다양한 기능 사이에서 데이터를 공유하는 능력과 다양한 애플리케이션을 서로 바꿔 가면서 쉽게 사용하는 능력 또한 필요합니다. 이는 학습 전이나 명령어 일관성이라고 불립니다.

오늘날 적어도 통합 패키지는 통합 환경보다는 설득력 있는 이점이 있습니다. 사용 편의성과 학습 편의성 관점에서 통합 패키지에는 두 가지 수준으로 분리되는 사용자 인터페이스의 특성에서 기인한 장점이 있습니다.

사용자 인터페이스 부문에서 두 가지 수준은 구문과 의미입니다. 사용자 인터페이스마다 자체적인 구문이 있으며, 명령어 자체와 상호 작용하는 방법을 관장하는 규칙이나 양상이 있습니다. 여기서 명령어 표현 방식, 명령어 수행 방식, 명령어 응답이나 행위를 예로 들 수 있습니다. 롬에 들어 있는 툴박스를 사용하는 매킨토시, 마이크로소프트 윈도, 디지털리서치 젬 등과 같은 모든 제품은 명령어 구문 사이에서 일관성을 매우 훌륭하게 유지합니다. 일반적으로 모든 명령은 비슷한 방식으로 내릴 수 있습니다. 특정 키 입력이나 마우스 클릭으로 동일한 방식에 따라 명령을 내립니다. 따라서 구문은 다양한 기능 사이에서 상당한 수준의 일관성을 보입니다.

하지만 사용 편의성만큼 중요한 또 다른 계층이 있습니다. 이는 의미론적인 계층이라고 하며 정보에 대해 실제로 수행할 내용이나 명령어의 의미와 관련 있습니다. 대다수 환경은 의미론적인 일관성을 다루지 않습니다. 오늘날 매킨토시에서 동작하는 여러 데이터베이스가 있지만 제품마다 아주 다르게 동작합니다. 의미론적인 일관성을 찾아볼 수 없습니다. 어떤 데이터베이스 제품은 마우스 커서 앞에 레코드를 삽입하지만, 어떤 데이터베이스는 마우스 커서 뒤에 레코드를 삽입합니다. 어떤 제품은 심지어 마우스를 사용하지 않고 메뉴로 명령을 수행합니다. 의미론은 아주 범위가 넓으며 결과적으로 특정 데이터베이스 제품에서 다른 데이터베이스 제품으로 이동할 때마다 소소한 내용까지 학습 전이가 필요합니다. 구문론적 일관성은 높은 수준인데도 말이죠.

진행자 다양한 기능 사이에서 그런 의미론적 일관성을 얻기 위한 방법이 있나요?

카 저는 오늘날 그런 기술은 존재하지 않는다고 강력하게 주장합니다. 의미론적인 일관성을 낳는 컴파일러 집합 또는 제대로 구조화된 객체 지향 인터페이스,

라이브러리 모듈, 심지어 문서상의 규칙조차도 없습니다. 의미론적인 일관성을 얻는 유일한 방법은 제가 조직적인 해법이라고 부르는 기술을 통해서입니다. 훌륭한 디자이너들과 프로그래머들이 아주 밀접하게 작업함으로써 달성할 수 있습니다.

우리는 프레임워크를 만들면서 이렇게 했습니다. 사용 편의성과 학습 편의성 측면에서 1위라는 평가를 받았는데 우리가 한 팀, 아니 거의 한마음, 한뜻으로 함께 작업하고 있었기에 가능했습니다.

미래에는 제가 '컴포넌트 소프트웨어'라고 부르는 기술 동향을 목격할지도 모릅니다. 미래의 운영 체제는 다양한 모듈을 서로 연결해 주는, 훨씬 더 모듈화된 형태의 소프트웨어를 지원할 가능성이 높습니다. 사용자가 한 번에 하나씩 구매할 수 있고 의미론적인 일관성을 긴밀하게 유지하는 독자적인 패키지 형태의 모듈을 진열대에서 가져오는 모습을 상상할 수 있습니다. 적어도 몇 년 동안, 이런 모듈들은 계속해서 동일 개발 조직 내에서 나와야 할 것입니다.

통합 환경을 구매하고 나서 어떤 업체에서는 스프레드시트를, 다른 업체에서 워드 프로세서를, 또 다른 업체에서 데이터베이스를 구매한 뒤 의미 있는 수준에서 여러 프로그램 사이의 학습 전이가 이루어지기까지는 제법 시간이 필요할 것입니다.

진행자 표준화를 하지 않는 이유가 있나요? 표준화는 의미론적인 불일치를 풀 수 있는 해법 아닌가요?

카 먼저, 스프레드시트가 됐든 데이터베이스가 됐든 어떤 기능 하나를 수행하기 위한 최선의 방법은 없습니다. 그리고 데이터베이스, 스프레드시트, 워드 프로세서 및 그래픽 사이에서 명령이나 작업을 위한 일관성 있는 설계를 찾아내려 시도하면 상황이 훨씬 복잡해집니다. 각 분야마다 독자적인 요구가 있으며 강조하는 바가 다릅니다. 한 번에 이 모든 기능을 만족하는 최선의 해법이 되는 명령어 설계와 사용자 인터페이스 디자인을 찾아낼 필요가 있습니다.

데이터 통합은 통합 환경에서는 다루지 않지만 통합 소프트웨어에서 다룰 수 있는 다른 영역입니다. 데이터 통합에는 두 가지 관점이 있습니다. 첫 번째는 특정 모듈에서 다른 모듈로 정보를 잘라 내고 붙여 넣고 옮기는 것입니다. 저는 통합 환경이 잘라 붙이는 작업을 잘 처리해야 한다고 생각합니다. 통합 환경에서 일반적으로 그렇게 하는 방식을 명세하고 잘라 내기와 붙여 넣기를 염두에 두고 모듈을 작성했다면, 스프레드시트에서 숫자를 가져와 워드 프로세서나 그래픽으로 집어넣을 수 있습니다. 통합 소프트웨어에서는 이미 이렇게 합니다.

데이터 통합의 또 다른 중요한 측면은 다양한 유형의 연계된 데이터를 형식에 맞춰 함께 동작하게 만드는 것입니다. 단일 문서에서 연계된 그래프, 연계된 스프레드시트, 스프레드 시트의 양쪽에 연계된 워드 프로세싱을 함께 동작하게 만들 수 있나요? 사람으로서 우리는 논리적인 실체를 다룹니다. 우리는 보고서에 숫자, 그래프, 텍스트가 섞여 있는지 여부를 신경 쓰지 않습니다. 우리에게 보고서는 단일한 논리적 실체이며 시장 세분화 측면에서 수익성을 보여 주는 보고서는 정보를 정확하게 전달하기 위해 다양한 데이터를 요구합니다.

사용자가 보고서를 스프레드시트에서는 두 개, 그래픽 프로그램에서는 그래프마다 하나씩 세 개, 워드 프로세서에서는 두 개 등 여러 개의 파일로 쪼개야 할 필요가 있을까요? '마케팅 보고서'라는 파일 하나만 있으면 어떨까요? 이는 살아 있는 데이터 통합의 사례이며, 아마도 프레임워크의 근간을 이루는 아이디어라고 볼 수 있습니다. 저는 사용자들이 정보를 분리된 덩어리로 쪼갤 수 있으며, 이런 분리된 덩어리는 다양한 데이터 유형이 되어야 한다고 느꼈습니다. 프레임워크에서 사용자는 보고서를 논리적인 단일 실체로 생각하도록 두고 소프트웨어는 구체적인 동작 방식을 걱정하면 됩니다.

진행자 컴퓨터의 미래를 어떻게 생각하시나요? 5년 또는 10년 안에 컴퓨터는 어디를 향해 가거나 어디에 있게 될까요? 미래에도 지금과 같은 도구와 언어로 작업할 것으로 생각하시나요?

카 오늘날 우리가 알고 있는 생산성 도구는 오랜 기간 동안 우리와 함께할 것입니다. 이런 도구는 잘 동작하고 있으며 그래서 여전히 존재합니다. 우리는 그래도 우리가 구축하는 모든 시스템을 처음부터 만들기 시작할 것입니다. 미래의 도전은 모듈들을 짜맞추고 유연한 구성 요소의 기반을 구축하기 위한 더 나은 방법을 찾아내는 것이라고 봅니다. 운영 환경은 이런 방향으로 발걸음을 옮기고 있습니다. 운영 환경은 제품마다 사용자 인터페이스 규칙을 제각각 재구현할 필요성을 줄입니다. 이런 이유 때문에 저는 기존 운영 체제가 그대로 유지되고 있다고 생각합니다.

저는 우리가 컴포넌트 소프트웨어로 나아갈 수 있다고 믿습니다. 그러고 나서 사용자는 부동 소수점 연산 방식이나 워드 프로세싱을 훨씬 더 잘 아는 전문적인 소프트웨어 회사에서 가져온 플러그인 모듈로 프로그램 일부를 대체할 수 있을 것입니다. 이런 개발 방식이 다음 10년 동안 유행할 것입니다. 하지만 이런 개발 방식은 어려운 목표인데, 우리가 이야기하고 있는 게 소프트웨어 설계 분야에서 가장 이해하기 어려운 분야인 별도의 소프트웨어 모듈 간의 인터페이스이기 때문입니다. 저는 대다수 프로그래머가 훌륭하고 깨끗한 인터페이스를 설계하고 구현하는 데 능숙하지 않다고 생각합니다.

저는 또한 앞으로 몇 년이 지나면 메모리를 세그먼트로 처리하는 인텔 8086 칩의 아키텍처로 인한 저주에서 벗어날 것으로 기대합니다. 아마도 80386이 그렇게 만들지 않을까 싶습니다. 저는 8086에는 장점도 있지만 저주가 더 크다고 느낍니다. 프레임워크를 개발하는 동안 하나의 길고 연속적인 메모리 스트림을 사용하는 대신, 메모리를 여러 세그먼트로 이리저리 쪼개면서 8086의 메모리 관리 시스템과 씨름하느라 글자 그대로 개발 시간과 비용을 30% 더 투입했습니다.

진행자 프로그래밍 분야에 항상 종사할 것으로 생각하시나요?

카 아니요, 큰 변화가 있었으면 합니다. 프로그래밍은 중독될 수 있습니다. 프레임워크를 시장에 안착하게 만드는 과정에서 제 가장 큰 고민거리는 처음으로 제가 일중독자가 됐다는 사실이었습니다. 프레임워크를 개발하는 동안 제가 일중독자였다는 사실을 깨달았습니다. 일중독자가 되고 싶었기 때문입니다. 저는 스스로 세운 목표를 위해 노력하고 있었으며, 일중독자가 되어 제 인생과 인간 관계를 소모하면서 목표에 부분적으로 도달했습니다. 하지만 저는 영원히 일중 독자가 되고 싶지는 않습니다.

    프레임워크 초기 버전을 마무리했으니 물러날 수 있었는데요. 저는 프로그래밍이나 몇 가지 다른 시도를 하며 다시 한번 열중할 수 있기를 바랍니다. 저는 앞으로 이 분야에 있을 시간이 많이 남아 있습니다. 이제 29살입니다. 지금으로부터 5년 또는 8년 후에 중대한 변화를 꾀할 시점이 올 것입니다. 제 기술은 프로그래밍을 넘어서 제가 무엇을 할 수 있을지에 초점이 맞춰져 있는 것 같습니다. 저는 말솜씨도 좋고 글도 잘 씁니다. 그리고 다른 많은 프로그래머보다 사람들과 의사소통도 확실히 잘할 수 있습니다. 이런 능력은 관리 업무뿐 아니라 영업 업무에도 가치를 발휘합니다.

    프레임워크라는 혁신적인 아이디어를 토대로, 첫날부터 저는 설득에 설득을 거듭해야만 했습니다. 노골적인 영업 수완을 발휘하는 게 아니라 저는 아이디어를 명확하고 간결하게 여러 번 반복해서 발표해야 했습니다. 제가 프로그램을 보여 준 모든 사람은 이 제품이 다르며 더 좋은 이유를 설명해 달라고 요청했습니다. 우리가 프레임워크로 성공했던 한 가지 이유는 저와 공동 창업자이자 사업 동반자이면서 마케터 이상으로 활약한 마티 매즈너가 기반 기술 혁신을 설득력 있는 발표에 잘 녹여 넣을 수 있었기 때문입니다.

Programmers at Work

14장

실리콘 밸리의 반골

제프 래스킨

Jef Raskin

```
SYMMETRICAL AIRFOIL GENERATION PROGRAM.   JEF RASKIN, 1984
```

While this program is nothing that experienced programmers will learn much
about coding from, it demonstrates the power of being able to embed executable
code into the text produced by a word processor.   What this does is to make
the mechanics of documentation simple   Using a typical program editor for
extended text is usually bothersome enough a chore so that our program comments
become terse and more difficult to read. I have observed that when I document
a program in this thorough fashion, it often runs on the second or third try,
whereas when I do not document carefully, much more debugging is required.

Please note that this text you are reading is part of the program (or,
equivalently, that the program is part of the text).

The program itself plots, on an Apple II, given Information Appliance s
SwyftWare environment, a family of airfoils that I am developing for my
aerobatic model airplanes.   It does it by a transformation of a circle, such as
the Joukowsky transformation does. This permits relatively easy calculation of
the lifting characteristics of the airfoil, although a program to do that is
not shown here

The program begins by setting up graphics mode and a few constants.
First, for graphics mode

```
          90 HGR
```

The constants include

```
          100 pi = 3 1415926
```

and one that determines how much the airfoil will "cusp" or be concave toward
the rear.

```
          110 c = .81
```

Another important variable controls the thickness ratio of the airfoil.

```
          120 f = .22
```

The program works by using the usual pair of formulae

$$x = r \cos t \qquad y = r \sin t$$

to generate a circle parametrically by letting t vary from 0 to $2 * pi$ in
convenient steps. r is chosen to be .5 so that a circle of diameter 1 results

```
          130 FOR t = 0 TO 2 * pi STEP .04
          140 x = .5 * cos(t)
          150 y = .5 * sin(t)
```

The circle is centered on the origin, and we first move it to the right by .5
so that all the x-values are positive, and are, in fact, in the range (0,1).

```
          160 x = x + .5
```

To understand how this transforms a circle into an airfoil rounded at one
end and pointed at the other, note that if we multiply each y-value by the
corresponding x-value we will, near x=0, have very small y-values, yielding a
point. But as we approach x=1 the curve approaches a circle.

```
          200 y = y * x^c
```

The exponent of x changes x s effect. Many functions of x will do for
this role.

Airfoils tend to be long and thin. Thus we want to squash the shape in
the y-direction. The thickness ratio is thus applied to y. This could have
been done in the previous line of code, but it is separated out for clarity.

```
          210 y = y * f
```

We now have $-f < y < f$ and $0 <= x <=1$ This has to be translated to
Apple screen coordinates where $0 <= z < 280$ Again, these transformations
could have been included in some of the earlier program statements, but for
clarity the plotting is separated from the generation of the foils. The 250 is
chosen as conveniently large for the screen   This will make z vary from 0 to
250

```
          400 x = x * 250
```

and to keep things square, we apply the same scaling to y, remembering that y
has already been decreased by the f factor. We also have to make y always
positive. Obviously, we will go off-screen if f is too large, but we will
assume smart users who read this documentation and behave accordingly rather
than bother with too much error checking

```
          410 y = y * 250 + 100
```

Now to plot these points, and close the loop, and then go into an infinite
loop so that the computer will not mess up the screen with messages

```
          500 HPLOT x,y
          510 NEXT t
          520 GOTO 520
```

All that s left is to type and use the CALC command on run   You will
have to modify the program to run on systems other than SwyftWare-equipped
Apple II s.

이 프로그램은 워드 프로세서가 생성한 텍스트에 실행 가능한 코드를 내장하는 방법을 시연한다.

애플 컴퓨터의 매킨토시 프로젝트를 기획하고 시작한 제프 래스킨은 다재다능한 사람이다. 래스킨은 또한 과거 샌프란시스코 체임버 오페라단의 지휘자였고 포장 디자인, 항공기 구조, 전자 제품에 대한 특허를 보유하고 있다. 또한 래스킨은 화가이기도 하며 뉴욕 현대 미술관과 로스앤젤레스 카운티 미술관에 그의 작품이 전시되어 있다. 래스킨은 이 책을 집필하는 현재 인포메이션 어플라이언스의 CEO를 맡고 있다. 래스킨의 표현에 따르면 그는 디지털 컴퓨터가 탄생한 즈음인 1943년 뉴욕시에서 태어났다.

 스토니 브룩에 소재한 뉴욕 주립 대학교에서 래스킨은 수학, 물리학, 철학, 음악을 공부했고 그 과정에서 많은 장학금과 국립 과학 재단의 학비 보조금을 받았다. 5년 동안 공부한 끝에 졸업하면서 철학 학사를 받았다. 래스킨은 펜실베이니아 주립 대학교에서 컴퓨터 과학 석사 학위를 받았고, 나중에 캘리포니아 대학교 샌디에이고 캠퍼스(이하 UCSD)에서 시각 예술 학과 교수가 됐다. 5년 동안 UCSD에서 교편을 잡았고, 또한 서드 칼리지 컴퓨터 센터의 책임자로 있었다.

 래스킨은 시위하듯 열기구를 타고 총장 집 위를 비행한 후 UCSD에서 사임했다. 그에 따르면 자신이 그만두는 이유에 관해 알려 줄 수 있는 건 그게 전부였다고 한다. 그러고 나서 래스킨은 전문적인 음악가가 되어서 가르치고 연주했다. 8080 마이크로프로세서가 출시됐을 때, 래스킨은 새로운 기술을 이용하기 위해 배니스터 앤드 크런을 창립했다. 이 회사는 헬스, 애플, 내셔널 세미컨덕터와 같은 회사를 위한 매뉴얼과 소프트웨어를 작성하는 방식으로 수익성이 높은 틈새시장을 찾았다.

 1978년에 래스킨은 애플 컴퓨터의 31번째 직원이자 출판 부문 관리자가 됐다. 이후 그는 첨단 시스템 부문 관리자가 되어 매킨토시 개발 그룹을 구성했다. 1982년에 애플을 떠난 다음, 덴마크의 단스크 데이터매틱 연구소에서 다시 교편을 잡았다가, 실리콘 밸리로 돌아와 인포메이션 어플라이언스를 창립했다.

 내가 이 책 제목을 이야기하자 그는 자신은 프로그래머가 아니며 설계자 또는 '메타프로그래머'이고, 자신의 회사는 전통적인 소프트웨어와 관련이 없다고 빠르게 지적했다. 제프 래스킨은 대중과 자신을 구분하기 위해 애쓰는 사람이었다. 래스킨은 새로운 소프트웨어를 만들 독창적인 아이디어와 마이크로컴퓨터를 작동시킬 혁신적인 방법을 고안하는 발명가이다. 래스킨은 컴퓨터 앞에 앉아 소스 코드를 작성하는 사람은 아니다. 소프트웨어가 점점 더 복잡해지고 점점 더 많은 사람이 명세를 코드로 변환하는 기법을 훈련받으면서 프로그래머와 소프트웨어·시스템 설계자 사이의 구분은 유행처럼 번지고 있다.

래스킨이 설립한 새로운 스타트업 회사의 사무실은 팔로 알토의 유니버시티가에 있으며, 이곳은 애플에서 넘어온 다양한 망명자의 활동 중심지가 된 것처럼 보였다. 인포메이션 어플라이언스 사무실은 여느 소프트웨어 회사의 우아하고 과시석인 사무실과는 달랐다. 래스킨의 사무실은 상대적으로 작고 다소 지저분했고 평범했다. 마치 작은 가전제품 회사의 사무실처럼 보였는데 나는 이런 사무실 분위기 역시 제프 래스킨의 마이크로컴퓨터 철학의 일환이라고 추측했다.

희끗희끗한 턱수염과 약간 벗겨진 머리, 기민하면서 날카로운 눈동자를 가진 래스킨에게서 노련한 교수의 모습이 엿였다. 그는 일하러 오는 길에 자전거 사고가 나서 조금 늦었다고 설명하면서 다소 숨가쁘게 나를 맞이했다. 래스킨은 다소 긴장한 상태로 나타났다. 나를 작은 사무실로 안내하고 나서야 조금씩 차분해지기 시작했다. 한쪽 편에 놓인 책상 뒤에 애플 IIe 컴퓨터가 있었다. 다른 반대편 벽에는 야마하 키보드 신시사이저가 있었다. 내 뒤에는 10단 변속기가 달린 자전거와 자전거 펌프가 있었고, 작은 동양 사당으로 보이는 모형이 있었다.

래스킨은 매우 생기 있고 열정적이고 금방 신이 나는 사람이었다. 어떤 순간에 나는 놀이공원 한가운데 있는 느낌이 들었다. 어느 순간 그는 마법을 부리듯이 자신의 새로운 제품을 인상 깊게 시연했고, 잠시 후에는 저글링을 보여 주었고, 팔을 흔들면서 신시사이저로 노래를 연주했으며, 책상에 있는 작은 모형차를 휙휙 돌게 만들었다. 이 모든 게 마이크로컴퓨터의 과거, 현재, 미래를 이야기하는 과정에서 벌어졌다.

래스킨은 마이크로컴퓨터가 해야 할 역할에 대한 비전을 가지고 있다. 장엄하고 신비롭고 파악하기 어려운 기계가 아니라 컴퓨터임을 알아차릴 수 없을 정도로 사용하기 쉽고 실용적인 가전제품이어야 한다는 것이다.

> 이후 인포메이션 어플라이언스에서는 후속작으로 랩톱형 컴퓨터인 스위프트를 개발하고 이 설계를 캐논에 라이선스해 캐논 캣이란 제품이 출시되나 큰 성공을 거두지는 못했다. 제프 래스킨은 2000년에는 《The Humane Interface》를 출간하고 새로운 컴퓨터 인터페이스인 'The Humane Environment'를 발표했다. 이후 2005년 췌장암으로 세상을 떠났다. 제프 래스킨의 작업 일부가 *https://archive.org/details/jefraskin*에 아카이브되어 있다.

진행자 애플에서 매킨토시를 시작하신 걸로 유명합니다. 어떤 역할을 맡으셨나요?

래스킨 1979년에 애플은 리사를 만들고 있었습니다. 믿기 어렵겠지만 리사는 문자(또는 글꼴) 생성을 위한 컴퓨터로 시작했습니다. 저는 애플에서 첨단 시스템 부문 관리자였는데, 리사가 정말 마음에 들지 않았습니다. 리사는 아주 비쌌고 저는 애플이 미니컴퓨터 가격 범위 내에서 DEC, 데이터 제네럴, IBM과 맞서는 작전이 어리석다고 생각했습니다.

1970년대 초반에 스탠퍼드 인공 지능 연구실에서 객원 연구원으로 있을 때, 저는 제록스 PARC에서 많은 시간을 보냈습니다. 저는 제록스 PARC에서 만든 비트맵 화면과 표준 키보드가 달린 컴퓨터와 그 그래픽이 환상적이라고 생각했습니다. 그래서 저는 열심히 로비를 해서 리사를 비트맵 컴퓨터로 변경했습니다. 저는 제록스와 애플을 연결하는 데 기여했습니다. 한때 제록스는 애플 주식의 10%를 소유하기도 했습니다.

제가 제안한 컴퓨터는 사용하기 쉽고, 텍스트와 그래픽을 혼합하고, 가격은 1000달러 정도 되는 것이었습니다. 스티브 잡스는 말도 안 되는 아이디어이고 결코 팔리지 않을 거라며 그런 컴퓨터를 원하지 않는다고 말했습니다. 잡스는 프로젝트를 무산시키려 했습니다.

그래서 저는 잡스의 영향력을 피해 당시 의장이었던 마이크 마쿨라에게 가서 제 아이디어의 모든 세부 사항을 이야기했습니다. 다행히도 마쿨라와 당시 사장이었던 마이크 스콧이 잡스에게 저를 내버려 두라고 말했습니다.

저는 버드 트리블, 브라이언 하워드, 버렐 스미스와 같은 최초 멤버를 뽑았습니다. 우리는 다른 건물로 옮겨서 매킨토시와 소프트웨어 시제품을 만들었습니다. 그리고 매킨토시가 동작하게 했습니다.

나중에 잡스가 넘겨받고 나서 맥 프로젝트를 '해적 작전'이라고 일컫는 이야기를 생각해 냈습니다.[1] 그가 나중에 말한 것처럼 우리는 맥 프로젝트를 애플로부터 멀어지게 만들려 하지 않았습니다. 우리는 애플 나머지 사람과 좋은 관계를 맺고 있었습니다. 우리는 그 프로젝트가 잡스의 간섭을 받지 않게 하려고 노력하고 있었습니다. 첫 2년 동안 잡스는 맥이 정말 무엇을 의미하는지 이해하지 못했기에 프로젝트를 중단하고 싶어 했습니다.

초기 매킨토시는 주의 깊고 이성적으로 설계됐습니다. 결국 애플의 모든 사람은 매킨토시가 애플 II를 이을 희망적인 핵심 제품이라고 인식했습니다. 그러고 나서 잡스가 프로젝트를 넘겨받았습니다. 잡스는 그냥 프로젝트에 관여하기 시작하더니 "제가 매킨토시 하드웨어를 맡겠습니다. 당신은 소프트웨어와 출판을 맡으면 됩니다."라고 말했습니다. 잡스는 기존 소프트웨어 설계를 버리고 매킨토시 소프트웨어를 리사와 호환되게 만들었고 마우스 사용을 고집했습니다. 컴퓨터는 훨씬 커졌고 복잡해졌고 비싸졌습니다. 이제 매킨토시는 굼벵이처럼 동작합니다. 맥라이트를 사용해 보셨나요? 우리는 여기서 맥라이트(MacWrite)를 맥웨이트(MacWait)[2]라고 부릅니다. 그리고 나서 몇 달 후에 잡스가 "제가 소프트웨어를 맡겠습니다. 당신은 출판을 맡으면 됩니다."라고 말했습니다. 저는 "당신이 출판도 맡으면 되겠네요."라고 말하며 그만두었습니다. 1982년 5월에 일어난 일이었습니다. 잡스와 마쿨라는 "제발 그만두지 마세요. 우리에게 한 달을 더 주면 거절할 수 없는 제안을 할게요."라고 말했습니다. 그래서 저는 애플에 한 달이라는 시간을 주었고, 애플에서 저에게 제안을 했는데 거절했습니다.

진행자 하지만 매킨토시는 성공했죠. 잡스가 분명 뭔가 공헌하지 않았을까요.

래스킨 잡스는 아주 중요한 몇 가지 일을 했습니다. 특히 애플 초기에 단지 또 다른 작은 컴퓨터 회사로 남느냐, 대단한 회사가 될 것이냐 사이에서 영향을 미쳤습니다. 이후 애플은 실제로 그렇게 되었죠. 잡스에게는 좋은 아이디어가 있었습니다. 잡스는 애플 II를 멋진 일체형 케이스에 넣고, 마케팅을 하고, 나가서 정말 좋은 인재들을 데려오고, 좋은 매뉴얼을 만들었습니다.

진행자 자신의 작품에 대한 공로를 인정받는 문제와 관련해 다소 민감하신 듯이 보입니다.

래스킨 매킨토시에 대한 모든 공로를 인정받으려는 의도는 없습니다. 매킨토시는 팀의 노력으로 만들어졌습니다. 잡스가 업계를 위해 자신이 정말로 한 일에 대한 공로만 인정받으려 했다면 그것만으로 충분했을 겁니다. 하지만 잡스는 다른 사람이 공헌한 업적을 빼앗으려고 우기는데 이 점이 유감스럽습니다.

저는 최근 『Newsweek』 기사에서 잡스가 "저는 몇 가지 좋은 설계안을 지금도 생각하고 있습니다."라고 말한 것을 보고 폭소가 터졌습니다. 잡스는 결코 설계를 한 적이 없습니다. 한 가지 제품조차 설계하지 않았습니다. 워즈(스티브 워즈니악)가 애플 II를 설계했습니다. 켄 로스뮬러와 동료들이 리사를 설계했습니다. 저와 제 팀이 매킨토시를 설계했습니다. 웬델 샌더스가 애플 III를 설계했습니다. 잡스는 무엇을 설계했을까요? 아무것도 설계하지 않았습니다.

진행자 애플에서 자신의 경험이 나빴다는 말씀이신가요?

래스킨 아니요, 1976년에서 1980년까지 처음 몇 년 동안은 환상적이었습니다. 저는 좋은 시간을 보냈고 후회는 없습니다. 초창기 잡스와 워즈니악과 함께 일하는 것은 즐거웠습니다. 하지만 그 후 1980년대 후반부터 1982년까지는 저에게 정말 악몽 같은 시간이었습니다.

진행자 애플을 그만두었을 때 다시 사업 세계로 돌아올 것이라고 생각하셨나요?

래스킨 저는 결코 실리콘 밸리에서 일하는 것 같은 멍청한 짓을 다시는 하지 않겠다고 생각했습니다. 일주일에 7일 일하는 것에 지쳤습니다.

애플을 떠난 후 저는 덴마크에서 교편을 잡는 일로 복귀했습니다. 사업 아이디어를 냈을 때는 막 결혼해서 아직 신혼 시절이었습니다. 그동안 제가 하려던 일이 엉뚱한 것이었다는 사실을 깨달았습니다. 더 나은 컴퓨터를 설계하려 노력했지만, 실은 저는 컴퓨터를 전혀 원하지 않았습니다. 가전제품처럼 동작하는 뭔가를 원했습니다. 그리고 제 아이디어가 너무나도 좋아 보여서 공유하지 않고 넘어갈 수 없었습니다.

진행자 그러면 말씀하신 생각이 인포메이션 어플라이언스라는 새로운 회사를 만들도록 영감을 주었나요? 사명에 쓰인 '어플라이언스'라는 단어는 개발 중이신 제품에 어떻게 반영되고 있나요?

래스킨 세탁기로 유명한 메이태그의 사용자 그룹이 없다는 사실을 눈치챈 적이 있나요? 어느 누구도 세탁기를 돌리기 위해 서로 돕는 모임이 필요하지 않습니다. 세탁물을 세탁기에 넣고 버튼을 누르면 세탁이 됩니다. 정보를 처리하는 데 저는 하드웨어와 소프트웨어를 이용하고 싶지 않습니다. 가전 기기가 작업을 직접 처리하는 것이 제가 정말로 원하는 바입니다. 그러면 제가 해야 할 일은 무엇일까요? 조사에 따르면 개인용 컴퓨터 사용자의 85%가 워드 프로세싱 작업을 합니다. 그래서 저는 워드 프로세서, 세상에서 가장 좋은 워드 프로세서가 필요합니다. 저는 열 개나 열 다섯 개 정도의 명령만 기억할 수 있습니다. 그래서 제가 사용하는 시스템에도 명령어가 다섯 개뿐입니다. 이런 식으로 저는 오전 3시에 일어나서 침대 밖으로 나와 컴퓨터로 가서 아이디어를 타자만 하면 됩니다.

진행자 시스템을 단순화하려고 노력했다는 말씀이신가요?

래스킨 정확합니다. 컴퓨터 회사가 토스트를 설계했다면 어떤 일이 일어날지 살펴봅시다. 일어나서 아침 식사로 토스트를 만들고 싶다고 하죠. 처음으로 해야 할 일은 토스터 전원을 켜는 것입니다. 이 토스터를 제너럴 일렉트릭이 설계했다면 토스트 빵을 그냥 넣었다 빼면 됩니다. 하지만 조심하세요. 이 토스터는 컴퓨터 회사가 설계했습니다. 그러면 어떤 일이 벌어질까요? 먼저 2분 동안 토스터 점검이 이루어집니다. 점검이 끝나면 당신은 시스템 디스크를 넣고 시스템을 부팅해야 합니다. 그 후 아침 식단 디스크를 넣고 'Load TOASTED.CODE.'라고 입력합니다.

다음으로 어떤 일이 벌어질까요? 메뉴가 등장합니다. "어떤 종류의 빵을 먹을 건가요?"라고 물어봅니다. 캘리포니아 식단을 위한 프로그램이라면 크로와상, 베이글, 잉글리시 머핀, 통밀 그리고 마지막에는 당연히 흰 빵도 메뉴에 있을 것입니다.

각 메뉴는 A, B, C, D, E라고 라벨이 붙어 있습니다. 그래서 오늘 아침에는 머핀이 당겨서 C를 누릅니다. 아무 일도 일어나지 않는데 리턴 키를 누르는 것을 잊어버렸기 때문입니다. 기계가 C만 눌러도 응답할 만큼 똑똑하다고 생각할지도 모르겠지만, 어찌 됐거나 리턴 키를 눌러야만 합니다.

이제 이 토스터가 토스트를 굽기 시작할 거라고 생각하시나요?

진행자 글쎄요?

래스킨 물론 아닙니다. 이 토스터는 컴퓨터 회사에서 만들었으니까요. 토스터는 "확실합니까?"라고 말합니다. 이제 이 토스터를 벽에 던지고 싶을 겁니다. 화가 치밀어 오르지 않나요? 몇 년 동안 컴퓨터에 호되게 당하지 않았나요? 하지만 여기에 수천 달러를 썼으니 이 모든 어리석음을 참아 온 거고요. 세상 나머지 사람들도 마찬가지입니다. 수백만 명이 컴퓨터를 사용할 때마다 매번 이와 같은 황당한 경험을 합니다.

그래서 "예."라고 입력하고 리턴을 누르지만 에러 메시지가 뜹니다. 다른 키를 누르도록 되어 있기 때문입니다. 설명서를 참조해도 아무것도 알 수 없는데 설명서를 작성한 사람들은 이미 바뀌어 버린 시제품을 가지고 기능을 설명하고 있기 때문입니다. 결국 당신은 2번 슬롯에 빵을 넣고 덜 익힐지, 바싹 익힐지, 태울지 지정합니다. 그러면 컴퓨터는 "이 작업을 다시 반복하지 않도록 오늘 아침 메뉴를 저장하고 싶습니까?"라는 질문을 합니다. 그래서 "예."라고 입력하면 디스크를 1번 슬롯에 넣으라고 말합니다. 하지만 포맷된 디스크가 떨어졌다는 사실을 발견하고 맙니다.

대리점에 전화를 걸어 디스크를 포맷하는 동안 오늘 아침에 이미 설정한 모든 내용이 사라지지 않도록 잠시 저장하는 방법이 있는지를 물어봅니다. 대리점 사람은 "예, MS-DOS 9.8 버전이 탑재된 3000달러 하드디스크 시스템을 구매하면 모든 문제가 해결될 것입니다. 매뉴얼과 손수레도 같이 따라옵니다." 손수레는 매뉴얼을 옮기는 데 필요합니다. 당신은 이미 지각이 확정됐습니다. 현실은 이렇습니다. 우리 제품은 이런 종류의 진퇴양난에 대해 많은 대안을 제시합니다. 제 컴퓨터가 있는 곳으로 자리를 옮기시죠.

[우리는 스위프트카드(SwyftCard)와 키보드 레이블이 장착된 애플 IIe 앞에 자리 잡았다.]3

이 제품을 봅시다. 드라이브에 플로피 디스크가 꽂혀 있지 않습니다. 그리고 저는 "집에 올 때 우유 사오는 거 잊지 마세요."라는 메시지를 타자하고 싶습니다. 마음에 드시나요? 전원을 켜고 타자를 시작합니다. 명령을 내릴 필요도, 디스크를 넣을 필요도, 편집기를 띄울 필요도 없습니다. 바로 타자를 시작할 수 있습니다.

이제 메시지를 인쇄해서 나중에 사용할 수 있게 제 주머니에 쏙 넣고 싶습니다. 키 하나만 누르면 인쇄됩니다. 편리하지 않나요?

진행자 이 장비로 토스트를 구울 수 있나요?

래스킨 안 됩니다. 빵 부스러기가 디스크 드라이브로 들어갑니다.

진행자 사용자가 이 가전제품으로 어떤 작업을 또 할 수 있나요?

래스킨 계산을 쉽게 할 수 있습니다. 전에는 워드 프로세서를 사용하는 중에 계산을 하고 싶으면 휴대용 계산기를 꺼내거나 독립적인 계산 프로그램을 사용하거나 아니면 볼랜드 사이드킥을 실행해야 했습니다. 물론 맥에서는 계산기를 호출해 결과를 문서에 넣으면 됩니다. 우리 제품은 통신 기능도 제공합니다.

진행자 모두 같은 프로그램으로 처리할 수 있나요?

래스킨 물론입니다. 모든 애플리케이션 사이에 차이점은 없습니다. 워드 프로세서가 무엇일까요? 우리는 워드 프로세서를 사용해 텍스트를 생성하고 옮기고 실수했을 경우 수정하고 뭔가를 찾습니다. 통신 패키지는 무엇일까요? 이를 사용해 텍스트를 보내거나 다른 사람이 만든 텍스트를 받습니다. 키보드로 들어오고 프린터로 나가는 대신 전화선을 통해 주고받습니다. 계산기는 무엇일까요? 그저 텍스트일 뿐인 숫자를 생성하고, 구한 답을 다시 텍스트로 변환해 줍니다. 그래서 어느 날 문득 '이런 애플리케이션이 동일한 작업을 하는 거라면, 이 모든 일을 할 수 있는 작은 프로그램 하나를 만들면 어떨까?' 하는 생각이 났습니다.

진행자 그러면 이 모든 기능을 처리하기 위해 개발하신 제품은 무엇인가요?

[래스킨이 작은 카드 한 장을 집어 들었다.]

래스킨 이 제품은 스위프트카드입니다. 애플 IIe용 보드입니다. 별거 아니지 않나요? 89달러 95센트에 판매할 수 있는 이유입니다. 아주 사용자 친화적이고 사용법이 아주 간단해서 이 제품을 본 후 IBM과 매킨토시를 팔고 스위프트카드가 장착된 애플 IIe를 샀다는 고객도 있었습니다.

진행자 스위프트카드는 애플 IIe에서만 동작하나요?

래스킨 현재 스위프트카드는 애플 IIe에서만 동작합니다. 우리는 조만간 애플 IIc용으로 스위프트디스크(SwyftDisk)라는 동일한 제품을 출시할 것입니다. 스위프트디스크는 아마도 3월 초에 출시될 것입니다.

진행자 다른 컴퓨터용으로 구현할 계획이 있나요?

래스킨 우리 회사의 규칙 중 하나는 '완성되기 전까지는 어떤 내용도 결코 말하지 않는다'입니다. 이 제품에 대한 글을 읽을 무렵이면 아마 주문할 수 있는 상태일 것입니다. 그 대신 이 시스템의 다른 장점 몇 가지를 보여 드리겠습니다. [래스킨이 컴퓨터 화면 쪽으로 돌아앉았다.] 텍스트를 저장하는 것을 잊고 다른 파일을 로드하면, 일반적으로 해당 텍스트가 손실될 것입니다. 이 시스템은 충분히 똑똑해서 뭐든 내용을 결코 잃어버리지 않습니다. 하지만 저는 훨씬 더 터무니없는 행동을 할 것입니다. [래스킨이 컴퓨터에서 일어나서 디스크를 벽에 매달린 거대한 자석에 갖다 대었다.] 이제 완전한 비포맷 상태의 공디스크가 됐습니다. 제가 아주 강력한 자석을 디스크에 갖다 댔으니 확실히 공디스크가 됐습니다. 이 공디스크를 디스크 드라이브에 넣고 텍스트를 타자한 다음에 DISK 명령을 내립니다. [디스크가 4초 동안 회전한다.] 이제 심지어 더 터무니없는 행동을 할 것입니다. 컴퓨터 전원을 내려 보죠. 컴퓨터를 켰을 때 텍스트가 여전히 저장되어 있을 것임을 제가 보장합니다. [래스킨이 컴퓨터를 켰고 4초 정도 지나자 화면에 텍스트가 나타났다.] 보셨죠? 시스템은 전혀 포맷되지 않은 공디스크에 불과 4초 만에 텍스트를 저장합니다. 그뿐 아니라 전원을 켰을 때 커서까지 그대로 정확한 위치에 자리 잡고 있습니다. DOS는 디스크를 포맷하는 데만 30초 정도 걸립니다.

진행자 좋습니다. 이 제품은 똑똑하군요. 하지만 빠르기도 한가요?

래스킨 이 제품은 인간이 타자하는 최대 속도보다 훨씬 빠르게 입력을 처리하고, 타자하면서 단어를 자동으로 개행하고, 형식을 맞추고, 페이지를 나눠 줍니다. 커서 이동 기술은 마우스보다 훨씬 빠릅니다. 본질적으로 빠를 뿐 아니라 실수할 만한 함정이 없기 때문에 훨씬 빠르게 사용할 수 있습니다.

진행자 어떻게 속도를 높이셨나요?

래스킨 매우 깔끔한 설계 덕분입니다. 이 시스템은 음주도 흡연도 하지 않습니다. 이 제품은 요즘 제가 하고 있는 일들을 전형적으로 잘 드러냅니다.

진행자 대부분의 사용자는 마우스에 푹 빠졌고 시장에서 받아들여지고 있습니다. 마우스를 싫어하시는 이유는 무엇인가요?

래스킨 저는 마우스를 싫어합니다. 마우스를 사용하면 팔 동작이 수반되므로 작업 속도가 느려집니다. 저는 매킨토시에서 마우스를 사용하는 것을 원하지 않았는데 잡스가 우겼습니다. 그 당시 잡스가 했던 말은 옳은 아이디어든 나쁜 아이디어든 통했습니다.

진행자 당신의 전반적인 접근 방법은 더 큰 프로그램을 수용하기 위해 더 큰 컴퓨터를 만드는 업계 동향에 역행하는 것처럼 보입니다.

래스킨 그렇습니다. 우리는 "더 크게, 더 크게."라고 말하는 대신 "더 좋게. 더 좋게."라고 말합니다. 투자자들 앞에서 이 프로젝트에 대해 발표했을 때 저는 "워드 프로세서, 정보 검색, 통신 패키지를 명령어 15개와 64킬로바이트 코드로 만들 것입니다."라고 말했습니다. 다른 모든 회사들은 수백 개 명령어와 수백 킬로바이트 코드를 말하고 있었습니다. 우리 회사(인포메이션 어플라이언스)는 놀랍게도 명령어를 다섯 개로 만들었습니다. 제가 여태 경험한 바에 따르면 더 크고 더 복잡하게 만드는 대신 결국 더 단순하게 만든 프로젝트는 스위프트카드가 유일합니다.

유닉스 대 MS-DOS에 대해 말하는 사람은 세상에 차고 넘칩니다. 그래서 이런 운영 체제를 어디에 사용하려는 걸까요? 그냥 다 갖다 버리세요. 말도 안 되는 소리는 그만해야 합니다. 아마도 컴퓨터 과학자들에게는 이런 운영 체제가 필요할지도 모르지만, 뭔가 실제로 작업하고 싶은 사람들에게는 필요하지 않습니다. 운영 체제가 필요한가요? 아니요, 우리는 그 개념 자체를 거부했습니다. 비지온, 젬, 윈도와 같은 애플리케이션은 운영 체제를 감추는 포장지에 불과하지만 우리는 스위프트카드 이면에 운영 체제를 두지 않습니다. 화장품을 두껍게 칠하면 어떤 일이 벌어질지 알고 계시지 않나요? 매우 무겁고 답답해 보일 것입니다.

그래서 여기 1MHz짜리 오래된 애플 IIe에서 동작하는 프로그램이 있습니다. 사용자 관점에서 이 프로그램은 IBM, 매킨토시, 메인 프레임, 슈퍼VAX보다 훨씬 빠르게 동작합니다.

진행자 이 프로젝트를 시작한 동기는 매킨토시를 설계할 때와 달랐나요?

래스킨 몇 가지는 동일하고 몇 가지는 다릅니다. 맥을 만들 때에는 제가 만들 수 있는 최고의 컴퓨터를 만들려고 노력했습니다. 인포메이션 어플라이언스를 창립했을 때에는 저는 더 이상 컴퓨터를 만들려고 시도하지 않았습니다. 저는 단지 컴퓨터 기술의 혜택을 모든 사람이 쉽게 누릴 수 있게 만들고 싶었습니다.

이 아이디어는 제가 1960년대 UCSD 시각 예술 학과에서 학제 간 연구 교수로 재직할 때로 돌아갑니다. 저는 컴퓨터 과학자이자 예술가이자 음악가였고 예술과 인문학 종사자들에게 컴퓨터 프로그램을 가르치는 것을 좋아했습니다. 저는 또한 컴퓨터와 무관한 사람들에게 컴퓨터 프로그래밍, 컴퓨터 예술, 컴퓨터 영화 제작을 가르쳤습니다. 그중에는 3~4학년 학생 수업도 있었고 수녀원장 대상 수업도 있었습니다.

진행자 애플 이전에 학계에 깊숙이 관여하셨는데요. 애플에 다니기 이전 경력은 정확히 무엇이었나요?

래스킨 아, 제 6학년 프로젝트가 릴레이와 큰 스위치를 사용해 구축한 디지털 컴퓨터였습니다. 스토니 브룩에 소재한 뉴욕 주립 대학교에서 수학, 물리학, 철학, 음악을 공부했고요. 철학 박사 과정을 시작했던 펜실베이니아 주립 대학교에서는 컴퓨터 과학 석사 학위를 대신 받았습니다. UCSD에서는 음악 박사를 시작했지만 대신 예술학과 교수가 됐습니다. 저는 5년 동안 교수였고 이후 스탠퍼드 인공 지능 연구실에서 객원 연구원이 됐습니다.

그다음에는 샌프란시스코 체임버 오페라단의 지휘자가 됐고, 샌프란시스코에서 음악을 가르쳤습니다. 그리고 나서 개인용 컴퓨터가 등장했는데, 저는 "이것 봐, 컴퓨터가 다시 흥미를 북돋우네?"라고 생각했습니다. 저는 첫 알테어 키트를 사서 조립했습니다. 그런데 매뉴얼이 끔찍하다고 생각했고, 군 쇼(Goon Show)라는 오래된 영국 라디오 프로그램에 나오는 주인공 두 명의 이름을 딴 배니스터 앤드 크런이라는 문서 작성 회사를 설립했습니다. 저는 헬스, 애플, 내셔널 세미컨덕터 같은 회사를 위해 매뉴얼을 작성했습니다. 그리고 모형 비행기 회사도 시작했습니다.

진행자 음악, 미술, 컴퓨터 사이에 어떤 유사점이 있다고 느끼시나요?

래스킨 유사점은 없습니다. 하지만 저는 확실히 사람들을 기쁘게 만들 뭔가를 하려고 노력하고 있습니다. 제가 음악가가 되고 싶어 했던 이유 중 하나는 음악가들이 나쁜 짓을 거의 하지 않았다는 점입니다. 물리학자라면 폭발하는 뭔가를 발명했을지도 모릅니다. 하지만 음악가들은 결코 그렇게 하지 않습니다. 미술가는 정치 용도로 사용할 선전 포스터를 만들 수 있지만, 음악가들은 흔히 중립적인 작품을 냅니다. 저는 많은 사람을 기쁘게 만들 뭔가를 하는 데 늘 관심이 있었습니다.

스위프트카드를 사용하는 사람들은 파일을 잃어버리지 않고 작업에 시간을 훨씬 덜 쓰며 불만이 덜할 것입니다. 다른 소프트웨어를 사용하는 경우와 비교해 사람들은 더욱 행복해질 것입니다. 저는 이 세계에 진정한 선을 행하려 노력하고 있습니다. 또 다른 사실을 하나 말씀드리자면, 이 시스템은 커서로 이동하는 방식이기 때문에 시각 장애인도 사용할 수 있습니다. 매킨토시처럼 시각적으로 치우친 시스템은 시각 장애인에게 전혀 도움이 안 됩니다.

현재 재향 군인회, 서부 재활 센터, 감각 보조 기구 재단 등에 우리 시스템을 공급했는데 해당 단체 담당자들이 "와, 시각 장애인도 이 제품을 잘 쓰네요."라고 알려 주었습니다. 저는 여기서 많은 사람을 해방시킬 뭔가를 하고 있습니다.

진행자 예술을 계속할 시간적인 여유가 지금도 있나요?

래스킨 저는 시각 예술을 하지는 않지만 여전히 음악가입니다. 물론 저는 더 이상 연주를 많이 하지는 못합니다. 이제 회사를 운영하느라 연습할 충분한 시간이 없습니다. 가끔 친구 결혼식에서 연주해 달라고 초청을 받습니다. 대학원 때에는 바와 나이트클럽에서 연주했습니다. 펜 스테이트에 있을 때에는 매주 수요일 밤마다 옛날 영화 상영회에서 피아노를 연주했습니다. 집에는 약 3m짜리 콘서트용 그랜드 피아노가 있습니다. 저는 바흐와 모차르트를 즐겨 연주합니다.

진행자 탄탄한 학위가 뒷받침된 덕분에 애플에서 가치를 인정받았을 것 같은데요…

래스킨 애플에서 첫 몇 년 동안 저는 회사 전체에서 컴퓨터 과학 학위가 있는 유일한 사람이었습니다. 저는 그 사실을 사람들에게 말하지 않았습니다. 사람들이 제가 실제로 교수였고 컴퓨터 센터 관리자였다는 사실을 알았다면, 아마도 저를 회사에 들여보내지 않았을지도 모릅니다.

진행자 왜 그렇게 생각하셨죠?

래스킨 애플 초기에는 학계에 반대하는 편견이 있었기 때문입니다. 제가 애플에 들어가서 좋은 매뉴얼을 작성할 수 있었던 이유는 워즈에게 "당신은 하드웨어 전문가입니다."라고 하거나 랜디에게 "당신은 소프트웨어 전문가입니다."라고 말했기 때문입니다. 그러고 나서 저는 사람들에게 다음과 같이 이야기했습니다. "아, 저는 기술적인 내용은 많이 모릅니다. 그냥 글만 쓸 줄 압니다. 여러분을 귀찮게 하지 않을 테니, 그 대신 여러분도 저를 귀찮게 하지 마세요."

진행자 스위프트카드를 개발하는 데 얼마나 오래 걸렸나요?

래스킨 회사를 설립한 지는 대략 3년 정도 됐지만, 다른 일도 같이 하고 있어서 얼마나 오래 걸렸는지는 말하기 어렵습니다. 그 전까지는 애플 IIe용 보드를 생산하는 사업을 개시하지 않았는데, 이 제품을 출시하지 않았더라면 상당히 아쉽게 느꼈겠다 싶을 정도로 아주 좋은 아이디어였던 것 같습니다. 저는 애플과 제록스에서 이 부서 저 부서를 전전하다가 결국 묻혀 버린 훌륭한 제품을 많이 봤습니다.

진행자 인포메이션 어플라이언스를 시작하는 데 필요한 투자자를 찾는 건 어려웠나요, 아니면 매킨토시에서 얻은 좋은 아이디어와 명성이 강점이 되어 이를 헤쳐 나가는 데 도움이 됐나요?

래스킨 스위프트카드로 무엇을 할지 세부 사항을 설계하고 나서, 저는 애플과 제록스 PARC의 친구 몇 명에게 비밀 유지를 다짐받고서 명세를 보여 주었습니다. 그들은 명세를 훑어보더니 "이건 절대로 안 됩니다. 동작하지 않을 겁니다. 우리는 수십 년 동안 이런 제품을 만들려고 시도해 왔습니다."라고 말했습니다. 그리고 나서 다음 날 제 친구들이 모두 다시 전화를 하더니 "저기, 그러니까 그 제품 잘될 것 같아요."라고 말했습니다. 그래서 저는 사재를 털어 프로그래머를 몇 명 고용한 다음, 제 아이디어를 구현할 수 있을지 확인했습니다. 저는 포스 언어를 사용해 구현하기로 결정했는데, 포스는 다소 간결한 언어라서 구현에 비용이 많이 들지 않았기 때문입니다. 선호하는 언어는 아니었지만 이러한 특정 애플리케이션에 적합하다고 생각했습니다. 저는 항상 제대로 일하려면 올바른 도구를 사용해야 한다고 믿습니다.

저는 포스 프로그래머와 몇몇 사람을 고용했습니다. 대부분 제 개인적인 친구들이었고 애플 출신은 아무도 없었습니다. 저는 애플을 전혀 건드리지 않았습니다. 저는 법적인 문제에 휘말리고 싶지 않았는데, 그런 걱정을 할 정도로 애플은 충분히 위협적이었습니다.

진행자 제품을 홍보하기 위해 대대적인 마케팅을 시작하셨나요?

래스킨 우리는 마케팅 예산이 많지 않았습니다. 돈을 약간 들여 우리 제품을 원하는 사람들에게 메시지를 전달하기 위해 광고를 몇 건 집행했습니다. 스위프트카드가 좋은 제품이라는 반응을 얻었고, 판매는 우리가 예상했던 것보다 훨씬 가파르게 오르고 있습니다.

진행자 공격적인 마케팅과 과대 선전을 경계하시나요? 이런 관례가 업계에 문제를 일으켰다고 생각하시나요?

래스킨 확실히 그렇습니다. 저는 애플 IIc용 LCD 화면을 소개하는 전면 컬러 광고를 잡지에서 보고서 회사에 전화를 걸었습니다. 담당자는 "우리는 10개월 안에 준비될 것으로 예상합니다."라고 말했습니다. 전면 컬러 광고라니! 저는 애플이 돈을 낭비하고 있다고 생각합니다.

진행자 캠퍼스 교수로서, 잡지 기자로서, 매뉴얼 저자로서, 컴퓨터 설계자로서 컴퓨터가 주는 혜택을 대중이 이용할 수 있다는 메시지를 전달해 오셨습니다. 인포메이션 어플라이언스는 메시지를 보낼 또 다른 수단인가요?

래스킨 만일 이 회사가 성공한다면 저는 다시 한번 수백만 명의 사람들에게 다가갈 것입니다. 메시지를 전달하는 수단은 제품입니다. 회사가 돈을 많이 벌면 모든 사람이 제 메시지에 귀를 기울일 것입니다. 따라서 이 세상에서 메시지를 보낼 수단은 불행히도 돈을 버는 것입니다.

비트맵 화면이 훌륭하다고 세상에 말하고 싶다고 해 보죠. 비트맵이 훌륭하다는 기사를 아무리 많이 쓰더라도 아무 일도 일어나지 않을 것입니다. 제록스가 기사를 수십 편 작성했지만 누가 듣기라도 했습니까? 하지만 매킨토시가 합리적인 가격에 등장해서 수만 대가 팔렸더라면 어떻게 됐을까요? 매킨토시를 한 대 구매하거나 매킨토시의 두드러진 판매 실적에 대한 뉴스를 접한 사람들은 비트맵 화면과 그래픽에 대한 전반적인 아이디어는 물론이고 그래픽과 텍스트 모드를 분리할 필요가 없다는 사실, 글자는 또 다른 그래픽 예제에 불과하다는 사실, 추가적인 하드웨어 없이 화려한 폰트를 사용할 수 있다는 사실을 발견할 것입니다.

정말 추잡하지만 불행히도 오늘날 세계에서는 진실입니다. 더 많은 돈을 벌수록, 더 많은 사람이 그 말을 들으려 합니다. 『Fortune』, 『Forbes』, 『Wall Street Journal』에 인용되지 않으면 아무도 귀를 기울이지 않습니다. 진실이든 아니든 당신이 돈을 벌었다고 말하면 사람들은 귀를 기울입니다.

진행자 회사 스펙트럼의 양쪽 끝을 모두 본 사람으로서 대기업과 중소기업을 어떻게 생각하시나요?

래스킨 애플이 커지면 무엇을 실현할지 잡스가 생각한 내용을 들어 봤어야 합니다. 잡스는 자신의 이상을 너무 빨리 잊어버렸습니다. 워즈는 자신의 이상을 훨씬 더 잘 지켰습니다. 애플에서 돈을 조금 벌고서도 전혀 변하지 않은 몇 사람 중 한 명이 바로 브라이언 하워드입니다. 하워드는 정말 멋진 친구입니다. 돈을 얼마나 벌었는지는 모르겠지만 10년 전에 제가 75달러에 팔았던 차를 아직도 몰고 다닙니다.

진행자 자신의 사업에서 직면한 가장 큰 문제는 무엇이라고 생각하시나요?

래스킨 도대체 기존에 있는 물건들과 다른 물건을 어떻게 팔까 하는 게 바로 가장 큰 문제입니다. 세상은 아직 믿을 준비가 되어 있지 않습니다. 이는 애플 초기와 같아서 사람들은 "그게 무엇에 쓸모가 있나요?"라고 말합니다. 우리는 정말 좋은 대답을 할 수 없었고, 그래서 사람들은 우리 기계가 팔리지 않을 것이라고 생각했습니다. 하지만 저는 우리 제품을 판매할 방법이 입소문이라는 사실을 알고 있습니다. 몇몇 사람은 우리 제품을 시도해 보고 이렇게 말할 것입니다. "이 제품으로 제 일을 제대로 끝냈습니다. 폰트는 15가지를 지원하지 않습니다. 오래된 고딕 배너를 1.5m로 출력할 수 없지만 마감 전에 기사를 확실히 마무리할 수 있습니다." 이게 제가 우리 제품을 판매하는 방법입니다. 결국 사람들은 우리 제품을 이해할 것입니다.

이는 제가 처음으로 매킨토시를 시작했을 때 어느 누구도, 심지어 잡스조차도 아이콘이나 비트맵 화면이 무엇인지 몰랐던 상황과 비슷합니다. 이제 아이콘과 비트맵은 이 업계의 모든 사람이 사용하는 용어가 됐습니다. 전에도 해 본 일이니 다시 한번 시도할 것입니다.

진행자 현재 컴퓨터 업계에서 벌어지는 정체 상태를 어떻게 생각하시나요?

래스킨 우리가 돈을 많이 벌 것 같다고 생각하는 이유가 정체 상태이기 때문입니다. 제 생각에 정체기가 찾아온 이유는, 사용이 몹시 어려운 기계 중 하나를 자발적으로 구매할 사람들은 모두 구매해서, 지금은 구매를 강요받는 사람들에게 밖에 판매하지 못하기 때문입니다. 사람들은 컴퓨터로 작업해야 한다는 사실을 알기 때문에, 아니면 누군가가 컴퓨터를 사용해야 한다고 했기 때문에 컴퓨터를 구매합니다. 아니면 길 건너편 존스 가족이 컴퓨터를 한 대 장만했기 때문일지도 모릅니다. 지금 당장은 정말 쉽고 즐거운 제품이 파고들 여지가 충분합니다. 저는 시장이 복잡한 컴퓨터로 포화되어 있다고 생각하며 우리 회사는 완전히 새로운 시장을 개척하는 방향으로 나아갈 거라고 생각합니다.

우리 시스템을 살펴보고 다시 돌아가 기존 시스템을 살펴보면 기존 컴퓨터를 사용할 때마다 "인포메이션 어플라이언스 제품으로 작업했다면 지금쯤 끝냈겠지. 나는 여기 앉아서 손가락을 비비 꼬면서 기다리지 않을 거고, 내가 생각한 멋진 문장과 아이디어를 잃어버리지 않았겠지."라고 말할 것입니다. 저는 사람들을 행복하게 만드는 시스템을 팔기 위해 노력합니다. 우리 제품 중 한 가지를 사용한다면 더 많은 일을 마칠 수 있고 번거로운 일에 쓰는 시간을 줄일 수 있습니다.

진행자 컴퓨터가 궁극적으로 워드 프로세싱, 스프레드시트와 같은 작업 말고 다른 작업을 하게 될 것이라고 생각하시나요? 사람들이 컴퓨터로 집을 관리할 수 있다고 주장하는 모든 약속에 대해 어떻게 생각하시나요?

래스킨 저는 결코 그런 주장을 믿어본 적이 없는데 그렇게 생각한 이유를 설명하겠습니다. 먼저, 마이크로컴퓨터를 갖추고 집 주변에서 일어나는 다양한 작업을 하는 특수 목적 시스템이 있을 것입니다. 이미 시중에 나와 있지만 이런 시스템을 컴퓨터라고 볼 수는 없습니다. 이런 시스템은 가전제품입니다. 전자레인지를 사용할 때 실제로 내부에 마이크로컴퓨터가 있고 램과 롬이 내장되어 있어, 프로그램을 돌린다는 사실에 대해 생각해 보셨나요? 여태 그렇게 생각해 본 사람이 있을까요? 시간을 입력하고 음식을 넣고 데워진 음식을 꺼내 아침 식사로 먹는 일이 전부입니다. 그게 바로 숨겨진 마이크로프로세서가 하는 일입니다. 우리 주변에는 숨겨진 마이크로프로세서가 많습니다. 그런데 컴퓨터가 그렇게 할 수 있을 것 같나요? 말도 안 됩니다. 일단 진짜로 호환 가능한 두 개 이상의 컴퓨터 제품을 본 적이 있나요? 자동 전기 창문을 만드는 XYZ라는 회사가 자사 제품을 G라는 회사의 컴퓨터와 호환 가능하도록 만들 것이라고 생각하시나요? 이 부분이 얼마나 엉망진창인지 알고 싶다면, 자기 컴퓨터로 다른 제조사의 프린터를 돌려 보면 됩니다. 동작하지 않을 것이고 앞으로 가능하지도 않을 것입니다.

진행자 컴퓨터 작업 외에 진행하고 있는 창의적인 프로젝트가 있나요?

래스킨 온갖 종류의 프로젝트를 하고 있습니다. 저는 전형적인 발명가입니다. 모든 방향에서 제 귀에 들려오는 프로젝트를 낚아챕니다. 예를 들어 무선으로 조종하는 모형 비행기를 만드는 회사도 운영하고 있습니다. 또한 피아노 제작에 적용할 새로운 디자인 작업도 하고 있습니다. 아마도 지난 100년간 등장한 다른 획기적인 피아노들만큼 성공적일 것 같습니다. 달리 말하면 완전히 실패할 수도 있고요.4 제 새로운 피아노는 멋진 소리를 내지만 잘 팔릴지는 모르겠습니다.

저는 5000달러 이하로 판매할 수치 제어 밀링 머신(milling machine)을 만들고 있는데, 작은 상점에도 들여놓을 수 있습니다. 지금 당장 구할 수 있는 제품은 3만 달러에서 10만 달러 사이입니다. 저희 집에도 하나 들여놓았습니다.

진행자 당신 제품의 설명서5를 살펴보면서 두 가지 사항에 주목했습니다. 첫째는 그렇게 단순함을 추구하는 제품치고는 설명서가 매우 두껍다는 점이고, 둘째는 매우 포괄적이면서 읽기 쉽다는 점입니다. 이 책에 컴퓨터 인쇄물에 대한 당신의 생각이 반영되어 있나요?

래스킨 이 설명서의 전반적인 집필 방식은 다릅니다. 이 매뉴얼을 읽는 독자가 저나 당신처럼 진짜 사람일 거라는 태도로 만들었습니다. 우리는 답을 찾기 위해 백 권의 설명서를 참고하기를 원하지 않습니다. 또한 그냥 영어로 읽는 것을 좋아합니다. 그래서 이 프로젝트를 시작했을 때, 저는 최대한 가장 단순하고 깔끔하고 멋진 매뉴얼을 쓰기로 했습니다.

이 설명서를 출간하기 전에 우리는 설명서 초안을 작성하고 식자하는 과정에서 문제를 겪어서 세상에 선보이기 어렵다고 생각했습니다. 그럼에도 정말 멋져 보여서 사람들이 임시로 만든 설명서라고 느끼지 않았습니다. 왜 그랬을까요? 사람들이 시도하면서 배우도록 했기 때문입니다. 우리는 사람들이 진짜 완성된 시스템을 얻었다고 느끼기를 원했습니다. 우리는 실제 제품이 만들어질 때까지 최종 설명서를 작성하지 않았습니다. 회사를 직접 운영하면 제대로 일할 기회가 생깁니다. 저는 설명서를 먼저 작성한 다음, 버리고 재작성하게 해 주는 곳에 있어 본 적이 한 번도 없습니다. 프로젝트에 참여한 모든 사람의 공헌을 인정하는 일 같은, 업계의 극소수 회사만 실천한다는 사소한 일도 했습니다.

설명서가 두꺼운 데는 이유가 있습니다. 우리 장비 말고 다른 장비를 가지고 있는 사람들도 우리 설명서를 가지고 있으면 다른 설명서는 볼 필요가 없도록 하자는 아이디어였습니다. 우리 설명서는 우리 장비뿐 아니라 접촉할 가능성이 높은 거의 모든 다른 장비에 대한 답이 대부분 실려 있습니다. 이게 바로 우리 설명서가 대다수 설명서와 다른 점이라고 생각합니다. 제품이 왜 그렇게 단순한지 이유를 알고 싶다면, 회로도를 보고 '동작을 위한 하드웨어 이론'을 읽으면 됩니다. 제품이 왜 그렇게 빠르게 동작하는지 이유를 알고 싶다면, '소프트웨어 동작 이론'을 읽을 수 있습니다. 또한 '사용자 인터페이스 조작 이론'도 있습니다. 저는 어떤 곳에서도 이와 같은 내용을 본 적이 없습니다. 설명서에는 긴 용어 사전이 있어 업계에 관한 지식을 알려 줍니다. 여기에는 우리가 사용하는 모든 용어가 정의되어 있습니다. 한두 페이지가 아니라 진짜 용어 사전입니다. 그리고 여러 페이지 분량의 교차 참조 색인도 있습니다.

진행자 간단한 영어 명령어나 텍스트를 사용하지 않는 사용자 인터페이스 시스템과 설명서에 대한 경멸이 느껴지던데요.

래스킨 저는 대개 아이콘이 의미하는 바를 이해하지 못하지만[6] 영어 단어가 의미하는 바는 이해할 수 있습니다. 저에게는 영어를 스페인어와 프랑스어로 번역하는 일이, 세상 모든 곳에 있는 모든 사람이 이해할 수 있는 아이콘을 만드는 일보다 쉽습니다.

저는 오랫동안 아이콘을 사용하는 방향으로 일해 왔습니다. 실리콘 밸리에서 벗어나 6개월 동안 머리를 비우고 나니 제가 지금까지 헛다리를 짚어 왔다는 사실을 갑자기 알게 됐습니다.

진행자 복잡도의 소용돌이 속으로 휩쓸려 들어갔다는 의미인가요?

래스킨 아이콘, 창, 마우스, 거대한 운영 체제, 거대한 프로그램, 통합 패키지… 저는 두 가지 음식이 같은 메뉴에 있다는 것이 같이 먹으면 맛있음을 의미하지는 않는다는 사실을 세상에 알리고 싶습니다.

진행자 복잡한 시스템 창시자에게 단순한 대안이 있음을 보여 주기 위해 실리콘 밸리에 전하는 메시지 같은 건가요?

래스킨 그렇습니다.

진행자 이 설명서로 기술 작가로서 경력의 정점을 찍었다고 보시나요?

래스킨 저는 『Dr. Dobb's Journal』, 『Byte』, 지금은 없어졌지만 『Silicon Valley Gazette』에서 프리랜서 기자로 컴퓨터 업계에 입문했습니다.

저는 애플에서 출판 부문 관리자가 되어 몇몇 설명서를 작성해 아주 높이 평가받기도 했지만, 이 설명서는 지금까지 제가 거의 최고라고 여겼던 어떤 문서보다 뛰어납니다. 하지만 이 설명서는 저 혼자서 작성하지 않았습니다. 주요 저자는 데이비드 알조폰이며, 저는 절반도 채 작성하지 않았습니다.

전체 시스템은 사용하기 쉬운 시스템을 만드는 몇 가지 규칙, 몇 가지 심리적인 원칙을 기반으로 합니다. 설명서에서 '조작 이론' 절을 읽으면, 우리 회사가 사람이 일하는 방식에 대한 이론을 갖추고 있으며, 이런 이론에 맞춰 제품을 설계했다는 사실을 알게 될 것입니다.

진행자 '조작 이론'은 무엇인가요?

래스킨 비교적 단순합니다. 저는 "무엇이 사람들의 습관을 형성하게 만들까?"라고 스스로에게 묻습니다. 시스템을 사용하면서 저는 시스템 자체보다는 제가 하려는 일에 집중할 수 있을 때 최고로 행복합니다. 시스템이 제 일을 방해해서는 안 됩니다. 저는 신발끈을 묶을 때 습관적으로 묶는다는 사실 자체를 의식하지 않습니다. 신발끈을 묶는 데 주의를 기울이지는 않죠. 저는 제 시스템을 매우 단순하게 만들어서 사용자가 다른 곳으로 주의를 돌리지 않고 주요 작업에만 집중할 수 있기를 바랍니다. 저는 제 시스템 사용 경험이 자연스러워서 습관처럼 되기를 원합니다. 그래서 저는 "습관을 만드는 것은 무엇일까?"라고 묻습니다.

그러니까 제가 읽었던 심리학 책들에서는 대개 습관을 반복해서 동일한 방식으로 수행하고 같은 방식으로 다시 하기 쉬운 무언가라고 말합니다. 이로부터 몇 가지 함의를 도출할 수 있습니다. 자동차를 운전하는 모습을 상상해 보죠. 목요일마다 가속기와 브레이크가 서로 바뀐다고 가정합시다. 이는 운전자를 궁지에 몰아넣을 것입니다. 이런 상황을 견딜 수 없겠죠. 그렇지만 우리 컴퓨터는 '모드'를 변경하여 언제나 상황을 바꿉니다. 시스템은 '모드가 없어야' 합니다.[7] 사용자가 하는 행위가 같으면 이로 인해 발생하는 효과도 항상 같아야 합니다.

스위프트웨어에는 근본적으로 모드 자체가 없습니다. 어떤 까닭인지 대다수 컴퓨터 설계자들은 뭔가를 하는 방법을 여러 개 제공하는 상황을 즐깁니다. 뭔가 하기 위한 방법이 15가지 있다면 설계자들은 사용자에게 자유를 준 것이라고 생각합니다. 실제로 대다수 사용자는 워드 프로세서에서 제공하는 명령 중 대부분은 사용하지 않습니다. 모든 사람이 항상 사용하는 명령은 몇 가지에 불과합니다. 그리고 심지어 매뉴얼을 읽어 보고 특별한 기법을 활용하는 편이 더 효율적라는 사실을 알면서도 사용자들은 신경 쓰지 않습니다. 사람들은 매번 동일한 명령어를 사용합니다.

매킨토시에서 모든 마우스 명령어에 대응하는 키보드 단축키가 존재하는 이유는 어느 누구도 멍청한 마우스를 항상 사용하지는 않을 것이기 때문입니다. 자, 그런데 방법이 두 가지 이상 있다면 설명서에 나온 내용을 생각하면서 주저하는 순간이 있기 마련입니다. 심지어 습관을 들이고 나서도 때로는 작업을 하면서 '이런, 더 빠른 방법은 없을까?' 하고 생각합니다.

따라서 한 가지 행위는 한 가지 일만 처리해야 할 뿐 아니라 특정 목표로 향하는 경로는 단 한 가지만 존재해야 합니다. 그렇게 되면 사용자들은 항상 습관적으로 명령을 사용하게 되며, 명령에 대해 생각할 필요조차 없습니다. 우리는 이를 '단조로움(monotony)'이라고 부릅니다. 제 시스템은 아직 완벽하게 단조롭지는 않지만, 그래도 제가 아는 범위에서 단조롭게 만드는 수준에 근접했습니다. [웃음] 아마도 어느 날 저는 시스템을 완벽하게 단조롭게 만드는 방법을 배울 것입니다.

진행자 인공 지능 프로그램이 사회에 어떻게 기여할 것이라고 보시나요?

래스킨 인공 지능은 우리 자신과 지식에 대해 많은 것을 가르칩니다. 적어도 여느 합리적인 인공 지능 프로그램이라도 아주 저렴한 기계에서 동작하기에는 아직은 무리가 있습니다.

진짜 인공 지능은 종교와도 같습니다. 사람들은 하늘 바로 위에 천국과 천사들이 있다고 말하곤 했습니다. 이후 로켓을 타고 그곳에 도달할 수 있게 되니 진실이 아님을 알게 됐습니다. 그래서 사람들은 논조를 바꿉니다. 뭔가를 성취하는 순간 더는 인공 지능이 아니게 됩니다.

한때 체스 프로그램이 인공 지능을 아우른다고 여겨졌습니다. 제가 대학원생이었을 때 누군가 체스를 프로그래밍하는 방법을 배우면 인공 지능 분야에서 박사 학위를 얻을 수 있었습니다. 이제 체스 게임은 29달러 95센트에 살 수 있으며, 아무도 이를 인공 지능이라고 부르지 않습니다. 단지 체스를 할 줄 아는 작은 알고리즘에 불과합니다.

먼저 정의의 문제가 있습니다. 그러면 훨씬 복잡해집니다. 사람들은 프로그램이 자연어를 이해해야 한다고 말하지만, 사람의 발화는 사람이나 컴퓨터가 그 의미를 이해하기에는 너무나도 부정확합니다. 우리가 프로그래밍 언어를 만든 이유가 바로 여기에 있습니다. 누군가 영어로 준비된 명세에서 작업한다면 정확하지 않기 때문에 사람들은 이로부터 프로그램을 작성할 수 없다는 사실을 압니다. 따라서 사람이 할 수 없다면 동일한 유형의 작업을 기계에 시키는 방법도 사실상 존재하지 않습니다. 이른바 인공 지능 프로그램을 처리할 때 컴퓨터는 어휘를 배워야 합니다. 다섯 가지 명령이 있고 기계가 각 명령에 대응하는 영어 표현을 이해하기를 원한다고 가정합시다. 하지만 컴퓨터는 대응하는 영어를 이해하지 못할 것입니다. 예를 들어 "직원 번호를 가져오세요."라는 명령을 토박이 영국 사람은 "직원용 숫자를 지정해 주시겠습니까?"라고 말할지도 모릅니다. 이게 바로 정확히 인공 지능 분야 사람들이 풀려고 시도하는 어려운 문제입니다.

인공 지능의 약속 중 많은 부분이 오해받고 있습니다. 인공 지능이 언어의 자연스러움에 대해 우리에게 이미 알려 준 내용만으로도 환상적입니다. 그렇다면 저는 인공 지능에 가치가 있다고 보는 입장일까요? 물론입니다. 인공 지능이 위대한 제품으로 바뀔 것이라고 생각할까요? 어느 정도 그렇습니다. 인공 지능이 주류 언론에서 이야기하는 약속을 이행할 것이라고 생각할까요? 전혀 그렇지 않습니다. 제가 인공 지능에 많은 돈을 투자할까요? 그럴 리가 있겠습니까?

진행자 앞서 돈을 권력이나 명성과 동일시하셨습니다. 성공을 맛본 후 자신에게 어떤 불가피한 변화가 생겼나요?

래스킨 재미있는 이야기를 하나 해 드리겠습니다. 저는 1970년에 구매한 낡은 오렌지색 트럭을 몰고 다녔습니다. 인터내셔널 하베스터 차량이었습니다. 모든 장비를 싣고 여러 차례 전국을 돌아다녔고 뒤에서 잠도 잘 수 있습니다. 환상적인 트럭입니다. 그리고 저는 애플 간부로 있으면서 사람들을 이 낡은 오렌지색 트럭에 태우고 점심을 먹으러 다녔습니다. 저는 너무 바빠서 최신 자동차 유행을 따라잡지 못했습니다. 몇 달 동안 '장난감 가게'에 가지 않았습니다. 결국 사람들이 넌지시 말하기 시작했습니다. "좋은 차를 사시는 게 어떨까요?" 그래요. 제가 사내에서 막중한 책임을 진 직원이니까요.

모두가 포르쉐 928이나 메르세데스 벤츠를 몰고 돌아다녔는데, 저는 단지 이와 같은 고급 대형 승용차를 전혀 원하지 않았을 뿐입니다. 하지만 사람들은 정말로 제가 꽤 괜찮은 뭔가를 구매하기를 원했습니다. 그래서 제 동생과 저는 머리를 맞대고 아이디어를 짜냈습니다. 제 동생은 "신형 메르세데스나 포르쉐 정도 가격이면 상태가 대단히 훌륭한 중고 롤스로이스를 구매할 수 있을 거야. 이렇게 하면 어느 누구도 형이 그럴싸한 차를 몰고 다니지 않거나 기대에 못 미치는 행동을 한다고 불평하지 못할 거야."라고 말했습니다. 그래서 저는 중고 롤스로이스를 구매했습니다. 재미있었습니다. 회사에서 몇몇 사람은 그전에는 저와 한 번도 이야기를 나누지 않았는데, 롤스로이스를 타고 다닌 이후부터는 즐겁게 이야기를 나눴습니다.

어찌 됐거나 저는 우리의 이 하찮은 평등에 대해 많이 알게 됐습니다. 기름을 넣으러 갈 때 갑자기 사람들이 조심스럽게 창을 닦으며 저를 "선생님"이라고 불렀습니다. 그리고 식당 앞 주차 금지 구역에도 차를 댈 수 있었고, 직원들이 "선생님, 감사합니다. 롤스로이스 고객이 식사하러 여기에 왔다는 사실을 모든 사람이 볼 수 있게 가장 잘 보이는 정면에 차를 주차해 주셔서 감사합니다."라고 말했습니다. 맥도널드에서 드라이브 스루로 주문하러 가는 것도 항상 즐거웠습니다.

저는 롤스로이스를 통해 세상에 대해 많은 것을 배웠습니다. 공항에 가면 다섯 명이 몰려와서 문을 열고 "선생님, 샌프란시스코 국제 공항에 오신 것을 환영합니다."라고 말했습니다. 다른 차를 몰 때에는 결코 경험할 수 없던 일이었습니다. 사람들은 팁을 많이 주길 기대했습니다. 전고가 낮은 차량들 사이에서 산호세 시내로 운전하는 경험 역시 즐거웠습니다. 제가 다른 사람들의 자동차를 아끼는 만큼 다른 운전자들도 제 묵직한 쇳덩이를 존중했습니다.

저는 경비원들이 지키는 카이저 같은 큰 공장으로 곧장 가서 안으로 들어갈 수 있었습니다. 저는 늘 공장 내부를 구경하고 싶었는데 결코 허락을 받지 못했습니다. 롤스로이스로 운전하고 가서 "멈퍼드 씨와 약속이 있습니다."라고 말하면 "감사합니다. 안쪽으로 들어가십시오."라는 말을 들었습니다.

애플을 그만두고 저는 롤스로이스를 팔았습니다.

Programmers at Work

15장

최초의 매킨토시 운영 체제 개발자

앤디 허츠펠드

Andy Hertzfeld

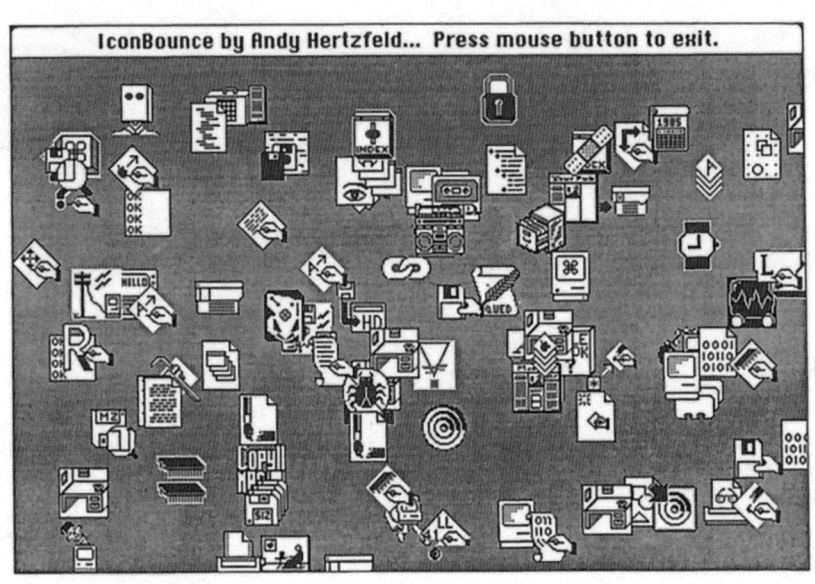

앤디 허츠펠드가 작성한 이 프로그램은 매킨토시 화면에서 아이콘이 통통 튀어 다니게 만든다. 부록에 나온 (457~465쪽) 프로그램을 그대로 입력만 하면 된다.

1953년 4월 6일에 태어난 앤디 허츠펠드는 필라델피아 서부 교외에서 자랐다. 고등학교 때 컴퓨터에 흥미를 느꼈고 첫 번째 프로그램으로 학교 무도회에 사용할 짝짓기 프로그램을 작성했다. 브라운 대학교에서 물리학, 수학, 컴퓨터 과학으로 전공을 바꿔 가며 공부했고 결국 1975년에 컴퓨터 과학 학사 학위를 취득했다. 이후 1979년에 캘리포니아 대학교 버클리 캠퍼스에서 컴퓨터 과학 석사 학위를 취득했다. 학위를 취득하고 나서 그는 애플 컴퓨터에 입사해 사일런타입(Silentype) 프린터, 애플 III 운영 체제, 기타 제품을 개발했다. 1981년 2월에는 매킨토시 개발 그룹에 프로젝트 진행을 위한 두 번째 프로그래머로 합류했고 매킨토시 운영 체제 수석 개발자가 됐다. 인터뷰를 진행할 당시에는 애플을 그만두고 독립적으로 일하고 있었다. 독립한 후 매킨토시용 프로그램인 스위처(Switcher)와 선더스캔(ThunderScan)이라는 저가형 고해상도 디지타이저(digitizer)를 개발해 왔다.

해 질 녘, 팔로 알토 시내에 인접한 샛길에 위치한 앤디 허츠펠드의 작은 집에 다다랐을 때 문은 열려 있었다. 희미하게 불이 켜진 방으로 걸어 들어가자 허츠펠드가 전화로 이야기하는 소리가 들렸다. 그는 맨발에 청바지와 티셔츠를 입고 있었고 한쪽 다리를 허벅지에 밀어 넣은 채로 소파에 앉아 활기차고 생기 넘치는 목소리로 말했다. 그는 작고 땅딸막한 몸집에, 머리가 약간 헝클어져 있었으며, 우호적이고 편안한 태도로 나를 맞이했다. 수화기 건너편 사람과 계속해서 이야기를 나누는 와중에 내게 미소를 지으며 들어오라고 손짓했고 의자에 앉도록 안내했다.

나는 자리에 앉아 주변을 관찰했다. 우리는 큰 소파 하나와 의자 하나가 비치된 꽤 크고 확 트인 거실에 앉았다. 나는 곁에 있는 램프를 켜려고 해 봤지만 켜지지 않았다. 그래서 우리는 해가 지면서 서서히 가라앉는 어둠 속에 앉았다. 두 책장은 가로세로로 꽂힌 책으로 가득 차 있었고 신시사이저, 매킨토시, 스테레오 오디오가 벽에 기대어 놓여 있었다. 방은 약간 어수선했으나 더럽지는 않았다. 원래 엄청 지저분한데 내가 운 좋게도 마침 청소부가 오는 날 청소가 끝난 뒤에 방문한 거라고 허츠펠드가 나중에 설명했다. 잠시 후 허츠펠드는 전화를 끊었다. 그는 우호적인 태도로 수다스럽게 프로그래머로서 자신의 경력을 솔직하게 털어놓았고, 애플에서 좋았던 시절과 나빴던 시절을 모두 돌이켜 보며 이야기한 다음, 프로그래밍에 대한 자신의 접근 방식을 설명했다. 다른 무엇보다도 허츠펠드는 프로그램을 만드는 것이 재미있어서 프로그래밍을 한다고 강조했다. 그리고 더 이상 즐겁지 않으면 다른 분야로 넘어갈 것이라고 말했다.

> 애플을 그만둔 후 레이디어스(1986), 제너럴 매직(1990), 이젤(1999)을 공동 창업했고 2005~2013년에는 구글에서 근무했다. 2004년에는 매킨토시 출시 20주년을 기념해 매킨토시 개발기를 다룬 《Revolution in The Valley》를 출간하기도 했다.

진행자 개인용 컴퓨터에 매료됐을 때가 자신의 경력에서 어느 시기였는지 정확히 짚어 주시겠어요?

허츠펠드 1977년 3월에 열린 첫 웨스트 코스트 컴퓨터 박람회에서 저는 엄청난 경험을 했습니다. 그 박람회는 무척 흥미진진했는데 그 이유는 막 태동하던 컴퓨터 분야 사람들이 처음으로 한자리에 모였기 때문입니다. 저는 처음으로 애플 II를 봤고 "이게 바로 내가 원하던 물건이야."라고 말했습니다. 진짜 끝내주었습니다. 흑백이라도 그래픽 기능이 있는 컴퓨터라면 충분했는데, 애플 II는 컬러 그래픽을 지원했고 매우 놀라웠습니다. 불행히도 당시 애플 II는 비쌌고 저는 그걸 살 여유가 없었습니다. 1978년 1월에 애플에서 '400달러 할인' 행사를 했고, 저는 결국 한 대 구매할 수 있었습니다. 보통 실제가 기대를 충족시킬 수 없다는 게 사실이지만, 애플 II는 제가 지금껏 생각했던 물건보다 두 배나 좋았습니다. 애플 II 구매는 제 인생에서 가장 훌륭한 쇼핑 경험이었습니다.

저에게 개인용 컴퓨터는 세상에서 가장 흥미로운 기계였기 때문에 저는 개인용 컴퓨터를 대학원 연구 주제로 삼으려고 노력했습니다. 학과의 거의 모든 교수가 개인용 컴퓨터를 컴퓨터 과학에서 지금까지 등장한 최악의 물건으로 생각한다는 사실에 놀랐습니다. 그래서 저는 대학원 2학년 때 학과목에 흥미를 잃었습니다. 저는 그냥 제 애플 컴퓨터를 가지고 놀고 싶었습니다.

진행자 왜 교수들은 개인용 컴퓨터를 반대했나요?

허츠펠드 개인용 컴퓨터는 교수들이 프로그래밍했던 대형 컴퓨터에 비해 성능이 떨어지고 메모리도 부족했기 때문이었습니다. 교수들은 개인용 컴퓨터가 컴퓨터 분야를 20년 전으로 되돌리고 있다고 생각했습니다. 교수들은 보통 사람들이 이런 기계를 만질 수 있다는 흥분을 그냥 이해하지 못했습니다. 갑자기 컴퓨터가 모든 사람의 손이 닿는 곳에 놓였습니다. 저는 많은 학계 사람이 신경을 쓸 수밖에 없었다고 추측합니다. 저는 개인용 컴퓨터의 메모리가 대형 컴퓨터에 비해 100분의 1밖에 되지 않는다는 사실에 개의치 않습니다. 개인용 컴퓨터는 훨씬 매력적이었고 가격이 1000달러에서 2000달러밖에 되지 않았습니다. 그래서 저는 애플 II에 대해 독학하기 시작했습니다. 1978년 4월에 저는 베이 지역에서 결성된 첫 애플 클럽의 설립 회원이 됐습니다. 클럽에서는 자신이 직접 만든 프로그램을 보여 주고 다른 사람의 프로그램도 가져올 수 있었습니다.

진행자 그 당시 어떤 프로그램을 작성하고 있었나요?

허츠펠드 제가 클럽에 가져간 첫 프로그램은 범용 음악 편집기였습니다. 이 프로그램은 애플 II에서 롤링 스톤스의 〈Mother's Little Helper〉라는 곡을 연주했습니다. 두 번째로 가져간 프로그램은 사용자와 상호 작용하기 위해 애플 II 그래픽을 사용했던 역경(易經) 프로그램이었습니다. 이 프로그램에서 괘(卦)를 던지는 장면을 흉내내기 위해 저는 초당 수백 번에 걸쳐 화면에 선을 깜빡였습니다. 애플 II 패들을 누르면 깜빡임이 멈추고요. 이걸 여섯 차례 반복하면 육각형이 구성되며 이에 대한 해석이 출력됩니다. 저는 역경의 디지털 속성을 컴퓨터의 디지털 속성과 일치시키는 방법에 강한 흥미를 느꼈습니다. 초기 프로그램들은 베이식으로 작성했는데, 그 당시 실제로 사용할 수 있는 언어라고는 그게 전부였기 때문입니다. 나중에는 어셈블리 언어를 사용하기 시작했습니다. 그 이유는 좋은 프로그램을 작성하는 유일한 방법이 어셈블리 언어였다는 사실을 깨달았기 때문이었습니다.

진행자 몇 살 때 프로그래밍에 처음 입문하셨나요?

허츠펠드 고등학생 때 운이 좋게도 GE 시분할 시스템에 연결된 투박한 옛날 웨스턴 일렉트릭 텔레타입을 보유한 학교에 다녔습니다. 1969년 고등학교 2학년 시절에 저는 베이식과 포트란에 이어 PL/1으로 프로그래밍하는 방법을 배웠습니다. 당시 저는 16살이었습니다.

진행자 그 무렵 컴퓨터에 빠져들기 시작하셨나요?

허츠펠드 예, 컴퓨터에 푹 빠졌습니다. 여느 사람들처럼 저는 제 친구가 컴퓨터의 존재를 말해 주기 전까지 컴퓨터에 대해 들어 본 적도 없었습니다. 제 친구가 몇 가지 코드 목록도 보여 주었지만, 심지어 그걸 보고도 저는 컴퓨터가 실제로 무엇인지에 대해 명확한 상을 그리지 못했습니다. 그다음 해 컴퓨터 과목을 듣기 전까지는요. 그런데 갑자기 불꽃이 튀었고 저는 컴퓨터와 사랑에 빠졌습니다. 오늘날 컴퓨터는 어디든지 있습니다. 여기서도, 저기서도 컴퓨터와 맞닥뜨립니다.

저는 제가 프로그래밍에 재능이 있다는 사실을 발견했습니다. 컴퓨터는 아이에게 무언가를 마음껏 조작할 수 있다는 놀라운 느낌을 제공합니다. 뭔가를 생각해서 컴퓨터가 그대로 수행하게 만드는 것은 너무나도 황홀한 느낌이었습니다. 항상 그래 왔습니다. 이게 바로 저를 컴퓨터 분야로 이끈 원동력입니다. 프로그래밍을 배우는 것은 자전거 타는 방법을 배우는 것과 같습니다. 책만 읽고 배울 수는 없습니다. 직접 해 봐야 합니다.

제가 작성했던 첫 프로그램 중 하나는 실제로 봄 무도회에 사용한 학급 짝짓기 프로그램이었습니다. 저는 순전히 독학 프로그래머였기 때문에 이 프로그램은 아주 잘 작동하지는 않았습니다. 저는 많은 학생을 모이게 한 다음에 프로그램이 돌아가는 모습을 함께 지켜봤습니다. 그런데 저는 여학생 한 명이 남학생

전원에게 배정될 수도 있다는 문제점을 고려하지 않았습니다. 여학생 한 명이 모든 남학생과 짝이 지어지고 나서야, 배정이 끝날 때마다 짝지어진 사람들을 제외해야 한다는 규칙을 잊었다는 것을 알았습니다. 설상가상으로 그 여학생은 정말로 성격이 무시무시했습니다.

진행자 언제부터 프로그래밍을 진지하게 받아들이기 시작하셨나요?

허츠펠드 먼저 물리학을 전공으로 선택했다가 나중에 수학으로 바꾼 대학교 3학년이 되어서야 저는 '이런, 인생의 목표를 선택해야 하는구나.'라고 생각하기 시작했습니다. 저는 양복과 넥타이를 입고 회사 조직의 일부가 되고 싶지는 않았습니다. 그러고 나서 한동안은 '아, 나는 뭘 해도 직장을 결코 찾을 수 없겠구나.' 하고 생각했습니다. 그다음에 대학원 수학 과목들이 정말 어렵다는 사실을 발견하고 '이런, 나는 내 전공도 싫어하는구나.' 하는 생각에 이르자 수학 교수로서 경력을 쌓으려는 꿈이 시야에서 사라지기 시작했습니다. 프로그래밍은 선택지로 떠오르지 않았습니다. 그 당시에 프로그래머는 직업으로 보지 않았습니다.

저는 여름 프로그래밍 아르바이트를 하면서 컴퓨터에 더욱 몰입하게 됐고, 전산실에서 학생들을 위해 시급 3달러를 받고 컨설팅을 했습니다. 그러고 나서 브라운 대학교에서 3학년 시절에 몇몇 고급 컴퓨터 과목을 들었습니다. 저는 대학원에 들어가 컴퓨터 과학을 공부하겠다는 결정을 내렸지만, 컴퓨터 프로그래밍으로 경력을 쌓겠다는 생각은 여전히 하지 않았습니다.

그 당시에는 분위기가 달랐습니다. 1975년 무렵 컴퓨터와 프로그래밍에 대한 인식은 오늘날과 달랐습니다. 사람들은 개인용 컴퓨터를 봤지만 컴퓨팅의 힘은 아직 인식하지 못한 상황이었습니다.

진행자 그때 프로그래밍의 의미는 무엇이었나요? 그리고 오늘날 프로그래밍의 의미는 무엇인가요?

허츠펠드 1975년에 프로그래머는 은행이나 미국 항공 우주국을 위해 일하는 사람으로서는 매력적이었지만 경력으로서는 정말 불투명했습니다. 10대 청소년이 프로그래머가 되고 싶어 하는 경우는 없었습니다. 컴퓨터라는 개념은 공상 과학 소설을 제외하고는 일반 사람들에게 잘 알려지지 않은 상황이었습니다. 1975년에는 어느 개인도 컴퓨터를 살 여유가 없었습니다. 사실 그 당시 개인용 컴퓨터 혁명은 시작에 불과했습니다. 그해 가을 알테어 키트가 시장에 등장했고 저는 마이크로컴퓨터 관련 잡지에서 기사를 찾아 읽기 시작했습니다. 마이크로컴퓨터 개발 상황은 저에게 아주 중요했습니다.

알다시피 프로그래머로서 저는 사물의 원리를 알아내고 가장 근본적인 수준까지 파고들어 컴퓨터가 그 수준에서 동작하는 방식에 관해 전부 이해하는 걸 항상 좋아했습니다. 저는 운영 체제에 흥미가 있었지만 제가 여태껏 프로그래밍해 온 모든 컴퓨터에서 겪은 형편없는 경험 때문에 크게 좌절했습니다. 컴퓨터를 항상 여러 사람과 공유해 사용해야 했고 저는 핵심 프로그래밍을 할 수 있게 허락받은 사람에 속하지 않아서 가장 낮은 수준까지 결코 접근할 수 없었습니다. 저는 실험을 할 수 없었습니다. 저는 나만의 컴퓨터를 소유한다면 제가 원하는 것은 뭐든 할 수 있다고 생각했습니다. 하지만 알테어 키트는 저에게 맞지 않았는데 납땜을 하고 부품을 조립하는 일을 좋아하지 않았기 때문입니다. 하지만 저는 개인용 컴퓨터가 저를 위한 물건이라는 사실을 바로 알았습니다.

진행자 **컴퓨터와 프로그래밍에서 특별히 무엇을 좋아하셨나요?**

허츠펠드 저는 컴퓨터에서 동작하는 그래픽을 정말 좋아했습니다. 미니컴퓨터와 메인 프레임에는 딱히 끌리지 않았는데, 이 두 가지 거대한 컴퓨터는 사람들과 상호 작용하는 요소가 그렇게 많지 않기 때문이었습니다. 무엇보다도 저는 사람들을 감동시키는 것을 좋아했습니다. 제가 제 친구들에게 뭔가를 보여 주면 "우와 끝내주는데."라고 말하며 입을 쩍 벌리는 모습을 볼 수 있었습니다. 그래픽과 사운드는 대부분의 사람이 가장 흥미를 보이는 두 가지 요소입니다. 저는 누구보다도 제 자신에게 깊은 인상을 주고 싶었던 것 같습니다.

진행자 **구직 활동 이야기로 돌아가서 어떤 회사가 당신을 컴퓨터 프로그래머로 고용하는 데 관심**

을 보였나요?

허츠펠드 어떤 사람이 저를 면접하기 위해 텍사스로 불렀는데, 제가 마음에 들었는지 일자리를 제안했습니다. 큰 보험 회사였는데 그런 도시가 미국에 있는지조차 몰랐던 텍사스주 갤버스턴에 위치해 있었습니다. 그곳은 전성기가 지난 리조트 타운으로, 호텔로 가득했고 엄청나게 마초 같은 새우잡이 배 선원들, 석유업 종사자들, 목축업자로 이루어진 희한한 조합의 사람들이 살고 있었습니다. 이들의 문화에 저는 전혀 어울리지 않았습니다.

제가 그 보험 회사에 들어가기 전에 정말 나쁜 사람 한 명이 회사의 모든 컴퓨터 서비스를 담당하고 있었습니다. 그는 일종의 갑질을 하고 있었습니다. 알다시피 컴퓨터 시설을 책임진다면 가능한 한 가장 큰 컴퓨터 시설을 맡고 싶을 것입니다. 그렇게 하면 이력서도 있어 보이고 돈도 더 많이 받습니다. 일반적으로 봉급은 시설에 존재하는 컴퓨터 대수에 비례합니다. 따라서 이 담당자는 회사에 이야기해서 실제로 사용할 수 있는 컴퓨팅 용량보다 그야말로 네 배나 많은 장비를 구매했습니다. 특히 1500만 달러나 하는 비싼 IBM 컴퓨터도 두 대 있었습니다. 이후 회사에서는 컴퓨터 성능의 단지 15%만 사용하고 있다는 사실을 발견하고 이 담당자를 해고했지만, 메인 프레임 두 대는 애물단지가 됐습니다. 그런데 갤버스턴에서 32km 정도 떨어진 가까운 곳에 미국 항공 우주국이 있었고, 거기서 현재 확보 가능한 컴퓨터 용량보다 훨씬 많은 용량이 필요하다고 했습니다. 제 상사는 미국 항공 우주국을 설득해서 보험 회사가 사용하지 않는 컴퓨터 시간 절반을 구매하게 만들었습니다. 미국 항공 우주국과 관계 덕분에 저는 업무가 즐거웠습니다. 제 업무는 미국 항공 우주국이 사용하고 있던 APL 시스템을 유지 보수하고 개선하는 것이었습니다. 버클리 대학원으로 떠날 때까지 그 회사에서 운영 체제에 대해 많은 내용을 배웠습니다.

1976년 9월에 저는 버클리에 도착했습니다. 저는 실제로 버클리에서 최초의 컴퓨터 상점을 발견했는데 대학로에 위치한 바이트숍이었습니다. 저는 상점에서 시간을 보내며 컴퓨터를 살펴봤습니다. 대다수 컴퓨터에는 아직 전등과 스위치가 있었습니다. 저는 그곳에 매료됐습니다.

진행자 앞서 대학원 2학년 이후 애플 II에 대한 관심이 학과목에 대한 관심보다 훨씬 컸다고 하셨는데요. 그 무렵 학교에서 무엇을 하셨나요?

허츠펠드 제 마음은 이미 학교를 중퇴했지만 몸은 여전히 수업을 듣고 있었습니다. 애플 II가 5000대가 팔렸으니 시장이 존재한다고 생각했지만 전설적인 애플 II 프로그래머인 밥 비숍을 만나기 전까지만 해도 애플 II용 프로그램을 팔아야겠다는 생각은 하지 못했습니다. 비숍은 저보다 6개월 앞서 애플 II를 샀고 제가 동작 방식을 알아 가고 있을 무렵에는 훌륭한 어셈블리 언어 프로그램과 게임을 이미 작성하고 있었습니다. 비숍은 1978년에 애플 II용 프로그램을 처음으로 판매한 프로그래머였습니다. 저는 애플 II 사용자 그룹 모임 중 한 곳에서 비숍을 만났습니다. 비숍은 한 달에 6000달러를 벌고 있다고 저에게 말했습니다. 매출을 듣고 매우 놀랐는데 저는 조교로 한 해 7000달러를 벌고 있었기 때문이었습니다.

저는 더 많은 프로그램을 작성하기 시작했습니다. 저는 시스템 프로그램에 이끌렸고 야심만만한 프로그램을 작성했습니다. 애플 II의 그래픽을 사용한 문자 생성기로, 그 당시 애플 II에 없던 소문자를 출력해 주는 프로그램이었습니다. 이 문자 생성기는 작고 복잡한 시스템 프로그램이었습니다. 저는 또한 『Dr. Dobb's Journal』이나 『Micro』 같은 잡지에 기사와 제가 만든 프로그램을 기고하기 시작했습니다. 제가 제 문자 생성기 프로그램을 잡지사에 보내기 직전에 애플 II 사용자였던 친구를 만났습니다. 그 친구 이름은 바니였는데 저에게 "미친 거 아냐? 5만 달러, 아니 10만 달러를 벌 수 있어."라고 말했습니다. 저는 고민 끝에 바니와 사업을 시작했습니다. 이익을 50 대 50으로 나눈다는 아이디어였습니다. 저는 제품만 개발하면 될 뿐 다른 활동에 책임을 질 필요가 없었습니다. 제 친구는 제작을 담당하고 사용자 매뉴얼을 작성하고 사업을 운영하기로 했습니다. 그 무렵 세상에 애플 II는 6~7000대 정도 보급된 상태였습니다.

바니는 다른 회사에 이 프로그램을 보여 주기 시작했습니다. 1978년 12월에는 결국 애플에 이 프로그램을 가져갔습니다. 저는 클럽에서 몇몇 애플 직원을 만난 적이 있었습니다. 그중에는 '워즈'라는 별명으로 잘 알려진 제 영웅 스티브 워즈니악도 있었는데요. 워즈는 제 우상이었습니다. 애플에 가서 우리가 이야기를 나눠야 했던 사람은 스티브 잡스였습니다. 우리는 회의가 너무 무서웠는데, "스티브 잡스는 무시무시해요. 잡스가 당신들을 갈기갈기 찢어 놓을 겁니다. 잡스에게 이 제품을 보여 주는 건 목숨을 거는 것과 마찬가지입니다."라는 이야기를 전직 애플 직원 두 사람에게 전해 들었기 때문입니다. 하지만 만나고 보니 잡스는 우리에게 최선을 다해 잘해 주었습니다. 애플에 우리 프로그램을 판매하도록 하는 것이 궁극적인 목표였는데요. 우리는 잡스와 거래를 했습니다. 애플은 프로그램을 하나 팔 때마다 5달러씩 우리에게 지불하기로 했습니다. 그다음 주에 세부 사항을 논의하고 엔지니어링 직원에게 제품 동작 방식을 설명하기 위해 방문 약속을 잡았습니다. 그런데 약속을 잡고 나서 잡스가 "저는 마음을 바꿨습니다. 두 분의 프로그램은 우리 제품군과 맞지 않습니다."라고 말했습니다. 저는 별로 낙담하지 않았는데 우리가 다른 회사에 이 프로그램을 팔 수 있다는 사실을 알고 있었기 때문이었습니다. 결국 우리 제품은 마운틴 하드웨어(이제 마운틴 컴퓨터로 이름이 바뀐)에서 출시했습니다.

몇 달 안에 4만 달러를 벌었습니다. 저는 이처럼 돈을 벌어 주는 프로그램을 작성할 수 있다면 학교가 필요하지 않겠다는 생각이 들었습니다. 그러고 나서 1월에 스티브 잡스가 저에게 전화를 걸어 프로그래머 일자리를 제안했습니다. 그는 제가 필요한 특별한 프로젝트를 진행하고 있었습니다. 저는 몇 개월 동안 망설였습니다. 1979년 제5회 웨스트 코스트 컴퓨터 박람회에서 잡스를 다시 만났는데, 잡스가 "이봐요, 왜 일하러 오지 않나요?"라고 말했습니다. 그래서 저는 면접을 보러 갔습니다. 면접을 보고 나서 저는 애플에서 일하지 않겠다고 결정을 내릴 뻔했습니다.

진행자 왜 애플에서 일하는 데 관심이 없었나요? 꿈이 실현될 기회 아니었나요?

허츠펠드 애플에서 애플 II 엔지니어링 부서를 운영하려고 채용한 HP 출신들이 애플 II에 대해 아무것도 몰랐기 때문입니다. 애플은 시기별로 특정 회사에서 엔지니어들을 고용했습니다. HP 시기, 제록스 시기, DEC 시기를 거쳤는데 초기에는 HP가 우세했습니다. 애플 II를 사고 너무나도 사로잡힌 나머지 자연스럽게 애플로 옮긴 저, 밥 비숍, 찰리 켈너, 릭 오리키오 같은 애플 II 애호가도 몇 명 있었습니다. 하지만 애플 II가 무엇인지도 모르는 사람들도 고용됐습니다. 저는 도통 이해가 가지 않았습니다. 심지어 애플 II를 좋아하지도 않으면서 왜 애플에서 일할까요? 사업적으로 잘못된 의사 결정이었습니다.

제가 면접을 봤을 때 있던 사람들 중 절반은 애플 II에 대해 이야기하고 싶어 하지 않았습니다. 그들은 유닉스에 대해 이야기하고 싶어 했습니다. 제가 버클리에서 유닉스를 다뤄서 토론이 가능했기 때문입니다. 애플은 세상에서 가장 위대한 제품을 갖추고 있었지만, 그 사람들은 심지어 이 제품을 좋아하지도 않았습니다. 하지만 면접에서 마지막으로 이야기를 나눈 직원이 저를 사로잡고 말았습니다. 딕 휴스턴이라는 사람이었는데 애플 II 부트 롬을 작성했습니다. 우리는 디스크 드라이브가 동작하는 방식과 관련된 애플 II 세부 사항을 이야기했습니다. 저는 디스크 드라이브 동작 방식을 몰랐는데 알고 싶어 죽을 지경이었습니다. 10분 만에 저는 여러 달 동안 이해하려 노력했던 것을 알게 됐습니다. 애플 II 디스크는 놀랄 만큼 특이했습니다. 이 제품은 최고이고 기상천외하며 훌륭한 공학적인 작품입니다. 대다수 컴퓨터의 디스크 컨트롤러 카드는 흔히 고가의 LSI 칩을 몇 개를 비롯해 30개 정도의 칩으로 구성되어 있었습니다. 워즈가 만든 디스크 컨트롤러 카드는 간단하고 저렴한 칩 다섯 개로 구성되어 있었고, 더 나아가 어떤 비싼 컨트롤러보다 훨씬 잘 작동했습니다. 저는 나중에는 디스크 드라이브 동작 방식 세부 사항까지 아는 전문가가 됐는데, 이런 동작 원리는 정확하게 복제 방지 프로그램을 깨는 데 필요했던 지식과 일치했습니다. 누군가 새로운 게임을 구하면 저에게 보냅니다. 그러면 저는 애플에 있는 한두 사람과 누가 먼저 복제 방지를 깨는지 경쟁했습니다.

1979년 여름부터 애플에서 일하기 시작했습니다. 제가 만든 첫 제품은 사일런타입이라는 프린터였습니다. 저는 애플에 들어가서 애플 II의 세부 사항은 물론이고 믿을 수 없을 정도로 심오한 컴퓨터 과학의 비밀을 배우기를 기대했지만, 제가 애플에 있는 대다수 사람들보다 애플 II에 대해 훨씬 많이 안다는 사실을 금방 눈치챘습니다. 제가 가장 많이 배운 것은 스톡옵션이었습니다. 모든 사람이 스톡옵션에 대해 이야기했습니다. 저는 2만 4000달러 연봉에 스톡옵션 1000주를 제안받았고, 나중에 스톡옵션은 2000주로 늘어났습니다. 저는 스톡옵션에 관심이 없었습니다. 저는 1000주는 아무것도 아니라고 생각했습니다.

이런 소용돌이 속에서 애플 III가 설계되고 있었습니다. 그 당시 '사라'라는 이름으로 불렸지만 사람들은 애플 III라고 생각했습니다. 저는 주변에 기관총을 든 경비병들이 있을 줄 알았는데 사라는 그냥 그 자리에 있었습니다. 저는 사람들이 사라 주변에 늘 있지 않다는 사실에 놀랐습니다. 작업하는 사람들을 제외하고는 대다수 사람들은 사라가 별로 흥미로운 컴퓨터라고 생각하지 않았습니다. 제 여가 시간에 저는 사라의 새로운 기능을 시험해 보기 위해 시연 프로그램을 작성했습니다. 아무 작업도 아직 해 보지 않은 완전히 새로운 하드웨어였기 때문에 무척 흥분됐습니다.

진행자 애플에 있던 다른 사람들도 개인적인 프로젝트와 연구를 위해 이런 기회를 잡았나요?

허츠펠드 애플에서 두세 명 정도가 그렇게 했습니다. 밥 비숍이 그중 한 명이었습니다. 비숍은 어떤 추가적인 하드웨어도 없이 마이크를 카세트 포트에 꽂아 애플 II에서 음성 인식이 가능하게 만들었습니다. 그 당시 워즈도 애플에 있었고 제 자리가 워즈 자리 근처에 있어서 엄청 흥분했던 기억이 납니다. 사실 제 영웅 바로 옆자리에 제 책상이 있었습니다. 저는 워즈와 매일 이야기를 나눌 수 있었습니다. 워즈와 점심을 먹을 수도 있었죠. 천국이었습니다.

워즈는 다양한 프로젝트를 진행하고 있었습니다. 한 번은 애플 II의 전체 메모리를 사용해 정확도가 10만 자리 숫자가 되는 수학 상수 E를 계산했습니다. 애플 II에는 메모리가 충분하지 않았기 때문에 매우 어려운 작업이었습니다. 워즈는 이렇게 큰 숫자를 담기 위해 디스플레이 화면에 사용될 메모리를 포함해 모든 가용 메모리를 샅샅이 끌어모아야 했습니다. 그리고 어떤 중간 결과도 저장하지 못했는데, 숫자 하나를 담는 데 모든 메모리를 사용하고 있었기 때문이었습니다. 이 프로그램은 실행하는 데 14일이 걸렸습니다. 워즈는 계산이 끝날 순간을 기다리며 14일 동안 그냥 앉아 있었습니다. 실험 도중 6일 정도 지났을 때 그의 애플 II가 오동작을 일으키며 뻗어 버리기도 했습니다. 그러면 처음부터 다시 시작해야 했습니다. 그는 이런 희한한 프로젝트들을 즐겼습니다.

진행자 당시에 회사에 재정적으로 어떤 일들이 있었나요? 애플이 상장하기 직전이 아니었나요?

허츠펠드 애플 판매가 급증하고 있었습니다. 1979년 가을부터 1980년 내내 판매가 급증했습니다. 갑자기 저와 함께 일했던 모든 사람이 백만장자가 됐습니다.

저는 애플 주식이 믿을 수 없을 정도로 불평등하게 분배된다는 사실을 차츰 알게 됐습니다. 회사에 가장 많이 공헌한 사람들에게 대다수 주식이 갔을 거라고 생각하시겠죠. 전혀 그렇지 않았습니다. 주식에 가장 관심이 많은 사람이 주식을 가장 많이 챙겼습니다. 범죄에 가까운 범위까지 더 많은 주식을 얻으려는 방법을 꾸미느라 시간을 보내는 엔지니어도 있는 반면에, 열정적으로 하루 15시간 일한 다른 엔지니어들은 주식을 하나도 받지 못했습니다. 모두가 이런 차이를 의식하고 있었지만 상장이 불을 지폈습니다. 상장 파티가 끝나고 정신을 차리고 보니 어떤 사람은 500만 달러를 번 반면, 어떤 사람은 3만 달러 연봉을 받고 있다면 확실히 눈치채기 마련입니다. 씁쓸한 감정이 들었습니다.

회사를 창립했기 때문에 당연히 엄청난 주식을 받은 워즈에 대한 이야기도 있습니다. 워즈는 몇몇 사람은 주식을 하나도 받지 못했는데 어떤 사람들은 엄청나게 받은 사실을 상당히 불공평하다고 여겨, 자신의 개인 주식을 특정 시점에 애플에서 근무하고 있었던 직원들에게 2500주까지 팔았습니다. 의도는 너무나도 좋았지만 나쁜 사람들에게는 절호의 찬스가 됐습니다. 그때 벌어진 일을 설명해 드리자면, 돈에 대해 신경 쓰지 않는 많은 직원이 주식을 구매할 수 있는 권리를 사용하지 않았기 때문에 욕심 많은 사람들이 "저기요, 제가 당신에게 돈을 주고 당신 주식을 대신 구매해 주겠습니다."라고 말했습니다. 몇몇 나쁜 직원은 일을 멈추고 주식 매입자가 됐습니다. 그들은 나쁜 사람이자 엔지니어였고 탐욕에 빠져 있었습니다. 한 달 만에 어떤 사람은 이 방법으로 수십만 달러를 챙겼습니다. 이는 결국 워즈로부터 돈을 훔치는 행위였습니다. 하지만 이런 부작용은 애플 상장 과정에서 예상됐던 일이었습니다.

1980년 말이 되자 애플은 업무에서 즐거움이 사라진 곳이 됐습니다. 다른 회사에서 이직해 온 상사는 애플 제품에 대해 아무것도 몰랐습니다. 결국 마이크 스콧은 애플이 모든 것을 관리하기 위해 이런 멍청이들을 고용해 왔다는 사실을 인식했고 1981년 2월 모든 멍청이들을 같은 날 해고했습니다. 마이크는 90명이었던 엔지니어링 그룹에서 40명을 해고했습니다. 애플 역사에서 이날은 '검은 수요일'이라고 부릅니다. 사람들은 깜짝 놀랐습니다.

진행자 어떻게 매킨토시 프로젝트에 참여하게 됐나요?

허츠펠드 저는 정규 프로젝트를 끝내고 여가 시간 동안 새로운 하드웨어에서 온갖 종류의 시연을 작성하곤 했습니다. 저는 하드웨어 연구실로 들어가서 그곳에 있는 친구들을 도와주었습니다. 버렐 스미스라는 정말 젊고 끝내주는 친구가 컴퓨터 수리 기사로서 실제로는 서비스 부서에서 일하고 있었는데, 진짜 엔지니어들이 일하는 하드웨어 연구실에서 시간을 보내면서 엔지니어들에게 질문하고 가능한 한 모든 것을 배웠습니다. 1979년 말, 애플의 또 다른 전설적인 인물인 제프 래스킨이 매킨토시라는 새로운 컴퓨터를 만드는 프로젝트에 참여하고 있었습니다. 래스킨은 서비스 부서에서 일하던 스미스에게 이 작은 컴퓨터의 설계를 맡겼습니다. 비록 스미스의 컴퓨터는 최종적으로 매킨토시가 된 모델과 사실상 상당히 달랐지만 정말로 산뜻한 컴퓨터처럼 보였습니다.

어느 누구도 스미스의 컴퓨터에서 프로그램을 만들어 본 적이 없어서 저는 여가 시간을 들여 신형 컴퓨터와 함께 선보일 작은 데모 프로그램을 만들었습니다. 스미스가 컴퓨터를 동작하게 만든 첫날, 저는 비디오가 올바르게 동작하는지 증명하기 위해 화면에 스크루지 맥덕(Scrooge McDuck)의 그림을 띄우느라 정말 늦게까지 남아서 일했습니다. '검은 수요일' 직전, 스티브 잡스가 매킨토시 프로젝트를 넘겨받아 팀원 네 명을 애플 본사에서 좀 떨어진 건물에서 일하도록 배치하는 바람에 저는 매킨토시를 결코 다시 볼 수 없게 됐습니다. 그리고 저는 '이런, 여기 있는 멍청한 사람들은 전부 평범한 일을 하고 있잖아. 나는 거기서 다른 사람들과 함께 매킨토시 프로젝트를 진행하고 싶다고.'라고 생각했습니다. 그래서 마이크 스콧에게 말했습니다. 그날 오후 제 칸막이 책상에 앉아 있었는데, 스티브 잡스가 다가와서 "앤디, 당신은 지금부터 매킨토시 작업을 맡습니다."라고 말했습니다. 저는 "하지만 저는 여기서 이 애플 II 작업을 마무리해야 합니다."라고 말했습니다. 잡스는 "아니요, 그럴 필요 없이 지금 매킨토시 프로젝트로 옮겨요."라고 말하고는, 제 장비를 집어 들고 차로 날랐습니다.

저는 운이 아주 좋았습니다. 매킨토시 프로젝트에 합류한 다섯 번째 사람이었기 때문입니다. 매킨토시 프로젝트에서 일하는 사람들은 모두 개성이 강했고 조직에서 일하는 것을 좋아하지 않았습니다. 매킨토시는 제조 비용이 믿기 어려울 정도로 저렴하고 글자 그대로 애플 II보다 10배 이상 강력한 컴퓨터를 만드는 짜릿한 프로젝트였습니다. 잡스는 이 모든 똑똑한 사람들을 관리자 없이 함께 일하게 만들었습니다. 이렇게 관리 구조가 뒤바뀌었습니다. 스티브 잡스조차도 프로젝트 구성원 중 한 명이었기 때문이었습니다.

진행자 매킨토시 프로젝트에 참여한 다른 주요 개발자들은 누구였나요?

허츠펠드 시스템 소프트웨어를 작성한 사람은 기본적으로 다섯 명이었는데 저, 스티브 캡스, 브루스 혼, 래리 케니언 그리고 리사 프로젝트에서 경험을 쌓은 빌 앳킨슨이었습니다. 첫 매킨토시 프로그래머는 제프 래스킨이 데려온 매우 재능 있는 개발자 버드 트리블이었습니다. 트리블은 의과 대학교로 돌아가기 위해 1981년 12월에 프로젝트를 그만두어야 했습니다. 트리블은 현재 의학 박사이자 신경 과학 분야 박사이기도 합니다. 래리 케니언은 저와 함께 애플 II 주변 장치를 만드는 작업을 했기에 그가 매우 대단하다는 사실을 알고 있었습니다. 브루스 혼은 프로젝트의 또 다른 주요 공헌자였습니다. 사실 혼은 제록스 PARC에서 성장했다고 볼 수 있습니다. 14살에 그곳에서 일하기 시작해서 22살에 매킨토시 프로젝트에 참여했습니다. 그리고 나서 1983년에 매우 뛰어난 프로그래머인 스티브 캡스가 우리 그룹에 합류했습니다. 다른 사람들도 도움을 주긴 했지만 사실상 다섯 명이 매킨토시용 롬 코드 전부를 작성했습니다.

진행자 매킨토시를 개발하기 위해 어떤 종류의 전략이 사용됐나요?

허츠펠드 저는 설계하는 사람과 구현하는 사람이 같은 사람이어야 일을 잘할 수 있다고 생각합니다. 매킨토시 프로젝트에서는 코드를 작성한 사람이 코드를 설계한 바로 그 사람이었습니다.

진행자 매킨토시를 개발하고 있었을 때 정말 성공할 것이라는 사실을 알고 있었나요?

허츠펠드 물론입니다. 우리는 매킨토시가 다른 어처구니없는 컴퓨터들보다 훨씬 좋다고 생각했습니다. 우리는 매킨토시가 완벽한 컴퓨터였다고 생각했습니다. 하지만 1981년 한 해 동안 작업하는 내내, 우리는 애플에서 완전히 외인구단이었습니다. 20명도 안 되는 사람들이 매킨토시에 매달렸는데, 매킨토시는 애플 제품 계획의 일부도 아니었습니다. 모두 스티브 잡스가 미쳤으며 매킨토시는 스티브 잡스의 '차고로 돌아가자'는 환상이었다고 생각했습니다. 사람들은 새로운 컴퓨터를 만드는 데 엔지니어가 100명은 필요했다고 생각했습니다. 여섯 명으로는 컴퓨터를 만들 수 없다더군요. 하지만 1982년 초에 우리가 매킨토시 컴퓨터를 동작하게 만들자 사람들은 "어라, 이 컴퓨터 잘될지도 모르겠는걸."이라고 말했습니다. 1983년이 되자 애플은 매킨토시가 뜰 것이라는 사실을 알고 있었습니다.

또 다른 특이한 점을 들자면, 잡스는 실제 작업한 사람들의 공로를 인정하고 싶어 했습니다. 이런 아이디어는 리사가 등장했을 때 벌어진 사건에서 비롯됐습니다. 리사는 많은 홍보를 했는데요. 빌 앳킨슨이 중요한 작업을 110% 수행했습니다. 앳킨슨이 사실상 리사를 만들었습니다. 하지만 리사에 대해 다룬 기사에 앳킨슨의 공로는 실리지 않았습니다. 매킨토시 프로젝트가 자유롭고 느슨했던 반면에 리사 프로젝트는 믿을 수 없을 정도로 관료적이었기 때문이었습니다. 리사 개발 조직은 복잡했고 6단계에 걸친 관리자들과 100명의 프로그래머가 참여했습니다. 잡지사에서는 관리자와 인터뷰를 했고 관리자들은 자신들이 리사의 아키텍트라고 여겼습니다. 대부분 앳킨슨의 작품이었는데도 말입니다.

앳킨슨은 끔찍하다고 생각했습니다. 그가 대학 시절 겪었던 일과 비슷했습니다. 그는 두뇌를 컴퓨터 그래픽으로 묘사하는 영상을 만드는 획기적인 일을 했는데, 영상 중 한 장면은 『Scientific American』 표지를 장식했습니다. 그런데 교수가 공로를 가로채 버렸습니다. 앳킨슨이 모든 일을 했는데요. 비슷한 일을 겪고 속이 상한 앳킨슨은 애플을 떠날 준비를 했습니다. 애플은 앳킨슨이 만족할 수 있게 앳킨슨을 애플 펠로로 지명했습니다.

그래서 스티브 잡스는 우리에게 매킨토시 개발에 대한 공로를 인정하겠다고 약속했습니다. 매킨토시가 출시되면서 홍보가 절정에 달했습니다. 물론 우리는 매킨토시가 세계 최고의 컴퓨터라고 생각했고, 다른 사람들도 정말 매킨토시를 좋아하게 됐습니다. 『Newsweek』와 『Rolling Stone』 잡지에 제 사진이 실렸습니다. 저는 16살부터 『Rolling Stone』 애독자였습니다.

진행자 언제 그리고 왜 애플을 떠나셨나요?

허츠펠드 맥이 출시되고 맥 그룹이 관료주의적으로 변하기 시작하면서 애플을 떠났습니다. 저는 제가 면접을 보고 합격시킨 새로운 엔지니어링 관리자와 충돌했습니다. 알고 보니 그 관리자는 통제와 권위를 숭상하는 괴물이었습니다. 그 관리자는 제가 스스로를 너무 높게 평가한다고 여겼고 나쁜 평가를 주면 정신을 차릴 것이라고 생각했습니다. 저는 충격을 받았습니다. 저는 이 회사에 제 인생을 걸었고, 여태껏 한 일 중에서 최고의 일을 해 왔고, 프로젝트를 완성하기 위해 하루 15시간씩 일하고 있었습니다. 매킨토시는 원래 그렇게 되어서는 안 되는데, 그 관리자가 와서 그렇게 만들었습니다. 그래서 저는 그만두어야 했습니다. 하지만 저는 제 인생의 2년을 매킨토시에 쏟아부었고, 그 어떤 일보다 더 많이 매킨토시에 신경을 썼습니다. 저는 맥이 출시될 때까지는 남아 있다가 출시된 다음에 제 일을 하기 위해 떠났습니다.

진행자 프로그래밍의 어떤 점을 좋아하시나요?

허츠펠드 엔지니어이자 예술가로서 활동할 수 있는 유일한 직업이라고 생각합니다. 프로그래밍에는 믿을 수 없을 정도로 엄격하고 기술적인 요소가 있어서 아주 정교하게 생각해야 하기 때문에 프로그래밍을 좋아합니다. 반면에 프로그래밍에는 대단히 창조적인 측면도 있는데 상상력의 한계가 유일한 제약 사항입니다. 이런 두 구성 요소가 결합하면서 프로그래밍이 독특해집니다. 즉, 프로그래머는 예술가인 동시에 과학자도 될 수 있습니다. 저는 그 점이 좋습니다. 프로그램을 작성할 때 진정한 토대가 되는 중심에서 마법을 부리는 일을 좋아합니다. 프로그램의 핵심이 제대로 돌아가는 마법을 처음으로 목격하는 것이 프로그램 작성에서 가장 짜릿한 부분이 아닐까 싶습니다.

진행자 언제까지나 프로그래밍을 하실 건가요?

허츠펠드 언제까지나 프로그래밍을 하리라고 생각하지만 영원히 지금처럼 훌륭한 프로그래머일 거라고는 기대하지 않습니다.

진행자 아주 많은 경험을 했으니 시간이 지날수록 프로그래밍이 쉬워지리라 보시나요?

허츠펠드 프로그래밍을 하려면 놀라운 정신적인 집중력이 필요합니다. 뇌 속에 있는 온갖 연결을 동시에 유지하는 것은 젊음의 선물입니다. 반면 나이가 들어갈수록 그 대신 점점 더 현명해집니다. 더 많은 경험을 쌓게 됩니다. 더 잘 살게 됩니다. 하지만 저는 나이가 들면 지금보다 더 날카로워질 것이라고 생각하지는 않습니다. 지금이 예전보다 더 나은 것 같다고 생각하지만, 그게 계속될 거라고 기대하진 않습니다. 저는 지금도 제 전성기가 몇 년 뒤에 찾아오리라 생각합니다. 제 40대가 30대만큼 좋을 거라고 생각하지 않지만, 제 30대는 20대보다는 훨씬 좋으리라고 기대합니다.

진행자 컴퓨터 세상에서 10년 후에 어떤 일이 일어날 것이라고 생각하시나요?

허츠펠드 누가 알겠습니까? 저는 소설을 쓰고 싶습니다. 제가 항상 하고 싶었던 일입니다. 저는 어렸을 때 책을 탐독했으며 현대 소설을 사랑했습니다. 제 영웅들 중에는 토머스 핀천[1]과 같은 작가들이 있습니다.

진행자 업무 습관은 어떤가요?

허츠펠드 업무 습관은 늘 유연합니다. 저는 프로젝트마다 다르게 작업합니다. 올해 상반기 동안 저는 스위처2라는 아주 복잡한 매킨토시용 프로그램을 만들었는데, 완료하기 아주 까다로운 프로젝트 중 하나였습니다. 핵심 작업은 6주 동안 계속됐고, 전체 프로젝트에 8개월이 걸렸습니다. 제가 정말로 뭔가에 집중해서 작업해야 할 때에는 대부분 밤에 일합니다. 저는 작업을 그만할 시간이라고 몸이 보채지 않는 한 밤 10시 전에 집에 들어간 적이 없습니다. 대개 저는 저녁 식사 후 8시 30분부터 밤 2시나 3시까지 프로그래밍 작업의 대부분을 수행합니다. 제가 정말로 뭔가에 열중하고 있다면, 그 작업은 다른 어떤 작업보다 훨씬 더 중요해집니다.

저는 또한 매우 게으르며 자제력이 없습니다. 이 곳이 엉망이 아닌 이유는 어제 청소부가 왔기 때문입니다. 제가 프로그래밍에 헌신하는 동력은 열정입니다. 저는 제가 좋아하는 것만 잘합니다. 다행스럽게도 저는 프로그래밍을 좋아하지만, 만일 제가 열정을 잃는다면 프로그래밍을 못하게 될 겁니다.

진행자 좋은 프로그래밍 아이디어가 바닥날 것이라고 생각하시나요?

허츠펠드 아니요. 컴퓨터는 여전히 초창기에 머물러 있고 기본적으로 모든 것이 5년마다 재창조되기 때문입니다. 갑자기 작업 메모리가 10배까지는 아니더라도 5배 늘어나면 규칙이 바뀌기 시작하니까요.

진행자 음, 확실히 컴퓨터 업계에 많은 공헌을 하셨는데요. 거기에서 만족감을 느끼시나요?

허츠펠드 요즘 많은 사람이 제가 만든 작품을 사용하는 모습을 봅니다. 저는 많은 매킨토시용 핵심 소프트웨어를 작성했습니다. 매킨토시에서 작업을 할 때에는 언제나 제가 만든 명령어들을 사용하게 됩니다. 이런 경험은 믿을 수 없을 만큼 짜릿합니다. 그 무엇보다 저에게 가장 큰 동기를 부여한 것은 제 프로그램을 사용하는 사람을 최대한 많이 모으고 싶은 마음이었습니다.

Programmers at Work

16장

고전 게임 팩 맨의 아버지

이와타니 토루

Toru Iwatani

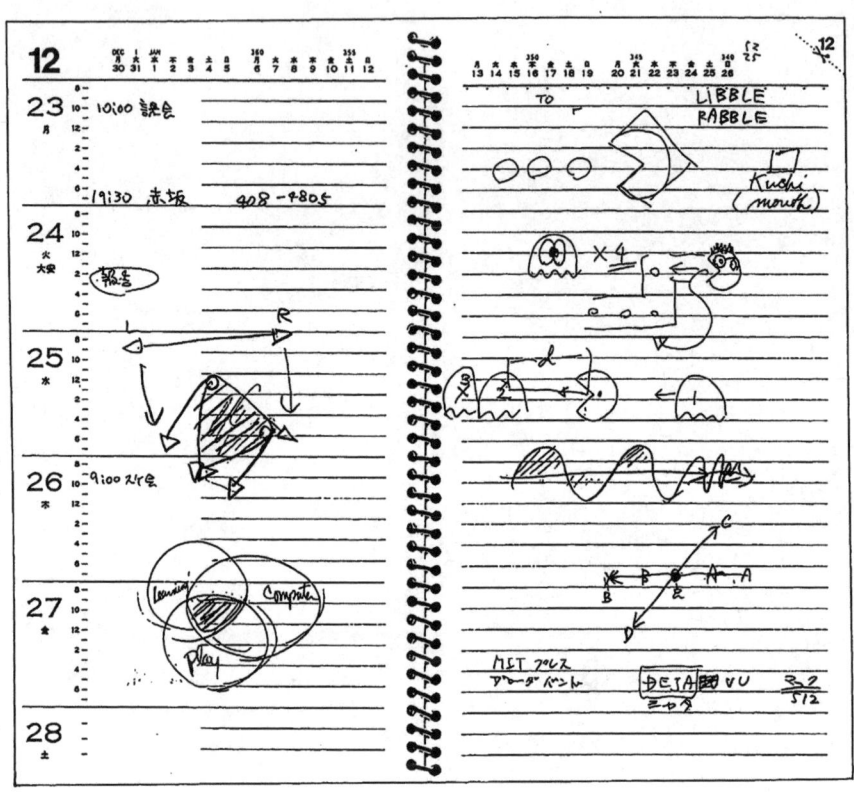

인터뷰 도중에 이와타니는 스케치와 다이어그램을 자신의 다이어리에 그렸다. 그림은 팩 맨의 모양이 진화한 방식과 팩 맨을 쫓기 위해 유령이 움직이는 방식을 보여 준다.

게임 디자이너인 이와타니 토루(岩谷徹)는 1955년 1월 25일 일본 도쿄의 메구로구에서 태어났다. 그는 어떤 정규 과정도 밟지 않고 컴퓨터, 시각 예술, 그래픽 디자인을 완전히 독학했다. 1977년 22살의 나이로 도쿄에 소재한 비디오 게임을 만드는 컴퓨터 소프트웨어 회사인 남코(NAMCO)에 입사했다. 입사하고 나서 이와타니는 마침내 게임 디자인이 자신의 길임을 발견했다. 네 사람의 도움을 받아 그는 콘셉트부터 최종 제품까지 1년 5개월에 걸쳐 작업한 끝에 팩 맨을 완성했다.

팩 맨 게임은 일본에서 처음 공개되어 큰 성공을 거두었다. 게임이 해외로 수출됐을 때 팩 맨은 미국과 유럽 사람들의 상상력도 사로잡았다. 이와타니는 이어서 더 많은 게임을 설계했고, 그중에서도 특히 리블 래블(Libble Rabble)을 가장 좋아한다. 리블 래블은 팩 맨 프로젝트를 마치고 나서 설계한 게임이다. 이후 이와타니는 남코의 경영진으로 승진했다.

도쿄에 있는 친구이자 동료인 제프 리치가 어느 날 내게 자신의 상사를 통해 팩 맨의 디자이너 이름을 알게 됐다고 들뜬 어조의 텔렉스를 보냈다. 상사인 이마이즈미가 우연히 이와타니와 같은 스터디 그룹에 속해 있었다는 내용이었다. 리치는 나를 위해 인터뷰를 주선할 수도 있겠다고 생각했다. 나는 즉시 텔렉스를 보내어 인터뷰를 주선해 주면 기쁘겠다는 메시지를 전했다.

일본에서 제품 제작 또는 디자인을 담당한 개인이 특정되거나 부각되는 경우는 드물다. 그룹이나 회사가 공로를 인정받으며 특정 집단 내에서는 알려질지도 모르지만 개인에 대한 정보는 접근이나 파악이 불가능하다. 이번 경우에는 개인적으로 연락이 닿았기 때문에 인터뷰가 성사됐다.

리치와 나는 남코 사무실로 가기 위해 지하철을 타고 도쿄 교외로 향했다. 정류장에 도착해서 우리는 가게가 즐비한 좁고 붐비는 거리를 배회한 끝에 눈에 띄는 갈색 대리석 건물을 발견했다. 팩 맨의 성공이 회사에 재정적인 도움을 준 게 분명하다.

우리는 양쪽으로 열리는 문을 통해 커다란 하얀색 대리석 로비로 들어갔고, 그곳에서 우리를 보자마자 손짓하는 안내 로봇의 환영을 받았다. 헬멧 같은 멋진 분홍색 모자를 쓴 푸른 눈의 로봇은 분홍색과 크림색으로 장식된 옷을 입고 있었다. 주위에 다른 사람은 없었다. 우리는 카운터 뒤쪽에서 거리를 두고 로봇을 바라보며 잠시 기다렸다. 로비 안쪽으로 들어가려고 하니, 로봇이 우리를 카운터로 안내하는 듯한 손짓을 했다. 로봇 바로 옆 카운터에 놓인 컴퓨터 단말기에서 '남코에 오신 여러분을 환영합니다.'라는 문구가 번쩍였고 전화번호부를 살펴본 다음에 만나고 싶은 사람을 호출하게 안내했다. 우리는 꽤 재미있어 하면서도 이 모든 상황에 어리둥절해하며 카운터에 서 있었는데, 그때 홍보 담당 책임자가 나와서 우리를 회의실로 안내했다. 우리는 회의실에서 차를 마시면서 이와타니가 도착하기를 기다렸다.

이와타니가 회의실에 들어왔고 우리는 모두 일어나 허리 숙여 인사하고 명함을 교환했다. 이와타니는 키가 크고 조용하지만 강인한 남자였다. 이와타니는 노랑색 폴로 셔츠와 골이 넓은 코듀로이 바지를 입었다. 인터뷰는 일본어로 진행되며 리치가 통역자로 참여할 것이라고 설명했다. 이와타니는 낮은 목소리로 신중하고 사려 깊게 말했고, 자신의 생각을 표현할 때 다이어리에 스케치하면서 핵심 내용을 그림으로 보여 주었다.

> 2007년 남코에서 퇴사한 후 도쿄 공예 대학교에서 학생들을 가르치고 있다.

진행자 컴퓨터에 처음으로 관심을 가지게 된 동기는 무엇인가요?

이와타니 솔직히 말씀드리면 저는 컴퓨터에 특별한 관심은 없습니다. 저는 사람들과 의사소통하는 이미지를 만드는 데 관심이 있습니다. 컴퓨터가 이미지를 사용하는 유일한 매체는 아닙니다. 저는 영화나 텔레비전이나 다른 시각적인 매체를 사용할 수도 있었습니다. 컴퓨터를 사용하게 된 건 우연이었습니다.

컴퓨터로 할 수 있는 일에는 제약이 있습니다. 하드웨어 제약이 바로 제 제약이 됩니다. 하드웨어가 저를 구속하는데 저 역시 여느 예술가와 다르지 않기에 제약을 좋아하지 않습니다. 또한 컴퓨터에서는 최종 결과가 나타나는 유일한 공간이 화면이기 때문에 제약을 받습니다. 컴퓨터를 꺼 버리면 이미지도 사라집니다.

진행자 어떻게 사람들과 소통하는 수단으로 비디오 게임을 선택하게 됐나요?

이와타니 저는 1977년에 남코에 입사했습니다. 당시에는 제가 여기서 무엇을 할지 개인적인 비전을 수립하지 못한 상태였습니다. 회사에 대한 공헌이 비디오 게임이라는 형태로 가능했을 뿐입니다.

진행자 게임 디자인이나 일반적인 디자인을 공부하신 적이 있나요?

이와타니 저는 특별한 정규 교육을 전혀 받지 않았습니다. 완전히 독학했습니다. 저는 시각적인 예술 디자이너나 그래픽 디자이너라는 틀에 맞지 않는 사람입니다. 저는 게임 디자이너가 사람들을 기쁘게 만들기 위해 프로젝트를 설계하는 사람이라는 확고한 생각을 품고 있습니다. 이게 바로 게임 디자이너의 목표입니다.

제가 프로그래머가 아니라는 사실을 이해하는 것이 중요합니다. 저는 명세를 구성하고 기능을 설계하지만, 저와 함께 일하는 다른 사람들이 프로그램을 작성합니다.

진행자 팩 맨 디자인의 이면에는 어떤 생각이 있었나요?

이와타니 가장 먼저, 일본어 단어인 '타베루(たべる[食べる], 먹다)'가 마음에 떠올랐습니다. 다들 알다시피 게임 디자인은 단어로 시작하는 경우가 자주 있습니다. 저는 이 단어를 가지고 놀기 시작했고 노트북에 스케치했습니다. 그 당시 모든 컴퓨터 게임은 전쟁 게임이나 우주 침략자 게임처럼 폭력성을 띠고 있었습니다. 모든 사람이 즐길 수 있는, 특히 여성을 위한 게임은 없었습니다. 저는 여성들이 즐길 수 있는 '재미있는' 게임을 생각해 내고 싶었습니다.

팩 맨의 기원에 대한 이야기는 어느 날 점심시간에 제가 배가 아주 고파서 피자 한 판을 주문한 데서 시작됩니다. 피자 한 조각을 먹고 남은 부분을 보고 팩 맨 형태에 대한 아이디어를 떠올렸습니다.

진행자 피자 이야기가 정말로 사실인가요?

이와타니 음, 절반은 사실입니다. 일본어에서 입을 나타내는 글자(口, くち)는 사각형 모양입니다. 피자처럼 원형은 아니지만 저는 둥글게 만들기로 결정(인터뷰 처음에 소개한 이와타니의 스케치 참고)했습니다. 팩 맨 모양을 훨씬 복잡하게 만들고 싶은 유혹도 있었습니다. 제가 팩 맨을 설계하는 동안 누군가 눈을 추가하자고 제안했습니다. 하지만 결국 이런 아이디어를 포기한 이유는 일단 눈을 추가하고 나면 안경과 심지어 수염까지 추가하기를 원할 것이기 때문이었습니다.[1] 끝없이 덧붙였을 겁니다.

음식은 기본 콘셉트에서 또 다른 중요한 부분이었습니다. 초기 디자인에서는 화면 전체가 온통 음식투성이인 판에 플레이어를 배치했습니다. 생각해 보니 이런 상황에서는 플레이어가 무엇을 해야 할지 정확하게 알지 못할 것이라는 사실을 깨달았습니다. 게임의 목표가 모호했던 것입니다. 그래서 저는 미로를 만들고 통로에 음식을 놓아두었습니다. 그러면 게임을 하는 모든 사람이 미로를 통해 움직이면서 구조를 파악할 수 있을 것이었습니다.

일본어에는 '파쿠파쿠(ぱくぱく, 음식을 게걸스럽게 먹는 모습)'라는 속어가 있습니다. 이 속어는 한입 먹는 동안 입을 여닫는 움직임을 표현하는 데 쓰입니다. 팩 맨이라는 이름은 바로 이 속어에서 비롯됐습니다.

진행자 일단 팩 맨을 음식과 먹는 행위에 관한 게임이라고 결정하고 나서 다음 단계는 무엇이었나요?

이와타니 일단 먹는 게임에는 오락적인 요소가 충분하지 않기에 약간의 흥분과 긴장을 더하기 위해 적을 만들기로 결정했습니다. 플레이어는 음식을 얻으려면 적과 싸워야 합니다. 적들은 각자 개성이 있습니다. 작은 유령 모양의 네 가지 괴물인데 각각 파랑, 노랑, 분홍, 빨강으로 구분했습니다. 네 가지 다른 색을 사용한 이유는 게임을 하는 여성들을 즐겁게 만들기 위한 목적이 컸습니다. 저는 여성들이 예쁜 색상을 좋아할 것이라고 생각했습니다.

게임에 긴장감을 불러일으키기 위해 저는 게임의 몇몇 단계에서 괴물들이 팩 맨을 포위하기를 바랐습니다. 하지만 팩 맨이 된 사람 입장에서 괴물들에게 계속해서 포위당해 쫓기는 상황에 부딪히면 스트레스가 너무 클 것 같았습니다. 따라서 저는 괴물이 파상(波狀)적으로 몰려들게 만들었습니다. 괴물들은 팩 맨을 공격하고 나서 퇴각합니다. 시간이 지나면 괴물들은 다시 그룹을 지어 공격하고 다시 퇴각합니다. 끊임없이 공격을 가하는 것과 비교해 움직임이 훨씬 자연스럽게 보였습니다.

그런 다음 팩 맨의 정신(こころ[心]) 또는 에너지를 디자인했습니다. 게임을 하다 보면 팩 맨이 독자적인 공격 수단을 갖추고 있음을 알게 됩니다. 화면 네 귀퉁이에 있는 에너지를 먹고 나면, 적을 사냥하면서 보복할 수 있습니다. 이런 재미 요소는 팩 맨이 괴물에게 사냥을 당하기도 하지만 괴물을 잡는 사냥꾼이 되는 기회도 제공합니다.

진행자 팩 맨 캐릭터는 어떤 모습이 되도록 의도하셨나요?

이와타니 팩 맨 캐릭터는 심지어 일본어로도 설명하기가 어렵습니다. 팩 맨은 순진한 캐릭터입니다. 팩 맨은 선과 악을 구별하는 교육을 받지 못했습니다. 팩 맨은 다 큰 어른이기보다는 작은 어린이처럼 행동합니다. 팩 맨이 일상 활동 과정에서 학습하는 어린이라고 생각해 보죠. 누군가 팩 맨에게 총이 나쁘다고 말하면, 팩 맨은 달려가서 총을 먹어 버릴 것입니다. 하지만 아마도 팩 맨은 그게 어떤 총이든 먹어 치울 것입니다. 심지어 총을 필요로 하는 경찰관의 권총조차도 말입니다. 팩 맨은 순진하기 때문에 차별을 하지 않습니다. 그렇지만 팩 맨은 경찰을 포함한 몇몇 사람은 권총을 들고 있어야 하며 눈에 보이는 모든 권총을 먹으면 안 된다는 사실을 배워 나갑니다.

(이와타니는 다이어리에 점을 찍어가면서 곡선으로 이루어진 다이어그램을 스케치하기 시작했다. 인터뷰 처음에 소개한 이와타니의 스케치를 참조하자.)

진행자 게임을 디자인하는 과정에서 가장 어려운 부분은 무엇이었나요?

이와타니 팩 맨의 적으로 등장하는 네 유령을 만드는 알고리즘이 가장 어려웠습니다. 모든 움직임을 적절한 타이밍에 맞춰야 했습니다. 괴물 움직임이 상당히 복잡해서 요령이 필요했습니다. 이게 바로 게임의 핵심입니다. 적으로 등장하는 유령마다 독자적인 캐릭터와 특별한 움직임을 부여해서, 미로 내에서 팩 맨 뒤를 단조롭고 따분하게 졸졸 쫓아다니지만은 않습니다. 블링키라는 붉은 유령은 팩 맨을 바로 뒤쫓습니다. 두 번째 유령은 팩 맨 입 앞에 놓인 몇 개의 점 앞에 위치합니다. 이게 두 번째 유령이 선호하는 위치입니다. 팩 맨이 중앙에 있으면 유령 A와 유령 B는 같은 거리에 위치하지만 독립적으로 움직이면서 팩 맨을 거의 샌드위치 진형으로 압박합니다. 다른 유령들은 더욱 불규칙적으로 움직입니다. 이런 식으로 유령들은 자연스럽게 팩 맨에 다가갑니다.

 이와 같은 공격을 끊임없이 받으면 사람들은 낙담하게 됩니다. 따라서 우리는 공격한 다음에 퇴각한다는 파상적인 패턴의 공격 방식을 개발했습니다. 시간이 지나면 유령들은 다시 그룹을 지어 공격합니다. 파도의 마루와 골의 반복이 점점 잦아지듯이 유령들은 더욱 쉴 새 없이 공격하는 모양새를 그립니다.

진행자 팩 맨 디자인 팀에서 함께 일한 사람들은 몇 명인가요?

이와타니 하드웨어 엔지니어 한 명, 작곡가 한 명, 패키지 디자이너 한 명에 프로그래머와 저를 포함해 대략 다섯 사람이 팩 맨 개발 작업에 참여했습니다.

 콘셉트 설정에서 시작해 게임을 시장에 출시하기까지 대략 1년 5개월이 걸렸는데, 일반적인 게임 개발에 비해 제법 긴 기간이었습니다. 우리는 진행하면서 각 기능을 시험해 봤습니다. 재미없거나 게임의 복잡도만 높이는 경우에는 해당 기능을 제거했습니다.

진행자 팩 맨은 기대했던 것만큼 여성들에게 인기가 있었나요?

이와타니 예, 여성들에게 성공적이었을 뿐 아니라 미즈 팩 맨 같은 자매 버전들 역시 성공했습니다. 그리고 팩 맨은 제 예상을 넘어서 세계 곳곳에서 인기가 있었습니다. 저는 게임이 일본에서는 제법 잘 팔릴 거라고 확신했는데, 미국과 다른 나라에서도 잘 팔리는 모습을 보고 상당히 놀랐습니다.

진행자 지금 팩 맨에서 변경하고 싶은 부분이 있나요?

이와타니 팩 맨은 제가 오래전에 완성해 낸 게임이었습니다. 팩 맨을 디자인할 때 저는 제 자신의 기술과 다른 사람들의 기술을 한계까지 밀어붙였다고 느꼈습니다. 그 당시에는 만족했습니다. 하지만 이런 만족감이 제가 누구인지, 오늘날 제가 무엇을 하고 있는지에 미친 영향은 미미합니다.

팩 맨 이후에 제가 개발한 리블 래블이라는 또 다른 게임이 있습니다. 게임의 독창적인 개념으로 인해 심지어 팩 맨보다 더 흥미로운 게임이 됐습니다. 하지만 제가 기대한 만큼 잘 팔리지는 못했습니다.

진행자 팩 맨을 디자인한 이후 인생이 어떻게 바뀌었나요?

이와타니 비록 제가 달성하기를 원했던 아이디어는 실현됐지만, 제 인생은 크게 바뀌지 않았습니다. 최근에 저는 게임을 즐기는 사람들을 울게 만들고 싶다고 느꼈습니다. 비디오 게임을 할 때 경험했던 감정과는 다른 감정을 주고 싶었습니다. 저는 아주 극적인 게임을 생각해 내고 싶습니다. 게임에서 슬픔과 같은 색다른 감정을 경험할 기회를 사람들에게 주고 싶습니다. 사람들은 울지 않으려고 하는데, 그 이유는 상처가 있기 때문입니다. 〈E.T.〉처럼 감정을 건드리는 영화를 볼 때와 같은 이유로 사람들은 제가 만든 게임을 하며 울 것입니다. 사람들이 자발적으로 슬픈 영화를 보는 이유는 슬픈 감정이 들더라도 감동을 받고 싶기 때문입니다. 저는 이런 식으로 사람들에게 감동을 주는 게임을 만들고 싶습니다.

진행자 사람들을 기쁘게 만드는 것보다 슬프게 만드는 것이 훨씬 더 어렵다고 생각하시나요?

이와타니 훨씬 더 어렵습니다. 짧은 시간에 농담으로 웃음을 유도할 수 있지만 사람을 울게 만들려면 특수한 상황을 창조할 필요가 있으며 시간도 훨씬 많이 걸립니다. 사람들을 울렸다가 웃겼다가 하는 〈E.T.〉와 같은 영화는 만들기가 상당히 어렵습니다.

진행자 게임 개발에 싫증을 느끼신 적이 있나요?

이와타니 지금 그렇습니다. 저는 디자인 과정에서 벗어나려 하고 있고, 관리 업무에 더 많이 관여합니다. 이렇게 하는 편이 나은 이유는 직원들에게 제가 그다지 좋아하지 않는 일을 시킬 수 있고, 전에 겪었던 불만을 피할 수 있기 때문입니다. 또한 저는 제가 하고 싶은 일을 할 수 있는 데다가 어느 누구도 저에게 이런 일을 하지 말라고 말하지 않아 정말 편합니다.

진행자 게임 이외에 다른 것도 디자인하시나요?

이와타니 제가 느끼기에 사람들의 행동은 모두 디자인입니다. 예를 들어 마음에 드는 이성을 보면 기쁘게 해 줄 방법을 생각합니다. 선물을 주어야 할까요? 어떤 선물이 적절할까요? 언제 선물을 주어야 할까요? 어떤 전략이나 계획을 생각해 냅니다. 게임 디자인과 마찬가지로 다른 사람의 얼굴에 드러나는 행복한 표정을 보는 데서 즐거움을 얻습니다.

저는 대략 40명으로 구성된 스터디 그룹에 속해 있는데 그곳에서는 교육용 소프트웨어와 그 소프트웨어가 처리할 수 있는 문제를 비롯해 새로운 매체에 대해 이야기를 나눕니다. 우리는 교육용 소프트웨어에 관심을 가져야 합니다. 일본 교육 시스템은 최악이라는 난감한 사실 때문입니다. 솔직히 말씀드리면 저는 교육이 즐겁고 재미있지 않다면 사람들이 배우려 하지 않을 것이라고 생각합니다.

물론 제 특기는 사람들을 즐겁게 만드는 것입니다. 재미있게 표현할 수 있는 학습 목표가 있다면 좋은 게임의 기반이 될 수 있습니다. 저는 또한 경제적 생존 문제와 관련해서도 교육용 소프트웨어와 CAI(Computer Assisted Instruction)에 관심이 있습니다. 게임 디자인에만 집중하는 회사는 앞길이 막막합니다. 교육용 소프트웨어에 많은 돈을 지불할 만큼 충분히 관심 있는 사람은 많습니다.

진행자 게임 디자이너가 성공하기 위해 반드시 갖춰야 하는 기술이나 철학은 무엇인가요?

이와타니 사람들의 정신(こころ)을 이해하고 다른 사람이 생각하거나 상상할 수 없는 뭔가를 떠올릴 수 있을 정도로 창의력을 발휘해야 합니다. 그러려면 어쩔 수 없이 나머지 사람들과는 약간 다른 뭔가를 하고 다른 것을 즐겨야 합니다. 또한 게임을 구성하는 이미지를 시각적으로 표현할 수 있어야 하며, 가장 먼저 떠오르는 생각과 쉽게 타협해서는 안 됩니다. 마지막으로, 사람들을 행복하게 만드는 것을 즐겨야 합니다. 이는 훌륭한 게임 디자이너가 되기 위한 기초이며 위대한 게임 디자인을 이끌어 낼 수 있습니다.

진행자 어떤 게임이 최고라고 생각하시나요?

이와타니 음, 자화자찬하고 싶지는 않지만 제가 만든 리블 래블이 최고입니다. 다른 회사 제품 중에서는 아타리 게임 또한 좋아 보입니다.

진행자 10년 후에 게임 디자인이 어떨 거라고 생각하시나요?

이와타니 게임은 영화에 훨씬 가까워질 것입니다. 이런 현상은 심지어 대규모 게임 개발에서 지금도 찾아볼 수 있습니다. 또한 미지의 대상과 싸우는 매력적인 게임인 메가 워처럼 다중 사용자 네트워크 게임도 늘어날 것입니다. 기존에 아는 사람뿐 아니라 알지도 못하고 볼 수도 없는 누군가와 같이 게임을 한다는 건 생각만 해도 무척 흥미롭습니다.

Programmers at Work

17장

디지털 창작자

스콧 김

Scott Kim

이 스케치를 보면 숫자들을 이용해 곡선을 따라 점을 찍으며, 글자(letter)들은 조각을 합성해서 최종적으로 나타낼 활자(character)의 모양을 계획한다.[1] 모양 사이에 대칭이 있어서 많은 조각이 반복된다. 모양들은 먼저 종이에서 계획한 다음에 화면에서 상호 대화식으로 조정이 이루어진다. 최종 이미지는 레이저 프린터에 출력된다. 부록(468~469쪽)에 스콧 김이 그린 스케치가 더 많이 실려 있다.

로스앤젤레스 토박이인 스콧 김[2]은 1955년 10월 27일에 태어났다. 스콧은 스탠퍼드 대학교에서 수학, 컴퓨터 과학, 음악을 전공했으며 1977년 음악 학사를 받았다. 1975년에 그래픽 디자인 과목을 듣고 나서 스콧은 '인버전(inversion, 도치)'을 연구하기 시작했다. 여기서 인버전은 회문[3]이나 어구전철(anagram)[4]과 비슷하게 다양한 방향에서 읽을 수 있는 단어의 예술적인 표현을 설명할 때 그가 사용하는 용어이다. 1981년에는 《Inversions》라는 책을 출간했다. 컴퓨터 분야에서 뛰어난 여러 인재가 책 집필을 도왔다. 이 책의 서문은 스콧의 교수이자 친구인 더글러스 호프스태터[5]가 작성했다. 존 워녹은 이미지 프로그래밍에 도움을 주었다. 도널드 커누스와 데이비드 푹스는 조판에 도움을 주었고 제프 래스킨은 발문을 작성했다. 책과 함께 스콧은 최근 매킨토시용 인버전스라는 제4자 소프트웨어를 개발했다. 이 소프트웨어는 맥페인트 위에서 동작하며 인버전을 생성하기 위한 많은 연습 문제, 기법, 게임을 포함하고 있다.

 스콧은 그래픽 디자인과 서체에 정통해서 그 지식을 컴퓨터 과학 분야 작업에 적용해 왔다. 현재는 스탠퍼드에서 박사 과정을 밟기 위해 급진적으로 새로운 사용자 인터페이스 디자인을 연구하고 있다. 스콧은 학부생부터 학업과 병행해 무급 컨설턴트로서 제록스 PARC에서 일해 왔으며, 팔로 알토의 인포메이션 어플라이언스에서도 일하고 있다. 또한 스콧은 룩 트와이스(Look Twice)라는 자신의 회사도 운영하고 있다.

 큰 회의용 테이블에 놓인 매킨토시 옆에 앉아 스콧과 나는 여러 시간 동안 그의 작업과 철학에 대해 이야기를 나누었다. 스콧 김은 말수가 적고 신중한 사상가 스타일로, 어떻게 하면 컴퓨터를 모든 사람이 사용할 수 있는 훨씬 직접적이고 효율적인 도구로 바꿀 수 있을지 고민하는 헌신적인 학생이다. 그래픽 디자인, 수학, 음악 부문에서 쌓은 특이한 배경 지식 덕분에 여느 공학도와는 상당히 다르게 문제를 시각적인 관점에서 접근한다. 스콧은 어느 누구보다 시각적인 사고를 즐기는 사람이다. 그는 당장 앉은 자리에서 인버전을 만들어 낼 수 있는데, 이는 정신적인 기민성과 유연성을 보여 주는 증거이다. 그리고 언젠가는 직접적인 방식으로 컴퓨터를 다루는 것에 관한 그의 비전, 바로 컴퓨터 화면과 메모리에서

동일한 표기법을 사용하는 기술을 실현하는 데 성공할 것이다.⁶

> 시각 퍼즐 디자이너로 활동 중이다. 테드에서 그의 강연(https://www.ted.com/talks/scott_kim_the_art_of_puzzles)을 볼 수 있다.

진행자 인버전 삽화를 책으로 출간하게 된 계기는 무엇인가요?

김 스탠퍼드 대학교 학부생일 때 그래픽 디자인, 수학, 음악이라는 세 가지 전공이 저에게 이 책을 집필할 영감을 불러일으켰습니다. 저는 컴퓨터로 작업을 시작했고, 더글러스 호프스태터를 만났고, 그래픽 디자인 과목을 들었습니다.

1975년에 저는 음대에서 일련의 컴퓨터 음악 과목을 듣기 시작했습니다. 훌륭한 과목이라는 점 말고 스탠퍼드 인공 지능 연구실에서 배웠다는 사실이 정말로 중요했습니다. 사람들은 흔히 정규 과목보다는 사적인 모임에서 서로 도우면서 컴퓨터에 대해 더 많이 배웠다는 이야기를 공통적으로 합니다. 그리고 제 경우에는 학습을 위한 자양분을 인공 지능 연구실에서 얻었습니다. 그곳은 배우기에 환상적인 환경이었습니다. 인공 지능 연구실은 캠퍼스에서 몇km 떨어진 산기슭에 위치한 낡은 건물에 입주해 있어서 나머지 캠퍼스와 물리적으로 분리되어 있었습니다. 바깥을 내다보면 언덕과 나무와 푸른 하늘만 보였습니다.

진행자 그곳이 CCRMA(Center for Computer Research in Music and Acoustics)였나요?

김 맞습니다. 그 무렵 CCRMA는 스탠퍼드 인공 지능 연구실과 같았습니다. 음악을 전공하는 사람들은 음악과 인공 지능의 경계에서 깍두기 노릇만 하고 있었습니다.

진행자 그렇다면 기본적으로 음악을 통해 컴퓨터에 입문했다는 소문은 사실인가요?

김 사실 제가 컴퓨터를 처음 접한 건 고등학교 때이지만, 스탠퍼드에 입학하고 나서야 비로소 컴퓨터에 대해 많은 것을 배우기 시작했습니다. 일련의 컴퓨터 음악 과목을 들은 덕분에 이처럼 경이로운 사람들의 공동체에 접근할 수 있었습니다. 순수하게 컴퓨터 해킹을 사랑하고 주저하지 않고 자신이 하는 일에 대해 말하느라 오후 내내 시간을 보낼 수 있는 사람들이었습니다. 신나는 학습 방법이었습니다.

또한 그곳에 있던 워드 프로세서와 비디오 게임을 가지고 노는 일도 흥미진진했습니다. 그 당시에는 흔치 않았던 물건이었습니다. 인공 지능 연구실에는 초기 버전의 스페이스 워(Space War)가 있어서 우리는 게임을 즐기기 위해 산기슭에 있는 건물로 몰래 숨어들었습니다. 비디오 게임이나 비슷한 소프트웨어는 고사하고 집에 컴퓨터조차 있기 전 시절로 거슬러 올라가는 이야기입니다. 정말 마법과도 같았던 시절이었습니다. 제가 스탠퍼드에 들어간 첫해에 벌어진 일입니다.

진행자 그때 컴퓨터에 사로잡히게 됐나요? 공부해야 하는 내용은 모두 공부하셨나요?

김 예, 어느 정도까지는 공부를 마쳤습니다. 저는 컴퓨터 과목을 미친 듯이 듣기 시작했습니다. 1학년 말에 리스프 과목을 들었습니다. 2학년 때에는 커누스가 가르친 일련의 자료 구조 과목도 들었습니다. 저는 모든 언어를 배웠습니다. 저는 첫 2년 만에 컴퓨터 과학 수업을 대부분 다 들어서 1975년 무렵 컴퓨터 음악을 공부하러 갔을 때에는 이미 숙련된 개발자였습니다. 아니면 적어도 저 스스로는 그렇다고 느꼈습니다.

진행자 그렇다면 인버전이라는 아이디어를 언제 얻으셨나요?

김 1975년 스탠퍼드 학부 과정에서 개설한 유일한 예술 과목을 하나 들었습니다. 기초 디자인 과목이었는데 이 과목 덕분에 몇 가지 면에서 예술 감각을 형성할 수 있었습니다. 이 과목은 사물의 시각적인 측면에 대한 관심을 불러일으켰습니다. 저는 시각적인 놀이에 늘 관심이 있었습니다. 특히 애니메이션에 관심이 많았지만 언제나 취미일 뿐이었습니다. 그때 들은 디자인 과목의 과제로 인버전을 만들었습니다.

저는 그해 더글러스 호프스태터를 만났습니다. 호프스태터는 《괴델, 에서, 바흐》라는 엄청나게 매혹적인 책을 집필하는 도중이었습니다. 저는 그가 그 책을 집필하는 동안 몇 년간 함께 일하는 커다란 특권을 누렸습니다.

진행자 호프스태터와 어떤 일을 하셨나요?

김 우리는 친구가 됐고 그때부터 나란히 앉아 일했습니다. 터미널실에서 밤새 작업을 했고, 아이디어를 논했고, 그러고 나면 호프스태터가 대화를 기록해 최신 버전을 출력한 다음 더 많은 아이디어를 제안했습니다. 우리는 동료 같았습니다. 호프스태터가 책을 만드는 모습을 보면서 저도 책을 쓸 수 있겠다는 확신이 들었습니다. 호프스태터의 책은 놀라울 정도로 많은 걸 직접 해낸 작업입니다. 그는 아무것도 미루지 않았습니다. 집필했을 뿐 아니라 직접 조판하는 수고도 마다하지 않았습니다.

진행자 그렇군요. 당신의 책과 관련해 존 워녹이 이미지를 만들어 주었다고 알고 있습니다.

김 존 워녹이 해당 부분을 맡아 저를 도와주었습니다. 물론 지금은 어도비에서 일하고 있지만, 그 무렵에는 제록스에서 제 멘토였습니다.

스탠퍼드 학부생일 때 저는 제록스 PARC에서 무급 컨설턴트로 일했습니다. 스탠퍼드는 그 연구소와 긴밀한 관계를 맺었습니다. 원래 저는 조판 디자인 언어인 메타폰트를 다뤄 보려고 제록스 PARC로 간 것이었습니다. 결국 저는 워녹이 만든 언어인 JaM으로 이미지 작업을 시작했습니다. JaM은 포스트스크립트의 전신이며 존과 마틴(John and Martin)을 의미하는데 이는 개발자인 존 워녹과 마틴 뉴웰의 이름을 딴 것입니다.

《Inversions》 책에 들어갈 삽화 작업을 시작하면서 저는 이미지를 만드는 데 JaM을 사용할 수 있을지 살펴봤습니다. 이런 디자인 작업에 컴퓨터를 사용할 필요는 없었으며, 실제로 3분의 2 정도는 컴퓨터를 사용하지 않고 작업했습니다. 하지만 무한 나선 같은 몇 가지 디자인에는 컴퓨터를 사용했습니다. 이미지를 컴퓨터로 처리하는 데 어려움이 있더라도 적어도 그 과정에서 무슨 일이 벌어지는지 이해하고 싶었기 때문입니다. 저는 프로그래밍에 능숙했기 때문에 문제없었습니다. 무한 나선의 경우 글자(letter)를 만드는 프로그램을 작성했습니다. 처음에는 모눈종이에 그리는 작업을 했고, 스케치를 했고, 점에 숫자를 매겼고, 짧은 프로그램을 작성해 제가 디자인한 내용에 따라 'infinity'라는 단어를 생성했습니다. 그리고 나서 존 워녹에게 제가 원하는 바를 설명했고, 그는 직선을 나선으로 변환하는 프로그램을 작성했습니다. 제가 워녹과 함께 일한 경험은 환상적이었는데, 그에게는 훌륭한 그래픽 디자인 감각이 있었기 때문입니다. 프로그램을 통해 컴퓨터 없이는 만들어 내기 어려울 것 같은 이미지를 생성했습니다. 그 이후로 저는 컴퓨터 그리고 시각 표현에 적합한 일을 찾기 위해 스스로를 채찍질하고 있습니다.

진행자 이제는 인버전을 다루고 사람들이 인버전을 만드는 방법을 배울 수 있는 소프트웨어를 만들고 계신데요. 이런 소프트웨어는 어떻게 개발하게 되셨나요?

김 이 소프트웨어는 매킨토시용 인버전스라고 하는데 책이 함께 제공됩니다. 책과 소프트웨어는 함께 패키지로 묶일 것입니다. 제가 던진 기본적인 질문은 '이 책의 가치를 높이기 위해 매킨토시로 무엇을 할 수 있을까?'였습니다. 이제 제 본능은 결코 "이것 봐요, 깔끔하지 않나요?"라고 말하면서 뭔가를 보여 주는 데 그치지 않습니다. "이것 봐요, 당신도 이렇게 할 수 있습니다."라고 늘 말합니다. 이게 바로 매킨토시용 인버전스가 하는 일입니다. 저는 맥페인트 위에서 동작하는 소프트웨어를 개발했습니다.

　프로그램을 쉽게 만들 수도 있었지만 저는 특이한 전략을 채택해 어떤 프로그램도 작성하지 않고 이 소프트웨어를 개발하기로 결정했습니다. 한동안 맥페인트를 실험하고 나서 정말로 프로그램을 작성할 필요가 없음을 깨달았습니다. 프로그래밍에 관해 제가 느낀 건 대개 '피할 수 있다면 피하는 편이 좋다.'라는 말로 요약됩니다.

진행자 프로그래밍을 피하려고 하는 이유가 무엇인가요?

김 규모가 크고 복잡한 프로그램을 작성하는 행위는 간접적이기 때문입니다. 좀 더 직관적인 방식으로 프로그래밍할 수 있는 여건이 저에게 주어졌다면, 저는 프로그래밍을 더 많이 하고 싶어 했을 것입니다. 저는 프로그래밍을 도전이라고 생각합니다. 프로그램 없이 상호 작용이 가능한 컴퓨터에서 제가 무엇을 할 수 있을지 생각했습니다.

저는 매킨토시용 인버전스를 제4자 소프트웨어라고 부릅니다. 제4자 소프트웨어는 이미 시중에 많이 나와 있습니다. 스프레드시트에는 템플릿이 있고, 맥페인트 내에는 클립아트가 포함되어 있습니다. 템플릿은 누군가 실제로 필요로 하는 뭔가에 직접 대응하는 멋진 구성 요소입니다. 클립아트는 또 다른 매체에서 이어받은 구성 요소입니다. 클립아트는 유용하지만 정말 새로운 방식으로 매체를 사용하지는 않습니다.

제 소프트웨어는 단순히 맥페인트 파일과 폰트일 뿐입니다. 다른 사람들이 맥페인트로 글자를 입력하고 그림을 그려서 파일을 만드는 것과 똑같이 만들어졌습니다. 파일은 시각 퍼즐과 연습 문제를 포함합니다. 처음에는 단순하게 시작하지만 갈수록 더 어려워집니다. 하지만 제 소프트웨어는 절반만 맥페인트이고 나머지는 사용자의 상상력으로 채우는 내용입니다. 저는 사람들에게 무언가를 하기 앞서 무슨 일이 일어날지 상상하면서 정신적인 유연성을 계발하기를 권합니다. 무슨 일이 일어날지 상상하는 것 같은 유형의 기술은 일반적으로 학교에서 가르쳐 주지 않습니다. 집에서 블록 쌓기 놀이를 하면서 어린이들은 공간을 상상하지만, 이런 내용을 학교에서 배우지는 않습니다.

진행자 조금 전에 제4자 소프트웨어라는 용어를 언급하셨는데, 제4자 소프트웨어가 구체적으로 무엇이고, 이 방식을 좋아하는 이유도 말씀해 주세요.

김 제3자 소프트웨어는 전통적인 프로그래밍 언어를 사용해 기업에서 만든 소프트웨어입니다. 제4자 소프트웨어는 적어도 일반적인 의미에서는 사용자 스스로가 프로그래밍을 하지 않고서 만들어 낸 소프트웨어를 말합니다. 제4자 소프트웨어는 제3자 소프트웨어 위에서 만들어집니다. 따라서 잘 만들어진 괜찮은 제3자 소프트웨어가 있어야 합니다.

오늘날 소프트웨어에는 문제가 있습니다. 대부분의 소프트웨어가 아주 비쌉니다. 장기적으로 볼 때 이런 가격은 정말로 말이 안 되지만, 현재 가격을 높게 유지하려는 움직임이 많습니다. 시장은 아직 거대하지 않습니다. 소프트웨어 양산 비용은 높습니다. 소프트웨어 시장과 가격과 관련해 다양한 순환 논리도 많이 있습니다.

제4자 소프트웨어의 훌륭한 점은 컴퓨터만 있으면 아무나 만들어 낼 수 있다는 사실입니다. 기존 프로그램 위에 새로운 프로그램을 구축할 수 있습니다. 몇 가지는 이런 목적으로 만들어졌는데, 핀볼 컨스트럭션 세트가 좋은 사례입니다.

오늘날 사용 가능한 소프트웨어는 프로그래머들이 작성했습니다. 출판 업계와 비교해 보죠. 집필할 수 있는 유일한 주체가 종이 제조사와 프린터 제조사라면, 우리는 설명서와 참고서만 얻을 수 있으며, 소설이나 개인적인 수필은 찾기 어려울 것입니다. 해법은 모든 사람에게 자신의 책을 인쇄하는 방법을 가르쳐 주는 것이 아니라 인쇄 비용을 낮추고 손쉬운 접근 경로를 열어 저자들이 내용에만 집중할 수 있게 하는 것입니다. 프로그래밍이 아주 단순해서 모든 사용자가 자신의 개인화된 소프트웨어를 구축할 수 있어야 합니다.

진행자 소프트웨어 작성 과정이 단순해져서 컴퓨터가 있는 거의 모든 사람이 자신만의 소프트웨어를 작성할 수 있게 될 거라고 생각하시나요?

김 저는 무엇보다 프로그램의 본질이 바뀔 것으로 기대합니다. 지금은 프로그래머들이 머릿속에 모든 생각과 알고리즘을 기억해 두고 긴 밤을 지새우면서 궁지에 몰린 채로 자료를 정렬하고 한데 합쳐서 큰 퍼즐을 만들고 있습니다. 몇 년 안으로 프로그램을 작성할 때, 이미 있는 조각들을 조합할 수 있을 것이라고 봅니다. 최소한 자주 사용하는 요소만이라도 바로 활용 가능해질 것입니다. 예를 들어 직접 프로그램을 만들고 싶다면, 라디오 색 같은 상점에 가서 소프트웨어를 만들기 위한 기성 부품을 구매할 것입니다.

대체로 저는 대다수 사람들이 오늘날 이해하고 있는 상식적인 관점에서 프로그래밍을 수행하지는 않을 것으로 예상합니다. 지금도 컴퓨터 프로그래밍과 컴퓨터 사용 사이에 근본적인 차이점은 없다고 생각합니다. 프로그래밍과 사용은 다른 활동이지만 연속적인 특성이 있습니다. 이름을 컴퓨터에 입력하는 것 같은 행위도 일종의 프로그래밍입니다. 오늘날 사용 가능한 프로그래밍 언어로 프로그램을 만드는 건 훨씬 더 간접적인 활동입니다. 더 직접적인 프로그래밍 언어7가 등장한다면, 거의 모든 사람이 프로그램을 만들 수 있을 것입니다. 더 이상 프로그래밍처럼 느껴지지도 않을 것입니다. 심지어 이를 프로그래밍 언어라고 부르지도 않을 것입니다.

진행자 알겠습니다. 그러면 컴퓨터 언어를 뭐라고 부르게 될까요, 아니면 심지어 컴퓨터 언어로 인식조차 하지 못하거나 이런 언어를 의식조차 하지 않게 될까요? 영어처럼 될까요?

김 우리가 이 모든 것을 묘사할 때 사용하는 단어들이 바뀔 것입니다. 앨런 케이의 전망에 따르면 컴퓨터는 컴퓨터라는 단어 사용을 멈출 때 성공할 것입니다. 케이는 전기 사업 분야 초창기에는 어느 날 모든 집에 전기 모터를 갖추게 될 것이라는 생각이 일반적이었다고 말하곤 했습니다. 이는 오늘날 컴퓨터에도 똑같이 적용됩니다. 컴퓨터가 충분히 작고 충분히 저렴해지면, 환경 속에 묻혀 사라질 것입니다. 모든 곳에 컴퓨터가 존재할 것이므로 심지어 손가락으로 가리키며 "이게 컴퓨터입니다."라고 말하지도 않게 됩니다. 컴퓨터는 사라질 때까지 성공하지 못합니다.

진행자 인버전스 개발 작업은 박사 학위 연구와 어떤 식으로든 연관이 있나요?

김 저는 여러 프로젝트를 동시에 진행하고 있습니다. 인버전스는 단지 컴퓨터 매체에 표현된 그래픽 이미지를 다룬다는 관점에서만 제 연구와 직접적인 관련이 있습니다. 저는 박사 학위 연구에서 앨런 케이의 그래픽 인터페이스 디자인에 대해 깊이 생각하고 있는데 방향은 다릅니다.

저는 아주 근본적인 곳에 초점을 두고 있습니다. 그러니까 제 말은 '우리가 컴퓨터에 대해 알고 있는 모든 것을 버리고, 정말로 처음부터 시작한다고 가정해 보죠. 시각 지향적인 사람들이 운영하기 좋은 방식으로 컴퓨터를 처음부터 설계하자.'라는 겁니다. 저는 종이 한 장과도 같은 컴퓨터를 원합니다. 출발점으로 이는 미국식 레터 용지(215.9×279.4mm) 크기에, 얇은 두께의 사각형 형태가 될 것입니다. 은유가 필연적으로 꼭 들어맞는 건 아니지만, 종이의 가장 멋진 특성은 컴퓨터를 사용하면서 생각해야 하는 부담감이 없다는 점입니다. '어떻게 하면 텍스트 모드로 전환될까? 무엇을 눌러야 할까?' 하는 것들이요. 종이는 매우 직접적입니다. 종이는 표면에 보이는 내용을 있는 그대로를 보여 주는 반면에 컴퓨터를 사용하면 페이지 뒤에 무엇이 있는지, 화면 뒤에서 어떤 일이 벌어지는지 생각해야 합니다. 컴퓨터는 마치 뒷면에 전선과 하드웨어가 숨겨진 종이와도 같습니다.

진행자 컴퓨터를 종이 한 장으로 만드는 문제에는 어떤 접근 방식을 생각하시나요?

김 먼저 컴퓨터 그 자체에서 어떤 부분을 좋아하지 않는지부터 생각하기 시작합니다. 그런 다음 그래픽 디자인과 이미지 작업을 떠올리며, 그런 작업을 할 때 제가 무엇을 좋아하는지 생각합니다. 그러고는 두 가지를 모두 충족하는 수단을 찾습니다. 컴퓨터로 작업하는 시각 예술가들은 분명히 있습니다. 그들 대부분은 페인팅 프로그램을 사용합니다. 페인팅 프로그램은 매우 직접적이며 종이와 상당히 비슷한데 컴퓨터가 여기에 멋진 기능을 더합니다. 예를 들어 이미 그림을 그린 다음에도 색상을 변경할 수 있습니다. 모든 것이 유동적이므로 언제든 이미지를 결합할 수 있습니다. 작품이 꼭 완성되지 않아도 됩니다.

음악가들은 프로그래밍을 싫어하지 않습니다. 시각 예술가보다 훨씬 많은 음악가가 직접 프로그래밍을 합니다. 적어도 전통적으로 훈련을 받은 음악가라면 추상적인 표기법으로 작업하는 방식에 익숙하며 간접적인 과정에도 익숙합니다. 표기법이 실제 연주되는 음악과 다를 뿐 아니라 머릿속에 있는 개념도 다릅니다. 음악가들은 머릿속으로 해결한 다음 종이에 기록합니다.

반면에 시각 예술가들은 훨씬 직접적으로 작업하는 방식에 익숙합니다. 그리고 이런 특성으로 인해 주로 즉흥 연주를 하는 음악가들도 시각 예술가 쪽에 속할 것입니다. 작업 스타일과 관련해 시각적인 분야와 청각적인 분야는 서로 관련이 없습니다. 또한 시각 예술가 중에도 아주 간접적인 특성을 보이는 이들이 있습니다. 그래픽 디자이너는 화가보다 덜 직접적인데 식자기를 통해 작업하며 다른 사람들에게 지시를 해야만 하기 때문입니다. 하지만 대다수 시각 예술가는 간접적으로 일하는 것에 익숙하지 않으며 사물의 외형에 더 많이 신경을 씁니다. 디자인 관점에서 컴퓨터는 디자이너가 사물의 외형에 신경 썼다는 느낌을 주지 않습니다.

가장 기본적인 수준에서 저는 컴퓨터가 무엇이며, 우리가 컴퓨터로 스스로를 귀찮게 만드는 이유가 무엇인지 생각합니다. 오늘날에는 컴퓨터와 관련된 문제가 많습니다. 제가 지금 당장 이런 문제에 대한 해법을 모두 알지는 못합니다. 단지 컴퓨터를 다시 한번 비판적으로 살펴보려고 할 뿐입니다. 저는 또한 여기서 수면 위로 떠오를 많은 가능성이 있다고 생각하기 때문입니다.

진행자 생각하시는 컴퓨터는 모든 사람이 사용하는 컴퓨터인가요, 아니면 특별히 예술가를 위한 컴퓨터인가요?

김 예술가가 영감의 일부이긴 하지만, 궁극적으로 저는 모든 사람을 위한 컴퓨터에 대해 생각하고 있습니다. 저는 서로 조금씩 다르지만 여러 측면에서 겹치는 부분이 있는 프로젝트 각각에 참여한 다음, 전체 프로젝트로 어우러지게 만드는 방식으로 일합니다.

저는 원래 논문을 쓸 목적으로 시각적인 프로그래밍 언어8를 구축하려고 했습니다. 저는 이런 프로그래밍 언어를 조금 더 직접적인 형태로 만들면 좋겠다고 생각했습니다. 아주 작은 프로젝트를 수행해 특정한 아이디어를 테스트해 봤습니다. 처음 떠오른 아이디어는 문자열과 비슷한 형태였습니다. 흐름도와 같은 명세에 심벌을 배치하는 방식을 사용했다는 점을 제외하면 말입니다. 대다수 시각적인 프로그래밍 언어는 일종의 회로도처럼 구성됩니다. 하지만 저는 이런 방식이 적합하지 않다는 불편함을 계속해서 느꼈습니다. 제 직감에 따르면 파스칼 언어로 작성하는 편이 바람직해 보입니다.

저는 이 주제에 대해 많은 사람과 오랜 기간 이야기를 나눴고 결국 몇 년 전 『Scientific American』에 소프트웨어 주제로 프로그래밍 언어 관련 기사를 기고했던 래리 테슬러[9]와도 이야기를 나누게 됐습니다. 테슬러는 전문 프로그래머로 애플 리사 컴퓨터로 많은 작업을 했습니다. 테슬러는 저에게 "프로그래머로서 당신은 '이런, 안 돼, 또 다른 프로그램을 작성해야만 해.'라고 혼잣말을 하는 지점에 도달할 거예요."라면서 몇 가지 좋은 조언을 해 주었습니다. 이는 마치 아이디어를 품고서 도로를 질주한 다음, 큰 우회로를 타고 집으로 다시 돌아와야 하는 상황과 같습니다. 프로그래밍은 여전히 흥미로운 활동이지만 일반적으로 제가 실제로 하고 싶은 일은 아닙니다. 이게 제 솔직한 감정입니다.

제가 프로그래밍을 그다지 좋아하지 않는다는 사실을 인식하기까지 제법 시간이 걸렸는데요. 제가 프로그래밍을 좋아하지 않을 거라고는 상상조차 못했기 때문입니다. 하지만 저는 이제는 그렇다고 생각하며 제가 프로그래밍을 좋아하지 않는다고 강하게 이야기할 수 있습니다.

진행자 프로그래밍을 좋아하지 않을지도 모른다는 사실을 알았을 때 느낌이 어땠나요?

김 어떤 면에서는 짜증이 나죠. 모든 사람에게 "자, 저는 사람들이 여기서 혁신적인 뭔가를 하는 모습을 보고 싶어요."라고 말하고 다니기 시작하고요. "상황을 있는 그대로 받아들이지 마세요. 이런 식으로 일할 필요는 없어요."라면서요. 저는 간접적으로 관여하는 게 아니라면 실제로 프로그래밍하기를 훨씬 더 꺼리게 됐습니다. 컴퓨터는 아주 매력적인 기계이며, 한 가지 일을 더 하도록 항상 유혹합니다. 워드 프로세싱 작업을 한다면 마지막 오탈자를 수정하고 싶어집니다. 프로그래밍 작업을 할 땐 마지막 기능을 추가하고 싶어집니다. 언제 작업을 멈춰야 할지 아는 게 중요합니다.

진행자 어떤 일을 할지 그리고 어떻게 그 일을 할지 결정할 때 특별히 영향을 준 사람이 있나요?

김 그러니까 소프트웨어 분야에서 저에게 영향을 준 사람은 세 명입니다. 바로 제프 래스킨, 저와 함께 매킨토시용 인버전스를 작업했던 데이비드 손버그, 테드 넬슨입니다. 세 사람은 정말로 단순함을 믿습니다. 세 사람이 단순하다고 말하면 단순한 겁니다. 예를 들어 5는 여기서 허용되는 가장 큰 숫자입니다.

데이비드 손버그는 단순함에 대해서 가장 명확하게 글을 쓴 사람입니다. 손버그는 《Zero Mass Design》이라는 책을 썼습니다. 이 책에서 그는, 예를 들어 책을 집필하거나 소프트웨어를 제작하거나 계획이 필요한 여러 프로젝트에 착수하는 등 무언가를 작업할 때 아주 단순한 설계에서 시작하라는 내용을 전제로 합니다. 하지만 일을 단순하게 유지하는 것은 생각보다 훨씬 극단적입니다. 너무나도 단순해서 동작조차 하지 않는 설계안으로 시작할 수도 있습니다. 아마도 많은 훈련이 필요할 텐데 그 이유는 실패할 것을 전제로 프로젝트에 뛰어들기 때문입니다. 뭔가 시도해서 실제로 실패해 봐야 얼마나 단순함을 추구할 수 있을지 알 수 있습니다.

데이비드 손버그가 제임스 아담스의 책 《아이디어 대폭발》에서 가져온 사례는 매리너 IV 우주선입니다. 이 우주선은 발사 후 나중에 펼쳐지도록 설계된 거대한 태양열 전지판이 있었습니다. 이 책에서 언급된 바에 따르면, 문제는 전지판이 천천히 펼쳐지게 만들어 망가지지 않도록 하는 메커니즘을 고안하는 것이었습니다. 과학자들은 유압식 장치를 생각했지만 너무 복잡해서 스프링을 시도하는 등 방법을 찾기 위해 모든 수단을 동원했습니다. 발사 일정은 빠르게 다가오고 있었습니다. 과학자들은 무엇을 하려고 했을까요? 앞서 언급된 문제는 전지판이 펼쳐지는 속도를 느리게 만드는 방법을 찾거나 제동을 거는 메커니즘을 찾는 것입니다. 결국 누군가 아무것도 하지 않고 그냥 시도해 보자는 훌륭한 아이디어를 냈고 그렇게 해 봤더니 패널이 흔들리고 떨리긴 했지만 아무것도 망가지지 않았습니다. 가정을 세우고 문제를 진술하면 결론을 얻을 것입니다. 문제를 축소하고 축소하고 또 축소해야 합니다. 아주 단순한 설계에서 시작하면 장점이 많지만 심리적인 우여곡절을 겪을 것이므로 실패할 것을 예상하고 이를 즐겨야만 합니다.

진행자 그렇다면 《Zero Mass Design》을 염두에 두고 생각할 경우, 컴퓨터가 종이와 같다는 생각에 어떻게 도달할 수 있을까요?

김 제 이론의 핵심적인 통찰은 바로 컴퓨터 과학에 이와 같은 추정이 존재한다는 점입니다. 이런 추정은 꽤 미묘해서 눈치채기까지 상당히 오래 걸렸습니다. 사람들이 화면에서 보는 것은 앨런 케이가 말하듯 '사용자의 환상'입니다. 화면은 꽤 충실한 표현이 가능한 매개체이지만, 실제 내용은 화면 너머 컴퓨터 메모리에 존재하는 자료 구조입니다. 실제로 컴퓨터는 사용자가 아니라 이 자료 구조를 보고 있습니다. 이 자료 구조가 화면에 그림을 그리게 만들고, 사용자는 컴퓨터가 그린 그림을 보고 화면 뒤에서 컴퓨터가 무엇을 생각하는지 상상합니다. 맥페인트 시스템은 상당히 멋집니다. 해당 픽셀을 정확히 화면에 표시한 모습을 볼 수 있으므로 어떤 경우에는 환상이 정말 실제에 가깝게 느껴집니다. 잠시 다이어그램을 하나 그려 보죠.

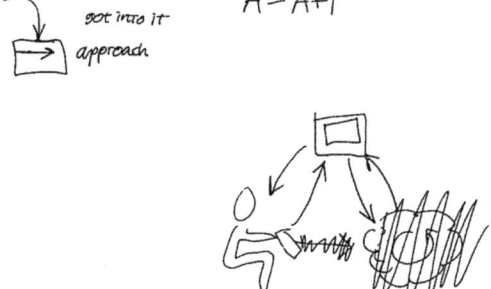

여기 키보드를 입력하는 사용자, 컴퓨터 화면, 메모리가 있습니다. 연결하면 상호 작용을 하는 작은 삼각형이 됩니다. 키보드를 타자하면 정보가 컴퓨터로 들어가서 메모리에 저장된 다음 화면에 그림으로 표시됩니다. 컴퓨터는 바로 여기 메모리에서 생각하지만 화면에서 사용자가 보는 내용은 컴퓨터가 생각하는 바와 다릅니다.

시각적인 프로그래밍이라고 하면 사람들은 모두 프로그래밍의 시각 표현에 관한 것이라고만 생각합니다. 프로그래밍 자체는 동일하지만 시각적 프로그래밍은 상단에 그림을 올려놓습니다. 저는 시각적인 프로그래밍은 단순히 겉치레이며 핵심을 다루지 않는다고 생각합니다. 여기서 끊어진 연결 고리는 컴퓨터와 사용자 사이에 있습니다. 컴퓨터는 화면에서 사용자가 보는 내용을 보지 못합니다. 사용자가 보는 방식과 정확히 동일하게 컴퓨터가 화면을 다뤄야 한다면 상호 작용은 직접적일 것입니다. 저는 컴퓨터가 시각적으로 생각하기를 원하며 이를 수행하기 위한 방법은 사용자가 다루는 내용과 정확히 동일한 내용을 다루는 것입니다.

저는 이런 생각이 너무나도 별난 생각임을 깨닫고, 사람들에게 설명하기 위해 제록스에서 동작하는 예제를 구축해야 했습니다.

진행자 어떻게 모든 것을 화면에 담을 수 있나요?

김 음, 이렇게 하다 보면 확실히 공간이 아주 금세 부족해질 것이므로 현실적으로는 모든 것을 화면에 담을 수는 없습니다. 하지만 지금 시점에서 제가 만들고 있는 건 아주 단순한 프로그램이라서 말 그대로 모든 것을 화면에 담을 수 있습니다.

프로그램을 구매하기 앞서 사용자는 프로그램이 돌아갈 환경을 구축해야 합니다. 제가 구축한 프로그램은 극도로 단순한 텍스트 및 그래픽 편집기였습니다. 일반적으로 맥페인트와 비슷한 범주에 속하지만 훨씬 단순합니다. 맥페인트에서는 일단 단어를 타자하고 나면 이를 편집할 수 없습니다. 재작업을 할 수 없게 되는 이유는 타자했던 단어의 철자가 글자가 아니라 비트로 저장되기 때문입니다.

맥페인트는 그야말로 메모리에 존재하는 비트 배열에 맞춰 화면에 그림을 표현합니다. 편집하려면 반쪽자리 글자일지라도 화면에서 가져와 움직일 필요가 있습니다. 그게 글자였다는 사실을 잊어버리고 단순히 그림으로 취급할 수도 있는데 이게 맥페인트의 멋진 점입니다. 부족한 점은 화면에 표현되는 비트에서 원래 글자로 되돌릴 수 없다는 사실입니다.

진행자 화면에 모든 것을 표현하는 작업이 무엇을 가져올 것이라고 생각하시나요? 이렇게 하면 사용자에게 컴퓨터가 덜 복잡하게 느껴질까요?

김 제가 구축한 시제품은 이런 질문에 답을 주지는 않습니다. 이 시제품은 단순히 그곳에 도착하기 위한 한 걸음에 불과합니다. 저는 계속 '만일 …이라면 어떻게 될까?'라는 질문을 합니다. 만일 모든 것이 화면에 담긴다면 어떻게 될까요? 제 시제품이 정말로 이 질문에 대한 대답이라고는 생각하지 않습니다. 하지만 다시 한번 말하지만 사람들은 가능성이 있다는 생각조차 하지 않고 포기해 버렸습니다.

컴퓨터 프로그래머는 일반적으로 화면에 나타나는 내용이 진짜가 아니라고 가정합니다. 화면에 나타나는 표현과 문서 등은 부수 효과일 뿐입니다. 진짜는 무대 뒤에서 동작하는 프로그램인 알고리즘입니다. 이건 정말 까다로운 문제인데 프로그래밍할 때 이 모든 복잡하고 추상적인 구성 요소를 다룰 수 있다는 사실에 반해 버리기 때문입니다. 프로그래머는 당연히 그렇게 해야 한다고 생각합니다. 저는 그런 생각을 믿지 않습니다. 그래픽 디자인을 다루다 보니 저는 기존 방식을 따를 필요가 없다는 사실을 자각했습니다. 그래픽 디자이너와 이야기할 때 말하지 않고 그림을 보여 주는 이유는 그림이 진짜 내용이고 중요한 핵심이기 때문입니다. 그래픽 디자이너와 만날 때 처음 오가는 이야기는 "좋습니다. 포트폴리오를 보여 주세요."입니다. 중요한 것은 포트폴리오에서 항목으로 파고들어 간 모든 추상적인 개념이 아닙니다. 추상적인 개념은 포트폴리오에 존재하지 않습니다. 중요한 것은 종이에 담긴 내용입니다.

진행자 음악은요? 음악은 결코 음악을 추상적인 기호로 표현하는 데서 벗어나지 않았는데요. 기보법은 결코 사라지지 않을 겁니다. 어떻게 생각하시나요?

김 글쎄요, 대부분의 음악은 기보법을 사용하지 않습니다.[10] 오히려 저는 학술적인 훈련 때문에 음악가로서 자질을 상실했다고 생각합니다. 저는 음악 이론, 기법, 표기법의 엄격함에 갇혀 있습니다. 다른 많은 사람처럼 즉흥적으로 연주할 수 없습니다. 저는 정말로 즉흥 연주를 잘하는 사람들이 부럽습니다. 이런 사람들은 즉흥적으로 연주를 하는 동시에 그 모든 내용에 대해 직접적으로 생각할 수 있습니다.

1950년대 초반, 고수준 프로그래밍 언어의 어머니인 그레이스 호퍼는 사람들이 어셈블리 언어로 프로그램을 작성해서는 안 되며, 더 영어처럼 보이는 언어로 작성해야 한다고 말하곤 했습니다. 사람들은 호퍼에게 컴퓨터는 영어를 이해할 수 없으니 불가능하다고 얘기했죠. 하지만 요점은 그게 아닙니다. 파스칼 프로그래밍 언어는 영어가 아닙니다. 파스칼은 컴퓨터가 이해할 수 있는 것과 사람이 이해할 수 있는 것의 중간 지점에 위치한 절충안입니다.

저는 사람들이 컴퓨터로 작업할 때 그림과 비슷한 도구로 일할 수 있었으면 합니다. 추상적인 표기법에 반대하는 건 아닙니다. 그 대신 저는 단어와 기호를 그림의 특수한 유형으로 포함하고 싶습니다. 이를 위해 컴퓨터는 광학 문자 인식과 같이 화면에 위치한 비트를 글자로 변환할 수 있는 능력이 있어야만 합니다.

진행자 《Inversions》는 그런 아이디어와 어떤 상관이 있었나요?

김 아, 사실 멋진 연결고리가 있습니다. 이 책의 아주 특이한 점은 심각하지 않다는 것입니다. 이 책은 완전히 장난감 같습니다. 저는 노는 것을 좋아합니다. 놀면서 수많은 새로운 아이디어를 얻습니다. 이 책에서 또 다른 특이한 점은 질문입니다. "그림일까요, 아니면 단어일까요?" 같은 질문이죠. 둘은 구분하기 어렵습니다. 그림과 단어 특성이 조금씩 있습니다. 대다수 사람들은 페이지에 찍힌 이런 작은 흑백 그림과 문자를 실제 누군가가 그렸다는 사실을 잊어버립니다. 이 서체의 원본은 다른 사람이 그렸습니다. 글자들은 형태가 있지만 사람들은 이런 사실을 잊어버린 채 뭔가 다르다고 생각합니다. 그리고 사람들이 이런 사실을 잊어버리는 이유는 만들어 내는 방식이 다르기 때문입니다. 서체 작업을 할 때와 그림을 그릴 때에는 아주 다른 도구들을 사용해야 하며, 책 출판 과정의 마지막 부분에 이르러서야 책이라는 큰 틀에서 통합됩니다.

구텐베르크가 활자를 발명하기 전에는 그림과 활자는 하나이며 동일했습니다다. 즉, 둘은 분리할 수 없었습니다. 하지만 활자 발명 이후에 두 가지 분야는 분리되어 갈라졌습니다. 이제 사람들에게 매킨토시가 생겼고 저는 그림과 활자를 다시 하나로 합친 매체를 볼 수 있습니다. 맥페인트에서는 단어와 그림 사이에 구분이 없습니다.

우리가 사용하는 알파벳 문자는 실제로 그림에서 출발했습니다. 문자는 사람이 만든 개체입니다. 어디선가 와서 돌에 새겨진 것이 아닙니다. 문자는 여러 세기에 걸쳐 변화했고 진화해 왔습니다. 음악이든, 언어든, 컴퓨터 언어든, 모든 표기법은 사람이 만들었다는 사실을 인식하는 것이 중요합니다. 이런 표기법은 변경 가능합니다. 선택의 여지가 있습니다. 표기법을 변경할 수 있는 능력은 인류에게 힘을 실어 줍니다.

Programmers at Work

18장

가상 현실 개척자

제이린 리니어

Jaron Lanier

제이린 리니어는 뉴멕시코와 서부 텍사스에서 성장했고, 그의 말에 따르면 '쇼핑몰에서 플루트를 연주하는 산타 크루즈의 히피 같은 생활 방식'을 개척할 작정으로 1981년에 캘리포니아로 이사했다. 하지만 결코 잘되지 않았다. 25살인 리니어는 히피 생활 대신 비주얼 프로그래밍 랭귀지(Visual Programming Languages)라는 자신의 회사를 운영하고 있으며, 우리 대다수가 결코 존재하리라 꿈꿔 보지 못한 제품을 개발하고 있다. 그는 비디오 게임의 사운드를 프로그래밍하면서 컴퓨터 세계에 입문했다. 결국 리니어는 아타리에서 상용 비디오 게임을 개발했다. 그중 가장 성공적인 비디오 게임은 문 더스트이며 1983년 옴니 10대 게임으로 선정됐다. 리니어는 현재 진행 중인 비주얼 프로그래밍 랭귀지 개발 작업이 컴퓨터 업계에 혁신을 불러일으킬 수 있다고 믿는다. 그는 캘리포니아 팔로 알토에 살고 있다.

조금 헤맨 끝에 나는 엘 카미노가에서 살짝 벗어난 비포장도로에서 제이린 리니어의 집을 발견했다. 엘 카미노가는 사람들이 자주 오가는 팔로 알토의 엘 카미노 레알 고속 도로에서 분기된 작은 원형 도로였다. 나는 차도에 주차된 다른 차 몇 대 뒤에 내 차를 주차하고, 흰색에 파란색 테두리를 두른 작은 오두막집 스타일의 집으로 이어진 짧은 길로 들어섰다. 무성한 덤불이 외벽을 장식했는데, 편안하지만 단정하지 못한 분위기에, 누군가 살고 있는 듯한 모양새를 풍겼다. 나는 정문 현관에 멈춰 서서 내부가 어떨지 궁금해하다가 예상치 못한 것을 목격하길 기대하면서 문을 두드렸다.

오래된 악기 수백 개가 방을 채우고 있었고, 그중에서 다수는 이국적인 분위기를 자아냈다. 커피 테이블 위에는 다양한 크기의 플루트와 피리가 놓여 있었고, 대부분 대나무로 만들어져 있었다. 만돌린을 비롯해 다양한 류트 악기가 벽에 걸려 있었다. 내 맞은편 벽에는 바틱 천이 걸려 있었다. 그런데 벽 중앙에 위치하지도 않았고 똑바로 걸려 있지도 않았다. 한쪽 구석에 업라이트 피아노가 놓여 있었는데 상판이 열려 있어서 피아노 현이 노출되어 있었다. 인접한 벽에는 야마하 신시사이저가 있었고, 신시사이저 옆에 매킨토시 컴퓨터가 있었다. 신시사이저와 매킨토시는 이 방에서 가장 현대적인 악기들이었다. 내가 앉은 바로 맞은편에는 책장이 있었고, 불교부터 스몰토크에 이르기까지 광범위한 주제의 책으로 가득 차 있었다.

리니어는 샌들을 신었고, 로얄 블루 반소매 셔츠를 입고 있었는데, 칼라 단추는 풀려 있었고, 셔츠 자락은 바지 밖으로 나와 있었다. 곱슬곱슬한 연갈색 머리, 턱수염 그리고 크고 초롱초롱한 개암색 눈의 리니어는 크고 건장한 청년이었다. 그는 활짝 웃으며 생기 넘치는 흥분된 목소리로 나를 맞이했고 내가 앉은 소파 침대 바로 옆 의자에 앉았다. 우리는 잠시 동안 이야기를 나눴는데 나는 리니어가 자유롭게 사고하고 온갖 아이디어와 엉뚱한 생각으로 항상 가득 차 있는 예측 불가능한 사람이라는 인상을 강하게 받았다. 내가 악기를 가리키며 그의 확고한 음악 사랑에 대해 언급하자, 리니어는 자신이 주간 악기 클럽 회원이었다고 재치 있게 말했다.

인터뷰 내내 리니어는 업계 사람 대다수가 상상하지 못했던 수수께끼와 색다른 미래를 컴퓨터에 주입하려는 듯했다. 리니어는 "만일 컴퓨터가 사람이 현실과 사물을 인식하는 방식에 영향을 준다면 어떻게 될까요?"라는 질문을 던졌다.

> 2000년대 들어서는 SGI 객원 연구원, 마이크로소프트 리서치 학제간 과학자로 일했다. 그 외에도 작곡가, 저술가로 다양한 작품을 발표하고 있다.

진행자 지금 프로그래밍 언어로 무엇을 하시고 있나요?

리니어 음, 기본적으로 저는 훨씬 사용하기 쉬운 프로그래밍 언어를 연구하고 있습니다.

진행자 기호와 그래픽을 사용하기 때문에 더 쉬운가요?

리니어 텍스트도 필요합니다. 그래픽만 있는 게 아닙니다. 일반적인 언어로 컴퓨터에 무엇을 해야 하는지 말하면 컴퓨터는 그 일을 수행합니다. 표면적으로는 이런 설명이 완벽하게 합리적으로 들립니다. 그러나 컴퓨터를 위한 지침(프로그램)을 작성하기 위해 거대하고 정교한 구조를 머릿속에서 시뮬레이션해야 합니다. 이 거대한 정신적 시뮬레이션에 결함이 있을 때마다 프로그램 내에 버그가 나타납니다. 사람들이 이처럼 거대한 구조를 시뮬레이션하기란 어렵습니다. 지금 제가 하고 있는 일은 컴퓨터 안에서 일어나는 일을 매우 시각적이고 구체적인 모델로 만드는 것입니다. 이런 방식으로 프로그램을 만들면서 바로 확인할 수 있습니다. 시각적인 형태로 직접 만들 수 있으며 원하는 시점에 변경할 수도 있습니다. 더 이상 머릿속에서 프로그램을 시뮬레이션할 필요가 없을 것입니다.

진행자 이런 특별한 프로그래밍 언어를 만들겠다는 영감을 어디서 얻으셨나요?

리니어 비디오 게임을 할 때 저는 프로그램이 여러 가지가 될 수 있다는 사실을 깨달았습니다. 프로그램은 표현의 형태가 될 수도 있고 교육 도구가 될 수도 있습니다. 그리고 저는 평범한 사람들도 프로그램을 만들 수 있어야 하며, 해커들만 프로그램을 작성할 수 있는 독점적인 능력을 가져서는 안 된다고 생각했습니다. 사람들끼리 서로 의사소통하듯이 누구나 프로그램으로 의사소통하고 프로그램을 자연스럽게 사용할 수 있어야 합니다. 컴퓨터 내부에 작은 세상을 만드는 것은 아침에 친구들과 인사를 나누듯이 쉬워야 합니다. 저는 정말 우리가 그 정도 수준에 이르리라고 믿으며, 프로그래밍 언어가 매우 심오한 형태의 의사소통 수단이 될 것이라고 생각합니다.

진행자 미래에는 프로그램을 통해 사람들이 서로 의사소통할 수 있다는 뜻인가요?

리니어 물론입니다. 우리가 동굴에 사는 원시인인데 누군가가 다가와 우리에게 '언어'라는 것이 있어서 말할 수 있다고 알려 주는 모습을 상상해 보죠. 원시인이 그에게 "그건 뭐에 쓰는 거야?"라고 묻겠죠. 우리는 오늘날 비슷한 상황에 처해 있습니다. 우리는 말을 하면 우리 마음속에 의미가 떠오르는, 단어라고 부르는 기호를 사용합니다. 하지만 단순히 이름을 붙이는 대신 실제로 개념의 완전한 모델을 구축할 수 있는 능력이 저에게는 더욱 흥미롭습니다. 예를 들어 우리는 "태양계"라고 말할 수 있고 "행성은 돈다."라고 말할 수 있으며 이를 설명할 수 있습니다. 하지만 컴퓨터를 사용하면 자신이 말하는 개념을 시뮬레이션으로 실제로 만들 수 있습니다. 저는 단순히 개념에 이름을 부여하는 방식과는 반대로, 모델을 만드는 능력이 컴퓨터가 인류를 위해 할 수 있는 가장 가치 있는 공헌이라고 생각합니다. 결국 지금은 거의 소통할 수 없는 아이디어라도 컴퓨터를 이용하면 결국 소통할 수 있게 될 것입니다.

진행자 만드는 제품에 어느 정도 진전이 있었나요?

리니어 네, 훌륭합니다. 우리는 하드웨어 영역에서 가장 큰 곤란을 겪고 있습니다. 지금 직면한 컴퓨터 세계의 주요 문제 중 하나는 특정 컴퓨터로 작업을 시작했는데 프로젝트를 끝낼 무렵이면 이 컴퓨터가 더는 우리 주변에 존재하지 않는다는 사실입니다. 이 문제 때문에 개발이 지연되고 있습니다. 우리가 만들고 있는 제품의 전문적이고 완전한 버전은 향후 몇 년 동안은 세상에 선보이지 못할 것입니다. 하지만 우리 제품이 출시되면 정말로 프로그래밍에 대한 사람들의 생각이 바뀔 것입니다. 모든 사람이 프로그래밍을 하게 될 것입니다. 농담이 아닙니다. 프로그래밍 작업이 즐거워질 것이기 때문에 모두가 프로그래밍을 좋아할 것입니다.

진행자 대중을 겨냥하고 있나요? 오늘날 사용되는 프로그래밍 언어를 대체하려고 하시나요?

리니어 터보 파스칼이 50만 개나 팔렸는데도 어떤 프로그래밍 언어도 여전히 대중에게 다가가지 못하고 있습니다. 대중을 위한 시장은 거의 없습니다. 그래서 저는 프로그래밍 언어가 이전에는 결코 도달하지 못했던 대중을 목표로 삼고 있습니다. 그러나 저는 또한 프로그래밍 언어를 이미 사용하는 사람들도 목표로 하고 있습니다. 제 언어의 특징 중 하나는 다소 카멜레온 같은 형태를 띠고 있다는 점입니다. 아직 기술적으로 많은 내용을 설명할 수는 없습니다. 제 언어는 전통적인 언어를 흉내 낼 수도 있는데, 예를 들어 C 언어에 익숙한 사람들을 위해 C 형태의 외형을 따라갈 수 있습니다. 제 언어는 매우 우아할 것입니다.

사람들은 급격한 변화 없이 제 언어에 점진적으로 적응할 수 있을 것입니다.

진행자 그렇다면 지금 그 언어에 대해 기술적으로 설명하지 못하는 이유는 무엇인가요?

리니어 관련된 회사가 많고 알다시피 통상 영업 비밀이라는 커다란 장벽이 있기 때문입니다.

진행자 비주얼 프로그래밍 랭귀지라는 회사를 어떻게 시작하게 됐나요?

리니어 아, 그러니까 솔직하게 이야기하자면 정말 그냥 시작하게 됐습니다. 저는 언어 관련 일을 하고 있었는데, 많은 사람이 크게 지지해 주었습니다. 돈이 바닥나는 지경에 이르렀을 때 사람들이 "투자하겠습니다."라고 말했습니다. 그리고 '짠' 하고 회사가 생겼습니다.

진행자 처음에 프로그래밍을 하게 된 계기는 무엇인가요?

리니어 워드 프로세서를 사용하는 사람을 본 적이 있었는데, '정말 놀랍군. 저걸 음악에 사용할 수 있다면 정말 멋질 거야!'라고 생각했습니다. 5~6년 전 일이었고 저는 그 당시 작곡가였습니다. 좋은 아이디어라고 생각했지만 만들지는 않았습니다. 좀 더 일반적이면서 강력한 도구를 만들기 위해 미뤘습니다. 지금 만들고 있는 도구를 활용하면 음악을 하기 위한 워드 프로세서를 구축하거나 수백 가지 다른 도구를 만드는 일이 훨씬 쉬워질 것입니다.

진행자 학교에서 프로그래밍을 공부하셨나요?

리니어 아니요, 학교 공부는 의미가 없다고 생각합니다. 저는 컴퓨터 개념에 더 관심이 있었습니다. 그래서 컴퓨터를 발명한 많은 사람의 발자취를 추적하기 시작했습니다. 어떤 사람들은 여전히 살아 있었고 심지어 연락도 가능했습니다. 바로 전화를 걸 수도 있습니다. 저는 선구자들이 컴퓨터에 대해 옛날에 어떻게 생각했는지 배웠습니다. 초창기에 컴퓨터가 어떤 모양일지 생각한 사람은 아무도 없었습니다. 처음에 사람들은 대부분 수학적인 방식으로 다양한 은유를 활용해 컴퓨터를 상상했습니다. 저는 전반적인 컴퓨터 개발 과정이 뜬금없다는 인상을 받았습니다. 컴퓨터를 발명한 사람들을 경시하려는 말은 아닙니다. 선구자들이 훌륭하고 멋진 일을 해냈기 때문입니다. 하지만 미래를 보는 것이 불가능했을 뿐입니다. 오늘날 우리는 원래 컴퓨터에서 의도하지 않은 작업을 수행하는 데 컴퓨터를 사용하고 있습니다. 제 말을 요약하자면, 프로그래밍 언어가 무엇인지에 대한 아이디어는, 단어를 처리하기 위해 이를 사용하는 것과 크게 관계가 없습니다. 프로그래밍 언어는 수학적으로 생각하는 사람들이 고안했고, 워드 프로세서는 사업과 사무에 대해 생각하는 사람들이 고안했습니다. 완전히 별개의 세상입니다. 같은 아이디어를 사람마다 다양한 방식으로 바라봅니다.

진행자 기존 아이디어가 현실이 되는 과정에서 변화를 겪었다는 말씀이신가요?

러니어 어디 보자, 제가 하는 일은 1950년대로 거슬러 올라갑니다. 저는 그 당시로 되돌아가 다른 사람들이 선택하지 않은 길을 개척하려고 합니다. 오늘날 컴퓨터에 지시를 내리는 방식은 프로그래밍을 하는 사람마다 다릅니다. 제 프로그래밍 언어는 그렇지 않습니다. 제 프로그래밍 언어로는 프로그램이 무엇을 하는지 실제로 볼 수 있고, 올바르게 동작할 때까지 이리저리 건드려 볼 수 있습니다. 이는 정말로 색다른 프로그래밍 과정입니다.

예를 들어 케이크 같은 것을 만드는 조리법이 있다고 가정합시다. 현재의 프로그래밍은 여기에 비유할 수 있습니다. 반면 자동차 엔진 튜닝을 생각해 보죠. 엔진이 돌아가는 모습을 지켜보고 무슨 일이 일어나는지 살펴보고 원하는 방식대로 동작할 때까지 변경합니다. 제 프로그래밍 언어는 조리법보다는 엔진 튜닝과 훨씬 더 비슷합니다.

진행자 오늘날 사람들이 프로그래밍하는 방식에는 창의성이 많지 않다는 말씀이신가요?

러니어 아니요, 사람들이 프로그래밍하는 방식은 훌륭합니다. 제 주변에는 훌륭한 프로그래머가 많습니다. 다만 저는 프로그래머들이 사용하는 언어가 어색하다고 말하고 있습니다. 프로그래밍 언어들은 제 기능을 못하고 있습니다. 특히 흥미로운 프로그램을 만들어야 하는 사람들이 그렇게 하지 못하고 있습니다. 언어가 너무 어려워서 심지어 프로그래밍을 고려조차 못하기 때문입니다. 제가 만든 프로그래밍 언어를 사용하면 과학과 수학은 물론 역사, 철학, 정치, 심리학 등 어떤 분야든 자신의 생각을 전달하려고 노력하는 사람들은 스스로 프로그램을 만들 수 있게 될 것입니다.

진행자 특히 존경하는 프로그래머는 누구인가요?

리니어 아, 정말 훌륭한 사람들이 많습니다. 오늘 아침에는 댄 잉걸스와 이야기를 나눴습니다. 잉걸스는 초기 스몰토크 그룹의 일원입니다. 그는 매우 영감을 주는 사람입니다. 그리고 더글러스 엥겔바트처럼 컴퓨터를 발명한 세대의 사람들도 정말 훌륭합니다. 엥겔바트는 무엇보다도 마우스와 윈도 인터페이스를 고안했으며, 이 두 가지 기술은 제록스와 매킨토시의 기반이 됐습니다. 그는 아직도 근처에 있습니다. 멘로 파크에 삽니다. 마빈 민스키도 있네요. 민스키는 인공 지능을 연구했는데요. 저에게 영감을 주는 사람입니다.

진행자 인공 지능에 대해 어떻게 생각하시나요?

리니어 저는 인공 지능이라는 용어가 이상하다고 생각합니다. 인공 지능이라고 부르는 기술이 저에게는 상당히 낯섭니다. 사람들은 의식과 행동을 연관 짓고 있습니다. 즉, 의식을 특정 과업을 완료할 수 있는, 눈에 보이는 능력과 연결합니다. 하지만 저는 의식과 행동이 전혀 연결되어 있다고 보지 않습니다. 프로그래밍으로 동작을 지시한 그대로 컴퓨터가 따르게 만들 수 있는 것은 명백해 보입니다. 몇몇 프로그램은 너무나도 복잡해서 지능이라고 부르기를 원할지도 모르지만 저에게는 의미 없는 용어입니다. MIT에서 연구원들이 하고 있는 일은 정말 흥미로운데, 프로그램을 가르쳐 특정 그림을 인식하게 만들었습니다. 하지만 모든 전문가 시스템은 가짜입니다. 인공 지능이라고 부르는 많은 상용 제품에는 알맹이가 없습니다. 인공 지능은 사람마다 다르게 해석합니다.

진행자 자신의 언어가 상업적으로 사용될 거라고 생각하시나요?

리니어 물론입니다. 제가 만든 언어는 상업적으로 큰 영향을 미칠 것입니다. 제가 만든 언어 덕분에 소프트웨어 개발이 훨씬 빨라지고 결과적으로 더 저렴해질 것입니다. 또한 사람들이 소프트웨어를 선택하는 방식과 설계하는 방식을 완전히 바꿀 것입니다. 이런 기술은 너무나도 새로워서 동작 관점에서만 보면 이런 유형의 소프트웨어를 지금 당장이라도 판매할 수 있습니다. 장차 소프트웨어 표준은 수준이 훨씬 높아질 것입니다. 개발자들은 "당연히 가능하고 제가 직접 구현할 수 있습니다."라고 말할 것입니다. 그리고 "이런 제품을 개발하면 제가 기분이 좋아질까요? 이런 제품 개발이 제가 원하는 방식대로 사고하는 데 도움이 될까요? 이런 제품 개발이 어떤 점에서 제가 작성하는 방식과 일치할까요?"라고 질문할 것입니다. 저는 컴퓨터 프로그래밍을 평가할 때 조만간 동작 유무라는 기초적인 특성보다 품질과 미학적인 내용을 더 많이 따지게 될 것으로 생각합니다.

진행자 자신의 시각적 프로그래밍 언어가 아름다워 보이나요? 정확히 어떻게 생겼나요?

리니어 프로그래밍에서 미학은 무엇에 관한 것일까요? 아마 그건 프로그램에 따라 다를 겁니다. 미학이 매우 중요한 프로그램 중 하나는 편집기인데, 텍스트를 만드는 과정에 도움을 줍니다. 맥페인트와 같은 그래픽 프로그램은 그림을 그리는 데 도움을 줍니다. 그리고 음악을 만드는 데 도움을 주는 프로그램도 있습니다. 이제 작업을 할 때 이런 프로그램을 관찰하면, 사용자가 이런 프로그램으로 무엇을 할지 정해진 가정이 있음을 눈치챌 것입니다. 워드 프로세서는 기능이 그렇게 나쁘지 않은데, 기본적으로 올바른 순서에 맞춰 단어를 적기만 하면 되기 때문입니다. 하지만 그림이나 음악의 경우에는 실제로 제약 사항이 눈에 띄기 시작할 것입니다. 예를 들어 맥페인트는 이미지를 회전시키는 기능을 제공하지 않습니다. 원래부터 그런 기능이 없기 때문입니다. 게다가 프로그램에 구체적인 능력이 없는 것은 아니지만, 프로그램이 아이디어를 제시하는 방식이 자신이 생각하는 방식과 일치하지 않기도 합니다. 어떤 사람들은 화면에 표시되는 선이나 선의 품질 측면에서 생각하지 않을 수도 있고, 형태와 색조의 관점에서 생각하지 않을지도 모릅니다. 완전한 워드 프로세서나 그래픽 프로그램이 딱 한 가지만 존재하지 않을 것이며, 사람들은 곧 자신이 일하는 방식에 딱 맞는 프로그램을 찾을 것입니다. '이 프로그램이 내가 생각하는 방식과 일치하는가?', '이 프로그램이 내가 무언가 하고 싶을 때 잘 따라오는가?' 이런 질문들도 프로그램의 미학을 결정한다고 생각합니다.

미학의 또 다른 유형은 프로그램이 사용자에게 뭔가를 표현하는 방식에서 찾을 수 있습니다. 제가 앞서 언급한 태양계 시뮬레이션을 예로 들어 보죠. 이런 교육적인 소프트웨어에서는 쟁점이 달라집니다. '프로그램이 주제를 얼마나 잘 설명하는가?' '얼마나 이해하기 쉽게 전달하는가?' '단순히 같은 주제를 다루는 영화를 볼 때와는 다른 통찰을 얻을 수 있도록 프로그램과 상호 작용할 수 있는가?' 하는 것들이죠. 미래에는 더 많은 유형의 미학이 존재할 것입니다. 이는 예측하기 무척 어렵습니다. 영화 시작 무렵에는 영화가 어떻게 전개될지에 대한 힌트가 아직 주어지지 않습니다. 컴퓨터는 이제 막 시작했고 우리에게는 미래가 어떻게 펼쳐질지에 대한 티끌만 한 아이디어도 없습니다.

진행자 새로운 프로그래밍 언어를 개발할 때 사전에 모든 것을 계획하시나요, 아니면 진행하면서 계획하시나요?

리니어 실제로 시작하기 전에 전개될 방향을 조금은 알고 있었습니다. 저는 더 작은 컴퓨터에서 언어의 일부 버전을 작업해서 완벽한 버전으로 이행하는 중이었습니다.

진행자 악기가 상당히 많아 보이는데 어떤 악기를 가장 좋아하시나요?

리니어 잘 모르겠습니다. 매주 바뀝니다. 저는 주간 악기 클럽 회원입니다. 매주 전 세계 다양한 국가의 재미있는 악기들을 우편으로 받습니다. 실제로 악기는 컴퓨터와 관련이 많습니다. 악기는 사용자 인터페이스와 관련해 세상에서 가장 좋은 예제 중 하나입니다. 악기 공부는 저에게 큰 자극이 됩니다.

진행자 음악 분야에 컴퓨터를 어떻게 사용할 수 있나요?

리니어 예를 들어 저에게는 캐논 편집기를 만드는 프로그램이 있습니다. 캐논은 사람들이 같은 멜로디를 노래하거나 연주하지만, 서로 다른 시점에 시작해서 어우러지는 돌림 노래와 같습니다. 이 프로그램을 사용해서 한 곳에 음표를 입력하면 프로그램이 나머지를 채워 줍니다. 캐논이 어떻게 하나로 합쳐지는지 즉시 들어 볼 수 있습니다. 일반적으로 캐논은 작곡하기 아주 어렵지만, 이 프로그램을 사용하면 훨씬 쉽게 작곡할 수 있습니다.

진행자 점점 더 많은 사람이 컴퓨터의 도움을 받아 작곡할 것이라고 생각하시나요?

리니어 그럴지도 모르겠습니다. 저는 그렇게 되기를 바랍니다. 결론적으로 음악은 이미 상당히 쉽게 만들 수 있습니다. 정말로 동기의 문제가 아닐까 싶습니다. 전문 작곡가에게 컴퓨터는 당연히 훌륭한 도구입니다. 작곡가들은 여러 연주자가 서로 다른 부분을 연주할 수 있도록 음악을 복사해야 하므로 컴퓨터는 작곡가들에게 훌륭한 도구가 됩니다. 요즘 대중음악은 기본적으로 듣기만 하면 되지만, 점점 더 많은 음악이 사람들과 상호 작용하는 방식으로 등장할 것이라고 생각합니다. 실제로 음악, 다른 사람, 춤과 상호 작용하게 될 것입니다. 조만간 많은 사례를 목격할 것이라고 생각합니다.

진행자 프로그래밍 언어를 개발하는 데 작곡을 배경지식으로 적용한 적이 있나요?

리니어 컴퓨터와 수학에 뛰어든 많은 사람이 음악으로도 뛰어듭니다. 자체 표기법이 존재하는 음악은 꽤 정교한 표기법을 갖추고 있는 프로그래밍 언어와 비슷합니다. 하지만 한 걸음 더 나아가 악기 자체도 제가 프로그램으로 시도하는 바와 상당히 비슷합니다. 제가 만든 언어를 사용하면 무엇을 할지 사전에 명세하고 제대로 돌아가길 바라는 대신 동작 중에 프로그램과 상호 작용할 수 있습니다. 이는 악보를 살펴보는 행위보다는 악기를 연주하는 행위에 가깝습니다.

진행자 프로그래밍을 예술, 과학, 기량, 숙련 중에 무엇으로 생각하시나요?

리니어 글쎄요, 컴퓨터는 자체만으로는 어떤 특질도 포함하지 않습니다. 컴퓨터는 완전히 비어 있는 물건이며 백지 상태입니다. 컴퓨터는 의식이 비어 있어서 인간 활동의 어떤 분야보다도 훨씬, 관여된 사람에게 전적으로 의존합니다. 이게 바로 제가 언어를 설계할 때 수많은 다양한 형태를 받아들일 수 있도록 한 이유입니다. 다양한 사람의 요구를 충족시키려면 그렇게 구성되어야 할 것입니다. 저는 프로그래밍을 다른 무엇보다도 예술로 취급합니다. 지난주에 피터 도이치와 텔레비전 프로그램에서 이야기를 나눴는데, 그는 프로그램을 기예라고 말했습니다. 수학이라고 생각하는 사람들도 있습니다. 사람마다 의견이 다릅니다.

진행자 항상 컴퓨터나 프로그램과 작업하다 보면 질리지 않나요?

리니어 아, 당연합니다. 특히 오늘과 같은 날이 그렇습니다. 컴퓨터는 작업하기 매우 답답한 기계이며, 프로그래밍은 저를 미치게 만들기도 합니다. 정말 질립니다.

진행자 시간을 정해 놓고 일하시나요?

리니어 답을 아시겠지만 작업 시간은 상당히 불규칙합니다. 특히 회사에 있는 날이 더 그렇습니다. 작업에 집중하기 위해 한밤중에 일하는 경향이 있습니다.

진행자 언어 설계 이외에 다른 일도 하시나요?

리니어 아, 언어 설계가 전부입니다. 제 언어의 특정 부분을 다양한 분야에 적용하려고 시도하고 있습니다. 예를 들어 그중 한 부분은 의학에 적용하는 것인데, 지역 병원을 위해 몇 가지 프로젝트를 진행하고 있습니다.

이 언어를 개발하다 보면 어떤 면에서는 좌절감이 듭니다. 그래서 회사를 운영하기 위해 제 시간을 나눠 쓰지 않고, 언어 개발에만 하루 24시간을 쓰고 싶습니다. 그래도 프로그래밍 작업 자체는 아주 좋습니다. 프로그래밍은 정말 재미있습니다. 개선이 있을 때마다 눈에 보입니다. 화면에 바로 나옵니다. 이 같은 종류의 진전은 매우 만족스럽습니다.

진행자 어떤 종류의 게임 개발에 참여하셨나요?

리니어 저는 다양한 사람의 게임에 쓰일 음악을 만들었습니다. 제가 만든 음악이 나오는 일렉트로닉 아츠의 프로그램이 몇 개 있습니다. 제가 만든 것 중 가장 성공한 게임은 문 더스트입니다. 1983년 옴니 10대 게임으로 선정됐고 1년 동안 제 생계를 뒷받침했습니다. 문 더스트는 아주 추상적이고 실험적인 게임이어서 성공했을 때 더욱 기뻤습니다. 음악과 함께 작은 우주선이 반짝이며 날아다니는데 흔적이 점점 희미해집니다. 우주선을 움직이면 음악에 영향을 주는데, 연주하면서 틀린 음은 피하도록 노력해야 합니다. 문 더스트에는 어느 누구도 주의를 기울이지 않는 점수 시스템이 있었습니다. 저는 사람들이 단지 재미있는 음악을 연주하면서 화면 속에서 게임하는 것을 좋아했다고 생각합니다.

진행자 컴퓨터의 미래에 대해 어떻게 생각하시나요?

리니어 요즘 나오는 컴퓨터를 보면 어이가 없습니다. 사람들을 위해 하는 일이 거의 없습니다. 가까운 장래에 시장에서 지루한 싸움이 일어날 것입니다. 컴퓨터가 아직 완비되지 않은 큰 회사들에 모두가 집중하게 될 것입니다. 하지만 앞으로 몇 년 이내에 컴퓨터 세상을 완전히 바꿀 소프트웨어와 하드웨어 개발이 이루어질 것입니다. 모든 사람이 놀랄 것입니다. 아주 흥미로운 세상이 될 것입니다.

컴퓨터 세계의 전체 구조는 컴퓨터와 프로그램이 만들기 어렵다는 가정에 기반합니다. 이게 바로 로터스와 같은 프로그램 회사가 그렇게 거대한 조직이 될 수 있었으며, 결국 적절한 프로그램이 나와 엄청난 인기를 얻게 된 이유입니다. 미래에는 아주 좋은 프로그램이 많아질 것이며, 누구나 프로그램을 만들 수 있을 것입니다.

진행자 미래에는 개인이 자신의 프로그램을 직접 작성할 것이라는 말씀인가요?

리니어 음, 물론 대다수는 아니더라도 많은 사람이 그렇게 할 것입니다. 오늘날의 책과 비슷해진다고 볼 수 있습니다. 모든 사람이 기본적으로 읽고 쓸 수 있지만 책을 집필하는 사람과 그렇지 않은 사람의 차이점은 책을 쓸 수 있는 능력이 있느냐의 문제가 아니라 추진력, 열정, 비즈니스 감각이 있느냐의 문제입니다. 프로그램 작성도 같은 길을 따르게 될 것입니다.

또한 누군가 MS-DOS 표준을 따르지 않는 새로운 컴퓨터를 발표하고 싶다면, 그렇게 하기를 두려워하지 않을 것입니다. 다양한 표준을 위한 소프트웨어 기반이 훨씬 쉽게 다져질 것이기 때문입니다. 오늘날 사람들은 특정 소프트웨어를 실행할 목적으로 특정 컴퓨터를 만들고 있지만 미래에는 완전히 반대가 될 것입니다. 소프트웨어 제작이 쉬워지면 호환성은 중요하지 않게 됩니다. 클라리넷에서 바이올린으로 편곡하는 경우와 같을 것입니다. 여기저기서 작은 내용을 바꿔야 하지만, 그렇게 큰 문제가 되지는 않을 겁니다.

진행자 컴퓨터가 더욱 창의적인 도구가 되는 동시에 비즈니스 중심에서는 멀어진다고 보시나요?

리니어 실제로 컴퓨터처럼 비즈니스 세계는 전적으로 사람이 창조합니다. 신이 강림해서 "여기 회사가 있을 것이고 이사회가 구성될 것이다."라고 말하지 않았습니다. 바로 우리가 비즈니스 세계를 만들었습니다. 비즈니스는 매우 의식적인 결과물입니다. 비즈니스는 아주 천천히 바뀌므로 미래에 비즈니스에서 어떤 일이 벌어질지 말하기는 어렵습니다. 비즈니스가 반드시 합리적일 필요도 없을 것입니다. 비즈니스를 하는 많은 사람이 여전히 메인 프레임에서 코볼 프로그램을 사용한다는 사실을 아시나요? 전혀 납득이 안 되는데도 말입니다. 여기 대해 뭐라고 논평할 수 있겠습니까?

전반적으로 저는 컴퓨터가 점점 더 창의적인 목적과 비즈니스적인 목적에 사용될 것이라고 생각합니다. 지금 당장은 컴퓨터가 사람을 위해 그렇게 많은 일을 하지는 않습니다. 워드 프로세싱은 타자보다 다소 더 뛰어나며, 데이터베이스는 특히 대기업에서 상당히 잘 동작합니다. 문제는 소프트웨어 작성이 너무 어렵다는 것입니다. 끊임없이 진화해서 소프트웨어가 점점 더 좋아지는 게 아니라, 특정 소프트웨어가 어떤 적정 수준에 도달하면 발전이 그냥 멈춰 버리는 상황입니다. 사람들은 동작하는 소프트웨어를 확보하는 것만으로도 매우 기뻐합니다.

진행자 궁극적으로 프로그래밍 언어가 영어 같은 구어 또는 문어를 대체할 것으로 생각하시나요?

리니어 전혀 그렇지 않습니다. 프로그래밍 언어가 영어를 결코 대체하지는 않을 것 같습니다. 영어를 기반으로 쌓아 온 내용이 상당히 많기 때문입니다. 셰익스피어도 있고 우리가 구사하는 표현들도 있고…

진행자 그렇다면 상형 문자는 어떤가요? 상형 문자는 소멸됐는데요.

리니어 그렇게 된 이유는 상형 문자를 사용하던 모든 사람이 죽었기 때문입니다. 하지만 그런 사람들이 여전히 살아 있더라도 아마 상형 문자의 후손을 사용했을 겁니다. 저는 컴퓨터가 새로운 형태의 표현 어구를 제공할 것이며, 사람들은 영어와 컴퓨터가 각기 서로 다른 분야에서 표현력이 좋은 언어라는 사실을 인식하게 될 것입니다. 오늘날 몇몇 분야에서는 영어 사용이 늘어나고 있습니다. 철학, 경제학, 정치학에서 아이디어를 논할 때 사람들은 서로가 무슨 말을 하는지 거의 전혀 이해 못할 때가 있습니다. 컴퓨터를 사용하면 실제로 아이디어, 개념, 심지어 사고방식을 망라하는 전체 상호 작용 시스템의 모델을 구축할 수 있습니다. 이런 아이디어와 개념은 컴퓨터에서 구축된 모델로 훨씬 잘 표현할 수 있을 것입니다. 영어는 묘사에 강하고 컴퓨터는 모델링에 강합니다. 미래에는 둘이 섞여서 각각은 우리 소통 수단의 일부가 될 것입니다. 영어와 컴퓨터가 합쳐져서 의사소통 방식을 개선할 것입니다. 사람들이 의사소통할 때마다 영어와 컴퓨터가 서로 공감할 수 있는 더 나은 기회를 제공할 것입니다.

진행자 앨런 케이의 다이나북 개념이 현실이 될 것이라고 생각하시나요?

리니어 지나가는 단계로서만 그렇습니다. 다이나북은 아주 빠르게 아마도 10년 안에 스쳐 지나갈 개념입니다.

진행자 **스쳐 지나면서 어디로 갈까요?**

리니어 글쎄요, 여기서 말씀드릴 수 있지만 믿기 어려울 겁니다. 어디 봅시다. 지금은 컴퓨터와의 상호 작용이 화면에 국한됩니다. 사람이 사물을 인식하는 방식에 컴퓨터가 영향을 미친다면 어떻게 될까요? 실제 물리적인 세계를 변경하지 않고 기본적으로 사람 주변에 삼차원 개체를 만듭니다. 삼차원 개체는 실제로 거기 있지 않지만 사람들이 볼 수 있고 경험을 공유할 수도 있습니다. 우리 일상 생활에는 컴퓨터가 생성한 이미지가 포함될 것입니다. 이게 바로 우리가 작업하고 있는 기술입니다. 그리고 불행히도 저는 이제 세부 사항을 더 이상 자세히 설명할 수 없습니다. 제 말이 완전히 바보처럼 들린다는 사실도 알고 있지만 정말로 일어날 것입니다.

진행자 **컴퓨터가 여기 정말로 존재하지 않는 개체를 생성한다는 말인가요? 인지 모델 같은 것인가요?**

리니어 매우 혼란스럽게 들린다는 건 압니다. 잘 통제된 환각이라고 해 둡시다. 사실 그렇게 이상한 것은 아닙니다. 매우 간단할 것입니다. 이미지를 생성하는 과정에 도움을 줄 특수 안경을 쓴다는 것은 말씀해 드릴 수 있습니다.[1] 그리고 사람들은 이런 이미지를 공유하고 무선으로 이야기를 나눌 수 있게 됩니다.

진행자 **그렇다면 컴퓨터 옆에 프린터를 두는 대신 일종의 이미지 생성기를 놓게 되는 것인가요?**

리니어 예, 그렇습니다. 지난주 일요 신문에 해커가 다양한 형태로 바뀌는 모습을 그린 시사 만화가 실렸습니다. 그 만화를 보셨나요? 놀랄 만큼 제대로 짚었습니다. 저는 궁극적으로 컴퓨터가 우리를 위해 추가적인 현실을 생성할 것이라고 생각합니다. 그리고 컴퓨터는 물리적인 세계를 손상시키지 않고 실제 세계를 인식하는 과정에 실제로 도움을 주는 방식으로 이런 작업을 수행할 것입니다.

진행자 **유전학이 컴퓨터와 합쳐질 것이라고 보시나요?**

리니어 그럴지도 모르겠습니다. 광학 컴퓨터가 있을지도, 화학 컴퓨터가 있을지도 모릅니다. 우리 두뇌의 전부는 아니더라도 일부가 컴퓨터인 생물학 컴퓨터가 분명히 나올 겁니다. 이는 하드웨어적인 질문입니다. 컴퓨터의 실제 기술이 동작하게 하려면 어떻게 해야 할까요? 하지만 저에게 이보다 더 중요한 다른 질문이 하나 있습니다. 어떤 문화를 만들어야 이런 기술을 실제로 사용할 수 있을까요? 알다시피 기술적인 질문은 기본적으로 공학적인 질문입니다. 다이나북을 만들고 싶다면 누군가 만드는 방법을 알아낼 것입니다. 효소나 혹시 모를 다른 말도 안 되는 뭔가에 기초해 집적도가 매우 높은 메모리를 만들고 싶다면 누군가 그 방법을 고안해 낼 것입니다. 하지만 문화에 관해서라면 정말로 이를 창안해야만 합니다. 즉, 완전한 무에서 완전히 새로운 세상을 창조해야 합니다. 다이나북이 있다면 다이나북으로 무엇을 할까요? 세상의 다른 부분과 어떻게 어우러질까요? 일반적인 책과 어떻게 어울릴까요? 도시락 상자와는요? 비디오 게임과 어떻게 어울릴까요?

진행자 문화는 그냥 진화하지 않나요?

리니어 아니요, 문화는 발명되는 것입니다. 사람들은 의식하면서, 동시에 의식하지 않으면서 문화를 만들어 냅니다. 20세기는 이런 사례로 가득한데 그 이유는 우리가 엄청나게 많은 물건을 만들어 왔기 때문입니다. 텔레비전은 그전에는 존재하지 않았는데 이제 미국에서 많은 사람이 잠자는 걸 제외하면 그 어떤 활동보다 텔레비전 시청에 더 많은 시간을 씁니다.

진행자 하지만 텔레비전이 발명됐을 때 그걸 만든 사람들은 문화를 만들고 있다는 사실을 몰랐는데요.

리니어 그렇죠. 실제 텔레비전 수상기 등을 발명한 사람들은 문화를 만들지 않았습니다. 문화를 만든 사람들은 프로그램을 만든 할리우드 사람들과 텔레비전을 판매하는 방법을 고안한 사람들입니다. 한 사람이 아니라 여러 사람이 함께 만든 것입니다. 사진은 도대체 사진이 무엇이고 그게 의미하는 바가 무엇인지 이해해야 했던 사람들이 처음부터 만들었습니다. 영화도 마찬가지입니다. 지금까지 컴퓨터에 일어난 일들도 사람들이 만들어 왔습니다. 저는 이런 과정을 의식하는 편이 좋다고 생각합니다. 저는 컴퓨터 초기부터 정치적이고 윤리적인 영향에 대해 사람들이 생각해 왔다는 것이 기쁩니다. 컴퓨터 세계는 이런 활동으로부터 정말로 많은 이익을 얻어 왔습니다. 저는 지금까지 텔레비전이나 사진보다 컴퓨터 분야에서 훨씬 강한 의식적인 노력이 계속되어 왔다고 생각합니다.

진행자 정보의 위력을 어떻게 생각하시나요? 정보는 컴퓨터의 가장 중요한 측면인가요? 상당히 많은 사람이 정보가 컴퓨터를 우리 사회에서 상당히 중요하게 만든다고 말합니다.

리니어 글쎄요, 컴퓨터가 실제로 할 수 있는 일은 정보 조작이 전부입니다. 그런데 여기서 정보는 다소 광범위한 용어입니다. 정보는 기본적으로 인간의 모든 경험을 다룹니다. 하지만 사람들이 정보의 위력에 대해 이야기할 때에는 정보가 조금 더 구체적인 의미를 띠며, 사회가 물리적으로 존재하지 않는 사물을 중심으로 스스로를 점점 더 조직화하고 있다고 생각합니다. 정보, 삶의 개념, 컴퓨터 메모리, 기업의 실체, 개인의 부, 권력, 지위 또는 직업 등 모든 것을 컴퓨터에 담긴 정보로 정의할 수 있습니다. 우리는 과도기에 있습니다. 지금까지는 우리가 삶에서 무언가를 원하면 물리적인 실체를 조작해서 얻어야 했습니다. 이제 우리는 정보에 따라 우리의 삶을 조직화하기 시작했습니다. 궁극적으로 보면 우리의 실제 경험은 이제 반대로 정보에 의해 생성될 것입니다. 이로써 진짜 정보화 시대가 도래할 것입니다.

진행자 물리적 세계의 중요성이 줄어들지 않을까요?

리니어 아니요, 전혀 그렇지 않습니다. 컴퓨터 음악이 악기를 위협하거나 사진이 그림의 존재를 위협하지 않는 상황과 마찬가지입니다. 저는 컴퓨터가 우리에게 물리적인 세계에 대해 훨씬 객관적인 시각을 갖게 하고, 물리적 세계를 훨씬 잘 감상할 수 있는 시각을 갖도록 도움을 줄 것으로 믿습니다. 그리고 자연스럽게 컴퓨터가 더 강한 생태계를 만들어 낼 것이라고 봅니다. 실용적인 차원에서 보면 사람들은 물리적인 세계를 망치거나 변경하지 않고도 경험을 얻을 수 있을 것입니다. 이는 매우 광범위한 주제입니다. 그나저나 저는 이런 주제로 책을 집필하고 있습니다. 자유자재로 바뀌는 세상을 갖는 것이 어떤지에 대해 쓴 '새로운 자연'이라는 제목의 책입니다.[2]

진행자 오늘날 컴퓨터에 관심 있는 젊은이들이 같은 생각을 하고 있다고 보시나요?

리니어 예, 그렇다고 생각합니다. 고정 관념에도 불구하고 일반화하기는 매우 어렵습니다. 프로그래머들이 옷을 형편없이 입는다거나 밤을 샌다고 보는 등의 선입견 말입니다. 요즘 세대는 상당히 매킨토시 타입을 지향하고 있습니다. 제 생각에 우리는 아주 근본적인 수준에 와 있습니다. 사람들은 누군가 사용할 수 있는 괜찮은 소프트웨어 작품을 생각하고 만들어 내려고 여전히 노력 중입니다. 다가오는 몇 년 안에 우리의 삶은 정말로 크게 바뀔 것입니다. 지금부터 태어나는 아이들이 이런 새로운 기술과 함께 성장하는 모습을 생각만 해도 매우 흥분됩니다. 신세대는 우리가 이야기해 왔던 내용으로부터 정말로 많은 이익을 보는 세대가 될 것입니다.

Programmers at Work

19장

디지털 오디오 소프트웨어 개발자

마이클 홀리
Michael Hawley

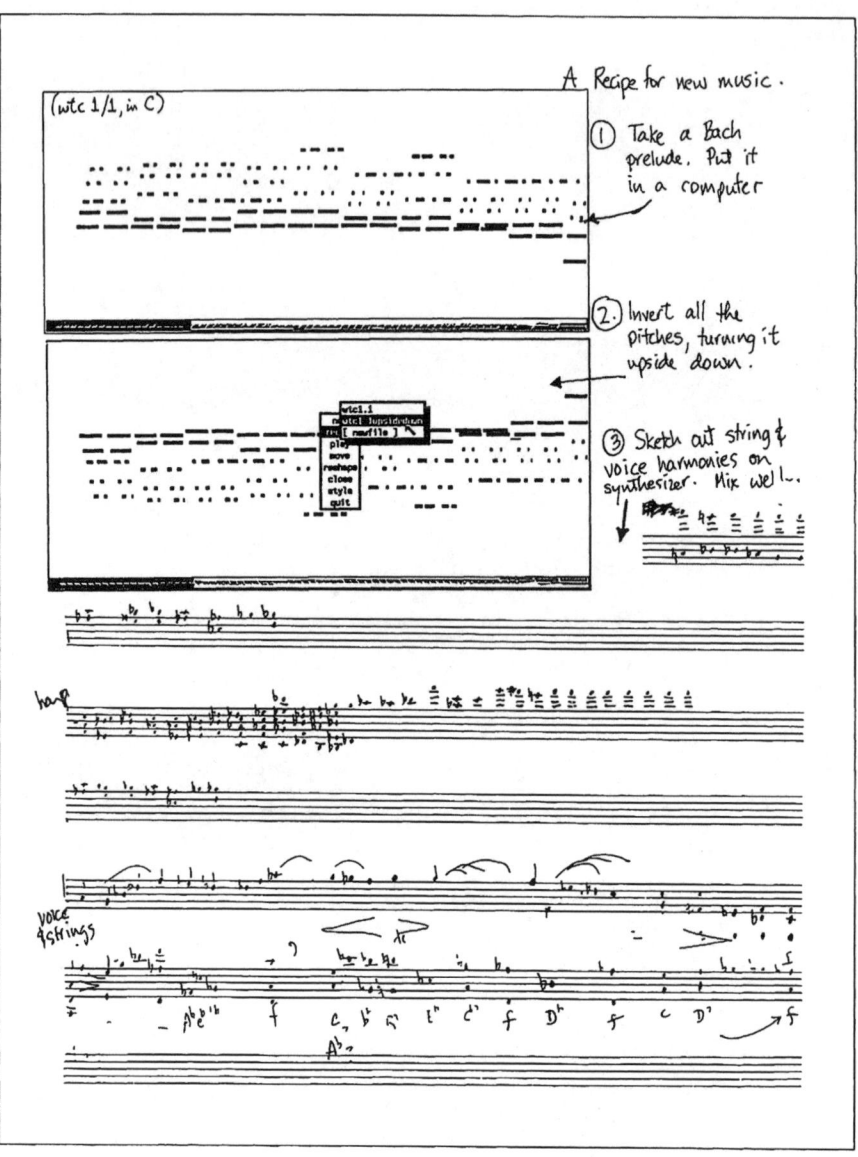

마이클 홀리가 구상한 새로운 작곡 방식. 부록(453~456쪽)에 음악용 컴퓨터에 대한 홀리의 아이디어가 나와 있다.

마이클 홀리는 현재 루카스필름 계열사인 드로이드 웍스에서 디지털 오디오 프로그래머로 일하며, 영화 제작 과정을 컴퓨터화하는 엄청난 업무를 맡고 있다. 그는 하드웨어 하나로 구축된 100% 디지털 사운드 스튜디오인 사운드드로이드에 사용할 소프트웨어 개발에 참여했다. 사운드드로이드는 녹음된 내용을 즉시 재생하는 기능은 물론이고 사운드를 녹음하고 편집하고 믹싱하는 기능을 갖추고 있다.

24살의 홀리는 뉴욕시 교외에 위치한 뉴프로비던스에서 자랐고, 어릴 때부터 컴퓨터와 프로그래밍과 인연을 맺었다. 고등학교와 대학교 시절에는 근처 머레이 힐에 소재한 벨 연구소 사무실에서 일했다. 벨 연구소에서 컴퓨터에 대한 관심을 키우는 동시에, 예일 대학교에서 음악과 피아노를 본격적으로 공부했고, 1983년에 음악과 컴퓨터 과학 학사 학위를 받았다. 졸업하고 얼마 지나지 않아서 벨 연구소 객원 연구원으로 파리의 IRCAM(Institut de Recherche et Coordination Acoustique Musique)에 갔다. 파리에 머무는 동안 컴퓨터 음악 애플리케이션을 위한 사용자 인터페이스 시제품을 만들었고, 또한 IRCAM 콘서트 시리즈로 두 대의 피아노와 전자 테이프를 위한 소나타를 전 세계 초연했다. IRCAM에서 연구를 마친 후에는 미국 서부로 옮겨 캘리포니아의 마린 카운티에 위치한 드로이드 웍스에 합류했다.

드로이드 웍스 사무실이 위치한 빌딩에 도착했을 때 조명, 카메라, 음향 장비를 갖춘 영화 제작진이 여기저기 자리 잡고 있었다. 드로이드 웍스는 전통적인 소프트웨어·컴퓨터 산업보다는 사실상 영화·연예 산업의 일부라는 첫인상을 받았다.

마이클 홀리는 다른 프로그래머와 함께 쓰는 사무실로 나를 안내했다. 갈색에 금발이 섞인 헝클어진 머리와 짙은 콧수염을 기른 그는 자전거 경주복을 입고 철사로 테두리를 두른 파란색 선글라스를 끼고 있었다. 사무실 절반을 차지하는 그의 공간에는 컴퓨터 터미널과 키보드 근처에 신시사이저, 앰프, 스피커가 배치되어 있었다. 다소 혼잡하고 어수선한 환경에서 홀리는 곡을 쓸 뿐 아니라 음악, 사운드 트랙, 필름을 조작하고 편집하는 컴퓨터 프로그램을 개발하는 작업을 열정적으로 수행했다. 인터뷰를 진행하는 동안 그는 여러 차

레 키보드를 만져 가며 자신이 개발하고 있는 소프트웨어로 어떻게 사운드를 조작하고 작곡할 수 있는지 시연했고 작곡한 음악을 연주했다. 내가 이해한 바로 홀리의 임무는 음악이나 예술 또는 다른 매체에 적용할 수 있도록 컴퓨터와 소프트웨어 도구를 완벽하게 터득하는 것이었다. 그는 열정적이고 명료하고 쾌활하게 프로그래머와 음악가로서 자신이 경험한 내용을 이야기했다.

> 1990년대 초에는 넥스트에서 일했고 이후 MIT 미디어 랩에서 일했다. 피아니스트로서는 2002년 반 클라이번 재단이 주최한 '제3회 아마추어 국제 피아노 대회'에 출전하여 공동 우승을 했다. 2020년 대장암으로 사망했다.

홀리: 시애틀에서 출발한 비행기에서 방금 내리셨다고 들었습니다. 저는 최근에 북서부에 가서 멋진 여행을 했습니다. 밴쿠버에서 국제 컴퓨터 음악 콘퍼런스가 있었거든요.

진행자 예, 저는 콘퍼런스 소식은 접했지만 가지는 않았습니다.

홀리 혹시 디지콘(Digicon)에 참석하셨나요? 아니네요. 디지콘은 그 전주였군요. 컴퓨터 콘퍼런스가 너무 많네요. 자, 그러면 이야기를 시작할까요? 장담하는데 이 이야기는 프로그래밍과 관련 있습니다.

여기 그래픽 그룹에서 일하는 데이비드 샐리슨이 작은 비행기를 조종하는데, 우리는 그 비행기로 밴쿠버까지 날아가면 정말 멋지겠다고 생각했습니다. 그래픽 그룹 소속 마거릿 민스키, 같은 그룹 소속이자 하드웨어 디자이너인 마크 레더 그리고 데이비드와 저는 모두 비행기에 꽉 끼어 앉아 날아갔습니다. 환상적인 비행이었습니다. 우리는 섀스타산 정상 주변을 돌고 크레이터 호수 위를 날아서 세인트 헬렌스 화산의 분화구가 뿜는 증기를 뚫고 지나갔습니다. 작은 비행기가 있으면 가고 싶은 곳 어디든 갈 수 있어서 우리는 올림픽 반도를 불쑥 찾아가서 사흘 동안 배낭여행을 한 다음 밴쿠버로 날아갔습니다. 레더와 민스키는 콘퍼런스에 참석할 계획이 없었기 때문에 시애틀에서 내렸고 저와 데이비드만 밴쿠버로 갔습니다.

콘퍼런스는 다소 처지는 느낌이었습니다. 컴퓨터 음악 콘퍼런스는 지루할 수 있습니다. 하지만 사람들은 멋졌고 논문 몇 편은 흥미로웠으며 연어 초밥은 훌륭했습니다. 콘퍼런스 직후 저에게서 뮤직드로이드 티셔츠를 산 어떤 여성분이 우리에게 비행기가 있으니, 밴쿠버섬 서쪽 해안으로 날아가서 인적이 드문 곳에 있는 온천을 방문하면 정말 좋을 거라고 제안했습니다. 아마 전체 여정 중 가장 멋진 비행이었을 겁니다. 저는 밴쿠버섬에 그렇게 많은 산이 있는지 전혀 몰랐습니다. 산은 들쭉날쭉하고 봉우리와 봉우리가 이어졌습니다. 로렌 카펜터1의 프랙털 산 같아 보였습니다.

우리는 비행기를 토피노라는 작은 마을 근처에 있는 잡초가 무성한 작은 활주로에 착륙시켰습니다. 여기서부터는 택시를 타고 시내로 들어갔습니다. 정말 그림 같은 해안 어촌 마을이었습니다. 항구에는 뱃고동 소리를 내는 어선들이 있었고, 바다로 말려 들어가는 산들과 산비탈을 타고 올라가는 작은 안개 기둥이 보였습니다. 토피노에서 우리는 온천으로 가기 위해 수상 비행기를 타기로 했습니다. 비행기 승무원들은 우리 셋과 인디언 가족을 수상 비행기인 '드 하빌랜드 비버'에 꽉꽉 태웠습니다. 우리는 다시 오르락내리락한 다음에 인적이 드문 곳에 도착했습니다. 인디언 가족은 거기서 더 먼 곳으로 가야 해서 비행기를 계속 타고 갔습니다.

우리는 울창한 해안 우림을 뚫고 꺼지기 직전의 판자로 만들어진 길 위로 약 3km를 걸어갔습니다. 이끼가 드리워지고 햇빛이 스며드는 모습이 영화 〈인디아나 존스: 레이더스〉의 첫 장면과 같았습니다. 마침내 온천에 도착했는데 정말 아름다웠습니다. 뜨거운 물이 땅에서 부글부글 끓어올랐고, 약 200m 정도 흘러내려 바다로 들어갔습니다. 그 과정에서 물은 3m 정도 높이의 폭포로 흘러갔습니다. 아래쪽에 서 있으면 정말 멋진 뜨거운 물줄기를 맞을 수 있었습니다. 폭포에서 떨어진 물은 서너 명이 편하게 앉을 수 있는 큰 바위들 사이로 이어지는 작은 웅덩이를 거쳐 흘러갔습니다. 바위는 부드럽고 끈적끈적한 이끼로 덮여 있었습니다. 각 웅덩이는 앞의 웅덩이보다 조금 더 시원해서 시원한 바닷물과 뜨거운 온천 사이에서 견딜 수 있을 정도의 원하는 온도를 찾아낼 수 있었습니다. 맨 아래쪽으로 내려가면 마치 월풀 욕조에 들어간 듯이 소용돌이치는 뜨거운 물거품으로 등을 마사지할 수 있었습니다. 때때로 대양의 파도가 몰아쳐 한기를 느낀 다음에 다시 뜨거운 물이 흘러들어 온기를 느꼈습니다.

우리는 캠프를 치고 저녁을 먹었습니다. 저는 사케 한 병을 챙겨 갔는데 물에 중탕해서 아무도 없는 곳에 앉아 마시며 별이 나타나는 모습을 지켜봤습니다. 완벽했습니다. 다음 날 우리는 걸어 돌아와서 비행기를 탔습니다.

진행자 여행 경험담이 컴퓨터나 프로그램과 어떤 연관이 있나요?

홀리 요점은 단지 컴퓨터 콘퍼런스에 참석해 기술을 흡수하는 것이 아니었습니다. 그곳에 가는 과정 역시 흥미롭고 중요합니다. 기회가 왔을 때 헛되이 낭비해서는 안 됩니다. 프로그래밍 역시 마찬가지입니다. 가능한 경우의 수를 모두 고려해 봅니다. 프로그램을 개발하다 보면 새로운 문과 예상치 못한 통로가 열립니다. 워크스테이션과 개인용 컴퓨터는 작은 비행기와도 같습니다. 사람들이 올바른 방향으로 조종한다면(그리고 운이 따른다면) 이뤄지기를 기다리는 발견들이 있기 마련입니다.

진행자 루카스필름에서 무슨 일을 하시나요?

홀리 루카스필름에 대해, 루카스필름의 컴퓨터 부문에서 어떤 일이 벌어지는지 설명해 드릴까요?

진행자 예.

홀리 좋습니다. 이렇게 정리해 보죠. 1979년경 조지 루카스가 영화 제작의 가장 흥미로운 부분을 컴퓨터화할 수 있는 직원을 공개 모집했습니다. 뉴욕 공과 대학교 출신의 에드 캣멀, 앨비 레이 스미스 같은 사람들이 지원해 루카스에게 깊은 인상을 심어 주었습니다. 이렇게 채용된 사람들은 짐을 꾸려 마린 카운티로 이주했고, 루카스필름의 컴퓨터 연구 부문을 출범했습니다. 캣멀은 세 가지 주요 응용 분야를 파악했습니다. 하나는 그래픽과 이미지 처리 또는 이미지 연구였습니다. 또 다른 하나는 오디오와 사운드였고, 마지막은 영화 제작자를 위한 '워드 프로세싱'이라고 부를 수 있는 분야였습니다. 영화 업계에서 그들은 편집자를 위한 '워드 프로세서'에 해당하는 프로그램이 필요했습니다. 마치 구식 타자기로 텍스트를 타자하고 다시 타자하고 편집하는 작업과 마찬가지로, 면도날로 셀룰로이드 필름을 잘라서 한데 붙이는 작업은 시간이 오래 걸렸습니다.

그래픽 그룹은 컴퓨터 이미지 분야에서 기초 연구를 수행했습니다. 당시 시작한 지 얼마 되지 않았기에 그 그룹은 제약이 상대적으로 적었습니다. 단지 몇 번만 나가서 제작을 지원하면 됐습니다. 예를 들어 영화 〈스타 트렉 2〉의 제네시스 장치 가동 장면과 〈스타워즈〉의 일부 장면을 만들었고, 작년에는 컴퓨터로 생성한 아름답고 작은 애니메이션을 만들었습니다. 최근에는 〈피라미드의 공포〉라는 스필버그 영화[2]에서 멋진 시퀀스를 만들었습니다. 그래픽 부문 내의 또 다른 그룹은 레이저 스캐닝과 컬러 필름 출력을 맡았습니다. 적녹청 삼색 레이저를 사용해 초고해상도로 컬러 필름을 읽고 쓰는 작업이었습니다. 아실 텐데 레이저 프린터와 비슷하고 작은 픽셀을 켜고 끌 수 있는데, 필름에는 색상이 있어서 쓰기뿐 아니라 읽기도 가능합니다. 레이저는 픽사 이미지 컴퓨터용 입출력 장치로 간주됩니다. 레이저를 사용하는 아이디어를 설명해 드리겠습니다. 예를 들어 레아 공주가 스피더 바이크로 날아서 뮤어 우즈[3]를 통과하는 장면을 만들고 싶다면, 블루 스크린 매트 앞에 앉은 레아의 사진과 뮤어 우즈의 사진을 찍고서 레이저를 사용해 모두 스캔합니다. 일단 데이터를 확보하고 나면 픽사를 사용해 이미지를 하나로 합성합니다. 이는 디지털 처리 과정이므로 광학적인 처리 과정에서 나타나는 보기 흉한 '매트 선' 없이 완벽하게 합성된 결과를 만들어 냅니다. 또한 아주 빠릅니다.

그래픽 그룹이 만든 아주 흥미로운 기계가 픽사 이미지 컴퓨터인데, 아마도 '픽사'는 들어 본 적이 있을 겁니다. 그 그룹이 분리되어 픽사라는 새로운 회사가 됐기 때문입니다. 픽사는 디지털 이미지 처리에 특화된 컴퓨터입니다. 이 컴퓨터의 아키텍처는 사진 합성에 맞는 아주 좋은 알고리즘에서 비롯됐기 때문에 효율적이고 매우 우아합니다. "픽사 이미지 컴퓨터는 사진 합성 전용으로 개조한 자동차와 같았을 뿐 아니라 그 외 모든 사람이 몰아 보고 싶어 했죠."라고 말한 사람이 루카스였을 겁니다. 픽사는 의학 영상, 지진 모델링과 같은 응용 분야에도 엄청나고 광범위한 잠재력을 보입니다. 픽사를 사용하면 화면에 표시할 수 있는 어떤 그래픽 데이터도 현란한 방식으로 조작할 수 있습니다. 그래픽 그룹은 연구에 집중했으며, 그들의 전반적인 목표는 오직 영화 제작 세계에 최대한 풍부한 컴퓨터 이미지를 제공하는 것이었습니다. 컴퓨터로 제작된 영상이 자연스러운 이미지가 담긴 장면을 대신하려면 풍부해야 했습니다.

진행자 루카스필름 내의 오디오 그룹은 어떤가요?

홀리 저는 오디오 그룹에 속해 있으며 우리가 추구하는 이상 또한 상당히 전반적입니다. 영화 제작 과정에서 사운드와 관련된 모든 것을 컴퓨터화한다는 목표입니다. 이는 매우 흥미로운 주제임이 밝혀졌습니다. 영화 제작 후반부를 살펴보면 영상 편집에는 두세 사람 정도면 충분하지만, 사운드에는 엄청나게 많은 사람이 매달려야 합니다. 배경과 전경에는 사람들이 의식하지 못할 정도로 엄청나게 많은 사운드가 있는데, 만일 없다면 휑한 느낌이 들 것입니다. 끊임없이 계속되는 대화, 음악, 우주선 소음, 레이저 총소리, 다스 베이더의 묵직한 숨소리를 위한 특별한 트랙 등 다양한 사운드 효과는 믹서에 넣을 최고의 재료를 제공합니다. 이는 엄청난 작업입니다. 엄청나게 많은 정보를 추적해야 합니다.

앤디 무어가 와서 우리 그룹을 이끌었습니다. 무어는 컴퓨터 음악과 디지털 오디오 분야의 선구자이며, MIT와 스탠퍼드에서 학위를 취득했습니다. 무어는 파리 IRCAM에서도 작업했습니다. IRCAM은 프랑스 작곡가 피에르 불레즈가 설립한 음향과 새로운 음악을 위한 연구소입니다. 무어는 우리 그룹을 결성해 ASP(Audio Signal Processor)라는 컴퓨터를 구축하기 시작했습니다. 그래픽에 픽사가 있다면 오디오에는 ASP가 있습니다. 일단 사운드를 숫자로 바꾸고 나면 이를 활용해 온갖 유형의 멋진 작업을 마음대로 할 수 있게 됩니다. 예를 들어 이퀄라이저, 레벨계, 다양한 프로세서 등 할리우드의 대형 다중 트랙 믹싱 스튜디오에서 제공하는 기능을 가져와서 ASP 내부 프로그램에 모두 밀어 넣을 수 있습니다. ASP가 있으면 이퀄라이저 같은 기계는 더 이상 하드웨어의 일부가 아니라 컴퓨터 내부에서 윙윙거리며 돌아가는 마이크로코드의 작은 덩어리일 뿐입니다. ASP로 당신이 원하는 모든 작업을 할 수 있습니다.

우리는 사운드 담당자를 위한 워드 프로세싱 시스템으로 볼 수 있는 사운드드로이드라는 시스템에서 ASP를 사용해 왔습니다. 화면을 보면서 다양한 사운드 트랙을 표현하는 이미지를 확인하고, 터치 스크린을 누르는 방식으로 간단하게 사운드의 비트를 잘라서 붙일 수 있습니다. 필름을 감기 위해 기다릴 필요도 없으며, 오디오 테이프를 자르고 복사할 필요도 없습니다. 필름을 직접 조작할 필요 없이 소리의 비트를 필요한 곳곳에 아주 자유롭게 넣을 수 있습니다. 이는 큰 도약이며 텍스트를 구성하는 사람들을 위한 워드 프로세싱과 마찬가지로 합성 처리 과정에 엄청난 영향을 줄 것입니다.

세 번째 그룹은 에디트드로이드(EditDroid)라는 기계를 구축했습니다. 이 기계 이면의 아이디어는 사진을 자르기 위한 워드 프로세서로 볼 수 있습니다. 필름은 비디오디스크나 비디오테이프 같은 비디오 매체로 전송되고, 컴퓨터의 임의 접근 방식으로 개별 프레임을 확인할 수 있습니다. 이런 컴퓨터의 도움을 받아 실제 필름은 한 번만 자르면 됩니다. 에디트드로이드를 사용해서 아주 자유롭게 필름의 비트를 잘라서 이어 붙이고 합성 결과를 재생하고 버튼을 눌러 즉시 앞서 편집했던 내용을 미리 볼 수 있습니다. 좋은 장면을 확보했을 때 버튼을 누르면 에디트드로이드가 실제 필름을 자르기로 한 장소가 어디인지 목록을 출력합니다.

그래서 픽사, 사운드드로이드, 에디트드로이드는 루카스필름의 컴퓨터 부문에서 가장 가시적인 세 가지 제품입니다.

진행자 **어떻게 이 모든 일에 관여하게 됐나요?**

홀리 그걸 설명하기 전에 루카스필름에서 지금 일이 어떻게 돌아가고 있고 어디로 향하고 있는지부터 빨리 말씀드리겠습니다. 조지 루카스는 영화 제작에 집중하기 위해 노력합니다. 그는 컴퓨터 과학자가 아니라 영화 제작자이며, 특히 요즘에는 자금을 다양한 곳에 분산시키기를 원하지 않습니다. 루카스는 스카이워커 랜치(Skywalker Ranch) 건설에 많은 돈을 쏟아붓고 있습니다. 스카이워커는 영화 제작자를 위한 거주지가 될 것입니다. 북부 마린의 숲 외딴 곳에 위치한 이곳은 매우 아름답고 프랑스 대저택처럼 규모가 웅장합니다. 이곳은 영화 제작자의 낙원이 될 것 같습니다.

랜치 건설에는 비용이 많이 듭니다. 눈치채셨을지 모르겠는데 이 때문에 한동안 대형 작품이 없었습니다. 루카스필름은 컴퓨터 부문을 분사해 새로운 회사를 만드는 상황에 만족하는 것 같아 보입니다. 그래픽 그룹은 픽사가 되어, 픽사 이미지 컴퓨터와 다른 고품질 이미지 기술을 판매할 것입니다. 그리고 우리 회사 드로이드 웍스에서는 에디트드로이드, 사운드드로이드, 그 밖에 영화 제작자를 돕는 컴퓨터화된 보조 시스템을 판매합니다. 컴퓨터 부문의 작은 부서들이 현재 분사되는 중이며 실제 영화 제작자들의 손에 시스템을 전달하기 위해 연구 단계에서 벗어나 개발 단계로 이동하는 과정에서 변화가 너무 심해 사람들은 혼란스러움을 느끼고 있습니다. 이게 현재 루카스필름이 처한 상황입니다.

어떻게 제가 이 모든 일에 관여하게 됐을까요? 음, 그러니까 저는 남부 캘리포니아에 있는 해병대 기지에서 태어나 한 살이 되기도 전에 뉴저지로 이사했고, 어린 나이에 컴퓨터에 빠졌습니다. 머리 힐에 소재한 벨 연구소는 우리 집에서 바로 보이는 언덕 위에 있었습니다.

진행자 거기서 자라셨나요?

홀리 예, 저는 뉴욕의 작은 교외인 뉴프로비던스에서 자랐는데 영화관도, 술집도 없었습니다. 그런데 벨 연구소가 집 앞 언덕 위에 있어서 취업 허가 서류를 받을 수 있는 나이인 15~16살 무렵 컴퓨터 작업을 수행하는 언어 부서에서 일하게 됐습니다. 저는 몇몇 프로젝트를 눈여겨봤는데 그곳에서는 상당히 괜찮은 연구가 진행되고 있었습니다. 한 동료가 디지털 신시사이저를 만들고 있었는데 특히 가지고 놀기 좋았습니다.

고등학생 때부터 대학생 때까지는 벨 연구소에 있는 다양한 사람이 저를 불러 "자, 이걸 해 보면 어떨까?"라고 말했고 저는 그렇게 했습니다. 중간에 왔다 갔다 하긴 했는데 몇 년 동안 저는 특히 인지 심리학 그룹에서 일했습니다. 그곳에서는 사람과 컴퓨터 사이에 일어나는 의사소통 문제를 다루는 정말 흥미로운 기초 연구를 수행했습니다. 심리학자들은 컴퓨터에 대해 특히 열광했는데 그 이유는 컴퓨터가 사람들의 마음속에서 무슨 일이 일어나고 있는지 확대해서 볼 수 있는 큰 렌즈처럼 보였기 때문입니다.

진행자 심리학자들이 사람의 마음속을 들여다보는 데 컴퓨터가 어떤 방식으로 도움이 됐나요?

홀리 컴퓨터를 의사소통 과정의 중간에 놓자마자 정보가 빡빡한 작은 채널을 통해 압축되는데요. 그러면 컴퓨터를 활용해 새로운 방식으로 정보를 처리하거나 살짝 조작하거나 단순하게 관찰할 수 있습니다. 컴퓨터는 사용자를 제한합니다. 그리고 설계자에게 사람들이 애플리케이션으로 정말 무엇을 하고 싶어 하는지, 과업을 가장 잘 표현하는 방법은 무엇인지 깊이 생각하게 만듭니다. 컴퓨터는 우리가 의사소통 문제에 집중하도록 돕고, 전에는 불가능했으나 심리학적 경계를 제대로 인식하게 해 줍니다. 새로운 실험 도구로서 컴퓨터는 매우 가치 있습니다. 새로운 발견에는 새로운 도구가 필요합니다.

고등학교와 벨 연구소에서 경험을 쌓은 다음, 저는 예일로 가서 음악과 컴퓨터 과학을 복수 전공했습니다. 저는 피아노를 연주하면서 대부분의 시간을 보냈는데, 그 당시에는 컴퓨터보다 훨씬 재미있었습니다. 하지만 컴퓨터 과학에 비하면 음악으로 생계를 유지하기는 아주 고통스러웠습니다.

진행자 많은 사람이 음악과 컴퓨터 둘 다와 관련을 맺고 있습니다. 둘 사이에 많은 유사성이 있다고 보시나요?

홀리 물론입니다. 원론적으로 보자면 저는 컴퓨터를 예술 매체와 섞는 것이 예술과 기술에 접근하고 두 가지에 대해 생각하는 과정에 도움을 주는 신선한 방식이라고 생각합니다.

예일 대학교를 다니면서도 여름 방학 동안 벨 연구소에서 계속 일했습니다. 학교를 졸업하고 나서 저는 1966년형 포드 스테이션 왜건을 150달러에 구매해 알래스카까지 몰고 가서 한동안 카누를 탔습니다. 그러고 나서 돌아와 벨 연구소에서 조금 더 일한 다음에 MIT에 있는 배리 버코(Barry Vercoe) 실험 음악 스튜디오에서 한 달을 보냈습니다. 이 스튜디오는 현재 예술 및 미디어 기술 센터의 일부입니다. 그런 다음 저는 파리에 있는 IRCAM으로 갔습니다.

진행자 **IRCAM에서 무엇을 하셨나요?**

홀리 저는 피아노곡 중에 전례를 찾아보기 힘든 최악의 곡을 연주했습니다. 실제로 저는 벨 연구소의 객원 연구원으로 IRCAM에 갔고, 컴퓨터 음악 애플리케이션용 사용자 인터페이스 시제품을 만들었습니다. 1983년 가을이었는데 사람들이 이제 막 현실 세계에서 비트맵 그래픽 디스플레이를 사용하기 시작할 때였습니다. 그 전에 그래픽 디스플레이는 제록스 PARC와 같은 연구소에서만 제한적으로 사용됐습니다. 그래서 저는 큰 비트맵 그래픽 터미널을 파리로 가는 비행기에 싣고 갔습니다. 터미널을 프랑스로 보내면서 모든 서류를 확보했다고 생각했습니다. 적어도 저는 IRCAM이 저에게 요청한 모든 서류를 준비했지만 세관에서는 다르게 생각했습니다. 저는 "아뇨, 신고할 물품은 없습니다. 저는 아닙니다."라고 말하면서 출국장을 빠져나가려 했는데 세관원이 저를 붙잡았습니다. 일련의 신문(訊問)이 시작됐고 벌금이 뒤따랐습니다. 그 결과, 세관원이 제 터미널을 압수했고 프랑스의 전형적인 관료주의 덕분에 터미널은 5주 동안 세관에 묶여 있었습니다. 파리에서의 일정 중 대략 삼분의 일이 시작부터 사라졌습니다.

5주 동안 할 일이 없었습니다. 저는 IRCAM에서 진행될 컴퓨터 연구에 대해 배우고, 프랑스어에 대한 지식을 보충하고, 프랑스 음식과 와인을 마시며 시간을 보냈습니다.

진행자 파리가 딱히 할 일 없이 머물기에 나쁜 장소는 아니군요.

홀리 맞습니다! 그리고 저는 피아노 콘서트에 끌려가는 상황을 피할 수 없었습니다. 어느 날 밤 괴짜 같은 루마니아 피아노 연주자가 제 사무실에 와서 "이봐요, 콘서트 한 번 할까요?"라고 말했습니다. 콘서트는 11월 제 생일에 개최됐고 콘서트 출연료는 매력적이었습니다. 게다가 제 터미널이 여전히 세관에 묶여 있는 바람에 그동안 저는 프로그램을 할 거리도 없었습니다. 콘서트는 조르주 퐁피두 센터의 그랑드 살레에서 진행됐습니다. 이 콘서트의 주제인 '천지 창조'는 전 세계 초연이었고, 작곡가도 비행기를 타고 오는 중이었습니다. 멋진 제안으로 들렸기에 저는 "그렇게 합시다. 에라, 모르겠네요."라고 말했습니다.

진행자 어느 부분을 연주하셨나요?

홀리 두 대의 피아노와 전자 테이프를 위한 소나타였는데, 임의로 만들어진 음표가 대략 3만 개에 달하는 거대하면서 기이한 작품이었습니다. 두 대의 아름다운 스타인웨이 함부르크 'D' 모델 콘서트용 그랜드 피아노에서 쿵쾅거리며 연주됐습니다.

콘서트에 참석한 대중의 눈에는 실패로 보였을 거라고 생각됐지만 저는 아주 즐거운 한때를 보냈습니다. 청중 절반이 떠났고 많은 사람이 야유를 보냈습니다. 제 IRCAM 친구들이 작은 무리를 지어 그곳에 있었는데 큰 박수를 보내고 꽃을 주었습니다. 한 시간짜리 작품이었는데 느린 부분의 절반을 잘라 낸 것이었습니다. 음악가가 아닌 사람들에게 이 음악 작품은 지독한 감기에 걸린 광부에게 악보를 주어서 생긴 사고의 여파처럼 보였을 것입니다. 그러나 이처럼 멋진 경험 덕분에 IRCAM은 아름답고 재미있는 추억의 장소가 됐습니다.

진행자 IRCAM에서 루카스필름으로 어떻게 옮기시게 됐나요?

홀리 IRCAM에 있을 때 저는 루카스필름에서 일하고 있던 컨설턴트를 만났습니다다. 이 컨설턴트가 저를 앤디 무어와 연결해 주었습니다. 그 무렵 AT&T가 벨 연구소를 매각하고 있어서 루카스필름이 저에게 훨씬 유망해 보였습니다.

저는 서부로 옮겼습니다. 일은 재미있어 보였습니다. 사람들은 저에게 오디오와 신호 처리기를 위한 그래픽 인터페이스 작업과 함께 음악 작업도 고려해 달라고 요청했습니다. 당연히 저는 그렇게 하겠다고 답했습니다. 취업 면접만으로도 충분히 재미있었습니다.

진행자 루카스필름 취업 면접 과정은 어땠나요?

홀리 잠시 이야기를 나눈 후 무어가 "자, 주변을 안내해 드리면서 어떤 일이 진행되고 있는지 몇 가지 보여 주겠습니다."라고 말했습니다. 그 무렵 루카스필름은 〈인디아나 존스: 미궁의 사원〉을 작업하고 있었는데, 저는 그에 관해 정말 아무것도 몰랐습니다. 모든 사람이 '인디 II'에 대해 중얼거렸는데, 저는 '우와, 자동차 추격 장면이 나오는 또 다른 영화구나.'라고 잠깐 생각했습니다. 우리는 믹싱 작업실로 들어갔고, 무어가 믹싱과 관련된 모든 문제점을 설명하기 시작했습니다. 몇 주에 걸쳐 믹싱 작업을 하고 나서 감독들이 "음, 여기서 15프레임을 잘라야 합니다."라고 말하면, 처음부터 모든 작업을 다시 한번 되풀이해야 했습니다. 대학생에게 구식 타자기로 학기말 보고서를 다시 타자하라고 말하는 것 같았습니다. 믹싱 작업실에 막 들어갔을 때에만 해도 캘리포니아 땅을 밟아 본 적도 없는 저는 여전히 적응을 하지 못해 어리둥절한 상태였습니다. 작업실의 큰 화면에는 터번을 두른 불쌍한 남자가 연기하고 있었습니다. 인디아나 존스 영화를 보셨나요?

진행자 아니요.

홀리 아, 그러면 영화 줄거리를 일부 누설하겠습니다. 터번과 허리띠를 두른 남자가 사슬로 무언가에 묶인 채로 있는 힘을 다해 소리를 지릅니다. 그리고 악당이 이 남자의 가슴에 손을 넣어 맨손으로 그의 심장을 뜯어냅니다. 젠장, 비행기에서 막 내려 정신이 없는 상태에서 이상한 작업실에 들어갔는데, 때마침 어떤 불쌍한 배우의 심장이 뜯기는 장면을 보고 말았습니다. 그것 말고도 저는 후루룩거리는 소리를 제대로 내기 위해 믹서가 같은 장면을 앞뒤로 10~15번 반복해서 재생하는 상황을 목격했습니다. 예, 그렇습니다. 이게 바로 제가 영화 산업에 마음을 빼앗긴 이유입니다. 저는 여기서 대략 1년 반 정도 일했습니다.

저는 1986년 가을에 대학원으로 돌아갈 계획을 세우고 있습니다. 저는 항상 예일 대학교 이후로 긴 휴가 중이라고 느꼈기 때문입니다. 공부가 필요한 몇 가지 일반적인 내용이 더 있는데, 특히 지금은 개발에 몰두하고 있어서 신경 쓸 시간이 없습니다.

진행자 학교로 돌아가서 무엇을 공부하실 예정인가요?

홀리 주로 컴퓨터 과학과 음악입니다. 저는 컴퓨터 부서에서 하는 일과 동일한 작업을 계속하고 싶습니다. 예를 들어 컴퓨터로 만든 영화와 함께 컴퓨터화된 악보, 사운드 트랙을 결합하는 연구를 들 수 있습니다. 그런데 여기서는 이런 작업이 금방은 불가능할 것입니다. 우선 애석하게도 그래픽과 오디오 그룹이 분리되어 별개 회사가 될 것이기 때문입니다. 과거에는 영상과 소리를 함께 작업해 와서 한곳에 속한 듯이 보였습니다. 저는 재정적인 관점에서 적어도 앞으로 몇 년 동안은 컴퓨터 부문을 분리하는 편이 효과적이라고 생각합니다.

진행자 두 그룹 사이에 소통 창구가 마련되어 있지 않나요? 분리되어 독립적인 회사가 되더라도 두 그룹이 함께 일할 수는 없을까요?

홀리 물론 가능한 최상의 시나리오를 고려하면 그렇기는 하지만, 항상 서로의 기계에 발이 걸려 넘어지는 같은 건물에서 정보를 공유하는 상황은 오지 않을 겁니다. 연구 중심적인 권력은 이제 상업적인 권력에 자리를 내주었고, 사람들은 꿈이나 하고 싶은 일에 대해 이야기합니다. 하지만 어찌 됐거나 단기적으로는 사람들이 하고 싶은 일을 해내기 쉽지 않을 것입니다.

진행자 프로그래머로서 루카스필름에서 일하는 것을 특히 좋아하는 이유가 무엇인가요?

홀리 루카스필름은 컴퓨터 과학 연구를 하기에 이상적인 장소처럼 보였습니다. 여기에는 믿기 어려울 만큼 풍부한 의사소통 매체인 필름이 있습니다. 필름에는 영상과 사운드와 대사와 줄거리와 음악과 효과가 있습니다. 컴퓨터 프로그래밍과 같은 정보 기술을 우연히 접하게 되면 모든 유형의 새로운 발견이 일어나기 마련입니다. 영화 속 화면의 색상은 풍부하고 장면은 보기에 무척 매혹적이고 흥미진진합니다. 이런 요구 사항은 컴퓨터에 큰 부담을 줍니다. 실사로 영화를 촬영해서 녹화하는 작업을 반복하지 않고 컴퓨터로 이미지와 사운드를 합성해 영화를 보는 사람들에게 충분히 미적인 흥미를 끌 수 있게 현실과 가까운 복잡성을 부여하는 것입니다. 현재 청동기 시대 컴퓨터로는 이런 작업을 처리하는 데 상당히 많은 시간이 걸리지만 그렇게 할 만한 가치가 있습니다.

진행자 컴퓨터와 프로그래밍에서 어떤 점이 마음에 드시나요?

홀리 어떤 점이 좋은지 알아내려 여전히 노력 중입니다. 저는 작년에 4만 줄의 코드를 작성했습니다. 몇 년 동안 좌절하고 나면 형편없는 컴퓨터 프로그램을 작성하는 행위가 지겨워지기도 합니다. 하지만 제가 프로그래밍에서 좋아하는 점은 우리가 의사소통하는 방식, 우리가 생각하는 방식, 논리가 동작하는 방식, 창조적인 예술이 동작하는 방식에 대해 생각하는 데 프로그램이 정말로 도움이 된다는 것입니다. 컴퓨터는 의사소통과 정보 처리 도구이며 의사소통은 아름다운 것입니다. 이게 바로 전화와 개인용 컴퓨터가 순식간에 히트를 친 이유입니다. 아마도 컴퓨터는 의사소통의 문제점을 살피기 위한 궁극적인 도구가 될 것입니다.

저는 음악과 컴퓨터를 결합하는 아이디어를 좋아합니다. 음악이 특히 다채로운 매체로 보이기 때문입니다. 음악은 또한 감정과 느낌에 가까워 보입니다. 저는 영상보다 음악을 사용할 때 컴퓨터로 계산을 더 적게 하면서도 감정적인 반응은 더 많이 이끌어 낼 수 있다고 생각합니다. 작곡가를 위한 괜찮은 워드 프로세서가 여전히 없는데 음악 관련 자료 구조가 까다로워서입니다. 음악 악보는 복잡하고 시간과 실시간이 주요 구성 요소입니다. 컴퓨터를 활용해 실시간으로 음악을 연주하는 작업은 어렵습니다. 공연에서 반주할 때 필요한 걸 생각해 보죠. 예를 들어 반주자가 악보를 보면서 공연자를 어떻게 따라가는지에 대해 속속들이 이해해야 합니다. 악보도 볼 줄 알아야 하고, 공기 중의 떨림을 음의 높이로 바꾸고, 음표를 인식하고, 연주를 따라가기 위한 모든 패턴 매칭 작업도 할 수 있어야 합니다. 엄청나게 어려운 문제이지만 머지않아 기술은 전자 오르간의 '삼바' 스위치 따위와는 차원이 다른 아주 흥미로운 컴퓨터 반주자를 배출할 것입니다. 우리가 지금 가지고 있는 장비로도 거의 다 할 수 있습니다.

진행자 컴퓨터가 예술에 어떤 영향을 미치리라 생각하시나요?

홀리 심오한 영향을 미칠 것입니다. 컴퓨터가 일상에 영향을 미치는 것과 똑같은 양상으로 예술에도 전면적인 영향을 미칠 것입니다.

따라서 여러 가지 새로운 일을 컴퓨터로 할 수 있습니다. 저는 위대한 새로운 아이디어는 예전 아이디어를 새로운 방식으로 재조합하는 과정에서 자주 비롯된다고 생각합니다. 컴퓨터가 정말로 이런 작업을 잘하면 엄청난 정보 뭉치를 가져와서 하나로 혼합하고 이런저런 결과로 실험할 수 있게 해 줄 것입니다. 이는 새로운 아이디어 증진에 도움이 됩니다.

어렵고 철학적인 문제들은 정리될 필요가 있는 채로 남아 있습니다. 예를 들어 워드 프로세서로 산문을 구성하는 방식은 타이프라이터로 산문을 구성하는 방식과는 다릅니다. 타이프라이터를 사용하면 일관성 있게 아이디어를 정리해서 진행 방향에 맞춰 표현을 만들어 내고 메시지가 독자에게 제대로 전달되는지 확인해야 합니다. 이런 방식에 제약이 따르는 이유는 빌어먹을 작품을 다시 타자하기를 원하지 않기 때문입니다. 연설도 마찬가지입니다. 연설할 때 쉽게 앞으로 되돌아가서 작은 문법 실수를 수정할 수는 없습니다. 타자와 전화를 사용할 경우 말하려는 내용에 대해 세심하게 계획을 세운 다음 다시 타자하거나 반복할 필요가 없게 메시지가 명확히 전달되도록 확인하는 과정에 더 많은 시간을 보냅니다. 그러나 워드 프로세서가 있다면 변경이 아주 쉽습니다. 이리저리 앞뒤로 왔다 갔다 하면서 어디서든 크게 자르고, 붙이고, 복사하고, 작게 자르고, 저장하는 작업을 할 수 있습니다. 따라서 워드 프로세서를 사용하면 그렇지 않은 경우와 비교해서 집필을 관통하는 생각의 작은 맥락을 무의식적으로 망가뜨리기가 쉽습니다. 요즘 영어 선생님들은 워드 프로세서로 쓴 산문은 콜라주처럼 보이기 때문에 학생들이 숙제를 워드 프로세서로 했는지 타자기로 했는지 구분하느라 불만을 토로합니다. 이는 타당한 지적입니다. 워드 프로세서는 새로운 기술이고 사람들이 글을 쓰는 방법에 영향을 미칩니다. 새로운 기술로 뭔가 다른 것을 할 수 있고 다른 방식으로 만들고 있다는 사실을 인지할 필요가 있습니다.

앞서 말했듯이 컴퓨터가 잘하는 일이 하나 있다면 다양한 구성 요소를 결합하는 데 도움을 주는 것입니다. 이는 기존의 똑같은 재료들을 혼합해 뭔가 새로운 요리를 만드는 것과 같습니다. 사람들은 이전과는 다른 방식으로 사물을 만들어 내기 위해 시간을 들이는 데 익숙해져야 할 것입니다.

진행자 사운드와 영화 제작 측면에서 컴퓨터 프로그램을 활용한 결과, 어떤 변화가 일어나고 있다고 보시나요?

홀리 워드 프로세싱에 대한 비유는 영화 제작 과정에도 그대로 적용됩니다. 오늘날 사운드 효과를 영화에 믹싱할 때에는 믹싱 작업실에서 큰 책상에 앉아 두루마리 필름을 화면에 영사합니다. 손잡이를 조절하고 피크 측정기를 주시합니다. 멈췄을 때 장면이 믹싱됩니다. 필요한 믹싱 지점을 지나쳐 버리면 다시 한 번 들을 수 있게 필름을 되감아야 합니다. 대개 필름을 되감기 위해 기다리는 동안 5분 정도 시간이 비는데, 이 시간은 믹싱 과정에서 다음 단계를 위해 논의를 진행하고 개선 사항을 계획하는 데 사용되어 왔습니다. 하지만 컴퓨터가 도입되고 비는 시간이 없어졌습니다.

저는 〈정글의 반란〉4이라는 영화를 위한 믹싱 작업을 진행하고 있는데 짧은 사운드 효과가 들어갑니다. 병사 하나가 풀밭을 포복해서 전진하고 있는데 기폭 장치에 도달하자 팔이 풀을 스쳐 가며 바스락거리는 소리가 들립니다. 하지만 폭탄을 터트리기도 전에 그는 총에 맞아서 넘어집니다. 털썩 주저앉는 소리가 빠졌습니다. 믹싱 담당자 모두가 팔이 바스락거리는 소리를 그대로 복사해서 시간을 조금 더 길게 늘이고 레벨 이퀄라이저를 다르게 높여 털썩 주저앉는 효과를 낼 수 있기를 원했습니다. 하지만 이렇게 하려면 적어도 5분이 걸립니다. 버튼을 누르고 마이크로 "이봐요, 조, 3번 트랙에 폴리 사운드 이펙트 릴을 가져와서 175프레임 앞으로 살짝 이동할 수 있을까요?"라고 말해야 하기 때문입니다. 2분 후에 목소리가 들려옵니다. "좋습니다. 끝났습니다." 그렇게 해서 믹싱 담당자가 테이프를 살피는데, 당연히 테이프는 정확한 위치에 감겨 있지 않을 테니, 해당 부분을 찾을 때까지 이리저리 뒤져 본 다음, 복사본을 만들고 테이프를 다시 속한 위치로 집어넣으면 또 5분이 지나갑니다. 우리가 개발한 소프트웨어로는 컴퓨터 화면을 한두 번만 터치하면, 복사가 이뤄질 뿐 아니라 시연까지 진행할 수 있습니다. 이런 작업을 완료하기까지 불과 몇 초 걸립니다. 되감느라 기다릴 필요도 없습니다. 상황이 완전히 바뀌었습니다. 컴퓨터는 늘 "좋습니다. 저는 준비됐고 당신이 준비되는 대로 서서 진행합시다. 저는 준비됐습니다!"라고 말합니다.

어느 날 저는 드로이드를 구경하러 초대받아 온 프란시스 포드 코폴라의 믹싱 담당자와 이야기를 하고 있습니다. 이 담당자는 익살맞고 솜씨 좋은 사람이었는데, 우리가 개발한 기술의 화려함에 감탄하며 감동을 받았습니다. 새로운 도구가 많으니 생각할 거리도 많기 마련입니다. 그런데 이 담당자가 "필름을 되감는 5분이라는 시간이 결코 비는 시간이 아님을 잊지 마세요. 훌륭한 믹싱 담당자라면 항상 논의하고 사운드 효과를 계획하고 있어야 합니다. 5분 동안 일관성 있게 효율을 발휘하려면 정신적으로 이런 과정을 시뮬레이션해야 합니다. 기계 때문에 생각할 시간을 잃어버렸네요."라고 말했습니다. 뭔가를 잃었지만 뭔가를 얻기도 했습니다. 새로운 기능이 등장하면 오래됐지만 바람직한 특성이 사라지거나 버려지는 것처럼 보입니다. 둘 다 공존할 여지가 있습니다. 사람들은 여전히 좋은 미술, 좋은 영화, 좋은 음악을 만들어 내기 위한 시간을 확보할 필요가 있다는 사실을 알아야 합니다.

음악에서도 같은 문제가 일어나고 있습니다. 신시사이저와 드럼 기계가 확산

되고 있으며, 컴퓨터로 이런 장비를 저렴하게 제어할 수 있습니다. 유행 때문에 새로운 기술을 향해 맹목적으로 달려갈 때가 자주 있습니다. 이런 과정에서 무엇을 포기해야 하는지 인식할 필요가 있습니다.

진행자 **음악 프로그램으로 루카스필름에서 수행한 작업에 대해 이야기해 주세요.**

홀리 지난 여름에 저는 코넬에서 컴퓨터 과학 박사 과정을 밟고 있는 친구를 데려왔습니다. 저는 우리가 음악가의 도구, 그러니까 컴퓨터 음악가의 최고의 도구가 될 뮤직드로이드를 만들어야겠다고 생각했습니다. 우리는 존 윌리엄스[5]가 오케스트라 악보 초고를 만들고 나서 런던 필하모닉을 데려오지 않고 신시사이저 음원으로 시험 삼아 연주해 본 뒤 가독성 있는 인쇄본을 비교적 쉽게 만들 수 있는 시스템을 개발하고 싶었습니다. 아니면 윌리엄스에게 기존에는 생각하지 못한 새로운 방식으로 전자 악기에 특화된 작곡 방식을 제공하고 싶었을지도 모릅니다. 이게 우리의 비전입니다.

제가 보여 드릴 이 프로그램은 이런 방향으로 가는 아주 작은 첫 단계입니다. 여기 1000달러 정도의 저렴한 기성품 신시사이저가 있는데 다양한 사운드를 냅니다. 우리가 만든 오르간 사운드는 정말 그럴싸합니다. [홀리가 신시사이저를 연주한다.]

오르간 사운드를 켜면 아주 저렴한 100달러짜리 하몬드 오르간의 잔향 효과가 성공적으로 재연됩니다. 뉴욕 세인트 존 더 디바인 대성당에 온 것 같지 않나요? 이런 신시사이저는 정말 저렴하며, 이제 컴퓨터로 온갖 효과를 제어할 수 있습니다. 예를 들어 이런 사운드도 가능하리라 생각합니다. [계속해서 신시사이저를 연주한다.] 아마도 끔찍한 사운드를 만들어 내겠지만 전에는 이런 조합이 가능한지조차 몰랐을 겁니다.

진행자 **그렇다면 이 사운드를 직접 만드셨나요?**

홀리 그렇습니다. [홀리가 프로그램과 신시사이저로 계속 연주한다.] 이 소프트웨어는 악보를 정말로 빠르게 연주할 수 있습니다. [홀리가 시연한다.] 아니면 악보의 위아래를 뒤집어서 연주할 수도 있는데, 그러면 꽤 흥미로운 사실이 밝혀집니다. 뒤집어서 연주하면 저음이 가장 위로 올라가고 고음이 가장 아래로 내려가며 장조가 단조로 바뀌고 단조가 장조로 바뀌므로 원래 악보와 매우 다르지만 이상하게 아름다운 곡이 만들어집니다. 이런 효과를 아주 간단하게 얻을 수 있습니다. 다섯 줄짜리 컴퓨터 프로그램으로 음악을 뒤집어서 완전히 새로운 음악을 만들어 낼 수 있습니다.

여기 보이는 것이 제가 악보 편집기를 사용해 키보드로 막 연주한 음악입니다. 이 작은 스크롤 막대를 움직이면 작품의 끝부분을 살펴볼 수도 있습니다. 제가 끝부분에 서너 개 정도 불협화음을 연주했다는 사실을 기억하시나요? 작품에서 이 절을 확대하거나 축소해서 볼 수 있습니다. 원할 경우 악보를 축소해서 보면 현재 연주되는 타임라인이 여러 성부와 악기에 걸쳐 나오게 될 겁니다. 보고 있으면 뿌듯합니다.

알다시피 음악이 어디서 왔는지는 중요하지 않습니다. 중요한 사안은 어떻게 여기까지 왔느냐는 것입니다. 우리는 아름다운 바흐의 전주곡 같은 예전 아이디어를 컴퓨터가 제어하는 신시사이저 같은 새로운 아이디어와 결합하고 있습니다. 그리고 우리에게는 화음 자리바꿈(inversion)을 위한 단순한 프로그램이 있습니다.

어떻게 보면 바흐도 그 시대에 동일한 작업을 진행했습니다. 그가 당대 음악에 대해 알아야 할 모든 사안을 알고 있었기에 가능했다는 점만 제외하고서 말입니다. 바흐는 당대 거의 모든 악기의 거장이었으며 모든 중요한 악기의 활용법과 작곡 장르에 통달한 상태였습니다. 바흐는 또한 다양한 스타일을 혼합하는 능력도 있었는데 프랑스 궁정 스타일, 북부 독일 바로크, 이탈리아 음악 등 다양한 스타일을 종합해 새로운 것을 만들어 냈습니다.

진행자 **프로그램 작성뿐 아니라 설계에도 관여하셨나요?**

홀리 예, 여기서 제 역할은 몇몇 저수준 인터페이스 소프트웨어 개발입니다. 그래픽 라이브러리, 터치 스크린과 신시사이저용 장치 드라이버 등을 맡았습니다. 하지만 저는 설계에 대해서도 의사 결정권이 있습니다.

저는 몇 가지 흥미로운 프로젝트에 대해 연구와 설계 작업을 진행해 왔습니다. 이게 바로 제가 개발한 워드 프로세싱 프로그램인데 제법 괜찮습니다. 저는 《이상한 나라의 앨리스》, 《모비 딕》, 《전쟁과 평화》를 망라해 훌륭한 문학 작품을 포함하는 북스(Books)라는 디렉터리를 만들었습니다.

진행자 책은 타자해서 넣으셨나요?

홀리 아니요, 35파운드 수표를 옥스퍼드 텍스트 아카이브(Oxford Text Archive)로 보내면, 여러 작품이 들어 있는 컴퓨터 테이프를 보내 줍니다. 저는 데이터베이스에 사용할 목적으로 그것에 관심이 있었습니다.

저는 이 모든 텍스트를 해시로 계산해서 유의어 사전 같은 큰 용어 색인에 넣었습니다. 이 워드 프로세서 프로그램에서 타자를 하는 동안 특정 단어를 어떤 책에서 또는 어떤 저자가 어떻게 사용했는지 찾고 싶을 때 마우스로 클릭하면, 짠, 작은 창이 떠서 데이터베이스 내에 있는 다양한 책에서 위대한 저자들이 이 단어를 어떤 식으로 사용했는지 대여섯 가지 예를 보여 줍니다. 우리의 언어 패턴은 매번 비슷하게 반복되는 경향이 있지만, 이제는 막 타자한 특정 단어를 톨스토이나 다른 저자들이 어떻게 사용했는지도 한눈에 볼 수 있습니다.

또 다른 프로그램은 텍스트를 받아 방금과 동일한 데이터베이스를 사용해 사용자가 입력한 문장을 완성하기 위해 아무렇게나 문법에 얼추 맞도록 영어 문장을 만들어 냅니다. 타자를 하다가 막힐 때 버튼을 누르면 마지막으로 입력한 단어에서 탐색을 시작해 임의의 방향으로 뻗어 갑니다. 가끔 우연의 결과로 미처 확인하지 못했던 새로운 아이디어를 발견할 수 있습니다. 이 프로그램은 실제로 여기 사운드드로이드 그룹을 위한 연구 프로젝트입니다. 대규모 데이터베이스 관리와 관련된 연구이기도 합니다.

진행자 자신이 추구하는 분야에 특히 영향을 준 사람이 있나요?

홀리 물론입니다. 여기 모든 사람이 저에게 영향을 주었습니다. 앤디 무어, 앨비

스미스, 에드 캣멀, 톰 랜다우어 그리고 벨 연구소의 맥스 매튜스가 대표적입니다. 마빈 민스키와 앨런 케이의 아이디어도 때때로 영감을 줍니다. 저에게 가장 영향을 많이 준 딱 한 사람을 고를 수 없는 이유는 제가 일반적으로 좁은 분야를 탐구하는 대신 다양한(결합된) 기술들을 종합하는 데 관심이 더 많기 때문입니다.

진행자 **컴퓨터에 문제점이 있다고 보시나요?**

홀리 음 주로 '일반적인' 문제로 볼 수 있는데 새로운 기술을 괴롭히는 것과 동일한 문제입니다. 사람들은 공짜로 뭔가를 얻고 있다고 생각합니다. 마케팅 담당자들은 컴퓨터를 시간 절약 도구로 선전하면서 컴퓨터를 사면 인생이 훨씬 수월해질 거라고 주장합니다. 유혹적인 말이지만 핵심은 아닙니다. 저는 《이상한 나라의 앨리스》를 컴퓨터 화면에서 휙휙 넘기는 경험이 영국 어딘가에 가서 아주 멋지게 제본된 책을 들고 벽난로 옆에 앉아 꽃이 만발한 회랑을 바라보는 경험을 대체할 수 있다고 말하지는 않을 것입니다. 컴퓨터는 이런 일을 하려고 만든 것이 아니며, 사람들이 시류에 편승함에 따라 고도로 진화된 오래된 기술들이 사장되는 모습을 보면 가슴이 아픕니다. 이게 바로 큰 문제입니다.

진행자 **음악에서도 그런 일이 일어난다고 보시나요? 예를 들어 전통적인 악기를 생각해 보죠. 전통적인 악기들이 결국 신시사이저가 생성한 사운드로 대체될 것이라고 생각하시나요?**

홀리 그렇기도 하고 아니기도 합니다. 컴퓨터를 사용하는 요점은 대체하거나 흉내를 내거나 오래된 환상적인 기술로 행하는 연주를 듣고 있다고 사람들을 속이는 것이 아닙니다. 앞서 언급했듯이 바깥에 나가서 찍을 수 있는 사진 같은 것을 만들어 내거나 오르간 같은 소리를 내기 위해 컴퓨터를 사용해서는 안 됩니다. 우리가 원하는 바는 컴퓨터를 사용해 이미지나 사운드를 아름답게 만드는 수준의 복잡한 형태를 이루어 내고 이해하는 것입니다. 시뮬레이션은 문제를 이해하기에 좋은 수단이지만 목표는 아닙니다. 저는 예전에는 할 수 없었던 새로운 뭔가를 하는 데 관심이 더 많습니다. 예를 들어 예전에는 성당에서 파이프 오르간을 연주하는 동시에 마림바도 연주하면서 여기 사무실에서 사운드를 효율적으로 조작할 수 없었습니다. 오늘날 소비자들은 피아노 한 대 가격으로 컴퓨터가 제어할 수 있는 신시사이저를 살 수 있으며, 아름다우면서 복잡한 사운드를 만들어 낼 수 있습니다. 언젠가는 버튼을 눌러 컴퓨터가 무자크(Muzak)[6]를 빠르게 만들어 낼 날이 올 것입니다. 그게 사람들이 원하는 바라면 말입니다. 모든 강력한 기술에는 어두운 면이 있습니다.

한 달 전에 예일로 돌아갔을 때 이제 70대가 됐지만 여전히 정정한 예전 피아노 선생님을 찾아뵈었습니다. 선생님께서는 대학 저녁 동창 모임 자리에서 괴팍한 영감 한 명이 일어나서는 주름살이 늘고 새로운 뭔가를 하나 받아들일 때마다 오래된 하나를 잃어버린다고 떠들었다는 이야기를 들려주셨습니다. 그 당시 허리케인 글로리아가 막 통과한 참이라서 사람들은 조명이 나간 것에 불평하기 시작했습니다. 선생님이 예일대생이던 시절에는 전구 대신 양초를 썼습니다. 선생님은 상황이 그렇게 나쁘지 않았던 이유가 허리케인 때문에 정전됐지만 촛불이 꺼지지 않았을 뿐 아니라 촛불은 형광등처럼 윙윙거리지 않았고 촛불이 책을 다른 방식으로 밝혔기 때문이라고 말씀하셨습니다.

어둠 속에 자리 잡아 무지의 상태로 남아 있기를 자처한 사람들은 양초로 책을 읽는 것이 그리고 멋진 콘서트 홀에서 오래된 류트를 연주하는 것이 무엇인지 결코 알지 못할 겁니다. 하지만 사람들이 학습에 대한 모험심이 강하다면, 바깥으로 나가서 새로운 기술뿐 아니라 예전 기술도 탐험할 것이며, 새로운 기술과 예전 기술 모두의 진가를 알아볼 수 있으며, 모든 사물이 어떻게 큰 그림에 맞아 떨어지는지 이해할 수 있을 겁니다. 컴퓨터 이면에 무엇이 있는지, 컴퓨터가 어디서 왔는지 충분히 제대로 인식하지 못한 상태에서 컴퓨터 기술을 피상적으로 사용하는 것은 커다란 위험이지만, 제 마음속에는 사람들은 크든 작든 바른 일을 할 것이라는 신념이 굳건히 자리 잡고 있습니다. 가끔은 무섭기도 하지만요.

세상은 항상 변합니다. 바흐는 대략 300년 전 사람입니다. 300년은 그리 오래되지 않았습니다. 바흐와 저 사이에 존재한 조상들은 그렇게 많지 않습니다. 하지만 바흐의 일상생활은 저와 상당히 달랐습니다. 바흐는 깃펜을 사용해 종이에 손으로 악보를 작성했습니다. 바흐는 저처럼 비행기를 타고 대륙을 가로질러 MIT에서 사람들과 이야기를 나눌 수 없었습니다. 바흐는 같은 나라에 속한 몇 안 되는 마을에만 머무르며 일정한 사람들과 어울렸습니다. 하지만 바흐가 만든 작품을 한 번 보세요. 아, 물론 바흐 같은 사람들이 세기마다 등장하지 않으니 이런 비교는 불공평하지만요. 하지만 의사소통과 운송 수단 기술은 생각지도 못하게 사람들을 대하는 방식을 바꿨습니다. 몇 해 전과 비교해 보면 우리 사회에서 사람들 사이의 관계는 상당히 달라졌습니다. 어떤 면에서는 더 좋아졌고 어떤 면에서는 더 나빠졌습니다. 오늘날 사람들은 직업이 마음에 들지 않거나 맨해튼에서의 연애 생활이 만족스럽지 않다면 캘리포니아로 가서 새롭게 출발할 수 있다는 사실을 너무나도 당연하게 여깁니다. 아니면 비행기를 잡아타서 남태평양 섬으로 가서 활력을 새롭게 되찾기도 합니다. 인생에서 경로 변경은 비교적 쉬운 선택지가 됐습니다. 이는 문제를 해결할 필요성을 없앱니다. 버튼을 누르기만 하면 음악이 바뀌고, 스위치를 젖히면 불이 꺼지고, 비행기를 타면 노르웨이로 갑니다. 완전히 다른 세상입니다. 뭔가는 더 좋아졌고 뭔가는 더 나빠졌습니다. 새로운 기술의 흥분이 가라앉으면 우리는 좋은 점과 나쁜 점을 균형 있게 바라보기 시작할 것입니다.

용어 정리

- **게임 패들**: 게임 컨트롤러의 일종으로 휠과 발사 버튼 하나로 구성됐다. 아타리, 애플용 등이 출시됐다.
- **경영 정보 시스템(MIS, Management Information System)**: 경영 목적으로 데이터를 기록하고 처리하는 시스템
- **고수준 언어**: 기계어 지향 또는 기호 지향 언어와 구분되는 문제 지향 또는 절차 지향 언어
- **교차 컴파일**: 교차 컴파일러라는 특수한 유형의 컴파일러로 특정 유형의 컴퓨터 아키텍처에서 프로그램을 컴파일해 다른 유형의 컴퓨터 아키텍처에서 실행 가능한 코드를 생성하는 것
- **구문 분석**: 프로그래밍 문(statement)을 기계어로 번역 가능한 기본 단위로 구분하는 작업
- **기가바이트**: 10억 7374만 1824바이트
- **기능 명세**: 언어나 시스템의 운영 특징과 제약을 기술한 문서
- **다이나북(Dynabook)**: 책가방에 들어갈 만큼 작은 가상의 강력한 컴퓨터. 앨런 케이가 주창한 개념이다.
- **데이터베이스 관리 시스템**: 사용자가 처리와 출력을 할 수 있도록 데이터베이스 레코드를 만들고 조작하고 인출하게 하는 주요 기능을 가진 소프트웨어 시스템
- **데이터베이스**: 연관이 있는 여러 항목, 참조, 주제의 요약을 포함하는 전자적인 파일
- **도라도(Dorado)**: 제록스에서 출시한 리스프 컴퓨터
- **도버(Dover)**: 제록스에서 만든 초창기 레이저 프린터
- **디버그**: 컴퓨터 프로그램에서 오류를 찾고 수정하고 제거하는 행위

- **디지타이즈**: 아날로그 측정값을 이진법으로 표현되는 숫자로 변환하는 작업
- **랜(LAN, Local Area Network)**: 수많은 컴퓨터, 주변 장치, 터미널이 좁은 지역 내에서 자원을 공유하게 만드는 시스템
- **레이저라이터(LaserWriter)**: 애플에서 출시한 포스트스크립트 인터프리터 내장 레이저 프린터
- **로고(Logo)**: 교육용 프로그래밍 언어로 1967년 시모어 패퍼트, 신시아 솔로몬, 월리스 포이어차이크 주도로 개발됐다. 이후 다양한 구현체가 나왔으며 개리 킬돌은 디지털 리서치에서 로고 구현체 중 하나인 DR 로고를 개발했다.
- **리사(LISA)**: 애플에서 만든 마이크로컴퓨터
- **리스트 처리**: 순서가 있는 리스트에 저장된 데이터 처리
- **리스프(LISP, LISt Processing)**: 기호 문자열과 재귀 데이터를 처리하기 위해 개발된 상호 대화식 언어
- **마이크로소프트 워드**: 마이크로소프트에서 만든 워드 프로세서
- **마이크로컴퓨터**: 일반적으로 단일 마이크로프로세서 칩과 (반도체 메모리를 포함한) 지원 구성 요소로 이루어진 저렴한 컴퓨팅 시스템으로, 이 책 집필 당시에는 주로 키보드를 포함한 작은 케이스에 들어 있었다.
- **마이크로프로세서**: 단일 칩에 내장된 완전한 프로세서로, 마이크로컴퓨터의 CPU로서 기능한다.
- **멀티메이트(Multimate)**: 소프트워드 시스템스에서 만든 워드 프로세싱 프로그램
- **메가바이트**: 104만 8576바이트
- **메사(Mesa)**: 제록스 PARC에서 1970년대 중반 개발한 프로그래밍 언어. 알골과 비슷한 형태로 모듈러 프로그래밍을 지원하기 위해 만들어졌다.
- **메인 프레임**: 아주 큰 중앙 집중식 컴퓨터 시스템. 이 책이 집필될 당시 가장 흔한 메인 프레임 컴퓨터는 32비트 워드 길이를 지원했으며, 대략 512킬로바이트에서 16메가바이트에 이르는 메모리 용량을 제공했다.
- **메인세일(Mainsail)**: 다양한 컴퓨터에 이식하는 상황을 염두에 두고 스탠퍼드 대학교에서 개발한 프로그래밍 언어로 동적 메모리를 지원했다.
- **메일 병합(mailmerge)**: 개인용 편지 형식을 만들기 위해 워드 프로세싱 프로그램이 제공하는 기능

- **모듈**: 하드웨어에서는 완벽한 장비를 구성하기 위해 다른 구성 요소와 결합이 이뤄지는 교체 가능한 플러그인 구성 요소를 말하며, 소프트웨어에서는 업무를 수행하기 위한 일련의 명령어 집합을 말한다.
- **모듈라-2(Modula-2)**: 볼리션(Volition) 시스템에서 만든 프로그래밍 언어. 모듈, 독립적인 컴파일, 프로그램 라이브러리, 병행 프로세스, 저수준 하드웨어 접근 같은 기능을 포함하고 있다.
- **미니컴퓨터**: 일반적으로 반도체나 자기 코어 메모리를 포함하고, 4K 워드에서 64K 워드까지 저장 공간을 제공하며, 저장 장치 읽기 속도가 0.2에서 8마이크로초 정도인 중형 컴퓨터 시스템
- **바이트**: 컴퓨터 메모리와 디스크 저장소에 쓰이는 크기 단위. 1바이트는 8비트를 포함하며 글자 하나(영문자, 숫자, 구두점)를 저장할 수 있다.
- **반도체**: 전기적인 전도성이 있는 물질(일반적으로 불순물이 섞인 실리콘)로 금속과 절연체의 중간에 해당하는 특징을 지니며, 이를 통해 흐르는 전류를 제어하거나 사용하는 특성이 있다.
- **배경 작업 처리**: 높은 우선순위나 빠른 응답이 필요한 프로그램이 비활성화될 때 낮은 우선순위 작업이 수행된다.
- **백스(VAX)**: DEC에서 만든 컴퓨터 시리즈
- **범용 운영 체제**: 사용자에게 한 번에 둘 이상의 콘텍스트 설정을 허용하는 운영 체제
- **베이식(BASIC, Beginner's All-purpose Symbolic Instruction Code)**: 다트머스 대학교에서 개발한 고수준 범용 컴퓨터 프로그래밍 언어
- **베타 테스트**: 제작자가 아닌 다른 사람이 외부에서 수행하는 하드웨어나 소프트웨어 테스트
- **벤처 캐피털**: 새로운 사업에 투자하기 위한 자본
- **불 대수**: 수학자 조지 불의 이름을 따서 붙인 논리 함수 체계로서 AND, OR, NOT, EXCEPT, IF, THEN 같은 연산자를 사용해 각 구성 요소가 일반적으로 참 또는 거짓이라는 두 가지 상태 중 하나가 될 수 있는 논리 문제의 해법을 유도한다.
- **브라보**: 제록스 알토 컴퓨터에서 동작한 첫 위지위그 방식 워드 프로세서
- **비디오디스크(videodisc)**: 넓은 의미에서는 영상을 담는 저장 매체를 가리키나 대개

는 DVD 이전 시기 디스크를 일컫는다.
- **비전(Vision)**: 비지코프(VisiCorp)가 만든 통합 운영 환경 패키지로, 사용자가 화면에 여러 애플리케이션을 동시에 띄워 작업할 수 있게 지원한다.
- **비지캘크(Visicalc)**: 소프트웨어 아츠에서 만든 사업 목적의 전자 스프레드시트 프로그램
- **비트**: 컴퓨터가 측정하거나 감지할 수 있는 가장 작은 단위로 이진수(0 또는 1)에 대응된다. 8비트는 1바이트를 구성한다.
- **비트맵**: 화면의 각 픽셀이 컴퓨터 메모리에서 1(흑백) 또는 더 많은 수(컬러)의 비트에 대응하는 컴퓨터 화면 시스템을 지칭한다.
- **사이드킥(Sidekick)**: 볼랜드에서 출시한 개인 정보 관리 프로그램으로 다른 프로그램을 사용하는 중에 단축키로 실행해 일정 관리, 계산기, 주소록 등의 기능을 사용할 수 있었다. 멀티태스킹이 일반화되지 않았던 도스 시절에 유용하게 쓰였다.
- **삼나(Samna)**: 기업 사용자를 대상으로 출시된 도스용 워드 프로세서. 1990년 로터스에 인수되었다.
- **상호 대화식**: 사용자의 명령과 응답을 포함하는 컴퓨터와 사용자 사이의 양방향 의사소통을 의미한다.
- **스노볼(SNOBOL, StriNg-Oriented symBOlic Language)**: 문자열을 처리하기 위한 프로그래밍 언어
- **스위처(프로그램)**: 앤디 허츠펠드가 애플 매킨토시용으로 작성한 유틸리티 프로그램으로, 사용자가 한 번에 메모리에 애플리케이션 둘 이상을 띄운 다음 빠른 전환이 가능하게 한다.
- **스위프트웨어(SwyftWare)**: 스위프트카드에 포함되어 있던 통합 애플리케이션 스위트를 디스크에 담아 판매한 제품
- **스캐너**: 다양한 프로세스와 파일 상태 또는 물리적인 상태를 검사하고 추출하는 도구
- **스타**: 제록스에서 1981년 발표한 컴퓨터로 비트맵 디스플레이, 윈도 기반 GUI, 아이콘, 폴더 등을 제공했고 이더넷 네트워크 기능을 지원했다.
- **스프레드시트**: 비즈니스나 과학 워크시트를 컴퓨터로 흉내 내는 소프트웨어 패키지

- **시디롬**: 레이저를 사용해 회전하는 디스크 표면에서 홈을 감지하는 광학식 저장 시스템으로, 700메가바이트까지 정보를 저장할 수 있다.
- **시분할 시스템**: 중앙 컴퓨터의 시간을 여러 사용자 사이에서 공유하게 만든 시스템
- **시스템 설계**: 시스템을 구성하는 모든 요소 사이의 동작 관계를 명세하는 작업
- **실시간**: 반드시 문제를 풀어야만 하는 시간 내에 답을 주기에 충분한 속도
- **알고리즘**: 유한한 단계로 문제에 대한 해법을 찾기 위한 규칙 또는 과정의 미리 정해진 집합
- **알골(ALGOL, ALGOrithmic Language)**: 산술과 논리 처리의 표현과 제어를 위해 설계된 범용 프로그래밍 언어
- **알테어(Altair)**: MITS가 생산한 초창기 마이크로컴퓨터. 키트 형태로 판매되었다.
- **알토**: 제록스 PARC에서 개발한 워크스테이션 컴퓨터. 알토는 스몰토크라는 고급 언어와 마우스라는 입력 장치 그리고 여러 알토를 서로 연결하는 네트워킹 기술을 특징으로 내세웠다.
- **애플리케이션**: 범용 프로그램이나 유틸리티 프로그램과 대조적으로 특정 사용자 작업(급여 계산 같은)을 달성하기 위해 작성된 프로그램
- **어셈블러**: 저수준의 컴퓨터 소스 코드를 실행 가능한 기계어 코드로 변환하는 프로그램. 또한 어셈블리 언어와 동의어로 사용되기도 한다.
- **어셈블리 언어**: 기호적인 기계어 구문에 기반한 소스 코드를 만들기 위한 저수준 컴퓨터 언어. 이런 기계어 구문은 실제 기계어와 일대일로 대응하는 특성이 있다.
- **운영 체제**: 컴퓨터 시스템 내부에서 작업을 관리하고 제어하는 프로그램
- **워드 프로세서**: 텍스트 서식을 처리하고 텍스트를 편집하기 위한 전용 프로그램 또는 전용 컴퓨터
- **워드스타**: 마이크로프로 인터내셔널에서 만든 워드 프로세서
- **워드퍼펙트**: 새틀라이트 소프트웨어 인터내셔널에서 만든 워드 프로세서
- **워크스테이션**: 워드 프로세싱, 데이터 처리, 데이터 통신 장비를 결합한 컴퓨터. 또한 비즈니스, 엔지니어링, 과학 기술 애플리케이션을 수행하는 더 큰 전용 컴퓨터에 연결된 터미널을 지칭한다.
- **원시(primitive)**: 기본 또는 근본 단위. 기계어의 최하위 수준을 지칭한다.

- **윈도**: 주 화면과 독립적으로 정보가 나타날 수 있게끔 화면에서 정해진 영역
- **유닉스**: 미니컴퓨터와 마이크로컴퓨터용으로 벨 연구소에서 개발한 운영 체제
- **이메일**: 사용자가 전자적으로 메시지를 만들고 보내고 받기 위한 시스템
- **인공 지능**: 일반적으로 학습, 적응, 추론, 자가 수정 같은 사람의 지능과 관련된 기능을 수행할 수 있는 하드웨어와 소프트웨어 개발을 의미한다.
- **인출**: 여러 항목을 포함하는 저장소에서 특정 항목이나 항목 그룹을 찾아내어 가져오는 연산
- **인터페이스**: 특징이 다른 두 시스템 사이의 공통 경계 또는 유형이 다른 구성 요소, 회로, 장치, 시스템 사이의 연결
- **인터프리터**: 실행할 때마다 소스 코드를 기계어로 변환하기 위해 사용되는 프로그램
- **인포스타**: 마이크로프로 인터내셔널에서 1982년 출시한 데이터 관리 프로그램
- **자동 줄 바꿈**: 한 행의 가장자리를 넘어가는 단어들을 자동으로 다음 행으로 옮기는 워드 프로세서 기능
- **자료 구조**: 파일, 문자열, 행렬 등에 접근할 수 있도록 데이터나 정보의 모음을 조직화하는 원리
- **재귀**: 자신을 정의할 때 스스로를 재참조하는 방식
- **전문가 시스템**: 일반적으로 사람의 사고와 관련된 의사 결정 과정을 흉내 낼 수 있는 컴퓨터 시스템
- **제록스 PARC(Xerox Palo Alto Research Center)**: 제록스에서 1970년에 설립한 기술 연구소
- **젬(GEM)**: 디지털 리서치에서 개발한 그래픽 기반 사용자 인터페이스로, 파일을 표현하기 위한 아이콘, 디렉터리와 하위 디렉터리를 표현하기 위한 창, 사용자 제어를 위한 메뉴를 사용한다.
- **캐드(CAD, Computer-Aided Design)**: 자동화된 설계와 제도 시스템
- **커서**: 데이터가 입력될 위치나 수정될 글자를 강조하기 위해 화면에서 사용되는 표시기
- **컴덱스(COMDEX)**: 컴퓨터 하드웨어, 소프트웨어, 관련 제품을 전시하는 연례 박람회. 미국 컴덱스는 2003년을 마지막으로 더는 열리지 않는다.

- **컴파일**: 고수준 언어로 작성된 프로그램을 기계가 더 쉽게 해석 가능한 프로그램으로 고속 처리하는 것
- **컴파일러**: 프로그래머가 고수준 언어로 작성한 프로그램으로부터 실행 가능한 기계어를 생성해서 어셈블하는 컴퓨터 프로그램
- **컴퓨터 그래픽스**: 컴퓨터가 생성한 도표, 그래프, 관련된 그림 등을 비디오 화면이나 인쇄 형태로 표현한 것
- **코드**: 특정 프로그래밍 언어를 위한 문자 구문과 규칙을 포함하는 체계. 프로그래머는 코딩을 할 때 특정 프로그래밍 언어를 사용해 컴퓨터 프로그램을 작성한다. '코드 보기'라는 표현은 일반적으로 프로그램 목록을 읽는 행위를 의미한다.
- **코볼(COBOL, COmmon Business Oriented Language)**: 영어 구문을 사용하는 프로그래밍 언어
- **콘도르(Condor)**: 콘도르 컴퓨터에서 만든 데이터베이스 관리 시스템
- **파스칼**: 수학자 블레즈 파스칼의 이름을 따서 붙인 고수준 언어
- **파일 서버**: 네트워크 파일을 저장하고 처리하기 위한 네트워크상의 컴퓨터와 소프트웨어
- **팔진법 시스템**: 기수로 2나 10이 아닌 8을 사용하는 진법
- **퍼블릭 도메인 소프트웨어**: 흔히 일반 대중이 무료로 사용할 수 있도록 저작권을 포기한 소프트웨어를 지칭한다.
- **펌웨어**: 컴퓨터의 영구적인 메모리 또는 롬에 저장된 프로그램
- **편집기**: 소스 코드로 프로그래밍하기 위해 사용되는 범용 텍스트 편집 프로그램
- **포스(Forth)**: 다양한 범위의 문제를 해결하기 위해 마이크로컴퓨터에서 사용된 확장 가능한 언어
- **포트란(FORTRAN, FORmula TRANslation)**: 숫자 계산을 위해 개발된 고수준 프로그래밍 언어
- **폰트**: 정해진 크기와 형태에 따라 만들어진 글자, 숫자, 구두점의 완전한 세트
- **프로그래밍 언어**: 컴퓨터 프로그램 작성에 사용되는 특정 구문, 규칙, 단어, 용어를 갖춘 정의된 언어. 베이식과 파스칼을 예로 들 수 있다.
- **핀볼 컨스트럭션 세트(Pinball Construction Set)**: 1982년에 출시된 애플 II용 게임으로 사용자 스스로 가상의 핀볼 기계를 구성해서 직접 실행해 볼 수 있었다. 중력

과 물리학 법칙 같은 속성을 조정해 가면서 현실감을 더할 수 있었으며 사용자들이 정의한 핀볼 판은 디스크에 담아서 자유롭게 교환할 수도 있었다.

- **하향식 프로그래밍**: 전체 시스템을 설계하고 나서 독립된 모듈로 분해하는 방식의 구조화된 프로그래밍 기법
- **해커**: 프로그래머를 의미하는 속어
- **핵**: 컴퓨터 프로그램 작성을 의미하는 속어
- **허큘리스 카드**: 허큘리스 컴퓨터 테크놀로지에서 만든 고해상도 텍스트를 지원하는 그래픽 카드
- **화면 인터페이스**: 비디오 화면에 무엇이 등장할지 제어하는 컴퓨터 프로그램의 일부
- **확장 가능한 언어**: 사용자가 새로운 구성 요소를 정의하고 기존 구성 요소를 변경하도록 허용하는 언어를 말한다.
- **APL(A Programming Language)**: 산술·절차 중심의 고수준 언어. 일반적으로 특수한 단말기를 요구하는 상호 대화식 언어로, 수학과 과학 작업에서 진가를 발휘했다.
- **C**: 벨 연구소의 데니스 리치가 개발한 프로그래밍 언어로 실행 시간, 크기, 효율성을 최적화하기 위해 설계되었다. C 언어는 하드웨어에 의존적이지 않으므로 프로그램은 합리적인 기대 수준에서 변경 없이 올바르게 동작 가능한 수준으로 한 컴퓨터에서 다른 컴퓨터로 자유롭게 이식할 수 있다.
- **CDC 6400**: 컨트롤 데이터 코퍼레이션에서 1960년대 만든 메인 프레임
- **CEO(Chief Executive Officer)**: 최고 경영자
- **CP/M(Control Program for Microcomputers)**: 디지털 리서치가 만든 8비트 마이크로컴퓨터용 운영 체제. M은 원래 'monitor'를 뜻했으나 상표 등록 과정에서 'microcomputers'로 바뀌었다.
- **CPU(Central Processing Unit)**: 마이크로컴퓨터의 구성 요소로 명령어 해석과 수행을 제어하는 회로가 들어 있다.
- **DARPA(Defense Advanced Research Projects Agency)**: 미국 국방 고등 연구 계획국. 미국 국방부 산하 연구 기관으로 군사 응용 기술을 연구하기 위해 1958년 설립되었다.

- **HP 3000**: HP에서 1972년 출시한 시분할 지원 16비트·32비트 미니컴퓨터
- **IBM 650**: 1950년대 중반 생산된 마그네틱 드럼 방식의 디지털 컴퓨터이며 최초로 대량 생산된 모델
- **IBM PC AT**: IBM에서 1984년 출시한 PC 제품군의 네 번째 모델로 인텔 286 프로세서를 탑재했다.
- **IMSAI 8080**: 1975년 출시된 인텔 8080 기반 마이크로컴퓨터로 CP/M을 수정한 운영 체제를 탑재했다.
- **LSI(Large Scale Integration)**: 수십만 개에 이르는 논리 게이트를 포함하는 컴퓨터 칩 제작 기술
- **MS-DOS(Microsoft Disk Operating System)**: 16비트 마이크로컴퓨터용으로 마이크로소프트에서 개발한 운영 체제
- **PC-DOS**: IBM PC에서 사용된 MS-DOS 운영 체제 버전
- **PDP 시리즈**: DEC에서 만든 미니컴퓨터 시리즈. PDP-8, PDP-9, PDP-10, PDP-11 등이 있다.
- **PL/1(Programming Language 1)**: IBM에서 과학, 공학, 비즈니스, 시스템 프로그래밍을 위해 개발한 언어로 DEC에서도 구현해 자사 시스템에 탑재했다.
- **PL/M(Programming Language for Microcomputers)**: 게리 킬돌이 1973년 인텔 프로세서용으로 개발한 프로그래밍 언어
- **PLATO(Programmed Logic for Automatic Teaching Operations)**: 일리노이 대학교에서 운영된 최초의 범용 컴퓨터 보조 학습 시스템
- **R:베이스 시리즈**: 마이크로림(Microrim, Inc.)에서 개발한 단일 사용자 관계형 데이터베이스 프로그램
- **ROM(Read-Only Memory)**: 컴퓨터의 영구적인 메모리
- **TK!Solver**: 소프트웨어 아츠에서 1982년 출시한, 선언적 규칙 기반 언어를 바탕으로 한 수학 모델링 및 문제 해결 소프트웨어 시스템
- **TRS-80**: 라디오 색(Radio Shack, Inc.)에서 판매되던 마이크로컴퓨터
- **VMS(Virtual Memory Storage)**: 메모리를 주(primary) 영역과 부(secondary) 영역이라는 두 부문으로 구성하고, 부 메모리를 다시 4096바이트 이상의 '페이지'로 나눈 시스템. 이 시스템은 필요에 따라 프로그램 모듈을 부 저장소(흔히 디스크

드라이브나 다른 대용량 저장 장치)에서 주 저장소로 옮길 수 있어서 사용 가능한 주 저장소의 총량보다 더 큰 프로그램을 사용할수 있다.

- **Z80**: 자일로그에서 만든 8비트 마이크로프로세서
- **8080**: 인텔에서 개발한 마이크로프로세서 칩으로 많은 초창기 마이크로컴퓨터가 이 칩을 사용해 만들어졌다.
- **6502**: 모스 테크놀러지에서 개발한 8비트 마이크로프로세서로 애플 I·II, 아타리, 코모도어 등 여러 제품에 탑재됐다.
- **16032**: 내셔널 세미컨덕터(National Semiconductor)에서 1982년 출시한 마이크로프로세서로 이후 이후 NS32016으로 이름이 바뀐다.
- **5세대**: 1980년대에 개발되던, 처리 속도와 인공 지능에 크게 의존하는 컴퓨터 시스템 유형을 기술하는 용어

부록

댄 브리클린

첫 비지캘크 매뉴얼에서 가져온 두 페이지. 당시 비지캘크는 캘큘레저(Calculedger, CL)라고 불렸다. 브리클린이 손으로 작성한 편집 변경 사항에 주목하자.

Using CL is similar to placing your pencil on a piece of paper, and then writing something down. The main ~~difference~~ *advantage* is that CL provides you with a "magic" piece of paper that has the ability to do computations like a calculator. Before we actually use CL, you ~~must~~ *should* learn the definition of a few terms that are used to refer to parts of the computer screen. Here is an example of a simple application using CL, as it would appear on the screen, *with those parts labelled*:

The screen is divided into two sections: the top three lines (the menu/status area) and the data area below. The data area is where data actually appears. The data area is divided up into rows and columns. The rows are numbered and the columns are named by letters. The intersection of a row and a column is called an entry. Each entry can be referred to by indicating its column and row, e.g. *B7*. You can place either numbers (called values) or text (called labels) at an entry.

The highlight on entry B5 above is called the cursor. You can move the cursor from entry to entry using the arrow keys on the right of the keyboard. This is the first thing that you should learn to do in order to use CL. The character in the upper right corner of the screen (called the direction indicator) will tell you which way the arrow keys will make the cursor move. If the direction indicator is a minus sign (-) then the cursor will move left and right. If it is an exclamation point (!), then the cursor will move up and down. The right arrow always moves you forward (from A to B, or 1 to 2) (while the left arrow always moves you backward (from B to A, or 2 to 1). [You can switch the direction indicator between ! and - by pressing the space bar.] Try moving the cursor around on the screen to get used to how it works. You might notice that the beginning

댄 브리클린

Replicate

The replicate command is used to copy the contents of an entry into other entries. It is useful when a group of entries (such as a row) are all similar expressions. For example, you could set an entry to be the sum of the two entries above it. You could then use the replicate command to make the other entries in that row also be the sum of the two entries above them. Entries whose contents have been set using the replicate command are no different than entries that have been set by hand, and can be displayed [on the entry contents line] by pointing to them with the cursor and modified individually just like any other entry.

Any type of entry may be replicated -- expressions in value entries, label entries, blank entries, ~~and the other special entry types~~. If the entry is a value entry, then the replicate command can make ~~a few~~ [value] changes to the expression as it copies it into each new entry. ~~For example,~~ When a [value] reference ~~to another entry~~ appears in an expression, the replicate command gives you ~~the~~ [two] options ~~of having~~. [The first option is to have] the copy refer to the exact same entry (by not modifying the [value] reference), ~~or~~ [The other option is to] hav[e] it refer to the entry that is in the same relative position to the entry with the copy as the originally referenced entry was to the entry being copied. ~~You can also make modifications to numeric values that appear in an expression. You can have the value incremented by a constant amount each time that it is copied.~~ The examples at the end of this section should help you understand how th[ese] expression modification[s] work[s].

To use the replicate command you first type /R. It will then ask you what you want to replicate. It will have the current entry [coordinates] already filled in on the input line (line 3 of the menu/status area). You th~~en position the cursor on the entry that you want to copy (if its the current entry then you don't have to do anything)~~, and ~~then~~ press RETURN. CL will then

(May what this like)

부록 423

밥 카

밥 카가 작성한 여덟 페이지짜리 문서. 워드프로세싱·스프레드시트 프로그램인 프레임워크 개발 초기 생각이 잘 드러나 있다.

FRAME MANAGER   3-15-82   ①

Good morning Robert. Your task is to figure out
  1) frame organization in the db. how are they organized, accessed, threaded.
  2) proc (frame) accessing & threading

- all frames have a universal 32-bit address
    → - on 8088 this yields 16-b seg addr & 16-b logical addr
- all pointers to other frames consist of a 32-bit name. Passing this frame name through a translation table gives a 32-bit po frame pointer (above mentioned)

  At runtime we have the frame space — a heap or string space like memory area. All frame refs are via the frame name. As this passes through the translation/lookup code, if the frame isn't in mem, the space, it's brought from disk. If it's not on disk, an error occurs.

  At one end of frame space is the frame stack. The frame mngr also includes the core interpreter for the frame language. The interpreter & language use the stack. When a cell is evaluated it's first put on the stack and all its referenced cells & frames are evaluated.

밥 카

② 2-15-82

[Will the Frame Language be Reverse Polish Notation? (Prefix)]

This is how values are kept up to date. Simple grind it through EVAL of whole reference tree.
— or do we want a clever scheme of knowing what's been changed & what hasn't?

Now, where do <u>values</u> live? and what does it mean for a frame to be sent to the execute port?

- each cell has at least 2 corresponding cells (a 3rd for format?). 1 for the "frame language instance" or text; 1 for the "value" of that f.l. instance. (formula)
⊗ If all the cell has is text, as in a paper, then it doesn't make sense for it to have a value.
If it does have a f.l.i. then the value is empty until the first time the user sends the f.l.i. to the execute port.

<u>No</u>. the "value cell" corresponding to the formula cell will be in a totally different frame, a temporary 'twin' frame cloned from the first only for the life of the value port.

Also, probably any kind of formatting info, if we have it, should go to a separate frame.

The execute port keeps the source & value frames associated.

Ex.

③

Frames then are a collection of variable length cells.
Cells can have at least 3 <u>types</u> of data:
- text
- text that is a frame language instance
- number

> Q: cell typing? What will we have? If cell types support sequences and records & arrays then it'll be a cinch to implement all indices and info about frames ontop of the frames.

Frames have some kind of frame map, to tell where cells are, & what they are too.
I want frame cells to be easily changeable in size, deletable, insertable.

> If a frame cell of plain text is a sequence, then the editor obviously has an easy time of it.

Since the frame space will be in a different part of memory than Pascal, there'll have to be read & write word procs, then most all the frame mngr can be written in Pascal. Then, later, what needs to be faster can be written into assembler & deal with that memory directly. Then the pascal code will be additional documentation for the key assembler routines.

밥 카

(4)

initially in assembler we'll need
- Read ~~Byte~~ (32-bit)
- Write ~~Byte~~ (32-bit~~add~~ into frame space)
- MoveBytes (from: 32b, to: 32b; count:)
  L also use to move data ~~that~~ between Pascal data space and frame space, as well as in frame space.

but can be in Pascal too { frame name to pointer routines, simple translation
sequence implementation

frame space

Disk:

} in frame space the frames could be all contiguous. Then resplit into blocks at write out.

} on disk frames must live on fixed length blocks of some kind.

Ok, for now we'll have the plan:
- frames are (potentially) split across blocks on disk.
- but when a frame is read in (possibly forcing other frames out!) it is read into a contiguous chunk.
- finally the frame is ~~its~~ split across blks again at write out time.

) chose this design↑ because) envision memory being big enough for a frame space large enuf to hold ~~most~~ most all frames. Hence at system startup we read all frames in, at system turn off we write them all out.

But what about a frame changing its ~~a~~ size, it'll force all the others to shift in memory?
↪ No, the current frame, or any frame that's about to

부록   427

be changed in size, will first be brought to the top of the frame pile, next to free space. Since all editing is confined to one frame at a time (except multiple windows? and couldn't value frames also change size at execute time if we allow string types for cells & values?) only the current frame to change will be changing in size. And we've just moved him to the top of the frame pile (and shifted over his old spot).

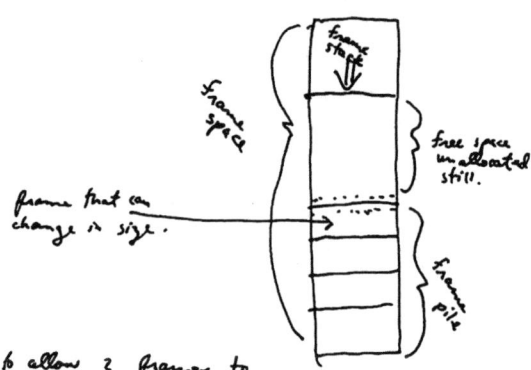

if we wanted to allow 2 frames to concurrently change, we'd have frame space like so:

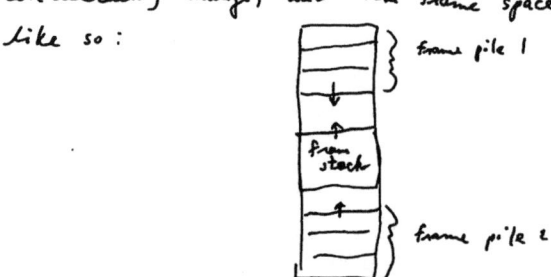

or some such monstrosity.

밥 카

⑥

But I like the first picture of frame space. It'll
work well: 1) Frames that are often changing in (multiple)
size ~~will~~ "concurrently" will be small
ones, easily copied to & from the
top of the pile. The changing ones
will collect in a working set at the
top of the pile so not much shifting has
to be ~~down~~ done.

2) when the user's editor 2 or more large
frames, almost always only one will be
edited and the others only read or copied.
— is this really true? I hope so. I
envision the frames most always being small,
anyways.

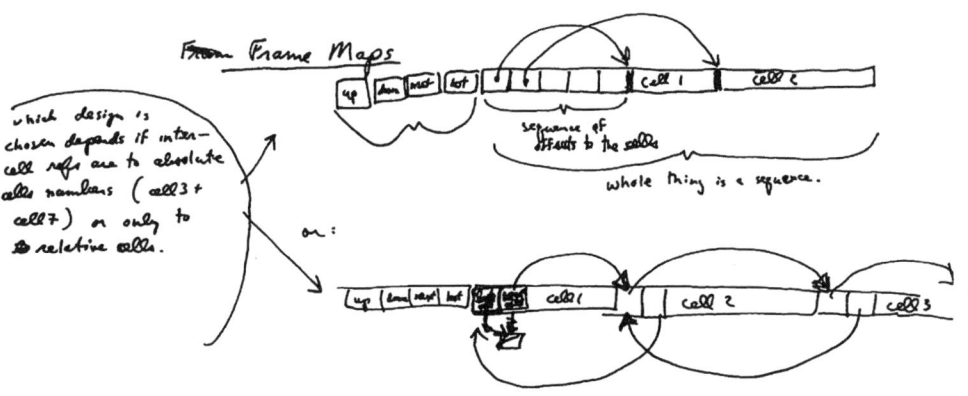

부록　429

⑨

[Current Position = Current Curson Loc
  globally there is one current pos. This consists of:

    — cur Port ?
    — cur Frame
    — cur Cell
    — cur byte in Cell.

(annotation: one for every port)

Now how is a cell displayed? sent to it's
    bitmap which is then sent to the graphics buffer?
So what happens when one character is inserted into
    a cell?

    1) the char is inserted into the cell itself, adjusting
       pointers, after 1st move the cell's frame to the top
       of the frame pile if necessary

2 redisplays of whole cell   { 2) that cell is then redisplayed to the bit map
sounds like alot for every   3) which bitmap is then redisplayed to the graf buffer
character change to my
mind, but it gives up the
whole dynamicness of the display
etc: dynamically changing justification
in cells etc., as you type into a cell it gets
bigger & bigger, other cells get pushed down, etc. etc.
and all with relatively simple code. As soon as I try to only
redisplay the current line only, then the code gets much worse.

밥 카

the typing
bootstrapping

⑦

Frame Linking

{ these procs in assembler. } Frame name to pointer table (a table of which Frames are in mem and where) ~~as a sequence~~

translation

as sequence of 2 32-bit entries.

Then otherwise, whatever kinds of linking I decide for.

e.g.:
new Frame name := Up, Down, Next, Last (frame name);

⑧

Frame Cells

how to give frame cells meaningful names for reference?

have absolute or relative (or both) inter-cell refs?

부록 431

밥 카

프레임워크의 수석 개발자인 밥 카는 이 스케치를 '스프레드시트 배회하기'라고 불렀다.

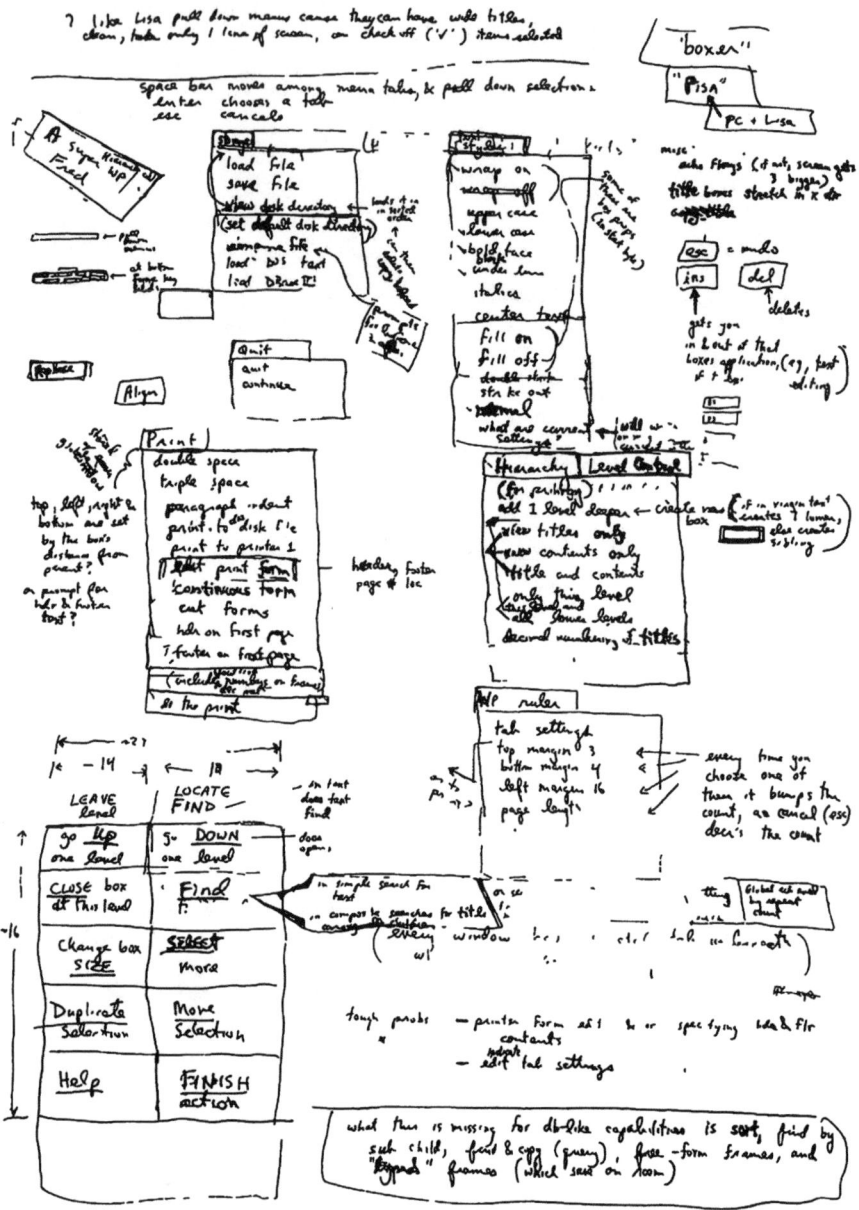

밥 카

밥 카가 작성한 이 스케치는 '내부 코드 구조를 조직화하는' 방법을 보여 준다. '프레드(fred)'는 프레임워크를 가리키는 암호명이었다.

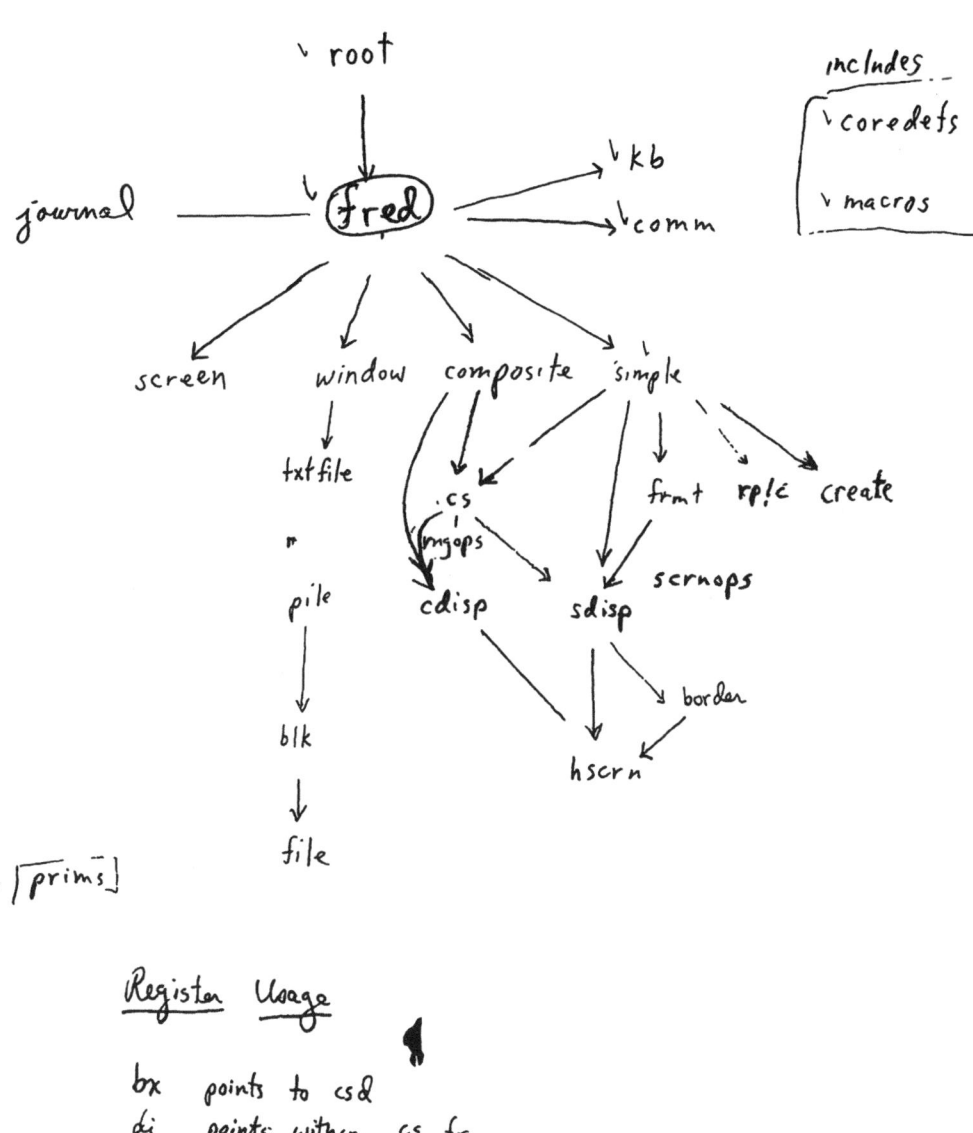

밥 카

밥 카가 작성한 이 스케치는 프레임워크의 계층적인 트리 메뉴를 보여 준다.

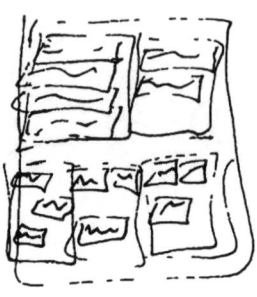

밥 카

to menus

) are single frames:
each button is a choice
some choices may be on at same time
each choice specifies the other sibling
   choices which must be off, & those which must
   be on (eg. hitting [Justify] turns [Fill] button on, also).
each choice has an associated action routine

ves through menu w/ normal commands

 does a [doit] on selection

ice has a msg which is displayed when it's selected

ed choices redisplay immediately their action

(the simple code for insert frame pops the
  sel & calls composite code for insert frame

부록

밥 카

프레임워크 개발 과정에서 밥 카가 작성한 '브레인스토밍, 정렬, 알고리즘, 구조'의 예시를 보여 준다.

밥 카

1st child of
~~simple see~~ of
s is simple, sort
~~all~~

if cs!is ~~simple~~
then sort ~~all~~ children
by !content
else it range sel
sort all selected children
by content

user must type in
target string

then
children
range (cs)
of
))

③ it single (as)
{ search all
children's content
for target
}
else (# range (cs) >)
{ search select'd children's
content for target
}

where content is defined
as: if 1st sortee is simple
then sort by that ~~frame~~
test (~~any siblings which
are composite have see their
content of their first name
for compare~~)

or if 1st sortee !simple
then prompt user to select
a sub frame (can be several
levels down) on which to
sort.

where content
is the same
as

③ Translate is just the same as
Find except ① user is prompted for replace
string ~~after find but is~~
~~found target~~

② at first
user is asked after
~~type in~~ ~~replace~~ string
whether he wants global
replace

② at first hit ~~he~~ ~~prompted~~ replace
given choices: a) ~~replace this & all~~
b) replace this
c) quit

down to the 0th elt.

밥 프랭크스턴

밥 프랭크스턴은 1970년대 중반에 자신이 생각한 내용을 실제로 보여 주는 석사 논문과 박사 논문 초안을 제공했다. 프랭크스턴은 "심지어 지금도, 비록 모델은 시분할 서비스의 공유된 부분에서 변해 왔지만, 방향은 여전히 가용 정보를 활용하기 위한 개인의 능력에 초점을 맞추고 있습니다."라고 말했다.

Abstract   R. Frankston

THE COMPUTER UTILITY AS A MARKETPLACE FOR COMPUTER SERVICES

by

Robert Matthias Frankston

Abstract

Computers are unique in their ability to be programmed for a wide variety of applications. This is in contrast with hardware dedicated to specific tasks such as the telephone system. Because of its flexibility, a computer system can support, concurrently, many diverse services that do not require dedicated hardware. Conversely, these services act to bring the capabilities of the computer to the consumer who might otherwise find the operational difficulty of running computer programs too formidable.

Since the computer is supporting many services which are sold to consumers it is natural to model the system as a marketplace for these services. Most contemporary computer systems are oriented towards users who run programs. The environment for services puts different requirements on the computer systems than do the needs of programmers, so as to permit all the participants in the market to make effective use of its facilities without requiring dedicated facilities and without interfering with each other. As with any marketplace, it must be convenient to do business within its framework.

The requirements of such a marketplace are not satisfied in contemporary computer systems. However, the marketplace can be evolved from some existing computer systems without fundamental changes. Presently the use of a computer requires considerable expertise on the part of the user. The evolution to a marketplace is necessary if the capabilities of computer systems are to be made more widely available than they are now.

THESIS SUPERVISOR: F. J. Corbato
TITLE: Professor of Electrical Engineering

Abstract   Page 2   1/18/74

밥 프랭크스턴

Thesis directions as of December 17, 1976   R. Frankston

Introduction

I am interested in allowing the user of a personal (i.e. local) database system to make effective use of data residing in other such systems. This would be accomplished by providing the user with a means of specifying the characteristics of his database so that a datamanagement system may be able to take advantage of the these characteristics in improving performance.

I am assuming an environment consisting of many computer systems. Each system is built around a small, but sophisticated computer. It may be thought of as a personal Multics (for example) or even as a process on a shared system. The key concepts are:

1. There is no central authority that can dictate policy to these systems.

2. The topology of the connections between such systems varies. We are interested in solutions that are effective for a class of interactions rather than being optimized for one particular configuration. Closely related to this is the assumption that no system can "know" the overall topology.

3. The users of such systems will vary from sophisticated users who may be concerned with dealing with their systems as computers to more common users who do not want to have to specify how to perform each function in order to get useful work done.

Systems in such an environment would be oriented more toward information management than computation, or even "data processing". For the sake of simplicity I am going to equate the term "information management" with "data management". The former term is actually more appropriate but encompasses intelligent processing that I prefer not to deal with at this time. For the sake of my model I am going to assume the availability of a database technology including query languages that can deal with a local database. My interest is then in extending such a technology to allow a user of each system to deal with data that may reside at other such systems. By this I mean that the datamanagement systems should provide an interface that allows a user to share information (again, just data for now) with users of other systems without being concerned with the details of how the sharing is done. It must do this while providing a level of efficiency and consistency with his conceptual model of this process that is comparable with that obtainable within the context of a local datamanagement system.

Perhaps this examples does not belong here. While it is detailed, it is perhaps too much so this early in a proposal.

As an example of an environment with distributed information management we can examine three database sites within a corporation, concentrating on management of salary and payroll data. The three participants are a branch office, the personnel department and the payroll department. This introduction gives a brief example of a hypothetical interaction which we will examine in more detail later.

빌 게이츠

빌 게이츠와 폴 앨런이 1975년 작성한 8080 베이식을 위한 원본 소스 코드 일부이다. 이 역사적인 프로그램은 마이크로컴퓨터(MITS 알테어)를 위한 첫 고수준 언어이다. 다음 내용은 프로그램의 첫 부분에 나오며, 메모리 구성 방식을 기술한다.

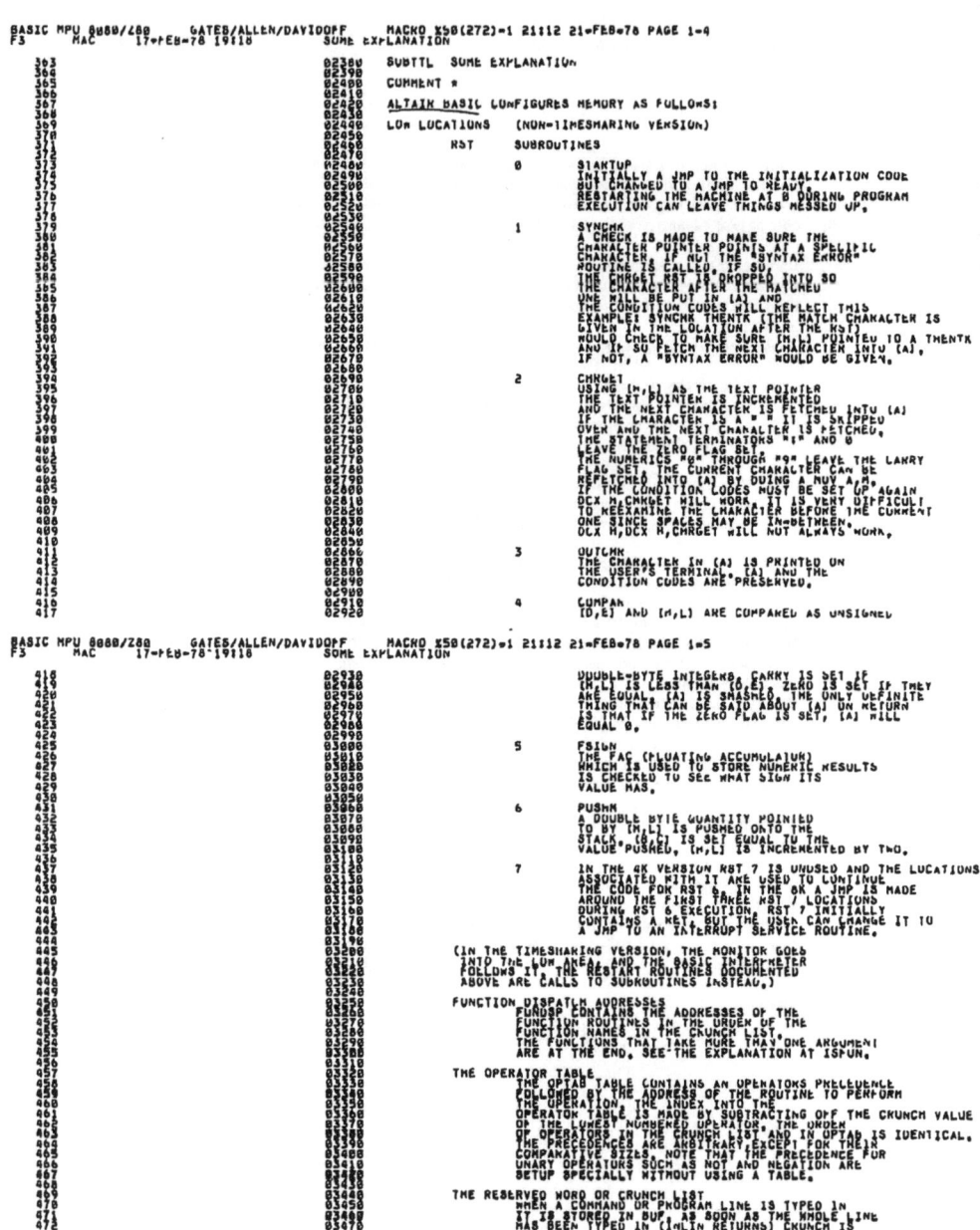

빌 게이츠

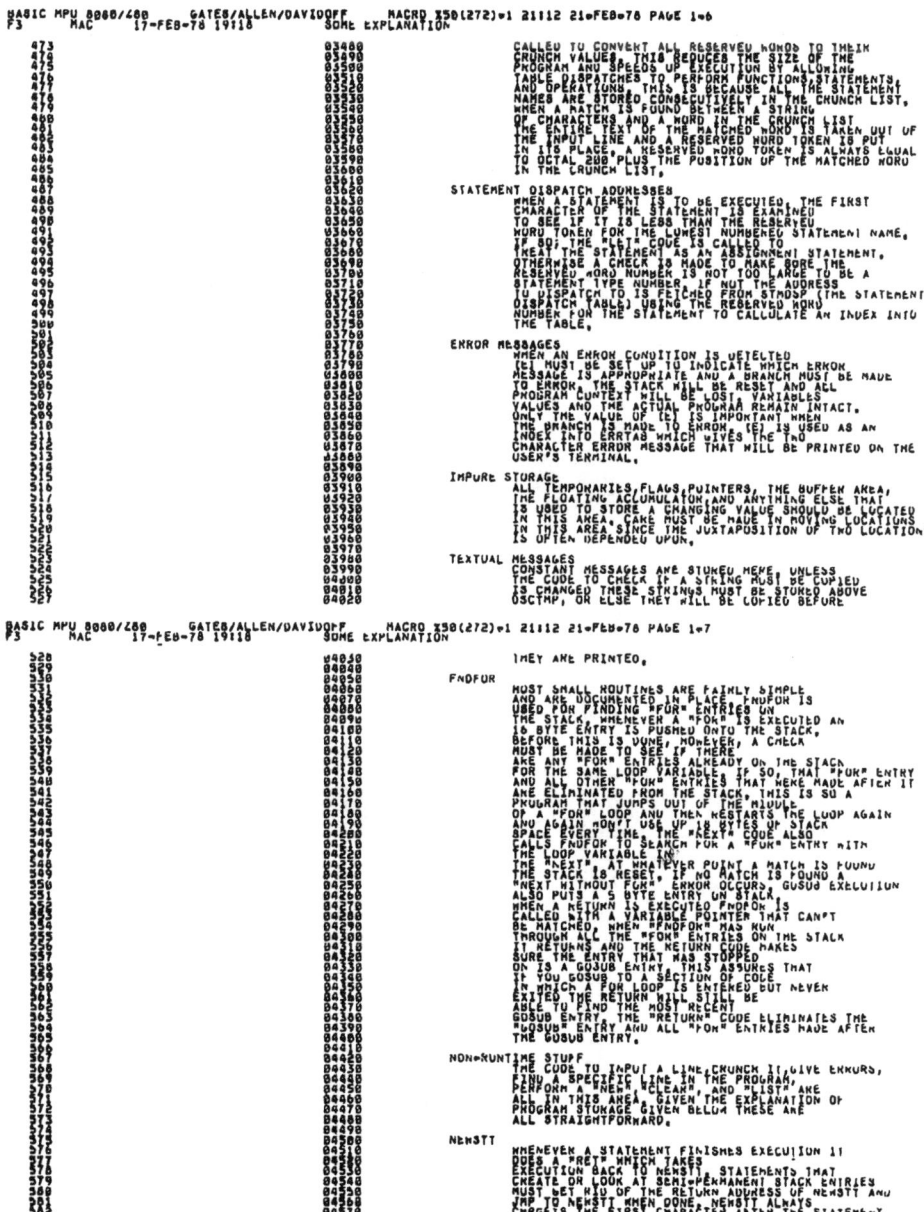

빌 게이츠

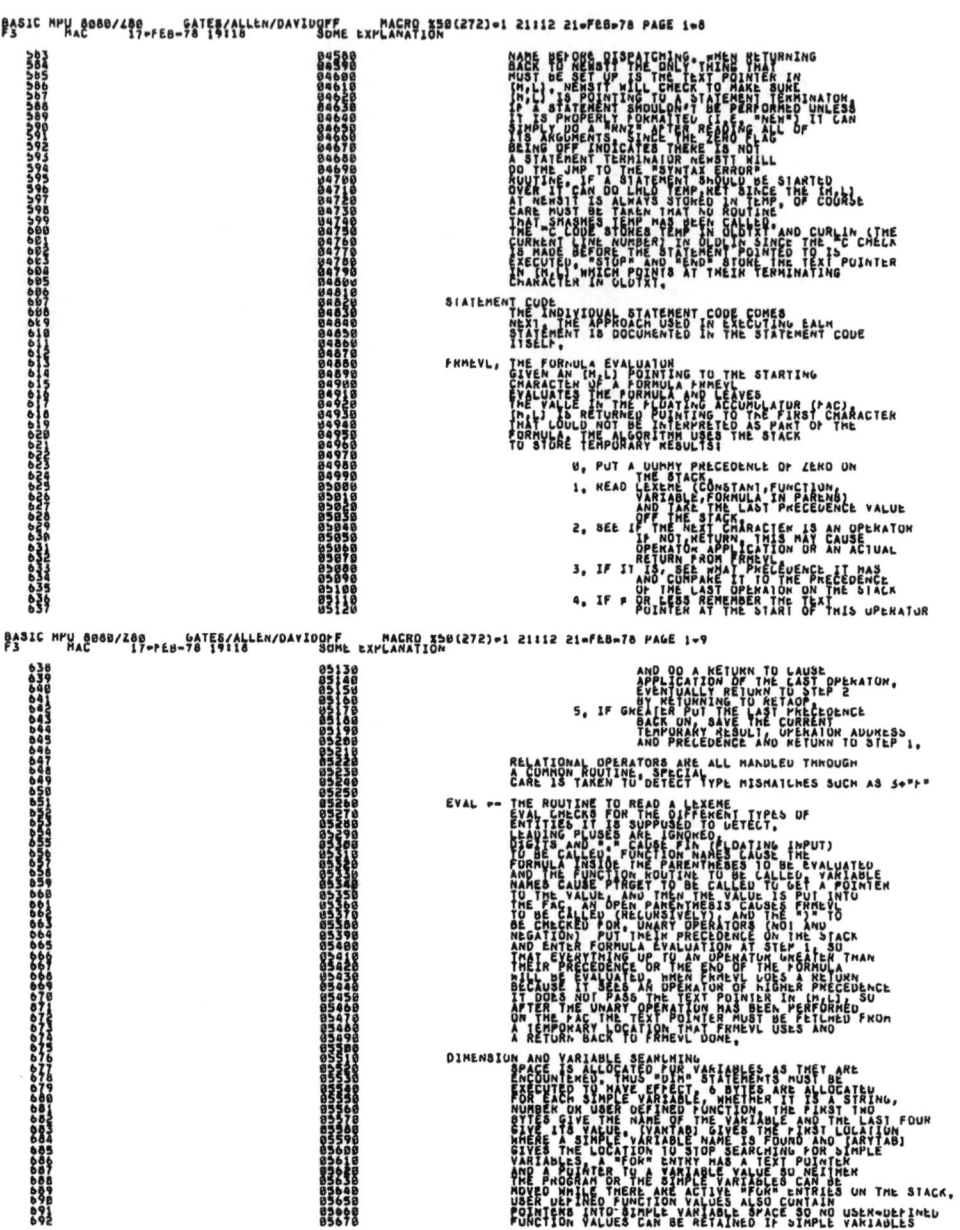

빌 게이츠

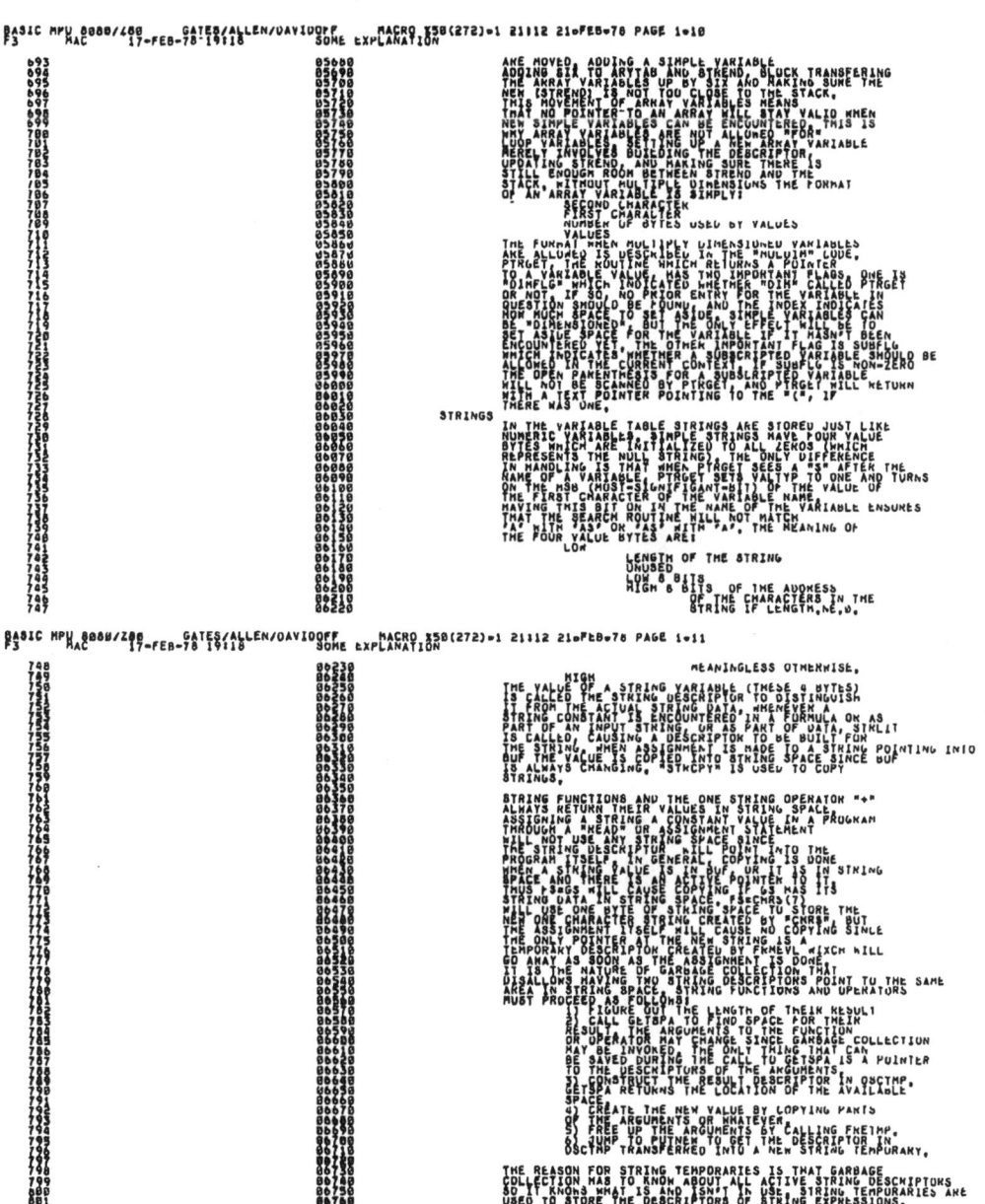

빌 게이츠

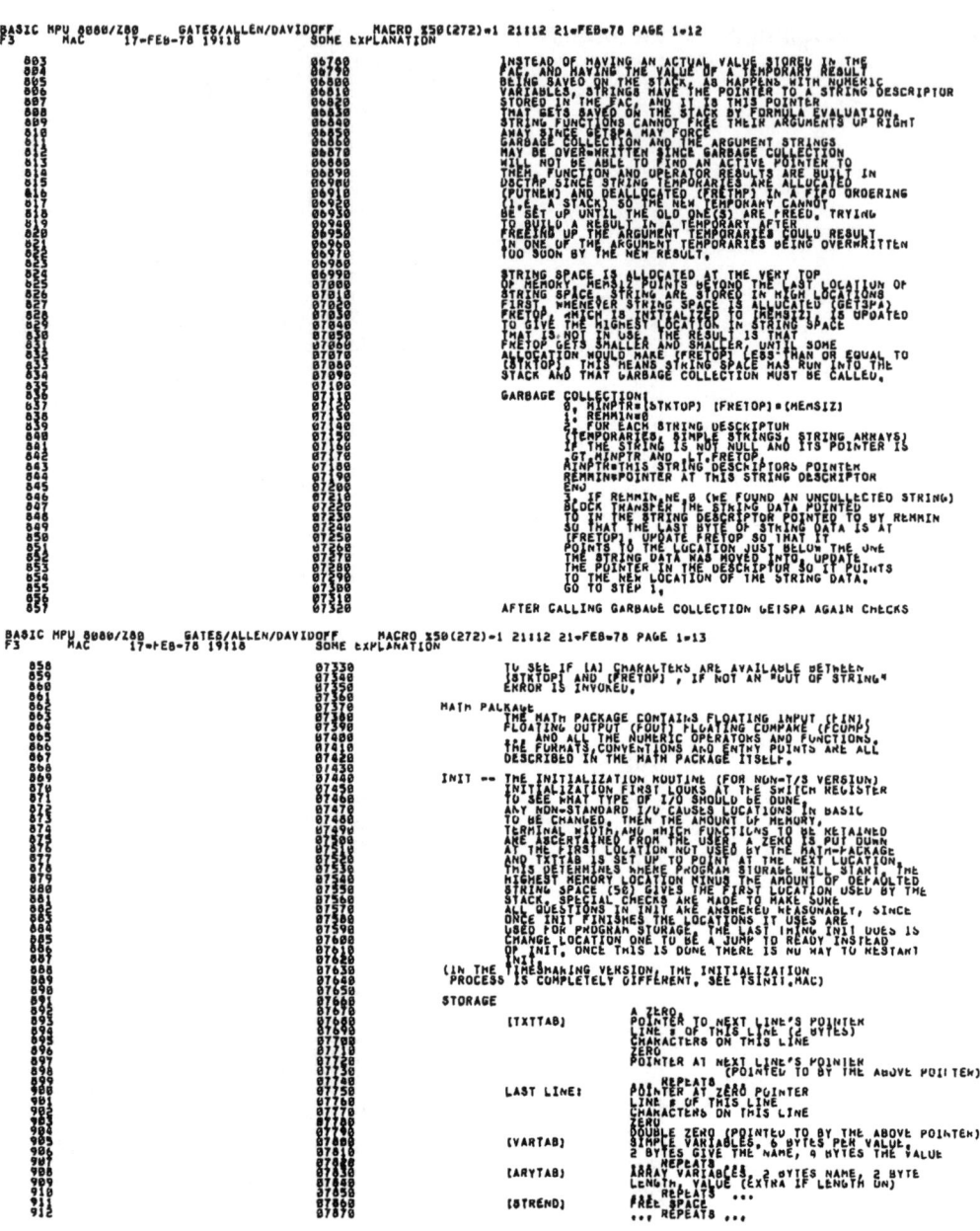

빌 게이츠

8080 베이식용 메모리 구성을 정리하기 위해 빌 게이츠가 직접 손으로 작성한 문서이다.

Storage layout for BASIC

[low memory]
[TXTTAB]
zero   (1 byte)
pointer to next line   (2 bytes)
binary line #   (2 bytes)
character on line   (see note 1)
zero   (1 byte)

<Repeat above for each line>

[VARTAB]
zero   (2 bytes)
Simple variables. 6 bytes per variable
2 bytes give the name
4 bytes give the value.
<Repeat for each variable>

[ARYTAB]
Array variables
2 byte name.
2 byte length.
values —

Repeats for each array

[STREND] lowest location for stack

[STKTOP] Free space (SP can be in here)
most recent stack entry
stack

[FRETOP] bottom of stack / topest location for strings

[FRETOP] free space
current string usage
STRINGS

[MEMSIZ] highest machine location.

This scheme allows for simple table management. Only collector is for strings which aren't in 4K BASIC.

부록 **445**

빌 게이츠

이 기사는 MITS 알테어 컴퓨터 사용자를 위해 데이비드 버넬이 발행한 뉴스레터인 『Computer Notes』에 기고한 내용이다. 해당 페이지에 인접한 지면에 빌 게이츠가 손으로 작성한 원고 일부가 실렸다. 게이츠는 "이 [루틴들]은 상당히 놀라운 요령을 보여 줍니다. 정말로 극한까지 최대로 메모리를 짜냅니다. 이진수를 받아 숫자를 출력하는 인쇄 루틴은 우리가 여태껏 봐 왔던 루틴 중에서도 가장 짧습니다."라고 설명했다. 종이테이프를 읽기 위한 부트스트랩 프로그램은 컴퓨터 전면에 있는 스위치를 조작해 알테어로 입력해야만 했다. 게이츠는 뉴스레터 3쪽 3열 (452쪽)에 나오는 부트스트랩 프로그램을 작성했다. 게이츠는 "이 코드는 가장 짧은 부트스트랩 프로그램이며, 정말 대단한 묘기를 보여 줍니다. 사람들이 동작 원리를 이해하려면 이 프로그램을 15분 정도 들여다봐야 합니다."라고 설명했다.

COMPUTER NOTES/SEPTEMBER, 1975

Software Notes

by Bill Gates

Though the most difficult and enjoyable part of writing a program is the design of data structures and program flow, it is also important to use the least number of instructions possible to perform each function in a program. For instance:

```
CALL SUB1      should be replaced by
RET

JMP SUB1       unless something fairly
               tricky is being done
```

with return addresses. The JMP is faster, takes one less byte, and uses no stack space. An instruction book on programming the 8008 ignores this simple fact!

JMPs should be avoided wherever possible. By rearranging code you can often avoid having an unconditional JMP by falling into the routine you were JMPing to.

The beginning programmer will use lots of SHLDs, LHLDs, STAs and LDAs when they are not necessary. The stack can be used to save temporary values in most cases. SHLDs, LHLDs, LDAs and STAs should only be used for values referenced in many different contexts within a program, i.e. an I/O parameter or the current line number.

A good technique for familiarizing yourself with the instruction set is to go out of your way to use every instruction at least once (except perhaps DAA). Go through the instruction set from time to time and look closely at the instructions you seem to use very rarely. With few exceptions (DAA, SPHL) all the instructions can be used to advantage, even in small programs. One of the most overlooked instructions is XTHL. When all the accumulators have values that must be saved and a value needs to be taken off the stack, XTHL is the only instruction that can be used.

```
Example:   ;Exchange [B,C] with [H,L]
PUSH B     ;put [B,C] on the stack
XTHL       ;[H,L] = top stack entry =
           ; [B,C]
           ;[H,L] goes on the stack
POP B      ;[B,C] = original [H,L]
```

Sometimes the simple way of doing things is the best. PUSH B/POP D may seem like a tricky way of setting [D,E] = [B,C], but the obvious sequence MOV D,B/MOV E,C is much faster.

Some tricks involve instruction sequences which at first sight seem meaningless. For instance SLS A or XRA A. Subtracting A from itself or exclusive-oring A with itself are the only one-byte ways of setting A=0. MVI A,0 must still be used if the condition codes need to be preserved, but this is rare.

ADC A is equivalent to RAL, except it affects all the condition codes. SBB A sets A=0 if carry is off and A=377 if carry is on. The routine below uses this fact to convert A as a signed integer to a double byte signed integer in [H,L].

```
MOV L,A   ;setup the low order
          ;now the sign must be
          ;"extended" by setting H=0
          ;if A=>0 and H=377 otherwise
RAL       ;Carry = 1 if A<0
          ;Carry = 0 if A=>0
SBB A     ;A=0 if old A was =>0
          ;A=377 if old A was <0
MOV H,A   ;setup the high order
```

The sequence: INR E
              DCP E

doesn't modify any values, but it does set the condition codes (except carry) depending on what is in E. If E is being used as a flag to indicate, say, whether or not a decimal point has been seen, the zero flag is set up to do a conditional JMP.

The subject of good decimal print routines has been discussed extensively in the Altair Software Department this week. This routine is one of the four or five I wrote this week -- each with its own advantages and disadvantages. This one is fairly tricky, in that it takes a little bit of looking at to understand.

```
#1 ;
   ;Print the binary unsigned number
   ;in [H,L] in decimal, suppressing
   ;leading zeros
   ;
   ;24 bytes (25 if saves D,E)
   ;ON RETURN:
   ;A = last digit in ASCII
   ;B,D = 255 (all constants in
   ;decimal)
   ;C,E = last digit -10
   ;H,L = 0
   ;
   ;Uses up to 18 bytes of stack
   ;Total compute time up to 85
   ;milliseconds
   ;
   ;IDEA: calculate a digit, save it
   ;      on the stack, and call the
   ;      digit calculator to calcu-
   ;      late and print higher order
   ;      digits, pop the digit off
   ;      and print it.
```

-continued

[Handwritten note:]
Print the binary unsigned number in [H,L] in decimal. Suppress leading zeros!

Idea for digit printer:
  calculate a digit — save it on the stack and call the digit calculator to calculate and print higher order digits, pop the digit off the stack and print it.

Uses up to 18 bytes of stack
Up to 85 milliseconds of compute.

빌 게이츠

Software Notes

```
DECOUT:  LXI H, -10      ;CALL here
GETDIG:  MOV D,B
         MOV E,B         ;since B = 255
LOOPSB:  DAD D           ;Subtract 10 from [H,L] until [H,L] < 10. Carry
                         ;won't be set by the last DAD when [H,L] < 10.
         INX D           ;increment the count
         JC LOOPSB       ;loop subtracting
         PUSH H          ;[L] = current digit -10
                         ;Save the current digit on the stack. Change to
                         ;XTHL and add PUSH D at GETDIG to save [D,E].
         XCHG            ;[H,L] = old [H,L]/10
         MOV A,H
         ORA L
         CNZ GETDIG      ;Set zero flag if [H,L] = 0
                         ;If not zero, print the higher order digits and
                         ;then return here to print this digit.
         MVI A, "0" + 10 ;A = constant to add to digit
         POP B           ;pop the digit into C
         ADD C           ;A = ASCII of digit
         JMP OUTCHR      ;Jump to the routine to print A and return. If
                         ;OUTCHR is located next, the JMP can be eliminated.
```

Parity is used as a check to detect errors in data transmission. Each data word is given an additional bit which is set to 1 if there are an odd number of 1's in the data and 0 otherwise. When the data is received the parity bit is checked to make sure it is set properly. Thus, if you are reading a 7-bit ASCII paper tape with the 8th bit used for parity, the parity of the entire 8 bits should be even.

The reason I first thought about a parity routine for the 8080 is that the parity condition code and all the instructions related to it (JPO, JPE, RPE, RPO, CPO, CPE) are seldom used. I wondered how difficult it would be to calculate parity if the parity flag were removed. A user-settable flag would be much more useful than the parity flag. BASIC uses the parity flag in only about eight places, and all of these are special tricks. Here is the smallest parity routine I've been able to write:

```
;Enter with number in A. 10 bytes.
;On exit, A=0 and all the other reg-
;isters are preserved.
;Carry is set depending on A's
;parity.
;Enter at ODDPAR for carry on to
;mean odd parity.

ODDPAR:  ADD A           ;Move a bit of A into carry.
         RZ              ;If all bits added into carry, return.
         JNC ODDPAR      ;If no bit moved into carry, rotate more.
;enter at EVNPAR for carry on to
;mean even parity
EVNPAR:  ADI 200         ;Complement the parity of the remaining bits
         JMP ODDPAR      ;Rotate more.
```

Software

By bill Gates

Condition Codes

There seems to be some confusion about the condition codes. These are the Boolean (true/false) flags that are set/reset depending on the results of certain instructions. They are:

- Z = zero - result was 0
- S = sign - the most significant bit (MSB) of the result
- P = parity - the result has an even number of ones in it
- C = carry - an arithmetic operation generated a carry out of the most significant bit (i.e. adding 200 to 212)
- CY_1 = first digit carry - this is used only for BCD arithmetic and will be elaborated on next month.

It is the condition codes that determine whether conditional JMP's, CALL's and RET's will be executed (i.e. RZ, CPE, JP). JM, CM, and RM (minus) are executed if the sign flag is on. JP, CP, and RP (positive) are executed if the sign flag is off. JZ, JNZ, CNZ, RZ, RNZ (zero/no zero) depend on the zero flag just as JC, JNC, CC, CNC, RC, RNC (carry/no carry) depend on the carry flag. CPE, JPE, RPE (parity even) are executed if the parity flag is on and CPO, JPO, RPO are executed when it is off.

The condition codes do not always reflect the value in A since IN, LDA, LDAX, MOV and MVI can change A but do not affect the condition codes. Instructions like INR C, DCR L, CMP B, CPI 3, STC, CMC and DAD B affect the condition codes, but not A.

Affect carry only: STC, CMC, RAL, RAR, RLC, RRC and DAD.

Affect all but carry: INR, DCR.

Affect all: ADD, ADC, SUB, SBB, CMP, ANA, ORA, XRA, DAA and their immediate counterparts (i.e. ADI,CPI).

Use carry to affect result: CMC, RAP, RAL, ADC, SBB, ACI, SBI, DAA.

The instructions XRA, ORA, ANA, XRI ORI and ANI always reset carry.

If the condition codes do not reflect A's value (i.e. you just did a LDA or MOV into A) and you want to see if A=0, use ORA A or ANA A. CPI 0, ADI 0 and OPI 0 also work but they are 2-bytes.

The only other instructions besides the ones in the list above that use the condition codes are PUSH PSW and POP PSW. Respectively, they SAVE/RESTORE the condition codes and A on the stack.

For tricky programmers a sequence like PUSH B / POP PSW may be used to set the condition codes. This has the effect of moving B into A (MOV A, B) and moving C into the condition codes. The PSW (condition code) format is

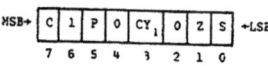

Therefore if C was 201_8 before the POP PSW, zero and sign would be set and parity and zero would be unset. The bits marked '0' and '1' are constant and cannot be changed.

HINT #1

If you have a counter that can be bigger than 255 but is always less than 65535, it is convenient to use the following:

```
LXI B, count   ;set up counter
LOOP: code to be executed 'count'
       times
DCX B          ;decrement count
               ;does not affect
               ;condition codes
MOV A,B
ORA C          ;see if any bits set
JNZ LOOP       ;go back if so
```

HINT #2

For those who like to save bytes, and especially for those with 256-byte machines, (a byte is always 8 bits, which is a word on the 8800) RST's that are not used for interrupts, debug calls, monitor calls, etc. can be used to call subroutines that get called in many places (i.e. a character input subroutine). An RST is only 1 byte and a CALL is 3 bytes. Even if you have to put in a JMP so you don't overrun another RST location (0,10,20,30,40,50,60,70) you will probably save bytes.

Loading Software

Software from MITS will be provided in a checksummed format. There will be a bootstrap loader that you key in manually (less than 25 bytes). This will read a checksum loader (the 'bin' loader) which will be about 120 bytes.

For audio cassette loading the bootstrap and checksum loaders will be longer. All of this will be explained in detail in a cover package that will go out with all software.

For loading non-checksummed paper tapes here is a short program:

```
STKLOC:  DW GETNEW
         (2 bytes-#1 low byte of
                   GETNEW address
          #2 high byte of
                   GETNEW address)
STAPT:   LXI H,0
GETNEW:  LXI SP, STKLOC
         IN <flag-input channel>
         RAL      ;get input ready bit
         RNZ      ;ready?
         IN <data-input channel>
CHGLOC:  CPI <043 = INY B>
         RNZ
         INR A
         STA CHGLOC
         RET
                  (22 bytes)
```

Punch a paper tape with leader, a 043 start byte, the byte to be stored at loc 0, the byte to be stored at 1, - - - etc. Start at START, making sure the memory the loader is in is unprotected. Make sure you don't wipe out the loader by loading on top of it.

To run this again change CHGLOC back to CPI - 376.

마이클 홀리

마이클 홀리는 악보의 위 아래를 뒤집어 음의 높이를 도치하는 프로그램을 만들었다. 이 기법의 결과물은 392쪽을 살펴보기 바란다.

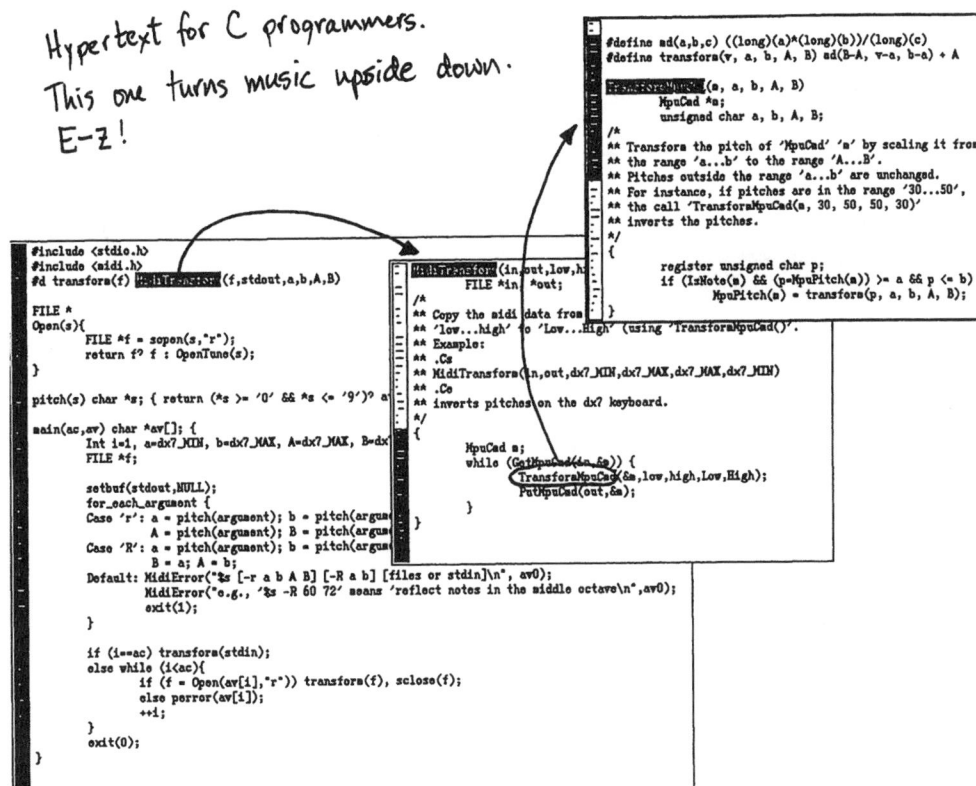

마이클 홀리

루카스필름에 근무하는 마이클 홀리는 음악용 컴퓨터를 만들기 위한 아이디어를 제공했다. 손으로 작성한 주석은 화면의 다양한 구성 요소와 지원 언어를 기술한다.

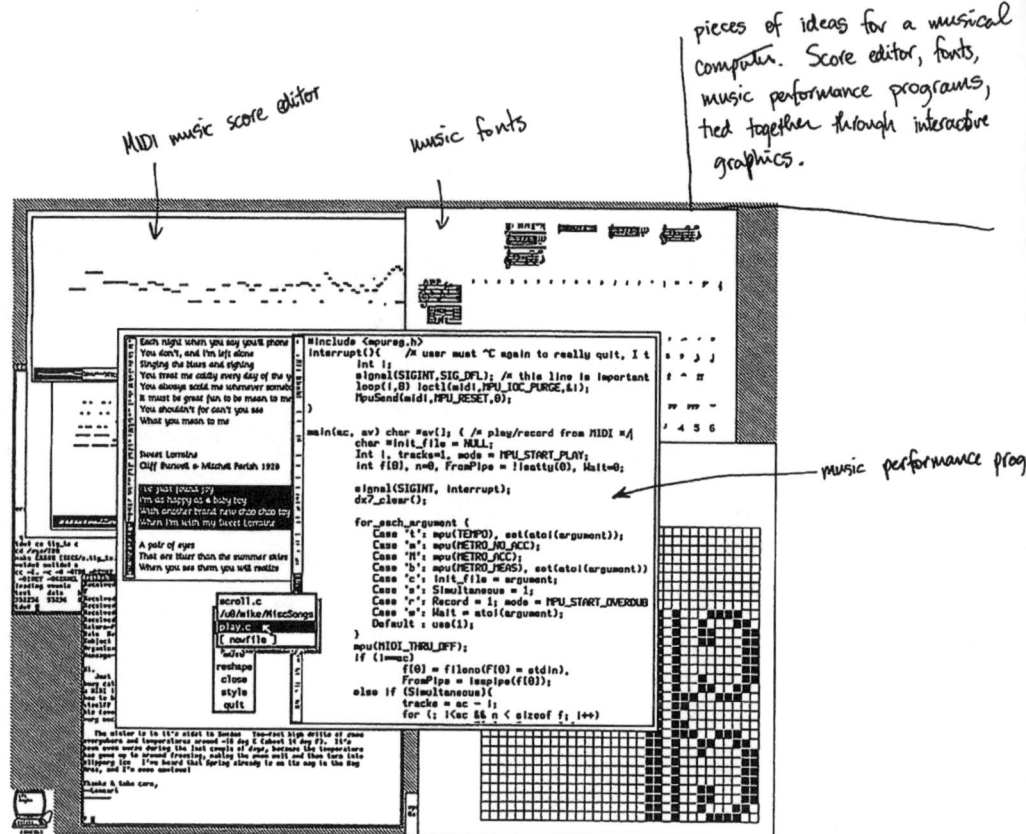

마이클 홀리

graphical patching of microcodes
- starts as a picture; then ② becomes a language
implentation follows.

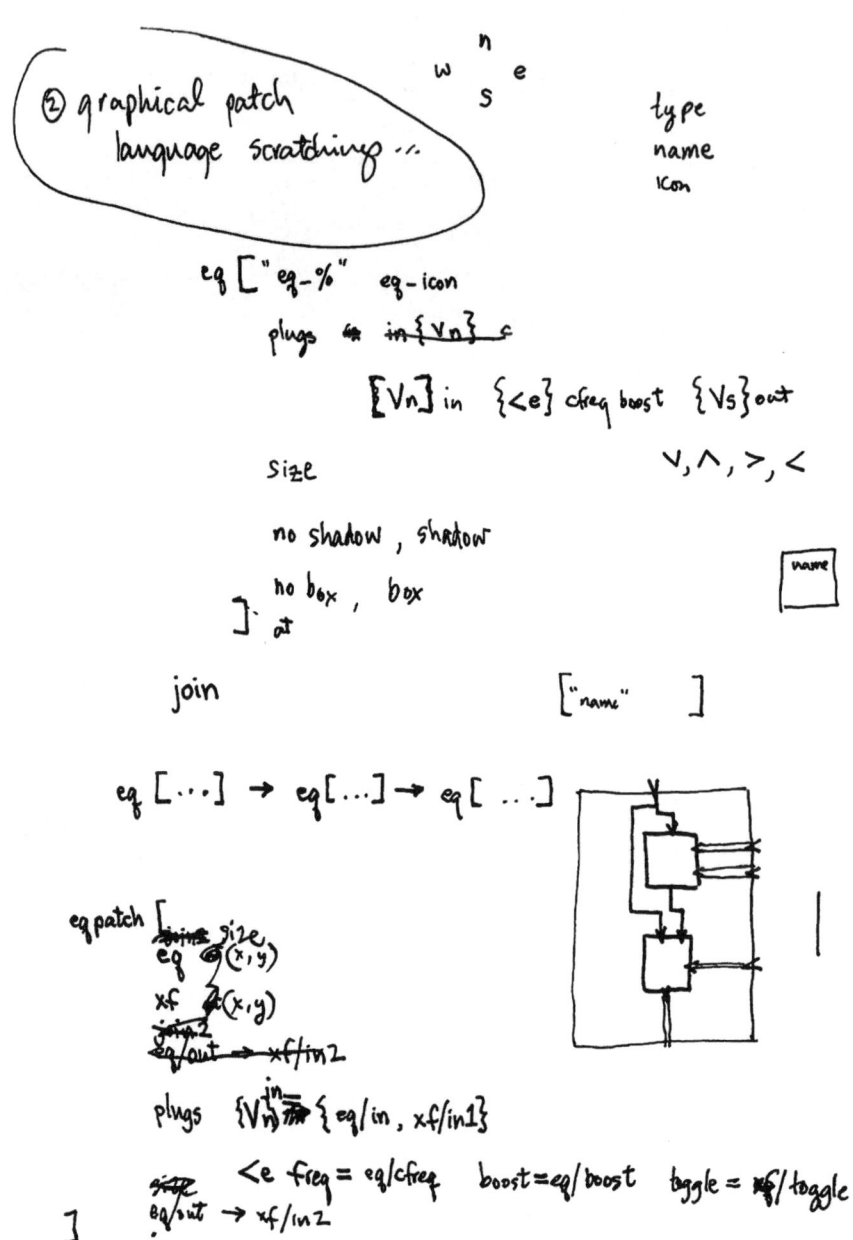

앤디 허츠펠드

매킨토시 운영 체제의 수석 개발자이자 나중에 스위처 프로그램과 선더스캔 디지타이저를 만든 앤디 허츠펠드가 매킨토시용 원본 프로그램을 제공했다. 허츠펠드는 "이 프로그램은 … 화면의 아이콘을 재빠르게 움직이게 만듭니다."라고 말했다.

```
; File IconBounce.TXT
;-------------------------------------------------------------------
;
;       IconBounce uses custom plotting routines to bounce a lot of icons
;       around on the deskTop.
;
;       written by Andy Hertzfeld, Nov 17 1985
;
;-------------------------------------------------------------------

        INCLUDE MacSys:MacTraps.D

        ; System definitions, etc.

        IOCompletion    EQU     12              ;offset to completion routine address
        IOFileName      EQU     18              ;offset to fileName
        IOVRefNum       EQU     22              ;offset to volume refNum
        IOFileType      EQU     26              ;offset to type byte, permissions
        IOMisc          EQU     28              ;offset to misc param
        IOBuffer        EQU     32              ;offset to buffer pointer
        IOByteCount     EQU     36              ;offset to count
        IONumDone       EQU     40              ;offset to number done
        IOPosMode       EQU     44              ;offset to positioning mode
        IOPosOffset     EQU     46              ;offset to position value

        EvtMsg          EQU     2               ;offset to message field
        EvtMeta         EQU     14              ;offset to metaKey field
        Where           EQU     10              ;mouse offset in event record
        portRect        EQU     16              ;offset to portRect

        ScreenRow       EQU     $106            ;rowBytes of screen [word]
        Ticks           EQU     $16A
        KeyMap          EQU     $174
        Time            EQU     $20C
        ScrnBase        EQU     $824
        CurApRefNum     EQU     $900
        WmgrPort        EQU     $9DE

        MaxX            EQU     512
        MaxY            EQU     342

        ; Icon Data Structure

        NextIcon        EQU     0               ;handle of next structure
        IconData        EQU     4               ;128 byte 32 by 32 bitmap
        IconMask        EQU     132             ;128 byte mask
        IconPosition    EQU     260             ;longword position
        IconVelocity    EQU     264             ;velocity

        IconDSSize      EQU     268             ;total data structure size

        ; Global Variable Definitions

        QuickBase       EQU     -4              ;quickDraw globals
        MyEvent         EQU     QuickBase-200   ;my event record
        QuitFlag        EQU     myEvent-2       ;boolean for exiting
        WhichWindow     EQU     QuitFlag-4      ;whichWindow result

        NumIcons        EQU     WhichWindow-2   ;# of icons allocates
        FirstIcon       EQU     numIcons-4      ;handle of 1st one
        LastIcon        EQU     FirstIcon-4     ;handle of last one

        BigBuffer       EQU     LastIcon-4      ;pointer to big buffer

        XDEF            START

START:
        ; first allocate some zeroed space by clearing it off the stack

                        MOVE    #511,D0         ;need about 2K bytes
        ClearLoop
```

```
                        CLR.L    -(SP)
                        DBRA     D0,ClearLoop
; now grow the heapZone as large as we can make it
                        MOVEQ    #64,D0
                        SWAP     D0
                        _NewHandle               ;get huge number
                        BNE.S    InitWorld       ;grow out the heap
                        _DisposHandle            ;we expect the error
                                                 ;if it not, dispose it
; initialize QuickDraw and the toolBox
InitWorld
                        PEA      QuickBase(A5)   ;push address of QuickDraw vars
                        _InitGraf                ;initialize QuickDraw
                        _InitFonts               ;initialize the font manager
                        _InitCursor              ;get the arrow cursor
                        _InitWindows             ;initialize the window manager
                        _InitMenus               ;ditto for menus

                        CLR.L    -(SP)           ;our recovery proc is NIL
                        _InitDialogs             ;initialize dialogs
                        _TEInit                  ;and text edit, too

                        BSR      SetHourGlass
; initialize our globals
                        CLR.B    QuitFlag(A5)
                        CLR.W    numIcons(A5)

                        CLR.L    FirstIcon(A5)
                        CLR.L    LastIcon(A5)
; allocate the big buffer
                        MOVE.L   #24000,D0
                        _NewPtr
                        BNE      ErrorExit
                        MOVE.L   A0,BigBuffer(A5)
; display title message
                        MOVE.L   WmgrPort,-(SP)
                        _SetPort
                        PEA      BigRect
                        _ClipRect

                        MOVE.L   #$000E0038,-(SP)
                        _MoveTo

                        PEA      TitleString
                        _DrawString
; allocate the icons
                        BSR      AllocIcons

                        _HideCursor

                        MOVEQ    #31,D0
                        _FlushEvents
; start the main event loop
MainLoop
                        _SystemTask

                        BSR      HandleEvent     ;check for events and handle them
                        BSR      AnimateIcons

                        TST.B    QuitFlag(A5)
```

앤디 허츠펠드

```
                    BEQ.S    MainLoop
                    _ExitToShell              ;back to finderLand

; HandleEvent checks for events and handles them as necessary.  It handles
; the menu commands and all interaction with the user.

HandleEvent
                    SUBQ     #2,SP            ;make room for result
                    MOVE.W   #-1,-(SP)        ;we want every event
                    PEA      myEvent(A5)      ;stick it in our global
                    _GetNextEvent             ;get the event

                    TST.B    (SP)+            ;did we get one?
                    BEQ.S    NoEvent          ;if not, we're done

                    MOVE.W   myEvent(A5),D0   ;get the event number
                    BEQ.S    NoEvent          ;ignore the Null event
                    CMP      #9,D0            ;only care about 1st 9 events
                    BGE.S    NoEvent

                    ADD      D0,D0            ;double for word index
                    LEA      EvtDispatch,A0   ;get the address of the table
                    ADD.W    0(A0,D0),A0      ;get routine address
                    JMP      (A0)             ;go to it!

; here is the event dispatch table

EvtDispatch
                    DC.W     NoEvent-EvtDispatch
                    DC.W     MyMouseDown-EvtDispatch
                    DC.W     MyMouseUp-EvtDispatch
                    DC.W     MyKeyDown-EvtDispatch
                    DC.W     NoEvent-EvtDispatch
                    DC.W     MyKeyDown-EvtDispatch
                    DC.W     MyUpdateEvt-EvtDispatch
                    DC.W     MyDiskInsert-EvtDispatch
                    DC.W     MyActivate-EvtDispatch
MyDiskInsert
MyMouseUp
MyActivate
NoEvent
                    RTS

; Handle keyboard events

MyKeyDown
                    ;ST      QuitFlag(A5)
                    RTS

; handle update events

MyUpdateEvt
                    RTS

; the following routine handles mouseDowns.  First call FindWindow
; to classify where the mouse went down

MyMouseDown
                    ST       QuitFlag(A5)
                    RTS

; AllocIcons opens the desktop, and allocates an icon data structure for
; each ICN# in the file.

AllocIcons
                    SUBQ     #2,SP
                    PEA      DeskTopName
                    _OpenResFile
                    TST      (SP)
                    BMI      ErrorExit
```

```
                    SUBQ     #2,SP
                    MOVE.L   ICNRType,-(SP)        ;push ICN# type
                    _CountResources                ;get # of resources
                    MOVE.W   (SP)+,D3              ;keep in D3
                    BLE      ErrorExit

; limit the # of icons to 64, unless the option key is down

                    BTST     #2,KeyMap+7
                    BNE.S    NoILimit

                    CMP      #64,D3
                    BLE.S    NoILimit

                    MOVEQ    #64,D3

; OK, now loop for each icon

NoILimit
                    MOVEQ    #1,D4                 ;init index
AllocIcLoop
                    SUBQ     #4,SP                 ;make room for result
                    MOVE.L   ICNRType,-(SP)        ;push ICN#
                    MOVE.W   D4,-(SP)              ;push index
                    _GetIndResource
                    MOVE.L   (SP)+,D5              ;get it
                    BLE      DoneAllocIcon         ;got it?

; we have the icon handle, so allocate the structure

                    MOVE.L   #IconDSSize,D0
                    _NewHandle
                    BNE      ErrorExit

                    MOVE.L   A0,A3                 ;get new handle
                    MOVE.L   (A3),A2               ;handle->ptr

                    CLR.L    (A2)+                 ;link is zero
                    MOVE.L   A2,A1                 ;set up dest

                    MOVE.L   D5,A0
                    MOVE.L   (A0),A0               ;set up source
                    MOVE.L   #256,D0               ;256 bytes to move
                    _BlockMove

                    ADD.L    #256,A2               ;skip over save area

; generate positions 0 < x < 512,  0 < y < 302

                    SUBQ     #2,SP
                    _Random
                    MOVEQ    #0,D0
                    MOVE.W   (SP)+,D0
                    DIVU     #302,D0
                    SWAP     D0
                    ADDQ     #1,D0
                    MOVE     D0,(A2)+

                    SUBQ     #2,SP
                    _Random
                    MOVE.W   (SP)+,D0
                    AND.W    #511,D0
                    ADDQ     #1,D0
                    MOVE     D0,(A2)+

; generate velocitys from 1 to 8

                    SUBQ     #2,SP
                    _Random
                    MOVE.W   (SP)+,D0
                    AND      #7,D0
                    ADDQ     #1,D0
```

앤디 허츠펠드

```
                        MOVE.W    D0,(A2)+

                        SUBQ      #2,SP
                        _Random
                        MOVE.W    (SP)+,D0
                        AND       #7,D0
                        ADDQ      #1,D0
    @2
                        MOVE.W    D0,(A2)+

; link it in the list

                        MOVE.L    LastIcon(A5),D0
                        BNE.S     LinkItIn

                        MOVE.L    A3,FirstIcon(A5)
                        MOVE.L    A3,LastIcon(A5)
                        BRA.S     BumpICount
    LinkItIn
                        MOVE.L    A3,LastIcon(A5)
                        MOVE.L    D0,A0
                        MOVE.L    (A0),A0
                        MOVE.L    A3,(A0)              ;link it in
    BumpICount
                        ADDQ      #1,numIcons(A5)

    DoNextIcon
                        ADDQ      #1,D4                ;bump index
                        CMP       D3,D4                ;done?
                        BLT       AllocIcLoop
    DoneAllocIcon
                        _CloseResFile

                        RTS

; ShowIcon is the routine that plots an icon. It is adopted from the
; BigCursor routines. The handle of the icon data structure is passed
; in A3.

    ShowIcon
            MOVEM.L  D0-D7/A0-A4,-(SP)     ; save registers
            MOVE.L   (A3),A3               ; de-reference icon data structure

            MOVEQ    #32,D5                ; size of icon
            MOVEQ    #16,D6                ; half size

            LEA      IconData(A3),A2       ; cursor data bitmap address
            LEA      IconMask(A3),A4       ; cursor mask bitmap address

; first handle the x coordinate

            MOVE     IconPosition+2(A3),D0 ; get left
            MOVEQ    #15,D2                ; upper left X-coordinate
            AND.W    D0,D2                 ; bit offset within word

            AND      #$FFF0,D0             ; truncate to nearest word
            BGE.S    @0                    ; if positive, skip

            MOVEQ    #0,D0                 ; minimum upper left X-coord of 0
            ADD.W    D6,D2                 ; adjust right shift count

; if shift count > 15, just move over a word

    @0
            CMP      D6,D2                 ;is it?
            BLT.S    @7                    ;if not, skip

            SUB      D6,D2                 ; reduce bit index
            ADD.W    D6,D0                 ; bump base point
    @7
; establish "last word" boolean
```

```
              CLR.W    -(SP)

              MOVE     D0,D1              ; copy coordinate
              SUB.W    #MaxX-32,D1        ; upper left X-coord <= 512-32
              BLT.S    @2                 ; branch if <= 512-32

              MOVE.W   #MaxX-32,D0        ; maximum X-coord of 512-32
              ADD.W    D1,D2              ; adjust left shift count
              ST       (SP)               ; set the boolean

; handle the y coordinate

@2            MOVE.W   D5,D4              ; 32 rows

              MOVE.W   IconPosition(A3),D1 ; get Y-coordinate

;      Display the icon on the screen.

              MOVE.L   BigBuffer(A5),A1   ; offscreen memory address
              LSR.W    #3,D0              ; convert X-coord to bytes
              ADD.W    D0,A1              ;   and add to screen address
              MOVE.W   ScreenRow,D5       ; bytes per row on screen
              MULU     D5,D1              ;    * Y-coord
              ADD.L    D1,A1              ;    added to screen address

              SUBQ     #4,D5              ; bias D5 for loop

              TST      D2                 ; is shiftcount = 0?
              BEQ.S    BotFastLoop        ; if so, go ultra fast

; OK, for added speed, two different loops, depending on the
; if we need the 3rd word (as specified by the top of stack boolean)

              TST.B    (SP)+
              BNE      BotCur1Loop
              BRA.S    BotCurLoop         ; test for rows=0

; here is the icon plotting loop. First do the leftmost 32 bits

ShowCurLoop
              MOVE.L   (A2)+,D0           ; get the data
              MOVE.L   D0,D6              ; copy for later
              LSR.L    D2,D0              ; shift into place

              MOVE.L   (A4)+,D1           ; get the mask
              MOVE.L   D1,D7              ; copy for later
              LSR.L    D2,D1              ; shift into place
              NOT.L    D1                 ; complement mask

              AND.L    D1,(A1)            ; bit-clear with the mask
              OR.L     D0,(A1)+           ; plot the data

; now handle the rightmost 16 bits

              MOVEQ    #16,D1
              SUB.W    D2,D1              ; compute left shift count

              ASL.W    D1,D6              ; shift the data
              ASL.W    D1,D7              ; shift the mask
              NOT.W    D7                 ; complement the mask

              AND.W    D7,(A1)            ; bit clear the mask
              OR.W     D6,(A1)            ; plot the data
@0
              ADD      D5,A1              ; bump to next row
BotCurLoop
              DBRA     D4,ShowCurLoop     ; loop till done

DoneShowLoop
              MOVEM.L  (SP)+,D0-D7/A0-A4  ; restore registers
DoneShow
              RTS
```

앤디 허츠펠드

```
; this loop is used when we're near the right edge and don't have to
; plot the third word
ShowCurlLoop
        MOVE.L  (A2)+,D0              ; get the data
        LSR.L   D2,D0                 ; shift into place

        MOVE.L  (A4)+,D1              ; get the mask
        LSR.L   D2,D1                 ; shift into place
        NOT.L   D1                    ; complement mask

        AND.L   D1,(A1)               ; bit-clear with the mask
        OR.L    D0,(A1)+              ; plot the data

        ADD     D5,A1                 ; bump to next row
BotCurlLoop
        DBRA    D4,ShowCurlLoop       ; loop till done

        BRA     DoneShowLoop

; special fast loop for the 6% case where we don't have to shift

FastLoop
        MOVE.L  (A2)+,D0              ;fetch the data
        MOVE.L  (A4)+,D1              ;fetch the mask
        NOT.L   D1                    ;complement mask

        AND.L   D1,(A1)               ;plot the mask
        OR.L    D0,(A1)+              ;plot the data

        ADD     D5,A1
BotFastLoop
        DBRA    D4,FastLoop

        ADDQ    #2,SP                 ;discard boolean
        BRA     DoneShowLoop

; Error handling routines

ErrorExit
        DC.W    $F123

        RTS


; AnimateIcons is the mainline routine that bounces the icons

AnimateIcons
        BSR     GrayBuffer            ;fill big buffer with gray

        BSR     UpdateIconPositions
        BSR     DrawIntoBuffer
; now move the buffer onto the screen with blockMove
        MOVE.W  ScreenRow,D0
        MULU    #20,D0
        ADD.L   ScrnBase,D0
        MOVE.L  D0,A1                 ;screen is destination
        MOVE.L  BigBuffer(A5),A0      ;big buffer is source

        MOVE.L  #20608,D0
        _BlockMove

        RTS

; DrawIntoBuffer goes through the icon data structure, drawing each icon

DrawIntoBuffer
        MOVE.L  A3,-(SP)              ;save work reg

        MOVE.L  FirstIcon(A5),D0      ;get first one
        BEQ.S   DoneDIB               ;if empty, skip
```

앤디 허츠펠드

```
DIBLoop
          MOVE.L   D0,A3

          BSR      ShowIcon

          MOVE.L   (A3),A0
          MOVE.L   (A0),D0
          BNE.S    DIBLoop
DoneDIB
          MOVE.L   (SP)+,A3
          RTS

; UpdateIconPositions animates the icon positions

UpdateIconPositions
          MOVE.L   FirstIcon(A5),D0    ;get first one
          BEQ      DoneUIP             ;if empty, skip

UIPLoop
          MOVE.L   D0,A0
          MOVE.L   (A0),A0

          MOVE.L   IconPosition(A0),D0
          MOVE.L   IconVelocity(A0),D1

; OK, bounce in the x position

          ADD.W    D1,D0               ;compute new position
          BGE.S    @0                  ;if > 0, skip

          SUB.W    D1,D0               ;undo it
          NEG.W    D1                  ;toggle velocity

@0
          CMP.W    #510,D0
          BLT.S    BounceY

          SUB.W    D1,D0
          NEG.W    D1

BounceY
          SWAP     D0
          SWAP     D1

          ADD.W    D1,D0
          BGE.S    @0

          SUB.W    D1,D0
          NEG.W    D1
@0
          CMP      #302,D0
          BLT.S    NextBounce

          SUB.W    D1,D0
          NEG.W    D1

NextBounce
          SWAP     D0
          SWAP     D1
          MOVE.L   D0,IconPosition(A0)
          MOVE.L   D1,IconVelocity(A0)

          MOVE.L   (A0),D0
          BNE      UIPLoop
DoneUIP
          RTS

; GrayBuffer fills the 322 scan lines at GrayBuffer with gray

GrayBuffer
```

앤디 허츠펠드

```
            MOVE    #160,D2              ;# of scan line pairs - 1
            MOVE.L  BigBuffer(A5),A0     ;point to the buffer
FillGLoop
            MOVE.L  #$55555555,D0        ;get gray
FillGLoop2
            MOVE.L  D0,(A0)+             ;fill a long
            MOVE.L  D0,(A0)+             ;fill a long
            MOVE.L  D0,(A0)+             ;fill a long
            MOVE.L  D0,(A0)+             ;fill a long
            MOVE.L  D0,(A0)+             ;fill a long
            MOVE.L  D0,(A0)+             ;fill a long
            MOVE.L  D0,(A0)+             ;fill a long
            MOVE.L  D0,(A0)+             ;fill a long
            MOVE.L  D0,(A0)+             ;fill a long
            MOVE.L  D0,(A0)+             ;fill a long
            MOVE.L  D0,(A0)+             ;fill a long
            MOVE.L  D0,(A0)+             ;fill a long
            MOVE.L  D0,(A0)+             ;fill a long
            MOVE.L  D0,(A0)+             ;fill a long
            MOVE.L  D0,(A0)+             ;fill a long

; OK, now a scan line is done, so flip the gray

            NOT.L   D0
            BMI.S   FillGLoop2

            DBRA    D2,FillGLoop2

            RTS

; SetHourGlass installs the hourGlass (watch) cursor

SetHourGlass
            SUBQ    #4,SP
            MOVE    #4,-(SP)
            _GetCursor

            MOVE.L  (SP)+,A0
            MOVE.L  (A0),-(SP)
            _SetCursor

            RTS

; Constants, etc.

ICNRType
            DC.B    'ICN#'
DeskTopName
            DC.B    7,'DeskTop'
BigRect
            DC.W    0,0,1000,1000
TitleString
            DC.B    60,'IconBounce by Andy Hertzfeld... Press mouse button '
            DC.B    'to exit. '
```

게리 킬돌

CP/M 운영 체제의 아버지인 게리 킬돌은 인터뷰 당시 진행 중이던 프로젝트인 시디롬 백과사전용 검색 시스템과 관련된 스케치와 설명을 제공했다. "이 다이어그램은 문자 기반 지식 검색 시스템의 메뉴 패널 간 연관성을 보여 줍니다. 각 화면 왼쪽의 사각형들은 원본(그리고 나중에 변경된) 함수 키 할당을 나타냅니다. 화살표는 특정 패널에서 다른 패널로의 전환을 나타냅니다. 개발 주기 동안 새로운 메뉴들이 추가됐고, 주석은 패널을 칠하기 위한 C 언어 하위 루틴 이름을 말합니다. 이 다이어그램은 지식 검색 시스템 구조를 그림으로 제공합니다."

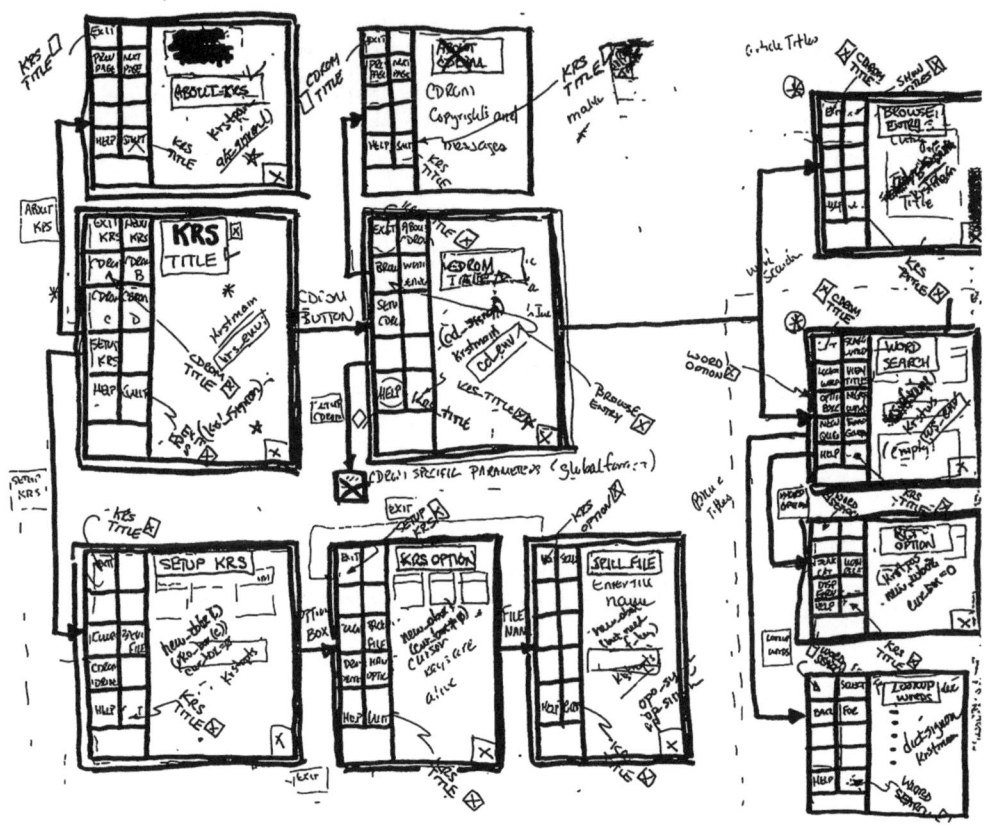

게리 킬돌

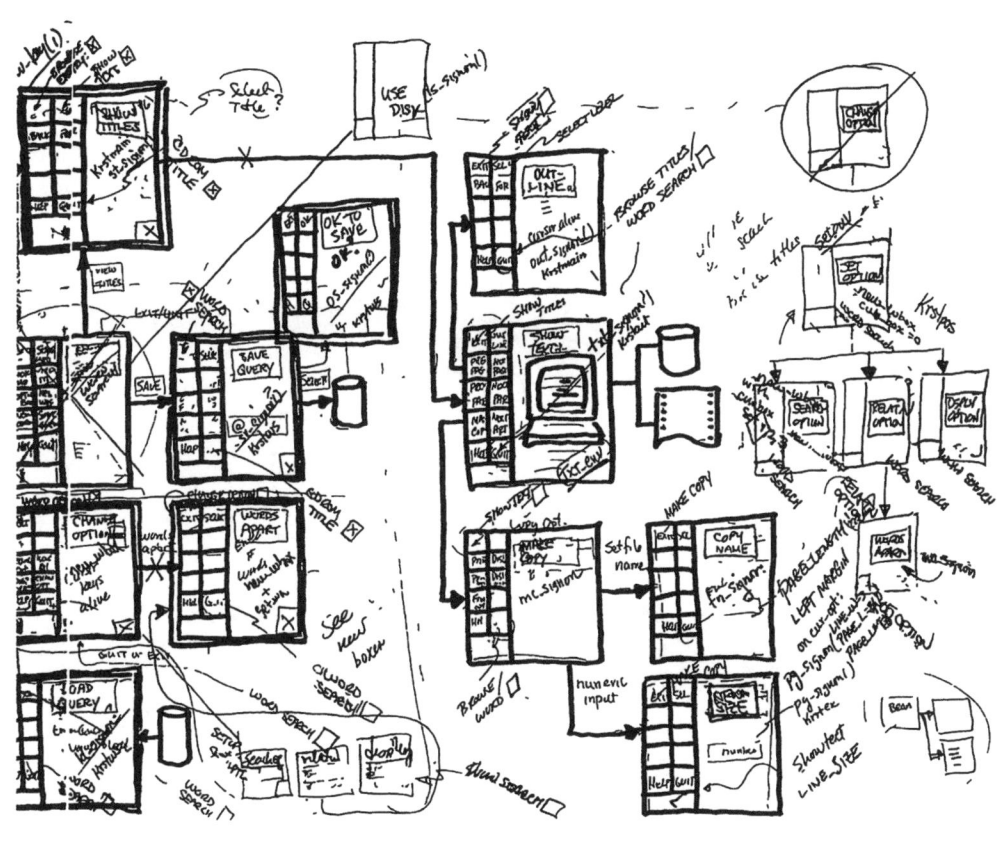

스콧 김

[위] 그래픽처럼 만들어진 임의의 부정확한 표기법으로 된 수식을 보여 주는 스콧 김의 스케치이다.
[아래] 소문자 a에서 가능한 변화 형태를 보여 주기 위해 스콧 김이 스케치한 내용이다.

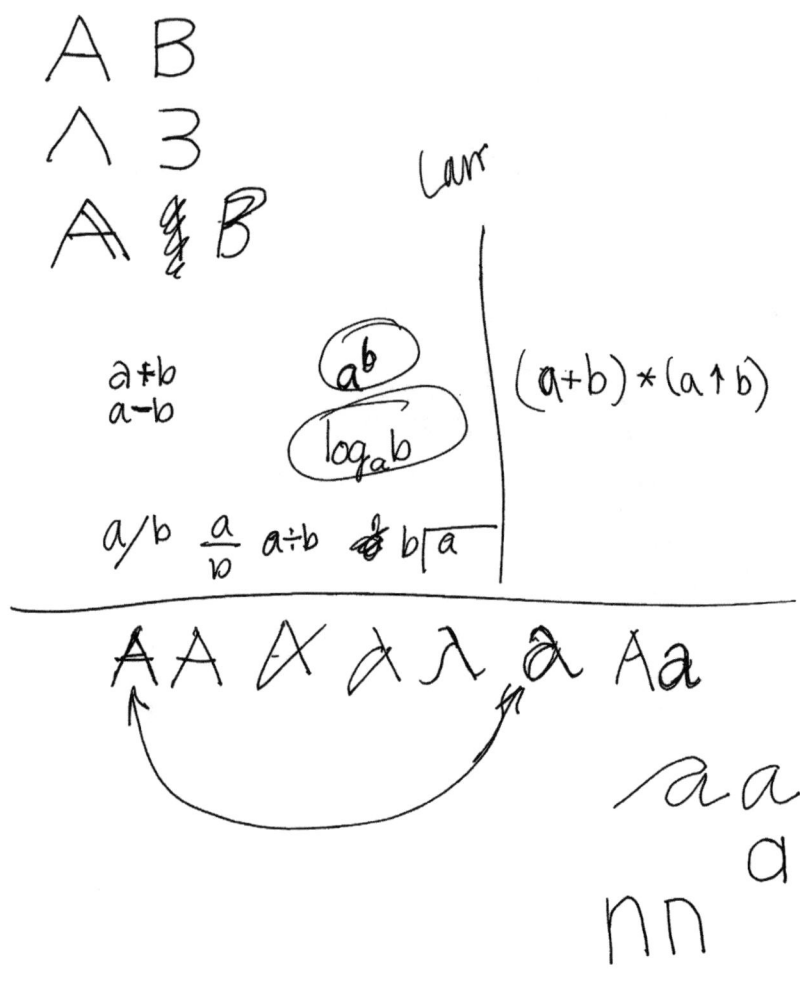

스콧 김

1986년 스콧 김이 《Inversions for the Macintosh》(이 책은 W.H 프리만 출판사에서 《Letterforms and Illusion》이라는 제목으로 1989년에 다시 출간했다)에 포함될 비트맵 활자체를 나타내기 위해 맥페인트로 연구한 내용이다.

버틀러 램슨

DEC의 시스템 연구 센터에서 선임 엔지니어로 일하는 버틀러 램슨은 프로그램 설계로 들어가기 위한 수학적인 세부 사항과 사고 과정을 보여 주는 노트를 제공했다.

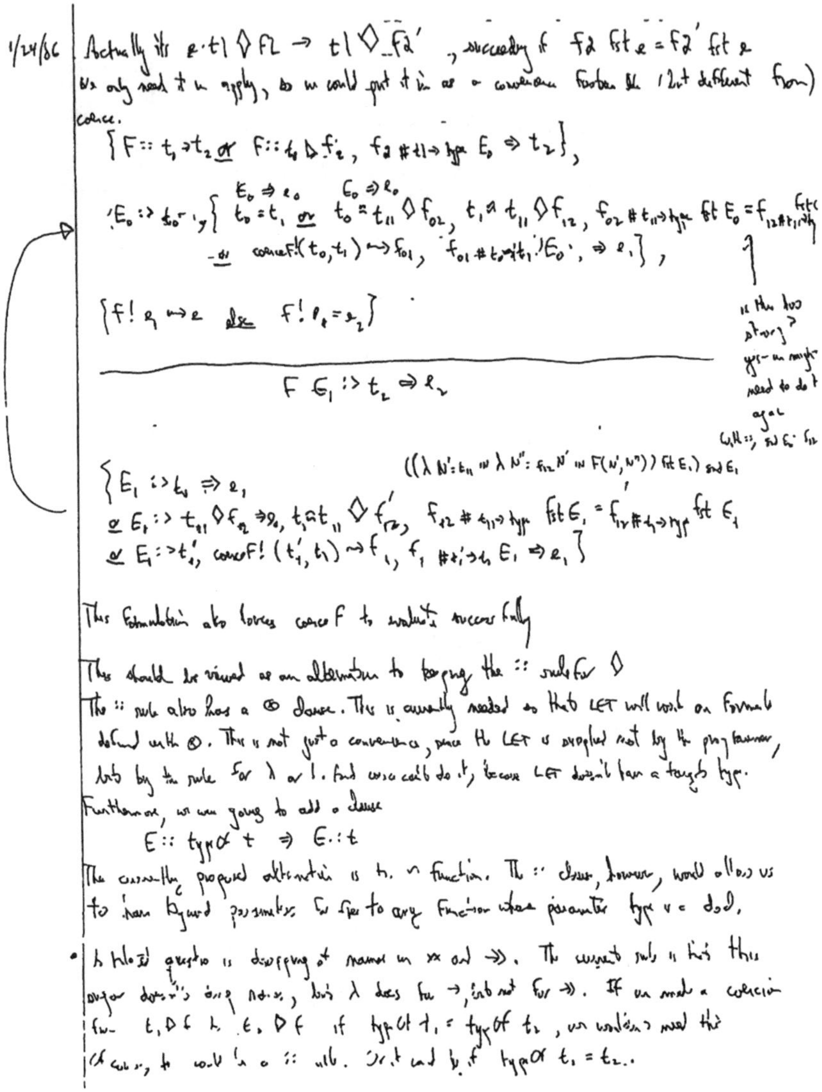
1/24/86 Actually it's e·t1 ◇ f2 → t1 ◇ f2', succeeding if f2 fst e = f2' fst e

We only need it in apply, so we could put it in as a convenience feature (it's different from) coerce.

[illegible]

This formulation also forces coerceF to evaluate successfully

This should be viewed as an alternative to keeping the :: rule for ◇

The :: rule also has a ⊗ clause. This is currently needed so that LET will work on formals defined with ⊗. This is not just a convenience, since the LET is supplied not by the programmer, but by the rule for λ or !. And coerce can't do it, because LET doesn't have a target type.

Furthermore, we were going to add a clause

E :: typeOf t ⇒ E.t

The currently proposed alternative is [illegible] function. The :: clause, however, would allow us to have keyword parameters for [illegible] to any function whose parameter type is a decl.

A related question is dropping of names in [illegible] and ⇒. The current rule is that [illegible] doesn't drop names, but λ does for →, but not for ⇒. If we make a coercion from t1 ◇ f to t2 ◇ f if typeOf t1 = typeOf t2, we wouldn't need this [illegible] to work in a :: rule. [illegible] typeOf t1 = t2..

버틀러 램슨

버틀러 램슨이 그린 이 스케치는 성능 계산에 덧붙여 2단계 캐시가 장착된 빠른 CPU를 위한 초기 설계를 보여 준다. 파이프라인의 타이밍은 둘째 쪽 하단에 설명되어 있다.

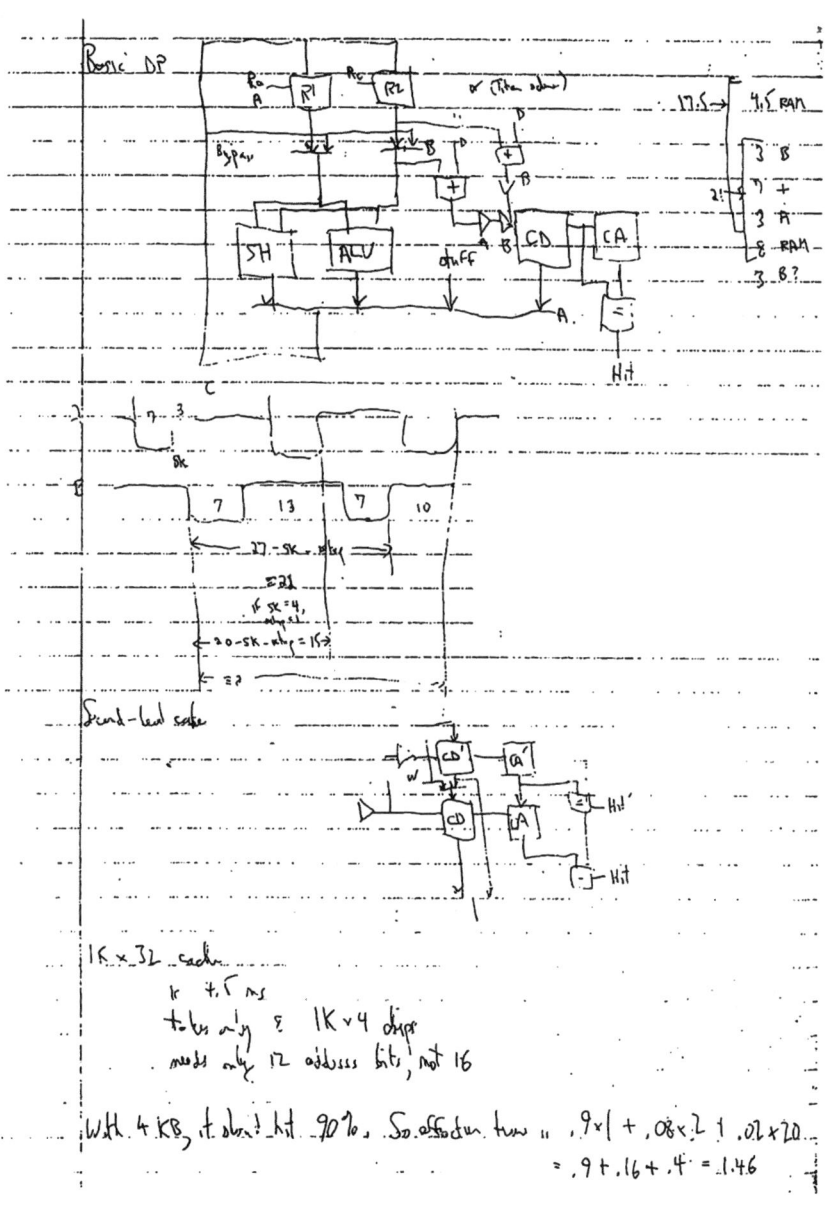

Conclusion — 20 is much too much. We need another level.

Try $.9 \times 1 + .095 \times 4 + .005 \times 20$
   $= .9 + .38 + .1 = 1.38$

Not much better

$.9 \times 1 + .08 \times 2 + .015 \times 5 + .005 \times 20$
$= .9 + .16 + .08 + .1 = 1.24$

Maybe the first scheme isn't so bad. Compare

$.8 \times 1 + .18 \times 2 + .02 \times 20$
$= .8 + .36 + .4 = 1.56$

Not much worse. Th .8 is consistent from JCS 750 measurements (4K8 DM).

So, .5 cycles/cache ref will go into miss stalls.
On 'write' we does 3 3 read air /3 write. Roughly. So there are also per instruction

B, secondary cache $1 \text{ MBT} = 64K \times 16 \times 4$. So 4 banks of 64b. If a 4-chip is Ecorin, we can get a word every 12 ns from 128 chips. Shifty out the 4 word is 130 Mb/s would be a partial cache for 128-b word. Humble

The pipeline is
R in   h   8 to ns
R in   2
R reg   h   45 84, 3 bypass + latch   7.5/1
ALU / cache B   4 add/subin 4.5 RAM } 12.5/16 to etc, C Jos'n pa
ALU / cache A   4 = latch   } There's lots more time for data
W reg   8   this is why. we can stop it easily

On a stall, the R work gets stopped, or we code address (latched by E after address) holds its stalled value. The instruction register holds at the next instruction. The write from the stalled instruction is stopped. The all was, how I'm not sure so what would happen if we tried to deliver the write another cycle or 2... by cycle, in case 1... is time for the stall.

버틀러 램슨

이 페이지와 다음 페이지는 대규모 분산 네임 서버를 위한 자료 구조와 불변식을 정리한 램슨의 초기 노트이다. 이어지는 두 쪽은 동일한 내용을 다듬어서 타자한 것이다.

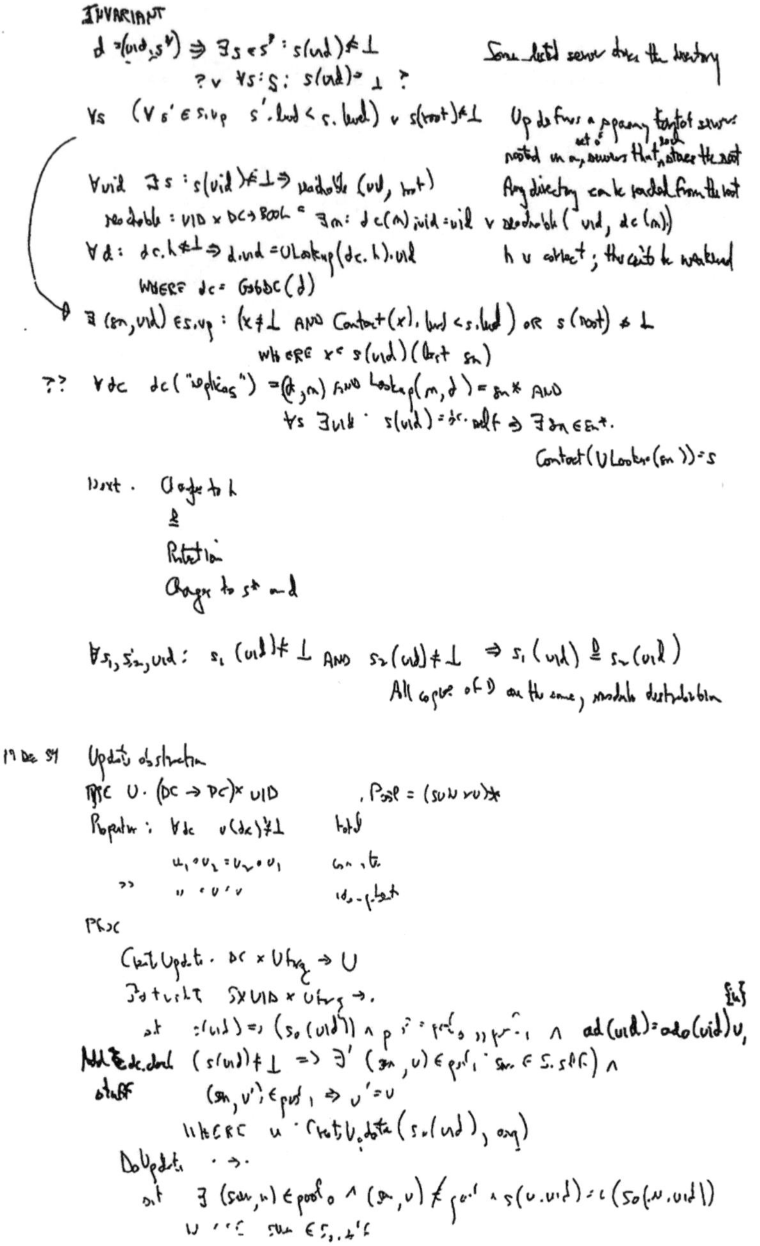
INVARIANT

d =(vid, s*) ⇒ ∃s ∈ s* : s(vid) ≠ ⊥ — Some listed server stores the directory

?v ∀s : S : s(vid) = ⊥ ?

∀s (∀s′ ∈ s.up s′.level < s.level) ∨ s(root) ≠ ⊥ — Up defines a spanning tree of servers rooted in a set of servers that each store the root

∀vid ∃s : s(vid) ≠ ⊥ ⇒ reachable (vid, root) — Any directory can be reached from the root

reachable : VID × DC → BOOL = ∃n : dc(n).vid = vid ∨ reachable (vid, dc(n))

∀d : dc.h ≠ ⊥ ⇒ d.vid = ULookup(dc.h).vid — h is correct; this can be weakened

WHERE dc = GetDC(d)

∃ (sn, vid) ∈ s.up : (x ≠ ⊥ AND Contact(x).level < s.level) OR s(root) ≠ ⊥

WHERE x = s(vid)(first sn)

?? ∀dc dc("replicas") = (d, n) AND Lookup(n, d) = sn* AND

∀s ∃vid : s(vid) = dc.self ⇒ ∃sn ∈ sn*.

Contact(ULookup(sn)) = s

Next. Changes to h

&

Protection

Changes to s* and d

∀s₁, s₂, vid : s₁(vid) ≠ ⊥ AND s₂(vid) ≠ ⊥ ⇒ s₁(vid) ≗ s₂(vid)

All copies of D are the same, modulo distribution

19 Dec 84 Update abstraction

TYPE U : (DC → DC) × VID — Pool = (SUN × U)*

Properties : ∀dc u(dc) ≠ ⊥ — total

u₁ ∘ u₂ = u₂ ∘ u₁ — commute

?? u ∘ u = u — idempotent

PROC

CreateUpdate : DC × Ufrag → U

StartUpdate : S × VID × Ufrag →.

post s(vid) = (s₀(vid)) ∧ pool = pool₀ ∧ ad(vid) = ad₀(vid)u

Add other stuff (s(vid) ≠ ⊥ ⇒ ∃′ (sn, u) ∈ pool, sn ∈ S.self) ∧

(sn, u′) ∈ pool ⇒ u′ = u

WHERE u = CreateUpdate(s₀(vid), arg)

DoUpdate : →.

post ∃ (sun, u) ∈ pool₀ ∧ (sn, u) ∉ pool ∧ s(u.vid) = u(s₀(u.vid))

WHERE sun ∈ S.self

```
TYPE
    NAT = ****                              NATural number
    UID = NAT                               Universal IDentifier
    T = NAT                                 Time; e.g., GMT (not site-dependent)
    TS = T X UID                            TimeStamp
    TX = T X extend: T                      Timeout eXpiration
    OK = yes | no

    DI = UID                                Directory Identifier
    SI = DI                                 Server Identifier
    N = CHAR*                               Name
    DN = N X di: (DI | NIL)                 Directory Name wrt d; invalid
                                                if di≠NIL AND d(dn.n).di≠dn.di
    FN = DI X DN*                           Full Name of a D from root di
    SN = FN X DN X TX                       Server Name; C.GetV(sn.fn, sn.dn.n):SA
    Link = FN X TX                          tx times out Link, as in DR
    LD = linked | direct                    kind of FN, or follow final link
    Lim = TX X LD                           MIN TX used in name lookup, used Link

    DR = DI                                 D Reference; REP is DL.
(* A FN through dr is guaranteed valid only until dr^.br.tx *)
    BR = DI X N X TX | NIL                  Back Reference; REP is TS->BL
    D = V                                   Directory; REP=REP V abstractly,
(* DC** concretely. The other components of DC
   are really the values of names in d.v; e.g., d.di=d("&di"). *)
        X DI                                self
        X w: (DI->FN)                       well-known DIs (for old roots)
        X h: (FN X Lim)**                   help: FNs of d; may be invalid
(* protection and authentication data *)
        X RL
        X AA
        X K                                 Key for this dir viewed as a principal
(* time-stamps *)
        X lastTS: TS                        largest TS of any U to d
        X allUpTo: TS                       u IN REP d AND u.ts<d.allUpTo=>
                                                u IN FollowDR(d.di)
        X BR                                ds(d.br.di)(d.br.n).di=d.di

    V = L->(VV X TS)                        Value: tree with L arcs, TS nodes, Mk
    VV = Mk | V                                 leaves. REP V=U** X TS, REP U**=W
    Mk = absent | present                   what to MaKe L* into in an update
    L = N | Tag | AV                        Label
    Tag = CHAR*                             labels fields of a d(n) value.
(* The value of the tag "&type" is the type of d(n). *)
    AV = BYTE*                              Atomic Value
    LTree = (L X LTree)**                   stripped V: tree, L arcs, empty leaves
    LT = L X TS
    LTL = LT* X L*                          designate V reached by the path
(* (Labels(lt*), l*), with TS matching lt*.ts. *)
    VD = FN X LTL X LD                      V Designator;
(* fn short for (fn, nullLTL, direct) and (fn, ltl) for (fn, ltl, direct). *)
    Vr = U** X TS                           REP V: set of updates (with REP W) X TS
    U = f: (V->V) X TS                      Update; REP=Y.
    W = Y**                                 REP REP V: updatable with a Y
    Y = LT* X Mk                            REP U: set lt* component to mk
(* =============== Types below this point are for DC/S/SU/E =============== *)
    DL = DI X SN**                          Directory Locator, REP DR
    BL = DI X N X TX X Link                 Back Locator. REP BR=TS->BL.
(* Normally br(ts)≠≠ for 1 TS (0 for root), bl.link.fn^.di=bl.di. *)
    DC = D                                  Directory Copy.
        X copies: SN**                      updated like a D component
(* A server s updates only sn's in copies with sn.dn.di=s.si. *)
        X inSN: BOOL                        updated like a D component
        X On
```

```
D: (* DIRECTORY *) MODULE
  EXPORTS [Snapshot .. Resolve],
          FirstRoot, NewRoot, NewD, RemoveD, ChangeN,
          $FollowFN, $FollowDR
  IMPORTS R.GetRights, Env, V.(GetV, FrozenLink)

INVARIANT
1 ds(di)## <=> BRPath(di) WHERE BRPath: DI->BOOL =
        LET dr=di,br=dr^.br,dr'=br.di; di=root OR dr'^(br.n).di=di AND BRPath(br.di))
           I.e., the D's in ds form a tree rooted in root whose arcs are DRs that
           are the reverse of the BR backpointers. D3 means that the tree you see
           can shift around if BRs are changing faster than allUpTo. REP is DC1.
2 dr'^(n):DR=dr => EXISTS tx: (dr'.di, n, tx)=dr^.br AND tx>=dr.tx
           I.e., each DR is pointed to by a BR with a longer timeout. REP is DC2.
3 d=dr^ => {u IN u** | u.ts<d.allUpTo} <= REP d <= u** WHERE u**=REP ds(dr.di)
           I.e., FollowDR gives an answer that includes all the updates to D
           before allUpTo, and any selection of those later. REP is SU1-2.
4 (fn, lim) IN d.h AND lim.tx>now => dr^ IS d AND dr.tx>now WHERE dr=fn^
           I.e., h entries are valid unless timed-out.
5 d.w(di)=fn => fn:FN AND fn.di=d.di AND fn^.di=di
           I.e., a d.w entry for a DI is a FN for it from d. Not enforced.
6 (fn.di=root OR FollowDR(root).w(fn.di)##) AND
  ( (fn', n)<=fn => FollowDR(fn'^.di)(n):DR ) =>
  Get((fn, ltl, direct), {})##
           I.e., Get looks up an FN to yield a D if its DI is root or is defined
           in root's w, and each N in its DN* can be looked up to yield a DR.

PROCEDURE
(* These implementations are not real. I.e., they describe what the procedures
   do, but aren't identical to any code in the system. These operations are
   actually implemented in NS and DC in the server, called remotely from the
   clerk. *)
```

버틀러 램슨

램슨은 일급 클래스 값으로서 데이터 타입을 정의한 프로그래밍 언어용 구문과 의미론을 샘플로 정리한 내용을 제공했다. 의미론은 언어의 간소화된 형태(다음 쪽 'sugar' 부분 참고)로 일부 재작성됐고, 마지막 두 쪽에 논리적인 추론 규칙으로 일부 기술됐다.

Pebble summary   **26 January 1986**

Syntax

Binary operators: ', (2) ~ (3)→ (4) * (5)
Everything associates to the right

```
E = N
  | N : T                                              (6)
  | £ T IN E                                           (1)
  | LET B IN E                                         (1)
  | IMPORT B IN E                                      (1)
  | F ° E                                              (7)

  | N:~E | '(N₁, ...'):~E | N'(T'):~E
  | REC D₁~E₁, ... | REC N₁'(T₁:~E₁'), ...
  | B₁ ; B₂                                            (2) ??
  | B$N                                                (6)
  | E WHERE B                                          (1)
  | D→T | D ** E                                       (4, 5)
  | E₁.N | E₁.N'(E₂')                                  (6)
  | E: N:                                              (6)

  | '(')
  | { E } | T{ E }
  | prefixOp E | E₁ infixOp E₂ | E postfixOp
  | E₁ AND E₂ | E₁ OR E₂                               (5, 4)
  | IF (E₀ => E₁) '| ... '|=> E₂ | IF (E₀ => E₁) '| ... FI
  | CASE E₀ OF (E₁ '( D ') => E₂) '| ... |=> E₃ END
  | E₀ BUT (E₁ '( D ') => E₂) '| ... END
  | LOOP E END
  | FOR N IN E₁ DO E₂ THEN E₃ END
  | FOR N IN E₁ WITH E₄ COLLECT E₂ THEN E₃ END
```

Pebble summary   26 January 1986

Sugar

Write	For	Provided
N:~E	N: t~E	E:> t
'($N_1, N_2, ...$)':~E	N1:~fst E, '($N_2, ...$)':~snd E	
N'(?T'):~E	N:~£ ?T IN E	
£ D IN E	£ D→t IN E	LET newc*d IN E:>t and newc not in t
£ IN E	£ void IN E	
REC D_1~E_1, ...	'(fix '(D_1 * ...') '(£ B': '(D_1 * ...') IN LET B' IN '(E_1, ...')')	
REC N_1'(T_1'):~E_1, ...	REC N_1: t_1~*£ T_1 IN E_1, ...	
B_1; B_2	B_1, LET B_1 IN B_2	??
B$N	IMPORT B IN N	
E WHERE B	LET B IN E	
D→»T	D%'(£ D→type IN T')	
D ** T	D◊'(£ D→type IN T')	
E_1. N	'(snd xt⁻¹ t')`$N'($E_1$')	E_1:> t
E_1. N'(E_2')	'(snd xt⁻¹ t')`$N'($E_1$, E_2')	E_1:> t
E: T:	T: type ** E: T@'(£ T: type IN T')	
()	nil	
{ E }	'(MkSet t') E	fst E:> t
or		
T{ E, ...}	SingleSet'(T, E') u ...	
T{}	EmptySet T	
{ E, ...}	SingleSet'(t, E') u ...	E:> t
prefixOp E	E . op'("*prefixOp*"')	
E_1 *infixOp* E_2	E_1 . op'("*infixOp*"') '(E_2')	
E *postfixOp*	E . op'("*postfixOp*"')	
E_1 AND E_2	IF E_1 => E_2 |=> false	
E_1 OR E_2	IF E_1 => true |=> E_2	

Pebble 86 Summary

Rules

Introduction £   :

$$\frac{\{t == d_1 \to t_2 \text{ or } t == d_1 \% f_2, f_2! \text{ newc}(n) \leadsto t_2 \}, \quad \text{rho(depth)}+1=n, \text{rho[depth=n]} \mid\text{- LET newc}(n)\#_{d_1} \text{ IN } \mathbf{t_2}\text{-E} :: t_2 \Rightarrow e}{(£\ T \text{ IN } E) :> t \Rightarrow cl([], e, n)}$$

$$\frac{T :: \text{type}}{N: T :: \text{type} \Rightarrow N:t}$$

Elimination   N   apply LET   IMPORT

$$\frac{\text{rho}(N) == t \sim e',\ e' \leadsto e}{N :> t \Rightarrow e}$$

$$\frac{\{F :: t_1 \to t_2 \text{ or } F :: t_1 \% f_2, f_2\#t_1 \to \text{type } E_1 \Rightarrow t_2 \},}{\{E_1 :: t_1 \Rightarrow e_1 \text{ or } E_1 :> t_1',\ \text{coerceF! } (t_1', t_1) \leadsto f_1, f_1\#t_1' \to t_1 E_1 \Rightarrow e_1 \},}{\{f! e_1 \leadsto e_2 \text{ else } f! e_1 = e_2\}}{F \circ E_1 :> t_2 \Rightarrow e_2}$$

$$\frac{\begin{array}{l}B :: \text{void}, \\ \text{or } B :: (N: t_0) \Rightarrow t_1 \\ \text{or } B :: d_1 \diamond f_2, \text{snd } B :> d_2 \Rightarrow b_2, \text{LET fst } B \text{ IN LET } b_2\#_{d_2} \text{ IN } E :: t \Rightarrow e\end{array} \quad \frac{E :: t \Rightarrow e}{\text{rho}[N=t_0\sim b] \mid\text{- } E :: t \Rightarrow e}}{\text{LET } B \text{ IN } E :> t \Rightarrow e}$$

$$\frac{B :> d \Rightarrow b, \text{rho}_0 \mid\text{- LET } b\#_d \text{ IN } E :: t \Rightarrow e}{\text{IMPORT } B \text{ IN } E :> t}$$

Auxiliary   ::   # $\leadsto$ $\leadsto$

$$\frac{\begin{array}{l}E :> t \\ \text{or } E :: t\ @f_2 \\ \text{or } E :: t',\ t \sqcup t' = t \\ \text{or } t == N: t',\ E :: t' \\ \text{or } t == t_1 \diamond f_2, \text{fst } E :: t_1, \text{snd } E :: f_2 \text{ fst } E \\ \text{or } t == t_1 \% f_2, E :: t_1 \% f_2',\ t_1 == t_1'/s_1, \text{for all } e_1 \text{ IN } s_1: (f_2! e_1 \leadsto t_2, f_2'! e_1 \leadsto t_2',\ t_2 = t_2')\end{array} \quad \begin{array}{l}\\ \\ \text{could be coercion} \\ \text{could be coercion} \\ \\ \end{array}}{E :: t}$$

제프 래스킨

이 스케치는 제프 래스킨이 1982년 인포메이션 어플라이언스를 시작할 수 있도록 이끈 개념을 보여 준다.

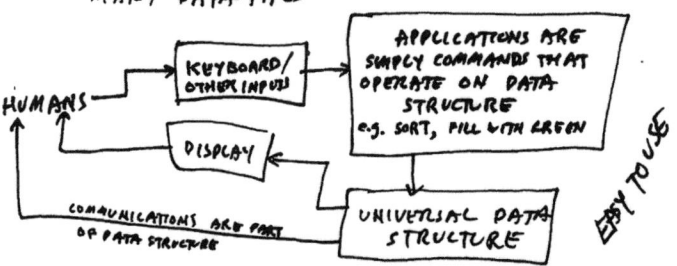

조너선 색스

조너선 색스가 만든 이 프로그램은 실행 시간을 최적화하도록 설계된 고수준 프로그래밍 언어인 C를 사용해 코드를 작성하는 자신만의 스타일을 보여 준다.

```
/*
Cubic spline fitting - Ellis-McLain Method
Jonathan Sachs
22-Oct-85

This method generates a single-valued function from an ordered set of x,y data.  It
produces the best results when used on smooth functions since it reduces discontinuities in
the second derivative.

The findgrad procedure is called first to determine slopes at each data point.  This step
may be omitted if slopes are already given for each data point.  Next the coeff procedure
is called for each interval to generate the coefficients of the cubic polynomial that fits
the data in that interval.

Reference:

Ellis, T.M.R. and McLain, D.H. (1977) "Algorithm 514 - A new method of cubic curve fitting
using local data".  ACM Transactions on Mathematical Software, Volume 3, pages 175-178.
*/
/*      find gradient at each data point

        findgrad(x,y,grad,n)

        x               n-vector of x coordinates of data points
                        values must be in increasing order with no two equal

        y               n-vector of y coordinates of data points

        grad    returned n-vector

        n               number of data points (must be at least 4)

*/
findgrad(x,y,grad,n)
double x[];
double y[];
double grad[];
int n;
{
        int i,iless2,iless1,iplus1,iplus2;
        double x0,x1,x2,x3,x4,y2;
        double prod1,prod2,num,denom,g;
        double coeff2,xdiff,xprod,weight;

        for(i = 0; i < n; i++) {

                iless1 = i > 0 ? i-1 : i+3;
                iplus1 = i < n-1 ? i+1 : i-3;

                x2 = x[i];
                y2 = y[i];

                x1 = x[iless1] - x2;
                x3 = x[iplus1] - x2;

                prod1 = x3*(y[iless1]-y2);
                prod2 = x1*(y[iplus1]-y2);

                denom = x1*x3*(x[iless1]-x[iplus1]);

                g = (x1*prod2-x3*prod1)/denom;
                coeff2 = (prod1-prod2)/denom;

                if(i <= 1) {
                        num = denom = 0.0;
                }
                else {
                        iless2 = i-2;
                        x0 = x[iless2] - x2;
                        xdiff = x[iless2] - x[iless1];
```

조너선 색스

```
                    xprod = x0*xdiff*(x[iless2]-x[iplus1]);
                    weight = xprod/(xdiff*xdiff);
                    num = weight*(y[iless2]-y2-x0*(g+x0*coeff2));
                    denom = weight*xprod;
            }

            if(i <= n-3) {
                    iplus2 = i+2;
                    x4 = x[iplus2] - x2;
                    xdiff = x[iplus2] - x[iplus1];
                    xprod = x4*xdiff*(x[iplus2]-x[iless1]);
                    weight = xprod/(xdiff*xdiff);
                    num += weight*(y[iplus2]-y2-x4*(g+x4*coeff2));
                    denom += weight*xprod;
            }

            grad[i] = g + num*x1*x3/denom;
    }
}

/*      calculate the coefficients of the cubic which is used for the interval
        from x[i] to x[i+1]

        coeff(x,y,grad,i,&c0,&c1,&c2,&c3)

        x                       x coordinate vector

        y                       y coordinate vector

        grad                    gradient vector (see above)

        i                       index specifying interval to be fitted

        fitted cubic has equation:

        c0 + c1*(x-x[i]) + c2*(x-x[i])^2 + c3*(x-x[i])^3

*/
coeffs(x,y,grad,i,c0,c1,c2,c3)
double x[];
double y[];
double grad[];
int i;
double *c0;
double *c1;
double *c2;
double *c3;
{
        double dx;
        double dx2;
        double dy;
        double g1;
        double g2;

        dx = x[i+1] - x[i];
        dx2 = dx*dx;
        dy = y[i+1] - y[i];
        g1 = grad[i];
        g2 = grad[i+1];

        *c0 = y[i];
        *c1 = g1;
        *c2 = (3.0*dy-dx*(2.0*g1+g2))/dx2;
        *c3 = (dx*(g1+g2)-2.0*dy)/(dx*dx2);
}
```

찰스 시모니

하드웨어용 시뮬레이터로 배선 정보를 컴파일하는 이 코드는 찰스 시모니가 1972년에 작성한 '초기 헝가리안' 코드 형태의 예이다. 시모니는 그 당시 인기 있었던 PDP-10용 '테넥스' 시분할 시스템의 코딩 관례와 어셈블리어나 고수준 코드에 똑같이 유효한 타입 기반의 이름 관례를 초기에 적용해 PDP-10 컴퓨터용 컴파일러를 작성했다.

```
FILE:   PES01   21-SEP-74 14:30:03    PAGE 30

1
2
3               ; PRPLC
4               ; PROPAGATE LOCAL CONNECTION:
5               ; PARAMS: A:LC, B:CN
6               ; IF CN=(DP,GN,APN), CALL DEFP(CN,DP,GN,APN)
7               ;   TO DEFINE THE PIN.
8               ; IF LC=(CP), SCAN BACKPANEL WIRELIST AND FOR EVERY
9               ;   (CN,BWPN) FIND LC ON THAT CARD AND CALL PRPLC(LC,CN)
10              ;   RECURSIVELY.
11              ; IF LC=(ESCC,REL), SCAN LC'S AND CALL PRPLC(LC,CN) RECURSIVELY.
12              ;
13      PRPLC:  AOS     CLOCK           ; FOR DEBUGGING PURPOSES...
14              TRNN    A,777777        ; RETURN ON NULL LC
15              RET
16              TRNE    A,400000
17              JUMPA   PRPLC2          ; BRANCH IF ESCAPE BYTE
18              TRZN    A,200000        ; UNLESS CONNECTOR PIN
19              JUMPA   DEFP            ; CALL DEFP AND RETURN
20              SKIPGE  RGPRI(B)        ; RETURN IF CARD IS MASKED
21              RET
22              MOVEM   A,PRPLLC        ; SAVE IN CASE OF ERROR
23              MOVEM   B,PRPLCN        ; LIKEWISE
24              ; SCAN BACKPANEL WIRELIST:
25                      IMULI   B,MXCP
26                      ADD     B,A
27                      MOVE    X,B
28                      HX      X,RGGCH
29                      TRZN    X,400000
30                      JUMPA   [SKIPN  HOSLER
31                              ERR(PRP,<S-L BACKPANEL MISMATCH, LC: >)
32                              RET]
33              ; NEXT LOAD PIN IS IN X, FINISHED IF 0.
34      PRPLC1: JUMPE   X,[RET]
35              MOVE    B,X
36              IDIVI   B,MXCP  ; CN TO B, BWPN TO C.
37              MOVE    A,RGCT(B)       ; CARD TYPE TO A
38              MOVE    A,DNCTP(A)
39              PUSH    P,X             ; SAVE X FOR RECURSIVE CALL
40              MOVE    X,C             ; BWPN (CP) TO X
41              HXR     A,A,DNCPH
42              ; NOW LC AND CN ARE SET UP IN A AND B.
43              CALL    PRPLC
44              POP     P,X             ; RESTORE X
45              HX      X,RGGCH         ; FETCH CDR OF THE WIRE
46              TRNN    X,400000
47              JUMPA   PRPLC1
48              ERR(PRP,<GARBAGE WIRE, LC: >)
49
50              ; THESE VARIABLES CONTAIN THE LC AND CN PASSED TO PRPLC
51
52              LS(PRPLLC)
53              LS(PRPLCN)
54
55      ERRPRP: SAV(<A,B,C>)
56              MOVE    A,OJFN
57              MOVE    B,PRPLLC        ; GET LC
58              JNUM(4)
59              JTXT(< CN: >)
60              MOVE    B,PRPLCN        ; GET CN
61              JNUM(4)
62              REST(<C,B,A>)
63              ;
64              ; ESCAPE BYTE IS IN A
65              ; GET BASE FOR RELATIVE ADDRESS:
66      PRPLC2: MOVE    C,RGCT(B)
67              MOVE    C,DNCTP(C)      ; BASE
68              LDB     X,BPREL(A)      ; RELATIVE ADDRESS
69              LDB     D,BPESCC(A)     ; COUNT TO D
70      PRPLC3: JUMPLE  0,[RET]
71              PUSH    P,X
72              HXR     A,C,00
73              PUSH    P,B
74              PUSH    P,C
75              PUSH    P,D
76              CALL    PRPLC
77              POP     P,D
78              POP     P,C
79              POP     P,B
80              POP     P,X
81              ADDI    X,1             ; INCREMENT POINTER
```

찰스 시모니

스노볼 시스템의 내부를 설명하기 위해 시모니가 만든 문서의 일부이다. 프로젝트 완료 후에 제대로 작성해서 깨끗하고 정확하다. 반면에 구현은 설계 문서를 자주 구식으로 만든다.

November 1971

Format of the Pattern Match Main Stack　　　　　　　　　　　　PM

During pattern match (PM) 3 stacks are maintained: the main, S and P stacks. The main stack is a continuation of the interpreter stack. Its 4 word entries however do not have headers. The S and P stacks are implemented as lists in the list storage. A 4 word entry represents the state of a simple pattern which has already matched a substring of the left operand.

```
0   (X4): |                    |   f2   |   f1   |
1   (X5): |lenf|    rib    |(B1) sit |   alt   |
2   (X7): |              |(B4) index|(A0) pos |
3         |              return              |
```

　　pos:　　　　　　pointer to the first character of the substring matched. (Note that the left operand is stored in STY format, 1 character/word in the stack.) If the matched substring is null, pos points to the character after it.

찰스 시모니

시모니가 만든 이 코드는 사전에 시뮬레이션된 여러 결함 동작 방식과 관측된 동작 방식을 비교함으로써 일리악 4 병렬 컴퓨터의 하드웨어 결함을 자동으로 국소화할 수 있는 회로 시뮬레이터의 일부를 보여 준다. 시모니는 "병렬 컴퓨터의 총 64개 프로세서 중에서 전체 가용 프로세서의 모든 64비트가 다양한 가능성을 독립적으로 시뮬레이션하기 위해 활용됐습니다. 대체로 (아래쪽) 출력 결과에서 볼 수 있듯이 결과는 만족스러웠습니다. 카드에 나와 있는 심벌 형태의 발견 내역, 칩, 특정 실패 모드에 주목하세요. 소스 코드에 있는 FAULT 매크로는 기계 명령어를 어셈블해서 4000개 이상의 병렬 시뮬레이션 중 하나에서 결함을 시뮬레이션하며, 또한 결과를 해석하는 데 필요한 데이터 테이블도 만들어 냅니다. 고수준 언어는 슬프게도 (그리고 용납할 수 없게도) 이런 수준의 기능에 도달하기 위한 편의성이 부족합니다."라고 말했다.

```
177        % DUAL 4-INPUT GATE WITH TRUE AND FALSE OUTPUTS
178        % 8-7063         8-7097
179
180        DD      "8-7063+",0     ;
181                        FAULT   LA,L,8  ;
182                        FAULT   HA,H,8  ;       % P8
183                        FAULT   LR,L,9  ;       % P9
184            OR      $R              ;
185                        FAULT   LS,L,11 ;       % P11
186            OR      $S              ;
187                        FAULT   LP0,L,12;       % P12
188            NANDN   P0
189            LDR     $A
190            COMPA
191                        FAULT   LA,L,5  ;
192                        FAULT   HA,H,5  ;       % P5
193                        FAULT   LR,L,7  ;
194                        FAULT   HR,H,7  ;       % P7
195            RETT                    ;
```

```
#16 Card MSG001 dip F4 type 8-6594 output pin 4 stuck L
    Feeds Xmission line thru C39 terminated at PAT001 pin C33
```

미주

찰스 시모니

1. 제록스 알토 브라보 시연 영상: *https://www.youtube.com/watch?v=390hhDkiJFM*
2. 실물 사진: *https://www.flickr.com/photos/nora-meszoly/8678790620/*
3. 정확한 유래는 알려져 있지 않으나 성서에 나오는 다음 구절에서 비롯된 표현(den of thieves)으로 추정된다.

   그리고 그들에게 "성서에 '내 집은 기도하는 집이라고 불리리라.' 했는데 너희는 이 집을 '강도의 소굴'로 만들었다." 하고 나무라셨다.(마태오의 복음서 21:13)
4. 마이크로소프트가 처음으로 출시한 스프레드시트인 멀티플랜은 1982년에 나왔지만 로터스 1-2-3에 밀려 빛을 발하지 못했다. 이후 1990년대 초반 멀티플랜의 뒤를 이은 윈도용 엑셀이 스프레드시트 분야의 정상을 차지하게 된다.
5. 마이크로소프트 엑셀 첫 버전은 1985년에 매킨토시용으로 나왔고, 1987년에 윈도용으로 나왔다.

버틀러 램슨

1. 네온, 헬륨 또는 아르곤 같은 가스로 채워진 밀봉된 상자에서 방전 현상을 이용해 하전 입자의 궤도를 관측하는 장치
2. SDS 940 실물 사진: *https://www.computerhistory.org/revolution/mainframe-computers/7/181/730?position=0*
3. 밥 테일러(Bob Taylor, 1932~2017)는 인터넷 개척자 중 한 명으로 평가받으며 개인용 컴퓨터 기술에도 많은 기여를 했다. ARPA 디렉터로 일하며 아르파넷 프로젝트를 이끌었고(1965~1969) 이후 제록스 PARC 컴퓨터 과학 연구실에서 일했다. 밥 테일러가 PARC에 재직하던 시기(1970~1983)에 알토 컴퓨터, 이더넷 등이 개발되었다.
4. 로버트 F. 스프롤(Robert F. Sproull)은 미국의 컴퓨터 과학자이다. 이반 서덜랜드와 함께 헤드 마운티드 디스플레이를 개발했으며, 제록스 파크 재직 시기(1973~1977)에는 알토 컴퓨터와 첫 레이저 프린터 개발에 참여했다.
5. 피터 도이치(Peter Deutsch)는 포스트스크립트·PDF 인터프리터의 자유 소프트웨어 버전인 고스트스크립트 창시자이다. 현재는 작곡가로 활동하고 있다. 《오래된 인터뷰, 개발자의 미

래를 긷다》 2권에 그를 취재한 인터뷰가 실려 있다.

6. QSPL을 가리킨다. http://bwl-website.s3-website.us-east-2.amazonaws.com/Systems.htm 참고
7. 로드 버스톨(Rod Burstall, 1934~2025)은 영국의 컴퓨터 과학자로 초기 함수형 프로그래밍 연구에 큰 영향을 주었다. 스탠더드 ML, 미란다, 해스켈의 전신에 해당하는 호프라는 프로그래밍 언어를 설계했다.
8. 페블(Pebble)이라는 추상 데이터 타입과 모듈을 위한 커널 언어. https://link.springer.com/chapter/10.1007/3-540-13346-1_1 참고

존 워녹

1. ARPA(Advanced Research Projects Agency)는 1972년 DARPA로 이름이 바뀌었다.
2. 시연 영상: https://www.youtube.com/watch?v=6orsmFndx_o
3. 데이브 에반스와 이반 서덜랜드가 1968년 설립한 회사이다.
4. 썬은 스팍스테이션용 운영 체제인 솔라리스에 포스트스크립트 기반 화면 제어 기술인 어도비 디스플레이 포스트스크립트를 라이선스해서 탑재했다.
5. 남이 개발한 기술이나 연구 성과를 인정하지 않는 배타적인 문화나 태도를 의미한다.
6. 건식 인쇄는 용액을 사용해서 복사하는 대신 정전기를 사용해 토너 입자를 고정시키는 방식으로 복사가 이뤄진다. 복사기의 대명사인 제록스(Xerox)의 회사명이 바로 Xerography에서 비롯되었다.
7. 시스템 구조는 조직 구조를 닮기 마련이라는 콘웨이의 법칙을 말한다.

게리 킬돌

1. 1983년 세계 최초로 상용화된 휴대용 컴퓨터 오스본 1은 5인치 모노크롬 화면과 5.25인치 플로피 디스크 드라이브 두 대가 장착되어 있었는데, 무려 11kg 무게에 52cm×23cm×33cm 크기를 자랑했다.
2. 시모어 패퍼트(Seymour Papert, 1928~2016)는 미국의 수학자, 컴퓨터 과학자, 교육자로 로고 프로그래밍 언어를 설계했고 MIT 인공 지능 연구소 공동 디렉터로 일했다. 기어에 관한 일화는 그의 저서 《마인드스톰》에 언급되어 있다.
3. C 베이식은 기존에 게리 킬돌이 만든 E 베이식을 개선하여, 고든 유뱅크스가 만든 CP/M용 베이식이다.

빌 게이츠

1. 8080용 마이크로소프트 베이식 소스 코드 주석에 세 사람의 이름이 나온다. https://www.pagetable.com/?p=827
2. 소프트웨어 업계에서 제품 챔피언은 고객 가치 관점에서 제품을 바라보며, 시간과 노력을

들여 제품을 제대로 만들고 사용자에게서 좋은 평판을 얻게 하는 임무를 맡는다.
3. 빌 게이츠는 고등학교 시절 TRW에서 일했다. 존 노턴은 당시 TRW의 소프트웨어 엔지니어였다. 출처: https://www.edsurge.com/news/2015-08-17-bill-gates-why-the-best-ideas-in-education-come-from-the-classroom
4. 자세한 배경 설명은 https://en.wikipedia.org/wiki/CD-ROM 참고
5. 1956년 등장한 NBC 텔레비전 네트워크의 로고가 컬러 공작새였다. 전체 로고 변천사는 https://en.wikipedia.org/wiki/NBC_logo 참고

존 페이지

1. 비지캘크는 1985년 판매가 중단됐다.
2. 당시 애플 파스칼처럼 덩치 큰 소프트웨어를 동작시키는 데 48K 메모리로는 부족해서 애플 II 확장 슬롯에 16K 램 카드를 장착해 메모리를 64K로 확장해 사용했다.
3. 1974년 미국 법무부가 제기한 반독점 소송 결과, 1984년 AT&T는 독립적인 회사 7개로 분할됐다.

웨인 래틀리프

1. 1975년 창간된 미국의 대표적인 컴퓨터 잡지로 PC에 대한 내용 외에도 깊이 있는 기술적 내용을 다루었다. 1990년대부터 매출이 떨어지면서 1998년 7월호를 마지막으로 발간이 중단되었다. 이후 웹 사이트 Byte.com이 운영되다가 2013년 폐쇄됐다.
2. 작업자가 100명, 일이 100단위라고 가정할 때 작업자의 50%가 일의 30%를 수행한다면 50명이 일 30단위를 수행하므로 작업 단위는 0.6단위/명이 된다. 작업자의 3%가 일의 10%를 수행한다면, 작업 단위는 3.3단위/명이 된다. 생산성을 비교하면 약 5.5배 차이가 난다.
3. dBASE의 첫 번째 광고: https://www.tech-insider.org/software/research/acrobat/8101.pdf

댄 브리클린

1. 데이터베이스나 스프레드시트에서 수신인 정보를 가져와 편지 봉투, 라벨, 이름 태그에 배치 작업으로 인쇄하는 기능이다. 마이크로소프트 워드의 경우 '편지' 메뉴에서 다양한 작업을 수행할 수 있다.
2. 당시 IBM에서 만든 8인치 DSDD 규약의 플로피 디스켓 한 장은 1.2MB(앞뒤)까지 저장할 수 있었다.
3. GUI를 지원하지 않는 텍스트 터미널에서 동작하는 워드 프로세서임에도 컴퓨터 메인 메모리가 워낙 적었기 때문에 모든 문서 데이터를 한 번에 메모리에 올리는 대신 페이지 전환에 맞춰 꼭 필요한 만큼만 메모리에 올려서 작업하는 방식으로 동작했다.
4. 필스트라는 설문 조사 결과에 따라 당시 소비자들이 마이크로컴퓨터(또는 PC)를 업무용으

로 생각하지 않는다고 판단해 체스 프로그램을 판매하기로 한 것으로 보인다. 브리클린은 필스트라와 업무용 소프트웨어에 대해 의견을 더 나눌 것이 없다고 생각해 연락을 더 하지 않은 것 같다.

5. 당시 유명 컴퓨터 잡지였던 『Dr. Dobb's Journal』 편집자인 짐 워렌이 하드웨어 해커 운동의 절정기였던 1977년에 시작한 컴퓨터 업계 콘퍼런스로, 1991년까지 샌프란시스코에서 가정용 컴퓨터를 중심으로 신기술과 신제품을 소개했다.

6. 소프트웨어 아츠는 상장을 고려하는 중에 비지코프(구 퍼스널 소프트웨어)와 6000만 달러 소송에 휩싸이는 바람에 주식 발행에 실패하고 기업 가치도 급격하게 떨어져서 결국 경쟁 제품인 로터스 1-2-3를 만든 로터스 디벨롭먼트에 헐값으로 팔리게 된다.

7. 듀폰에서 개발한 고밀도 폴리에틸렌 섬유로 만든 합성 소재

8. 예를 들어 GUI와 WYSIWIG는 매킨토시가 등장하기 전까지는 IBM PC에서 제대로 구현되지 않았다.

9. 초기 애플 II 키보드에는 자동 반복 기능이 없었고 다음 개선 모델인 애플 II+에서 RETURN 키 옆에 REPT 키를 제공해서 키 반복을 도왔다. 애플 IIe 모델부터는 키를 특정 시간 동안 누르면 자동으로 반복되게 만들었기에 더 이상 REPT 키가 제공되지 않는다.

밥 프랭크스턴

1. MIT에서 취득할 수 있는 석사와 박사 중간 정도의 학위로, 석사 학위보다 1년 정도 더 수업을 듣고 고급 논문을 제출해야 하지만, 박사 과정 수준의 연구 깊이는 요구하지 않는다.
2. 당시 코모도어나 애플을 비롯한 8비트 컴퓨터는 키보드와 통합된 형태였고 IBM PC XT가 나오면서 비로소 본체와 키보드가 분리됐으므로 많은 사람이 연산이 어디서 처리되는지 혼동했을 것이다.

레이 오지

1. PLATO 단말기: *https://www.wikiwand.com/en/PLATO_%28computer_system%29*
2. 올리베티-언더우드 프로그래마 101 실물 사진: *https://www.computerhistory.org/revolution/calculators/1/62/248*

피터 로이즌

1. 1980년에서 1990년 사이에 미 육군이 모병 운동을 벌이기 위해 'Be All That You Can Be'라는 슬로건을 내세웠다. 당시 광고는 유튜브에서도 볼 수 있다. *https://www.youtube.com/watch?v=ms9pxvEbILs*

제프 래스킨

1. 잡스가 이야기한 해적 정신에서 비롯된 사건을 다룬 일화는 다음 글에서 볼 수 있다. *https:// folklore.org/Pirate_Flag.html*
2. 소프트웨어가 느려 터졌다고 라이트를 어미가 비슷한 웨이트라는 단어로 장난스럽게 바꾼 것이다.
3. 실물 사진과 시연 영상: *https://hackaday.com/2014/04/06/vcf-east-the-swyft-card/*
4. 피아노를 기술적으로 혁신하는 데는 성공할 수 있지만 상업적으로는 악기 세계의 보수성으로 인해 소비자의 구매로 이어지지 않아 실패할 수 있다는 의미이다.
5. 스위프트카드 매뉴얼은 인터넷 아카이브에서 살펴볼 수 있다. *https://archive.org/details/ SwyftCardManual*
6. 제프 래스킨은 그의 저서 《The Humane Interface》에서도 아이콘에 대해 비판적인 견해를 제기했다.
7. 제프 래스킨이 지적한 모드의 문제점에 대한 자세한 내용은 《The Humane Interface》에서 살펴볼 수 있다.

앤디 허츠펠드

1. 미국의 소설가로 20세기 포스트모더니즘 사조를 대표하는 작가 중 한 명이다. 대표작으로는 《브이》, 《제49호 품목의 경매》, 《중력의 무지개》가 있다.
2. 스위처의 'About Box' 스크린샷: *https://www.folklore.org/images/Macintosh/switcher_about.gif*

이와타니 토루

1. 실제로 조브레이커(Jawbreaker)라는 팩 맨의 아류작을 만든 존 해리스가 초기 버전에서 팩 맨을 쫓아다니는 유령에 수염과 선글라스를 씌우기도 했다.

스콧 김

1. letter는 언어를 구성하는 기본 단위로 문자를, character는 letter를 인쇄하거나 화면에 출력하기 위해 물리적으로 만들어지는 활자를 말한다.
2. 한국계 미국인이다.
3. madam처럼 앞에서 읽으나 뒤에서 읽으나 동일한 단어
4. 단어나 문장을 구성하고 있는 문자의 순서를 바꾸어 다른 단어나 문장을 만드는 것
5. 더글러스 호프스태터는 《괴델, 에셔, 바흐: 영원한 황금 노끈》으로 논픽션 부문에서 퓰리처상을 수상한 인지 과학자이자 물리학자이자 전산학자이며, '생각'과 '인지'에 대한 사고의 틀을 한 단계 발전시킨 업적으로 유명하다.
6. 스콧 김의 아이디어는 실현되지 않은 것으로 보인다.

7. 오늘날 노코드(no-code)나 로코드(low-code) 형태의 프로그래밍에 해당한다고 볼 수 있다.
8. 텍스트가 아닌 그래픽 요소를 조작해 프로그래밍할 수 있게 하는 언어로 오늘날 스퀵 이토이(Squeak eToys), 스크래치(Scratch) 등이 이에 속한다.
9. 래리 테슬러(Larry Tesler)는 미국의 컴퓨터 과학자이다. 제록스 파크 시절에는 스몰토크, 집시(알토용 워드 프로세서) 개발에 참여했으며 동료인 팀 모트(Tim Mott)와 함께 복사-붙여넣기 기능을 개발한 것으로 잘 알려져 있다. 애플에서는 리사 외에도 뉴튼(PDA) 프로젝트에서 일했다.
10. 재즈를 비롯한 대중음악에서 연주자들은 전통적 기보법 기반의 오선보(五線譜)보다 코드(chord)만 적힌 악보를 흔히 사용한다.

제이린 리니어

1. 1984년 리니어는 가상 현실 장비를 만드는 VPL 리서치라는 회사를 설립했고, 장갑과 HMD(head mounted display) 등 여러 웨어러블 장비를 만들었다.
2. 출간되지 않은 것으로 보인다.

마이클 홀리

1. 로렌 카펜터(Loren Carpenter)는 보잉 엔지니어로 항공기 시뮬레이터를 만드는 과정에서 산맥을 표시하기 위해 망델브로의 프랙털 이론을 활용했다. 시그래프(SIGGRAPH)에 출품한 단편 작품 덕분에 루카스필름에 합류했고 나중에 픽사 공동 창업자이자 수석 과학자가 된다.
2. 스필버그의 영화 제작사인 엠블린 엔터테인먼트에서 제작했고, 1985년에 아카데미 시각 효과상을 받았다.
3. 뮤어 우즈(Muir Woods)는 캘리포니아 샌프란시스코에서 북으로 20km 정도 떨어진 마린 카운티에 위치한 세쿼이아 숲으로 국립 기념물로 지정되어 있다.
4. 1985년 개봉한 미국 전쟁 영화
5. 존 윌리엄스(John Williams)는 미국의 클래식 음악 작곡자이자 영화 음악 작곡자로 알려져 있으며, 〈스타워즈〉와 〈슈퍼맨〉을 비롯해 다양한 할리우드 영화 영화 음악을 작곡했다.
6. 소매상점이나 공공시설에서 들을 수 있는 배경 음악을 공급하는 회사명